中国法治实施报告

(2018)

Chinese Law Enforcement Report

中国行为法学会　中南大学　编

人民法院出版社

图书在版编目（CIP）数据

中国法治实施报告．2018／中国行为法学会，中南大学编．
—北京：人民法院出版社，2019.3

ISBN 978－7－5109－2476－7

Ⅰ．①中…　Ⅱ．①中…②中…　Ⅲ．①社会主义法治－研究报告－中国－2018
Ⅳ．①D920.0

中国版本图书馆CIP数据核字（2019）第049559号

中国法治实施报告·2018

中国行为法学会　中南大学　编

责任编辑：李安尼　邓　灿　张　怡　　封面设计：棋　锋
出版发行：人民法院出版社
地　　址：北京市东城区东交民巷27号（100745）
电　　话：（010）67550691（责任编辑）　67550558（发行部查询）
　　　　　65223677（读者服务部）
客服QQ：2092078039
网　　址：http://www.courtbook.com.cn
E－mail：courtpress@sohu.com
印　　刷：保定彩虹印刷有限公司
经　　销：新华书店

开　　本：787×1092毫米　1/16
字　　数：650千字
印　　张：38.25
版　　次：2019年3月第1版　2019年3月第1次印刷
书　　号：ISBN 978－7－5109－2476－7
定　　价：118.00元

中国法治实施报告（2018）创作团队

主　编： 江必新

副主编： 蒋建湘　陈云良　王红霞

报告撰稿人（按写作章节顺序）

王红霞　中南大学法学院院长助理、副教授
周刚志　中南大学法学院教授
曹守晔　最高人民法院高级法官
顾功耘　华东政法大学经济法律研究院院长、教授
何炼红　中南大学法学院副院长、教授
胡建淼　中央党校（国家行政学院）教授
骆梅英　浙江工商大学法学院党委书记、教授
徐孟洲　中国人民大学法学院教授
李胜利　安徽大学法学院副院长、教授
刘文华　湖南省人力资源和社会保障厅法规处处长
张　宝　中南财经政法大学法学院副教授
陈云良　中南大学法学院院长、教授
岳远雷　湖北中医药大学人文学院副教授
康均心　中南财经政法大学社会科学研究院院长、教授
汪海燕　中国政法大学刑事司法学院院长、教授
唐东楚　中南大学法学院教授
黄先雄　中南大学法学院教授
宋功德　中共中央办公厅法规局局长、机关党委书记
杨伟东　中央党校（国家行政学院）政治和法律教研部副主任、教授
何　帆　法治工作者
邓联繁　湖南省廉政建设协同创新中心主任、教授
王春晖　南京邮电大学信息产业发展战略研究院教授

审读专家（按审读章节顺序）

杨绍华　《求是》杂志社政治编辑部副主任、编审

王比学　人民日报高级记者

冯晓青　中国政法大学民商经济法学院教授，中国法学会知识产权法学研究会副会长

柯　坚　武汉大学法学院教授

胡晓翔　南京市公立医院管理委员会办公室处长

肖建国　中国人民大学法学院教授，中国中国法学会民事诉讼法学研究会副会长

梁凤云　中国行政法学会理事

年度事件点评名家（按写作章节顺序）

王晨光　清华大学法学院教授，中国法学会卫生法学研究会副会长

胡云腾　中华司法研究会副会长，教授

张新宝　中国人民大学法学院教授，中国法学杂志社总编辑，中国法学会法学期刊研究会会长

秦前红　武汉大学法学院教授，中国法学会宪法学研究会副会长

姜明安　北京大学法学院教授，中国法学会廉政法制研究会副会长

刘剑文　辽宁大学特聘教授、北京大学法学院教授，中国法学会财税法学研究会会长

郭　禾　中国人民大学法学院教授，中国法学会知识产权法学研究会副会长

周汉华　中国社会科学院法学研究所研究员，中国法学会网络与信息法学研究会副会长

夏吟兰　中国政法大学法学院教授，中国法学会婚姻家庭法学研究会会长

姚　莉　中南财经政法大学副校长、教授，中国刑事诉讼法学研究会副会长

目 录

第一编　总报告

第二编　宪法与各部门法实施报告

第三编　法治实施专题报告

第四编　年度法治实施十大事件评析

附 录

全面提升法治实施质效 加快推进法治中国建设

（代序言）

江必新

法治实施体系是中国特色社会主义法治体系建设的中心任务和落脚点。法治实施体系建设是一项长期的系统工程。随着法治中国建设的加快推进，法治实施体系建设进入决胜阶段。如何全面提升法治实施质效是摆在当前最核心、最紧迫、最艰巨的任务。

一、全面提升法治实施质效是法治中国建设的关键

改革开放以来，我国大力发展中国特色社会主义法治，全面依法治国深入推进，中国特色社会主义法律体系逐步健全，人民基本权利的类型和内容更加丰富、制度和法治保障更加有力，全社会法治观念明显增强。特别是党的十八大以来，中国的法治建设全面提速。党的十八届三中全会进一步提出了建设法治中国的伟大目标。

另一方面，中国的法治运行中还存在不少问题：立法欠科学、执法不严格、司法不公正的问题时有发生；人心不信法、民行不惮法、维权不靠法的情形亦不乏见。上述问题体现出法治实施的质效欠佳。虽然近年来法律实施工作不断迈上新台阶，法治实施体系快速形成，实施效果不断释放，但法治实施不全面、不均衡、形式化、非常态，协调衔接不到位等问题也比较突出，与法治中国战略目标仍存在不小差距。某种意义上，高质效的法治实施已经成为全面建成法治中国的中心任务。

法治实施是法治效能的释放过程。法律的生命在于实施，法治的生命

在于法治系统的持续有效运行、严格高效实施。特别是在我国推进国家治理现代化和全面建设小康社会的整体战略目标下，必须通过高质效的法治实施切实保障改革、促进发展，释放法治固根本、稳预期、利长远的功能；必须通过高质效的法治实施，切实保障宪法和法律所赋予的权利真实、具体，宪法和法律所确立的制度有效、管用；必须通过高质效的法治实施切实保障人民共享经济、政治、文化、社会、生态等各方面发展成果，切实拥有更多、更直接、更实在的获得感、幸福感、安全感。

法治实施也是法治系统的检验过程。立法科学不科学、规则合理不合理，都要在法治实施中体现；制度行不行得通，机制有没有实效，都要在法治实施中验证。国家治理和社会生活中的新问题、新需求，要在法治实施中发现；基层执法者和司法者的好办法、金点子，也要在法治实施中提炼。法治实施是整个法治系统的实现环节和反馈环节，是实现整个法治系统的良性循环和自我优化的关键。

二、全面提升法治实施质效的核心内容

在宏观层面，法治中国战略要求在国家、政府和社会三个领域全面实现法治。全面提升法治实施质效要贯彻落实依法治国、依法执政、依法行政共同推进，法治国家、法治政府、法治社会一体建设的方针。在中观层面，全面提升法治实施质效，要使法律能得到全面、准确地贯彻，在理念和行动上做到严格执法、公正司法和全民守法常态化，形成有效的实施反馈，让法治高效运行。在微观层面，全面提升法治实施质效需要深入强化依法实施、科学实施、高效实施，不断完善法治实施体系、优化法治实施机制。

宪法具有最高的法律地位、法律权威、法律效力。党要把领导人民制定和实施宪法法律同党坚持在宪法法律范围内活动统一起来。任何组织或者个人都不得有超越宪法法律的特权。一切违反宪法法律的行为，都必须予以追究。立法要加快完善制度体系，用科学有效、系统完备的制度保证宪法实施。要完善宪法监督制度，积极稳妥推进合宪性审查工作，加强备案审查制度和能力建设。要深入开展全社会尊崇宪法、学习宪法、遵守宪法、维护宪法、运用宪法的宣传教育活动，弘扬宪法精神。

立法是法治实施的前提。要有效提升立法科学性，完善与法治实施相关的制度和机制，为高质效法治实施奠定坚实制度基础。强化法治实施与立法工作的衔接，将法治实施中发现的问题和提炼的方案反馈立法，推动

立法合理、适时更新升级，立改废协同并举。

依法行政是法治实施的中心环节。要继续加强法治政府建设，健全依法决策机制，深化行政执法体制改革，推进依法行政，严格规范公正文明执法；不断健全权力运行制约，持续加强监督体系建设，完善党政主要负责人履行推进法治建设第一责任人职责的约束机制。通过法治政府的扎实建设，确保政府依法用权、重程序、守规范，带头守法，释放示范带动作用。

要深化司法体制改革，深入研究综合配套改革方案，全面落实司法责任制，加快构建权责一致的司法权运行新机制。要通过高质效的司法让人民群众在每一个案件中感受到公平正义。

要加快推进法治社会建设，依法防范风险、化解矛盾、维护权益，加快形成共建共治共享的现代基层社会治理新格局。要加大全民普法力度，建设社会主义法治文化，弘扬社会主义核心价值观；运用多种媒介、把握各种契机弘扬法治精神，提升法治意识，营造全社会尚法守法的氛围，全面提升社会主体自觉守法、积极用法的主动性。

依法执政是中国法治实施体系的重要环节。要坚持科学执政、民主执政、依法执政，完善党的领导方式和执政方式，提高党的执政能力和领导水平，不断提高党把方向、谋大局、定政策、促改革的能力和定力。各级党组织和全体党员要带头遵法学法守法用法，任何组织和个人都不得有超越宪法法律的特权，绝不允许以言代法、以权压法、逐利违法、徇私枉法。

法治实施均涉及人的行为。要切实强化法治工作队伍建设和法治人才培养，改革法学教育体制，优化遴选机制，健全考评机制，完善保障机制，建立永续学习制度，确保执法、司法战线的工作者具有坚定的法治信念、扎实的专业素养、过硬的工作作风。

三、全面提升法治实施质效的重点

（一）要在重点领域充分释放社会主义法治优越性

法律实施要着重发挥促进高质量可持续发展、保障和改善民生的功能。为此，要抓实重点领域的执法、司法和法律监督，高度重视民生领域、环境保护与生态文明建设等方面的法治运行实效。对食品、药品等领域的重大安全问题，要抓住关键症结，拿出治本措施，通过高质效、可期待的法治实施维护好人民群众生命安全和身体健康。

（二）在高质效的法治实施中彰显“人民中心”

要坚持以人民为中心，坚持从实际出发，以科学合理的机制、严格规范的实施维护重大公共利益、防范各类社会风险，保障人民合法权益，促进社会公平正义。要通过高质效的法治实施，切实保障人民群众的人身权利和财产权利。在执法、司法、守法等法治实施各环节切实贯彻平等保护，维护各类市场主体产权和合法权益。规范政府和市场的边界，通过市场化手段在法治框架内调整各类市场主体的利益关系，促进公平竞争，优化资源配置。

（三）要使法治实施与深化改革耦合衔接

经验证明，做好改革发展稳定各项工作离不开法治，改革开放越深入越要强调法治。随着我国各项改革的持续深化，“剩下的都是难啃的硬骨头”，法治中国建设也必须突破“瓶颈”，迈向与发展需求相适应的高级阶段。高质量的法治实施无疑就是这个“瓶颈”。法治实施要践行中国特色社会主义法治理论，贯彻新发展理念，紧扣贯彻落实党中央重大决策部署，确保各项重大改革举措落到实处，使我国法治实践同我国发展的战略目标相适应，同全面建成小康社会、全面深化改革、全面从严治党相协同，步步为营、扎扎实实，全面建成法治中国。

第一编　总报告

- 2018年中国法治实施总体回顾与展望

2018 年中国法治实施总体回顾与展望

王红霞

一、2018 年中国法治实施总体情况述要

2018 年是贯彻落实党的十九大精神的开局之年，是改革开放 40 周年，是决胜全面建成小康社会、实施“十三五”规划承上启下的关键一年。这一年，中国法治实施成果丰硕，在诸多具体领域和环节取得重大进展。

（一）关于司法工作

2018 年，最高人民法院受理案件 34 794 件，审结 31 883 件，比 2017 年分别上升 22.1% 和 23.5%；地方各级法院受理案件 2 800 万件，审结、执结 2 516.8 万件，结案标的额为 5.5 万亿元，比 2017 年分别上升 8.8%、10.6% 和 7.6%。从案件类型来看，2018 年，各级法院审结一审刑事案件 119.8 万件，判处罪犯 142.9 万人；审结一审民事案件 901.7 万件，一审商事案件 341.8 万件，一审知识产权案件 28.8 万件，一审行政案件 25.1 万件。2018 年，全国各级法院办理司法救助相关案件 4.62 万件，救助涉案困难群众 5.75 万人，发放司法救助金 10.8 亿元，同比分别上涨 23.9%、18.6% 和 20.5%。

2018 年，最高人民法院制定各类司法解释 22 件，发布指导性案例 3 批次 14 例，典型案例 18 批次 206 例。

（二）关于检察工作

2018 年，全国检察机关批准逮捕各类刑事犯罪嫌疑人 1 056 616 人，提起公诉 1 692 846 人，同比分别下降 2.3% 和 0.8%；对刑事、民事和行政诉讼活动中的违法情形监督 447 940 件次，同比上升 22.4%；立案办理公益诉讼案件 113 160 件，其中民事公益诉讼 4393 件、行政公益诉讼 108 767 件。2018 年，全国检察机关共办理诉前程序案件 102 975 件。其中，公告督促有关社会组织提起民事公益诉讼 1721 件；向行政机关发出检察建议 101 254 件。

2018年，全国检察机关督促侦查机关立案22 215件、撤案18 385件，同比分别上升19.5%和32%；对侦查机关违法取证、适用强制措施不当等提出书面纠正意见58 744件次，同比上升22.8%。对涉嫌犯罪但无须逮捕的决定不批捕116 452人，对犯罪情节轻微、依法可不判处刑罚的决定不起诉102 572人，同比分别上升4.5%和25.5%。对不构成犯罪或证据不足的决定不批捕168 458人、不起诉34 398人，同比分别上升15.9%和14.1%。监督纠正减刑、假释、暂予监外执行不当39 287人次，同比上升38.9%。2018年，全国检察机关对认为确有错误的刑事裁判提出抗诉8504件。对认为确有错误的民事判决、裁定提出抗诉3933件，同比上升25.1%；提出再审检察建议4087件，同比上升32.1%。对认为确有错误的行政判决、裁定提出抗诉117件，同比下降15.8%；提出再审检察建议90件，同比上升50%。

2018年，最高人民检察院发布指导案例4批次13例，典型案例5批次41例。

（三）关于公安执法

2018年，公安机关集中组织开展扫黑除恶专项斗争、打击枪爆违法犯罪、电信网络诈骗犯罪、涉众型经济犯罪和“净网”等一系列专项行动，确保社会治安大局持续平稳。

2018年，全国公安机关共打掉涉黑组织1292个、恶势力犯罪集团5593个，破获各类刑事案件79270起，缴获各种枪支851支，查封、扣押、冻结涉案资产621亿元，全国刑事案件同比下降7.7%，八类严重暴力案件同比下降13.8%。2018年，公安部牵头实施涉枪涉爆违法犯罪打击整治专项行动，全国共破获涉枪涉爆案件3.7万起，打掉团伙416个，捣毁窝点599个，抓获违法犯罪嫌疑人4.3万人；收缴各类枪支14.6万支。枪爆犯罪案件保持了多年连续下降的良好态势，中国成为全世界枪爆犯罪案件最少的国家之一。2018年，全国公安机关开展为期10个月的“净网2018”专项行动，共侦破各类网络犯罪案件5.7万余起，抓获犯罪嫌疑人8.3万余名。行政处罚互联网企业及联网单位3.4万余家次，清理违法犯罪信息429万余条。2018年，全国公安机关严厉打击“盗抢骗”犯罪，共破获“盗抢骗”案件118.3万起，抓获一大批犯罪嫌疑人，为群众挽回损失65.6亿元。2018年，公安机关严打“套路贷”违法犯罪活动，共打掉“套路贷”团伙1664个，共破获诈骗、敲诈勒索、虚假诉讼等案件21624起，抓获犯罪嫌疑人 16349 名，查获涉案资产 35.3 亿余元。

（四）关于司法行政

2018 年，中央重新组建司法部，司法行政系统充分履行行政立法、行政执法、法律事务管理和普法宣传等职能。2018 年，按计划报送法律法规送审稿 55 件，完成计划外立法项目 20 项。完成党和国家机构改革、“放管服”改革等涉及的法律、行政法规清理工作，分 5 批起草一揽子修改、废止法律、行政法规草案。深化“减证便民”，截至 2018 年底，共清理取消证明事项 6000 余项。2018 年，全国共办结各类行政复议案件 2961 件，其中国务院行政复议案件 2536 件，部机关行政复议案件 263 件，应诉案件 162 件。2018 年，全国处理仲裁案件预计突破 30 万件，增幅超 90%，案件标的总额 5338 亿元。积极开展人民调解工作，2018 年，全国各地累计排查调解矛盾纠纷 953.2 万件。公共法律服务体系建设统筹推进，整合律师、公证、司法鉴定、法律援助、仲裁、司法所、人民调解等法律服务资源，加快构建覆盖城乡的公共法律服务网络体系，截至 2018 年，全国县一级建成公共法律服务中心 2917 个、覆盖率 99%，乡镇（街道）公共法律服务工作站 39380 个，覆盖率分别达到 99.97% 和 96.79%。2018 年全年，累计办理法律援助案件 145.2 万件，同比增长 11.1%，受援 151.8 万人次，提供法律咨询 875 万人次。

（五）关于法治监督

2018 年，全国人大常委会开展 6 次执法检查，专门检查了大气污染防治法、海洋环境保护法、传染病防治法、防震减灾法、农产品质量安全法、统计法等法律的实施情况。2018 年，全国人大常委会听取审议国务院、最高人民法院、最高人民检察院工作报告 24 个；结合审议大气污染防治法执法检查报告，人民法院解决“执行难”工作情况的报告、人民检察院加强对民事诉讼和执行活动法律监督工作情况的报告，财政医疗卫生资金分配和使用情况的报告组织开展了 3 次专题询问；开展了关于“七五”普法、民族教育、脱贫攻坚、乡村振兴、地方政府债务 5 项专题调研。

（六）关于法制完善

2018 年，全国人大及其常委会通过了宪法修正案，新制定颁布法律 8 件，修改法律 47 部，通过 13 个有关法律问题和重大问题的决定决议。国务院制定行政法规 5 部，修改行政法规 32 部，废止行政法规 5 部。2018 年，相关机关共向全国人大常委会报送备案行政法规、地方性法规、司法解释

1238 件，其中行政法规 40 件、省级地方性法规 640 件、设区的市地方性法规 483 件、自治条例和单行条例 33 件、经济特区法规 24 件、司法解释 18 件。2018 年，党中央及中央纪委、中央各部门和省（自治区、直辖市）党委共制定修订党内法规 74 件。

二、2018 年中国法治实施的主要特点与突出问题

2018 年，中国法治实施整体上向更高水平迈进。法治与改革同步推进，各项重大改革始终切实坚持立法先行、于法有据。执法、司法服务经济社会发展大局的主动性和有效性进一步增强，实施重心从查处转向查处和预防并重。通过高效法治实施使法治固根本、稳预期、利长远的保障作用得到更好释放。民众法治意识普遍增强，社会整体法治氛围愈发浓厚。全社会法治秩序得以进一步巩固和强化。

（一）2018 年中国法治实施的主要特点

总体来看，2018 年我国的法治实施工作具有如下突出特点：一是在实施目标上更加注重保障政策落地，实施机关重视运用法律方法将国家政策方针融入法治运行，努力实现持法达变；二是在价值取向上向实质法治显著迈进，多起热点案件处理更加注重彰显实质正义；三是在实施规划中更加注重通过调查研究、把握实际情况、寻求有效对策；四是在实施手段上更加强调与其他治理方式和治理手段的综合运用、系统联动；五是在实施策略上高度重视氛围营造与舆论引导；六是在制度完善上重视利用危机中的契机，在积极回应社会热点中快速推进制度补丁升级；在系统运行上，党规党法的加快健全和严格实施为执法、司法和守法创造了良好的条件，法治实施整体水平的加快提升带动了整个法治系统良性循环和优化升级。

具体来看，2018 年的法治实施还呈现出如下四个方面的显著特点。

1. 社会主义核心价值观全面融入法治实施

2018 年，法治实施各领域全面开展将社会主义核心价值观融入法治建设的具体工作。2018 年 3 月，社会主义核心价值观写入宪法。5 月，中共中央印发了《社会主义核心价值观融入法治建设立法修法规划》。全国人大常委会、国务院均把社会主义核心价值观融入法律列入 2018 年立法计划。《国务院办公厅关于加强行政规范性文件制定和监督管理工作的通知》明确要求对行政规范性文件是否符合社会主义核心价值观进行把关。《国务院关于落实〈政府工作报告〉重点工作部门分工的意见（2018）》中，将培育和

践行社会主义核心价值观纳入提高保障和改善民生水平的十项工作。最高人民法院坚持在制定司法解释、审判执行案件中全面贯彻社会主义核心价值观，将其列入《2018 年人民法院工作要点》，发布了《关于加强和规范裁判文书释法说理的指导意见》《关于在司法解释中全面贯彻社会主义核心价值观的工作规划（2018－2023）》《关于进一步深化家事审判方式和工作机制改革的意见（试行）》《关于为实施乡村振兴战略提供司法服务和保障的意见》等司法文件，在具体领域强化弘扬社会主义核心价值观。

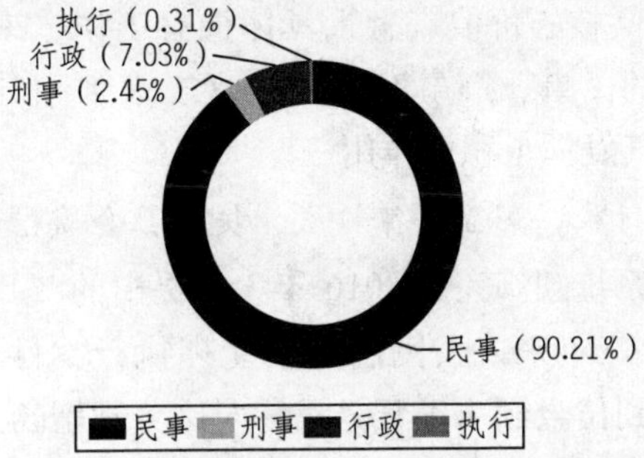

图 1　2018 年运用社会主义核心价值观裁判的案件类型占比①

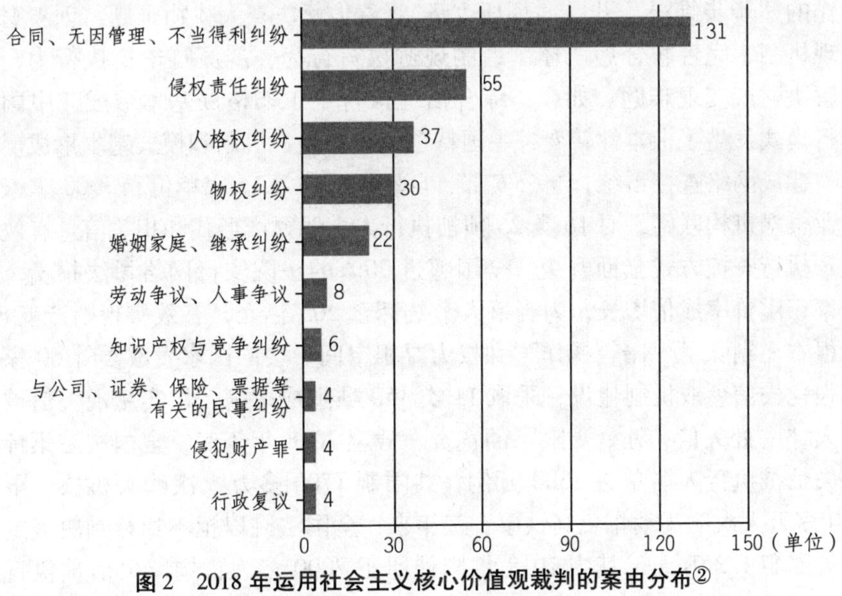

图 2　2018 年运用社会主义核心价值观裁判的案由分布②

① 资料来源：笔者根据无讼数据库统计。统计时间：2019 年 3 月 5 日。

② 资料来源：笔者根据无讼数据库统计。统计时间：2019 年 3 月 5 日。

2018 年，《英雄烈士保护法》出台。最高人民法院先后发布《关于认真学习宣传贯彻〈英雄烈士保护法〉的通知》《关于加强“红色经典”和英雄烈士合法权益司法保护弘扬社会主义核心价值观的通知》；先后发布指导案例 99 号“葛长生诉洪振快名誉权、荣誉权纠纷案”、典型案例“刘发金、徐全容申请刑事被害人司法救助案”指导社会主义核心价值观融入具体审判工作。最高人民检察院发布《关于贯彻〈英雄烈士保护法〉捍卫英雄烈士荣誉与尊严的通知》；发布指导性案例“曾云侵害英烈名誉案”（检例第 51 号）指导社会主义核心价值观融入具体检察工作。2018 年，一批维护社会公益、见义勇为的民事、刑事案件的处理、审判和广泛传播，对于匡扶正义，弘扬社会正气发挥了积极作用。

2. 切实破解执行难，彰显法律权威，提升社会诚信

2018 年，司法系统圆满完成 2016 年 3 月提出的“用两到三年时间基本解决执行难问题”。三年来，人民法院共受理执行案件 2043.5 万件，执结 1936.1 万件，执行到位金额 4.4 万亿元，同比分别增长 98.5%、105.1% 和 71.2%，解决了一批群众反映强烈的突出问题。三年来，人民法院针对执行工作的“步步维艰”开展“环环攻坚”：着力解决查人找物难题，创新财产发现机制，完善联合惩戒体系遏制规避执行行为，严厉打击拒执行为，着力解决财产变现难题。如今，综合治理执行难工作格局基本形成，中国的执行模式发生了根本性转变，中国特色执行制度、机制和模式基本形成。

建成网络查控系统，与公安部、自然资源部等 16 家单位和 3900 多家银行业金融机构联网，对 16 类 25 项被执行人主要财产形式和相关信息有效覆盖，执行查控方式全面升级。全国超过 90% 的法院实行网络司法拍卖，成交率、溢价率成倍增长，为当事人节约佣金 205 亿元，有效实现财产变现，从根本上剔除了“暗箱操作”和权力寻租空间。会同国家发改委等 60 家单位强化失信惩戒机制建设，采取 11 类 150 项惩戒措施，切实兑现失信被执行人“一处失信、处处受限”的宣言。截至 2018 年年底，全国法院累计发布失信被执行人名单近 1300 万例，共限制 1700 多万人次购买机票，限制 540 多万人次购买动车、高铁票。三年来，全国法院以拒不执行判决裁定罪判处罪犯 1.3 万人，其中 2018 年判处罪犯 7000 多人；拘留失信被执行人 50.6 万人次，限制出境 3.4 万人次，同比分别上升 416.3%、135.4% 和 54.6%。另有 366 万人迫于压力自动履行义务。各级法院开展形式多样的宣传手段。开通专网，制作专题片，开展全媒体直播，全方位生动展现执行

工作进展。据不完全统计，截至 2018 年 12 月中旬，累计超过 5 亿人次网友在线收看执行直播节目。

这些针对执行难的一系列攻坚举措，特别是联合惩戒和全媒体直播，不仅对失信人产生巨大震慑效应，切实提升了执行效果，更有力展示了裁判效力、彰显了法治权威，对于弘扬遵法、守法精神，推动全社会诚实守信发挥了实实在在的作用。“联动施治 + 全方位宣传”的“组合拳”对其他领域法律实施系统施策亦具有重要示范借鉴意义。

3. 全面迈向法治智慧实施

2018 年，信息技术、人工智能和大数据与法律实施工作进一步广泛、深度融合，切实推动执法、司法和法律监督的质量变革、效率变革，法治实施能力和水平实现跨越式发展。2018 年，全国各地加快建设“数字政府”，着力强化“互联网 + 政务”服务和智慧监管。公安系统大力实施公安大数据战略，着力打造数据警务、建设智慧公安。检察系统深化智慧检务建设，统筹研发智能辅助办案和管理系统。最高人民法院加快开展智慧法院建设，进一步修订完善形成《智慧法院建设评价指标体系（2018 年版）》。电子诉讼特别是移动电子诉讼进展迅速，逐步实现网上阅卷、证据交换、网上开庭和电子送达；三分之二的法院基本实现电子卷宗随案同步生成和深度应用。司法大数据管理和服务平台有效为群众诉讼提供服务，为科学决策提供参考。上线“类案智能推送”“法信智答版”等系统，建设智能语音云平台，为法官办案提供智能辅助。中国的司法系统智能化已经走在世界前列，成为诸多国家改革的经验源泉，国外媒体广泛予以报道。法律实施与现代科技的深度融合推动了长期存在的法治实践难题的破解，并有效提升了法律实施中的研判预测能力、智能化管理水平和规范化程度。

4. 指导性案例在法治实施中发挥的作用愈发显著

2018 年，指导性案例在法治实施领域的作用持续攀升。2018 年，最高人民法院发布指导性案例 3 批次 14 例。最高人民检察院发布指导性案例 4 批次 13 例。司法部发布指导性案例 1 批次 3 例。截至 2018 年底，“两高”指导性案例总数累计已分别达 106 例和 51 例。根据中国裁判文书网发布的数据统计，近五年来，指导性案例在个案中被引证总量逐年攀升（见图 3）。其中，第 23 号、第 24 号、第 77 号、第 72 号、第 15 号指导性案例在 2018 年度的引证频次最高。

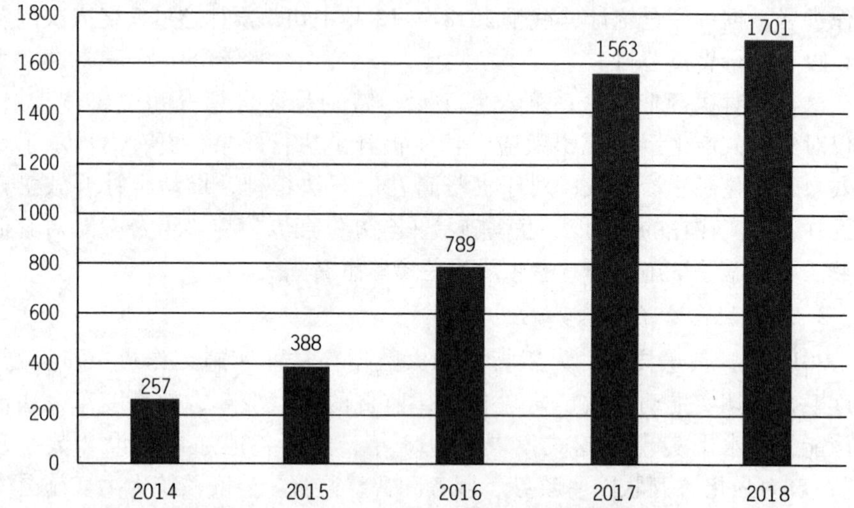

图 3　2014～2018 年裁判文书引述指导性案例情况①

表 1　2018 年引证频次最高的指导性案例②

引证排名	指导案例编号	引证频次
1	第 23 号	83
2	第 24 号	83
3	第 77 号	56
4	第 72 号	55
5	第 15 号	32
6	第 60 号	31
7	第 54 号	22
8	第 34 号	14
9	第 17 号	13
10	第 41 号	9

指导性案例的广泛适用不仅昭示了从“具体到具体”③ 的法律适用的必

① 资料来源：笔者根据中国裁判文书网公开的裁判文书统计。统计时间：2019 年 3 月 9 日。
② 资料来源：笔者根据中国裁判文书网公开的裁判文书统计。统计时间：2019 年 3 月 11 日。
③ 周强：《充分发挥案例指导作用促进法律统一正确实施》，载《人民法院报》2015 年 1 月 4 日，第 1 版。

要性和优越性，促进法律适用的统一，而且有效推动了公共政策进入司法并得以贯彻。特别是在稳定法律预期、适度调整立法政策、强化社会效果和兼顾道德建设四个方面，指导性案例发挥了积极的政策引导功能。[①] 2018年修订颁布的《人民法院组织法》《人民检察院组织法》进一步将“两高”发布指导性案例的职权明确写入法律。可以预见，在今后的法治实施中，指导性案例制度必将发挥更大的作用。

（二）2018年中国法治实施中遭遇的挑战与呈现的问题

中国的法治建设开展于社会深刻变革阶段，特别是2018年以来诸多新情况对法治建设特别是法治实施提出了多方面严峻挑战。其一，世界经济整体放缓、国际贸易摩擦升级，导致国内经济下行，酝酿和引发诸多不稳定因素，各类压力向法治实施领域传导。其二，国家全面建设小康社会进入攻坚阶段，改革进入深水区、攻坚期，“硬骨头”任务和刚性时间表对相关法治实施提出更高要求。其三，法治建设迈向高级阶段，法网越织越密，导致法治实施任务越发艰巨，直接冲击法治“兑现率”。其四，人民群众法治意识普遍提升，对法治水平和法治效能的期待显著提高，迫切需要法治实施常态化、泛在化、精细化。在上述大背景下，我国的法治实施理念、实施机制、实施资源与实施能力等与新时代的客观形势发展和人民群众主观要求相比还有相当差距。

具体来看，2018年，以下问题更值得重视。

其一，一些立法过分侧重限时回应社会压力和民众呼声，操之过急，回避触及深层次问题，象征性有余可操作性不强，为法律实施埋下隐患；一些关联度高、相互配套的实施举措出台不及时、推进不同步。

其二，法律实施中懒政、惮政现象抬头，以规避责任为中心，重留痕、轻实绩、形式完备但制度空转，敷衍塞责走过场的情况在执法和监管领域表现突出。

其三，执法、司法机关的工作范围、受案数量逐年攀升，事多人少、案多人少的矛盾越发突出，直接冲击法律实施质量。一线人员长年超负荷工作，规范化、责任制、绩效考核进一步强化工作压力，导致身心俱疲。基层、偏远地区法律实施机关人难招、人难留、断层问题仍相当突出；金融、知识产权、生态环境、信息网络等领域的专业法治人才严重匮乏。

---

① 王绍喜：《指导性案例的政策引导功能》，载《华东政法大学学报》2018年第5期。

其四，法治实施领域工作人员行为不规范问题时有发生；执法不严、司法腐败的情形依然存在，直接损害法治的公信力。

其五，社会领域各类造假、诈骗、虚假宣传尚未得到有效治理且有越发普遍化、隐蔽化倾向，直接拷问法治效能，消解社会信任，导致法治的社会资源流失。

三、2019 年中国法治实施展望

2019 年是中华人民共和国成立 70 周年，是决胜全面建成小康社会、实现第一个百年奋斗目标的关键之年。2019 年，中国法治实施的重点主题有两个：一是维护稳定。通过高效的法治实施坚守各领域安全底线，稳就业、稳金融、稳外贸、稳投资、稳预期，保持经济持续健康发展，维护国家政治安全、社会安定、人民安宁。二是保障发展。法治实施要持续服务好党和国家工作大局，为经济高质量发展提供法治保障，为社会各项事业的繁荣昌盛提供法治支撑，为新时代中国特色大国外交提供法治服务。

随着法治建设进入高级阶段，高原现象、“瓶颈”矛盾、短板效应不断暴露，法治实施工作面临严峻挑战。2019 年，中国法治实施的难点突出表现在两个方面：一是如何用有限的法治实施资源实现更多、更高、更艰巨的法治实施目标。二是如何在经济下行风险加剧、社会问题多发、频发之际，实现积极用权与有效控权的恰当平衡。

对于前者，笔者建议从以下六个方面来着力应对：一是在重点领域加大实施力度，强化权益保障，形成有效震慑，提振预防效果。二是持续探索科技与法治实施的深度融合，通过更高水平智慧实施简化实施中的具体工作。三是切实开展有效措施，清理不必要的实施环节和冗余程序，提升法治实施队伍素质与能力，进而提升实施效率。四是进一步推动社会治理重心下移，动员激发社会力量更好参与法治实施。五是在执法、司法中增强说理、普及法治、提升共识，获得人民群众的更多的理解和支持；落实依法实施与文明实施双推进，使法治效果和社会效果实现最大限度的统一。六是精准识别、严厉打击虚假诉讼、恶意缠访等滥用法治资源的行为，使法治实施力量有效汇聚于真问题之上。

对于后者，笔者建议着力在两个维度上强化治理。从权力行使的维度来看，各类法治机关和人员在任何复杂环境下须始终坚持运用法治思维和法治方式化解矛盾、促进社会变革。从权力监督和保障维度来看，既要查处滥用权力违法违规行为，也要严惩怠惰用权的不作为；既要将权力关在笼子里，又要赋予权力以适度权威；既要强化法律实施规范化，又要整饬形式主义、官僚主义歪风；既要全面落实执法、司法责任制，又要为法律实施者提供充分的履职保障。

整体上看，当前和今后的中国整体的法治实施仍需坚持突出重点、补强短板、统筹兼顾、系统推进相结合，进一步向全面实施、常态实施和精准实施推进，切实提升法治实施质效，充分释放法治效能，为全面深化改革开放提供有力保障，促进社会公平正义，保障人民安居乐业，努力让人民群众在每一个事件和问题中感受法律权威和法治进步，使我国法治实施水平与形势严峻性和矛盾复杂性相匹配，与全面小康社会的整体目标相匹配，与人民群众客观需要相匹配。

撰稿专家

王红霞，辽宁鞍山人，博士。现任中南大学法学院院长助理、副教授、硕士生导师，主要从事转型法治、经济法、信息与网络法等方面的科研和教学；兼任《中国法治实施报告》副主编、《经济法论丛》副主编，中国行为法学会、中国法学会经济法学研究会、中国法学会网络与信息法学研究会理事，两岸通讯传播法论坛秘书长等职。主持国家社科基金、司法部、教育部课题多项；在《中国社会科学》《法商研究》《法学评论》《政法论坛》《法制与社会发展》等核心期刊发表学术论文数10篇，多篇次被人大复印资料、《中国社会科学文摘》等转载；独著、合著专著5部；多次在全国性学术论文竞赛、各类教学竞赛获奖。

第二编　宪法与各部门法实施报告

- 第一章　2018年宪法实施报告
- 第二章　2018年民商法实施报告
- 第三章　2018年行政法实施报告
- 第四章　2018年经济法实施报告
- 第五章　2018年社会法实施报告
- 第六章　2018年刑法实施报告
- 第七章　2018年诉讼法实施报告

第一章　2018 年宪法实施报告

周刚志

报告要旨

2018 年，第五次宪法修正案获得顺利通过，我国宪法审查机制得到了进一步的建立健全，监察法律机制、宪法宣誓制度分别得以建立和完善。国务院积极推进自由贸易区建设，深化教育科技体制改革，激励科技创新与提高发展质量成为国务院实施宪法的重要内容。本年度中，“环境保护”与“风景名胜区保护”是各省、直辖市和自治区立法的重要内容之一。文化立法，尤其是法治宣传立法和精神文明立法成为省市区人大及其常委会实施宪法的重要内容之一。

核心建议

建议全国人大制定《宪法审查程序法》，或者由全国人大常委会制定《宪法和法律审查工作规程》，建立全国统一的备案审查信息平台，实行有件必备、有备必审、有错必纠、有案必查。

2018 年是中国宪法史具有重要意义的一年。2018 年 3 月 11 日，第十三届全国人大第一次会议通过了我国第五次宪法修正案，共 21 条；本次宪法修改吸纳了我国新时期社会主义改革的诸多理论与实践成果，修改的条文与内容举世瞩目。“宪法修改”本身就是宪法实施的重要机制，而“宪法修正案”的内容则需要确保宪法法律修订内容与修订前的内容之间具有历史连续性，才会使宪法和法律秩序不会突然因规范的改变而紊乱，才会确保宪法文本和宪法规范自身的权威性得以延续和巩固。

在本篇报告中，我们继续采用原有的研究方法及路径，在全面采集全国人大及其常委会、国务院、省、直辖市、自治区地方立法数据的基础上，对于我国宪法实施的现状进行评价。

一、研究范围及研究对象特点

（一）研究范围

宪法的法律渊源不仅包括“宪法典”，而且包括“宪法直接相关法”“宪法惯例”和“宪法习惯”，等等。中国宪法的“实施主体”，包括“中国各级人大及其常委会”“中共中央及中国共产党各级党委”“国务院及各级地方人民政府”，等等；它们实施宪法，制定和实施“宪法直接相关法”“宪法相关重大决议”的行为，均属于“宪法实施行为”。

本报告主要将三类宪法实施主体的宪法实施行为作为考察和评价的指标：第一，全国人大及其常委会制定法律与重大决议实施宪法的履职行为；第二，国务院颁布重要决定与行政法规实施宪法的履职行为；第三，省级人大及其常委会制定和修订地方性法规的宪法履职行为。

（二）研究对象特点

“宪法实施的内容”主要包括“国家职权条款的实施”与“基本权利条款的实施”。鉴于中国宪法上基本权利条款的实施多依赖于“国家的积极义务”，但是基本权利多不具备“积极权利”的品格。所以我们对于中国宪法实施的考察，主要是对国家机关履行宪定职权的行为进行“定性分析”和“定量分析”。我们在此前的《中国宪法实施报告》中已经提出：以“法规备案审查机制”为重要内容之一的中国特色社会主义的宪法审查制度，乃是中国宪法实施的“否定性实施机制”与“宪法监督机制”，正在形成的过程之中。2018年3月11日，第十三届全国人民代表大会第一次会议通过《中华人民共和国宪法修正案》，将“全国人大法律委员会”更名为“全国人大宪法和法律委员会”。根据《全国人民代表大会常务委员会关于全国人民代表大会宪法和法律委员会职责问题的决定》，全国人大宪法和法律委员会在继续承担统一审议法律草案工作的基础上，增加推动宪法实施、开展宪法解释、推进合宪性审查、加强宪法监督、配合宪法宣传等职责。“全国人大宪法和法律委员会”的设立，是我国宪法实施机制发展完善的重要标志，对于我国宪法的贯彻实施发挥重要作用。

二、2018 年全国人大及其常委会实施宪法的基本情况及其评价

本文对于全国人大及其常委会的考察，主要以 2018 年度内全国人大及其常委会行使宪法职权的状况，尤其是它制定、修改相关法律及通过相关重要决议的数量与内容作为评价指标，等等。

（一）2018 年全国人大及其常委会实施宪法的基本状况

根据全国人大常委会官网“中国法律法规系统”公布的数据，2018 年全国人大及其常委会共通过宪法修正案 1 部，制定法律 9 部，修订法律 25 部；其中宪法相关法律 4 部，民商事法律 3 部，行政法律 11 部，经济法律 12 部，社会法律 3 部，诉讼与非诉讼程序法 1 部，制定或修改相关重要决议 13 部。除了前述“肯定性宪法实施行为”以外，2018 年全国人民代表大会常务委员会工作报告中明确提出，要“落实备案审查衔接联动机制，制定备案审查工作规程，建立全国统一的备案审查信息平台，实行有件必备、有备必审、有错必纠”。

表 1－1　2018 年全国人大及其常委会制定、修改法律的情况

基本状况	法律名称	通过时间	生效时间	制定主体
通过宪法修正案 1 部	宪法修正案	2018.03.11	2018.03.11	全国人民代表大会
制定或修改宪法相关法 14 部	监察法	2018.03.20	2018.03.20	全国人民代表大会
	人民陪审员法	2018.04.27	2018.04.27	全国人大常委会
	英雄烈士保护法	2018.04.27	2018.05.01	全国人大常委会
	个人所得税法	2018.08.31	2019.01.01	全国人大常委会
	国际刑事司法协助法	2018.10.26	2018.10.26	全国人大常委会
	刑事诉讼法	2018.10.26	2018.10.26	全国人大常委会
	人民检察院组织法	2018.10.26	2019.01.01	全国人大常委会
	人民法院组织法	2018.10.26	2019.01.01	全国人大常委会
	义务教育法	2018.12.29	2018.12.29	全国人大常委会
	高等教育法	2018.12.29	2018.12.29	全国人大常委会
	村民委员会组织法	2018.12.29	2018.12.29	全国人大常委会

续表

基本状况	法律名称	通过时间	生效时间	制定主体
制定或修改宪法相关法14部	城市居民委员会组织法	2018.12.29	2018.12.29	全国人大常委会
	企业所得税法	2018.12.29	2018.12.29	全国人大常委会
	预算法	2018.12.29	2018.12.29	全国人大常委会
制定或修改普通法律41部	反恐怖主义法	2018.04.27	2018.04.27	全国人大常委会
	进出口商品检验法	2018.04.27	2018.04.27	全国人大常委会
	国境卫生检疫法	2018.04.27	2018.04.27	全国人大常委会
	精神卫生法	2018.04.27	2018.04.27	全国人大常委会
	国家情报法	2018.04.27	2018.04.27	全国人大常委会
	国防教育法	2018.04.27	2018.04.27	全国人大常委会
	电子商务法	2018.08.31	2019.01.01	全国人大常委会
	土壤污染防治法	2018.08.31	2019.01.01	全国人大常委会
	环境保护税法	2018.10.26	2018.10.26	全国人大常委会
	广告法	2018.10.26	2018.10.26	全国人大常委会
	计量法	2018.10.26	2018.10.26	全国人大常委会
	农产品质量安全法	2018.10.26	2018.10.26	全国人大常委会
	消防救援衔条例	2018.10.26	2018.10.27	全国人大常委会
	农业机械化促进法	2018.10.26	2018.10.26	全国人大常委会
	野生动物保护法	2018.10.26	2018.10.26	全国人大常委会
	公共图书馆法	2018.10.26	2018.10.26	全国人大常委会
	防沙治沙法	2018.10.26	2018.10.26	全国人大常委会
	节约能源法	2018.10.26	2018.10.26	全国人大常委会
	船舶吨税法	2018.10.26	2018.10.26	全国人大常委会
	妇女权益保障法	2018.10.26	2018.10.26	全国人大常委会
	大气污染防治法	2018.10.26	2018.10.26	全国人大常委会
	旅游法	2018.10.26	2018.10.26	全国人大常委会
	循环经济促进法	2018.10.26	2018.10.26	全国人大常委会
	公司法	2018.10.26	2018.10.26	全国人大常委会

续表

基本状况	法律名称	通过时间	生效时间	制定主体
制定或修改普通法律41部	公务员法	2018.12.29	2019.06.01	全国人大常委会
	产品质量法	2018.12.29	2018.12.29	全国人大常委会
	耕地占用税法	2018.12.29	2019.09.01	全国人大常委会
	电力法	2018.12.29	2018.12.29	全国人大常委会
	车辆购置税法	2018.12.29	2019.07.01	全国人大常委会
	农村土地承包法	2018.12.29	2018.12.29	全国人大常委会
	老年人权益保障法	2018.12.29	2018.12.29	全国人大常委会
	环境影响评价法	2018.12.29	2018.12.29	全国人大常委会
	进出口商品检验法	2018.12.29	2018.12.29	全国人大常委会
	食品安全法	2018.12.29	2018.12.29	全国人大常委会
	职业病防治法	2018.12.29	2018.12.29	全国人大常委会
	民办教育促进法	2018.12.29	2018.12.29	全国人大常委会
	民用航空法	2018.12.29	2018.12.29	全国人大常委会
	港口法	2018.12.29	2018.12.29	全国人大常委会
	劳动法	2018.12.29	2018.12.29	全国人大常委会
	社会保险法	2018.12.29	2018.12.29	全国人大常委会
	环境噪声污染防治	2018.12.29	2018.12.29	全国人大常委会

表1-2 2018 年全国人大及其常委会制定重要决议的情况

基本状况	决议名称	通过时间	生效时间	制定主体
制定或修改相关重要决议13部	关于批准《中华人民共和国和格林纳达关于刑事司法协助的条约》的决定	2018.10.26	2018.10.26	全国人大常委会
	关于专利等知识产权案件诉讼程序若干问题的决定	2018.10.26	2019.01.01	全国人大常委会
	关于延长授权国务院在部分地方开展药品上市许可持有人制度试点期限的决定	2018.10.26	2018.11.05	全国人大常委会

续表

基本状况	决议名称	通过时间	生效时间	制定主体
制定或修改相关重要决议13部	关于修改《中华人民共和国刑事诉讼法》的决定	2018.10.26	2018.10.26	全国人大常委会
	关于批准《中华人民共和国和巴巴多斯引渡条约》的决定	2018.08.31	2018.08.31	全国人大常委会
	关于全面加强生态环境保护依法推动打好污染防治攻坚战的决议	2018.07.10	2018.07.10	全国人大常委会
	关于中国海警局行使海上维权执法职权的决定	2018.06.22	2018.07.01	全国人大常委会
	关于全国人民代表大会宪法和法律委员会职责问题的决定	2018.06.22	2018.06.22	全国人大常委会
	关于国务院机构改革涉及法律规定的行政机关职责调整问题的决定	2018.04.27	2018.04.28	全国人大常委会
	关于设立上海金融法院的决定	2018.04.27	2018.04.28	全国人大常委会
	关于延长授权国务院在实施股票发行注册制改革中调整适用《中华人民共和国证券法》有关规定期限的决定	2018.02.24	2018.02.25	全国人大常委会
	关于批准《上海合作组织反极端主义公约》的决定	2018.12.29	2018.12.29	全国人大常委会
	全国人民代表大会常务委员会关于实行宪法宣誓制度的决定	2018.02.24	2018.03.12	全国人大常委会

（二）2018 年全国人大及其常委会实施宪法状况之评价

从表 1 - 1、表 1 - 2 可知，2018 年全国人大通过了第五次《中华人民共和国宪法修正案》，全国人大及其常委会共制、修定了 55 部法律，其中有 14 部法律属于“宪法相关法”，41 部法律属于“普通法律”。全国人大常委会通过了 13 个重要决议，主要涉及外交事务、诉讼程序、金融法治、生态环境、海上维权等问题。从 2018 年全国人大及其常委会的工作内容来看，其宪法实施工作有三大特色内容：

第一，建立健全宪法审查机制。2018 年 10 月，全国人大常委会法工委宪法室正式成立，旨在配合加强宪法实施、推进合宪性审查工作。2018 年 12 月 29 日，第十三届全国人大常委会第七次会议上听取审议了法制工作委员会关于 2018 年备案审查工作情况的报告。据栗战书委员长介绍，2018 年度全国人大常委会共收到报送备案的行政法规 40 件、地方性法规 1180 件、司法解释 18 件，还有审查建议 1229 件。常委会将按照“有件必备、有备必审、有错必究”的要求，落实衔接联动机制，进一步加强备案审查工作，强化跟踪监督，尽快建成全国统一的备案审查信息平台和国家法律法规数据库，完善备案审查工作情况报告制度，更好发挥备案审查制度功效，捍卫社会主义法治尊严。①

第二，建立健全监察法律机制。2018 年 3 月 20 日，第十三届全国人大一次会议表决通过了《中华人民共和国监察法》。该法第 53 条规定：“各级监察委员会应当接受本级人民代表大会及其常务委员会的监督。各级人民代表大会常务委员会听取和审议本级监察委员会的专项工作报告，组织执法检查。”监察委员会向本级人大常委会作专项工作报告，体现了监察委员会对人大负责并受其监督，监察监督和监察委员会接受人大监督，均是宪法实施的重要机制。

第三，修改完善宪法宣誓制度。2018 年 2 月 23 日，第十二届全国人民代表大会常务委员会第三十三次会议通过了《全国人民代表大会常务委员会关于实行宪法宣誓制度的决定（修订草案）》，其中规定：“根据党的十九大报告和十九大修改的党章，对宪法宣誓誓词中有关奋斗目标的表述作出修改，将誓词修改为：‘我宣誓：忠于中华人民共和国宪法，维护宪法权

① 栗战书：《在第十三届全国人大常委会第七次会议上的讲话》，载中国人大网，http：//www. npc. gov. cn/npc/fwyzhd/2019 - 01/10/content_ 2070436. htm。

威，履行法定职责，忠于祖国、忠于人民，恪尽职守、廉洁奉公，接受人民监督，为建设富强民主文明和谐美丽的社会主义现代化强国努力奋斗！'”“在有关条款中增加与监察委员会有关的内容，共涉及5条、6处。”“在第八条第二款中增加一句：‘宣誓仪式应当奏唱中华人民共和国国歌。’与全国人大常委会2017年9月通过的国歌法有关规定相衔接。”宪法宣誓制度的修改完善，对于激励和教育国家工作人员忠于宪法、遵守宪法、维护宪法，对于我国推进宪法实施，弘扬宪法精神，均具有重要意义。

三、2018年国务院实施宪法的基本情况及其评估

（一）2018年国务院以制定和修改行政法规形式实施宪法的基本情况及其评估

《宪法》第89条规定了国务院“行政立法权”“行政管理权”（包括“组织管理权”与“事务管理权”）与“行政监督权”，以及“重大行政事务决定权”等几种类型的权力，其职权事项极其广泛而复杂。制定和修改行政法规是国务院实施宪法规范最为重要的方式之一。

2018年3月5日，李克强总理在第十二届全国人民代表大会第五次会议的《政府工作报告》中指出：在2018年，要认真贯彻习近平新时代中国特色社会主义经济思想，坚持稳中求进工作总基调，把稳和进作为一个整体来把握，注重以下几点：一是大力推动高质量发展，二是加大改革开放力度，三是抓好决胜全面建成小康社会三大攻坚战。从内容上看，国务院的工作任务涵盖了宪法规定其职权的各个领域，但是其主要内容仍然是围绕宪法上的“国家目标规定”等内容，结合现阶段我国社会经济发展的特点，力求有所作为。此种宪法实施行为及其模式，需要国务院提高政策制定、组合的能力，以贯彻落实宪法文本的相关规定。

表1-3　2018年国务院制定和废止行政法规的基本情况

基本情况	名称	时间
制定	快递暂行条例	2018.05.01
	人力资源市场暂行条例	2018.10.01
	医疗纠纷预防和处理条例	2018.10.01
	行政区划管理条例	2019.01.01
	消防救援衔标志式样和佩带办法	2018.11.06

续表

基本情况	名称	时间
废止	私营企业暂行条例	2018.03.19
	水污染防治法实施细则	
	地质勘查资质管理条例	
	种畜禽管理条例	
	劳动教养试行办法	
修订	计量法实施细则	2018.03.19
	水库大坝安全管理条例	2018.03.19
	城市供水条例	
	城市房地产开发经营管理条例	
	河道管理条例	
	森林法实施条例	
	人民币管理条例	
	物业管理条例	
	知识产权海关保护条例	
	病原微生物实验室生物安全管理条例	
	濒危野生动植物进出口管理条例	
	防治海洋工程建设项目污染损害海洋环境管理条例	
	防治海岸工程建设项目污染损害海洋环境管理条例	
	土地调查条例	
	防治船舶污染海洋环境管理条例	
	消耗臭氧层物质管理条例	
	海关事务担保条例	
	招标投标法实施条例	
	奥林匹克标志保护条例	
	全国经济普查条例	2018.08.11
	卫星地面接收设施接收外国卫星传送电视节目管理办法	2018.09.18

续表

基本情况	名称	时间
修订	有线电视管理暂行办法	2018.09.18
	中药品种保护条例	
	卫星电视广播地面接收设施管理规定	
	反兴奋剂条例	
	易制毒化学品管理条例	
	国务院关于经营者集中申报标准的规定	
	外国企业常驻代表机构登记管理条例	
	戒毒条例	
	残疾预防和残疾人康复条例	
	专利代理条例	
	个人所得税法实施条例	2018.12.18

从表1-3来看，2018年国务院共制定行政法规5部，废止行政法规5部，修订行政法规32部，制定和废止行政法规的数量与2018年颇为相近，但是修订立法的数量有大幅减少。在立法技术方面，国务院在2018年采用了“打包立法”技术，分两次集中修订28部行政法规，其主要目的不再局限于“简政放权”，而是更加侧重于“放管结合、优化服务”。

《中华人民共和国立法法》第6条明确规定：“立法应当从实际出发，适应经济社会发展和全面深化改革的要求，科学合理地规定公民、法人和其他组织的权利与义务、国家机关的权力与责任。”2013年12月28日第十二届全国人大常委会第六次会议通过了《全国人民代表大会常务委员会关于废止有关劳动教养法律规定的决定》，其中宣布：“一、废止1957年8月1日第一届全国人民代表大会常务委员会第七十八次会议通过的《全国人民代表大会常务委员会批准国务院关于劳动教养问题的决定的决议》及《国务院关于劳动教养问题的决定》。二、废止1979年11月29日第五届全国人民代表大会常务委员会第十二次会议通过的《全国人民代表大会常务委员会批准国务院关于劳动教养的补充规定的决议》及《国务院关于劳动教养的补充规定》。”但是，国务院1982年1月21日转发公安部制定的《劳动教养试行办法》，却迟至2018年4月4日才正式被废止。这说明，国务院的法规清理工作有待加强。

（二）2018年国务院通过重要决议实施宪法的基本情况及其评估

表1－4 2018年国务院通过重要决议的基本情况

序	文件名称	涉及事项	与基本权利实现的关联度	宪法依据
1	关于加强质量认证体系建设促进全面质量管理的意见	市场监管	中	第89条第5项
2	关于全面加强基础科学研究的若干意见	科技	高	第89条第7项
3	关于机构设置的通知	国务院组织机构	高	第89条第3项
4	关于部委管理的国家局设置的通知	国务院组织机构	中	第89条第3项
5	关于印发积极牵头组织国际大科学计划和大科学工程方案的通知	科技	中	第89条第7项
6	关于落实《政府工作报告》重点工作部门分工的意见	政务	中	第89条第3、4项
7	关于在海南博鳌乐城国际医疗旅游先行区暂停实施《医疗器械监督管理条例》有关规定的决定	司法	高	第89条第8项
8	关于推行终身职业技能培训制度的意见	劳动	中	第89条第8项
9	关于做好自由贸易试验区第四批改革试点经验复制推广工作的通知	经济	中	第89条第6项
10	关于印发进一步深化中国（广东）自由贸易试验区改革开放方案的通知	经济	中	第89条第6项

续表

序	文件名称	涉及事项	与基本权利实现的关联度	宪法依据
11	关于印发进一步深化中国（福建）自由贸易试验区改革开放方案的通知	经济	中	第89条第6项
12	关于国务院机构改革涉及行政法规规定的行政机关职责调整问题的决定	国务院组织机构	高	第89条第3项
13	关于建立企业职工基本养老保险基金中央调剂制度的通知	社会保障	高	第89条第8项
14	关于积极有效利用外资推动经济高质量发展若干措施的通知	经济	高	第89条第6项
15	关于印发《国务院工作规则》的通知	政务	中	第89条第3项
16	关于印发打赢蓝天保卫战三年行动计划的通知	环境保护	中	第89条第7项
17	关于建立残疾儿童康复救助制度的意见	民政	中	第89条第8项
18	关于优化科研管理提升科研绩效若干措施的通知	科技	中	第89条第7项
19	关于加强滨海湿地保护严格管控围填海的通知	环境保护	中	第89条第7项
20	关于推进国有资本投资、运营公司改革试点的实施意见	经济	中	第89条第6项
21	关于加快推进全国一体化在线政务服务平台建设的指导意见	政务	高	第89条第4项
22	关于取消一批行政许可等事项的决定	行政审批	高	第89条第13、14项
23	关于促进天然气协调稳定发展的若干意见	能源	高	第89条第7项

续表

序	文件名称	涉及事项	与基本权利实现的关联度	宪法依据
24	关于推动创新创业高质量发展打造“双创”升级版的意见	科技	中	第89条第7项
25	关于进一步压减工业产品生产许可证管理目录和简化审批程序的决定	行政审批	高	第89条第13、14项
26	关于在全国推开“证照分离”改革的通知	市场监管	中	第89条第5项
27	关于印发中国（海南）自由贸易试验区总体方案的通知	经济	中	第89条第6项
28	关于印发优化口岸营商环境促进跨境贸易便利化工作方案的通知	经济	高	第89条第6项
29	关于严格管制犀牛和虎及其制品经营利用活动的通知	农业	低	第89条第6项
30	关于支持自由贸易试验区深化改革创新若干措施的通知	经济	中	第89条第6项
31	关于做好当前和今后一个时期促进就业工作的若干意见	劳动就业	中	第89条第8项
32	关于印发个人所得税专项附加扣除暂行办法的通知	财政	高	第89条第6项
33	关于在海南博鳌乐城国际医疗旅游先行区暂时调整实施《中华人民共和国药品管理法实施条例》有关规定的决定	司法	中	第89条第8项
34	关于加快推进农业机械化和农机装备产业转型升级的指导意见	农业	中	第89条第6项

从表1-4可以看出，除了修订行政法规等重要决定外，2018年国务院颁布了34部重要决议或决定，较2017年而言更为减少。为了应对日益复杂

的国际贸易环境，推进自由贸易区建设，深化教育科技体制改革，激励科技创新成为国务院重要决议或者决定中的重要内容。在取消、调整行政审批工作方面，国务院的重要决议或决定在 2015 年有 9 部，2016 年有 6 部，2017 年有 4 部，2018 年仅剩 2 部，数量上继续调减，说明国务院推进“简政放权”的改革工作还在继续推进。

在本年度国务院发布的重要决议中，《国务院关于积极有效利用外资推动经济高质量发展若干措施的通知》中尤其体现了国务院积极引导中国经济增长模式转型的重要精神。该文件明确指出，要“大幅度放宽市场准入，提升投资自由化水平”；“深化‘放管服’改革，提升投资便利化水平”；“加强投资促进，提升引资质量和水平”；“提升投资保护水平，打造高标准投资环境”；“优化区域开放布局，引导外资投向中西部等地区”；“推动国家级开发区创新提升，强化利用外资重要平台作用”；等等。这一重要文件也说明，中国经济增长模式的转型等因素，给国务院等行政部门提高政策决策能力和服务能力提出了新的挑战。

四、2018 年直辖市、省、自治区人大及其常委会实施宪法的基本状况及其评估

（一）2018 年直辖市、省、自治区人大及其常委会实施宪法的基本状况

本文对于 2018 年各直辖市、省、自治区人大及其常委会实施宪法的基本状况之考察，主要是基于两个指标：第一，本年度本级人大及其常委会所制定或修改的地方性法规、自治条例和单行条例的总数；第二，本年度本级人大及其常委会所制定或修改的权利保护法规数量。如果第一项指标“制定和修改法规总数”相同；如果制定、修改的法规总数都相同，则考察其宪法直接相关法的数量；如果前面两个指标的数量都相同，则考察其制定法规的数量。通过这一指标考察体系，我们得出各省、自治区、直辖市人大实施宪法的基本情况，其结果如表 1－5 所示：

表 1－5　2018 年省、直辖市人大及其常委会制定、修改地方性法规的相关情况

省、直辖市、自治区	制定法规数（部）	修订法规数（部）	总数（部）	宪法直接相关法总数（部）	总体排名
山东	8	31	39	12	1
江苏	6	20	26	7	2

续表

省、直辖市、自治区	制定法规数（部）	修订法规数（部）	总数（部）	宪法直接相关法总数（部）	总体排名
安徽	3	22	25	5	3
贵州	2	23	25	9	4
辽宁	10	12	22	10	5
四川	5	16	21	10	6
天津	7	14	21	6	7
河北	6	13	19	8	8
湖南	4	14	18	4	9
海南	5	11	16	7	10
广东	11	5	16	8	11
青海	5	11	16	2	12
甘肃	3	11	14	4	13
福建	2	11	13	6	14
湖北	9	4	13	5	15
北京	4	9	13	4	16
内蒙古	3	9	12	4	17
黑龙江	4	6	10	3	18
广西	5	3	8	6	19
重庆	4	4	8	2	20
宁夏	2	5	7	4	21
浙江	4	2	6	3	22
云南	3	3	6	3	23
江西	1	5	6	4	24
山西	5	1	6	2	25
吉林	4	2	6	2	26
陕西	3	2	5	3	27

续表

省、直辖市、自治区	制定法规数（部）	修订法规数（部）	总数（部）	宪法直接相关法总数（部）	总体排名
新疆	3	2	5	4	28
上海	2	3	5	3	29
西藏	0	3	3	3	30
河南	2	0	2	1	31

（二）2018 年省、自治区、直辖市人大及其常委会实施宪法状况之评价

从表 1 -5 可以看出，在 2018 年度中，立法、修法数量最多的省份是山东省（39 部），河南省的立法数量最少（2 部）。内蒙古自治区跃居第 17 名（2017 年为第 20 名），属于立法数量最多的民族自治区。

自 2017 年 6 月中共中央办公厅、国务院办公厅发出《甘肃祁连山国家级自然保护区生态环境问题的通报》以来，“环境保护”备受关注。环境保护和风景名胜区保护成为各省市立法的重要内容之一。譬如，在本年度各省市新增的环境保护地方性法规有 38 部，约占全部新增地方性法规的 28%。这些地方性法规主要有：《湖南省森林防火若干规定》《湖南省实施〈中华人民共和国固体废物污染环境防治法〉办法》《海南省大气污染防治条例》《海南省河长制湖长制规定》《海南省湿地保护条例》《云南省生物多样性保护条例》《云南省大气污染防治条例》《山东省水污染防治条例》《河北省促进绿色建筑发展条例》《河北省地下水管理条例》《湖北省天然林保护条例》《湖北省气候资源保护和利用条例》《湖北省风景名胜区条例》《神农架国家公园保护条例》《江西省气候资源保护和利用条例》《江西省实施河长制湖长制条例》《江西省湖泊保护条例》《甘肃省大气污染防治条例》《辽宁省节约用水条例》《辽宁省水污染防治条例》《辽宁省气象灾害防御条例》《吉林省黑土地保护条例》《黑龙江省节约用水条例》《福建省林业有害生物防治条例》《福建省大气污染防治条例》《青海省大气污染防治条例》《陕西省气候资源保护和利用条例》《广东省大气污染防治条例》《广东省实施〈中华人民共和国土壤污染防治法〉办法》《北京市气象灾害防御条例》《重庆市历史文化名城名镇名村保护条例》《广西壮族自治区大气污染防治条例》《广西壮族自治区红树林资源保护条例》《新疆维吾尔自治区大气污染防治条例》《宁夏回族自治区绿色建筑发展条例》《宁夏回族自治区生态

保护红线管理条例》等等。

此外，各省市密集修订环境保护立法。本年度湖南省修订的 14 部地方性法规，与环境保护或者风景名胜区保护相关的地方性法规占了 11 部，约占全部修订法规的 79%；它们主要是：《湖南省地质环境保护条例》《湖南省实施〈中华人民共和国水土保持法〉办法》《湖南省紫鹊界梯田梅山龙宫风景名胜区保护条例》《湖南省武陵源世界自然遗产保护条例》《湖南省野生动植物资源保护条例》《湖南省南岳衡山风景名胜区保护条例》《湖南省韶山风景名胜区条例》《湖南省风景名胜区条例》《湖南省崀山风景名胜区保护条例》《湖南省东江湖水环境保护条例》《湖南省洞庭湖区水利管理条例》。山东省修订的 34 部地方性法规中，与环境保护或者风景名胜区保护相关的有 14 部，约占全部修订法规的 41%，它们主要有：《山东省环境保护条例》《山东省实施〈中华人民共和国野生动物保护法〉办法》《山东省实施〈中华人民共和国环境影响评价法〉办法》《山东省实施〈中华人民共和国固体废物污染环境防治法〉办法》《山东省森林和野生动物类型自然保护区管理办法》《山东省气象灾害防御条例》《山东省南水北调工程沿线区域水污染防治条例》《山东省黄河河道管理条例》《山东省环境噪声污染防治条例》《山东省湖泊保护条例》《山东省大气污染防治条例》《山东省海洋环境保护条例》《山东省地质环境保护条例》《泰山风景名胜区保护管理条例》。当然，据不完全统计，全国各省、自治区共修订环境保护或风景名胜区保护相关的地方性法规 134 部，约占全部修订法规的 49%。

此外，2018 年年度中，文化立法，尤其是法治宣传立法和精神文明立法成为地方立法的重要内容。《湖北省公共文化服务保障条例》《湖北省广播电视条例》《黑龙江省法治宣传教育条例》《广东省法治宣传教育条例》《天津市非物质文化遗产保护条例》《天津市促进精神文明建设条例》《天津市公共文化服务保障与促进条例》《广西壮族自治区少数民族语言文字工作条例》。

五、结语

本年度中，宪法实施领域中最重大的事件是第五次宪法修正案的通过。本次宪法修正案共 21 条，吸纳了我国新时期社会主义改革的诸多理论与实践成果，修改的条文与内容举世瞩目。“宪法修改”本身就是宪法实施的重要机制，而“宪法修正案”的内容则需要确保宪法法律修订内容与修订前的内容之间具有历史连续性，才会使宪法和法律规范的运行不会突然因规范的改变而陷入乱局，才会确保宪法文本和宪法规范自身的权威性得以延续和巩固。

我们建议全国人大制定《宪法审查程序法》，或者由全国人大常委会制定《宪法和法律审查工作规程》，明确规定“宪法和法律委员会”及全国人大常委会法制工作委员会加强宪法和法律审查的基本程序，建立全国统一的备案审查信息平台，实行有件必备、有备必审、有错必纠、有案必查。

撰稿专家

周刚志，1977 年出生，法学博士，中南大学法学院教授、博士生导师，中国法治文化研究会常务理事、中国宪法学研究会常务理事、中国财税法学研究会理事、湖南省宪法学研究会副会长，湖南省财税法研究会副会长，中南大学中国文化法研究中心执行主任，文化和旅游部文化产业专家委员会委员，《公法学刊》主编，“文化法学研究”丛书主编（之一），“部门宪法学丛书”总主编（之一），主要研究文化法学与宪法学、财税法学，在《法学评论》《法商研究》《现代法学》等刊物发表论文 100 多篇，主持国家社科基金重大项目、国家社科基金重点项目、国家社科基金后期资助项目、司法部项目等国家级、省部级项目多项，在北京大学出版社、法律出版社、厦门大学出版社、中国人民大学出版社出版个人专著 4 本，参编各类法学教材 10 余本。

第二章 2018 年民商法实施报告

2018 年民法实施报告*

曹守晔

报告要旨

2018 年是“依法治国建设社会主义法治国家”载入我国宪法20 周年，是全面贯彻党的十九大精神的开局之年，也是民法总则实施满一周年。《中华人民共和国民法总则》的实施，为人民法院办理民事案件提供了更加明确具体、先进科学的裁判规则和司法理念。全国法院以习近平新时代中国特色社会主义思想为指导，认真贯彻落实习近平总书记关于民法方面的重要论述，贯彻落实新发展理念，牢固树立以人民为中心的政治立场，以民事法律为准绳，公正司法为民司法，通过民事审判、民事司法解释和民事司法政策，大力弘扬社会主义核心价值观，积极推进环境民事公益诉讼，加强民事案例指导，不断提升民事审判质效，维护国家安全和社会稳定，服务经济高质量发展，依法保障人民群众合法权益。

核心建议

1. 抓好民法实施。确保民法通则与民法总则有机衔接，平稳实施，提升民事审判效率和民事案件审判质量。一要有序

* 最高人民法院办公厅乔宇博士、河南省卫辉市人民法院法官杨俊芳为报告提供了数据资料和案例检索报告，特此致谢！

放权与有效监督相统一，既要让审理者裁判由裁判者负责，又要切实发挥院庭长和专门机构的审判监督管理职责，细化权责清单，明确审判监督职责和权限，加强民事审判权运行监督和管理确保履职有据、权责有界。二要维护法律的严肃性与民事规则多样性相统一，完善法律统一运用机制，推行新类型案件、法律适用疑难案件检索制度，建立审判指导文件和参考性案例的备案机制，运用常态化发布裁判规则指引等多种手段，促进法律统一实施。

2. 抓好民事立法，尤其是民法典编纂。民法有效实施的前提是立法科学。因此，应当以习近平新时代中国特色社会主义思想为统帅，举全国之力，努力编纂一部结构合理、逻辑严谨、规范科学、人民认同，体现时代精神、体现立法规律的中国特色社会主义民法典。在编纂民法典各分编时就要着眼民法实施，充分考虑其可行性，努力构建有效管用可行的民法实施体系。

3. 抓好配套立法。制定民法施行法，或者在民法各分编草案增加和修改相关条款。修订完善与民法典密切相关的法律——除了直接纳入民法典的物权法、侵权责任法、婚姻法、担保法之外，城市房地产管理法修改，人格权编草案、个人信息保护法、不动产登记法、强制执行法等草案的起草等，都要考虑与民法典的协调融合；同步制定与民法典配套的行政法规，清理、起草相关司法解释。

一、2018 年民法实施概况

党的十九大以来，坚持以习近平新时代中国特色社会主义思想为指导，认真学习贯彻习近平总书记在庆祝改革开放 40 周年大会上的重要讲话精神，贯彻落实中央经济工作会议、中央政法工作会议和全国高级法院院长会议精神，全面贯彻落实党的十九大和十九届二中、三中全会精神，坚持党对人民法院工作的绝对领导，增强“四个意识”，坚定“四个自信”，坚决做到“两个维护”，紧紧围绕“努力让人民群众在每一个司法案件中感受到公平正义”的目标，坚持执法办案第一要务。2018 年民法的实施，反映在民事案件审理、民事案例指导、民事司法解释和司法政策、民事审判方式创新等方面。

（一）民事审判工作

民法总则的全面实施，为全国各级人民法院据此审理民事案件提供了新的法律依据。全国立法机关将民事法律制度中具有普遍适用性和引领性的规定写入总则，就民法基本原则、民事主体、民事权利、民事法律行为、民事责任和诉讼时效等基本民事法律制度作出规定，既构建了我国民事法律制度和民事司法裁判的基本框架，也为物权、债权（合同）、人格权、亲属权（婚姻家庭）、继承权、侵权责任等分编的制定和适用提供了框架依据和指引。

审判工作是人民法院的中心工作，是人民法院服务党和国家工作大局，推进和保障“五位一体”总体布局、“四个全面”战略布局，促进经济社会发展、保障人民群众合法权益的根本点、立足点和着力点。民事审判作为人民法院工作重要组成部分，以确保民法实施、维护人民权益、维护公平正义为宗旨。2018 年深入贯彻落实党的十九大、十九届二中全会精神，以习近平新时代中国特色社会主义思想为指导，认真贯彻总体国家安全观，贯彻落实新发展理念，牢固树立以人民为中心的发展思想，大力弘扬社会主义核心价值观，切实维护国家安全和社会稳定，服务经济高质量发展，依法保障人民群众合法权益。

2018 年，随着司法改革深入推进，审判质效进一步提升，人民群众获得感不断增强。2018 年全国法院审判工作态势总体良好，在新收案件持续大幅上升的态势下，结案数增长明显，超过 2500 万件。

2018 年，民事、刑事、行政三类案件在收结案方面均位于全国法院审判类案件的前三位，在新收案件中分别占比 82.35%、10.53%、3.78%，在审结案件中分别占比 82.47%、10.51%、3.76%。

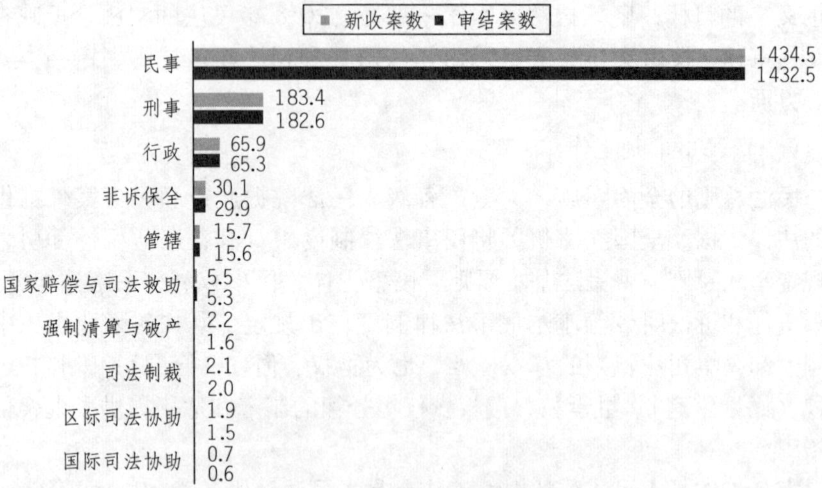

图 2a－1　全国法院审判类案件分类型收结案情况

2018 年全国法院民事案件等平均审理、执行时长为：民事一审案件 77.88 天，民事二审案件 69.02 天，赔偿案件 71.7 天，执行案件 112.02 天。

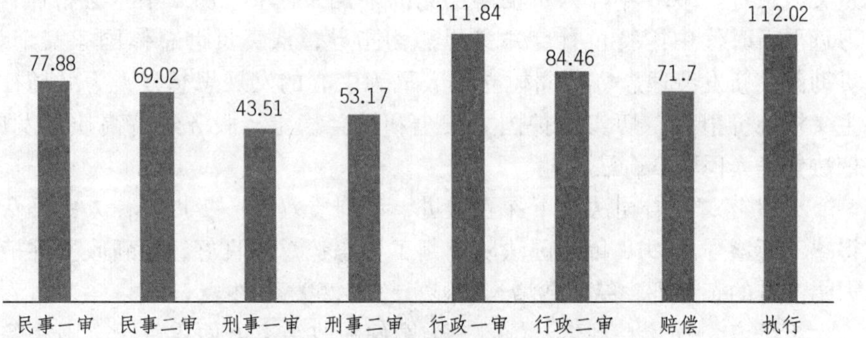

图 2a－2　全国法院主要类型案件平均审理时长

2018 年最高人民法院全院新收案件 25932 件，比 2017 年的 20099 件增加 5833 件，同比上升 29.02%。从案件类型看，新收 25932 件案件中，民事申请再审审查案件占 24.10%，民事二审案件占 5.17%，民事再审案件占 1.84%，民事管辖上诉案件占 1.72%，其他民事案件占 1.23%，如图 2a－3 所示。

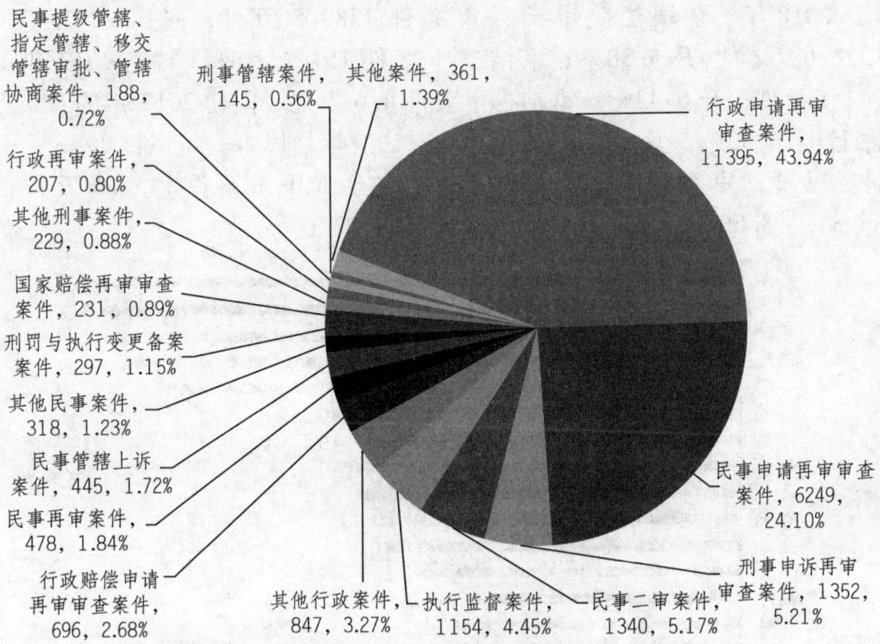

图 2a－3　2018 年最高人民法院新收各类型案件占比情况

从案件类型看审判效率，最高人民法院已结各类案件平均审理时间为 87 天，民事再审审查时间 86.04 天，接近平均数，民事管辖上诉案件审理效率较高，用时 34.95 天，但民事二审、再审案件因为法律关系复杂等因素超过各类案件平均审理时间。（见图 2a－4）

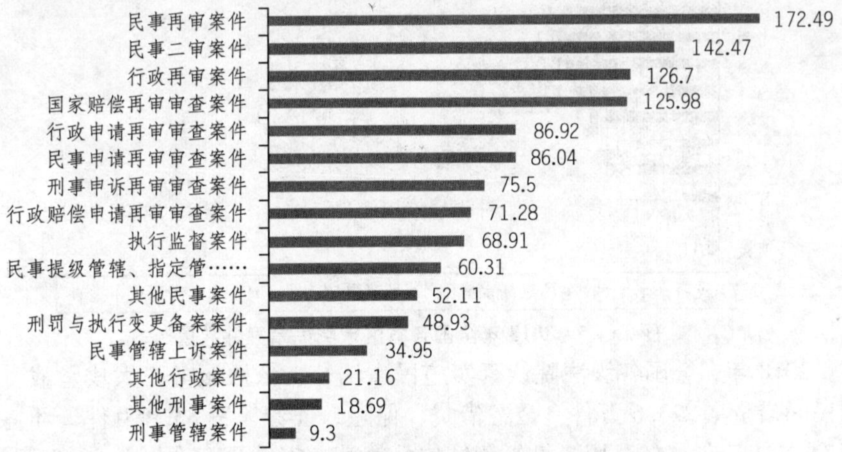

图 2a－4　2018 年主要案件类型平均审理时间

2018 年，全国法院审结一审案件 1389. 5 万件，同比 2017 年的 1318. 6 万件上升 5. 38%；审结二审案件 151. 2 万件，同比 2017 年的 142. 1 万件上升 6. 42%；审结再审案件 4. 6 万件，同比 2017 年的 3. 9 万件上升 20. 55%。其中各省（区、市）法院审结民事一审案件 1243. 5 万件，民事二审案件 122. 6 万件，分别占全部民事案件 1432. 5 万件的 86. 8%、8. 6%。（见图 2a－5）

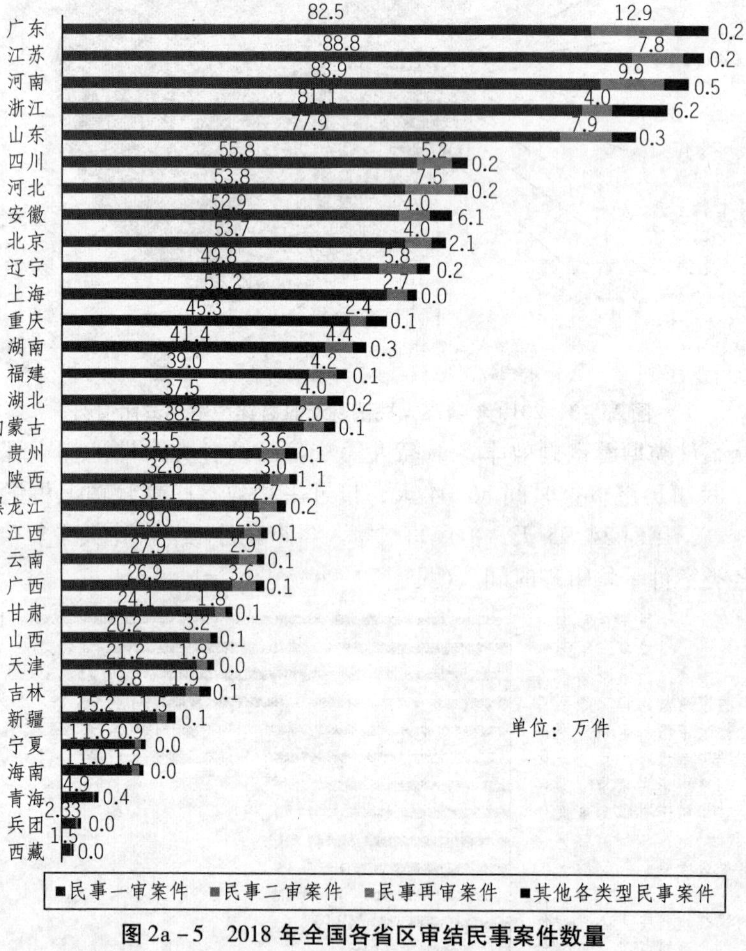

图 2a－5　2018 年全国各省区审结民事案件数量

2018 年，全国各级法院认真实施民事法律，依法服务三大攻坚战，审结民间借贷案 223. 6 万件，金融借贷、保险、证券等案 83. 9 万件，环境资源案 25. 1 万件；依法服务供给侧结构性改革，审结买卖合同类 99. 5 万件、房地产纠纷案 60. 8 万件；依法审理涉民生案件，审结一审民事案 901. 7 万件，其中涉及教育、就业、医疗、养老和消费等案 111.1 万件，审结婚姻家庭案 181.4 万件；依法审理公益诉讼案件 1919 件。全国法院审结民事案件中，数量最多、占比最大的 5 类案由分别是：合同纠纷、婚姻家庭纠纷、侵权责任纠纷、劳动争议和知识产权权属、侵权纠纷。

侵权责任纠纷、人格权纠纷、合同纠纷、婚姻家庭纠纷、劳动争议、物权保护纠纷 6 类案由的案件数量在全国 32 个省（区、市）法院审结民事案件的案由中均排在前 10 位之内；案由为继承纠纷、保险纠纷、“知识产权权属、侵权纠纷”的案件数量在全国超过 20 个省（区、市）法院审结民事案件的案由中排在前 10 位之内。

（二）民事指导性案例

案例指导制度的根本目的是统一法律适用，实现类案同判。案例指导制度的良好运行能够培养法官正确的法律思维模式和方法，同时对法官自由裁量权依法予以必要的规范和限制。指导性案例通过总结审判经验、统一裁判标准、提高审判质效，使抽象的法律规则和概念更明确、更具可操作性，不但起到正确解释和适用法律的作用，而且最终实现公正司法。

2018 年全国各级法院进一步加大了案例指导的力度。最高人民法院在 2018 年共发布三批（第 18、19、20 批次）14 个指导性案例，其中有 5 个广义的民事案例，占比 35.7%，分别是：2018 年 6 月 20 日发布的第 18 批编号为 95、96 的指导性案例；2018 年 12 月 19 日发布的第 19 批编号为 98、99、100 的指导性案例。截至 2018 年底，最高人民法院已发布 20 批共 106 个指导性案例，2011～2014 年发布数量逐年上升，2015 年略有下降，2016 年、2017 年有所回升，2018 年有所趋缓。最高人民法院发布的指导性案例应用主体比较广泛，包括法官、上诉人、被上诉人、原告、被告、申请人、被申请人等主体。指导性案例制度对统一法律适用标准、维护司法公正起到越发重要的作用。以下是其中四个典型的狭义的民事案例：

指导案例 95 号“中国工商银行股份有限公司宣城龙首支行诉宣城柏冠贸易有限公司、江苏凯盛置业有限公司等金融借款合同纠纷案”的裁判要点指出，当事人另行达成协议将最高额抵押权设立前已经存在的债权转入该最高额抵押担保的债权范围，只要转入的债权数额仍在该最高额抵押担保的最高债权额限度内，即使未对该最高额抵押权办理变更登记手续，该最高额抵押权的效力仍然及于被转入的债权，但不得对第三人产生不利影响。指导案例 96 号“宋某军诉西安市大华餐饮有限公司股东资格确认纠纷案”的裁判要点指出，国有企业改制为有限责任公司，其初始章程对股权转让进行限制，明确约定公司回购条款，只要不违反公司法等法律强制性规定，可认定为有效。有限责任公司按照初始章程约定，支付合理对价回购股东股权，且通过转让给其他股东等方式进行合理处置的，人民法院应予支持。指导案例第98号“”张某福、张某凯诉朱某彪生命权纠纷案”的裁判要点是，行为人非因法定职责、法定义务或约定义务，为保护国家、社会公共利益或者他人的人身、财产安全，实施阻止不法侵害者逃逸的行为，人民法院可以认定为见义勇为。指导案例99号“葛某生诉洪某快名誉权、荣誉权纠纷案”的裁判要点有三：第一，对侵害英雄烈士名誉、荣誉等行为，英雄烈士的近亲属依法向人民法院提起诉讼的，人民法院应予受理。第二，英雄烈士事迹和精神是中华民族的共同历史记忆和社会主义核心价值观的重要体现，英雄烈士的名誉、荣誉等受法律保护。人民法院审理侵害英雄烈士名誉、荣誉等案件，不仅要依法保护相关个人权益，还应发挥司法彰显公共价值功能，维护社会公共利益。第三，任何组织和个人以细节考据、观点争鸣等名义对英雄烈士的事迹和精神进行污蔑和贬损，属于歪曲、丑化、亵渎、否定英雄烈士事迹和精神的行为，应当依法承担法律责任，实施《英雄烈士保护法》。此外，2018年，最高人民检察院在其发布的“曾云侵害英烈名誉民事公益诉讼案”（检例51号）指导性案例要旨中指出：对侵害英雄烈士的姓名、肖像、名誉、荣誉，损害社会公共利益的行为人，英雄烈士近亲属不提起民事诉讼的，检察机关可以依法向人民法院提起公益诉讼，要求侵权人承担侵权责任。

（三）民事公报案例、专题案例、系列专辑案例

1. 公报案例

《最高人民法院公报》全面准确刊发最高人民法院重要司法文件和司法解释，及时公布重要司法信息，最大限度满足人民群众对司法公开透明的新要求、新期待。《最高人民法院公报》2018年全年出版12期，共刊载最高人民法院以及各地法院典型案例（含裁判文书）48篇。其中最高人民法院案例24篇，全国各地法院案例24篇。案例涉及最高人民法院二审、申诉、再审等案件，也涉及各地法院一审、二审、再审案件。覆盖刑事、民事、商事、金融、知产、行政、执行等各审判领域。其中民事的有委托出售型担保、企业内退人员劳动关系认定、阶段性担保、混合担保顺位利益保护、独立保函欺诈例外原则、信用证单据审查、保全错误侵权责任、消

费领域惩罚性赔偿、小股东解散公司、公司盈余强制分配、政府特许经营、第三人撤销之诉、执行异议之诉等疑难典型法律纠纷。

2. 涉互联网典型案例

随着“互联网+”时代的到来，互联网思维、互联网技术已经广泛深入到社会生活的方方面面。最高人民法院高度重视涉互联网案件审理及审判经验的总结，一直以来都在积极探索涉互联网新类型案件的审判规律，不断解决发展中遇到的问题，充分运用司法手段维护网络空间秩序，大力弘扬社会主义核心价值观，为全球互联网治理贡献中国智慧。最高人民法院在 2018 年 8 月 16 日发布了第一批涉互联网典型案例。

（四）民事司法解释

为确保民事法律实施，2018 年最高人民法院制定发布的民事司法解释主要有 13 件，详情如表 2a－1 所示。

表 2a－1　2018 年民事司法解释

文号	司法解释名称	发布时间
法释〔2018〕2 号	最高人民法院关于审理涉及夫妻债务纠纷案件适用法律有关问题的解释	2018.1.16
法释〔2018〕3 号	最高人民法院关于执行和解若干问题的规定	2018.2.22
法释〔2018〕4 号	最高人民法院关于执行担保若干问题的规定	2018.2.22
法释〔2018〕5 号	最高人民法院关于人民法院办理仲裁裁决执行案件若干问题的规定	2018.2.22
法释〔2018〕9 号	最高人民法院关于严格规范民商事案件延长审限和延期开庭问题的规定	2018.4.25
法释〔2018〕10 号	最高人民法院关于仲裁机构“先予仲裁”裁决或者调解书立案、执行等法律适用问题的批复	2018.6.5
法释〔2018〕11 号	最高人民法院关于设立国际商事法庭若干问题的规定	2018.6.27
法释〔2018〕12 号	最高人民法院关于适用《民法总则》诉讼时效制度若干问题的解释	2018.7.18

续表

文号	司法解释名称	发布时间
法释〔2018〕13 号	最高人民法院关于适用《保险法》若干问题的解释（四）	2018. 7. 31
法释〔2018〕14 号	最高人民法院关于上海金融法院案件管辖的规定	2018. 8. 7
法释〔2018〕18 号	最高人民法院关于公证债权文书执行若干问题的规定	2018. 9. 30
法释〔2018〕20 号	最高人民法院关于审理建设工程施工合同纠纷案件适用法律问题的解释（二）	2018. 12. 29
法释〔2018〕21 号	最高人民法院关于审查知识产权纠纷行为保全案件适用法律若干问题的规定	2018. 12. 13
法释〔2018〕22 号	最高人民法院关于知识产权法庭若干问题的规定	2018. 12. 27

民法总则诉讼时效司法解释是根据民法总则的规定，在中国审判理论研究会民商事专业委员会制定的《民事诉讼时效指引》实施基础上，于2017 年经民法实施报告会提出制定民法施行法建议之后制定，填补了民法总则施行法付诸阙如的立法漏洞，适应了司法实践的急需，一经颁布即受到热烈欢迎，得到广泛应用。

婚姻家庭领域，《最高人民法院关于审理涉及夫妻债务纠纷案件适用法律有关问题的解释》于 2018 年初发布，完善了夫妻债务纠纷相关司法解释和司法政策，维护家庭成员合法财产权益，具体内容分四条：第一条开宗明义强调夫妻共同债务形成时的“共债共签”原则，明确和强调了夫妻双方共同签字或者夫妻一方事后追认以及以其他共同意思表示形式所负的债务，属于夫妻共同债务。第二条和第三条明确了夫妻共同债务的范围，并合理分配举证证明责任进一步细化和完善了夫妻共同债务认定标准，引导民事商事主体规范交易行为，加强事前风险防范，平衡保护各方当事人的合法权益。第四条明确了适用范围，有关夫妻共同债务认定标准的其他司法解释内容，与本解释规定不一致的，今后不再适用。近年来，因民间借贷案件高发，有关夫妻债务的认定也出现了一系列新情况新问题。因配偶一方超出家庭日常生活需要大额举债，“被负债一方”在毫不知情的情况下背上沉重债务的问题日益凸显，人民群众强烈呼吁进一步规范和明确夫妻共同债务认定标准。可以说，最高人民法院在解决人民群众最不满意的问题上下功夫，在解决司法实践中的突出问题上下功夫，积极回应人民群众和社会关切，制定出台了本解释。与此同时，司法实践中还要注意防止涉及夫妻债务翻案风和新司法解释施行后夫妻共谋讨债损害债权人利益现象发生。

物权法领域，2018 年 10 月 29 日，《最高人民法院关于审理建设工程施工合同纠纷案件适用法律问题的解释（二）》经最高人民法院 2018 年第 21 次审委会审议原则通过。该司法解释针对当前司法实践中争议较大的建设工程施工合同效力问题、工程价款结算问题、建设工程鉴定问题、建设工程价款优先受偿权保护问题以及实际施工人权利保护等问题作了明确规定。对于社会广泛关注的建设工程质量保障、农民工权益保护、招标投标市场秩序维护、民营企业权利保护等问题作了积极回应。它对于正确审理建设工程施工合同纠纷案件，依法保护当事人合法权益，维护建筑市场秩序，促进建筑市场健康发展具有十分重要的意义。建筑业是国民经济支柱产业，《最高人民法院关于审理建设工程施工合同纠纷案件适用法律问题的解释》施行十四年来，建筑市场发生了新变化、司法实践出现了新问题、管理政策有了新突破，我国推进城市化进程、实施“乡村振兴战略”和“一带一路”倡议、开展供给侧结构性改革、促进经济提质增效都离不开建筑业的健康发展。我国正在开展工程建设项目审批制度改革试点工作，加快推进工程总承包模式，在基础设施和公共服务领域推进政府与社会资本合作，亟须适应建筑业投资经营方式和监管政策变化。实践中违法建筑、明招暗定、“黑白合同”、非法转包、违法分包等问题突出，认定事实与适用法律难度很大。诉讼中的合同效力问题、鉴定问题、损失赔偿问题、优先权行使条件问题、实际施工人权利保护问题等缺乏统一裁判规则。建设工程施工合同纠纷与商品房买卖合同纠纷、民间借贷纠纷、劳动争议纠纷、执行异议之诉纠纷等相互交织，处理难度增大。一些带有普遍性的问题，亟须统一裁判标准。为进一步制定和完善建设工程施工合同纠纷领域的司法解释，指导全国法院加强建设工程施工合同纠纷案件审判工作，最高人民法院制定该司法解释。

金融法领域，为落实《中央全面深化改革委员会关于设立上海金融法院的方案》以及《全国人大常委会关于设立上海金融法院的决定》，服务和保障上海国际金融中心建设，进一步明确上海金融法院案件管辖的具体范围，最高人民法院出台关于上海金融法院案件管辖的规定。《最高人民法院关于上海金融法院案件管辖的规定》明确上海金融法院管辖上海市辖区内应由中级人民法院受理的第一审金融民商事案件的范围，指出上海金融法院管辖上海市辖区内应由中级人民法院受理的以金融监管机构为被告的第一审涉金融行政案件，管辖以住所地在上海市的金融市场基础设施为被告或者第三人与其履行职责相关的第一审金融民商事案件和涉金融行政案件。当事人对上海市基层人民法院作出的第一审金融民商事案件和涉金融行政案件判决、裁定提起的上诉案件，均由上海金融法院审理。

为着重解决财产保险合同部分有关法律适用问题，以期进一步统一裁判标准，保护保险消费者合法权益，促进保险行业健康发展，最高人民法院制定了《关于适用〈中华人民共和国保险法〉若干问题的解释（四）》，该解释明确了四个方面的问题：（1）明确保险标的转让的相关问题；（2）明确保险合同主体的权利义务；（3）明确保险代位求偿权的相关问题；（4）明确责任保险的相关问题。该司法解释的出台，对各级人民法院正确审理保险合同纠纷案件，维护当事人合法权益，促进保险行业健康发展具有重要意义。

诉讼时效方面，《中华人民共和国民法总则》于2017年10月1日施行。民法总则关于诉讼时效制度的规定，与《中华人民共和国民法通则》相比有一定的变化。在司法实践中，对如何正确适用民法总则诉讼时效制度存在较大争议，如民法通则有关一年短期诉讼时效的规定在民法总则施行后是否继续适用；民法总则施行时民法通则规定的二年或者一年诉讼时效期间已经届满但未满三年，是否应适用民法总则关于三年诉讼时效期间的规定、诉讼时效中止制度如何衔接等，亟须统一裁判标准。为正确适用《中华人民共和国民法总则》关于诉讼时效制度的规定，保护当事人的合法权益，结合审判实践，最高人民法院制定《关于适用〈中华人民共和国民法总则〉诉讼时效制度若干问题的解释》，该解释自2018年7月23日起施行。

《最高人民法院关于适用〈民法总则〉诉讼时效制度若干问题的解释》是根据《民法总则》的规定，在中国审判理论研究会民商事专业委员会制定的《民事诉讼时效指引》实施基础上，于2017年民法实施报告会我们提出制定民法施行法建议之后制定，填补了《民法总则》施行法付诸阙如的立法漏洞，适应了司法实践的急需，一经颁布即受到热烈欢迎，得到了广泛应用。

（五）电子商务法实施问题

《电子商务法》于2018年8月31日经第十三届全国人民代表大会常务

委员会第五次会议通过，自2019年1月1日起施行。国家保障电子商务各方主体的合法权益，规范电子商务行为，维护市场秩序，促进电子商务持续健康发展。

关于电子商务经营者的注册问题。2018年是改革开放40周年，以习近平同志为核心的党中央提出了一系列改革开放新的重要举措，电子商务作为现代服务业的重要组成部分，应充分发挥其在推动高质量发展和形成全面开放新格局方面的作用。我国电子商务迅猛发展，对推进供给侧结构性改革、激发社会创新创业活力、满足人民日益增长的美好生活需要发挥了重要作用。中国已成为世界领先的电子商务市场，积累了丰富的创新发展经验。为了进一步支持、促进电子商务发展，维护市场秩序，保障电子商务各方主体的合法权益，特制定电子商务法。电子商务经营者是指通过互联网等信息网络从事销售商品或者提供服务的经营活动的自然人、法人和非法人组织，包括电子商务平台经营者、平台内经营者以及通过自建网站、其他网络服务销售商品或者提供服务的电子商务经营者。电子商务平台经营者，是指在电子商务中为交易双方或者多方提供网络经营场所、交易撮合、信息发布等服务，供交易双方或者多方独立开展交易活动的法人或者非法人组织。平台内经营者，是指通过电子商务平台销售商品或者提供服务的电子商务经营者。电子商务经营者应当依法办理市场主体登记。但是，个人销售自产农副产品、家庭手工业产品，个人利用自己的技能从事依法无须取得许可的便民劳务活动和零星小额交易活动，以及依照法律、行政法规不需要进行登记的除外。

（六）民事司法政策

2018年，各级人民法院坚持以习近平新时代中国特色社会主义思想为指导，切实履行宪法和法律赋予的职责，更好满足人民群众美好生活需要，为经济社会持续健康发展提供了有力的司法服务和保障。最高人民法院发布实施的民事司法政策是准确把握新时代中国特色社会主义的新要求，紧密联系实际，确保党中央决策部署在人民法院工作中得以深入贯彻执行的集中体现，也是人民法院不断提高司法服务保障水平，更好满足人民群众美好生活愿望的具体举措。2018年最高人民法院先后发布民间借贷纠纷、破产审判工作、生态环境保护、社会主义核心价值观、乡村振兴等方面的民事司法政策。

1. 关于民间借贷纠纷案件审理

各级人民法院充分发挥民商事审判工作的评价、教育、指引功能，妥善审理民间借贷纠纷案件，防范化解各类风险。一是加大对借贷事实和证据的审查力度。针对“套路贷”诈骗等犯罪设局者具备知识型犯罪特征，人民法院在审理民间借贷纠纷案件中，除根据《最高人民法院关于审理民间借贷案件适用法律若干问题的规定》相关规定进行审查外，还应结合款项来源、交易习惯等因素综合判断借贷的真实情况。有违法犯罪等合理怀疑，代理人对案件事实无法说明的，应当传唤当事人本人到庭，就有关案件事实接受询问。要适当加大调查取证力度，查明事实真相。二是严格区别民间借贷行为与诈骗等犯罪行为。切实提高对“套路贷”诈骗等犯罪行为的警觉，加强对民间借贷行为与诈骗等犯罪行为的甄别，发现涉嫌违法犯罪线索、材料的，及时依法处理。民间借贷行为本身涉及违法犯罪的，裁定驳回起诉，并将涉嫌犯罪的线索、材料移送公安机关或检察机关。刑事判决认定出借人构成“套路贷”诈骗等犯罪的，人民法院对已按普通民间借贷纠纷作出的生效判决，应当及时通过审判监督程序予以纠正。三是依法严守法定利率红线。从严把握法定利率的司法红线。对于各种以“利息”“违约金”“服务费”“中介费”“保证金”“延期费”等突破或变相突破法定利率红线的，依法不予支持。对于“出借人主张系以现金方式支付大额贷款本金”“借款人抗辩所谓现金支付本金系出借人预先扣除的高额利息”的，加强对出借人主张的现金支付款项来源、交付情况等证据的审查，依法认定借贷本金数额和高额利息扣收事实。发现交易平台、交易对手、交易模式等以“创新”为名行高利贷之实的，及时采取发送司法建议函等有效方式，坚决予以遏制。四是建立民间借贷纠纷防范和解决机制。人民法院在防范和化解民间借贷各类风险中，紧密结合党和国家工作大局，紧紧依靠党委领导和政府支持，探索审判机制创新，加强联动效应，探索建立跨部门综合治理机制。

2. 关于破产审判工作创新

为落实党的十九大报告提出的贯彻新发展理念、建设现代化经济体系的要求，紧紧围绕高质量发展这条主线，服务和保障供给侧结构性改革，充分发挥人民法院破产审判工作在完善社会主义市场经济主体拯救和退出机制中的积极作用，为决胜全面建成小康社会提供更加有力的司法保障，2017 年 12 月 25 日，最高人民法院在广东省深圳市召开了全国法院破产审判工作会议。会议认为，人民法院要坚持以习近平新时代中国特色社会主义经济思想为指导，深刻认识破产法治对决胜全面建成小康社会的重要意义，以更加有力的举措开展破产审判工作，为经济社会持续健康发展提供更加有力的司法保障。要大力加强破产审判专业化建设，努力实现审判机构专业化、审判队伍专业化、审判程序规范化、裁判规则标准化、绩效考评科学化。要大力提升管理人职业素养和执业能力，强化对管理人的履职保障和有效监督，为改善企业经营、优化产业结构提供有力制度保障。要高度重视重整工作，妥善审理企业重整案件，通过市场化、法治化途径挽救困境企业，不断完善社会主义市场主体救治机制。要及时通过破产清算程序对债权债务关系进行全面清理，重新配置社会资源，提升社会有效供给的质量和水平，增强企业破产法对市场经济发展的引领作用。要立足于破产关联企业之间的具体关系模式，采取不同方式予以处理。既要通过实质合并审理方式处理法人人格高度混同的关联关系，确保全体债权人公平清偿，也要避免不当采用实质合并审理方式损害相关利益主体的合法权益。要深刻认识执行转破产工作的重要意义，大力推动符合破产条件的执行案件，包括执行不能案件进入破产程序，充分发挥破产程序的制度价值。要进一步加强破产审判的信息化建设，提升破产案件审理的透明度和公信力，增进破产案件审理质效，促进企业重整再生。要妥善解决跨境破产中的法律冲突与矛盾，合理确定跨境破产案件中的管辖权。坚持同类债权平等保护，协调好外国债权人利益与我国债权人利益的平衡，积极参与、推动跨境破产国际条约的协商与签订，开展跨境破产协作。

3. 关于生态环境保护

习近平生态文明思想是习近平新时代中国特色社会主义思想的重要组成部分，指明了新时代推进生态文明建设的方向。加强生态环境保护是建成富强民主文明和谐美丽的社会主义现代化强国的必然要求。要把习近平生态文明思想体现和贯彻到环境资源审判工作全过程，围绕大局、完善思路、谋划发展，全面加强新时代生态环境保护司法服务和保障。各级人民法院要深入学习贯彻习近平生态文明思想对于加强生态环境保护制度建设和法治保障的要求，紧紧围绕“努力让人民群众在每一个司法案件中感受到公平正义”的工作目标，切实贯彻节约资源和保护环境的基本国策，创新体制机制，完善裁判规则，通过专业化的环境资源审判落实最严格的源头保护、损害赔偿和责任追究制度，不断提升新时代生态环境保护的司法服务和保障水平。服务保障污染防治和生态安全保护、经济高质量发展，依法审理自然资源资产产权纠纷案件，充分发挥环境公益诉讼制度维护国家利益、社会公共利益和公众环境权益功能。完善环境资源专门化审判机制，推动环境资源刑事、民事、行政案件由专门审判机构或者专业审判团队审理，建设专业化环境资源审判队伍。

4. 关于全面贯彻社会主义核心价值观

十九大报告指出："培育和践行社会主义核心价值观。"《社会主义核心价值观融入法治建设立法修法规划》要求"司法解释，要按照社会主义核心价值观的要求，及时进行修订完善"。最高人民法院发布《关于在司法解释中全面贯彻社会主义核心价值观的工作规划（2018－2023）》，该规划从五大方面规定如何通过司法解释体现社会主义核心价值观。一是就司法解释中如何体现爱国、敬业、文明、和谐的核心价值作出要求。要修订完善有关名誉权、荣誉权司法解释，加强对英雄烈士名誉权、荣誉权案件纠纷的指导力度；要修订完善婚姻、家庭纠纷等司法解释，进一步优化家事审判方式和工作机制，切实弘扬中华民族传统家庭美德，促进夫妻和谐、家庭和睦；要加强未成年人权益保护工作，预防和惩治校园暴力等现象，促进未成年人健康成长；要修订完善劳动争议案件司法解释，依法维护劳动者合法权益、促进企业生存发展。二是就司法解释中如何体现平等、公正、民主、法治的核心价值进行规定。要修订完善有关诉讼法的司法解释，平等保障当事人诉讼权利；要进一步完善产权平等司法保护制度，加强产权保护力度，特别是加大对非公有财产的刑法保护力度；要研究完善财产征收征用案件裁判规则，维护被征收征用者的合法权益；要及时出台审理个人信息权纠纷案件适用法律问题的司法解释，保护个人信息权；要修订完善涉野生动物和国家重点保护植物相关犯罪案件的司法解释；要修订完善执行司法解释，强化公正执行、善意执行、文明执行理念。三是就司法解释中如何体现正义、友善、互助的社会主义核心价值作规定。要适时出台防卫过当的认定标准、处罚原则和见义勇为相关纠纷的法律适用标准，鼓励正当防卫，保护见义勇为者的合法权益，弘扬社会正气。要修订完善人民法院司法救助工作的意见，进一步体现司法的人文关怀。四是就司法解释中如何体现诚实守信的社会主义核心价值作规定。要及时研究出台有关适用民法总则相关规定的司法解释，进一步修订完善合同法司法解释；要修订完善生产销售伪劣商品犯罪、危害食品药品安全犯罪等刑事案件的司法解释，维护市场秩序；要尽快出台关于防范惩治虚假诉讼的司法解释，推动当事人诚信诉讼；要修订完善政府作为案件一方当事人的相关合同纠纷的裁判规则，及时出台相关司法解释，促进政府守信践诺；要修订完善有关执行工作的司法解释，促进社会信用体系建设。五是就司法解释中如何体现富强、创新、开放、绿色的社会主义核心价值和新发展理念作规定。要修订完善破坏社会主义市场经济秩序犯罪的司法解释，促进市场经济健康发展；要修订完善涉农案件司法解释，服务和保障乡村振兴战略；要修订完善房地产纠纷案件司法解释，确保国家房地产政策的有效执行；要完善金融犯罪、金融纠纷案件司法解释，维护国家金融安全，防范金融风险；要修订完善破产法司法解释，服务供给侧结构性改革；要修订完善知识产权纠纷司法解释，加大知识产权侵权行为惩治力度，服务创新驱动战略；要修订完善环境资源纠纷案件司法解释，加大生态环境司法保护力度，服务美丽中国建设；要修订完善涉海事海商案件司法解释，服务和保障我国海洋强国战略。

5. 制定完善涉农司法政策，为实施乡村振兴战略提供司法服务和保障

最高人民法院2018 年2 月28 日下发《关于认真学习贯彻〈中共中央国务院关于实施乡村振兴战略的意见〉的通知》，同年 11 月 7 日发布《最高人民法院关于为实施乡村振兴战略提供司法服务和保障的意见》。该意见要求深刻认识实施乡村振兴战略的重大意义，明确了人民法院服务和保障实施乡村振兴战略的指导思想和基本原则，对人民法院如何服务和保障现代农业发展、乡村生态文明建设、文明和谐平安乡村建设、促进乡村治理体系和治理能力现代化以及保护农民合法权益作了全面规定。其中，该意见对社会广泛关注的农村承包地、宅基地“三权分置”改革中的纠纷调处，农村产权保护、农民人格权保护、农村空巢老人、留守儿童、外嫁女、入赘婿、贫困群体的权益保护，保障打赢脱贫攻坚战，弘扬诚实守信，发扬优秀传统文化，通过司法审判引导农村摒弃高额彩礼、干预婚姻自由、不赡养老人等不良风气。该意见对实践乡村振兴战略中如何处理好服务当前发展和实现长远目标的关系、农业农村改革发展与稳定的关系、生态保护与乡村发展的关系、乡村文明传承与发展的关系、自治法治德治的关系、党的群众路线与司法专业化的关系等作了全面回应。针对民事审判新情况、新问题，在法律与司法解释尚未明确规定的情况下，最高人民法院准确把握新时代中国特色社会主义的新要求，就民事审判中的问题提出司法政策性处理意见，对于深入贯彻执行党中央决策部署，不断提高人民法院司法审判质量和服务保障水平，更好满足人民群众美好生活愿望，具有重要指导意义。

二、民法总则实施情况

作为中国民法典的开篇之作，民法总则已于2017年3月15日通过并公布，自2017年10月1日起施行，中国民事法律制度从此开启“民法典时代”。民法总则以1986年制定的民法通则为基础，采取“提取公因式”的办法对基本民事制度作出规定，修改与完善了部分现行法律规定。党的十八大以来，根据党中央决策部署，十二届全国人大及其常委会将编纂民法典和制定民法总则作为立法工作的重点任务。民法典将由总则编和各分编组成，目前，各分编草案已进入审议，分编为物权编、合同编、人格权编、婚姻家庭编、继承编和侵权责任编等。民法总则就民法基本原则、民事主体、民事权利、民事法律行为、民事责任和诉讼时效等基本民事法律制度作出规定，构建了我国民事法律制度的基本框架，为编纂民法典奠定了基础。

民法总则传承我国优秀传统文化理念，弘扬社会主义核心价值观，强调民事主体从事民事活动应当遵循自愿原则、公平原则、诚信原则等，有利于节约资源、保护生态环境。民法总则贯彻落实党中央关于实现公民权利保障法治化和完善产权保护制度的要求，加强对民事权利的保护，进一步明确民事主体的人身权利、财产权利以及其他合法权益受法律保护，为民法典各分编和民商事特别法律具体规定民事权利提供依据。民法总则通过后，现行民法通则规定的合同、所有权及其他财产权、民事责任等具体内容还需要在编纂民法典各分编时作进一步统筹，系统整合。民法总则通过后暂不废止民法通则，民法总则与民法通则的规定不一致的，根据新法优于旧法原则，适用民法总则的规定。民法总则审议通过，标志着民法典编纂工作第一步已经完成。第二步编纂民法典各分编，将于2018年整体提请全国人大常委会审议，经全国人大常委会分阶段审议后，争取于2020年将民法典各分编一并提请全国人民代表大会会议审议通过，从而形成统一的民法典。毋庸置疑，民法总则的颁布具有跨时代的意义，对于民法实施具有重大意义。

（一）民法总则的特色

民法总则的制定是我国全面推进依法治国建设社会主义法治国家的总体战略的重要组成部分。首先，编纂民法典是体现党执政为民的根本宗旨、维护最广大人民根本利益的客观需要。尊重和保障人民群众的合法权益，是建设中国特色社会主义法治体系、建设社会主义法治国家的基本原则。

通过编纂民法典，健全民事法律秩序，可以有力加强对民事主体合法权益的保护，更好地维护人民群众的切身利益。其次，编纂民法典是全面推进依法治国、实现国家治理体系和治理能力现代化的重大举措。党的十八届三中全会提出完善和发展中国特色社会主义制度，推进国家治理体系和治理能力现代化。党的十八届四中全会进一步指出依法治国是实现国家治理体系和治理能力现代化的必然要求。通过编纂民法典，完善民事法律规范，可以有效构建民事领域的行为规范和治理规则，提高国家治理能力。最后，编纂民法典是健全社会主义市场经济制度、完善中国特色社会主义法律体系的必然要求。社会主义市场经济本质上是法治经济。完善社会主义市场经济法律制度，是社会主义市场经济运行规律的客观要求，也是保障经济持续健康发展的现实需要。通过编纂民法典，完善我国民商事领域的基本规则，为民商事活动提供基本遵循，可以有效健全市场秩序，维护交易安全，促进社会主义市场经济健康发展。

（二）民法总则的适用概况

民法总则是在原来民法通则的基础上，结合近些年出现的一些新领域、新问题，包括对一些条款的细化，所做出的一个更高层次的规范性文件，当然，它的最终的目的是指导和规范司法实践。民法总则生效实施至今有一年五个月，因此有相当数量案件适用其作出裁判。

从 2019 年 3 月 4 日大数据看全国各级人民法院 2018 年适用民法总则作出裁判的情况如下图。图 2a－6 显示，当前最主要应用于民事案件，有 188 476 件，少数涉及刑事、行政、执行、国家赔偿等案件。

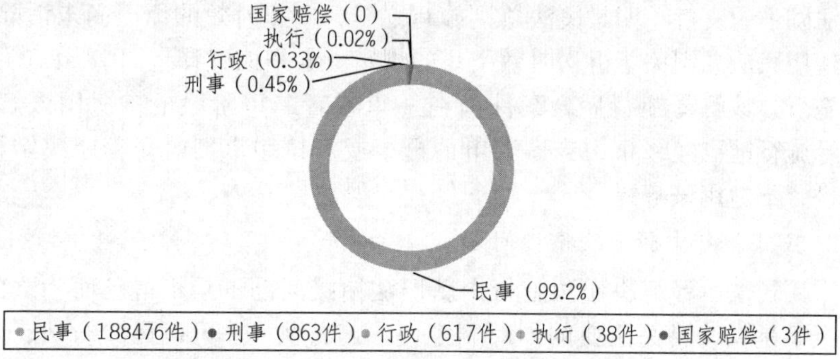

图 2a－6　2018 年适用《民法总则》案由分布①

① 资料来源：Alpha 案例库。检索条件：民法总则。样本数量：189997 件。

（三）民法总则实施问题

根据全国人民代表大会常务委员会副委员长李建国在2017年3月8日第十二届全国人民代表大会第五次会议作《关于〈民法总则（草案）〉的说明》，民法总则通过后暂不废止民法通则。民法总则与民法通则规定不一致的，根据新法优于旧法的原则，适用民法总则的规定。但在民法总则正式施行后，仍然发生较多法律适用冲突，并非简单适用“新法优于旧法”即可解决，需要立法解释或最高人民法院司法解释。在民法总则施行后到民法各分则颁布之前，最高人民法院在民法实施过程中冒着被指越权的风险制定诉讼时效的司法解释，确保民法实施。

1. 制定诉讼时效司法解释统一法律适用

民法总则在民法通则和相关司法解释的基础上对诉讼时效制度作了调整。最高人民法院在2018年7月18日出台司法解释就新旧诉讼时效的法律适用问题予以明确，即《最高人民法院关于适用〈中华人民共和国民法总则〉诉讼时效制度若干问题的解释》，自2018年7月23日起施行，内容主要包括：一是民法总则施行后诉讼时效期间开始计算的，应当适用《中华人民共和国民法总则》第188条关于三年诉讼时效期间的规定。当事人主张适用民法通则关于二年或者一年诉讼时效期间规定的，人民法院不予支持。二是民法总则施行之日，诉讼时效期间尚未满民法通则规定的二年或者一年，当事人主张适用民法总则关于三年诉讼时效期间规定的，人民法院应予支持。三是民法总则施行前，民法通则规定的二年或者一年诉讼时效期间已经届满，当事人主张适用民法总则关于三年诉讼时效期间规定的，人民法院不予支持。四是民法总则施行之日，中止时效的原因尚未消除的，应当适用民法总则关于诉讼时效中止的规定。五是该解释自2018年7月23日起施行。该解释施行后，案件尚在一审或者二审阶段的，适用该解释；该解释施行前已经终审，当事人申请再审或者按照审判监督程序决定再审的案件，不适用该解释。

2. 民法施行中新旧法衔接问题

采用司法解释解决民法施行中新旧法衔接问题，是不得已而为之的下策，上策是在编纂民法典的同时制定民法施行法——可以是单行法，也可以在各分编中加以规定，中策是民法典制定出来之后由立法机关作出立法解释，或者在民法典编纂报告中作出说明、解释。

三、民法分则相关法律实施情况

民法总则是民法典的开篇之作，在民法典中起统领性作用。民法总则规定民事活动必须遵循的基本原则和一般性规则，统领民法典各分编；各分编将在总则的基础上对各项民事制度作出具体规定。根据我国立法计划，中国民法典将由总则编和各分编组成，相关草案已经出炉，分为物权编、合同编、人格权编、婚姻家庭编、继承编和侵权责任编等。以上各编也正是民法实施的主体法部分。

2018 年度全国法院作出并公开发布在中国裁判文书网上的民事裁判文书共 6 523 928 份，其中民事案由为物权纠纷的裁判文书有 233 186 份，合同纠纷的 4 687 510 份，侵权责任纠纷的 616 318 份，婚姻家庭纠纷的 118 464 份，继承纠纷的 33 541 份。此外，还有案由为人格权纠纷的裁判文书有 108 367 份，其他民事案由裁判文书 726 542 份。①

（一）合同法的实施

2018 年 1 月 1 日至 12 月 31 日涉及合同纠纷案由的裁判共 4687510 份，其中判决书 2459824 份、裁定书 2207592 份、调解书 3560 份、决定书 2240 份、通知书 12917 份。② 合同纠纷案由的民事裁判数量占 2018 年整个民事案由裁判文书份的 71.85%。在当今契约社会，合同纠纷案件数量庞大，涉及面广泛，以合同纠纷为案由的民事案件包括缔约过失责任纠纷、确认合同效力纠纷、买卖合同纠纷、建筑用地使用权合同纠纷、借贷合同纠纷等具体案由。

《合同法》在司法适用的有四部司法解释，在民事司法中也是司法解释数量较多的法律部门，大量的合同纠纷处理依据民法总则、《合同法》《物权法》等法律作出裁判以外，还广泛运用司法解释进行裁判。2018 年度以《最高人民法院关于适用〈中华人民共和国合同法〉若干问题的解释（二）》《最高人民法院关于审理买卖合同纠纷案件适用法律问题的解释》《最高人民法院关于审理融资租赁合同纠纷案件适用法律问题的解释》为判决依据的民事裁判分别是 3151 件、44 929 件、4559 件③。合同法实施中的问题主要有如下 5 下方面。

---

① 检索时间：2019 年 3 月 5 日 10：37。

② 检索时间：2019 年 3 月 5 日 10：37。

③ 检索时间：2019 年 3 月 5 日 11：02。

1. 保底条款与委托理财合同

委托理财协议约定固定收益的保底条款，风险责任由受托方全部承担，不符合委托合同的一般特征，违背民法的公平原则，应认定为无效条款。就委托理财合同中的保底条款的效力对于合同整体的效力的关系而言，合同部分无效，不影响其他部分效力的，其他部分仍然有效，但在订有保底条款的委托理财合同中，保底条款与合同其他内容条款不具有可分性，其并非可以独立分离出来的合同部分，而是与合同其他部分存在紧密牵连关系。当事人双方尤其是委托人通常不会签订委托理财合同；在保底条款被确认无效后，委托人的缔约目的几乎丧失；保底条款应属委托理财协议之目的条款或核心条款，不能成为相对独立的合同无效部分。保底条款无效应导致委托理财协议整体无效。保底条款作为整个合同的基础条款和核心条款而存在的，没有了保底条款，整个合同就失去了存在的基础。

2. 保证期间与诉讼时效

保证期间不同于诉讼时效，法院必须依职权审查其是否经过。保证期间为除斥期间，不因任何事由发生中止、中断、延长的法律后果。保证期间经过后，保证人承担的保证债务即行免除，也就是保证债务因保证期间的经过而消灭，是债权债务本体的消灭，而非仅仅让保证人取得了一个关于拒绝履行的抗辩权。人民法院负有主动审查保证期间是否经过的法定义务，但审查保证期间是否经过属于事实问题，需要相应的证据予以支撑。保证人应在诉讼中积极主张权利，提出关于保证期间经过免责的抗辩。

3. 民间借贷纠纷案件的审理问题

（1）加大对借贷事实和证据的审查力度。在套路贷案件尚未销声匿迹的背景下，要对借据、收据、欠条等债权凭证以及银行流水等款项交付凭证进行审查外，还应结合款项来源、交易习惯、经济能力、财产变化情况、当事人关系以及当事人陈述等因素综合判决借贷的真实情况。如有违法犯罪等合理怀疑，应传唤当事人本人到庭，接受询问，适当加大调查取证力度，查明事实真相。（2）严格区分民间借贷行为与诈骗等犯罪行为。加强对民间借贷行为与诈骗等犯罪行为的甄别，深入学习和掌握《最高人民法院关于在审理经济纠纷案件中涉及经济犯罪嫌疑若干问题的规定》《最高人民法院关于审理民间借贷案件适用法律若干问题的规定》两部司法解释的内容，发现涉嫌违法犯罪线索、材料的，及时移送，借贷行为本身涉及违法犯罪的，应当裁定驳回起诉。切实防范非法行为合法化。（3）依法严守法定利率红线。民间借贷司法解释确立了法定利率的司法红线，即“两线三区”，24%的司法保护区和36%的无效区及24%～36%的自然债务区，应当从严把握。对于各种以利息、违约金、服务费、中介费、保证金延期费等突破或变相突破法定利率红线的，应当依法不予支持。如发现交易平台、交易对手、交易模式等以创新为名行高利贷之实的，应当及时采取发送司法建议函等方式，予以遏制。

4. 资管新规与合同效力

《最高人民法院关于适用〈中华人民共和国合同法〉若干问题解释（一）》第4条和《最高人民法院关于适用〈中华人民共和国合同法〉若干问题解释（二）》第14条是判断合同有效与无效的直接依据，其中的法律仅限于法律、行政法规中的效力性强制性规定。在司法实践中，违反金融保险监管部门的管理规定，最高人民法院将其作为认定损害社会公共利益的事实依据。在上诉人福建某投资有限公司与被上诉人福州某实业有限公司以及原审第三人某人寿保险股份有限公司营业信托纠纷一案该案中，最高人民法院认为当事人系争的某人寿保险公司股权代持协议，“直接违反的是中国保监会《保险公司股权管理办法》第八条关于‘任何单位或者个人不得委托他人或者接受他人委托持有保险公司的股权’的规定，该股权代持协议实质上将危及金融秩序和社会稳定，进而直接损害社会公共利益，因此依据《合同法》第五十二条规定，应属无效”。《关于规范金融机构资产管理业务的指导意见》（银发〔2018〕106号），明确提出我国资产管理业务目前存在部分业务发展不规范、多层嵌套、刚性兑付、规避金融监管和宏观调控等多种问题，并强调金融机构资管业务要消除多层嵌套、打破刚性兑付。结合当前最高人民法院金融审判尺度全面趋严的背景，随着《关于规范金融机构资产管理业务的指导意见》的资管新规出台，在当下已有交易安排中，存在交易结构多层嵌套、关系极其复杂的或权利义务设置存在刚性兑付实质内容的，均极有可能会因损害社会公共利益而面临被法院认定为合同无效。

5. 互联网平台与平台从业者

随着互联网因素在传统行业中的广泛深入，平台从业人员与互联网平台间是否属于劳动关系类纠纷成为劳动争议中的新型、难点案件。由于互联网平台用工的灵活多样，在双方法律关系的认定上，存在多种可能，劳动关系亦为其中之一。在此情形下，为保护劳动者的合法权益，司法裁判者在全面看待互联网APP平台用工模式多样性的同时，确有必要准确理解和适用劳动法律，运用从属性标准对双方是否为劳动关系进行实质性审查。法律关系的性质，应根据事实审查认定，当事人不可以协议约定的方式排除劳动法之适用。要全面看待互联网APP平台用工模式的多样性，加强对个案事实的司法审查。互联网平台的用工模式灵活多样，涉及主体众多，与从业人员建立法律关系的性质存在多种可能。应充分认识上述差异性的客观存在，以新视角审视新类型纠纷，主动掌握互联网平台的组织架构、派工模式、管理方式等知识体系，注重对个案事实要点的审查分析，一案一议，避免不同事实情形被简单划一的泛化对待。要准确运用从属性标准进行劳动关系的实质认定，避免裁判思路拘泥于协议形式。部分互联网APP平台与从业人员签订名不副实的合作协议或单方声明。司法审查不能简单盲从于协议形式，而应主动从平台对从业人员的管理控制程度、收入分配方式，平台对服务过程的控制、监督程度，平台对客户投诉的监督、惩戒措施等要素方面，对从属性的有无及强弱进行实质认定，以甄别互联网平台与从业人员之间是否存在劳动关系。要树立保障从业人员的合法权益与促进新型经济的发展并重的裁判理念，杜绝厚此薄彼。众多APP平台从业人员支撑了我国互联网产业的发展，但从业者的劳动安全、监管保障措施不应缺失；对相对人的人身、财产安全保障也应充分考虑。

（二）物权法的实施

物权法是中国特色社会主义法律体系中的重要支柱性法律，是民法的重要组成部分，对于明确物的归属，合理发挥物的效用，增强权利义务意识和责任意识，保障市场主体的权利和平等发展，具有重要作用。妥善审理物权纠纷案件，对于依法保护物权，维护交易秩序，促进经济社会发展，意义重大。但在物权法实施过程中，出现以房抵债、借名买房、房屋抵押诈骗等涉及物权归属等争议问题。

1. 关于以物抵债效力

“以物抵债”，即债务人与债权人约定以债务人或经第三人同意的第三人所有的财产折价归债权人所有，用以清偿债务的行为。法院应当根据当事人设定以物抵债的不同时间、约定的具体内容、履行的具体情况等情形来判断以物抵债不同的法律性质，进而正确认定其效力。第一，债务未届清偿期之前，当事人达成以物抵债协议。应区分不同情形进行认定与处理：（1）非清算型抵债协议。当事人在债务未届清偿期之前约定以房屋或土地等不动产进行抵债，并明确在债务清偿后可以回赎，但未约定在借贷债务到期时进行对账清算，债务人或第三人根据约定已办理了物权转移手续的，该行为符合让与担保的特征，因违反物权法定原则，不产生物权转移效力。债权人如根据抵债协议及物权转移凭证要求原物权人迁让的，法院应不予支持。（2）清算型抵债协议。当事人在债务未届清偿期之前达成以物抵债的协议，同时明确约定在债务清偿期届满时应进行清算，该以物抵债协议在当事人之间具有法律效力，在无特别约定的情况下，民间借贷法律关系在双方清算时即转化为房屋买卖法律关系，但该约定不具有对抗其他债权人的效力。第二，债务已届清偿期，当事人签订以房抵债协议。清偿期届满后当事人签订协议，为了清偿债务，此时应根据房屋是否已经办理变更登记手续确定债权人能否取得房屋所有权。签订以房抵债协议后，办理过户手续的，房屋所有权已经转移至债权人；未办理过户登记手续的，房屋所有权仍归债务人，且债权人无权要求过户，经释明，当事人要求继续履行原债权债务合同的，法院应当继续审理。

2. 物权纠纷案件的审理

一是关于借名买房相关纠纷的处理。为规避房地产市场限购政策或为规避动迁房上市交易政策而借名购房，当事人提起名为所有权确认纠纷而实为因借名购房的债权给付之诉。借名购房协议仅发生债权效力，该协议并非房屋物权变动的原因，没有直接设立房屋所有权的法律效力，亦不足以否认不动产物权登记的推定效力，当事人不能根据借名买房协议的约定直接取得房屋所有权。借名人与登记权利人之间关于房屋所有权归属的约定只能约束合同当事人，借名人不能根据借名买房协议的约定直接取得房屋所有权。二是关于附注登记对于不动产物权的影响。物权法规定不动产物权的设立、变更、转让和消灭，依照法律规定应当登记的，自记载于不动产登记簿时发生效力。不动产权利人因受到不动产登记簿之附记内容的限制没有转租权，导致租赁合同无效，承租人支付占有使用费。在房地产登记簿备注信息中载明：“权利人系通过与他人签订《场地使用合同》获得土地使用权，应按场地使用合同履行权利和义务。不动产登记簿对场地的权属登记为附注登记，权利人对厂房及场地所享有的权利范围，依法应受其与他人订立的《场地使用合同》的限制，他人无权擅自将厂房及场地转租或转让给他人。”三是关于房屋抵押人合同诈骗对抵押权效力的影响。即使房屋抵押人已经生效刑事判决认定构成合同诈骗罪，该情形也不当然导致抵押权无效。A与B原系夫妻关系，系争房屋系双方婚后共同财产，权利人登记在A名下。2000年5月，A提起离婚诉讼，随后法院判决准予离婚，系争房屋归B所有。2017年2月，A利用补办的房地产权证将系争房屋抵押给C、D，与二人签订抵押借款协议，骗取80万元用于偿还欠款及日常消费。2017年12月，A被判合同诈骗罪。2018年1月，B诉至法院，请求确认A与C、D之间的抵押行为无效，双方配合办理相应注销抵押登记手续。A的行为虽然经生效刑事判决确定为合同诈骗犯罪行为，但在民事法律维度上，属于典型的无权处分行为。B在离婚判决作出后近17年都未办理产权变更登记手续，C、D基于不动产登记簿所载信息与A办理了房屋抵押手续，应当认定两人为善意，且生效刑事判决已确认两人为受害人身份；C、D系以出借80万元为对价获得抵押权，应属支付了合理价格；系争房屋抵押权已经依法登记。C、D对系争房屋抵押权构成了善意取得。

（三）婚姻法、收养法、继承法的实施

人民法院通过适用婚姻法、收养法、继承法等审理婚姻家庭案件，维护婚姻家庭和谐稳定，依法保障未成年人、妇女和老年人的合法权益，培育和践行社会主义核心价值观，维护家庭和睦安居乐业，促进社会和谐健康发展，不断满足人们日益增长的美好生活需要和对家事审判工作的新需求、新期待。牢固树立人性化的审判理念，对当事人的保护要从身份利益、财产利益延伸到人格利益、安全利益和情感利益，保护当事人隐私，注重人文关怀，充分发挥家事审判对婚姻关系的诊断、修复和治疗作用，弘扬文明进步的婚姻家庭伦理观念，推进家风建设和家庭美德建设。切实转变工作方式，强化法官的职权探知、自由裁量和对当事人处分权的适当干预，注意区分婚姻危机和婚姻死亡，正确处理保护婚姻自由与维护家庭稳定的关系，充分发挥家事调查报告、心理疏导报告及大数据的应用，力求裁判标准客观化以及裁判文书说理情理法相结合。

建立多元化纠纷解决机制。2018年，在最高人民法院指导下，各地法院建立多部门参与的联席会议制度，推动形成“党委领导、政府尽责、法院牵头、社会参与”的工作格局，推动建立司法、行政和社会相结合的多元化纠纷解决机制，共同打造共建共治共享的社会治理格局。各级法院积极探索完善心理辅导干预、家事调查、婚姻冷静期、诉前调解、案后回访等制度，家事审判机制程序不断创新完善。积极推进机构队伍专业化建设，组建专业化家事审判机构或者团队，探索建立特别的家事法官准入机制、培训机制和考核机制，探索配备专门从事家事调解、家事调查、心理辅导等工作的司法辅助人员，加强家事法官的职业安全保障，完善极端化事件防控措施。

进一步推进家事审判方式和工作机制改革向纵深发展，促进新时代家庭家德家风建设。2018 年 5 月 23 日，最高人民法院在云南省昆明市召开第三次家事审判方式和工作机制改革试点工作座谈会，总结试点经验，梳理试点中存在的问题，讨论家事案件审理规程（试行）征求意见稿。最高人民法院副院长江必新参加会议。《最高人民法院关于进一步深化家事审判方式和工作机制改革的意见（试行）》（法发〔2018〕12 号）于 2018 年 7 月 18 日印发全国，为在更广范围、更深程度上推进家事审判方式和工作机制改革奠定了基础。全国共有 118 个中基层法院参与最高人民法院家事审判改革试点，超过 400 个中、基层法院参与各高级人民法院试点，90% 以上的试点法院成立了专门家事审判机构或家事审判团队。各地法院加大经费装备保障力度，积极建设符合家事审判特点的审判庭，并配置家事调解室、单面镜观察室、心理辅导室等配套设施，人性化配套设施建设加快推进。2018 年 7 月 19 日，最高人民法院召开家事审判方式和工作机制改革试点工作总结大会暨家事审判方式和工作机制改革联席会议第二次全体会议，最高人民法院院长周强等院领导以及家事审判改革联席会议 14 家成员单位代表参加会议。会议全面总结两年来试点经验，明确家事审判改革方向目标，在全国法院全面开展家事审判改革工作，印发家事审判方式和工作机制改革 2017 年度工作总结和 2018 年度工作要点以及《最高人民法院关于进一步深化家事审判方式和工作机制改革的意见（试行）》。

修正补充完善涉及夫妻共同债务的司法解释。针对司法实践中出现的涉及夫妻共同债务的新问题和新情况，强调虚假债务、非法债务不受法律保护，最高人民法院在 2018 年 1 月发布《关于审理涉及夫妻债务纠纷案件适用法律有关问题的解释》，进一步细化和完善夫妻共同债务认定标准，合理分配举证证明责任，以此指导各级法院准确认定夫妻共同债务，平等保护各方当事人利益。司法解释施行后，正在一审、二审中的案件得到了公正处理。针对已经终审的案件，为依法平等保护各方当事人合法权益明确“被负债”的夫妻债务案件可再审，最高人民法院于 2018 年 2 月 7 日向各高院下发明传通知，《最高人民法院关于审理涉及夫妻债务纠纷案件适用法律有关问题的解释》，该解释明确指出，第一，正在审理的一审、二审案件，适用本解释的规定。第二，已经终审的案件，甄别时应当严格把握认定事实不清、适用法律错误、结果明显不公的标准。比如，对夫妻一方与债权人恶意串通坑害另一方，另一方在毫不知情的情况下无端背负巨额债务的案件等，应当依法予以纠正。再审案件改判引用法律条文时，尽可能引用《婚姻法》第 17 条、第 41 条等法律。第三，对于符合改判条件的终审案件，要加大调解力度，尽可能消化在再审审查阶段或者再审调解阶段。案件必须改判的，也要尽量做好当事人服判息诉工作。第四，对于符合上述改判条件的终审案件，也可由执行部门尽量通过执行和解等方式，解决对利益严重受损的配偶一方权益保护问题。为妥善处理历史遗留案件，最高人民法院于 2018 年 9 月 28 日再次向各高级人民法院下发《关于集中审查涉夫妻债务纠纷信访案件的通知》，要求各高级人民法院开展集中审查涉夫妻债务纠纷信访案件，对于符合“结果明显不公”的少数案件，已经按照法定程序进行审理，有的已经依法改判。

（四）侵权法、道路交通安全法的实施

随着我国社会经济不断发展，人民经济生活水平不断提高，汽车已成为大多数家庭的普通财产。车辆增加，道交事故和纠纷不可避免地大量发生。为解决纠纷，当事人通常要往返于公安、保险公司、鉴定机构、调解组织、法院等部门和组织，多点多线，劳累奔波，耗时费力，手续繁多。在机动车交通事故责任纠纷中，通过道交一体化，纠纷实现全流程在线处置，做到一网办案、快速处理，纠纷解决更方便、更快捷，真正让数据多跑路、群众少跑腿，让人民群众实实在在得到实惠。2018 年 1 月 24 日下发《关于道路交通事故损害赔偿纠纷“网上数据一体化处理”的业务规范指引》《关于道路交通事故损害赔偿纠纷“网上数据一体化处理”技术规范指引》规范文件，为试点法院开展此项工作，提供相关规范依据。

2018 年 9 月 10 日，最高人民法院办公厅联合其他部委办公厅发布了《道路交通事故损害赔偿纠纷“网上数据一体化处理”工作规范（试行）》。该工作规范共 45 条，分为总则、工作机制、职责分工、信息共享、业务流程、组织者保障、附则等七部分，自 2018 年 10 月 1 日起施行。通过道交一体化改革，在共建的平台上，以法院裁判标准为基础制作的理赔器，统一了赔偿标准，固化了理赔预期，调解更易达成，理赔更易接受，当事人损害将得到及时救济，有助于纠纷的及时化解。人民法院受理司法确认申请后，应当及时依法对调解协议进行审查，必要时可以向调解组织核实有关情况。人民法院审查后，认为调解协议符合法律规定的，依法出具民事裁定书，确认调解协议有效；认为调解协议不符合法律规定的，裁定驳回申请，当事人可以通过调解方式变更原调解协议或者达成新的调解协议，也可以向人民法院提起诉讼。根据案件情况，人民法院开庭前可以调解的，依法采取调解方式及时解决纠纷。道路交通事故损害赔偿纠纷在线诉讼原则上应采取在线审理的方式，并在线进行庭审录音录像。鼓励人民法院积极探索要素式裁判文书，努力实现案件裁判文书的在线生成与电子签章。道路交通事故损害赔偿纠纷在线诉讼鼓励当庭宣判，并按照当事人选择的电子送达方式送达有关文书。当庭宣判之日或定期宣判之日即为送达之日。邮寄送达的，当事人签收之日为送达之日。人民法院在线作出司法裁判并送达当事人后，应及时上传有关裁判文书等诉讼信息。达成调解协议、司法确认或者在线诉讼完成后，由当事人或者调解员帮助当事人通过道交纠纷网上一体化处理平台在线申请保险公司一键理赔。

“朱振彪追赶交通肇事逃逸者案”在 2018 年被评为人民法院十大民事行政案件，颇具影响力。基本案情是：张某驾驶摩托车与他人追尾相撞，被撞者受伤倒地昏迷，张某倒地后起身驾驶摩托车逃离现场（交警部门认定：张某负此次事故主要责任）。驾车途经肇事现场的朱振彪发现后随即追赶。张某翻越铁路护栏，自行走上两铁轨中间，被火车撞击死亡。张某的亲人向法院起诉，请求判令朱振彪赔偿 60 余万元。法院一审宣判：朱振彪作为普通公民挺身而出，制止正在发生的违法犯罪行为，属于见义勇为，应予支持和鼓励；张某的死亡结果与朱振彪的追赶行为不具有法律上的因果关系，判决驳回原告的诉讼请求。之后，张某的亲人提起上诉，随后又申请撤诉。法院作出了准许撤诉的终审裁定。

2017 年颁布的《民法总则》专门设置了两条“见义勇为”条款。一审法院判决维护正义，支持和保护见义勇为的一方，既有事实根据又有法律依据，符合社会正义的要求，体现了正义判决的力量，实现了情理法的融合和法律效果、社会效果的高度统一，受到广大人民群众的广泛赞誉和高度认同。

（五）人格权案件情况

自 1986 年民法通则确立人身权制度以来，有关人格权的案件逐年快速增长，其中大量涉及名誉、肖像、隐私等。党的十九大报告明确提出：“保护人民人身权、财产权、人格权。”“不断满足人民日益增长的美好生活需要，不断促进社会公平正义，形成有效的社会治理、良好的社会秩序，使人民获得感、幸福感、安全感更加充实、更有保障、更可持续。”当前，《民法人格权编（草案）》已进入立法审议，人格权单独成编规定，是落实十九大报告精神的具体体现。为此，必须在法律上确立人格权保护的具体规则，为法官解决日益增长的人格权纠纷提供明确的裁判依据，同时也能够使宪法所确立的尊重和保障人权、人格尊严不受侵犯等原则转化为民法上的人格权制度，实现对人格权的全面保护。此外，为加强人格权司法保护，2018 年最高人民法院专门增加了性骚扰损害责任纠纷和平等就业权纠纷民事案由。

（六）英烈保护法的实施

2018 年 5 月 8 日下发《最高人民法院关于认真学习宣传贯彻〈英雄烈士保护法〉的通知》，要求各级人民法院认真学习宣传贯彻《英雄烈士保护法》，加强对英雄烈士的全面保护，依法惩处侵害英雄烈士权益、亵渎英雄烈士形象等违法行为，牢固树立鲜明价值导向，以司法手段维护和弘扬社会主义核心价值观。

为弘扬民族精神和社会正气，全国法院对污损英烈形象、破坏民族精神的行为勇于亮剑，对符合善良风俗、体现社会正气的行为依法保护，有效遏制了贬抑、污损英烈的不良风气，捍卫了匡扶正义的良好风尚，弘扬了社会主义核心价值观。

四、民法实施的细节——案例指导有法可依

党的十八届四中全会提出了“加强和规范司法解释和案例指导，统一法律适用标准”，这是党中央文献中首次对案例指导提出明确要求，案例指导制度受到前所未有的高度重视。2018 年 10 月，《人民法院组织法》由第十三届全国人民代表大会常务委员会第六次会议修订通过，自 2019 年 1 月 1 日起施行，其中第 18 条规定，“最高人民法院可以对属于审判工作中具体应用法律的问题进行解释。最高人民法院可以发布指导性案例”。指导性案例写进法律，充分说明了它的重要性。指导性案例为案件裁判提供具体、明确的指导和参照，能够更好地保证人民法院统一、公正地适用法律，规范法官自由裁量权的行使，对法律制度完善和弘扬社会主义核心价值观发挥着重要作用。

民法实施，离不开对具体个案的裁判和对裁判先例的参照。各级人民法院正在审理的案件，在基本案情和法律适用方面，与最高人民法院发布

的指导性案例相类似的，应当参照相关指导性案例的裁判要点作出裁判。各级人民法院审理类似案件参照指导性案例的，应当将指导性案例作为裁判理由引述，但目前不作为裁判依据引用。在办理案件过程中，案件承办人员应当查询相关指导性案例。在裁判文书中引述相关指导性案例的，应在裁判理由部分引述指导性案例的编号和裁判要点。案件当事人及其诉讼代理人引述指导性案例作为诉辩理由的，案件承办人员应当在裁判理由中回应是否参照了该指导性案例并说明理由。

五、结论

2018 年是民法实施具有里程碑意义的一年。民法总则自 2017 年 10 月 1 日起施行，已一年有余。民事立法从过去的分散化、单行法化转向法典化和体系化，从而使民事司法依据更加明确和充分。民法总则正式实施、10 余部民事司法解释出台适用、民事指导性案例和公报案例、专题典型案例和《人民法院案例选》按时发布发行、网络数据管理平台与服务大大提升民事审判效率。在民商事案件占法院案件总数 85% 的大背景下，民法实施质量的提高进一步提升了办案效能，促进人民法院向人民群众提供在维护社会公平正义、保障人民安居乐业方面更优质的司法产品。民法作为社会生活的“百科全书”，民法总则的实施开启了我国法治新时代。随着社会主义市场经济法律制度不断发展完善，民法典编纂进度不断加快，民法实施将在整个中国特色社会主义法治实施体系中发挥基础作用，在擘画全面依法治国总蓝图中推动政治建设、经济建设、社会建设、文化建设和生态文明建设等方面发挥更大作用。

撰稿专家

曹守晔，河南新乡人，知名民法专家，博士生导师；最高人民法院高级法官（正局级）、环境资源司法保护研究中心副主任、民法典编纂研究小组人格权编负责人；中国应用法学研究所常务副所长，中国消协法律专家委员会委员；纽约大学（1993～1994 年）、香港大学（2000～2001 年）高级访问学者。1986 年至今在最高人民法院从事民商事审判、参与民商法立法、负责起草民商法司法解释和承担国家级多项重大科研项目，审判经验丰富，研究成果丰硕；北京大学电子商务法律与发展研究基地高级顾问，武汉大学和中国政法、西南政法等大学兼职教授；“百千万人才工程”国家级人选；中国审判理论研究会常务理事、民事专业委员会副主任兼秘书长，中国行为法学会生态保护行为研究会（筹）负责人，中国个人信息保护与数据治理30人论坛第一届学术委员会委员。《中国审判案例要览》编审委员会委员、民事卷副主编，《最高人民法院案例选》《中国应用法学》《人民法院案例选》副主编，中国民商法律网授权学者。

第二章　2018 年民商法实施报告

2018 年商法实施报告

顾功耘　鲍彩慧

报告要旨

随着营商环境的改善呼声越来越高，重视商法及其实施也就越来越迫切。不重视商法一定会在国际经济贸易竞争中处于劣势地位。2018 年我国营商环境在世界排名中大步跃升表明：商法及其实施对于改善营商环境影响是巨大的。我国民营企业治理评价好于国有企业，倒逼国有企业应加快改革步伐。公司法对股份回购制度进行修改，意在改善公司资本结构，夯实估值资产基础，维护投资者利益。证券市场加强执法稽查，打击违规违法行为，有助于建立公平的市场交易秩序。资本市场制度不断改进和优化，促进多层次资本市场的健康发展。股市、债市以及期货市场的进一步对外开放，显示了我国积极融入世界经济一体化、参与全球经济治理的高姿态。加大破产法实施力度，建立府院联动机制，规范破产清算程序，真正实行市场主体的有进有退。资管业务监管趋严，治理市场乱象，是防范金融风险的重要举措。关注金融消费者保护，规范保险市场的运作以及互联网金融交易，也势在必行。2018 年商法实施取得积极成效，可圈可点。

核心建议

1. 要进一步全面动员，推动商法的普及化，营造良好的营商环境，提高市场的竞争力。

2. 要认真贯彻落实中共中央改革国有企业文件精神，切实抓好分类管理与监督。要将国有资本更多投向公共领域，增加公共产品的供给，真正提高群众生活水准与满意度。

3. 尽快修订证券法，扩展证券内涵与外延，建立良好的证券市场运营机制，实行发行注册制，理顺监管体制，将维护投资者利益放在首位。

4. 金融市场的对外开放，尤其是股票市场、债券市场的对外开放应当加快，在开放中学习与借鉴国际商事规则，使中国企业在全球资源配置中发挥应有的作用。

5. 建立鼓励和支持科技企业与科技人员的先进制度，放宽市场准入，积极促进资本的集聚，为建立科创中心提供有力支撑。

6. 加强金融市场的行为监管，建立健全金融消费者的保护机制，切实维护金融消费者的利益。

一、公司法的法律实施

公司法作为商法体系最重要的一部，其法律实施情况是商法实施情况的重要体现。中国上市公司治理指数作为上市公司治理状况的“晴雨表”，可以显示我国上市公司治理的整体情况。《公司法》修改和完善有关股份回购的规定，为促进提升上市公司质量、稳定资本市场预期提供了有力的法律支撑。随着2018年底中央企业公司转制的完成，我国也由“企业治理”进入了“公司治理”的新阶段。营商环境的建设与优化是观察经济运行、改革成效的重要标准，随着市场环境、政务环境、法律政策环境的改革，我国的营商环境持续优化。

（一）公司治理的法治情况

1. 公司治理的总体概况①

2018年中国上市公司治理指数评价样本量为3464家，其中主板上市公

---

① 参见王宁：《2018年中国上市公司治理指数发布》，载新华网，http://www.tj.xinhuanet.com/jz/2018-09/16/c_1123437639.htm，最后访问日期：2019年2月18日。

司 1782 家，中小企业板上市公司 894 家，创业板上市公司 710 家，金融业板块上市公司 78 家。治理指数评价结果显示，2003 年至 2018 年，中国上市公司治理水平在总体上不断提高，经历 2009 年的回调，金融危机之后，趋于逐年上升态势，并在 2018 年达到新高（63.02），但相较最近两年的提高幅度趋缓。

从治理等级分布来看，我国上市公司治理水平呈现出向较高治理等级移动的趋势，但不同市场板块的公司治理水平存在较大差异。其中创业板公司治理指数最高，其后是中小企业板、金融业板块，治理水平最低者则为主板上市公司。

从治理能力的地图分布来看，不同地区治理水平存在一定差异，但值得注意的是，我国上市公司治理能力整体呈现出从沿海向内地的梯度提升态势。

从控股股东的性质出发，我国上市公司的控股股东性质不同，治理水平也表现出较大的差异。数据显示，继 2011 年以来，2018 年民营控股上市公司治理指数已经连续八年超过国有控股上市公司。

2. 中国上市公司治理六大维度状况①

中国上市公司治理指数由股东治理指数、董事会治理指数、监事会治理指数、经理层治理指数、信息披露指数和利益相关者治理指数六大维度构成。2018 年治理指数的数据显示，六大维度中董事会治理维度与去年持平，而经理层治理维度略有下降，其他维度均呈上升趋势。

在股东治理指数方面，2018 年中国上市公司股东治理指数相比 2017 年有所提升。股东治理指数回升的主要原因是中小股东权益保护程度的提升，这主要体现在现金分红方面。自 2013 年以来，监管部门引导上市公司完善现金分红机制，强化回报意识。随着各项政策推进，上市公司基本建立起清晰的利润分配机制，现金分红的范围、稳定性和持续性都有所改善：2018 年度，已经建立差异化现金分红政策的公司所占比例上升到 69.00%；现金分红比例由 2017 年的 16.69% 上升为 2018 年的 26.07%，更多的中小股东通过现金分红的方式分享公司经营所带来的收益。除中小股东权益保护之外，股东独立性的提高和关联交易的降低也是股东治理指数提高的重要原因。

---

① 参见王宁：《2018 年中国上市公司治理指数发布》，载新华网，http：//www.tj.xinhuanet.com/jz/2018-09/16/c_1123437639.htm，最后访问日期：2019 年 2 月 18 日。

在董事会治理指数方面，董事会治理侧重结构合规，董事会治理水平总体较高，但有效性运作机制建设亟待突破。2018 年中国上市公司董事会治理指数与 2017 年持平。其中董事薪酬指数有所上升，但民营控股上市公司的董事薪酬指数仍明显优于国有控股上市公司。董事权利与义务指数较去年有一定幅度下降，其原因主要在于，在外单位兼任职务的董事人数比例的上升。

在监事会治理指数方面，我国上市公司监事会治理总体上呈现上升态势，但在公司治理的六大维度中，监事会治理仍然处于较低水平。从监事会的规模结构来看，上市公司监事会规模以及职工监事的设置，大多仅符合《公司法》的底限要求，2018 年监事会规模在 3 人以上的公司比例仅为 24.62%，相较 2017 年进一步降低；在监事会成员的胜任能力方面，民营控股上市公司年轻监事比例提高，且财务和法律职业背景的监事占比较低。因此，监事会治理需要进一步优化规模结构，提升监事会成员的胜任能力。

在经理层治理指数方面，2018 年中国上市公司经理层治理指数有所下降，上市公司高管平均薪酬水平在控股股东性质和板块间均存在差异。根据控股股东的性质不同，国有控股上市公司高管平均薪酬水平上升 4.14%，民营控股上市公司高管平均薪酬水平下降 4.10%；在板块差异方面，2018 年主板上市公司经理层薪酬激励提高，而中小企业板和创业板上市公司高管平均薪酬水平均有所下降。整体而言，民营控股上市公司高管的薪酬下降，并表现出较强的市场敏感性。

在信息披露指数方面，我国上市公司信息披露水平近六年呈现稳定的上升趋势，信息披露的质量亦进一步提高。2018 年中国上市 4 公司的信息披露指数，在可靠性、相关性和及时性分指数方面均得以提高：可靠性方面，报告期内标准内部控制有效的公司比例略有上升，财务指标异常的公司比例有所下降；相关性方面，对关联交易信息、公司发展目标与战略、社会责任等方面披露有所提升，但在高管人员考核、子公司状况及研发信息方面有所下降；及时性的上升，则主要体现在中期报告、年度报告的及时性披露。此外，2018 年民营控股上市公司信息披露指数已连续五年优于国有控股上市公司，因此改善和提高国有控股上市公司的信息披露水平和质量仍是重点。

在利益相关者治理指数方面，上市公司利益相关者治理水平稳步提升，但绿色治理理念有待深入。分析来看，2018 年我国上市公司利益相关者的参与程度较去年有所上升，这主要是因为投资者已习惯于通过网络获取公司的重要信息，这也催使上市公司不断优化网络沟通渠道，提升信息披露质量，有效维护与管理投资者关系。但随着我国对安全生产、环境保护等方面的要求日趋严格，上市公司在社会责任的承担、同监管部门间关系方面表现不佳，因此上市公司的绿色治理理念和相关措施仍需进一步落实。

（二）《公司法》关于股份回购规定的修改

2018 年 10 月 26 日，第十三届全国人大常委会第六次会议审议通过了《全国人民代表大会常务委员会关于修改〈中华人民共和国公司法〉的决定》，此次修改，聚焦上市公司股份回购，对《公司法》第 142 条有关公司股份回购的规定进行了专项修改，有利于促进市场正向发展。

1. 公司法修改的必要性[①]

股份回购是指公司按一定的程序，购回发行或流通在外的本公司股份的行为。从境外成熟市场经验看，股份回购制度是公司实施并购重组、优化治理结构、稳定股价的重要手段。近年来，随着资本市场快速发展和市场环境的变化，上市公司股份回购数量日益增加，且股份回购的需求和目的日渐多样。

我国 1993 年公司法以法定资本制为基础，规定了两种允许股份回购的例外情形，具体包括公司为减少资本而注销股份、与持有本公司股票的其他公司合并的情形。2005 年公司法修订时，增加了将股份奖励给本公司职工，以及股东因对股东大会作出的公司合并、分立决议持异议要求公司收购其股份两种例外情形，并对股份回购的决策程序、数额限制等作了规定。

上市公司回购股份制度作为资本市场一项重要的基础性制度，实践中不少公司依法实施了股份回购并取得了较好的效果，但同时也存在一些问题。主要表现在：允许股份回购的情形范围较窄，难以适应公司实施股权激励以及适时采取股份回购措施稳定股价等实际需要；实施股份回购的程序较为复杂，不利于公司及时把握市场机会，适时制定并实施股份回购计划；对公司持有所回购股份的期限规定得比较短，难以满足长期股权激励及稳定股价的需要等。

从境外成熟市场的立法和实践看，公司股份回购特别是上市公司股份回购已经成为资本市场的基础性制度安排。一方面，赋予大股东更多的自

---

① 刘士余：《关于〈中华人民共和国公司法修正案（草案）〉的说明——2018 年 10 月 22 日在第十三届全国人民代表大会常务委员会第六次会议上》，载中国人大网，http：//www. npc. gov. cn/npc/xinwen/2018 －10/26/content_ 2064120. htm，最后访问日期：2019 年 2 月 9 日。

主权，通过回购股份维护企业的价值或进行股权激励，提升公司团队的稳定性和活力；另一方面，当优质上市公司存在低估或超跌的时候，大股东回购也有利于对冲市场恐慌情绪，稳定市场预期，推动公司实现价值回归。因此，在总结实践经验、借鉴国外有益做法的基础上，修改和完善公司法有关股份回购的规定，可以为促进公司建立长效激励机制、提升上市公司质量、稳定资本市场预期等，提供有力的法律支撑。

2. 公司法修改的具体内容①

针对《公司法》第142条在实践中存在的问题，此次公司法的修改主要从以下三个方面对股份回购的相关规定作了修改和完善：

一是补充完善允许股份回购的情形。将现行规定中“将股份奖励给本公司职工”这一情形修改为“将股份用于员工持股计划或者股权激励”，增加“将股份用于转换上市公司发行的可转换为股票的公司债券”和“上市公司为避免公司遭受重大损害，维护公司价值及股东权益所必需”两种情形，以及“法律、行政法规规定的其他情形”的兜底性规定。

二是适当简化股份回购的决策程序，提高公司持有本公司股份的数额上限，延长公司持有所回购股份的期限。规定公司因将股份用于员工持股计划或者股权激励、用于转换上市公司发行的可转换为股票的公司债券，以及上市公司为避免公司遭受重大损害、维护公司价值及股东权益所必需而收购本公司股份的，可以依照公司章程的规定或者股东大会的授权，经三分之二以上董事出席的董事会会议决议，不必经股东大会决议。因上述情形收购本公司股份的，公司合计持有的本公司股份数不得超过本公司已发行股份总额的百分之十，并应当在三年内转让或者注销。

三是补充上市公司股份回购的规范要求。为防止上市公司滥用股份回购制度，引发操纵市场、内幕交易等利益输送行为，增加规定上市公司收购本公司股份应当依照证券法的规定履行信息披露义务，除国家另有规定外，上市公司收购本公司股份应当通过公开的集中交易方式进行。

此外，根据实际情况和需要，删去了现行公司法关于公司因奖励职工收购本公司股份，用于收购的资金应当从公司的税后利润中支出的规定。

---

① 刘士余：《关于〈中华人民共和国公司法修正案（草案）〉的说明——2018年10月22日在第十三届全国人民代表大会常务委员会第六次会议上》，载中国人大网，http：//www. npc. gov. cn/npc/xinwen/2018－10/26/content_ 2064120. htm，最后访问时期：2019年2月9日。

3. 此次公司法修改的意义

数据显示，截至 2018 年 11 月 1 日，A 股共有 866 家公司启动股份回购流程，预计总回购的股份总数达 149.14 亿股。另外，从实际回购实施情况来看，截至 2018 年 11 月 1 日，已经有 583 家公司实施了股份回购，股份回购数量高达 46.31 亿股，已经实施的金额则高达 317.75 亿元；明显高于 2017 年全年 A 股公司实施的股份回购情况。[①] 此次修改，进一步夯实和完善了资本市场基础性制度，为促进资本市场稳定健康发展提供了有力法律支持，意义重大。

首先，有助于提升上市公司质量。本次修改允许公司选择适当时机回购本公司股份，将进一步提升上市公司调整股权结构和管理风险的能力，提高上市公司的整体质量和投资价值，推动公司治理体系建设和治理能力现代化。

其次，有助于健全金融资本管理体制，深化金融改革。本次修改通过增加回购情形，为公司实施股权激励或者员工持股计划以及发行可转债提供股份来源，既有利于上市金融企业建立长效激励机制，形成资本所有者和劳动者的利益共同体，提高企业资本运营效益，提升投资者回报能力；也有利于增强可转债品种的便利性，拓展公司融资渠道，改善公司资本结构，完善资本市场功能，进一步提升资本市场服务实体经济的能力。

最后，有助于维护广大中小投资者权益，促进资本市场持续稳定健康发展。完善股份回购制度，增加股份回购情形，允许上市公司为维护公司整体价值及广大中小投资者股东权益进行股份回购，有利于增厚每股净资产，夯实估值的资产基础，健全资本市场内生稳定机制，促进资本市场整体平稳运行。

（三）国资国企的法治情况

改革开放 40 年来，国企改革不断取得新的突破。2018 年央企经济运行总体平稳，虽然国有经济在国民经济中的比重有所下降，但活力、控制力、影响力不断增强，在服务国家战略和保障国计民生方面发挥了重要作用质量效益稳步提升，稳中有进、进中提质的态势更加巩固。[②]

---

① 参见《公司股份回购制度迎重大改革》，载 https：//mp. weixin. qq. com/s/jBjFbw4w - K1HRQ3v4_ 757w，最后访问日期：2019 年 2 月 19 日。

② 人民日报：《国资国企改革增活力提效率》，载中华人民共和国中央人民政府，http：//www. gov. cn/xinwen/2019 - 01/18/content_ 5358896. htm，最后访问日期：2019 年 2 月 9 日。

1. 混合所有制和股权多样化改革积极推进

近年来，我国国有企业不断优化体制机制、提高运营效率，发展态势稳定向好，促进了中国经济稳健前行积极推进。混合所有制改革是国有企业改革的重要突破口，目前通过各种不同所有制资本的实质性混合，混合所有制和股权多元化改革正在积极推进。

当前“混改”之范围已涵盖了中央企业和部分地方国企，实现了电力、石油、天然气、铁路、民航、电信、军工七大重要领域全覆盖，并延伸到国有经济较为集中的一些重要行业。在资本多元化方面，按照完善治理、强化激励、突出主业、提高效率的要求，企业积极引入民营资本、外资等非公有资本，实现产权主体多元化，取得了重要成效。①

在当前发展不确定性上升的背景下，要继续推进国有资本投资、运营公司出资的国企，以及主业处于竞争领域的商业类国企开展“混改”，同时工作重心转向“转换经营机制”，在法人治理、选人用人、强化激励等方面取得实质性进展。

2. 国资授权经营体制改革不断深化

自党的十八届三中全会明确提出“改革国有资本授权经营体制，组建若干国有资本投资运营公司”以来，中央企业和地方国有企业分别开展国有资本投资、运营公司试点，在试体制、试机制、试模式等方面进行了大量探索实践。2018年7月30日，国务院发布《关于推进国有资本投资、运营公司改革试点的实施意见》，为国有资本投资、运营公司的设立提供了明确的政策依据与治理规范。

设立国有资本投资、运营平台公司，目的就是要打破“政府—企业”的两层国资架构，变成“政府—资本运营平台—实体企业”的三层国资架构组织形式，实现政企分离。国有资本投资、运营公司的要职责是对国有资产进行投资经营及对存量资产的流动和重组，通过资本层面的运作对国有资产进行高效配置。②

开展国有资本投资、运营公司试点，是改革国有资本授权经营体制的关键举措，对国有企业改革全局具有重大意义。通过授权国有资本投资、运营公司履行出资人职责，是实现从管资产向管资本转变的重要制度保障，

---

① 国家发改委：《国企混改已推三批试点　实现七大领域全覆盖》，载 https：//baijiahao. baidu. com/s? id = 1597525049631243012&wfr = spider&for = pc，最后访问日期：2019年2月16日。

② 参见潘泽清：《投资运营公司的地位》，载《中国金融》2016年第4期。

可以促进国有资本布局调整与国有资产保值增值，使国有资本投资、运营更好地服务于国家战略目标。

3. 央企公司制改革实现历史性突破[1]

公司制是现代企业制度的有效组织形式，是建立中国特色现代国有企业制度的必要条件。2018 年，国资委将公司制改制作为重中之重，我国中央企业公司制改制基本完成，解决了长期以来难以解决的制度障碍，国企改革实现了历史性突破。

公司制改制并不是简单的“换牌子”，各中央企业以公司制改制为契机，通过深化改革，在不断完善现代企业制度、深入推进三项制度改革、进一步解决历史遗留问题等方面取得积极成效。首先，各改制企业积极按照《公司法》规定，建立董事会并深化落实董事会职权，修改完善公司章程，界定了董事会、监事会、经营层和党组织职权范围，切实建立现代企业制度，企业法人治理进一步完善。其次，在推进公司制改制的同时，中央企业深入推进内部改革，职业经理人制度、高级管理人员社会化选聘制度等市场化选人用人制度逐步建立，在建立健全市场化经营机制方面也进行了富有成效的多样化探索。最后，各企业在改制过程中重新梳理了下属企业清单，进一步摸清了资产状况，解决了一系列历史遗留问题。

（四）中国营商环境的优化

2018 年 10 月 31 日，世界银行发布《2019 年营商环境报告》，中国大陆的营商环境排名相比去年一次性提升 32 位，从上期的第 78 位跃升至第 46 位，进入世界排名前 50 的经济体之列。

世界银行营商环境报告被称为全球资本流动的风向标，具有非常强的指导和参考意义。此前中国居第 78 位，这与我国世界第二大经济体的规模和地位并不相称。因此，党中央、国务院高度重视深化“放管服”改革、优化营商环境工作，近年来部署出台了一系列有针对性的政策措施：坚决破除各种不合理的门槛和限制，营造公平竞争的市场环境；保障外商投资企业公平待遇，进一步促进外商投资，降低进出口环节合规成本和推进通关便利化，完善出口退税政策；持续提升审批服务质量，进一步简化企业投资审批，深化商事制度改革，提高办事效率；在持续深化简政放权的同

[1] 参见《央企公司制改制基本完成　国企改革实现历史性突破》，载 http://finance.ifeng.com/a/20180425/16201558_0.shtml，最后访问日期：2019 年 2 月 19 日。

时，进一步强化事中事后监管，创新市场监管方式；进一步减轻企业税费负担，降低企业生产经营成本；大力保护产权，为创业创新营造良好环境。[①] 全国各地也都在努力改善和提升营商环境，按照世行指标对标找差距并寻找提升办法。[②] 在 2018 年的排名中，中国成为营商环境改善排名前十的经济体之一。[③]

值得注意的是，现有的进步当然可贵，但同时我国营商环境仍存在一些短板和突出问题，企业负担仍需降低，小微企业融资难融资贵仍待缓解，投资和贸易便利化水平仍有待进一步提升，审批难审批慢依然存在，产权保护仍需加强，部分政策制定不科学、落实不到位等。营商环境建设既涉及现代市场体系的完善，使市场在资源配置中起决定性作用，又涉及以转变政府职能为核心的行政管理体制改革，更好发挥政府作用。政府是营商环境建设最重要的责任主体，在营商环境建设中起主导作用，扮演着规划者、组织者、引导者、监管者和服务者的角色。同时，市场主体和社会主体的有效参与也是营商环境建设必不可少的前提。[④] 营商环境本质上是政府管制环境，政府的越位、缺位与错位都会影响到营商环境。推进政府职能转型，建立与市场经济体制相适应的行政管理体制，是优化营商环境的治本之道。

营商环境报告以及中国排名的提升，体现了中国改善营商环境、投资环境、市场环境和政策环境，坚持市场化改革的方向之坚定。要进一步优化我国的营商环境建设，仍需以市场主体的需求为导向，围绕破解企业投资生产经营中的难点问题，打造市场化、法治化、国际化营商环境，增强企业发展信心和竞争力。进一步简政放权、公平监管、优质服务，营造公平高效优质的政务环境。[⑤]

---

① 参见《国务院办公厅关于聚焦企业关切进一步推动优化营商环境政策落实的通知》（国办发〔2018〕104 号），2018 年 11 月 8 日发布。

② 参见《国务院办公厅关于部分地方优化营商环境典型做法的通报》（国办函〔2018〕46 号）。

③ 参见 THE WORLD BANK，http：//www. doingbusiness. org/en/reforms/overview/economy/china，accessed at 18/02/2019。

④ 娄成武、张国勇：《治理视阈下的营商环境：内在逻辑与构建思路》，载《辽宁大学学报》（哲学社会科学版）2018 年第 2 期。

⑤ 李军鹏：《十九大后深化放管服改革的目标、任务与对策》，载《行政论坛》2018 年第 2 期。

二、证券法的法治实施

截至 2018 年 12 月 28 日，上证指数全年下跌 24.5%，深证成指下跌 34.42%，创业板指下跌 28.65%。IPO、非公开发行、新三板定增规模相比上年下滑了约 40%。尽管 2018 年多种不利因素叠加，但资本市场的制度建设和风险化解取得了新进展。上市公司股份回购规则和股票发行制度进一步完善，退市制度改革一直稳步推进，股票质押式回购交易得以规范，并以《上市公司治理准则》指导上市公司改善公司治理。新三板市场和区域性股权市场的制度创新，科创板的规则设计和制度落地，资本市场对外开放步伐不断加速，都将对推动资本市场深化改革发挥重要作用。

（一）证券市场行政执法与投资者保护工作情况

2018 年，证监会把握市场化法治化国际化的改革方向，把防范化解金融风险放到突出位置，坚持依法全面从严监管理念，不断强化监管执法工作，严厉打击资本市场各类违法违规行为。

1. 证券市场稽查执法工作进一步强化

2018 年，证监会共作出行政处罚决定 310 件，同比增长 38.39%，其中信息披露违法类案件处罚 56 起，操纵市场类案件处罚 38 起，内幕交易类案件处罚 87 起，中介机构违法类案件处罚 13 起，私募基金领域违法案件处罚 10 起，短线交易案件处罚 13 起，从业人员违法违规案件处罚 24 起，还对编造传播虚假信息、超比例持股未披露、法人非法利用他人账户、期货市场违法等 50 余起其他类型案件依法作出行政处罚。有力维护了资本市场运行秩序，有效保护了投资者合法权益，为新时代资本市场的健康发展提供了强有力保障。①

2018 年稽查执法重点主要包括：严重损害上市公司利益，损害中小股东合法权益的案件；严重积聚市场风险，危害市场平稳运行的违法行为；严重破坏公平交易原则，影响市场功能发挥的案件；严重扰乱信息传播秩序，恶意制造市场恐慌情绪的案件。② 针对高管恶意掏空上市公司的案件，借助新型金融工具违法交易行为、利用重组炒作、开展内幕交易的案件，

---

① 证监会：《2018 年证监会行政处罚情况综述》，载 http：//www. csrc. gov. cn/tianjin/tjfzyd/tjaljs/201901/t20190115_ 349813. htm，最后访问日期：2019 年 2 月 11 日。

② 《证监会通报 2018 年稽查执法四大重点》，载 http：//finance. ifeng. com/a/20180314/16027127_ 0. shtml，最后访问日期：2019 年 2 月 19 日。

利用新媒体传播不实信息的案件等[①]证监会也持续保持执法高压态势，坚决维护市场秩序。

2. 依法行政水平得以提升

证监会通过依法全面从严的监管执法，严厉打击各类证券期货违法行为，有力震慑了不法行为人，重拳惩治了市场乱象，引导市场主体知敬畏、明底线，使市场生态环境得以净化，市场的法治基础更加坚实，防范系统性风险的堤坝更加牢固。

在行政执法与行政处罚的工作中着重注意几组关系的处理与平衡，依法行政水平得以进一步提升。在法与德的关系层面，证监会用行政处罚划定行业道德底线，提升行业道德水平，养成市场参与者守法合规意识，形成守法诚信的道德风尚和职业操守。在法与规的关系层面，证监会在严格执法的同时坚持审慎监管原则，使执法工作符合法律逻辑、市场逻辑及监管逻辑，行政处罚工作在适用法律过程中对资本市场的新情况、新变化保持适应性、能动性。在法与责的关系层面，证监会根据案件证据、事实依法准确认定法律责任，同时坚持宽严相济、教育与惩罚相结合的原则，充分发挥行政处罚的一般预防与特殊预防功能，在准确认定违法事实及责任的基础上，形成合理的量罚基准，实现科学裁量、精准打击。[②]

3. 以投服中心为主的中小投资者保护机制不断完善

中证中小投资者服务中心作为全国性的证券金融类公益机构，专门从事中小投资者合法权益保护工作。自 2014 年成立以来，不断推进理论探索和实践创新，立足股东身份、坚持市场角度、运用法律手段，创建了一套适合中国国情的中小投资者保护新机制和实现路径，以投资者教育为基础，事前持股行权、事中纠纷调解、事后支持诉讼的“投服模式”。

截至 2018 年 8 月底，共持有 3533 家上市公司股票，累计行权 4757 次（场），持股行权向深度广度拓展；登记纠纷案件 6621 件，调解成功 3175 件，投资者和解获赔金额 6.71 亿元，专业调解能力不断增强；提起 12 起证券支持诉讼和股东诉讼，投资者诉求总金额达 6000 余万元，积极推动证券支持诉讼示范判决机制试点工作；中国投资者网正式上线，400 万人次参与

① 证监会：《2018 年证监稽查 20 起典型违法案例》，载 http://www.csrc.gov.cn/pub/newsite/jcj/aqfb/201901/t20190116_349889.html，最后访问日期：2019 年 2 月 11 日。

② 证监会：《证监会召开行政处罚工作座谈会》，载 https://mp.weixin.qq.com/s/iao6pIDg-EEBJscca4HC0fg，最后访问日期：2019 年 2 月 11 日。

《股东来了》投资者权益知识竞赛；开展投资者权益救济状况等课题研究，出版《投资者》辑刊和案例丛书，积极建设投资者权益监测平台，示范引领广大中小投资者全面知权、积极行权、依法维权，切实提升股东意识，不断推动形成具有鲜明中国特色的中小投资者保护新机制。①

（二）证券市场立法及行业监管概况②

1. 上市公司股份回购规则的贯彻落实

继《公司法》中关于股份回购内容的修改之后，2018 年 11 月 9 日，证监会、财政部、国资委联合发布了《关于支持上市公司回购股份的意见》，沪深交易所也分别发布《上市公司回购股份实施细则（征求意见稿）》向市场公开征求意见，以依法规范支持上市公司股份回购行为。

表 2b－1　上市公司股份回购涉及的相关法律法规体系

法律	关于修改《中华人民共和国公司法》的决定
部门规章	上市公司回购社会公众股份管理办法（试行）
	关于上市公司以集中竞价交易方式回购股份的补充规定
规范性文件	关于鼓励上市公司兼并重组、现金分红及回购股份的通知
	关于上市公司以集中竞价交易方式回购股份的补充规定
自律规范	上海证券交易所上市公司以集中竞价交易方式回购股份业务指引
	深圳证券交易所上市公司以集中竞价交易方式回购股份业务指引

为做好修改后的公司法的贯彻实施工作，证监会系统梳理了有关上市公司股份回购制度规则，及时完善相应的配套制度规则，进一步明确了上市公司股份回购的情形、程序、方式、信息披露、回购股份的持有、回购股份的转让、回购股份的注销等事项；同时加大监管执法力度，依法严厉查处利用股份回购实施内幕交易、操纵市场、信息披露违法、“利益输送”“忽悠式回购”等违法违规行为，切实维护上市公司股份回购市场秩序，发

① 彭扬、徐昭：《不断推动形成中小投资者保护新机制》，载 http：//www. cs. com. cn/xwzx/hg/201809/t20180926_ 5876614. html，最后访问日期：2019 年 2 月 12 日。

② 价值法库：《2018 年资本市场十大法规》，载 https：//mp. weixin. qq. com/s/Db9IhWA－TAiOKCumxHv1zA，最后访问日期：2019 年 2 月 11 日。

挥股份回购制度积极作用，促进资本市场持续稳定健康发展。[①]

2. 鼓励上市公司并购重组成效显著

自2018年以来，监管层频发新规支持鼓励上市公司重组，截至2018年12月13日，证监会并购重组委共审核了并购重组申请127家，过会率为91.34%，证监会发布鼓励上市公司并购重组的利好政策与措施成效显著。

2018年9月开始，证监会根据并购重组市场发展现状，审视未来发展趋势，相继发布了多条政策与措施引导、规范并购重组市场发展，简政放权，助力上市公司发展。除了出台新的审核机制，提升审核效率外，相关政策还放开了配套募集资金补流限制，甚至IPO被否企业筹划重组上市的间隔期从3年缩短为6个月，通过对重组预案的披露内容进行较大幅度的简化和放宽等举措，提振了市场情绪及上市公司的信心。

3. 上市公司退市制度的完善

上市公司退市制度是资本市场的重要基础性制度，对于进一步健全完善资本市场基础功能，实现上市公司退市的市场化、法治化和常态化具有重要意义。2018年7月27日，证监会对《关于改革完善并严格实施上市公司退市制度的若干意见》做了部分修改并重新发布；11月，沪深交易所也相继出台了《上市公司重大违法强制退市实施办法》等规则。

从2001年的《亏损公司暂停上市和终止上市实施办法》，到2014年《关于改革完善并严格实施上市公司退市制度的若干意见》，再到2018年的修改与完善，退市制度改革一直稳步推进。本次修改内容涉及完善重大违法强制退市的主要情形、强化证券交易所的退市制度实施主体责任以及落实因重大违法强制退市公司控股股东、实际控制人、董事、监事、高级管理人员等主体的相关责任三个方面，[②] 不断完善上市公司退市制度，是建设富有国际竞争力资本市场的必然选择。

4. 股权质押的行为规范与风险管理

截至2018年8月15日，共有2483家企业存在股权质押，占A股整体数量超过70%。累积质押股票的总市值为45 434.67亿元，占A股市场总市

---

① 《证监会贯彻落实公司法修改决定　依法规范支持上市公司股份回购行为》，载中国证监会，http：//www.csrc.gov.cn/pub/newsite/zjhxwfb/xwdd/201810/t20181026_ 345824.html，最后访问日期：2019年2月9日。

② 信公咨询：《2018年资本市场十大新规》，https：//mp.weixin.qq.com/s/GX4 fbNNFeqASEt-DhNGNr1w，最后访问日期：2019年2月11日。

值比例约为9%。以股票作为质押物，由于股价的不稳定，导致履约保障比例波动较大；若上市公司或大股东出现违法违规情况被司法冻结，也存在质押物无法变现的风险；在公司治理层面，股权质押的平仓风险可能导致控制权的非正常转移，影响公司管理经营的稳定性。随着上市公司股权质押数量的越来越大，股权质押已成为近年股市的主要风险之一。

为规范证券公司参与股票质押式回购交易行为，提高证券公司服务实体经济的能力和水平，防控交易风险，保护投资者合法权益，中国证券业协会发布修订后的《证券公司参与股票质押式回购交易风险管理指引》，进一步聚焦服务实体经济定位，明确融入方不得为金融机构或其发行的产品，融入资金应当用于实体经济生产经营并专户管理；强化风险管理，规范业务运作，明确证券公司开展业务的资质条件，要求证券公司建立融入方信用风险持续管理及资金用途跟踪管理机制。

5. 上市公司规范化治理进入新阶段

2002年1月7日，证监会首次发布《上市公司治理准则》（证监发〔2002〕1号），阐明了上市公司治理的基本原则，规范了上市公司董事、监事、高管的行为准则和职业道德，成为指导上市公司改善公司治理的纲领性文件。但随着我国上市公司数量的不断增长、行业类型的逐渐丰富，加上日趋复杂的境内外社会经济形势，上市公司的治理面临很多新问题和新挑战。

2018年9月30日，中国证监会完成《上市公司治理准则》修订，并正式发布。新的《上市公司治理准则》增加上市公司党建要求，强化上市公司在环境保护、社会责任方面的引领作用；进一步加强对控股股东、实际控制人及其关联方的约束，更加注重中小投资者保护，发挥中小投资者保护机构的作用；积极借鉴国际经验，推动机构投资者参与公司治理，强化董事会审计委员会作用，确立环境、社会责任和公司治理（ESG）信息披露的基本框架；对上市公司治理中面临的控制权稳定、独立董事履职、上市公司董监高评价与激励约束机制、强化信息披露等提出新要求，标志着中国上市公司发展进入新的历史阶段。

（三）多层次资本市场的体系完善

1. 新三板制度的革新与优化①

2018 年以来，新三板仍处于发展阵痛期：一方面，挂牌家数增长放缓、摘牌企业递增、而流动性困境却愈演愈烈；另一方面“新三板 + H”两地挂牌机制落地，新三板国际化之路开启，市场要求新三板加快政策红利落地步伐，踏上新的征程。

（1）竞价交易制度顺利推出。2018 年 1 月 15 日，新三板顺利引入集合竞价转让机制并开始实施。引入集合竞价转让后，原采用协议转让方式的股票，盘中交易方式统一调整为集合竞价。对采取集合竞价转让方式的股票实施差异化的撮合频次，基础层每日收盘时段 1 次集合竞价，创新层每小时撮合 1 次，每天共 5 次。引入竞价后的混合交易制度有利于高效完成交易，也可降低交易成本；同时，由于大量委托直接匹配成交，有利于解决流动性不足的问题。未来，集合竞价将成为新三板主流的交易方式，有利于提高市场的价格发现功能，

（2）“新三板 + H”顺利落地。2018 年 4 月 21 日，全国股转系统与香港联合交易所与联交所正式签署了一份《合作谅解备忘录》，根据合作谅解备忘录，双方欢迎对方符合条件的挂牌/上市公司，在本市场挂牌/上市的申请。

这意味着，新三板挂牌公司可以到境外发行股票并在香港联交所上市，无须在全国股转系统终止挂牌。挂牌公司可以结合自身业务发展规划，充分利用境内外两个市场进行资本运作，实现与境外资本的对接。“新三板 + H”政策发布后，君实生物已于 H 股成功上市，成为首家“新三板 + H”公司。“新三板 + H”模式拓宽了新三板的融资渠道，使新三板上的优质挂牌公司可以在香港这个国际化的资本市场进行融资；挂牌公司 H 股上市不需要摘牌即可以在香港主板上市，解决融资和估值问题的同时，亦避免摘牌困扰，可以防止新三板优质公司的大量流失；此外，“新三板 + H”是全国股转系统参与建设富有国际竞争力的中国特色资本市场的有效方式，迈出了全国股转系统走向国际化的第一步。②

---

① 吴志：《2018 年新三板制度优化改革回顾，哪些制度更新了?》，载 https://mp.weixin.qq.com/s/K1iLupB-_nHnBS0Wt5maTw，最后访问日期：2019 年 2 月 12 日。

② 参见《恒业解析：新三板 + H 模式》，载 https://wemedia.ifeng.com/63052096/wemedia.shtml，最后访问日期：2019 年 1 月 18 日。

（3）建立做市商评价制度。2018 年 10 月 26 日，全国股转公司发布《全国中小企业股份转让系统做市商评价办法（试行）》，该评价办法是针对做市商做市情况进行的专项评价。

与前期主办券商执业质量评价相比，新的评价办法更加注重对做市商做市行为的多角度评价更加注重对评价结果的正面运用。该评价办法指出，将根据评价结果对季度评价排名靠前的做市商，进行不同程度的转让经手费减免，对年度表现突出的做市商进行年度评优。同时，严守合法合规的底线要求，一旦做市商在评价期内出现严重违法违规行为，将直接取消其季度费用减免和年度评优资格。

（4）股票发行、并购重组的制度优化。2018 年 10 月 26 日，全国股转公司发布实施新制定的《关于挂牌公司股票发行有关事项的规定》等文件，对新三板市场股票定向发行制度、并购重组制度、做市商制度等存量制度进行优化改革。

对于挂牌公司股票发行，一是实施并联审查机制，缩短募集资金闲置时长；二是推出授权发行制度，提高小额发行决策效率；三是坚持负面清单管理，优化募集资金监管要求；四是明确回避表决要求，防范监管套利；五是明确终止备案情形，落实规则监管。此次调整旨在进一步完善市场功能，提升市场效率，增强服务能力，促进市场健康稳定发展，为进一步深化新三板改革奠定良好基础。

（5）个人转让新三板非原始股所得免征个税。2018 年 12 月 7 日，财政部、税务总局、证监会三部门联合发布《关于个人转让全国中小企业股份转让系统挂牌公司股票有关个人所得税政策的通知》。该通知明确，自 2018 年 11 月 1 日（含）起，对个人转让新三板挂牌公司非原始股取得的所得，暂免征收个人所得税。对个人转让新三板挂牌公司原始股取得的所得，按照“财产转让所得”，适用 20% 的比例税率征收个人所得税。

此前国务院常务会议明确提出，对个人在二级市场买卖新三板股票比照上市公司股票，对差价收入免征个税。这是新三板对该务会议要求的进一步落实。新三板比照 A 股征税进一步明确了新三板市场地位，有利于中小微创新创业企业融资。

（6）新三板引领指数推出。2018 年 12 月 28 日，全国股转公司发布实施《全国中小企业股份转让系统证券指数管理办法（试行）》，同时联合中证指数公司正式发布新三板引领指数系列的编制方案。推出新三板引领指数系列，旨在聚焦新三板市场优质民营企业，体现其创新创业的特色，为进一步提升新三板市场投融资对接功能起到促进作用。

目前，新三板挂牌公司存量逾万家，已成为内部结构丰富、差异化特征明显的市场。此次编制的新三板引领指数系列方案，重在聚焦具有新三板市场特色的头部企业，多维度表征挂牌公司特点。指数系列将从市场层次、投资者认可度、产业特色、创新能力等方面，多维度构建指数系列，以降低投资人信息收集成本，提高企业辨识度，为投资者提供更丰富的指数投资标的。此举旨在进一步丰富和完善市场指数体系，有效表征新三板市场企业特征，满足市场多元化投资需求。①

2. 区域性股权市场的突破性发展

2018 年区域性股权市场在市场规模和市场效率上取得了非常巨大的进步，特别是在整体经济形势严峻，金融业面临困难的情况下，为中小企业发展开辟了新的融资空间，帮助中小企业度过寒冬。截至 2018 年，全国四板市场累计实现包括股权融资、股权质押、债权债券在内的各类融资超过 10000 亿元，区域性股权市场已经显示出其正向效用②。

2018 年，中国证监会与各地政府出台了一系列政策，在《国务院办公厅关于规范发展区域性股权市场的通知》《区域性股权市场监督管理试行办法》（证监会令第 132 号）等文件的要求下，四板市场也在逐步完善各项政策制度；证监会和中国证券业协会陆续发布《区域性股权市场信息报送指引（试行）》和《区域性股权市场自律管理与服务规范（试行）》，进一步细化和明确四板市场的展业规范，区域性股权市场的定位不断清晰，区域性股权市场在中小微企业规范培育、直接融资和扶持政策综合运用方面成效明显：一是构建起较为完整的区域性股权市场服务体系。二是形成了较为完善的市场运行机制。近年来，在监管部门的不断努力下，在地方政府的高度重视下，区域性股权市场内部管理制度体系逐渐完善，为区域性股权市场规范发展奠定了基础。三是企业培育规范、投融资和扶持政策综合运用机制基本形成，扶持中小微企业、服务实体经济的作用开始显现。区域性股权市场综合运用私募股权、可转换公司债券、股权质押等多种融资方式，探索建立多元化投融资服务体系，在拓宽中小微企业投融资渠道，

---

① 参见《新三板编制引领指数系列方案》，载 http：//www. cs. com. cn/xwzx/hg/201811/t20181128_ 5897900. html，最后访问日期：2019 年 2 月 18 日。

② 有孚众创:《区域性股权市场的 2018》，载 https：//mp. weixin. qq. com/s/6ggOWiD6ekDrdLH6i1 - tHA，最后访问日期：2019 年 2 月 12 日。

解决当前中小微企业“融资难、融资贵”问题，降低企业杠杆率，全面提升资本市场服务实体经济成效方面发挥了促进作用。

3. 科创板试点落地

2018 年 11 月 5 日，国家主席习近平在首届中国国际进口博览会开幕式上提出设立科创板。2019 年 1 月 30 日，证监会正式发布了《科创板首次公开发行股票注册管理办法（试行）》和《关于在上海证券交易所设立科创板并试点注册制的实施意见》。至此，科创板作为我国资本市场全新设立的一个板块，科创板的方案已经揭开面纱。而作为牵动资本市场制度性改革的注册制，也已经迈出重要一步。

当前我国正面临产业升级的关键时期，科技创新企业需要市场和社会的大力支持，科创板的推出正当其时，将为科创企业提供资金和品牌支持，以及健康发展的舞台。科创板坚持面向世界科技前沿、面向经济主战场、面向国家重大需求，主要服务于符合国家战略、突破关键核心技术、市场认可度高的科技创新企业。有利提升于金融为实体经济服务的针对性和有效性，投资者也有更直接的渠道来分享科技企业成长的红利，最终有利于我国产业经济和金融市场的持续提升和高质量发展。

科创板是中国资本市场的重要改革步骤，对上海建设国际金融中心和科技创新中心具有重大的战略意义，也是中国资本市场的里程碑。科创板推出之后，将与目前的主板、创业板、中小板和新三板等交易市场一起，形成更丰富、多层次融资体系，更好地发挥资本市场对实体经济尤其是创新型经济的支持力度。①

（四）资本市场对外开放步伐加快

过去一年来，我国资本市场对外开放步不断加速，对外开放水平持续提高。随着资本市场全方位对外开放，越来越多的外资持续净流入我国资本市场，一系列具有标志性的开放举措相继落地，意味着我国资本市场对外开放进入新的阶段。

1. 股市开放进入新阶段

我国资本市场对外开放始于 2002 年，2002 年 11 月《合格境外机构投

① 《证监会发科创板实施意见　涨跌幅限制为 20%》，载南方新闻网，https://baijiahao.baidu.com/s?id=1624137519645542641&wfr=spider&for=pc，最后访问日期：2019 年 2 月 12 日。

资者境内证券投资管理暂行办法》正式推出了QFII制度，拉开了资本市场对外开放的大门。此后，对外开放的举措频频，QFII、RQFII制度不断完善，合资证券基金机构队伍不断壮大，“沪港通”“深港通”的试点，也将我国资本市场双向开放推上新的高度。

在“沪港通”“深港通”之后，2018年6月，A股纳入MSCI指数正式生效，这是我国A股市场国际化的一个重要标志。此外，全球第二大指数公司富时罗素将A股纳入其全球股票指数体系，分类为次级新兴市场，我国股票市场迎来了最强有力和最持续的国际机构投资者的参与。同时，我国资本市场扩大对外开放的重要新举措——“沪伦通”也渐行渐近，这将有利于扩大我国资本市场双向开放，提高境内市场的深度和国际化水平。

2. 债市开放步伐加速

我国债券市场对外开放从2005年起步，经历了引入境外发债主体、引入境外投资主体和实现内地与香港特区互联互通合作“债券通”等几个层面。债券市场的对外开放，也正成为我国金融市场扩大开放的重要推动力。

2018年11月7日财政部公布《关于境外机构投资境内债券市场企业所得税增值税政策的通知》指出，对境外机构投资境内债券市场取得的债券利息收入暂免征收企业所得税和增值税。这一减税举措，是我国债券市场扩大对外开放的又一重要步骤，有助于进一步吸引更多外资流入债券市场，丰富债券市场外资机构投资者，提升我国债券市场的吸引力。此外，中国在岸债券市场也将纳入彭博巴克莱全球综合指数范围，标志着我国债市首次被纳入全球主要债券指数，也意味着中国债券将成为继美元、欧元、日元之后的第四大计价货币债券。

随着债券市场的不断开放，进入我国债券市场的外资机构数量快速增加。截至2018年9月末，共有68家境外央行类机构、323家商业类机构进入银行间债券市场。同时，境外机构在我国的持债规模不断上升。根据数据统计，截至2018年10月，境外机构在我国债券市场合计托管债券余额16847亿元，其中持有国债的数量已经达到10793亿元，相较于2014年6月1630亿元的规模增长近6倍。

3. 期货市场国际化开局良好

2018年是我国期货市场直接对外开放的元年，国际化开局良好。2018年3月26日，中国原油期货在上海期货交易所子公司上海国际能源交易中心挂牌交易，这是我国首个国际化期货品种原油期货上市。2018年5月，大连商品交易所的铁矿石期货开启引入境外交易者业务；2018 年 11 月，PTA 期货引入境外交易者启动仪式在郑州商品交易所举行，成为继原油、铁矿石期货之后的第三个国际化期货品种，也是我国期货市场第一个引入境外交易者的化工品种。

原油、铁矿石期货、PTA 期货成功引入境外投资者交易，表明中国期货市场国际定价影响力逐步提升。《外商投资期货公司管理办法》落地实施，鼓励期货公司“走出去”，设立、收购、参股境外期货经营机构，提升跨境服务能力期货业对外开放的大门进一步打开，期货市场国际化程度不断深化，在资本市场扩大对外开放进程中发挥积极作用。①

三、破产法的法律实施

作为市场经济规律作用下的企业拯救或退出机制，企业破产是供给侧结构性改革的重要议题。回望 2018 年破产法的实施，无论是审判中的工作完善和制度规则的设置，都促进了企业深层次矛盾的解决，优化市场资源的配置，为企业市场化破产创造了良好的制度环境。

（一）破产审判工作的专业化持续推进②

2018 年 3 月 4 日，最高人民法院发布《全国法院破产审判工作会议纪要》（以下简称《会议纪要》），从破产管理人制度、破产清算等八个方面明确了破产审判工作总体要求，为人民法院审理破产审判工作指明方向，成为我国《企业破产法》实施以来，破产案件司法实践的又一里程碑。③

加强企业破产案件审理工作，是人民法院贯彻新发展理念、服务供给侧结构性改革的重要抓手，也是完善人民法院司法工作整体布局、努力让人民群众在每一个司法案件中感受到公平正义的重要方面。《会议纪要》总的精神是：一要发挥破产审判功能，助推建设现代化经济体系。二要着力服务构建新的经济体制，完善市场主体救治和退出机制。三要健全破产审判工作机制，最大限度释放破产审判的价值。四要完善执行与破产工作的

① 赵洋：《2018：资本市场对外开放步伐加快》，载 https：//mp. weixin. qq. com/s/EzBqQh59VIi 58nNH9zSC4Q，最后访问时期：2019 年 2 月 12 日。

② 参见贺小荣等：《管理人与重整制度的探索与完善》，载 http：//www. 360doc. com/content/18/0610/10/12472948_ 761122317. shtml，最后访问时期：2019 年 2 月 19 日。

③ 薛童：《破产法的 2018：年度十大关键词盘点》，载破产法快讯微信，https：//mp. weixin. qq. com/s/VNw9MgvtMKH3e－sOK7xnzA，最后访问时期：2019 年 2 月 9 日。

有序衔接，推动解决“执行难”。同时，要求各级法院大力加强破产审判专业化建设，努力实现审判机构专业化、审判队伍专业化、审判程序规范化、裁判规则标准化、绩效考评科学化。

《会议纪要》明确了破产审判的新思想，强调了破产审判的重要意义，确定了当前及今后一个时期破产审判工作总体要求，完善了破产中的若干机制，为解决破产审判重大性、普遍性、疑难性问题指明了方向，提供了路径。

（二）破产管理人制度的完善①

管理人是破产程序的主要推动者和破产事务的具体执行者。管理人的能力和素质不仅直接影响企业破产的质量和效率，还关系到破产企业的命运与未来发展。2007年最高人民法院根据《企业破产法》精神颁布了《关于审理企业破产案件指定管理人的规定》《关于审理企业破产案件确定管理人报酬的规定》两个司法解释，《企业破产法》和上述两个司法解释形成了目前管理人制度的基本法制格局。

随着企业破产的依法铺开和深入推进，管理人制度运作实践中出现了很多新的问题，现行制度在很多方面表现出了与新情况、新问题不适用、不协调的状况，既制约了管理人职能的发挥，也不利于切实运用破产手段促进企业、产业新的发展。《会议纪要》从优化管理人结构、促进搭建优质管理人团队方面入手，改进管理人指定方式，加强对管理人的管理。同时，实行对管理人的分级管理，降低管理人指定的制度性成本，并廓清管理人职权范围，落实管理人职责，从管理人报酬的支付、管理人报酬的资金保障、管理人协会建立三个方面进一步加强管理人的执业保障，促进管理人队伍规范有序发展。

（三）关联企业破产制度的探索②

近年来，随着关联企业破产案件日益增多，如何处理此类案件，以公平保护债权人利益，有效化解社会矛盾，维护市场应有秩序，已成为实务界和理论界共同面对的重要课题。关联企业一方面为了发展需要，相互之间时常进行资金调剂、担保和业务合作，另一方面也存在利用关联关系转

---

① 参见贺小荣等：《管理人与重整制度的探索与完善》，载 http：//www.360doc.com/content/18/0610/10/12472948_761122317.shtml，最后访问时期：2019年2月19日。

② 参见贺小荣等：《破产清算、关联企业破产以及执行与破产衔接的规范与完善》，载《人民司法》2018年第16期。

移资产、逃避债务等不法行为的可能。关联企业之间存在的非正当关联行为，使关联企业成员法律责任的独立性与公司经营的非独立性之间产生了尖锐矛盾，打破了法人人格独立制度所维系的公司、股东、债权人以及其他利害关系人之间的利益平衡。关联企业破产已经成为当前破产审判实践中亟待解决的一大难题。

《会议纪要》第六部分明确了关联企业破产案件的审理原则，即人民法院审理关联企业合并破产案件时要立足于破产关联企业之间的具体关系模式，采取不同方式予以处理。既要通过实质合并原则纠正法人人格高度混同的关联关系，确保全体债权人的公平清偿利益，也要避免不当适用实质合并原则损害相关利益主体的合法权益，依法妥善审理好关联企业破产案件，公平维护各方利益。此外，《会议纪要》借鉴衡平居次规则，对于关联企业之间不当利用关联关系形成的债权，尤其是对子公司有不当行为的母公司债权，规定应当劣后于其他普通债权顺序清偿，并据此否定其就其他关联企业所提供特定财产的优先受偿权。

（四）规范破产重整程序，提高重整企业质效①

破产重整制度集中体现了破产法的拯救功能，代表了现代破产法的发展趋势。但同时，需要注意的是，破产重整并非调整社会资源配置的唯一手段，破产清算同样具有优化资源配置、实现优胜劣汰的积极功效，对于经营无望的困难企业，通过清算尽早退出市场无疑是资源配置的最佳选择。因此，要加强重整对象的识别审查，防止重整程序的滥用。对此，《会议纪要》第14条明确限定了重整适用的对象，即应当是具有挽救价值和可能的困境企业。人民法院对重整申请进行审查时，要注意防范滥用重整价值和可能性标准，随意拒绝启动重整程序的倾向。

针对破产重整的程序，破产法对人民法院正常批准重整计划的条件付之阙如，对强制批准条件规定得不尽完备，导致实务中司法尺度不统一。为此，《会议纪要》第17～18条对人民法院正常批准和强制批准重整计划的条件加以完善，以期解决审判实践中存在的问题。针对重整计划的变更问题，《会议纪要》借鉴域外立法成果对此进行了规定，彰显对有重整价值和可能的困境企业尽量挽救的原则。

---

① 参见贺小荣等：《管理人与重整制度的探索与完善》，载 http：//www.360doc.com/content/18/0610/10/12472948_761122317.shtml，最后访问时期：2019年2月19日。

同时，重整计划的制定是重整程序的关键环节，是重整拯救功能得以实现的前提和基础。重整程序对困境企业的拯救正是通过制定行之有效的重整计划草案并表决通过付诸执行得以实现的。在此，《会议纪要》规定了人民法院在制订重整计划中的作用，应加强与管理人或债务人的沟通，引导其深入分析债务人陷于困境的原因，有针对性地制定重整计划草案，改善企业生产经营和管理，促使企业重新获得盈利能力，提高重整企业质效。

（五）规范破产清算程序，完善破产财产处置分配规则①

破产清算程序是我国企业破产法规定的破产程序组成部分之一，与重整程序、和解程序并列为独立的债权债务清理程序。虽然现代破产法更注重于破产预防和拯救制度的发展，但破产清算制度的重要性仍不可忽视，其在市场主体退出机制中始终居于基础性地位。为了更好地发挥破产清算程序优化资源配置、实现优胜劣汰的重要作用，不断完善我国市场主体退出机制，《会议纪要》立足于企业破产法的基本规定，对破产宣告、担保权人权利的行使、破产财产处置、破产债权清偿顺序、清算程序终结等问题进行了规范和完善。

在破产清算程序方面，破产案件作为非诉性的债权债务清理程序，在保障债权人获得公平清偿、实现对债务人挽救的同时，破产程序能否获得高效的运行亦是破产法追求的重要目标。从国外立法情况看，设立破产案件的简易审理程序已是普遍做法，如德国、英国、日本、瑞士、美国等国的破产制度中均对破产简易审理程序作出了规定。对此，《会议纪要》第29条在总结实践经验的基础上，明确鼓励以确保程序正当性为前提，建立破产案件审理繁简分流机制，对于债权债务关系明确、债务人财产状况清楚的破产案件，可以在现有法律制度框架内加快审理进程，简化程序流程节点，提升破产案件审理效率，促进相关主体利益的尽快实现。

在破产财产处置分配方面：一方面，根据《企业破产法》第112条和第114条的规定，破产财产的变价出售以拍卖为原则，分配以货币分配为原则。但当破产财产拍卖所得不足以支付拍卖费用或拍卖不成的，《会议纪要》第26条规定，可以采取作价变卖的方式对破产财产进行变价，或者进行非金钱的实物分配。针对网络拍卖这一利用互联网平台处置破产财产的

① 参见贺小荣等：《破产清算、关联企业破产以及执行与破产衔接的规范与完善》，载《人民司法》2018年第16期。

新型方式，《会议纪要》也在明确破产财产处置价值最大化的原则下，对包括网络拍卖在内的多种处置方式和渠道予以鼓励，以提升程序效率和破产财产处置价格。另一方面，破产分配顺序是破产分配要解决的主要问题之一。《企业破产法》第113条规定了破产分配顺位和分配原则，《会议纪要》第27条和第28条在尊重权利人破产程序开始前的地位及其差异性的基础上，根据破产清算程序对财产和损失的公平分配和分担原则，对破产分配顺序和原则予以补充完善，从而达到依法公正保护各方主体利益的目标。

（六）优化府院联动机制，推进破产法的市场化实施

企业破产是市场经济规律作用下企业的拯救或退出机制，是市场经济必不可少的组成部分，是供给侧结构性改革的题中之义。破产案件涉及的矛盾复杂，需要法院在法律框架内主导好司法程序，但许多问题仅凭法院一己之力难以解决，离不开政府发挥行政管理和服务职能，因此需要政府协调各类矛盾，做好公共服务。“府院联动”作为目前司法实践中创造出的解决企业破产相关衍生社会问题的有效机制，有助于较为高效地解决实际问题，应当加以优化以推进破产法的市场化实施。

建立常态化的“府院联动”工作机制，应当从以下几个方面着手开展工作：（1）细化职责分工，建立企业破产协调工作机制，就债务处置、资产盘活、政策引导等不同工作内容明确职责分工，负责各地区破产工作的统筹协调。（2）建立府院信息相互通报制度，设立破产案件受理预警机制，通过联席会议制度，预防和打击恶意逃废债务行为。（3）建立分类预警及破产重整企业识别机制，通过排查创建动态的困难企业名册，进行研判评估，分类制定处置方案，对符合条件的困难企业，由政府协助进行破产重整。（4）建立破产企业职工权益保障机制，妥善应对职工债权压力大、职工情绪激烈等情况，预防群体性事件，维护社会稳定。（5）依法保护税收和金融安全，合理解决破产企业涉税及恢复企业征信问题。（6）搭建统一的破产财产处置平台，对符合条件并有意向的投资者，不限于司法拍卖形式，由相关政府部门上门鼓励参拍或邀请实地考察，尽快实现资源再利用。（7）增加政策支持的广度和深度，协调简化行政审批程序，加快“僵尸企业”的处置速度，提供宽松的外部环境。①

---

① 参见余雷：《破产审判“府院联动”机制的构建》，载 http://jsjjb.xhby.net/mp2/pc/c/201712/06/c414453.html，最后访问时期：2019年2月19日。

（七）推动建立个人破产制度，解决“执行难”问题

大量执行积案的存在是执行难的一个典型表现形式，其中相当一部分是被执行人为企业法人的案件，对此，2017 年 1 月《最高人民法院关于执行案件移送破产审查若干问题的指导意见》对于执行和破产程序衔接问题已经作了较为细致的规定；《会议纪要》第 40 条、第 41 条也对执行法院的审查告知义务、移送职责及执行法院与受移送法院之间的移送接收等关键程序节点予以规范。但在一些交通事故、人身损害赔偿、刑事附带民事诉讼等案件中，被执行人自始就财力有限，确无清偿能力，个人破产制度的缺位造成为制约执行工作的一个大难题。

当前，全国法院历经三年的基本解决执行难攻坚战，基本形成了具有中国特色的执行制度、机制和模式，为建立个人破产制度提供了有效条件，奠定了较为坚实的工作基础。首先，是通过推进联合惩戒体系建设，极大地推动了我国诚信体系的建设。其次，是通过推进网络查控系统建设，基本实现了对被执行人主要财产形式的“一网打尽”，基本堵住了债务人恶意逃废债务的可能性。最后，是通过建立并规范适用终结本次执行程序，破解了无财产可供执行案件管理上的难题。①

随着我国企业破产审判制度的逐渐落实，从维护我国企业法人有限责任制度的科学性考虑，从有效推动以自然人为特征的市场主体制度的完善入手，从彻底解决执行难的角度出发，从维护我国婚姻家庭制度的稳定性着想，我国都应当建立个人破产制度。因此，有必要开展个人破产法的调研工作并适时将其列入国家的立法规划，也可以考虑在修改企业破产法时，将个人破产、合伙企业等非法人组织的破产问题，纳入破产法的范围。②

四、信托法的法律实施

2018 年被称为信托业的监管之年。作为金融体系内不可或缺的一员，为了与金融改革、降杠杆、防风险的大环境相配合，也为了信托行业更长足、更合规的发展，在监管趋严的背景下，资管新规、银行理财子公司的设立等持续规范信托业的健康发展。信托登记的科学性、规范性和可操作

---

① 倪寿明：《积极推动建立个人破产制度》，载《人民法院报》2018 年 10 月 29 日。

② 杜万华：《积极推进我国破产审判工作迈上新台阶》，载《人民法院报》2018 年 10 月 31 日，第 5 版。

性得以完善，信托公司履行受托人职责将依规进行，信托业行业自律管理也得以加强。

（一）监管趋严：2018 年度下发罚单数量达新高

金融行业整治全面趋严，强监管是主要态势。研究近四年信托行业受罚情况，监管从严趋势越发明显，尤其是自 2017 年以来，信托公司受罚数量逐年增多，2018 年银保监会共下发 24 张罚单，合计罚款 1450 万元，其中单笔最大罚单为 610 万元。

据不完全统计，2018 年共有 21 家信托公司受到处罚，共有 13 张罚单和信托业务有关，涉及 11 家信托公司。具体信托计划违规的案由包括：尽职调查不充分、信托资金投向违规（不合规的房地产和资金池项目）、交易结构设计违规（杠杆比例超限、政信项目违规接受担保等）、关联交易未报备、信托计划推介及信托文件签署不当（合格投资者识别、合格投资者人数管理、推介机构选择等）、信托财产管理未尽审慎义务、信息披露不合规、信托受益权转让管理失职、以信托财产牟取不当利益等。[①] 此外，2018 年首次出现了因未履行事前审批而受罚的信托公司，紫金信托未经批准以固有财产从事股权投资业务，被江苏银保监局处以 60 万元罚款，这也是今年以来罚金最高的三例之一。

（二）规范资管业务，治理市场乱象

在经济增速的换挡期，资产管理行业是我国金融体系中增长速度最快的板块。资管行业与传统融资体系之间有效互补，满足了居民财富的投资需求，提升了资本市场效率。但是行业的快速扩张叠加监管政策真空，导致了一系列资管乱象：金融机构资管业务由于跨越不同金融市场，具有通道性特征；资产端资金“脱实向虚”，套利严重、投机频繁，导致资源错配；刚性兑付下蕴含着期限错配风险和流动性风险；部分金融机构还存在乱加杠杆、多层嵌套的问题，加剧了整个金融体系的脆弱性。

鉴于监管真空、系统性金融风险上升的资管行业乱象，2018 年 4 月 27 日，中国人民银行主导下的资管新规正式稿《关于规范金融机构资产管理业务的指导意见》（以下简称《资管新规》）发布、坚持问题导向，针对实践中的行业痛点和监管难题提出针对性的监管要求。在具体监管原则方面，

---

① 《震惊！信托 2018 下发 24 张罚单数量创新高，三年罚没 4315 万》，载用益信托网，http：//www. yanglee. com/Information/Details. aspx？ i = 59395，最后访问日期：2019 年 2 月 9 日。

《资管新规》中明确提出统一标准、行为监管、穿透监管、综合统计、新老划断等监管原则，保证规则积极稳妥审慎推进。更重要的是，新规吸收了“诚实信用”这一民商事领域重要的法律原则，利用道德性规范和法律性规范的双重约束，为金融机构附加代为诉讼义务、信息披露义务等受托管理职责，切实加强金融消费者权益保护。

在监管原则之外，《资管新规》还提出了具体的监管要求。针对刚性兑付乱象，《资管新规》禁止表内理财，强调投资者适当性制度，对资管产品进行净值化管理，反映出监管部门打破刚性兑付的决心；在“去通道”方面，禁止多层嵌套，助力回归资管本质；负债杠杆、分级杠杆的分类规定，禁止质押融资的要求实现“去杠杆”的目标；禁止资金池业务，要求实行项目久期管理、独立托管，禁止期限错配等措施。此外，新规设置了过渡期，并将智能投顾纳入规范范围，反映了政策的前瞻眼光。

《资管新规》的核心要义是按照资管产品的类型制定统一监管标准，对同类资管业务作出一致性规定，最大限度消除监管套利空间，严控金融风险，坚持服务实体经济。《资管新规》作为资管行业的“基本法”，将推动行业重回资产管理本源，为行业稳健发展奠定基础。①

（三）细化明确信托登记流程，增强信托登记的科学性②

为配套《信托登记管理办法》，《中国信托登记有限责任公司信托登记管理细则》（以下简称《细则》）于2018年8月9日正式获批生效。《细则》细化明确各登记流程及操作内容，进一步增强信托登记的科学性、规范性和可操作性。

具体来看，《细则》明确了信托登记各个环节的执行要求，对预登记、重新申请预登记、补充预登记、初始登记、变更登记、终止登记、更正登记的适用情形、需提交的登记信息、登记方式等进行了细化。《细则》的出台和生效对于进一步规范信托登记活动，提升信托登记的科学性和执行效果，促进信托业持续健康发展具有积极意义。一是进一步明确信托登记具体规则，全方位规范登记工作，有助于扎实开展信托产品及其受益权的集

---

① 《资管行业迎来统一监管标准〈关于规范金融机构资产管理业务的指导意见〉正式发布》，载中国证券监督管理委员会官网，http：//www. csrc. gov. cn/tianjin/xxfw/scyw/201806/t20180606_339311. htm，最后访问日期：2019 年 2 月 18 日。

② 参见《信托登记管理细则出炉！34 个条款说清楚登记流程 VS 操作内容》，载金融界网，http：//trust. jrj. com. cn/2018/08/09094824929417. shtml，最后访问日期：2019 年 2 月 18 日。

中登记，在登记实际操作方面具有指导意义；二是完善信托登记信息收集的全面性、及时性和准确性，有利于进一步加强对信托产品全生命周期的监管监测，有助于监管部门及时把握信托业单体和行业整体的风险状况；三是明确了特殊信托产品和登记事项的登记要求，提升了具体工作的可操作性，为信托登记工作全面深入推进并充分发挥信托登记功能奠定扎实的基础。

（四）信托产品受托责任进一步明确

2018 年 9 月 19 日，由中国信托业协会组织制定的《信托公司受托责任尽职指引》正式发布。这是信托业首次推出的规范信托公司切实履行受托人职责的具体办法，也是协会进一步强化行业自律管理的重要举措。

《信托公司受托责任尽职指引》对尽职调查、投资者适当性等方面作出规定，旨在明确信托公司开展信托业务的受托责任尽职要求，达到约束受托人和委托人“卖者尽责、买者自负”的目的。净值化管理是资管新规重要要求之一，也是促进打破刚兑的重要手段，信托产品也好遵循这一原则，同时金融科技在最资管行业应用更加普及，有利于提升客户服务体验，加强此方面的要求也是适应资管行业发展新趋势。《信托公司受托责任尽职指引》的发布实施对进一步规范信托公司的经营行为、明确信托公司受托责任尽职要求，促进信托公司认真履行受托人职责，保障信托当事人的合法权益具有重要现实意义。其发布反映了资管新规等监管要求，进一步规范了信托公司的业务操作流程，有利于明确受托人和委托人的职责边界，为后续践行“卖者尽责，买者自负”理念和打破刚兑奠定基础。

为了保证新规实施效果，《信托公司受托责任尽职指引》明确，若出现违反本指引的行为，信托业协会可以根据其情节，给予责令改正、内部通报批评、暂停行使会员权利、取消会员资格等自律惩戒措施。信托业协会有权将有关处理情况抄报银行业监督管理部门，并有权建议银行业监督管理部门采取审慎监管措施或实施行政处罚。[①]

五、保险法的法律实施

2018 年也是我国保险法发展的关键一年。根据《2018 年保险统计数据

---

① 钟源：《信托公司受托责任尽职指引发布》，载经济参考网，http：//jjckb. xinhuanet. com/2018 -09/20/c_ 137481562. htm，最后访问日期：2019 年 2 月 18 日。

报告》，原保险保费收入 38 016.62 亿元，同比增长 3.92%；新增保单件数 290.72 亿件，同比增长 66.13%；保险资金运用余额为 164 088.38 亿元，较年初增长 9.97%。[①] 保险业的发展也使保险合同纠纷的数量不断增长。以“保险合同”为关键词，在中国裁判文书网上检索 2018 年的判决书，显示数量为 117851 份。[②] 在立法方面，2018 年 5 月 14 日，最高人民法院审判委员会第 1738 次会议讨论通过了《最高人民法院关于适用〈中华人民共和国保险法〉若干问题的解释（四）》（以下简称《保险法司法解释四》），对财产保险合同有关法律适用问题做出解释，以期进一步统一裁判标准，保护保险消费者合法权益。[③] 在监管体制方面，中国银行保险监督管理委员会的机构改革，将解决现行体制存在的监管职责不清晰、交叉监管和监管空白等问题。保险资金运用管理制度体系进一步健全，积极推进互联网保险创新、改革和发展，切实保护保险消费者合法权益。

（一）《保险法解释（四）》正式施行

保险业发展呈“爬陡坡”式态势，由此带来的保险纠纷也逐年增加。本次的司法解释共 21 个条文，主要包括以下四方面内容：

1. 明确保险标的转让的相关问题

现实生活中，由于财产流转频繁，保险标的因买卖、赠与、继承等导致所有权转移的情况很常见。《保险法》第 49 条对保险标的转让作了规定，但仍较为概括。《最高人民法院关于适用〈中华人民共和国保险法〉若干问题的解释（四）》（以下简称《保险法解严（四）》）对有关争议问题予以明确。第 1 条根据保险利益原则，对保险标的已交付未登记时的权利行使主体予以明确。第 2 条针对司法实践中的争议问题，规定保险人已向投保人履行了保险法规定的提示和明确说明义务，保险标的受让人以保险标的转让后保险人未向其提示或者明确说明为由，主张免除保险人责任的条款不生效的，不予支持。第 3 条作出补充性规定，明确被保险人死亡，继承保险标的的当事人承继被保险人的权利和义务。第 5 条明确了保险标的转让空档期的

① 中国保险监督管理委员会：《2018 年保险统计数据报告》，载中国保险监督管理委员会官网，http://bxjg.circ.gov.cn/web/site0/tab5179/info4132154.htm，最后访问日期：2019 年 2 月 18 日。

② 数据统计日期：2019 年 2 月 18 日。

③ 关于《最高人民法院关于适用〈中华人民共和国保险法〉若干问题的解释（四）》有关情况的新闻发布会，载最高人民法院官网，http://www.court.gov.cn/fabu-xiangqing-110561.html，最后访问日期：2019 年 2 月 18 日。

保险责任承担问题。

2. 明确保险合同主体的权利义务

《保险法》第49条和第52条，均涉及对危险程度显著增加的认定。实务中，由于险种多样，情况复杂，对危险程度显著增加的认定，成为司法审判实践中的难点问题。《保险法解释（四）》第4条第1款列举与危险增加相关的常见因素，为法官提供裁判指引，由法官根据案件具体情况，综合判断是否构成危险程度显著增加。同时第2款规定，增加的危险属于保险合同订立时保险人预见或者应当预见的保险合同承保范围的，不构成危险程度显著增加。此外，《保险法》第57条规定了保险事故发生时，被保险人应当采取措施防止或者减少损失的义务，但司法实践中，保险人往往以施救措施未产生实际效果为由予以抗辩。针对这一问题，《保险法司法解释四》第6条规定，保险人以该措施未产生实际效果为由抗辩的，不予支持，旨在引导、鼓励被保险人在保险事故发生后及时采取施救、减损措施，最大限度减少损失的扩大，以实现彼此利益的最大化。

3. 明确保险代位求偿权的相关问题

《保险法解释（四）》第7条规定，保险人有权代位行使被保险人因第三者侵权或者违约等享有的赔偿请求权，明确了保险代位求偿权的行使基础。第8条明确了在投保人和被保险人为不同主体时，保险人可以对投保人行使保险代位求偿权。第10条对保险人赔偿后，第三者仍向被保险人作出重复赔偿的情况下，保险人的权利如何救济作出明确指引。此外，《保险法解释（四）》还对保险代位求偿权的诉讼程序问题作出了明确规定。

4. 明确责任保险的相关问题

责任保险在现代社会中的重要性日益凸显，《保险法解释（四）》对责任保险问题作出了专门规定。第15条对"被保险人怠于请求"的情形作出规定，以解决司法实践中亟待规范的裁量标准问题。第16条对责任保险的被保险人因共同侵权依法承担连带责任的问题作出了回应。第17条明确了被保险人对第三者所负的赔偿责任已经生效判决确认并已进入执行程序后，保险人的保险责任问题。《保险法解释（四）》还对责任保险的保险人和解参与权、诉讼时效起算等问题作出规定。①

---

① 关于《最高人民法院关于适用〈中华人民共和国保险法〉若干问题的解释（四）》有关情况的新闻发布会，载最高人民法院官网，http://www.court.gov.cn/fabu-xiangqing-110561.html，最后访问日期：2019年3月1日。

《保险法解释（四）》对《保险法》中有关标的转让、代位追偿、责任保险等有关内容进行了明确细化，对司法实践中较为突出的问题进行了积极回应，其更注重保护消费者权益；恪守司法的公立性和保险经营的基本原则，不是一味维护消费者利益，而是尊重商业规则和司法规律，较好地体现了平衡保护的原则；通过对多种情形下保险人代位追偿权的明确，进一步规范了保险追偿的基础法律关系，在程序上有利于保险公司追偿工作的开展。①

（二）新形势下保险法的挑战与应对

1. 保险业监管进入新阶段

2018 年 3 月保险监管开始进入新的阶段。中央发布《深化党和国家机构改革方案》，决定将银监会和保监会的职责整合，组建中国银行保险监督管理委员会，不再保留银监会和保监会，保险监管开始踏上新征程。当前，我国已初步搭建偿付能力、公司治理、市场行为“三支柱”的现代保险监管框架，积极构建全面、全流程、全方位保险风险防控体系，持续深化公司治理、产品业务、资金运用、基础建设四大关键改革，日益扩大保险业股比、地域、业务等对外开放。我国保险监管取得了历史性成就。②

对于保险监管的展望，一要抓好风险防范处置，健全日常风险防范化解机制，切实守住不发生系统性风险底线。二要提升保险供给质量，深化商车险、意外险定价机制，推进偿二代二期工程建设，加强推进公司股权、信息披露、偿付能力、精算报告、资金运用等领域制度的修改完善。三要更好满足经济社会需求，扩大环境污染责任保险范围，引导保险资金参与绿色低碳产业，推动农业保险“扩面提标增品”，探索实践巨灾保险，提升大病保险保障水平和信息共享程度。四要积极扩大对外开放，放宽合资人身险公司外资持股比例，放宽外资准入代表处设立前置限制、放宽外资进入保险中介领域限制等政策。③

2. 保险资金运用的风险防范

我国保险资产管理行业经历几十年的发展，资产管理主体不断增加，资产管理规模日益增大，资金运用渠道不断拓宽，资产管理业务规模持续

---

① 皮立波：《〈保险法解释〉（四）的几个亮点和不足之处》，载财产保险微信公众号，https：//mp. weixin. qq. com/s/ySdurxk0MaKeAh9FPE6Cfw，最后访问日期：2019 年 3 月 1 日。

② 陈文辉：《保险监管回顾与展望》，载《中国金融》2018 年第 11 期。

③ 陈文辉：《保险监管回顾与展望》，载《中国金融》2018 年第 11 期。

创新。截至2018年8月底，我国保险资金运用余额达15.7万亿元，是2004年1.1万亿元的15倍。监管机构对保险资金运用的管理政策相继出台。目前我国保险资金运用的监管主体是中国银保监会，制定政策的主要依据是《中华人民共和国保险法》和《保险资金运用管理办法》等法律和规范性文件。①

未来在保险资金运用的法律风险防范与管控过程中，应当不断健全保险资金运用管理制度体系，加强保险资金运用法律合规审核及合同审查，强化保险资金运用关联交易管理和信息披露等方面。同时，随着信息时代的发展，保险行业多样性、隐秘性、复杂性的风险点也不断放大，合规管理应当作为保险公司风险管理体系的重要组成部分，在未来的发展过程中，保险公司应当顺应时代的发展，以风险为导向，整体把控，着力提升保险公司的合规管理机制。

3. 互联网保险的规范发展与技术创新

伴随着大数据、云计算等新技术的迅猛发展，传统的保险业务也正在发生改变，互联网的浪潮也影响了保险从业者和保险消费者，互联网保险成为保险界关注的焦点之一。2015年《互联网保险业务监管暂行办法》和2016年《互联网保险风险专项整治工作实施方案》的施行，以鼓励创新、防范风险和保护消费者权益为基本思路，从经营条件、经营区域、信息披露、监督管理等方面明确了互联网保险业务经营的基本经营规则，对包括保险机构依托互联网跨界开展业务、非法经营互联网保险业务、互联网高现金价值业务等业务进行规范。当前，银保监会正在加快《互联网保险业务监管暂行办法》的修订工作，积极推进互联网保险创新、改革和发展，促进互联网保险经营机构提高服务水平，继续提升监管能力，切实保护保险消费者合法权益。

随着大数据时代的来临、人工智能的发展，保险创新层出不穷。以人工智能与农业保险的结合为例，人工智能有助于确立更加科学的农业保险价格、有助于提升农业保险服务能力、有助于实现农业保险监管的标准化、规范化发展。② 保险创新业务给行业带来发展的同时，也带来了风险与问

① 刘丛：《我国保险资金运用现状与政策梳理》，载工银投行微信公众号，https://mp.weixin.qq.com/s/AWLf_jdF61fxbaIcvakapQ，最后访问日期：2019年3月1日。

② 郑军、冯舒杰：《人工智能与农业保险创新发展研究》，载《青岛农业大学学报》（社会科学版）2018年第3期。

题，需要作出特别的法律规制。

区块链技术的迅速发展也极大地推进了保险业的创新应用，其多方主体参与体系及颠覆性的信任机制将加速构筑保险行业新生态。中国人保、阳光保险、众安保险、蚂蚁金服、安永已经将区块链技术运用于保险业务。上海保监会还利用区块链技术开发了行业再保险管理系统。关于区块链技术在保险行业应用方面的法律法规，目前尚处于空白阶段。我国应及吸取国外的监管经验，尽快制定比较清晰、明确的行业标准；尽快将区块链技术纳入现有的监管信息平台；立法机构应针对区块链技术采取对应的立法监管措施。①

六、总结

从商法的历史维度来看，商法体系和内容本身一直都处于一种不断演化的进程之中。随着中国特色社会主义进入新时代，我国经济已由高速增长阶段转向高质量发展阶段。商法作为协调市场经济参与主体之间关系的重要法律部门，在现代化经济体系建设中发挥着基础性的作用，在经济转型的新阶段，商法也需要进行相应的调整和完善，在进一步释放发展力量创造机遇。

改革开放40年来，伴随着现代企业制度的建立，公司治理理念日益深入。公司治理实践探索推动了中国企业和经济的健康发展。营商环境关系到企业的生存发展，关系到市场经济的运行，要进一步优化我国的营商环境建设，就必须重新合理定位政府、市场与社会的关系，进一步简政放权、公平监管、优质服务，营造廉洁高效的服务环境、与市场接轨的制度环境、宽松优惠的政策环境、公正安全的法制环境，以及包容开放的社会环境。

2018年凝聚监管合力，提升处罚效能，对资本市场乱象敢于亮剑，保持了高压震慑。本着回归监管本位、聚焦执法主业的原则，在服务实体经济、防控金融风险、深化金融改革三项任务上，规范资本市场秩序，有效保护了投资者合法权益，为新时代资本市场的健康发展提供了强有力保障。在服务实体经济的发展路径中，科创板和注册制的渐行渐近，对推动资本市场深化改革将发挥重要作用。2018年以来，中国资本市场对外开放取得了显著进展，境外资本流入不断增多、更多期货品种国际化扎实推进，在资本市场基础制度不断夯实，改革开放呈现新气象的基础上，法治化、严

① 唐金成、杜先培：《论区块链技术在保险行业的应用》，载《西南金融》2018年第9期。

监管、促改革仍将是主旋律。

我国经济发展进入新常态，传统经济发展方式引发的问题已充分显现，供给侧产能过剩、有效供给比较匮乏的问题尤为突出。破产是解决企业产业深层次矛盾，优化资源配置，提升企业产业质效的重要法治途径，破产制度是现代化经济体系的一项重要制度。企业破产是一项系统工程，需要成熟、配套、协调的制度机制来支持。最高人民法院着力补齐企业破产的制度机制短板，通过审理企业破产案件，化解产能过剩、清理僵尸企业，建立完善破产审判工作机制，努力为企业市场化破产创造良好的司法环境。

在大数据人工智能的时代背景下，我们需要高度重视互联网金融面临的经济转型时期的信用风险、整治攻坚时期的合规风险、竞争加剧时期的经营风险和行业出清时期的社会风险等各类风险，进一步改进和加强法律制度规范、监管自律机制、行业基础设施和金融消费者保护等方面的工作。互联网保险有着足够的创新发展空间，同时也存在网络及信息安全、信用、合规等法律风险。对互联网保险的监管，应以保护公共利益、促进公平竞争为目标，以维护公众利益、维护行业稳定为监管方向。加强监管的透明化和一致性，在维护互联网保险创新的同时有效防范风险。

经过改革开放四十年的快速发展，我国的社会主义市场经济制度逐步完善，市场的开放性和自由性明显提升，市场发展秩序不断优化。当今商法应该将其主要精力从传统商事关系的调整转移到对金融商事关系的调整，并以此作为当今商法的基本定位。① 商法作为调整社会主义市场经济发展过程中纷繁复杂的社会关系、经济纠纷的重要法律体系，起到维护经济发展秩序、优化经济发展环境等作用。如何将商法的内容和理念切实融入商事主体的经营活动与思维方式中，加强商法理念和内容的掌握，强化商事法律的执行力度，注重商法实施效果的论证，充分发挥其价值，是需要在商法研究和现代化经济体系建设实践中认真探索的问题。

① 施天涛：《商事关系的重新发现与当今商法的使命》，载《清华法学》2017 年第 6 期。

撰稿专家

顾功耘，华东政法大学教授，博士生导师。主要从事经济法学、商法学教学和研究。现任华东政法大学经济法律研究院院长。兼任中国法学会经济法研究会副会长，中国法学会商法研究会副会长，上海市法学会经济法研究会会长，上海市法学会商法研究会会长；另兼任中国国际经济贸易仲裁委员会仲裁员，上海国际经济贸易仲裁委员会仲裁员等职。主编出版《国有经济法论》《国有资产法论》《公司并购法论》等著作；发表《全面深化改革背景下的经济法治战略》《论宪法法律在治国理政中的定位反思》等学术论文；组织翻译出版《当代主要国家国有企业法》《当代主要国家公私合作法》等。曾获全国“五一”劳动奖章、上海市劳动模范、司法部系统全国优秀教师等荣誉称号。

鲍彩慧，华东政法大学博士研究生。

第二章　2018 年民商法实施报告

2018 年知识产权法实施报告

何炼红

报告要旨

2018 年，是我国改革开放 40 周年，也是国家知识产权制度提出和建立 40 周年，还是国家知识产权战略纲要实施 10 周年。这一年，国际政治、经济环境的巨大变化及技术创新的加速发展，使全球知识产权秩序面临重大变革。在这样的背景下，一方面，我国积极应对国际贸易纠纷，以开放的态度努力推进知识产权国际合作，参与知识产权全球治理；另一方面，又立足于中国国情，植根中国实际，直面发展难题，深化知识产权领域改革。在党中央、国务院的坚强领导下，2018 年我国知识产权机构改革顺利完成，实现了管理体制和运行机制的历史性重构。专利法修正案（草案）提交全国人大常委会审议，国家层面知识产权案件上诉审理机制建立，知识产权领域严重失信行为联合惩戒机制加快落地，知识产权审查质量效率持续提升，多边联动的知识产权国际合作新格局加快推进，知识产权法治实施亮点频现。同时，我国分散立法模式下的知识产权法仍然存在体系性及适应性缺陷，知识产权地方立法有待综合推进，机构改革后知识产权行政部门间的职能还有待协调，司法审判层级体系仍未理顺，知识产权法治发展道路仍然任重而道远。2019 年是改革开放的新起点，也是知识产权机构改革后的开局之年。新的一年，我们要继续以高质量发展为导向，坚定不移深化改革，最大限度地激发市场活力，优化营商环境，发挥知识产权对内激励创新、对外促进开放的重要作用。

核心建议

1. 加快知识产权基础性法律的研究和制定，推动知识产权地方综合性立法出台。

2. 进一步协调知识产权行政保护工作机制，提升知识产权行政执法效能。

3. 完善知识产权司法改革配套措施，健全知识产权侵权惩罚性赔偿制度。

4. 加大知识产权纠纷诉调对接机制的推广，确保知识产权信用监管机制落地。

5. 加强知识产权国际合作，促进国际社会形成实质正义的知识产权新秩序。

2018 年，是我国改革开放 40 周年，也是国家知识产权制度提出和建立 40 周年，还是国家知识产权战略纲要实施 10 周年。知识产权制度的有效实施和知识产权战略的深入推进，改变了中国企业在国际市场上的竞争状况，为国家创新驱动发展提供了制度保障。在 2018 年博鳌亚洲论坛开幕式上，习近平发表主旨演讲，强调“加强知识产权保护，既是完善产权保护制度最重要的内容，也是提高中国经济竞争力最大的激励”；明确指出，知识产权是国际贸易和技术交流合作的法律秩序，中国坚定“保护在华外资企业合法知识产权”，同时“希望外国政府加强对中国知识产权的保护”。习近平重要讲话从产权法律制度和营商政策环境两个方面深刻阐述了知识产权保护的重要意义，鲜明表达了中国知识产权保护的基本立场，对新时代中国知识产权工作提出新的要求，是先进的理论指导和科学的实践引领。①

这一年，国际政治、经济环境发生的巨大变化及技术创新的加速发展，使全球知识产权秩序面临重大变革。在习近平新时代中国特色社会主义思想指引下，在党中央、国务院坚强领导下，一方面，我国积极应对国际贸易纠纷，正以开放的态度努力推进知识产权国际合作，参与知识产权全球

① 吴汉东：《中国知识产权法律变迁的基本面向》，载《中国社会科学》2018 年第 8 期。

治理；另一方面，又立足于中国国情，植根中国实际，直面发展难题，深化知识产权领域改革。随着知识产权强国战略的深入推进，知识产权保护的全面加强。我国知识产权法治建设又迎来新的机遇和挑战。

一、2018 年中国知识产权总体发展状况

2018 年，我国知识产权创造、保护和运用水平进一步提升，为国家经济高质量发展提供了有力支撑。在《2018 年全球创新指数报告》中，中国首次跻身最具创新力经济体 20 强，由 2017 年的第 22 位上升至第 17 位，是唯一一个进入全球创新指数前 20 名的中等收入国家。此次全球创新指数评估中，中国在研究人员、专利和科技出版物数量等方面位列全球第一，在教育投资和研发支出转化为高质量创新成果的能力方面，位列前三。中国的创新产出从数量的提升转变到了质量的提升，知识产权综合运用能力不断增强，地理标志成为精准扶贫新抓手，知识产权国际合作持续深化，知识产权对经济社会发展的贡献度在明显提高。

（一）专利产出实现由量变到质变，综合运用效益快速提升

1. 专利增长实现质量导向，海外专利布局能力明显增强

2018 年，我国发明专利申请量为 154.2 万件，同比增长 11.6%；共授权发明专利 43.2 万件，其中国内发明专利授权 34.6 万件，同比增长 5.8%。截至 2018 年年底，我国国内发明专利拥有量共计 160.2 万件，每万人口发明专利拥有量达到 11.5 件。政府、高校、科研院所、企业和服务中介等多方主体共同发力，开展高价值专利培育，推进知识产权高质量发展，成效显著。2018 年 12 月 25 日，第二十届中国专利奖颁奖大会共评选中国专利金奖和外观设计金奖 40 项，金奖获奖项目实现新增销售额 835 亿元，新增利润 139 亿元，充分展现了我国知识产权事业发展的质量导向、质量追求和质量成效。[①] 同时，2018 年国家知识产权局共受理通过 PCT 途径提交的国际专利申请 5.5 万件，同比增长 9.0%。年度提交 PCT 国际专利申请 100 件以上的国内企业达到 58 家。[②] 中国国内外企业在“一带一路”沿线国家

---

① 《第二十届中国专利奖颁奖大会在京举行》，载国家知识产权局网，http://www.sipo.gov.cn/zscqgz/1134911.htm，最后访问日期：2019 年 1 月 15 日。

② 《图文直播：国家知识产权局 2018 年主要工作统计数据及有关情况新闻发布会》，载国家知识产权局网，http://www.cnipa.gov.cn/twzb/gjzscqj2018nzygztjsjjygqkxwfbk/index.htm，最后访问日期：2019 年 1 月 15 日。

（不含中国）的专利布局进一步推进，海外专利申请量达6.0310万件，同比增长15%。[①] 我国需要持续加强专利战略规划和全球布局，在新一轮国际竞争中赢得先机。

2. 专利综合运用能力不断增强，企业创新主体地位进一步巩固

2018年，我国知识产权运用能力和成果转化效益持续提升。有效发明专利的实施率为48.6%，继续稳定在五成左右水平，有效发明专利的产业化率为32.3%，连续5年保持在三成以上，表明专利促进创新成果产业化的突出成效，知识产权综合运用能力增强。[②] 这一年，我国企业作为创新主体的地位进一步凸显。企业占国内发明专利申请量的比重达到64.3%，企业有效发明专利5年以上维持率达74.0%，较2017年提升3.1个百分点，企业对国内发明专利申请增长的贡献率达到73.2%。[③] 根据国家统计局公布的数据，2018年全年我国专利密集型产业增加值占GDP的比重达12.4%。高技术制造业、战略性新兴产业和装备制造业增加值分别比上年增长11.7%、8.9%和8.1%，以知识产权为支撑的高新技术产业发展指标明显高于GDP增速，彰显了知识产权制度对于经济转型升级发展的引领和保障作用。

3. 专利质押融资模式日趋多元，知识产权金融业务进一步发展

我国知识产权运用实现从单一效益向综合效益转变，以专利为代表的知识产权结合金融业务，以更多的形式融入经济，为高质量发展注入不竭动力。专利质押融资作为市场主体融资的主要手段，既为中小民营企业增添了新的动能和发展机遇，又成为探索知识产权与金融服务协同机制的助推剂。2018年，我国专利质押融资总额达885亿元，同比增长23%，质押项目5408项，同比增长29%。[④] 同时，专利保险机制的贷款模式也被纳入国务院推广的支持创新举措之中，依靠多元化质押融资模式帮助企业解决

---

① 《2017年中国海外专利申请量超6万件》，载国家知识产权局网，http://www.sipo.gov.cn/zscqgz/1134714.htm，最后访问日期：2019年1月15日。

② 《〈2018年中国专利调查报告〉显示：严格保护效果明显　综合运用能力增强》，载国家知识产权局网，http://www.sipo.gov.cn/mtsd/1135335.htm，最后访问日期：2019年1月15日。

③ 《国家知识产权局公布2018年主要工作统计数据　主要指标稳中有进　综合实力持续增强》，载国家知识产权局网，http://www.sipo.gov.cn/zscqgz/1135326.htm，最后访问日期：2019年1月11日。

④ 《提升综合运用效益　释放知识产权价值》，载国家知识产权局网，http://www.sipo.gov.cn/mtsd/1135794.htm，最后访问日期：2019年2月20日。

“贷款难”“贷款贵”问题的成功案例遍地开花。例如，甘肃省建立对企业质押融资贴息贴保险费发展模式，2018 年发放补贴金额约 311.8 万元，1 月至 9 月，全省专利权质押融资共 22 笔，质押专利 63 件，融资金额 6.67 亿元。宝鸡专用汽车有限公司凭借 15 件专利质押获得 2000 万元贷款，解决了流转资金短缺问题。知识产权运用效益快速提升，得益知识产权金融业务的有益探索与积极推进。

（二）商标审查质量稳步提升，品牌成为企业的市场竞争利器

1. 商标申请量与注册量再创历史新高，审查质量稳步提升

2018 年，我国商标注册申请量为 737.1 万件，商标注册量为 500.7 万件，申请量与注册量再创历史新高。[①] 截至 2018 年年底，我国商标累计申请量 3521.6 万件，累计注册量 2230.8 万件，有效注册商标量 1808 万件，连续 18 年位居世界第一。此外，2018 年，我国商标网上服务系统全面上线，实现了商标服务载体和服务手段的突破性变革。截至 12 月 15 日，网上申请量 648.7 万件，占申请总量近 90%，电子发文突破 859 万件。完成商标审查 804.3 万件，同比增长 89.2%，为商标注册便利化改革奠定了坚实的基础。[②] 我国按照“四个统一”的原则加强商标审查质量管理体系建设，积极推进关口前移，在注册审查阶段从严从快处理非正常商标申请行为，加强警示规范和正面引导，在审查和异议环节累计驳回非正常商标申请约 10 万件，有效维护了商标正常注册秩序。[③]

2. 商标品牌影响力显著提升，国际化水平不断提高

2018 年 12 月 21 日，世界品牌实验室发布了 2018 年度《世界品牌 500 强》排行榜，其中中国入选的品牌有 38 个，较去年新增 1 位。[④] 我国政府部门和市场主体品牌意识逐步提升，中国商标品牌在世界的影响力逐步提高。此外，我国商标品牌引领经济发展作用日益突出。《2017 沪深上市公司

---

① 《国家知识产权局公布 2018 年主要工作统计数据　主要指标稳中有进　综合实力持续增强》，载国家知识产权局网，http://www.sipo.gov.cn/zscqgz/1135326.htm，最后访问日期：2019 年 1 月 11 日。

② 《国家知识产权局·2018 年度商标审查工作会议在济南召开》，载国家知识产权局网，http://www.sipo.gov.cn/zscqgz/1134712.htm，最后访问日期：2018 年 12 月 21 日。

③ 《回顾 2018 年商标注册便利化改革的重大进展》，载人民网，http://ip.people.com.cn/n1/2019/0108/c179663-30509585.html，最后访问日期：2019 年 2 月 1 日。

④ 《世界品牌 500 强出炉：38 个入榜中国品牌仅一家房企》，载人民网，http://house.people.com.cn/n1/2018/1221/c164220-30481111.html，最后访问日期：2018 年 1 月 25 日。

商标品牌价值排行榜》数据显示，100 家上榜企业的商标品牌价值达 3.76 万亿元，占“百强”上市公司市值总和的 19.02%，较 2016 年总榜价值增长 16.60%。[①] 商标品牌已成为企业赢得市场竞争的有力武器，是企业发展不可或缺的核心资产。根据世界知识产权组织统计，2018 年，我国马德里商标国际注册申请量为 6594 件，在马德里联盟中排名第三。[②] 截至 2018 年年底，我国申请人马德里商标国际注册有效量为 3.1 万件，同比增长 23.5%。[③] 我国企业海外商标知识产权的意识提高，“走出去”步伐加快。但总体来说，马德里商标注册申请量占我国商标注册申请量（737.1 万件）比重较小，国际化水平有待进一步提升。

（三）版权产业增加值实现新突破，对国民经济贡献率持续增长

1. 版权产业增加值实现新突破，网络版权产业发展引人瞩目

近年来，中国版权产业在国民经济中的比重逐步上升，在推动经济发展、优化经济结构中发挥着越来越重要的作用。2018 年 12 月 25 日，中国新闻出版研究院发布“2017 年中国版权产业的经济贡献”调研结果，数据显示，2017 年中国版权产业的行业增加值已经突破 6 万亿元，达 60810.92 亿元，占全国 GDP 的 7.35%。[④] 而《中国网络版权产业发展报告（2018）》显示，2017 年中国网络版权产业的市场规模为 6365 亿元，较 2016 年增长 27.2%。其中，网络游戏行业规模达 2031 亿元，中国网络文学产业规模为 124.7 亿元，网络音乐市场规模为 85 亿元，网络广告市场规模 3750.1 亿元，网络视频行业收入规模达到了创纪录的 952.3 亿元。[⑤] 综上，在我国版权保护生态环境不断改善的前提下，网络核心版权产业的快速发展引人瞩目，已经成为中国经济增长的新动能。

2. 文化产业与新技术加速融合，优质版权凸显价值

面对互联网冲击，传统文化产业积极应对，加大融合发展的力度。据

---

① 《2017 沪深上市公司商标品牌价值排行榜榜单说明报告》，载中国商标协会网，http：//www.cta.org.cn/ttzs/201810/t20181022_49723.html，最后访问日期：2019 年 2 月 20 日。

② 《知识产权：为扩大开放注入新活力》，载国家知识产权局网，http：//www.cnipa.gov.cn/mtsd/1135534.htm，最后访问日期：2019 年 2 月 20 日。

③ 《2018 年度数据发布　我国知识产权主要指标稳中有进》，载人民网，http：//scitech.people.com.cn/n1/2019/0110/c1007－30515708.html，最后访问日期：2019 年 2 月 10 日。

④ 《2017 年我国版权产业的经济贡献有哪些？一图告诉你》，载中国知识产权资讯网，http：//www.iprchn.com/cipnews/news_content.aspx？newsId＝113082，最后访问日期：2019 年 2 月 1 日。

⑤ 资料来源：笔者根据文化委图表整理。

国家统计局调查，2018 年前三季度，全国规模以上文化及相关产业 6 万家企业实现营业收入 63591 亿元，为社会创造了可观的经济收益。[①] 12 月 28 日，文化品牌评测技术文化和旅游部重点实验室发布“2018 中国文化企业品牌价值 TOP50”榜单，榜单显示，前 50 强企业所属行业涉及游戏、网络文化、新闻出版、影视、旅游等，文化品牌价值总和达 5719.26 亿元。[②] 其中音乐、游戏等各个细分领域的版权销售额已经远远超过实体版权部分。《2018 中国音乐产业发展报告（总报告）》显示，2017 年中国音乐产业总规模约为 3470.94 亿元，其中，数字音乐产业规模达到 580.6 亿元，数字音乐用户规模达到 5.23 亿人，用户渗透率为 66.4%，仅次于网络视频；影视剧、游戏、动漫音乐的总产值达 6.65 亿元，虚拟偶像形象、VR 游戏、平台直播等影视、游戏、动漫与高科技的融合创意为音乐行业带来新的活力和商机。[③] 可见，现代文化产业具有改变现有经济增长模式的强大功能，通过形成新的产业链促进产业结构升级。未来，5G 时代的到来将为我国文化产业相关行业带来更大的挑战与机遇。

（四）地理标志凸显区域品牌价值，成为精准扶贫新抓手

1. 地理标志注册量显著增加，助推精准扶贫显成效

随着我国商标品牌战略的进一步实施，地理标志产品成为商标富农、精准扶贫的重要抓手。2018 年，我国批准保护地理标志产品 67 个，注册地理标志商标 961 件，同比增长 80.6%，核准使用地理标志产品专用标志企业 223 家。截至 2018 年年底，累计批准地理标志产品 2380 个累计注册地理标志商标 4867 件，核准专用标志使用企业 8179 家。[④] 地理标志商标借助商标效应，在推动产业发展，促进农民增收，特别是在推动产业扶贫打赢攻坚战方面发挥了重要作用。各地方深入开展农产品商标和地理标志精准扶贫工作，成效明显。例如，湖北省恩施土家族苗族自治州采取“地理标志

---

① 《网络版权交易活跃，用户付费持续增长》，载中国知识产权资讯网，http：//www.iprchn.com/cipnews/news_ content.aspx？newsId＝112921，最后访问日期：2019 年 2 月 20 日。

② 《2018 中国文化企业品牌价值 TOP50 发布》，载中国知识产权资讯网，http：//www.iprchn.com/cipnews/news_ content.aspx？newsId＝113057，最后访问日期：2019 年 2 月 20 日。

③ 《2017 年中国音乐产业总规模达 3470 亿元》，载中国知识产权资讯网，http：//www.iprchn.com/cipnews/news_ content.aspx？newsId＝112940，最后访问日期：2019 年 2 月 21 日。

④ 《国家知识产权局 2018 年主要工作统计数据及有关情况新闻发布会》，载国家知识产权局网，http：//www.sipo.gov.cn/pub/old/sipo2013/twzb/gjzscqj2018nzygztjsjjygqkxwfbk/index.htm，最后访问日期：2019 年 2 月 20 日。

商标＋特色商品＋精准扶贫”模式，建成以地理标志商标为支撑的特色农产品基地300万亩，产值达400亿元，产业覆盖70%以上的贫困户，累计减贫69.2万人。江苏省淮安市找准扶贫发力点，成功将地理标志打造成脱贫致富的“产业助推器”，2017年帮助14.1万建档立卡农村低收入人口实现脱贫，并总结了“政府扶持＋工商主动＋品牌塑造＋产业运作＋打假维权”的淮安特色经验供各地参考。

2. 地理标志凸显区域品牌新价值，带动地方特色经济发展

地理标志作为区域公用品牌资源，引导了地方特色和优势产业的发展。贵州省实施地理标志产品产业化促进工程，围绕黔酒、黔茶、黔药、旅游商品和其他农特产品，创建地理标志保护示范区，提升产品附加值和市场竞争力。2017年，“湄潭翠芽”品牌价值102.17亿元，“盘县火腿”销售收入3.56亿元，带动3180户农民致富。[①] 浙江实施地理标志富农三年行动计划，挖掘特色创建品牌。截至2017年年底，杭州市共有地理标志证明商标27件，其中涉农商标26件，涌现出西湖龙井、径山茶、塘栖枇杷等一批高知名度地理标志商标。[②] 以上培育示范区的成功实践表明，深入挖掘特色优势产业和区域性优势产业，凸显区域品牌新价值，能为农业发展培育新动能，为区域发展创造巨大的经济、社会与文化价值。[③]

（五）知识产权国际合作持续深化，积极参与全球治理

2018年，我国加快构建多边、周边、小多边、双边“四边联动、协调推进”的知识产权国际合作新格局。2018年3月2日，中国有效发明专利在柬埔寨生效的申请受理工作正式启动，成为中柬知识产权合作的里程碑。4月2日，与老挝签署认可中国专利审查结果的合作协议，中老知识产权合作关系正式建立，推动了双方在知识产权领域的互信和交流。3月26日，我国主办了第十届金砖国家知识产权局局长会议，首次以官方联合声明的形式明确金砖国家知识产权合作目标和合作领域。我国成功主办中日韩、中蒙俄知识产权局局长会议和中非知识产权高级研讨会，深入参与中美欧日韩五局合作，7月1日，五局PCT协作式检索和审查（CS&E）试点正式

① 《投票啦！快来为你的知识产权强省打call》，载中国知识产权资讯网，http://www.iprchn.com/cipnews/news_content.aspx?newsId=113036，最后访问日期：2019年2月20日。

② 资料来源：笔者根据中国地理标志商标网数据整理。

③ 李涛、王思明、高芳：《中国地理标志品牌发展研究报告（2018）》，社会科学文献出版社2018年版。

启动。7月4日，中国首次发表《中国与世界贸易组织》白皮书，指出加强知识产权保护是中国的主动作为，阐明中国推进更高水平对外开放的愿景。8月28日，“一带一路”知识产权高级别会议发布《进一步推进“一带一路”国家知识产权务实合作的联合声明》，国家知识产权局和世界知识产权组织共同签署《加强“一带一路”知识产权合作协议》，标志着双方将围绕“一带一路”建设开展全面深入合作。9月5日，第九届中国—东盟知识产权局局长会议在新加坡举行，积极推动中国—东盟知识产权合作，与欧洲专利局和欧盟知识产权局及有关国家的双边合作均得到进一步加强。中国始终以开放的姿态参与知识产权国际合作，努力成为国际知识产权规则的坚定维护者、重要参与者和积极建设者。

二、2018年知识产权政策法规体系建设情况

科学完善的政策法规体系是法治建设的提前和基础。2018年，《法治政府建设实施纲要》进一步深入落实，知识产权强国建设统筹推进。国务院知识产权战略实施工作部际联席会议完成调整并召开第三次全体会议，审议印发《2018年深入实施知识产权战略 加快建设知识产权强国推进计划》。完成国家知识产权战略纲要实施十年评估和《“十三五”国家知识产权保护和运用规划》中期评估。制订实施《2018年全国专利事业发展战略推进计划》。深入实施商标品牌战略。知识产权政策法规体系建设有序推进。尤其在以下几方面可圈可点。

(一)《专利法修正案（草案)》通过，全面保护创新者合法权益

2018年12月5日，国务院常务会议通过了《专利法修正案（草案)》。草案着眼加大对侵犯知识产权行为的打击力度，鼓励知识产权转化运用，包括了大幅提高故意侵犯、假冒专利的赔偿和罚款额；明确侵权人配合提供相关资料的举证责任；提出网络服务提供者未及时阻止侵权行为须承担连带责任；明确了发明人或设计人合理分享职务发明创造收益的激励机制，完善了专利授权制度，新增专利开放许可制度等内容。《专利法修正案（草案)》的通过，对于进一步加强专利权人合法权益保护、完善激励发明创造的机制制度具有重要意义。

尤其值得一提的是，《专利法修正案（草案)》增加了关于侵犯专利权的惩罚性赔偿责任的规定。惩罚性赔偿制度是给付受害人超过其实际损害数额的一种金钱赔偿制度，通常具有惩罚恶意侵权人、威慑并预防类似侵

害事件的再次发生、补偿被侵权人的损失以及鼓励权利人积极主张权利等重要功能。在实施过程中，法官可以依据违法行为的恶性程度来决定惩罚的轻重，通过适当的制裁措施以惩罚恶意侵权行为人，由此来重新恢复侵权人与被侵权人之间对等的价值关系。惩罚性赔偿制度通过在损害赔偿责任中渗入传统意义上归属于刑罚内涵的制裁、预防等功能要素，使损害赔偿制度获得一定的强化从而更具积极的特性。我国专利法中引入惩罚性赔偿制度尤其具有现实意义。因为我国现行专利制度针对侵犯专利权的行为并没有规定刑事责任，涉及科技创新领域的各种恶性侵权行为，往往会出现处罚不足或救济无力的现象。而民事惩罚赔偿恰恰可以弥补这一缺陷，通过适度强化民事损害赔偿制度的惩罚、威慑功能，不仅可以解决惩罚力度不足的问题，还可以加强对权利人的保护。事实上，由于权利人可以请求较之实际损害更高的赔偿数额，惩罚性赔偿还发挥了激励权利人积极维权的作用，从而得以营造更好的知识产权保护氛围。①

（二）《电子商务法》出台，强化电商平台知识产权保护责任

2018 年 8 月 31 日，第十三届全国人大常委会第五次会议表决通过了《电子商务法》，作为我国电子商务领域的第一部综合性法律，对于促进电商行业健康发展具有重要意义。《电子商务法》对电商领域的知识产权保护问题极为关注，从第 41 条至第 45 条，对电子商务平台经营者和知识产权权利人的权利义务作出了详细规定。包括：（1）电子商务平台经营者应当建立知识产权保护规则，与知识产权权利人加强合作，依法保护知识产权。（2）进一步明确了电子商务中的“通知—删除”规则。（3）平台经营者在主观应知明知的状态下具有主动采取措施的防止侵权的义务及相应的责任。

《电子商务法》的规定，对《侵权责任法》和《信息网络传播权保护条例》中的“通知—删除”规则进行了调整和细化，在很大程度上解决了该规则在具体适用中的困境。首先，赋予被通知人反通知的权利。被通知人有机会就通知内容发表相应的反馈意见并阻止平台所采取的临时措施。其次，明确了平台终止临时措施的具体条件和时间节点。即在权利人收到反通知后 15 日内未向有关主管部门投诉或者向人民法院起诉的，就应当终止所采取的措施。该规定在一定程度上使平台从侵权判断的两难境地中解脱出来，将权利人与被投诉人之间的纠纷引流到更专业的处理通道，鼓励其

---

① 何炼红：《加快建立侵权惩罚性赔偿制度》，载《中国知识产权报》2018 年 5 月 24 日。

诉诸司法和行政途径最终获得确定性结论。最后，规定了错误通知和恶意通知应当承担的法律责任。错误通知的应当赔偿被通知人损失，恶意通知的还要加倍承担赔偿责任，这一恶意通知的惩罚性赔偿条款对于目前滥用投诉机制的乱象想必能够起到相当的震慑作用。总体来说，一方面，《电子商务法》细化了《侵权责任法》中“通知—删除”规则的内容，相对于《信息网络传播权保护条例》，适用范围从著作权拓展到整个知识产权领域，操作流程更为完整合理。另一方面，其明确了错误通知需要承担责任，且恶意通知要承担加倍的责任，防止权利人滥用通知打击竞争对手，体现了利益平衡的基本理念，对于规范电商领域的知识产权侵权行为意义重大。

（三）《专利代理条例》修订，引领专利代理行业高质量发展

专利代理是技术和法律相结合的高端专业化服务，服务于知识产权创造、运用和保护的全过程。促进专利代理行业健康发展，提升我国专利质量和运用水平具有重要的现实意义。我国 1991 年公布施行的《专利代理条例》已经不能适应专利代理行业发展的新需求。2018 年 9 月 6 日，国务院常务会会议通过《专利代理条例（修订草案）》。新修订的《专利代理条例》加大了“放管服”改革力度，将“专利代理人”的称谓修改为“专利代理师”，其修改的主要内容如下：一是简政放权，支持创新创业，激发市场活力。包括取消代理机构设立审批的省级初审，放宽代理机构组织形式要求，简化考试报名条件，取消不必要的证明材料。二是放管结合，加强日常监管，保障创新主体合法权益。包括：管理部门应当采取适当的方式对代理机构和代理师的执业活动进行检查、监督，并向社会公布检查、处理结果；支持创新，鼓励代理机构和代理师为小微企业以及弱势群体提供代理援助服务；健全职业规范，要求代理机构建立健全利益冲突审查制度；完善关于代理机构和代理师违法行为的法律责任。三是优化服务，加大便民利民，提高服务效率。专利代理、专利审查和专利保护，是支撑专利制度正常运行的三大重要环节和基础保障。此次《专利代理条例》根据专利代理行业实际情况变化进行修改，适应“放管服”改革要求和优化营商环境、激发市场活力和社会创造力的需要，对完善专利代理制度，促进行业健康发展具有重要意义。

（四）地方立法彰显特色，严格保护有据可依

地方性法规的不断完善，可以为知识产权事业的发展提供强有力的保障。近年来，国家知识产权局鼓励地方建立自己的知识产权政策法规体系，

并彰显地方优势和特色。

1.《深圳经济特区知识产权保护条例》通过，建立最严格的地方知识产权保护制度

2018 年 12 月 27 日，《深圳经济特区知识产权保护条例》在市六届人大常委会第二十九次会议上获通过，我国知识产权的地方立法迈出了重要的一步。条例涵盖了专利、商标、版权、商业秘密等几乎知识产权领域所有方面的内容，是全国首部综合类知识产权保护条例。内容涉及特区知识产权保护工作机制、行政执法、公共服务、自律管理、信用监管等内容。尤其是在建立行政执法技术调查官、知识产权双倍处罚、知识产权信用监管等方面，亮点突出。知识产权的市场化、法治化、国际化程度是体现一个城市创新能力的重要指标。深圳知识产权的创新活力位居全国前列，但知识产权维权举证难、周期长、成本高的现象仍然普遍存在。针对这些问题，深圳利用特区立法权，深化知识产权保护体制机制改革，从制度建设层面作出一些创新探索和突破性尝试，无论对于自身的知识产权保护的加强还是国家知识产权立法体系的完善，均具有重要的意义。

2. 吉林和辽宁知识产权地方性法规出台，有力支撑东北老工业基地振兴

为大力实施创新驱动发展战略，把创新作为培育东北老工业基地内生发展动力的主要生成点，加快形成以创新为主要引领和支撑的经济体系和发展模式，吉林和辽宁先后通过知识产权地方立法，有力制定支持东北老工业基地振兴。2018 年 1 月 1 日《吉林省专利条例》正式施行。这是继全国 27 个省（市、区）出台了专利地方法规之后，吉林省出台的首部专利地方法规，对于进一步提升吉林省专利的创造、运用、保护、管理和服务工作的法制化和规范化水平具有里程碑意义。2018 年 2 月 1 日《辽宁省知识产权保护办法》施行。办法提出，加强知识产权密集型产业、医药产业、中草药技术研发和地理标志、老字号及创意设计、动漫等文化产业的知识产权保护，并建立传统知识、民间文艺、非物质文化遗产名录体系。在中德（沈阳）高端装备制造产业园区、国家级高新技术区和经济开发区等创新示范、经济技术先导区，探索建立高效、完善的知识产权保护模式。

3. 湖南积极探索建立原产地地理标志统一保护体系，助力乡村振兴战略实施

地理标志保护在实施乡村振兴战略、发展区域经济、弘扬地域民族文化等方面发挥着重要作用。随着地理标志国际保护利益格局的新发展，以

及党和国家机构改革的深入，我国地理标志保护制度也面临新的挑战。湖南结合本省实际，积极探索在省级层面推进原产地地理标志保护统一立法。湖南省先后召开“加紧建立湖南原产地名称和地理标志统一保护体系座谈会”“湖南省原产地地理标志保护研讨会”，就如何加强湖南省原产地地理标志保护工作进行了充分讨论，在加快构建原产地地理标志保护的管理机制、运行机制和政策体系，努力提升保护的效率和水平等方面形成了共识。湖南省在地理标志保护领域的有益探索，有利于协调不同地理标志保护模式之间的矛盾和冲突，积极应对当前地理标志国际保护存在的路径分歧，对促进地理标志产业健康发展有着重要的现实意义。

三、2018 年知识产权行政保护情况

政府是法律实施的重要主体。各级政府能否依法行政、高效行政、严格执法，事关全面依法治国能否顺利推进。2018 年，我国知识产权行政管理机关在全面贯彻习近平总书记关于知识产权工作的重要指示和党中央、国务院决策部署，加强党对知识产权事业的领导下，紧紧围绕加快知识产权强国建设，推进知识产权治理体系和治理能力现代化，深化知识产权“放管服”改革、加大知识产权侵权执法力度、完善知识产权公共服务体系建设。为知识产权法治政府建设书写了生动注脚。

（一）深化知识产权“放管服”改革

1. 知识产权领域军民融合改革试点工作正式启动

2018 年，我国知识产权军民融合试点工作正式开展。江苏省、福建省、山东省、湖南省、广东省、重庆市等 13 个省市[①]为首批知识产权军民融合试点地方，批准开展知识产权军民融合试点，下放国防专利申请受理、许可备案和转让审批等事项。截至 2018 年 12 月，山东、湖南、四川和甘肃四省已出台本省《知识产权军民融合试点建设方案》，围绕国防专利的审查受理、国防专利的实施备案和转让审批、国防专利代理服务行业、国防知识产权信息服务等事宜开展试点工作安排。总体来说，军民融合试点以强化知识产权军民双向转化运用和保护为重点，不断完善知识产权领域军地组织管理体系、工作运行体系和政策制度体系，推动知识产权领域军地政策

---

① 参见《国家知识产权局办公室　中央军委装备发展部办公厅关于开展知识产权军民融合试点工作的通知》。

互通互利、资源共建共享、人才联培联用，实现知识产权领域军民资源整合、要素融合和优势聚合，能够促进更多军民融合新技术、新产品、新业态、新模式服务国防建设和经济发展，有效提高军民融合整体效益。

2. 优化注册审批事项，便利化改革成效显著

2018 年，我国商标注册审批事项进一步优化，便利化改革成效显著。一是商标各项业务审查周期全面压缩。根据《商标注册便利化改革三年攻坚计划（2018－2020 年）》，国家知识产权局将商标注册审查周期从 8 个月压缩到 6 个月，赶超经合组织（OECD）成员国中实行在先权利审查国家的平均水平（7 个月）。[①] 同时，商标变更续展审查周期、国际商标注册马德里领土延伸审查周期、国际转让审查周期、国际变更续展审查周期等也进一步缩短。[②] 二是商标网上服务系统全面上线。集网上查询、申请、发文、公告、缴费、商标注册证明公示 6 大功能为一体的商标网上服务系统全面上线，实现了商标服务载体和服务手段的突破性变革。截至 2018 年 12 月 15 日，网上申请量达到 648.7 万件，占申请总量的近 90%[③]。

在版权方面，相关部门也就减轻权利人或申请人负担、提高工作效率角度出发采取了相应的措施。2018 年 6 月 28 日，由中国版权保护中心与武汉经济开发区共同建设的中国版权保护中心华中版权登记大厅正式启用，华中版权登记大厅是继西南版权登记大厅落户成都、华东版权登记大厅落户上海、粤港澳版权登记大厅落户深圳后，推进区域版权服务窗口体系建设的又一关键布局，加上即将启用的华南版权登记大厅（广州），五大区域登记大厅作为五个重点区域的窗口，将版权确权、授权、维权、研究咨询、宣传推广五大服务平台功能向核心城市和重点地区辐射延伸。[④]

（二）知识产权行政执法力度持续加大

1. 持续推进专项行动，积极引导版权合作

2018 年，我国版权侵权执法力度进一步加大。“剑网 2018”专项行动

---

① 参见《商标注册便利化改革三年攻坚计划（2018－2020 年）》。

② 《一起回顾：2018 年商标注册便利化改革之重大进展》，载中国商标网，http：//sbj. saic. gov. cn/gzdt/201901/t20190107_ 279792. html，最后访问日期：2019 年 1 月 20 日。

③ 《2018 年度商标审查工作会议在济南召开》，载国家知识产权局网，http：//www. sipo. gov. cn/zscqgz/1134712. htm，最后访问日期：2019 年 1 月 20 日。

④ 《武汉，我们来了！中国版权保护中心华中版权登记大厅正式启用》，载中国版权保护中心网站，http：//www. ccopyright. com. cn/index. php？optionid＝999&method＝view&auto_ id＝503，最后访问日期：2019 年 1 月 20 日。

集中整治了网络转载、短视频、动漫等领域侵权盗版行为，促使短视频版权保护环境显著改善，网络转载版权秩序进一步规范。随着连续开展的“剑网行动”专项整治，付费用户数量逐年增长。据2018年11月28日发布的《2018中国网络视听发展研究报告》数据显示，2018年我国网络视听行业市场规模预计2016.8亿元，网络视频付费用户比例达53.1%，同比增长23.8%①。

此外，国家版权局积极引导电商平台与权利人开展版权合作，以建立良性的版权保护合作机制，从源头遏制各类侵权盗版行为。例如，2018年10月，国家版权局主办第七届中国国际版权博览会，其间，阿里巴巴集团与京版十五社反盗版联盟就图书版权保护计划签订合作协议，使用平台技术与出版社数据，对重点图书的线上盗版销售进行主动防控。截至2018年12月13日，13家网络服务商已签约各类版权合作单位累计超过4300家，网络转载版权秩序进一步规范②。

2. 突出重点，严厉打击商标假冒行为

2018年，全国查处商标违法案件3.1万件，案值5.5亿元，罚没金额5.1亿元③，积极推动落实中国制造海外形象维护“清风”行动、农村和城乡结合部市场假冒伪劣专项整治行动，开展打击商标侵权“溯源”专项行动等一系列专项行动。同时，以驰名商标、地理标志、涉外商标和老字号商标为重点，2018年北京市工商局公布“打击侵犯商标专用权和制售假冒伪劣商品”十大案例，包括查处侵犯“苹果”服务商标专用权案、侵犯“BMW”注册商标专用权案、侵犯奥林匹克标志专用权案、侵犯“Tiger”注册商标专用权案等④，有效遏制市场上群众反映强烈的侵权假冒突出问题。

---

① 《版权2018：年度大事儿》，载国家版权局网，http：//www.ncac.gov.cn/chinacopyright/contents/518/390913.html，最后访问日期：2019年1月22日。

② 《版权2018：年度大事儿》，载国家版权局网，http：//www.ncac.gov.cn/chinacopyright/contents/518/390913.html，最后访问日期：2019年1月21日。

③ 《版权2018：年度大事儿》，载国家版权局网，http：//www.ncac.gov.cn/chinacopyright/contents/518/390913.html，最后访问日期：2019年1月22日。

④ 《2018年北京市工商局“打击侵犯商标专用权和制售假冒伪劣商品”十大案例》，载中国商标网，http：//www.ctmo.gov.cn/sbjg/201901/t20190114_280271.html，最后访问日期：2019年1月22日。

3. 提升执法办案效能，有效打击专利侵权

一是专利执法办案数量增加。2018 全国专利行政执法办案总量 77276 件，同比增长 15.9%。其中，专利纠纷办案 34597 万件（包括专利侵权纠纷办案 33976 万件），同比增长 22.8%；查处假冒专利案件 42679 万件，同比增长 10.9%[①]。数据显示近五年我国专利行政执法成效显著，处理侵权纠纷和查处假冒专利案件数量每年均较大增长，但假冒专利案件增速变缓。二是执法办案质量不断提升。国家知识产权局发布专利行政执法十大典型案例，持续开展专利执法案卷评查工作，起草制定了知识产权行政执法指导性文件，为行政执法办案提供了有效指导。三是创新执法手段。国家知识产权局印发《“互联网+”知识产权保护工作方案》，充分运用“互联网+”相关技术手段提升知识产权保护效率和水平。四是“护航”“雷霆”专项行动常态化。针对重点领域、关键环节，组织全系统开展集中检查、集中整治，加大执法办案力度，有效打击专利侵权假冒行为。

4. 加强海关知识产权保护，护航自主品牌出口

2018 年，海关创新专利权保护模式，根据专利的不同属性施行分类保护制度，不断深化与专利管理部门、行业协会、中介机构、权利人的合作，探索专利权保护多方会商机制，为具有自主知识产权和核心竞争力的创新型企业提供有效保护。2018 年“龙腾”行动，全国海关共查扣涉嫌侵犯国内企业自主知识产权的进出口货物 385 批，较去年增加了 52.2%，扣留侵权嫌疑货物 309 万件，案值人民币 6114 万元[②]。据不完全统计，连续两年的“龙腾”行动共挽回企业直接经济损失 1.6 亿元，近六成出口知识产权优势企业销售额明显增长；企业创新活力进一步迸发，283 家出口知识产权优势企业共新增知识产权 2600 多项；企业的维权意识和维权能力得到明显提升，共计 127 家相关企业增加了维权投入，新增专业维权人员约 516 人，新增维

① 国家知识产权局 2018 年主要工作统计数据及有关情况新闻发布会，载国家知识产权局网，http：//www.sipo.gov.cn/pub/old/sipo2013/twzb/gjzscqj2018nzygztjsjjygqkxwfbk/index.htm，最后访问日期：2019 年 1 月 22 日。

② 《“龙腾”行动 2018 扣留侵权嫌疑货物 309 万件》，载中华人民共和国海关总署网，http：//www.customs.gov.cn/customs/302249/mtjj35/2159674/index.html，最后访问日期：2019 年 1 月 23 日。

权资金 1851 万元[①]。

（三）知识产权公共服务体系进一步完善

1. 加快知识产权保护中心建设布局

近年来，国家知识产权局以知识产权保护中心建设为抓手，加快建立便捷高效低成本的维权渠道，推动知识产权行政保护“一站式”服务，在提供有效保护的同时节约了企业维权的时间成本和资金成本。2018 年，中国（宁波）等知识产权保护中心陆续揭牌运行，知识产权维权援助服务网络在全国的覆盖范围不断增大，知识产权保护中心和快速维权中心总数达 33 家[②]，为知识产权保护特别是提高民营企业的知识产权保护效率增添有力保障。

2. 推进知识产权公共服务平台信息开放共享

一是向全社会免费开放商标数据库。2018 年 12 月 26 日，国家知识产权局商标局正式向全社会免费公开现有全部存量商标的基本信息，商标数据的开放共享，有助于加强商标数据应用，发挥其经济价值和社会效益。二是积极推进专利信息公共服务平台建设。2018 年，国家知识产权局扎实做好专利信息资源的收集整理，加大对专利基础数据的开放力度，免费向社会提供国内外最新专利基础数据；会同有关部委、地方政府和行业协会，积极推进专利信息公共服务平台建设，依托专利信息资源和人才优势，积极组织开展专利分析预警和专利导航产业发展等工作[③]。

3. 持续开展重点领域知识产权分析评议

知识产权分析评议是有效防控知识产权风险、提高决策水平和创新效率的重要手段之一。2018 年，国家知识产权局持续开展重点领域知识产权分析评议工作，对移动支付、半导体存储器、超高清显示、锂离子动力电池、生物医药、3D 打印、智能制造等领域发布了知识产权分析评议报告[④]，

---

① 《“龙腾”行动 2018 扣留侵权嫌疑货物 309 万件》，载中华人民共和国海关总署网，http：//www.customs.gov.cn/customs/302249/mtjj35/2159674/index.html，最后访问日期：2019 年 1 月 23 日。

② 《知识产权：为扩大开放注入新活力》，载国家知识产权局网，http：//www.sipo.gov.cn/mtsd/1135534.htm，最后访问日期：2019 年 1 月 23 日。

③ 《2018 年全国专利信息传播利用工作深入开展》，载国家知识产权局网，http：//www.sipo.gov.cn/zscqgz/1125638.htm，最后访问日期：2019 年 1 月 23 日。

④ 《防控风险打造“敲门砖”　服务发展助力“高精尖”》，载国家知识产权局网，http：//www.sipo.gov.cn/mtsd/1133877.htm，最后访问日期：2019 年 1 月 24 日。

对相关产业面临的知识产权风险进行核查，对产业发展机遇和挑战进行梳理，为企业提升创新能力和规避风险提出了建议。例如，在《自动驾驶产业专利分析评议》报告中，通过对专利信息的深度挖掘，对专利申请量趋势、技术来源国和目标国、重要申请人、重要研发人员、重点专利等专利信息进行深入分析，分别从技术分析、市场分析、竞争与合作分析多个维度解读国内外产业布局特点，助力我国自动驾驶相关技术的研发和产业的快速、健康发展。

四、2018 年知识产权司法保护情况

司法是法治实施的核心环节和重要方面，是维护社会公平正义的最后一道防线。2018 年，我国知识产权案件大幅增长，具有国际影响力案件增多，裁判影响力大幅提升，司法保护的主导作用进一步发挥；完善知识产权证据保全制度和技术类案件审理程序，推进智慧法院建设，知识产权司法保障机制进一步创新；知识产权指导性案例和办案指南发布，促进统一裁判的各类措施常态化。

（一）知识产权司法保护主导作用进一步凸显

1. 知识产权收结案数量持续大幅增长

2018 年，随着社会各界对知识产权保护的日益重视，选择通过司法途径解决知识产权纠纷的当事人日益增多，法院受理的知识产权案件数量不断上升。全国法院共新收一审知识产权案件 30.5 万件，结案 29.2 万件，比 2017 年分别上升 40.7% 和 41.2%。在新收案件中，民事案件 28.3 万件，行政案件 1.3 万件，刑事案件 0.86 万件。同期，北京、上海、广州知识产权法院共受理一、二审案件 30899 件，共结案 25737 件。北京知产法院受理专利行政案件 1517 件，同比增加 30.7%；结案 1007 件，同比增加 33.7%。受理商标行政案件 11974 件，同比增加 40.2%，结案 10087 件，同比增加 53.4%①。北京法院在 2018 年的收结案件数量已突破历史最高值。

2. 知识产权疑难案件不断涌现，裁判影响力显著提升

随着经济技术的飞速发展，各种关系相互交织，知识产权疑难案件也

---

① 《第九届中国国际知识产权新年论坛——林广海：去年全国法院新收知产案件 30.5 万件，同比上升 40.7%》，载中国知识产权网，http：//www.chinaipmagazine.com/news - show.asp?23297.html，最后访问日期：2019 年 3 月 4 日。

在不断增加，裁判影响力持续提升。2018年，高通苹果专利诉讼再度升级、华为三星专利战火仍在继续；短视频著作权纠纷大量涌现、区块链知识产权诉讼逐渐增多，新兴领域的知识产权纠纷受到业界广泛关注；我国首例GUI专利侵权案宣判、植物新品种权利人获赔额再创新高。2018年，法院依法审理了迈克尔杰弗里·乔丹与国家工商行政管理总局商标评审委员会、第三人乔丹体育股份有限公司商标争议行政纠纷案、克里斯蒂昂迪奥尔公司（迪奥公司）与国家工商行政管理总局商标评审委员会商标行政纠纷案等疑难复杂、具有国际影响力的典型案件，彰显了平等保护各类权利人合法权益，维护激励创新和公平竞争市场环境的鲜明态度。

（二）知识产权司法保护机制进一步创新

1. 建立符合知识产权案件特点的诉讼证据规则

一是完善了知识产权证据保全制度。2018年12月12日，最高人民法院发布了《关于审查知识产权纠纷行为保全案件适用法律若干问题的规定》，其根据知识产权无形性、时间性和地域性等特点，完善了证据保全制度，使行为保全申请审查程序更加便捷、快速。此外，该规定还明确可以通过多种方式充分发挥公证在知识产权案件中固定证据的作用。杭州互联网法院首次确认区块链电子存证的法律效力，成为电子证据发展新趋势。

二是健全技术事实查明机制。2018年，北京知识产权法院、上海知识产权法院、青海省高级人民法院等采取有力措施，不断完善技术类案件审理程序，充分发挥技术调查官在技术事实查明中的突出作用。广州知识产权法院让技术调查官深度参与专利案件审理，协助法官快速掌握双方技术争议焦点，固定技术特征解释边界范围，同时与司法鉴定、专家证人、专家辅助人等制度相结合，全方面审查技术事实，有效衔接审判。2018年1月1日至11月30日，该院共有448件案件有技术调查官参与审理①。

2. 加强智能化应用，推进智慧法院建设

近年来，“智慧法院”建设被纳入《国家信息化发展战略纲要》和《“十三五”国家信息化规划》，上升为国家战略。2018年，智慧法院建设深入推进，全国三分之二的法院基本实现电子卷宗随案同步生成和深度应用，电子诉讼特别是移动电子诉讼进展迅速，司法大数据助力数据服务和

① 《广州知产法院迎四岁生日，打造知产保护“广东经验”》，载广州日报大洋网，http://news.dayoo.com/guangzhou/201812/16/139995_52406382.htm，最后访问日期：2019年3月3日。

专题分析成绩显著，[①] 智慧法院建设涌现了一大批建设成果丰硕、应用成效显著的先进典型。在杭州互联网法院，起诉、立案、送达、举证、开庭、裁判，每个环节全流程在线，诉讼参与人的任何诉讼步骤即时连续记录留痕，当事人可以“零在途时间”“零差旅费用支出”完成诉讼。线上审理平均审理天数是32天，线下审理平均审理天数是61天。线上庭审平均用时28分钟，其中62.35%的线上庭审平均用时才17分钟，线下庭审平均用时68分钟[②]。总体上，线上审理模式大大提升了审判效能。互联网领域的案件，大量证据以电子数据的形式存在，在网上呈现更方便、直观。杭州互联网法院对接电商平台的交易数据，方便将当事人的交易数据直接导入诉讼平台作为证据使用。智能推送系统向当事人推送类似案件，辅助当事人形成对自己案件结果的合法合理预判，减少心理落差。

（三）加强案件审判指引，推进办案规范化建设

1.“两高”不定期发布知识产权典型案例

面对当前知识产权法律规范有所滞后，新型案件不断涌现，法律关系纷繁复杂的现实状况，最高人民法院和最高人民检察院每年会不定期发布一些社会影响大的典型案例，为各级法院法官审理类似案件提供参照标准，对社会公众的类似行为进行引导。2018年，最高人民法院于4月19日发布了2017年度中国法院10大知识产权案件和50件典型知识产权案例。最高人民检察院于4月25日发布了2017年度检察机关保护知识产权十大典型案例。其中包括加多宝王老吉“红罐之争”“茅盾手稿”著作权纠纷案、“路虎”商标侵权纠纷案等一系列社会影响广泛的典型案例。这些典型案例的常态化发布，是实现对知识产权司法审判及检察的统一指导，统一裁判标准的重要手段。

2. 地方法院积极发布知识产权办案指南

为提升地方法院知识产权案件审判的质量和效率，近年来，各地方法院注重总结整理以往案件的各项指导文件，梳理汇总实践中的各类问题，发布知识产权办案指南。2018年4月，《北京市高级人民法院侵害著作权案件审理指南》发布，该指南规定了权利客体、权利归属、侵权认定、抗辩

---

① 《周强主持召开最高人民法院网络安全和信息化领导小组会议强调扎实推进智慧法院建设》，载最高人民法院官网，http：//www.court.gov.cn/zixun－xiangqing－118541.html，最后访问日期：2019年1月24日。

② 徐隽：《互联网法院　让公平正义触手可及》，载《人民日报》2018年1月31日，第19版。

事由、法律责任等 11 个方面的问题。2018 年 9 月，四川省高级人民法院发布了《侵害商标权案件审理指南》，对侵害商标权案件的审理原则、审理内容、诉的合并、法院管辖权、原告主体资格、商标权权利范围、被诉侵权行为、抗辩事由、民事责任等内容进行了规定。知识产权办案指南，是对地方法院以往规范性文件的修改、补充、汇总与完善，其系统研究立法者的相关释义，总体上对司法实践中亟待解决的、具有共通性的问题，作出结论性或指引性的规定。对于推动统一裁判，推进知识产权审判工作向更完备、更全面、更科学的方向发展具有重要意义。

五、2018 年知识产权社会共治情况

社会共治理念引入知识产权保护制度，其目的是要在全社会中形成企业或者行业自律，社会公众自我约束和遵从，政府、行业协会、媒体、社会公众共同监督的知识产权保护大格局。推进社会多元治理，是知识产权强国建设的必然要求。2018 年，我国知识产权信用体系建设加快推进，知识产权多元解纷机制进一步完善，行业协会、企业积极参与知识产权保护，知识产权法治宣有序推进，全社会自觉遵从和保护知识产权观念和意识得到增强。

（一）知识产权信用体系建设加快推进

信用体系建设是当今社会主义市场经济体制建设的重要组成部分，也是知识产权法治建设的重要内容之一。建设知识产权信用体系，是贯彻落实党中央、国务院重大决策部署的具体举措，有利于在全社会形成尊重知识、崇尚创新、诚信守法的知识产权法治文化环境。

2018 年，国家知识产权局会同国家发改委等 38 个部委联合印发《关于对知识产权（专利）领域严重失信主体开展联合惩戒的合作备忘录》，正式建立了知识产权领域失信主体联合惩戒机制。根据该备忘录，严重失信行为包括重复专利侵权行为、不依法执行行为、专利代理严重违法行为、专利代理人资格证书挂靠行为、非正常申请专利行为、提供虚假文件行为 6 类，涵盖知识产权创造、运用、保护、服务各个环节。在地方层面，2018 年 12 月 27 日通过的《深圳经济特区知识产权保护条例》专章对信用监管进行了规定，条例还要求主管部门建立知识产权失信违法重点监管名单制度，按照知识产权失信违法严重程度，确定重点监管名单，并向社会公布。相关单位和个人侵犯知识产权构成犯罪的，要接受承接政府投资项目限制

等处罚。备忘录及保护条例中的相关规定，是强化事中事后监管、健全知识产权领域信用体系的重要手段，是提升知识产权领域社会治理能力和治理水平的重要方面。

（二）知识产权纠纷多元解决机制进一步完善

1. 知识产权诉调对接机制逐步建全

知识产权纠纷调解有利于争议快捷便利得以解决，调解程序和司法程序的有机衔接，有利于强化调解的效力，为调解协议的执行提供司法保障。为深入推进诉调对接机制，首先，各地积极设立知识产权纠纷人民调解委员会及其工作室，探索“诉前委派调解 + 司法确认”模式，着力推行“诉中委托调解 + 民事调解书”调解模式，确保诉讼调解同步推进。其次，在诉调对接机制中建立情况反馈机制，实现调解诉讼信息互通，对于调解未成的案件，引入专家意见，为法官后续审理提供纠纷解决的裁判标准指导与智力支持。最后，知识产权行政机关与法院系统共同建立联席会议机制。加强沟通协作，不定期对知识产权纠纷人民调解工作进行分析研判，对存在问题提出对策建议，加强业务指导。2018 年，众多地方法院致力于提高知识产权类案件的调解率，广东法院在诉调对接机制中不断创新，对于经由广东知识产权纠纷人民调解委员会调解完毕的案件，积极探索在有管辖权的前提下酌情出具执行效力的司法确认书。

2. 知识产权仲裁调解机构等多元解纷平台加快建立

2018 年 7 月，国知局发布了首批能力建设仲裁调解机构的名单，要求其会同相关部门完善工作衔接机制，加大投入，统筹资源配置，建立统一的培训制度，构建本地区知识产权仲裁调解专家库。加强与维权援助、社会监督、规范化市场培育等工作的融合，促进资源共享和工作衔接。切实解决一批知识产权纠纷。2018 年，各个地方也建立了各具特色的知识产权解纷平台。例如，2018 年 7 月与 9 月，大连及温州分别成立知识产权仲裁院，仲裁专业、高效、非公开、不受地域、级别管辖限制等的特点与知识产权争议的高技术性、快速性、保密性、便捷性等要求十分契合，能够更加简便迅速、灵活高效地处理争议，降低诉讼成本。

（三）知识产权社会多元共治成效凸显

1. 社会团体积极作为，共同治理著作权侵权乱象

著作权集体管理组织作为促进文化传播和文化产业发展的中坚力量，

积极治理著作权侵权乱象。2018年10月22日，中国音像著作权集体管理协会发布公告《关于停止使用部分涉诉歌曲的公告》，要求KTV终端生产管理商和卡拉OK经营者在2018年10月31日前，删除或者不向消费者提供6609部音乐电视作品。此次中国音集协强势发挥集体管理组织地位，强力肃清音乐授权市场，充分体现了中国社会团体整治版权产业乱象的坚定决心和积极作为。此外，2018年新修订的《专利代理条例》中提出建立以信用为核心的新型监管机制，推动知识产权信用联合惩戒与联合激励，突出强调了专利代理机构要加强行业自律与机构责任，贯通政府管理与社会共治。

2. 企业积极参与，主动开展知识产权打假维权

企业作为市场主体，要遵法守法，进一步加强知识产权保护与维权意识，开展信用承诺，主动加强自治管理、政企合作，接受社会监督。2018年，在政府相关部门及社会各界的支持下，诸多企业纷纷开始主动开展知识产权保护打假维权，构建政企协同的打假维权工作格局，取得了显著成效。2018年12月，国家市场监管总局中国工商出版社主办了首届市场监管领域社会共治高峰论坛，发布了市场监管领域十大社会共治案例。其中典型的例如“阿里巴巴打假联盟（AACA）”，是以“执法机关+品牌权利人+阿里平台”紧密联动的打假共治系统为特色，整合各方知识产权保护资源，建立线上线下结合机制，积极开展保知打假专项行动。腾讯作为各行各业的“数字化助手”，正在利用大数据分析和全网实时感知技术，探索辅助监管和社会共治的智慧化手段，其研发的神�大数据市场监管平台针对市场监管的各个领域包括企业注册服务、企业信用监测、企业违规行为监测、联合惩戒等提供了完善解决方案，并在打击虚假食药、打击网络传销、虚假广告监测和知识产权保护四个领域取得了一定成果。

（四）知识产权法治宣传活动亮点频现

2018年4月26日，世界知识产权日主题是“变革的动力：女性参与创新创造”，该主题体现了女性在推动人类文明进步方面作出的杰出贡献。各地方也举办了丰富多彩的知识产权宣传活动。例如，湖南省知识产权局和湖南省教育厅联合举办了第七届湖南省高校知识产权竞答赛，举办了第三届湖南省十大知识产权领军企业和第五届湖南省十大优秀专利发明人颁奖。福建省在知识产权宣传周期间，播出了“闽台知识产权合作巡礼篇”5集专题片，在东南网开设了“2018年福建省知识产权宣传周”专题专栏。广东

省开展了“知识产权宣讲团”、司法鉴定服务知识产权保护的宣传和人民调解咨询、“知识产权支撑经济高质量发展”等专题宣传活动。此外，知识产权高校智库建设取得新的进展，12 月 22 日，2018 年中国智库治理暨思想理论传播高峰论坛在南京隆重举行，中南财经政法大学知识产权研究中心、中南大学知识产权研究院、天津大学国家知识产权战略实施研究基地成功入选 CTTI 高校智库百强榜。智库专家积极为重大政策的落地实施做好宣传解读工作，向社会和公众发出正确的、权威的声音，为营造良好的社会氛围和政策实施环境做出了应有的贡献。

六、2018 年知识产权法实施的难点和重点

2018 年，国际政治、经济环境发生的巨大变化及技术创新的加速发展，使全球知识产权秩序面临重大变革。我国改革开放以来探索出的发展路径将面临越来越严峻的挑战，我国的独特地位和历史国情决定了我国在追求伟大复兴道路上所面临的复杂形势，将是人类历史上前所未有的。[①] 在这样的背景下，一方面，我国积极应对国际贸易纠纷，正以开放的态度努力推进知识产权国际合作，参与知识产权国际市场竞争。另一方面，又立足于中国国情，根植中国实际，直面发展难题，深化知识产权领域改革。

（一）有效应对国际贸易纠纷，支持企业积极参与国际市场竞争

1. 应对中美贸易争端，反对单边贸易保护主义

随着我国创新能力的不断增强，经济和市场规模不断扩大，我们国家在现有国际体系中的发展越来越受到经济之外因素的影响和干扰。2018 年，知识产权国际环境复杂多变，美国凭借自身强大的科技与经济实力、巨大的市场诱惑力以及其他非 WTO 成员国的存在，试图抛开世贸组织争端解决机制，违反美国承诺的关税减让和最惠国待遇义务，通过单边条款，包括 301 条款以及一些其他国内法的域外适用条款来推行经济霸权主义。2017 年 8 月 18 日，美国贸易代表罗伯特·莱特希泽发表声明，根据《美国 1974 年贸易法》第 301 条，在涉及技术转让、知识产权和创新领域对中国正式启动贸易调查。2018 年 7 月 10 日，美国贸易代表办公室发表《关于 301 调查的声明》，就“中美贸易不平衡”“盗窃知识产权”“强制技术转让”“中国

① 韩秀成：《新形势下知识产权智库的使命与担当》，2018 年 12 月 11 日在知识产权湘江论坛暨智能驾驶产业智库专家对接会上的讲话。

制造 2025”等问题对中方提出无端指控。

对此，中国商务部声明，第一，关于“中美贸易不平衡”问题。美方称对华存在大量贸易逆差，其数字是被高估的，且主要原因不在中国，而在于美国国内储蓄率过低以及美元发挥着国际主要储备货币的职能，在于产业竞争力和国际分工差异，也在于美方出于冷战思维，对自身享有比较优势的高科技产品出口实施人为限制。第二，关于所谓“盗窃知识产权”问题。中国政府已建立了相对完整的知识产权法律保护体系，并不断发挥知识产权司法保护主导作用，推进设立知识产权法院和专门审判机构。2017 年，中国对外支付的知识产权使用费达到 286 亿美元，比 2001 年加入世贸组织时增长了 15 倍之多。第三，关于所谓“强制技术转让”问题。中国政府没有对外资企业提出过此类要求，中外企业的技术合作和其他经贸合作完全是基于自愿原则实施的契约行为，多年来双方企业都从中获得了巨大利益。第四，关于“中国制造 2025”等产业政策。在市场经济条件下，中国政府实施这些政策主要是指导性、引领性的，并且对所有外资企业都是开放的。[①] 美国贸易政策的关键目标之一，是要确保美国的知识产权所有者在全球范围内使用其知识产权并从中获利。美国担心中国通过技术进步挑战其霸主地位，因此通过发起 301 调查，来打压中国高新技术制造业，从根本上阻遏中国发展。

总之，美国以“美国优先”“美国第一”为圭臬，目的是要在全球构筑一个对自身有利的知识产权强保护保护规则，这将给世界带来了更多的风险和不确定性，必然导致在全球经济联系日益紧密的现实中“美国独行”。[②] 截至 2019 年 2 月底，中美经贸已历经了七轮谈判，从“阶段性进展”到“积极进展”，再到“实质性进展”，对垒过程中，中美双方对彼此的实力和耐力也有了更多了解。事实上，中美两国在各领域早已深度交融、合作、互补，之间并不存在根本性利益冲突，中国科技发展并不有损美国利益，中美两国的携手只会为人类创造更美好的未来。

经济全球化不可逆转，它为世界各国改善生存环境提供多元的选择，造就更加公平、公正、更加合理的国际环境。[③] 目前，世界上形成了国际公

---

① 中华人民共和国商务部对美方《关于 301 调查的声明》的声明。

② 何炼红：《美国专利保护的域外扩张及我国的因应之策》，载《人民论坛 · 学术前沿》2018 年第 19 期。

③ 李仲周：《治外法权践踏世贸组织根本规则》，载《WTO 经济导刊》2012 年第 9 期。

认的制度设计和规则设计，世界逐渐步入有序博弈。世界知识产权组织的知识产权国际规则体系与世界贸易组织的TRIPs协定是协调知识产权国际规则的主要平台。近年来，随着中国科技与经济实力的增强，在国际领域的地位也在不断提升。中国历来倡导国际合作和多边主义，奉行“包容、互惠、平衡”的知识产权价值观，反对美国推行的超常规贸易保护，这有利于世界和平与稳定，也有利于中国的发展。

2. 支持企业“走出去”，强化知识产权海外维权能力

面对经济全球化、市场一体化的国际产业竞争新格局，我国企业积极参与国际市场竞争。然而，由于发达国家持续推进知识产权规则的升级，这对中国企业既是机遇，也是挑战。在贸易保护主义重新抬头的国际背景下，知识产权等贸易壁垒层数不穷，中国企业在海外商标被抢注、遭遇恶意诉讼及调查、落入竞争对手的知识产权陷阱等不利的情况经常发生。我国企业涉外知识产权纠纷呈不断上升趋势，近五年来，全国法院涉外知识产权案件占比在20%左右，北京知识产权法院涉外案件占比高达30%。知识产权问题已成为影响我国企业进军国际市场、参与国际竞争的重要因素。为此，我国应积极采取应对措施，完善知识产权政策法规体系，支持中国企业成功“走出去”。

为了给我国技术出口提供更加公平透明的制度规则，2018年3月18日，国务院办公厅发布了《知识产权对外转让有关工作办法（试行）》，以规范知识产权对外转让秩序，严格管理涉及国家安全的知识产权对外转让行为。该试行办法规定，对技术出口、外国投资者并购境内企业等活动中涉及国家安全的知识产权对外转让行为进行审查。审查类型包括专利权、集成电路布图设计专有权、计算机软件著作权、植物新品种权等知识产权及其申请权。审查内容包括知识产权对外转让对我国国家安全和重要领域核心关键技术创新发展能力的影响。通过建立完善知识产权对外转让审查机制，把控我国重要领域核心关键技术，培育我国自主创新能力和国际竞争优势。

专利审查高速路（PPH）能促进不同专利审查机构之间的审查工作共享，并在满足特定条件的情况下加快本国申请人海外发明专利申请的审查进程。目前，中国已先后与日本、美国、韩国、欧洲等28个国家或地区的专利审查机构签署了PPH试点合作协议，已启动26项。PPH在有效提升中国专利审查业务国际影响力的同时，也为中国企业海外发明专利申请的快

速获权提供了重要支撑。

此外，为了支持企业“走出去”，上海市在2018年7月10日公布的“扩大开放100条”行动方案中，明确提出建设开放共享、内外联动的高标准知识产权保护高地。通过建设国际贸易知识产权海外维权基地，设立商标海外维权保护办公室等措施，强化知识产权海外维权能力。2018年12月7日，国家知识产权局发布《关于知识产权服务民营企业创新发展若干措施的通知》（国知发管字〔2018〕32号），进一步要求建设海外知识产权纠纷应对机制，持续完善海外知识产权信息平台，编制发布海外知识产权维权实务指引。

（二）根植中国实际，深入推进知识产权领域各项改革

1. 国家知识产权管理机构改革重组

一是重组国家知识产权局。2018年3月13日，第十三届全国人民代表大会第一次会议通过《深化党和国家机构改革方案》。方案提出，将国家知识产权局的职责、国家工商行政管理总局的商标管理职责、国家质量监督检验检疫总局的原产地地理标志管理职责整合，重组国家知识产权局，由国家市场监督管理总局管理。重新组建后的国家知识产权局的主要职责是，负责保护知识产权工作，推动知识产权保护体系建设，负责商标、专利、原产地地理标志的注册登记和行政裁决，指导商标、专利执法工作等。为解决商标、专利分头管理和重复执法的问题，商标、专利执法职责交由市场监管综合执法队伍承担。此次改革实现了资源的重大整合，打通了知识产权创造、运用、保护、管理和服务全链条，发挥了专利、商标、原产地地理标志的组合效应，是我国知识产权事业发展中一个重要里程碑。

二是国家新闻出版广电总局职能重组。首先是将原国家新闻出版广电总局的新闻出版和电影管理职责划入中央宣传部。根据《深化党和国家机构改革方案》，国家新闻出版广电总局的新闻出版管理职责与电影管理职责被划入中央宣传部。中央宣传部对外加挂国家新闻出版署（国家版权局）牌子和国家电影局牌子。新闻出版署主要管理新闻出版行政事务，统筹规划和指导协调新闻出版事业、产业发展，监督管理出版物内容和质量，监督管理印刷业，管理著作权，管理出版物进口等。电影局主管理电影行政事务，指导监管电影制片、发行、放映工作，组织对电影内容进行审查，指导协调全国性重大电影活动，承担对外合作制片、输入输出影片的国际合作交流等。这一改革突出了对出版物和电影作品的著作权的重点保护，

电影部门的组织领导和行政管理权将得到进一步加强，电影产品在思想宣传和文化价值的表达得到重视。其次是新组建国家广播电视总局。根据《深化党和国家机构改革方案》，在原国家新闻出版广电总局广播电视管理职责的基础上组建国家广播电视总局，主要负责拟定广播电视管理的政策措施并监督落实，推进广播电视领域的体制机制改革，监管、审查广播电视与网络视听节目内容和质量，负责广播电视节目的进口、收录和管理，协调推动广播电视领域走出去工作等。这一改革旨在加大对广播电视节目的版权及邻接权的保护力度，进一步优化网络平台环境，加强网络直播的监管力度，提升广播电视行业的自主创新能力。

2. 知识产权审判机制改革进一步深化

一是建立国家层面知识产权案件上诉审理机制。2018 年 10 月 26 日，第十三届全国人民代表大会常务委员会第六次会议通过了《关于专利等知识产权案件诉讼程序若干问题的决定》（以下简称《决定》），根据《决定》，要建立国家层面知识产权案件上诉审理机制，从机制上解决侵权判定和判赔标准不统一的问题，提高知识产权审判质量效率；全国范围内专利等技术性较强的民事和行政二审案件，由最高人民法院统一审理。建立国家层面知识产权案件上诉审理机制，是十九届中央全面深化改革领导小组第一次会议的重大部署，也是我国知识产权司法领域的重大改革。由于专利等案件具有特殊的专业性、高度的复杂性，将该类民事和行政案件的二审审理权限集中到最高人民法院知识产权法庭，实现知识产权效力判断与侵权判断两大诉讼程序和裁判标准的对接。配合国家知识产权上诉审理机制的建立，2018 年 12 月 27 日，最高人民法院发布《关于知识产权法庭若干问题的规定》进一步细化了《决定》，并于 2019 年 1 月 1 日，挂牌成立最高人民法院知识产权法庭，作为最高人民法院派出的常设审判机构，统一审理全国范围内涉及发明专利、实用新型专利、植物新品种、集成电路布图设计、技术秘密、计算机软件、垄断等专业技术性较强的知识产权民事和行政二审案件。最高人民法院知识产权法庭的成立及运行，将进一步促进知识产权案件审理专门化、管辖集中化、程序集约化和人员专业化。知识产权案件上诉审理机制和最高人民法院知识产权法庭的成立，有利于从机制上解决制约科技创新的裁判尺度不统一等问题，提高知识产权审判质量效率。

二是地方知识产权案件管辖布局不断优化。从 2017 年初到 2018 年初，最高人民法院在天津、郑州、长沙、西安、南昌、长春、兰州等 8 个市设立跨区域管辖的知识产权法庭。进一步探索知识产权审判的集中化、统一化。目前，全国已形成 3 家知识产权法院、19 家专门知识产权法庭的格局。此外，全国知识产权法庭将继续推进知识产权审判“三合一”制度改革，由管辖民事案件的法院统一管辖行政和刑事案件，在“三合一”格局下，通过案件审理明确知识产权侵权判定的基本规则，防止在侵权性质认定上的民事、刑事和行政上的偏差，确保三大审判在权利状况判断的结果上合符一致，在法律适用的标准上合符一致。

三是与新技术、新业态相结合的知识产权司法保护体制不断创新。面对网络版权案件的日益增多和日益复杂，继 2017 年全国首家互联网法院在杭州落户后，2018 年 9 月 9 日北京互联网法院成立，9 月 28 日广州互联网法院成立。至此，全国已有三家互联网法院，为维护网络安全、化解涉网纠纷、促进互联网和经济社会深度融合提供有力司法保障。按照《最高人民法院关于互联网法院审理案件若干问题的规定》的规定，互联网法院管辖“在互联网上首次发表作品的著作权或者邻接权权属纠纷；在互联网上侵害在线发表或者传播作品的著作权或者邻接权而产生的纠纷；互联网域名权属、侵权及合同纠纷”三类知识产权案件。互联网法院采取在线方式审理案件，案件的受理、送达、调解、证据交换、庭前准备、庭审、宣判等诉讼环节在线上完成。成立一年多以来，杭州互联网法院扎实推进各项试点任务，创新审判机制、优化诉讼服务，启动上线首个异步审理模式、首个大数据深度运用电子平台，首次在全国使用区块链技术作为电子证据存储方式，审理了一批具有标志性意义的案件，为依法及时高效化解涉网纠纷、促进网络空间法治治理、维护网络安全，推进互联网与经济社会深度融合做出了重要贡献。

七、2018 年知识产权法实施存在的问题及完善建议

2018 年，在党中央、国务院的坚强领导下，我们遵循知识产权制度发展的客观规律，找准知识产权事业发展的有效路径，顺利完成了知识产权机构改革，实现了管理体制和运行机制的历史性重构，最大限度地形成知识产权战略实施的合力，知识产权审查质量效率持续提升，知识产权保护全面加强，多边联动的知识产权国际合作新格局加快推进，知识产权法治实施亮点频现。在此基础上，我国知识产权的事业已经具备了坚实的数量基础、制度基础、人才基础和文化基础，知识产权运用和环境水平稳步改

善，对经济增长的作用不断显现，知识产权大国地位牢固确立。但是，面对国际贸易竞争不断升级的国际背景，以及实施创新驱动发展发展、建设知识产权强国和扩大开放的战略需求，我国知识产权法实施的过程中，无论是立法、行政领域，还是司法和社会治理领域，仍然存在一些问题，现有的保护体系不足以应对国际、国内环境对知识产权提出的新要求和新挑战。

（一）2018 年知识产权法实施中存在的问题

1. 知识产权立法保护有待完善和突破

一是分散立法模式下的知识产权法存在体系性及适应性缺陷。随着市场经济和知识经济的快速发展，我国分散立法模式下的知识产权法在促进社会经济发展和知识产权法治建设的同时，逐渐显现出制度内聚性不强、体系性不强、适应性不强等问题。由众多子权利构成的知识产权内部权利体系容易发生冲突或利益衡量上的不确定，例如，反不正当竞争的保护与著作权法鼓励创作之间的矛盾、商号权与商标权之间的区分等问题。此外，知识产权与其他民事权利也容易产生冲突，如凝聚了人格要素的著作人身权与民法上的姓名权、肖像权之间的矛盾。为了解决知识产权分散型的立法模式下各种法律法规缺乏统一的原则指导、条文间杂陈反复、协调性与操作性不强的问题，有必要研究制定统一的知识产权基础性立法，发挥对整体知识产权法律法规制度和公共政策体系的引领作用。

二是知识产权地方立法的创新突破存在障碍。机构改革以后，我国知识产权管理工作机制得到了进一步的整合，但各地省级层面的知识产权立法仍普遍局限于专利领域，虽然深圳市 2018 年出台的《深圳经济特区知识产权保护条例》已经体现了一定的示范作用，但其他省市普遍缺乏综合性的地方立法与之相匹配。此外，我国幅员辽阔，各地知识产权发展水平参差不齐，关注的产业特色不一，在知识产权保护和运用中如能够根据地方特色作出更加全面且具有可操作性的法律规定，对于强化知识产权保护，促进地方知识产权事业的发展具有重要意义。但是，由于《立法法》对设区的市的立法权所有限制①，我国大多数地市在这一方面缺乏主动作为的空间，有待创新突破。

---

① 2015 年修改通过的《立法法》赋予了设区的市享有地方立法权，并明确了设区的市地方立法权限边界仅限于“城乡建设与管理、环境保护、历史文化保护等”。

三是新业态领域知识产权立法有待加快。加强互联网、大数据、区块链、人工智能等新业态新领域创新成果的知识产权保护，是技术快速发展背景下创新型国家建设的必然要求，也是近年来我国知识产权事业发展正持续推进的重要任务。尽管在 2018 年，我国《专利法修正案（草案）》获得通过，《电子商务法》出台，但新业态领域知识产权保护立法仍未取得实质性进展。人工智能生成成果的法律属性为何，哪些主体能够参与分配相关利益；大数据应当采用何种产权保护路径，如何在保护个人隐私的同时更好地实现数据的开放共享等问题，仍处于理论研究的阶段，且存在较大的分歧。

2. 知识产权行政保护亟待协调与加强

一是知识产权综合行政管理和执法体制机制尚待完善。虽然国家机构改革对国家知识产权局职能进行了进一步整合，但专利执法和商标执法职责交由市场监管综合执法队伍承担，新组建的国家知识产权局只负责指导行政执法工作。而版权局则归属于中宣部管理后，版权领域的执法也需要统筹和衔接。总体来看，我国知识产权行政管理职责仍然没有完全统合。此外，这次国家机构改革，国家知识产权局新增商标、原产地地理标志的业务指导、注册登记和行政裁决等职责。知识产权管理部门职责更多、任务更重、责任更沉、压力更大，但与之对应的是，目前地方知识产权管理部门一般归口市场监督管理局管理，机构及人员不匹配，地方机构改革也面临压力。在执法领域，多头多层执法问题仍然突出，导致与司法审判在认定知识产权确权、侵权、证据取得、纠纷解决上存在重复，甚至是冲突。专项行动取得成效，但存在一定弊端，无法给公众准确的预期和行动指南。

二是知识产权行政执法效能有待提升。知识产权涉及领域广、专业化程度高，对执法条件，执法人员的能力和水平相应有较高的要求。同时，由于互联网技术的发展，互联网逐渐成为知识产权侵权行为的高发场所，通过电商平台发生的知识产权侵权行为日渐增多，网络侵权案件新载体、新形态不断出现，为知识产权保护带来了新的法律问题和技术难题。长期以来，我国知识产权执法人员存在年龄层次老化、知识结构不优的问题。在基层，甚至没有执法人员拥有计算机专业背景，执法条件和设备较落后，信息孤岛问题突出，数据核查存在困难，各部门之间数据开放程度不高，数据的共享和交换大部分仅停留在线下纸质层面，上述问题均导致知识产权行政执法效能难以提升。

3. 知识产权司法改革配套措施有待及时跟进

一是知识产权案件上诉审理机制需进一步完善配套措施。在国家层面建立知识产权案件上诉审理机制后，最高人民法院知识产权法庭除了继续承担之前的审判任务外，还要新增统一审理全国范围内专业技术性较强的专利等民事、行政上诉案件，这部分案件的大幅涌入，势必会造成知识产权法庭案件数量的大幅增长。而目前国家投入知识产权上诉审理程序的司法资源还处于建设和发展阶段，可以预见，最高人民法院知识产权法庭的工作将要面临巨大挑战。为了有效地化解这种压力，提升知识产权上诉审程序的案件处理能力，需要充分利用多元解纷机制便捷、灵活、高效、经济的特点，实现对诉讼案件的有效分流。

二是知识产权侵权惩罚性赔偿制度有待进一步健全。惩罚性赔偿制度具有惩罚恶意侵权人、威慑并预防类似侵害事件的再次发生、鼓励权利人积极主张权利等重要功能，《专利法修正案（草案）》加快建立侵权惩罚性赔偿制度意义重大。但是，目前著作权领域的惩罚性赔偿制度还处于缺位状态，且落实惩罚性赔偿制度的一系列配套措施尚需建立。例如，我国2013年8月30日修正的《商标法》已经规定了惩罚性赔偿条款，但在实践中，权利人的惩罚性赔偿请求面临难以得到法院支持的困境，据不完全统计，在商标侵权案件中，商标权人主张惩罚性赔偿的案例不多，而适用惩罚性赔偿的判决更少。该条款似乎更多处于“应然”状态，而很少转变为“实然”状态。

三是知识产权专业审判机制有待进一步协调。就目前而言，我国现在已形成新型的“3+19”（3家知识产权法院、19家专门知识产权法庭）的知识产权审判格局，但除了专门知识产权法院、专门知识产权法庭外，大部分地区的知识产权案件的审判工作仍由民事审判庭负责，不同层级法院的审判人员在知识能力、审理水平、司法理念和具体操作规则上有所不同。此外，专门的知识产权法院在审判模式和管辖权方面存在一定的差异。例如，北京知识产权法院目前审理北京地区的知识产权案件，北京地区以外的案件还是由地方法院负责管辖；广州知识产权法院则可跨区域管辖，对广东省内的部分案件享有一审管辖权，对广东省内基层法院的部分上诉案件，享有二审管辖权；上海知识产权法院与上海市第三中级人民法院等合署办公。[1] 各地法庭专门法庭在管辖层级配置上也面临一些不合理之处：我国目前知识产权民事审判以中级人民法院（包括其知识产权法庭）和少数实力较强的基层人民法院为一审法院，而知识产权刑事审判却基本上以基层人民法院为一审法院，其层级配置具有不合理性，成为“三合一”机制的实施阻碍。

4. 知识产权社会共治体系有待进一步健全

一是知识产权信用监管机制尚未完全落地。尽管国家知识产权局于2018 年 11 月会同国家发展改革委等 37 个部门单位联合印发了《关于对知识产权（专利）领域严重失信主体开展联合惩戒的合作备忘录》，将对知识产权（专利）领域严重失信行为的主体实施者开展联合惩戒，但是该机制在地方层面还有待进一步落实，相关部门之间的信用监管信息还缺乏有效互通，信用监管的宣传力度也有待加强。

二是知识产权多元解纷体系还不健全。在知识产权多元解纷机制中，除了行政、司法外，还有仲裁调解、行业自律等化解知识产权纠纷的方式，这些纠纷解决方式并非简单的并列，而是有机地互补与互动。我国当前并没有专门的知识产权调解与仲裁规则，达成仲裁或调解后的司法确认与执行受限。在知识产权调解工作中，行政调解混同行政管理，职能界分不清，行政机关参与纠纷解决的积极性不高；人民调解依赖政府主导，社会自治欠缺；律师调解功能有待彰显，调解律师的职业素质、专业能力、工作资质管理制度，还有待建立和完善；司法确认适用条件过严，对接渠道不畅。当前的“司法确认机制”还只能严格地适用于“人民调解”之中。法律依据缺失和调解协议效力不明成为导致“泛人民调解化”的重要根源。知识产权多元解纷机制还有进一步完善的空间。

5. 支撑对外开放的知识产权政策体系有待完善

充分发挥知识产权在扩大对外开放中的积极作用，是新国际形势下我国知识产权法治建设的新要求。目前，我国在知识产权保护的国际规则方面尚处于被动接受地位，国际贸易规则制定过程中的缺位使我国企业在国际贸易中时常遭受不公平待遇。此外，我国并没有建立起国际贸易领域有效的维权机制。未来，随着我国扩大开放政策的推进，将会有更多的高新

---

① 马治国：《新时代如何更好完善中国知识产权保护体系》，载《人民论坛·学术前沿》2018年第 17 期。

科技产业和技术走向世界，在国际贸易过程中也将会面对更多知识产权方面的国际贸易纠纷，只有构建良好的知识产权保护体系并加强对知识产权的保护，才能有效应对国际贸易过程中产生的各种摩擦。[①]

（二）知识产权法实施的完善与展望

知识产权制度保护的不仅是私益，还涉及产业利益和国家利益；一国的知识产权法已不再是一国之内务，而必须考虑其在国际上可能产生的影响。中美贸易摩擦不单是保护主义与自由贸易之间的较量，更是发达国家与发展中国家利益冲突的影射。在经济全球化的背景下，发达国家意图通过知识产权控制国际市场和秩序，通过知识产权效力的域外扩张获得最大的利益。中国知识产权制度固然要与“国际接轨”，但是，“中国品格”才是必然选择。[②] 2019 年是中华人民共和国成立 70 周年，是改革开放的新起点，也是知识产权机构改革后的开局之年。我国应该在中美贸易战博弈中吸取经验，深入贯彻习近平新时代中国特色社会主义思想和党的十九大精神，在立法、司法、行政执法等各方面进一步加大对知识产权的保护力度，完善知识产权保护体系，为中国经济的高质量发展提供良好的营商和发展环境。

1. 加快知识产权立法，推动法律法规的整合和衔接

一是要加快组织研究制定知识产权基础性法律。知识产权领域需要制定基础性法律的呼声越来越高。但是按照民法典编纂的工作思路，目前“知识产权”在民法典中独立成编的困难较大。在当前背景下，如果知识产权统一立法再拘泥于民法典的体例设计，恐难以取得实质性进展。因而，在吸纳民法基本精神和原则的前提下，考虑在民法典编纂的轨迹之外，单独制定知识产权领域的基本法，以统领知识产权法体系，实现知识产权法律价值的统一，或者能够成为破解这一尴尬局面的变通之举。结合我国知识产权立法现状和实践需求，笔者认为，我国知识产权基本法的性质应该定位为一部以“私法为主，公法为辅”的混合法。私法规范调整平等主体间在知识财产的创造、保护和应用方面形成的横向知识产权法律关系，明确知识产权法的基本宗旨和原则、知识产权的基本定义、权利限制、侵权

---

① 马治国：《新时代如何更好完善中国知识产权保护体系》，载《人民论坛·学术前沿》2018 年第 17 期。

② 何炼红：《美国专利保护的域外扩张及我国的因应之策》，载《人民论坛·学术前沿》2018 年第 19 期。

责任与救济等一般性规则。公法规范的目标在于将知识产权公共政策予以制度化、法律化，调整国家促进知识财产的创造、保护和应用而形成的纵向知识产权法律关系。通过建立知识产权综合管理体制和知识产权战略实施体制，统筹推行中央知识产权政策，并明确各级政府实施知识产权战略的职能和责任。

二是推动知识产权地方综合性立法的出台。随着知识产权综合管理改革的深化和知识产权国家机构改革的完成，知识产权地方立法也需要进一步健全和完善。一方面，要积极推动省级层面知识产权地方立法从单一领域向综合性立法转变，范围应涵盖专利、商标、版权、商业秘密等知识产权领域，内容涉及该区域内知识产权保护工作机制、行政执法、公共服务、行业规范、信用监管等方面的推进措施。另一方面，针对当前设区的市没有知识产权立法权限的问题，笔者建议通过立法解释进一步明晰设区的市立法权行使边界，确立设区的市知识产权立法的批准制度、备案制度与监督制度，通过完善知识产权地方立法为区域经济的创新发展保驾护航。

三是推进新业态新领域的知识产权立法。要加强互联网、电子商务、大数据等新业态新领域的知识产权保护规则研究，加快推进相关立法，促进创新创造者、传播者和使用者之间的利益平衡。各地方知识产权管理部门应当根据本地区的实践，深入调研新业态新领域创新的特点和需求，积极推进制度创新，探索针对此类创新成果的保护新模式，特别是通过技术手段加强知识产权保护的模式。

2. 加强知识产权行政保护工作机制协调，推动执法效能提升

一是协调知识产权行政执法机制。职能重组后国家知识产权局与市场监管综合执法队伍之间，涉及专利执法与商标执法问题需进一步协调条和衔接。目前分散于国家质检总局、海关总署、公安部等部门，与知识产权保护相关的执法权限、执法标准需进一步整合。要加强知识产权综合执法，强化执法队伍建设，加大力度查处有重大影响的知识产权侵权假冒行为，完善执法协作、侵权判定咨询与纠纷快速调解机制，构建高效便捷、综合可及的知识产权保护体系，依法加强涉及知识产权的市场监督管理。

二是加强执法智能化建设，提升知识产权执法效能。知识产权行政执法部门要充分运用新技术、新手段，推动执法要素的网络化共享、集约化整合、协作化开发和高效化利用，改变了传统的执法方式和执法机制。其一，要大力推动知识产权行政执法部门数据共享。明确各地各部门数据共

享的范围边界和使用方式，厘清各地各部门数据管理及共享的义务和权利，建立统一的共享交换平台。其二，要稳步推动公共信息资源开放。在依法加强安全保障和隐私保护的前提下，推动建立相关部门信息资源清单，制订公共机构知识产权信息数据开放计划，推进公共机构数据信息资源统一汇聚和集中向社会开放，促进政府治理能力现代化。

3. 完善配套机制，确保知识产权司法改革顺利推进

一是探索设置知识产权上诉案件审前强制调解程序。知识产权上诉案件审前强制调解程序，是指知识产权上诉案件在进入法庭正式审理前，对经法院裁量认为适合进行调解的案件启动强制调解程序，使调解的功能优势得以最大发挥。知识产权上诉案件审前强制调解程序在国际上早有先例，并且在美国联邦巡回上诉法院取得了良好的运行效果，我国新《民事诉讼法》第122条也为法院开展“先行调解”提供了一定的立法基础。建议借鉴美国联邦巡回上诉法院的经验，结合我国实际，在技术类知识产权上诉案件审前程序中有效应用强制调解这一新型纠纷解决机制，以缓解上诉案件将面临的审判压力并提高纠纷解决效率。

二是健全知识产权侵权惩罚性赔偿制度。为了全面加强知识产权保护，除了商标和专利领域外，还要推动著作权等其他知识产权领域尽快建立侵权惩罚性赔偿制度。与此同时，为了确保我国知识产权侵权惩罚性赔偿制度能真正落地，还需要一系列的配套规定或措施予以跟进。为了统一司法裁判，相关司法解释亟待出台，明确惩罚性赔偿制度中“恶意”和“情节严重”等词语的具体含义及适用范围，实现与立法条款的衔接与统一。司法机关通过发布一定的指导性案例指导来引导裁判也具有重要的现实意义。

三是优化知识产权案件的审判层级管辖。首先，要加快推动知识产权法院、专门知识产权法庭建设，完善人员和设施配备。其次，要推动专门的知识产权法院在审判模式和管辖权方面的统一。最后，可以以推进“三合一”改革为契机，实行集中管辖。即如果中级人民法院辖区内知识产权案件较多，最高人民法院可指定其辖区内一个或数个基层法院管辖知识产权案件。如果中级人民法院辖区内案件较少，最高人民法院可在相邻的数个中级人民法院管辖范围内指定一个基层人民法院管辖知识产权案件。

4. 健全信用监管及多元解纷机制，推进多元共治的社会治理体系建设

一是要推动知识产权信用监管机制全面落地。要督促各地方尽快落实《关于对知识产权（专利）领域严重失信主体开展联合惩戒的合作备忘录》

中的要求，加强相关部门之间的信息互通，加大对知识产权信用监管机制的宣传力度，加快对知识产权领域严重失信行为的主体实施者开展联合惩戒。

二是要健全知识产权多元解纷体系。首先，要加大全国范围的知识产权纠纷诉调对接机制的推广，打造具有较高社会公信力的知识产权纠纷多元化解平台，吸收行业性、专业性知识产权纠纷人民调解员，形成诉前调解协作、调解协议司法确认、知识产权技术调查官与智库专家资源共享的机制。其次，要发挥知识产权仲裁高效便捷的优势，继续加强知识产权仲裁机构的能力建设与专业化水平提升。积极构建以司法保护为核心、行政保护和行业保护为辅助、仲裁调解和司法援助为延伸的协同保护机制。最后，要促进各类调解机制的完善和衔接。完善律师调解机制，促进调解工作的职业化。完善公证参与多元解纷的衔接机制，完善公证参与机制，充分发挥公证预防纠纷，辅助司法，助推多元的积极作用。强化人民调解的自治性建设，强调公众的自主参与。同时发展行业调解、商事调解等，形成各类自治性调解组织与行政调解、法院特邀调解共同发展。

5. 积极承担大国责任，推动实质正义的国际知识产权秩序再形成

进入21世纪以来，国际政治、经济环境发生了巨大变化，技术创新进入加速发展阶段。为追求知识产权利益最大化，美国一直在主导并不断追逐有效的知识产权国际话语权。为支持其政策选择，美国交互采取单边、双边和多边贸易措施，包括“特别301”、自由贸易协议和WTO的争端解决机制，意图在于把不断提高的国内知识产权保护实质地延伸至全球领域。因此，我国的知识产权国际保护应始终置于TRIPs、WIPO以及自由贸易区协定（FTA）和美国的单边主义背景下综合考虑。国际知识产权制度从来都不是价值中立的，它服务于推动规则制定的国家。① 随着经济的发展，我国成为世界第二大经济体，是名副其实的大国。在当今全球知识产权秩序面临重大变革之机，我们要承担起大国责任，秉持发展中国家的利益立场，积极参与乃至主导全球知识产权规则的制定和完善，推动符合实质正义的国际知识产权体系再形成，为创新型国家营造良好的国际知识产权环境②。

---

① 朱继胜：《“南南联合”构建新型“TRIPs－plus”规则研究——以中国—东盟自由贸易区为例》，载《环球法律评论》2016年第6期。

② 董涛：《论知识产权法制制度之当代使命》，载《知识产权》2015年第5期。

撰稿专家

何炼红，法学博士，中南大学法学院副院长，教授、博士研究生导师；湖南省知识产权研究院、中南大学知识产权研究院执行副院长。美国范德堡大学高级研究学者。先后入选教育部新世纪优秀人才，教育部全国万名优秀创新创业导师人才，全国首批知识产权领军人才，国家知识产权专家库首批专家，国家知识产权局第三批百名高层次知识产权人才等。曾在《法学研究》《中国法学》《法律科学》《法商研究》《现代法学》《法学评论》等重要期刊发表本专业领域的学术论文60余篇。先后主持承担国家社科规划办、教育部、国家知识产权局、司法部、最高人民法院、中国法学会等部门的知识产权研究课题40余项。研究成果获第八届全国知识产权（专利）优秀调研报告暨优秀软科学研究成果二等奖，第十二届湖南省社会科学成果奖二等奖。

第三章　2018 年行政法实施报告

胡建淼　骆梅英

报告要旨

2018 年是全面贯彻党的十九大精神的开局之年，是改革开放40 周年，是实施“十三五”规划、《法治政府建设实施纲要(2015－2020 年)》承上启下的关键一年。在行政立法方面，围绕宪法修订、国家监察体制改革以及深化党和国家机构改革、政府职能转变和“放管服”改革、重要领域改革试点经验推广等中心，行政性法律的立改废工作紧密呼应改革实践。在行政组织法方面，为贯彻落实党的十九大关于深化机构改革的决策部署，中共中央印发了《深化党和国家机构改革方案》。本轮机构改革统筹党政军群，是国家治理体系与治理能力现代化的一场深刻变革，同时也为行政组织法以及行政法基本理论的革新带来了新的课题和挑战。最后，在行政职权行使和法治政府建设方面，我国政府继续大力推进“简政放权、放管结合、优化服务”，全面推进“一网、一门、一次”改革，加快建设数字政府，助推智慧监管，优化新型信用监管工具，不断向人民满意的服务型政府迈进。

核心建议

1. 全面推行行政规范性文件合法性审核机制，从源头上防止违法文件出台、促进行政机关严格规范公正文明执法，保障公民、法人和其他组织的合法权益。

2. 研究深化党和国家机构改革给我国行政法基本理论带来的新课题，对于党政合并设立、归口管理、合署办公等机构设置模式，在行政主体的识别及其权限界定、涉及行政相对人时相关行政法律关系的认定、以及复议、诉讼等救济制度上的衔接程序设计等方面，需要在行政法上进一步细化分类研究。

3. 持续深化“放管服”改革，以法治化营商环境为中心，理顺政府与市场关系，全面提升行政效能；加快推进数字政府建设，在全球竞争背景下抓住大数据时代政府智慧化转型的机遇，推进国家治理体系与治理能力现代化。

4. 信用监管工具的广泛运用已经成为行政法上一种新兴现象，针对实践中信用监管存在的设定依据层级较低、程序不完备、对相对人权利限制与制度目标之间不成比例等问题，应当进一步加强行政法的原则以及实体和程序规范对其的约束。

5. 加快《行政复议法》修法进程，明确复议的功能定位、范围、体制机制、程序以及复议与诉讼、信访制度的关系，继续强化行政复议体制改革，不断增强复议的独立性、专业性，发挥复议解决纠纷主渠道作用。

2018 年是改革开放 40 周年，是全面贯彻党的十九大精神的开局之年。党的十九届二中全会审议通过了《中共中央关于修改宪法部分内容的建议》，党的十九届三中全会审议通过了《中共中央关于深化党和国家机构改革的决定》和《深化党和国家机构改革方案》。新的历史条件下，第五次宪法修改和新一轮机构改革，对建设中国特色社会主义法治体系具有重大而深远的影响，必将载入我国法治发展的史册，同时也必然带来行政法治和公法学基本理论的重要调整乃至重新构建。2018 年也是实施“十三五”规划、《法治政府建设实施纲要（2015－2020 年）》承上启下的关键一年，推动高质量发展、全面提高政府效能、建设人民满意的服务型政府成为当前和今后一个时期法治政府建设的主基调和总态势。

首先，在行政立法方面，围绕宪法修正、国家监察体制改革以及深化党和国家机构改革、“放管服”改革、重要领域改革试点经验推广等中心，衔接改革决策、呼应改革诉求成为当下行政性立法一以贯之的主题。

其次，在行政组织法方面，新一轮党和国家机构改革，是国家各行为主体之间相互关联的体制变动，是党的权力与立法权、行政权、司法权等权力之间的优化配备与重新调整，对于我国行政法体系的发展将产生根本的、长远的影响。

再次，在行政职权行使和法治政府建设方面，我国政府继续大力推进“简政放权、放管结合、优化服务”，2018 年以“优化营商环境，推动高质量发展”为中心，推进政务服务“一网”“一门”“一站”改革，全面提升政务服务效能。同时，“数字中国”“网络强国”战略下，我国数字政府建设驶入快车道，体现了互联网 + 政务服务的深度发展，将有效提升政府监管的智慧化，是推进治理体系和治理能力现代化的必由之路。

最后，作为法治国家、法治政府、法治社会一体化建设的基础性制度，我国社会信用体系建设不断推进，优化新型信用监管机制成为转变政府职能、建设人民满意的服务型政府的重要一环。

一、行政立法：以良法促进发展、保障善治

2018 年全国人大及其常委会制定法律 9 部，修订法律 48 部；[①] 国务院

---

① 参见中国人大网，http：//www. npc. gov. cn/npc/xinwen/node_ 12488. htm，最后访问日期：2019 年 1 月 29 日。制定的法律分别是：《监察法》《人民陪审员法》《英雄烈士保护法》《电子商务法》《土壤污染防治法》《国际刑事司法协助法》《耕地占用税法》《车辆购置税法》《消防救援衔条例》；修订的法律分别是：《宪法》《国境卫生检疫法》《进出口商品检验法》《国防教育法》《精神卫生法》《反恐怖主义法》《国家情报法》《个人所得税法》《刑事诉讼法》《人民法院组织法》《人民检察院组织法》《公司法》《野生动物保护法》《计量法》《大气污染防治法》《残疾人保障法》《妇女权益保障法》《广告法》《节约能源法》《防沙治沙法》《农业机械化促进法》《农产品质量安全法》《循环经济促进法》《旅游法》《环境保护税法》《公共图书馆法》《船舶吨税法》《农村土地承包法》《公务员法》《村民委员会组织法》《城市居民委员会组织法》《产品质量法》《义务教育法》《进出口商品检验法》《预算法》《食品安全法》《电力法》《高等教育法》《港口法》《企业所得税法》《劳动法》《老年人权益保障法》《环境噪声污染防治法》《环境影响评价法》《民办教育促进法》《民用航空法》《职业病防治法》《社会保险法》。

制定行政法规5部，修订行政法规32部，废止行政法规5部。[①] 2018年，制定机关共向全国人大常委会报送备案行政法规、地方性法规1220件，其中行政法规40件，省级地方性法规640件，设区的市地方性法规483件，自治条例和单行条例33件，经济特区法规24件。[②] 其中相对重要的行政性立法有：规范行政法规和规章制定程序的《行政法规制定程序条例》《规章制定程序条例》、适应新时代公务员管理体制需要的《公务员法》、开启行政区划管理法治化的《行政区划管理条例》、我国快递物流领域首部行业监管法规《快递暂行条例》以及涉及机构改革、政府职能转变和“放管服”改革、改革试点经验推广等的“一揽子”法律法规的修改。这些立法都是对当前我国经济、社会等领域重大改革的呼应。

另外，全面加强宪法实施监督，按照“有件必备、有备必审、有错必纠”的要求，全国人大和国务院不断加强法规规章备案审查和规范性文件合法性审核机制，有力维护了法制统一，促进行政机关严格规范公正文明执法。

（一）《行政法规制定程序条例》与《规章制定程序条例》修改

作为立法法的配套法规，《行政法规制定程序条例》和《规章制定程序条例》于2002年1月1日起施行至今已十五年，为我国规模庞大的行政法

---

① 参见中国政府法制信息网，http：//www.chinalaw.gov.cn/government_public/node_593.html，最后访问日期：2019年1月29日。制定的行政法规分别是：《快递暂行条例》《人力资源市场暂行条例》《医疗纠纷预防和处理条例》《行政区划管理条例》《消防救援衔标志式样和佩带办法》；修订的行政法规分别是：《奥林匹克标志保护条例》《全国经济普查条例》《专利代理条例》《个人所得税法实施条例》《计量法实施细则》《河道管理条例》《防治海岸工程建设项目污染损害海洋环境管理条例》《水库大坝安全管理条例》《城市供水条例》《城市房地产开发经营管理条例》《森林法实施条例》《人民币管理条例》《物业管理条例》《知识产权海关保护条例》《病原微生物实验室生物安全管理条例》《濒危野生动植物进出口管理条例》《防治海洋工程建设项目污染损害海洋环境管理条例》《土地调查条例》《防治船舶污染海洋环境管理条例》《消耗臭氧层物质管理条例》《海关事务担保条例》《招标投标法实施条例》《卫星地面接收设施接收外国卫星传送电视节目管理办法》《卫星电视广播地面接收设施管理规定》《有线电视管理暂行办法》《中药品种保护条例》《反兴奋剂条例》《易制毒化学品管理条例》《国务院关于经营者集中申报标准的规定》《外国企业常驻代表机构登记管理条例》《戒毒条例》《残疾预防和残疾人康复条例》；废止的行政法规分别是：《劳动教养试行办法》（1982年1月21日国务院批准）、《私营企业暂行条例》（1988年6月25日国务院发布）、《水污染防治法实施细则》（2000年3月20日国务院发布）、《地质勘查资质管理条例》（2008年3月3日国务院公布）、《种畜禽管理条例》（1994年4月15日国务院发布）。

② 参见《全国人民代表大会常务委员会法制工作委员会关于2018年备案审查工作情况的报告》，http：//www.npc.gov.cn/npc/xinwen/2018-12/29/content_2068147.htm，最后访问日期：2019年2月1日。

规和规章的立法提供了基本规范，可以称为是“小立法法”。落实2015年《立法法》修改的内容，总结两部条例施行以来政府立法工作的实践经验，解决立法实践中存在的突出问题，是此次条例修改的目的所在。[①] 新修改的《行政法规制定程序条例》与《规章制定程序条例》，自2018年5月1日起施行。

此次修改，一是把党的领导贯彻落实到政府立法工作的全过程和各方面。包括：制定行政法规、规章，应当贯彻落实党的路线方针政策和决策部署；制定政治方面法律的配套行政法规和规章，应当按照有关规定及时报告党中央或者同级党委（党组）；制定经济、文化、社会、生态文明等方面重大体制和重大政策调整的重要行政法规和规章，应当将草案或者草案涉及的重大问题按照有关规定及时报告党中央或者同级党委（党组）等。二是进一步贯彻落实民主立法、科学立法的原则。主要表现在：确立了公开征求意见制度，规定行政法规、规章起草时应当将草案及其说明等向社会公布征求意见，审查时可以将送审稿或者修改稿及其说明等向社会公布征求意见，向社会公布征求意见的期限一般不少于30日；建立了立法后评估制度，起草部门、法制机构可以组织对行政法规、规章或者其中的有关规定进行立法后评估；完善了立法项目征集和论证制度，确立了重大利益调整论证咨询制度；细化了立法法的有关规定，强化了法制机构的审查职责，重申没有上位法依据，规章不得设定减损公民、法人和其他组织权利或者增加其义务的规范。

（二）法规规章备案审查

值得指出的是，为加强法制统一，防止法规、规章违反上位法，新一届全国人大和地方各级人大全面加强了法规规章备案审查工作。据不完全统计，截至2018年11月底，制定机关共向全国人大常委会报送备案现行有效行政法规、地方性法规、司法解释12397件，其中行政法规755件，省级地方性法规6083件，设区的市地方性法规3519件，自治条例和单行条例

---

① 地方层面的修法也在进行之中，自2015年《立法法》修改以来，各“设区的市”人民政府纷纷制定或修改《政府规章制定程序规定》，进一步完善立法程序，防止“部门利益规章化”。参见胡建森、骆梅英：《2016年行政法实施报告》，载《中国法治实施报告（2017）》，人民法院出版社2018年版。

995 件，经济特区法规 335 件，司法解释 710 件。①

2017 年 12 月，全国人民代表大会常务委员会法制工作委员会向全国人民代表大会常务委员会提交法规备案审查报告，并集中公布了全国人大备案审查中推动相关部门纠正“带病文件”的十大案例，这在新中国的历史上还是第一次。它标志了中国人大备案审查工作将进入常态化，并为“合先性审查”奠定基础。② 2018 年 2 月，为推进政府规章备案审查工作，全国人大法工委在北京、天津、上海、重庆四个直辖市和深圳、珠海、汕头、厦门四个经济特区市开展试点，督促先行先试地区梳理全部现行有效的政府规章，并探索形成切实可行的备案工作机制。同时，按照党中央提出的“有件必备、有备必审、有错必纠”的要求，综合运用依职权审查（主动审查）、依申请审查、专项审查等方式，依法对行政法规、地方性法规、政府规章等规范性文件开展合宪性、合法性、适当性审查，例如，2018 年共对 22 件公民提起的审查建议书面反馈了研究情况和处理结果；再如，2018 年开展了对生态环境保护法规、规章、司法解释和规范性文件的专项清理工作，对不符合不衔接不适应法律规定、中央精神、时代要求的，及时进行废止或修改。③

（三）《公务员法》修改

公务员法的法治意义，在于将行政机关内部管理关系以法律形式外化展现，同时将行政法对行政主体的关注视野从外部拓展到内部。1993 年，《公务员管理暂行条例》颁布实施，首次以法律文本形式确立了我国的公务员制度。2006 年 1 月 1 日《公务员法》的施行，则表明公务员管理迈入法治化的新阶段。两部法律确立了我国公务员管理的基本制度，实施以来在推动公务员管理法治化、规范化、科学化方面发挥了积极作用，特别是设定了“凡进必考”的考录制度，极大优化了公务员队伍结构，提升了队伍

---

① 参见《全国人民代表大会常务委员会法制工作委员会关于 2018 年备案审查工作情况的报告》，载 http：//www. npc. gov. cn/npc/xinwen/2018 - 12/29/content_ 2068147. htm，最后访问日期：2019 年 2 月 1 日。

② 胡建淼：《“法规”本身必须“合法”——全国人大公布十大备案审查案例》，载《人民法治》2018 年第 17 期、第 18 期。

③ 参见《全国人民代表大会常务委员会法制工作委员会关于 2018 年备案审查工作情况的报告》，载 http：//www. npc. gov. cn/npc/xinwen/2018 - 12/29/content_ 2068147. htm，最后访问日期：2019 年 2 月 1 日。

整体能力素质。[①] 但是，随着中国特色社会主义进入新时代，党和国家事业发生历史性变革，对公务员的政治性、能力素质提出了更高要求，公务员法的一些规定也出现了一些与新形势、新要求不相适应之处，迫切需要修订完善。

2018 年 12 月 29 日，第十三届全国人民代表大会常务委员会第七次会议审议通过了《中华人民共和国公务员法（修订草案）》，将公务员管理的最新要求、改革实践的最新成果上升至国家法律，主要修改了以下五个方面：一是突出了政治要求。把习近平新时代中国特色社会主义思想作为公务员制度必须长期坚持的指导思想。把坚持和加强党的领导、坚持中国特色社会主义制度等政治要求，体现在立法目的、管理原则、条件义务等规定之中，并把落实好干部标准贯穿公务员管理全过程。二是调整完善公务员职务、职级等有关规定。主要内容包括：确立了公务员职务与职级并行、职级与待遇挂钩制度，对公务员进行分类管理；改造非领导职务为职级，并设定了综合管理类公务员的 12 个职级序列，与原来的非领导职务相比增加了 4 个层级；预留了专业技术类、行政执法类公务员职级设置的制度接口。上述调整，拓宽了公务员尤其是基层公务员职业发展的空间。三是调整充实从严管理干部有关规定。将第九章章名“惩戒”调整为“监督与惩戒”，增加了两条监督方面的规定，规定行政机关应当加强对公务员政治思想等方面的日常管理监督，严格落实请示报告工作、报告个人有关事项等制度；在遵守政治纪律和政治规矩方面，以及针对个别公务员存在“为官不为”、网络行为失范等问题，有针对性地增加了纪律约束；修改完善了任职回避、地域回避、责令辞职、离职后从业限制等规定，提升了重点监督措施的实施力度。四是贯彻落实党中央关于加强正向激励的要求，健全完善公务员激励保障机制，加强了加班补休补助、社会保险等方面的合法权益的保护。五是根据公务员管理实践需要，对分类考录、分类考核、分类培训等进一步作出明确规定，修改了考核方式、公开遴选、弱化竞争性选拔方式等方面的规定，建立了宪法宣誓制度。

（四）《行政区划管理条例》颁布

行政区划关系着国家政权在区域上的划分，在推进国家治理体系和治理能力现代化中具有重要作用，优化行政区划管理，是全面深化改革的重

---

① 应松年主编：《公务员法》，法律出版社 2010 年版，第 48 页。

要任务之一。[1] 2017年11月22日，国务院公布《行政区划管理条例》（以下简称《条例》），自2019年1月1日起施行。《条例》的施行，意味着我国由行政区划管理无法可依到有法可依，由行政命令主导行政区划管理到法律法规主导行政区划管理的重大转变。

《条例》共27条，对行政区划管理原则、程序、制度、责任进行了规定。一是明确了行政区划管理的基本原则和方针。《条例》规定，行政区划管理工作，应当加强党的领导，加强顶层规划，同时规定，行政区划应当保持总体稳定。行政区划的变更，应当本着有利于社会主义现代化建设、有利于推进国家治理体系和治理能力现代化，有利于行政管理、有利于民族团结、有利于巩固国防五项原则。要坚持与国家发展战略和经济社会发展水平相适应，注重城乡统筹和区域协调，推进城乡发展一体化，促进人与自然和谐发展四项方针。二是确立了行政区划的事前、事中、事后全流程管理机制。包括设置的条件与标准等事前管理，变更的申报、审核、审批包括征求公众意见等事中管理，实施备案、监督检查、信息公开等事后管理。"郡县治，天下安"，在我国城镇化发展进程中，"撤县设区""撤县改市"是以人为中心的新型城镇化战略的方向，同时也是关系地方稳定和发展的焦点问题。[2] 为解决实践中存在的一些薄弱，优化行政区划变更管理，《条例》规定，申请变更行政区划必须提交与行政区划变更有关的历史、地理、民族、经济、人口、资源环境、行政区域面积和隶属关系的基本情况，以及风险评估报告、专家论证报告、征求社会公众等意见情况等方面的内容，将区域统筹、风险评估、专家论证、公众参与等现代行政程序制度引入行政区划的变更管理，增强了管理的法治化、科学化。三是强化了行政区划管理责任，《条例》对未及时完成行政区划变更、备案、信息报送，以及擅自变更行政区划、变更行政区划弄虚作假等行为，规定了相应的法律责任。

---

① 王茜、罗争光：《为新时代社会建设"画好棋盘"——民政部、司法部相关负责人详解〈行政区划管理条例〉》，载 http：//www. gov. cn/zhengce/2018 - 11/02/content_ 5336715. htm，最后访问日期：2019年2月1日。

② 参见《北京等多城市陆续撤县设区　中国或进入无县时代》，载 http：//news. sina. com. cn/c/sz/2015 - 11 - 20/doc - ifxkwuwy6997827. shtml，最后访问日期：2019年2月2日；刘俊：《撤县设区？长兴不高兴》，载《南方周末》2015年5月16日；高燕军：《2017年，撤县设市又一轮》，载 https：//www. guancha. cn/kengqiangxia/2017_ 04_ 18_ 404103. shtml，最后访问日期：2019年2月2日。

（五）《快递暂行条例》颁布

2009 年《邮政法》施行后，民营快递企业的法律地位得以确立，迎来了我国快递物流业的蓬勃发展期。2018 年，我国快递业务量完成 505 亿件，每年新增就业 20 万人，年均增长达到 42%，快递业已成为我国现代服务业的重要组成部分。[①] 为进一步规范快递业监管，促进物流市场法治化，2018 年 3 月 27 日，国务院公布《快递暂行条例》，自 2018 年 5 月 1 日起施行。该条例共 8 章 48 条，对经营、使用、监督、管理快递业务作出了具体规定，是我国第一部规范快递物流行业的行政法规，在完善快递管理体制、建构全球物流体系等方面均有许多突破和创新，对进一步丰富和发展部门行政法领域的行业监管模式、深化政府职能转变具有重要意义。

一是坚持包容审慎监管。回应当前制约快递业发展的突出问题，以包容审慎监管为原则，一方面，为共性问题的解决提供有力举措，要求将快递相关基础设施用地纳入地方城乡规划和土地利用总体规划，破解用地难；要求保障快递服务车辆通行和临时停靠权利，破解上路难；要求企事业单位、住宅小区管理单位为快递服务提供必要的便利，破解上门难。另一方面，条例注重在提高人防、技防、物防的基础上，优化、实化、细化快件收寄验视、实名收寄、过机安检制度，增加数据安全管理制度，强化安全生产制度。二是构建适应现代物流业发展的管理体制机制。《快递暂行条例》规定国务院邮政管理部门和省、自治区、直辖市的邮政管理机构等管理部门进行配合，建立快递安全管理机制，注重对物流行业的全流程信息监管。同时，规定地方政府应当创造良好的快递营商环境，支持快递业务的企业创新商业模式和服务方式，营造良好的商业氛围，充分发挥行业协会作用，减少地方保护和行政垄断。三是将"放管服"改革的要求贯穿快递业监管的全过程。《快递暂行条例》按照"放管服"改革的要求，减少了政府对快递业的直接干预，对快递运输、快递网点安排、快递企业办理进出境快递手续等方面提供必要便利，简化了末端网点开办手续，建立健全协同共治管理模式，同时强调建立以信用为核心的市场监管体制并规范了事中事后的监管行为，规定县级及以上管理部门同时加强快递业诚信体系建设，健全行业信用记录、信息公开、信用评价制度，提升行业信用水平。

---

① 李心萍：《2018 年快递业务量完成 505 亿件　同比增长 25.8%》，载《人民日报》2019 年 1 月 4 日。

（六）行政规范性文件合法性审核

行政规范性文件，学理上称“行政规定”，实定法上为“规章以下的规范性文件”，俗称“红头文件”，是指各级人民政府及其工作部门依据法律、法规、规章或者上级行政机关的有关规定，基于其行政职权的范围，针对不特定的行政相对人做出的，并可反复使用的行政规则。[①] 行政规范性文件种类繁多，包罗万象，涵盖行政管理的各个领域，是行政机关开展执法等活动的重要依据，直接关系公民的权利义务。《法治政府建设实施纲要(2015-2020年)》对加强规范性文件监督管理、建立行政法规、规章和规范性文件清理长效机制提出了明确要求。在前期试点基础上，[②] 2018年5月，国务院办公厅印发了《关于加强行政规范性文件制定和监督管理工作的通知》，2018年12月4日，国务院印发了《关于全面推行行政规范性文件合法性审查机制的指导意见》，第一次从国家层面对行政规范性文件合法性审核机制的主体、范围、程序、职责、责任等做出全面系统的规定，对于加快建设法治政府、提高政府的治理能力具有基础性意义。

一是明确审核范围。凡涉及公民、法人和其他组织权利义务的规范性文件，均要纳入合法性审核范围，确保实现全覆盖，做到应审必审。而例外的情形则限于行政机关内部执行的管理规范、工作制度、机构编制、会议纪要、工作方案、请示报告及表彰奖惩、人事任免等文件。二是规范审核程序。各级人民政府及其部门要明确具体承担规范性文件合法性审核工作的部门或者机构，明确起草单位、制定机关办公机构及审核机构的职责权限。除突发事件等例外情况外，合法性审核时间一般不少于5个工作日，最长不超过15个工作日。同时，为充分发挥社会力量和信息技术的重要作用，《关于全面推行行政规范性文件合法性审查机制的指导意见》从完善审核工作方式，发挥审核信息管理平台作用两个方面对创新审核方式、发挥政府法律顾问、公职律师和有关专家的利用，利用大数据技术和资源等方面的内容作了规定。三是细化审核职责。审核机构要认真履行审核职责，严格审核以下内容：制定主体是否合法；是否超越制定机关法定职权；内容是否符合宪法、法律、法规、规章和国家政策规定；是否违法设立行政

① 胡建淼：《行政法学（第四版）》，法律出版社2015年版，第205页。

② 2015年11月，根据中央深改办的任务分工，原国务院法制办印发了《完善规范性文件合法性审查机制的试点工作方案》，按照试点方案选择了17个部门和地方进行试点，为在全国全面推开这项制度奠定了坚实的基础。

许可、行政处罚、行政强制、行政征收、行政收费等事项；是否存在没有法律、法规依据作出减损公民、法人和其他组织合法权益或者增加其义务的情形；是否存在没有法律、法规依据作出增加本单位权力或者减少本单位法定职责的情形；是否违反规范性文件制定程序。审核机构要根据不同情形提出合法、不合法、应当予以修改的书面审核意见。起草单位未完全采纳合法性审核意见的，应当在提请制定机关审议时详细说明理由和依据。

二、行政组织法：深化党和国家机构改革

2018 年 2 月 28 日，党的十九届三中全会审议通过《中共中央关于深化党和国家机构改革的决定》，该决定指出，深化党和国家机构改革是推进国家治理体系和治理能力现代化的一场深刻变革。党和国家机构改革是国家各权力主体之间的体制性变动，本轮党和国家机构改革是改革开放以来规模最大、范围最广、利益调整最为深刻的一次机构改革，超越了以往的行政体制改革范畴，从国家治理的高度统筹党政军地各机构的改革，向传统的行政法学理论提出了一系列问题。如党政合署办公成为行政组织的一种新型模式，这对于行政组织理论、行政行为理论、行政监督理论都可能带来一定的挑战。①

（一）深化党和国家机构改革方案

对于机构改革的重要性，总书记曾指出：党和国家机构属于上层建筑，必须适应经济基础的要求。经济不断发展，社会不断进步，人民生活不断改善，上层建筑就要适应新的要求不断进行改革。这是人类社会发展的一条普遍规律。机构改革是一个过程，不会一蹴而就，也不会一劳永逸，需要不断进行调整。②

党的十九大报告指出，进一步深化机构和行政体制改革，特别是要“统筹考虑各类机构设置，科学配置党政部门及内设机构权力、明确职责”。此外，要“赋予省级及以下政府更多自主权。在省市县对职能相近的党政机关探索合并设立或合署办公”。党的十九届三中全会通过《中共中央关于深化党和国家机构改革的决定》和《深化党和国家机构改革方案》，对统筹推进党政军群机构改革作出了全面安排部署，提出改革的目标是构建系统

---

① 马怀德、孔祥稳：《中国行政法治四十年：成就、经验与展望》，载《法学》2018 年第 8 期。

② 2018 年 2 月 6 日，习近平在中共中央举行的党外人士座谈会和民主协商会上的讲话。

完备、科学规范、运行高效的党和国家机构职能体系，形成总揽全局、协调各方的党的领导体系，职责明确、依法行政的政府治理体系，中国特色、世界一流的武装力量体系，联系广泛、服务群众的群团工作体系，推动人大、政府、政协、监察机关、审判机关、检察机关、人民团体、企事业单位、社会组织等在党的统一领导下协调行动、增强合力，全面提高国家治理能力和治理水平。

2018年3月17日，十三届全国人大一次会议通过《国务院机构改革方案》。根据该方案，一是调整国务院组成部门：（1）组建自然资源部；不再保留国土资源部、国家海洋局、国家测绘地理信息局。（2）组建生态环境部；不再保留环境保护部。（3）组建农业农村部；不再保留农业部。（4）组建文化和旅游部；不再保留文化部、国家旅游局。（5）组建国家卫生健康委员会；不再保留国家卫生和计划生育委员会；不再设立国务院深化医药卫生体制改革领导小组办公室。（6）组建退役军人事务部。（7）组建应急管理部；不再保留国家安全生产监督管理总局。（8）重新组建科学技术部。（9）重新组建司法部；不再保留国务院法制办公室。（10）优化水利部职责；不再保留国务院三峡工程建设委员会及其办公室、国务院南水北调工程建设委员会及其办公室。（11）优化审计署职责；不再设立国有重点大型企业监事会。（12）监察部并入新组建的国家监察委员会；不再保留监察部、国家预防腐败局。二是调整国务院其他机构：（1）组建国家市场监督管理总局；不再保留国家工商行政管理总局、国家质量监督检验检疫总局、国家食品药品监督管理总局。（2）组建国家广播电视总局；不再保留国家新闻出版广电总局。（3）组建中国银行保险监督管理委员会；不再保留中国银行业监督管理委员会、中国保险监督管理委员会。（4）组建国家国际发展合作署。（5）组建国家医疗保障局。（6）组建国家粮食和物资储备局；不再保留国家粮食局。（7）组建国家移民管理局。（8）组建国家林业和草原局；不再保留国家林业局。（9）重新组建国家知识产权局。（10）调整全国社会保障基金理事会隶属关系。（11）改革国税地税征管体制。

改革后，国务院正部级机构减少8个，副部级机构减少7个，除国务院办公厅外，国务院设置组成部门26个。同时，按照中央部署，地方机构改革将在2019年3月底前基本完成。目前，多数地方已完成新机构挂牌，改革工作已进入尾声。在此轮地方机构改革中，除了对表中央的“规定动作”，颇受关注的是省市在此轮改革中的“自选动作”，即因地制宜设置的地方“特色机构”。[①] 例如，为推进跨区域协调合作，多个地方建立了高级别的协调机构，如在省级层面，广东组建省推进粤港澳大湾区建设领导小组、广西组建了自治区北部湾经济区规划建设管理办公室、重庆组建了中新示范项目管理局等。而在设区市一级层面，“特色机构”的“城市特征”更加突出。例如，成都共设置党政机构 55 个，其中“特色机构”就达到了 11 个，在副省级城市中做到最大化。这 11 个“特色机构”，从市委城乡社区发展治理委员会、市东部新城发展委员会办公室、市新经济发展委员会，到市公园城市建设管理局，涵盖了经济社会发展的方方面面。[②]

（二）新一轮党和国家机构改革的特点

2018 年党和国家机构改革，是我国改革开放以来为适应新时代国家治理体系构建的需要而进行的一次国家机构职能体系的全方位优化和重构。改革范围之广，力度之大，前所未有。

一是统筹党政关系，核心是完善和坚持党的全面领导。改革开放以来，中国已进行了 7 次国务院政府机构改革，国务院组成部门已由 1982 年的 100 个削减为 2013 年的 26 个。与以往 7 次机构改革不同，本轮机构改革，不局限于国务院或者行政机构层面，而是涉及党、政府、人大、政协、司法、军队、事业单位、群团、社会组织等全方位各领域。[③] 党政军群统筹推进的核心是完善党的全面领导：包括建立健全党对重大工作的领导体制和机制，强化党的组织在同级组织中的领导地位，适度调整组织、宣传、统战、纪检等部门，合理设置党政机构，党的有关机构可以同职能相近、联系紧密的其他部门统筹设置，实行合并设立或合署办公。从改革来看，新时代的党政关系不是党政合一的回归，而是对改革开放以来党和国家领导制度改革经验的继承和发展中所建立起的一种既不同于以党代政，也不同于党政机构完全分离的党政统筹关系。[④]

---

① 叶燕、蓝婧：《新一轮地方机构改革近尾声　特色机构折射这些信号》，载新浪网，http：//news. sina. com. cn/c/2019－02－26/doc－ihsxncvf8061690. shtml，最后访问日期：2019 年 2 月 10 日。

② 叶燕、蓝婧：《新一轮地方机构改革近尾声　特色机构折射这些信号》，载新浪网，http：//news. sina. com. cn/c/2019－02－26/doc－ihsxncvf8061690. shtml，最后访问日期：2019 年 2 月 10 日。

③ 汪玉凯：《国家机构改革五大看点》，载 http：//www. qstheory. cn/wp/2018－03/14/c_1122537055. htm，最后访问日期：2019 年 2 月 12 日。

④ 金国坤：《党政机构统筹改革与行政法理论的发展》，载《行政法学研究》2018 年第 5 期。

二是优化政府与市场的关系，深入推进简政放权。例如，完善市场监管体制，坚持一类事项原则上由一个部门统筹、一件事情原则上由一个部门负责，加强部门联动配合，防止职能交叉重叠真空，促进整体政府建设，提高行政效能。[①] 例如，将国家工商行政管理总局、国家质量监督检验检疫总局、国家食品药品监督管理总局的职责，国家发改委的价格监督检查与反垄断执法职责，商务部的经营者集中反垄断执法以及国务院反垄断委员会办公室、国家知识产权局、国家标准委等职责整合，组建新的市场监管总局，形成大市场监管格局。[②] 再如，合理配置宏观部门职能，削减发改委的微观事项管理职能，强化其规划战略职能，更好地发挥市场作用，服务经济高质量发展。在地方层面，通过机构改革巩固“放管服”改革成果，优化营商环境，也成为本轮改革的显著特点，如浙江省设立“最多跑一次”改革办公室，与省委全面深化改革委员会办公室合署；山西新组建了我国首个省行政审批服务管理局，首次在省级层面“一枚图章”管审批；辽宁省、黑龙江省也分别组建省营商环境建设局、省营商环境建设监督局，矛头直指行政体制中的“短板”和突出问题，纵深推进简政放权和转变政府职能。

三是理顺中央和地方的关系，赋予地方更多自主权。处理好中央与地方关系是党和国家机构改革的重要内容。2018 年 5 月，中央全面深化改革委员会第二次会议审议通过了《关于地方机构改革有关问题的指导意见》，提出赋予省级及以下机构更多自主权，允许地方因地制宜设置机构和配置职能。例如，北京市专门设立了人才工作局；山东省为打造海洋高质量发展战略要地，设置了省海洋发展委员会；等等。再如，顺应互联网发展趋势和智慧城市建设，多个地方凸显出了对加强大数据管理和整合运用的重视。如浙江组建了省大数据发展管理局，深圳市组建了市政务服务数据管理局，成都市设立了市政务服务管理和网络理政办公室等。这些创造性的改革成果，保证了地方的组织弹性，以多样化的地方党政机构设置，应对多样化的地方现实。[③]

四是平衡经济发展与改善民生的关系，突出公共服务、生态环保职能。

---

① 汪玉凯：《党和国家机构改革与国家治理现代化》，载《领导科学论坛》2018 年第 4 期。

② 王健、王鹏：《新一轮市场监管机构改革的特点、影响、挑战和建议》，载《行政管理改革》2018 年第 7 期。

③ 沈彬：《机构改革　种好地方“试验田”》，载《人民日报》2019 年 1 月 10 日。

例如，本轮改革把人力资源和社会保障部、民政部的相关职能进行整合，新组建了医疗保障局，包括农村合作医疗、城市居民医疗，着力解决百姓看病难问题。再如，针对当前自然资源所有者不到位、空间规划重叠等问题，组建自然资源部，对山水林田湖草进行整体保护、系统修复、综合治理。此外，整合长期分散在环保部等多个机构的生态环境保护职责，组建生态环境部，统一行使生态和城乡各类污染排放监管与行政执法职责，加强环境污染治理等。这些改革都是对当前关系民生福祉的痛点、难点问题的回应。

（三）党和国家机构改革与行政法的革新与挑战

深化党和国家机构改革是我国党的权力以及立法、行政、司法等权力的一次优化配置，是国家治理体系和治理能力现代化的一场深刻变革，也给行政主体理论、行政行为理论、行政责任理论等带来新的革新和挑战。①

一是在行政主体理论方面，党政合并设立、归口管理、合署办公三种机构设置模式，对行政主体的识别及其职能与权限界定，以及涉及行政相对人时的行政法律关系从属等，需要在行政法上进行分类研究。② 同时，机构改革的成果亟须通过机构编制的法治化来巩固。《中共中央关于深化党和国家机构改革的决定》明确要求推进机构编制法定化。要依法管理各类组织机构，加快推进机构、职能、权限、程序、责任法定化。总体而言，当前行政机关组织法和编制法仍然是我国法治政府建设的一个薄弱环节，许多重要的行政组织法律、法规尚未出台，已有的法律比较简陋，规范的事项非常有限，相关事务主要依赖于政策文件。③ 一方面，应完善党和国家机构法规制度。加强党内法规制度建设，研究制定机构编制法，增强“三定”规定严肃性和权威性。全面推行政府部门权责清单制度，实现权责清单同“三定”规定有机衔接，规范和约束履职行为。另一方面，要强化机构编制管理刚性约束。强化党对机构编制工作的集中统一领导，统筹使用各类编制资源，加大部门间、地区间编制统筹调配力度。严格执行机构限额、领导职数、编制种类和总量等规定。严格控制编外聘用人员，同时加大机构

① 详见本书《2018 年机构改革专题报告》。

② 较为全面的论述和探索，参见金国坤：《党政机构统筹改革与行政法理论的发展》，载《行政法学研究》2018 年第 5 期。

③ 李洪雷：《行政体制改革与法治政府建设四十年（1978—2018）》，载《法治现代化研究》2018 年第 5 期。

编制违纪违法行为查处力度，严肃追责问责。①

二是在行政行为理论方面，机构改革后党政职能重合的部分，事实上不可能实行党政职能分工，在行政法上将其视为行政权的运行，而其实际上既是行政权，又是党的权力，在制度设计上需要进行程序上的衔接，避免出现党委“总揽”成为“包揽”，“协调”成为“替代”的情况，各个组织仍应各司其职、各尽其责。② 此外，党政合并设立的机构设置，党的组织运行所需遵循的党内法规制度体系必然成为行政法的渊源。如将国家公务员局并入中共中央组织部，体现了党管干部的原则，同时，党的组织部门不仅需要根据党内组织人事方面的法规进行管理，而且需要根据公务员管理的国家法律法规进行管理，党内法规和国家法律规范之间的协调是行政法需要研究的一个重要课题。③

三是在行政救济理论方面，党政联合发文、党政合并设立机构等的行政复议、行政诉讼和相关责任追究等问题，也将给行政救济法的制度设计带来新的课题。④

三、行政行为法：优化政务服务　创新政府监管

2018 年我国政府继续大力推进“放管服”改革，法治化营商环境、数字政府、信用监管成为年度改革热词。

（一）政务服务“一网、一门、一次”改革

2018 年 6 月 10 日，国务院办公厅印发《关于印发进一步深化“互联网 + 政务服务”推进政务服务“一网、一门、一次”改革实施方案的通知》（国办发〔2018〕45 号），在全国范围内部署开展“一网、一门、一次”改革，以此作为关键举措深化“放管服”改革，大力优化营商环境。

“一网、一门、一次”改革是在提炼和总结各地深入推进“放管服”改革实践的基础上，对正处于攻坚期的“放管服”改革向纵深推进所作的一个重要部署，其核心内容是：整合构建全国一体化网上政务服务平台，以统一实名身份认证达成“一次认证、全国漫游”目标，上线更多政府服务事项，实现线上“一网通办”；优化政务服务大厅“一站式”功能，增加集

---

① 刘鹤：《深化党和国家机构改革是一场深刻变革》，载《人民日报》2018 年 3 月 13 日。

② 金国坤：《党政机构统筹改革与行政法理论的发展》，载《行政法学研究》2018 年第 5 期。

③ 金国坤：《党政机构统筹改革与行政法理论的发展》，载《行政法学研究》2018 年第 5 期。

④ 姬亚平：《机构改革对行政复议与诉讼的新要求》，载《人民法治》2018 年第 1 期。

中办理事项，加快实现“前台综合受理、后台分类审批、综合窗口出件”，实现线下办理“只进一扇门”；通过整合共性材料、优化办事系统、简化办事材料、精简办事环节，建设基层“一站式”综合便民服务平台，实现现场办理“最多跑一次”。

在中央统一部署下，各地加快推进“一网、一门、一次”改革，提高办事效率与优化营商环境几乎成为33个省份政府工作报告共同的内容之一。例如，浙江省全面推行“一窗受理、一网通办、一证通办、一次办成”，100%的事项实现网上办理，63.6%的民生事项实现“一证通办”；企业投资项目开工前审批全流程实现“最多跑一次、最多100天”；“标准地”出让占省级以上平台新批工业用地的80.1%；常态化企业开办时间压缩至4个工作日。[①] 2018年11月30日，浙江人大常委会通过《浙江省保障“最多跑一次”改革规定》，以地方性法规的形式巩固行政许可告知承诺制、商事登记证照分离、施工图联合审查以及“标准地”改革等地方改革的最新成果。再如，上海市全面实施优化营商环境专项行动，取消行政审批事项100项、评估评审40项，推进审批服务事项全程通办、全网通办、全市通办，1274个事项接入全流程一体化在线服务平台，90%的事项实现“只跑一次、一次办成”，99%的民生服务事项实现全市通办。开展工程建设项目审批制度改革试点，工程建设项目全流程审批时间压缩一半以上，获得电力、开办企业、办理施工许可、跨境贸易、纳税、登记财产等领域的办事和审批环节减少30.5%、时间缩短52.8%，助力我国在世界银行营商环境报告中的排名从第78位提升到第46位。[②] 同样作为世界银行营商环境评估两个样本城市之一的北京，先后出台“9+N”系列政策措施和进一步优化营商环境三年行动计划。全面推进综合窗口服务模式，建成网上政务服务大厅，市区两级政务服务事项网上可办率均达到90%以上。开办企业时间压缩至5天，成为全球开办企业完全免费的两个城市之一；率先开展小微企业获得电力“零上门、零审批、零投资”专项服务，每年为企业节省费用约12亿元；推进工程建设项目审批制度改革试点，搭建“多规合一”协同平台，社会投资项目许可办理时间缩减至45天。

“放管服”改革是2013年以来我国政府改革领域最丰富、最生动的实践，探究改革背后法的价值和法的技术命题，是提炼、发展中国行政法治

① 参见《2019年浙江省政府工作报告》，载《浙江日报》2019年2月3日。

② 参见《2019年上海市政府工作报告》，载《解放日报》2019年2月2日。

实践之法理体系的“活源”与“富矿”。大幅度“减证便民”的背后，是中国市场经济法治理论的形塑；“审批标准化”的机理实质是公共服务领域的一场裁量基准运动；整个政务流程的再造则贯穿着现代行政程序法治的理念。

（二）推进数字政府建设与智慧监管

党的十九大明确提出要加快推进信息化，建设“数字中国”“智慧社会”。“数字政府”是“数字中国”体系的有机组成。数字政府既是“放管服”改革持续推进下“互联网+政务”深度发展的结果，也是大数据时代政府治理能力现代化转型升级的必然。2018年，我国数字政府建设驶入快车道，特别是在地方层面，浙江、广东、湖北、广西、山东等省市纷纷出台省一级数字政府专项规划或行动计划，为未来三年至五年数字政府建设全面提速谋篇布局，特别是广东、浙江两省，依托自身互联网产业发展优势，在数字政府建设方面，展开了丰富的改革实践，对全国推进政府数字化转型、助推政府智慧化监管具有引领性和示范性。

一是改革传统政务信息化模式。建设数字政府是我国持续推进“放管服”改革背景下“互联网+政务”发展走向高级阶段的表现。数字政府是指建立在互联网上、以数据为主体的虚拟政府，是以新一代信息技术为支撑，以“业务数据化、数据业务化”为着力点，通过数据驱动重塑政务信息化管理架构、业务架构和组织架构，在此基础上，形成与传统政务信息化模式不同的政府整体协同“用数据决策、数据服务、数据创新”的现代化治理模式。[①] 例如，广东省出台的《“数字政府”建设总体规划（2018—2020年）》，其总体架构包括管理架构、业务架构、技术架构，分别注重“管运分离”“整体协同”“集约共享”，明确了八大应用支撑平台和三大信息基础设施，分别为省统一身份认证中心、可信电子证照系统、非税支付平台、社会信用公共平台、移动政务应用平台、数据共享平台、地理信息公共平台、智能客服平台，以及大数据、政务云、政务网。目标是建立一个基于数据、网络的协同打造一体化高效运行的“整体政府”。

二是打造平台型政务服务网络和品牌。借鉴国外政府数字化转型的经验来看，“数字政府即平台”并不是指政府数字服务组件或任何政府部门开

① 郑爱军：《数字政府的内涵、特征与实施路线图》，载国脉电子政务网，http：//www. echinagov. com/viewpoint/243090. htm，最后访问日期：2019年3月2日。

发的一种技术，而是一系列可以供政府多个组成部门共同使用的共享组件、业务流程、技术平台和数据托管中心，平台就是系列标准和通用能力。[①] 例如，浙江省出台的《浙江省数字化转型标准化建设方案（2018—2020年）》，围绕大系统、大数据、大平台、大集成建设，加快公共数据资源目录编制规范、“互联网＋政务服务”公共数据管理规范及电子证照库、人口综合库、公共信用库等规范制定，加强政务领域大数据、物联网、云计算等信息技术应用标准研制，打造“浙里办”和“浙政通”两大政务平台，构建涵盖经济调节、市场监管、公共服务、社会治理、环境保护、政府运行等领域的数字政府标准体系。

三是守好数据安全防线。大数据治理时代，公民、企业和社会组织等有关社保、户籍、疾控、政策及舆情等海量数据正进行大规模的整合、存储、开放、共享。效率和风险就如硬币的两面，数据安全问题始终不能回避，保障政府数字化转型中的数据安全是地方改革的重中之重。例如，深圳探索建立健全“防御、监测、打击、治理、评估”五位一体的网络空间安全保障体系，加强监测、预警、应急处置及电子政务系统安全测评，落实信息安全等级保护、涉密信息系统分级保护及风险评估制度，定期开展信息安全风险评估和安全联合检查。建设网络安全监测预警和应急处置平台，开展网络安全应急处置演练，构建“实时监测、及时预警、联动处置、跟踪整改”的安全保障体系。例如，浙江省通过加强政府、企业、个人分层分级分流标准化体系建设，以标准化规范数据采集、传输、存储、使用、开发等环节的安全边界和监管措施，制定涉及国家利益、公共安全、商业秘密、个人隐私等信息的保护清单标准等，将全面建立公共数据安全和标准保障体系与全面建设公共数据大平台、全面整合信息系统同步推进。

（三）优化以信用为核心的新型监管机制

党的十八大、十九大以来，党和国家高度重视“社会信用体系”建设，国务院出台的《社会信用体系建设规划纲要（2014－2020）》和《关于建立完善守信联合机理和失信联合惩戒制度加快推进社会诚信建设的指导意见》为构建以信用为核心的新型监管机制进一步作出了具体规定。近年来，信用工具的运用成为行政法上的一个新兴现象，2018 年，信用监管机制在中

---

① 张晓、鲍静：《数字政府即平台：英国政府数字化转型战略研究及其启示》，载《中国行政管理》2018 年第 3 期。

央各部门和地方均得到进一步的扩大、规范和发展，与此同时，作为一种新型监管工具，其在有效整合多元治理主体和多元规制工具的同时，也在行政法治上遭遇合法性与最佳性的拷问。①

一方面，信用工具的运用不断扩展至社会治理的方方面面。2018 年 1 月 12 日，民政部印发《社会组织信用信息管理办法》，要求明确社会组织信用信息范围，建立活动异常名单和严重违法失信名单，对信用良好的社会组织给予行政奖励。1 月 19 日，国家发改委印发《关于加强和规范守信联合激励和失信联合惩戒对象名单管理工作的指导意见》，该意见将各领域红黑名单实行全国统一标准，建立健全诚信状况重点关注对象警示机制，以解决实践中红黑名单标准不统一、保障不健全等问题。2 月 2 日，国家发改委印发《关于充分发挥信用服务机构作用加快推进社会信用体系建设的通知》，强调充分认识信用机构在社会信用体系建设中的作用，授权信用机构参与红黑名单认定、强化与信用服务机构信息服务共享、协助参与备案和联合开展失信惩戒专项整治工作等，强化信用服务机构自身信用建设。4 月 19 日，财政部印发《关于加强会计人员诚信建设的指导意见》，意见强调建立会计人员信用档案建设，健全会计人员守信联合激励和失信联合惩戒机制。5 月 30 日，国务院办公厅印发《关于进一步加强科研诚信建设的意见》，指出完善科研诚信管理工作机制和责任机制，加强科研活动全流程诚信管理对违反科研诚信管理规定的给予处罚。7 月 24 日，国家发改委、人民银行印发《关于对失信主体加强信用监管的通知》，要求建立失信限期整改机制，开展失信提示和警示约谈，有序推动失信信息的社会公示。10 月 10 日，国务院发布《关于在全国推开“证照分离”改革的通知》，要求加快建立以信息归集共享为基础、以信息公示为手段、以信用监管为核心的新型监管制度，健全跨区域、跨层级、跨部门协同监管机制，进一步推进联合执法，建立统一“黑名单”制度，对失信主体在行业准入环节依法实施限制。11 月 7 日，国家税务总局印发《重大税收违法失信案件信息公布办法》，该办法对案件公布标准、信息公布内容、信用修复、案件撤除等进行了规定，并规定了向社会公布和不向社会公布两种失信惩戒措施，对不向社会公布的实施降低纳税信用等级。而在地方层面，信用监管机制也形成一股向全领域、全方位扩展之势。例如，根据《北京市加强企业信用体系建设第二阶段行动计划（2016—2018）》，2018 年，北京市继续完善以

① 王瑞雪：《政府规制中的信用工具研究》，载《中国法学》2017 年第 4 期。

部门协同和联合惩戒为核心的信用监管体制改革，强化覆盖各区和街乡的基层信用监管平台建设，推动并完善跨部门信用联合惩戒，激发“信用惠民”潜能，优化“信用出证”便利度。[①]

另一方面，目前在运用信用监管工具的实践中，存在的设定依据层级较低、程序不完备、对相对人权利限制与制度目标之间不成比例以及失信情形与惩戒措施之间不具有合理关联等问题，也提出了需要进一步加强行政法原则以及实体和程序规范约束的理论与实践课题。[②] 例如，实践中大量存在的“黑名单”制度，对相对人的惩戒就具有相当的严厉程度，“行政机关建立和实施‘黑名单’应当慎重，必须符合法治原则”[③]。对此，应当严格设定依据和限制范围，规范异议程序并赋予相对人救济权等，通过现代行政法治的原则和制度予以规范。例如，根据 2018 年 1 月 1 日施行的《浙江省公共信用信息管理条例》，该省将建立以统一社会信用代码为标识的信息主体的信用档案制度，并对公共信用信息归集与披露、信用激励与惩戒、信息主体权益保护等方面予以全面规范。2018 年 9 月，浙江省法制办联合浙江省发改委对全省县级以上人民政府及其所属工作部门制定并发布的行政规范性文件涉及“黑名单”制度的内容进行了专项法规清理，共清理存在问题的规范性文件 300 件，已废止 79 件、已修改 7 件，拟废止 65 件、拟修改 149 件，有效地规范了信用工具实践运用的失范，保护了公民和企业的权益。[④]

四、总结与展望

改革开放四十年，我国行政法治建设取得了丰硕的成果。时至今日，具有中国特色的行政法学理论体系初步形成，一套较为有效的行政法律制度初步实现了对行政权的规范，依法行政的观念和意识也逐渐深入人心。[⑤] 在党的十九大引领下，2018 年我国行政法治建设仍是前行在推进治理体系和治理能力现代化的道路上不断前行。立法决策与改革决策的互促互进成为行政立法工作一贯的主题。“放管服”改革、营商环境、数字政府、监管

---

① 《北京：完善信用监管体制　大数据助力市场精准监管》，载信用中国，https://www.creditchina.gov.cn/chengxinwenhua/chengshichengxinwenhua/201803/t20180330_112014.html。

② 详细的论述，参见王瑞雪：《政府规制中的信用工具研究》，载《中国法学》2017 年第 4 期。

③ 胡建淼：《建立和实施“黑名单”要符合法治原则》，载《人民法治》2017 年第 5 期。

④ 翁浩浩：《浙江省清理违法“黑名单”制度》，载《浙江日报》2018 年 9 月 5 日。

⑤ 马怀德、孔祥稳：《中国行政法治四十年：成就、经验与展望》，载《法学》2018 年第 8 期。

创新、建设人民满意的服务型政府等均彰显了我国政府在全球竞争背景下不断增强法治竞争力的努力。

展望2019年，深化党和国家机构改革后，应当尽快克服磨合期的困难，理顺各项职能，加强部门协同，整合执法资源，创新智慧监管，规范信用监管，不断提升政府治理能力和治理水平。同时，在行政争端解决方面，也应该看到，行政复议的功能定位在新《行政诉讼法》下面临制度设计的检视，2018年因受到机构改革的影响，行政复议体制改革裹足不前，其作为救济合法权益、化解行政争议主渠道作用仍待进一步加强。

撰稿专家

胡建淼，1957年出生，浙江慈溪人，中央党校（国家行政学院）一级教授、博士生导师，胡建淼专家工作室领衔专家，中国法学会常务理事兼学术委员会委员，中国法学会行政法学研究会顾问，中国行为法学会副会长兼行政法治研究会会长，最高人民法院特邀咨询员和案例指导工作委员会委员，最高人民检察院专家咨询委员，北京市人大代表和法制委员会成员，北京市法官检察官惩戒委员会主任。1989年毕业于中国政法大学研究生院，曾任杭州大学副校长、浙江大学副校长、浙江工商大学校长、国家行政学院法学部主任。享受国务院"人民政府特殊津贴"，获评首届十大"杰出青年法学家"，1997年入选国家百千万人才。长期从事宪法与行政法研究，曾到美国斯坦福大学、英国爱丁堡大学、澳大利亚西澳大学、德国基尔大学、法国马赛大学等作过访问学者或学术交流。出版著作100余部（含合著），发表论文100余篇（含合著）。2011年3月28日在中央政治局讲解《推进依法行政和弘扬社会主义法治精神》。

骆梅英，浙江工商大学法学院教授、博士生导师、党委书记，中国法学会行政法学研究会理事、政府规制专业委员会委员，中国网络与信息法学研究会理事，浙江省法学会行政法学研究会副会长，中国人民大学宪政与行政法治研究中心研究员，中国政法大学国家监察与反腐败研究中心研究员，最高人民法院行政审判案例研究基地特聘研

究员等。主要研究行政法、政府规制，已在《法学研究》等学术刊物上发表论文40余篇，著有译著及参与编著、专著等8部，主持国家社科基金、司法部等省部级以上课题10余项。研究成果曾获浙江省“第十七届哲学社会科学优秀成果奖”一等奖、浙江省“第十八届哲学社会科学优秀成果奖”三等奖、教育部第七届高等学校科学研究优秀成果奖（人文社会科学）三等奖、第四届中国法学优秀成果奖三等奖、浙江省2010～2014年“法学研究十佳优秀成果”奖等荣誉。

第四章　2018 年经济法实施报告

2018 年宏观调控法实施报告

徐孟洲

报告要旨

2018 年度，宏观调控法实施为落实党的十九大战略方针、促进全面深化改革和对外更加开放、确保完胜“三大攻坚战”和改善居民生活等方面，发挥了独特的法律调整作用。（1）发展规划法的实施，为更好发挥国民经济和社会发展年度计划和长期规划纲要的战略引领和法治约束作用，确保新时代党的伟大战略部署的有序实现起到了保障作用。2019 年要积极推进重点领域立法，规范发展规划编制、审批和执行程序，落实和完成宪法关于“国家加强经济立法，完善宏观调控”的目标任务，加快健全我国独特的发展规划法治体系。（2）财税法的实施，为贯彻落实积极的财政政策，保障个人和企业的减税降费措施的实现，依法加大税收征管力度，查处涉税违法行为，严格规制地方政府专项债券行为，逐步化解社会主要矛盾等方面成效显著。2019 年现代财政制度建设、税收立法和税务司法的任务繁重。（3）金融调控法的实施，为落实稳健的货币政策，保持流动性合理充裕，防控系统性金融风险，解决民营企业和小微企业融资难融资贵等问题发挥了积极作用。2019 年要为推进全面深化金融供给侧结构性改革营造良好法治环境，必须加快构建比较完备的金融法治体系。

核心建议

1. 为更好发挥国民经济与社会发展的年度计划和规划纲要的战略引领和法治约束作用，应当加快制定《国民经济与社会发展规划法》，健全我国独特的宏观调控法律体系，完善发展规划法执法机制，创建发展规划法的司法制度。

2. 为建立现代财政制度、落实税收法定原则，建议制定《财政法总则》《财政转移支付法》《增值税法》《消费税法》等财政税收法律，在人民法院内设立专门税务法庭。

3. 推进全面深化金融供给侧改革，为解决融资贵融资难问题，保障金融为实体经济服务，防范系统性金融风险，必须整合金融法体系，适时修订《中国人民银行法》《银行业监管法》等金融法律法规，确立统一的金融监管体制，健全和完善金融法院或金融法庭。

4. 为全面落实宪法关于“加强经济立法，完善宏观调控”原则规定，实现宏观经济政策法治化，应当尽快构建宏观调控法律体系。

2018 年，是全面落实党的十九大方针政策的开局之年，是改革开放 40 周年。过去的一年，改革处于“三大攻坚战”的关键期，面对国内社会主要矛盾的转化和国际社会变幻难测的复杂形势，全国各族人民在以习近平同志为核心的党中央领导下，进行全面深化改革，拓展对外开放，以市场化、法治化建设为导向，创新和推行宏观调控制度措施，保证了国民经济与社会发展在合理区间稳步前行，中国人民生活得到较大改善①；在全面依法治国、依宪执政、建设法治中国的实践中，宏观调控法实施为我国经济社会连续、稳定、协调、健康发展，发挥了独特的推动和保障作用。

---

① 根据国家统计局在 2019 年 1 月 21 日公布的 2018 年中国经济数据统计结果：中国国内生产总值（GDP）超过 90 万亿元（900 309 亿元），比上年增涨 6.6%；社会消费品零售总额增长 9.5%，与民生相关的消费品和服务市场供应充足，价格涨幅较低，如食品烟酒比上年上涨 1.9%、衣着上涨 1.2%、生活用品及服务上涨 1.6%；全国城镇登记失业率为 3.8%，比上年末下降 0.1%；国际收支平衡，2018 年货物进出口总额 305 050 亿元，首次突破 30 万亿元，比上年增长 9.7%，货物贸易顺差 23 303 亿元，截至 2018 年 12 月末，外汇储备余额为 30 727 亿美元，持续保持在 3 万亿美元以上；人民币兑美元汇率为 6.86 元/美元，人民币币值基本稳定。

本报告所称宏观调控法，是指调整在国家对宏观经济运行进行引导、调节和监控过程中发生的社会关系的法律规范的总称。我国宏观调控法体系由发展规划法、财税法、金融调控法、产业政策法、政府投资法、区域协调法和对外经济贸易法等部分组成。宏观调控法是中国现代经济法体系中的骨干制度之一。本报告着重描述和分析2018年度发展规划法、财税法和金融调控法的立法与实施状况以及主要特点，并对2019年宏观调控法实施提出建议或者加以展望。

一、2018年度发展规划法实施的状况、特点与展望

本报告所称发展规划法，是实质意义上的发展规划法，即指调整在国家编制、审查、批准和执行、调整国民经济和社会发展年度计划和长远规划过程中发生的社会关系的法律规范的总称。从形式意义上看，我国尚未制定颁布《发展规划法》，其法律渊源的主要表现形式为《宪法》和含有发展规划法内容的法律、行政法规、部门规章和地方性法规等。

在我国还存有一类新型社会规范表现形式。在发展规划领域有《国民经济和社会发展第十三个五年规划纲要》（以下简称《纲要》）和每年的《国民经济和社会发展计划》等。《纲要》是根据《中共中央关于制定国民经济和社会发展第十三个五年规划的建议》《宪法》《各级人民代表大会常务委员会监督法》（以下简称《监督法》）和《国务院关于加强国民经济和社会发展规划编制工作的若干意见》等编制，并经第十二届全国人民代表大会第四次会议审查、批准。因此《纲要》是中共中央政策主张、国家意志和人民意志的有机统一，是具有法律约束力的。2018年3月在第十三届全国人民代表大会第一次会议审查、批准的《关于2017年国民经济和社会发展计划执行情况与2018年国民经济和社会发展计划》（以下简称《2018年国民经济和社会发展计划》）也是具有法律约束力的文件。《纲要》和《2018年国民经济和社会发展计划》不是法律，而是反映党中央主张、国家意志与人民意志的新型社会规范表现形式。这种新型社会规范表现形式是在中国特色社会主义制度基础上创造的，是为巩固和发展社会主义基本经济制度服务的，是对中国经济与社会发展起引领和约束作用的规范性文件，若不能完成或者违反其中规定的指令性指标，也要承担法律责任，因此，《纲要》和《2018年国民经济和社会发展计划》都具有法律约束力，应当视为发展规划法的特别的法律渊源。

本报告分析和总结发展规划法的实施，一是要总结2018年发展规划法

的中央一级立法状况，因为立法是执法、司法的前提和基础；二是要分析和总结 2018 年发展规划法的执法、司法状况；三是要分析和总结《纲要》和《2018 年国民经济和社会发展计划》等新型社会规范表现形式的执行状况。因篇幅所限，本报告未包括发展规划方面的地方性立法和各地执行《纲要》和《2018 年国民经济和社会发展计划》的具体情况。与此同时，本报告还对 2019 年的发展规划法实施提出建议或展望。

（一）发展规划法立法状况

1. 新制定或修正的发展规划法律

本报告期内没有制定新的发展规划法律。但在 2018 年 3 月 11 日第十三届全国人大第一次会议修正的《宪法》保留有涉及发展规划法内容的条款：《宪法》第 14 条规定“国家合理安排积累和消费，兼顾国家、集体和个人的利益，在发展生产的基础上，逐步改善人民的物质生活和文化生活”；《宪法》第 15 条规定“国家加强经济立法，完善宏观调控”；《宪法》第 62 条规定“全国人民代表大会行使下列职权：……（十）审查和批准国民经济和社会发展计划和计划执行情况的报告”；《宪法》第 67 条规定全国人大常委会“在全国人民代表大会闭会期间，审查和批准国民经济和社会发展计划、国家预算在执行过程中所必须作的部分调整方案”；《宪法》第 89 条规定“国务院行使下列职权：……（五）编制和执行国民经济和社会发展计划和国家预算”；《宪法》第 99 条规定地方各级人民代表大会在本行政区域内，“依照法律规定的权限，通过和发布决议，审查和决定地方的经济建设、文化建设和公共事业建设的计划。县级以上的地方各级人民代表大会审查和批准本行政区域内的国民经济和社会发展计划、预算以及它们的执行情况的报告”等。

2. 新制定或修改的发展规划类的行政法规和部门规章

（1）本报告期内，国务院没有制定和修改发展规划类新的行政法规。

（2）本报告期内，国家发展和改革委员会（以下简称国家改革委）制定的部门规章有 2 部：《政府制定价格听证办法》和《汽车产业投资管理规定》。

3. 2018 年制定的新型社会规范表现形式

（1）本报告期内，中共中央和国务院联名公布的有法律约束力的发展规划规范性文件。中共中央和国务院联名公布的有法律约束力的发展规划规范性文件有：《乡村振兴战略规划（2018 – 2022 年）》《北京城市副中心控制性详细规划（街区层面）（2016年－2035年）》《关于打赢脱贫攻坚战三年行动的指导意见》《关于建立更加有效的区域协调发展新机制的意见》。中共中央和国务院批复《河北雄安新区规划纲要》等。

（2）本报告期内，国务院批复了《关于汉江生态经济带发展规划》《关于淮河生态经济带发展规划》《关于呼包鄂榆城市群发展规划》《关于关中平原城市群发展规划》《兰州—西宁城市群发展规划》五个区域发展规划；颁布了经国务院批复的《关于河南省土地利用总体规划》《关于乌鲁木齐市土地利用总体规划》等76项省、自治区、直辖市，以及市的土地利用总体规划。

（二）发展规划法的执法状况与特点

在发展规划法的执法方面，本报告期内因为我国尚未制定出台《发展规划法》，目前发展规划法的执法依据是2018年第十三届全国人大第一次会议修正的《宪法》规定的有关涉及发展规划法内容的条款、《监督法》的“第三章　审查和批准决算，听取和审议国民经济和社会发展计划、预算的执行情况报告，听取和审议审计工作报告”、《国务院关于加强国民经济和社会发展规划编制工作的若干意见》《国家级专项规划管理暂行办法》等法律、行政法规和部门规章。

本报告期内，国务院和国家发改委等国务院相关部门、相关单位依据《宪法》原则性规定、《监督法》《国务院关于加强国民经济和社会发展规划编制工作的若干意见》《国家级专项规划管理暂行办法》等法律法规和部门规章的具体规定，对实现国家“十三五”规划《纲要》和《2018年国民经济和社会发展计划》等开展执行工作，取得了显著的效果，呈现以下特点。

1. 执行发展规划法，《纲要》实施的中期评估结果符合预期目标

为全面掌握“十三五”规划实施中期进展情况，深入了解规划实施的成效和问题，客观反映社会各界对规划实施的意见建议，2018年2月3日国家发改委发出《关于开展“十三五”规划实施情况中期评估工作的通知》，要求各有关方面采取自评估和第三方评估相结合、综合评估和专题评估相结合、目标导向和问题导向相结合、过程评估和效果评估相结合、标准化与个性化相结合和客观评价和主观感受相结合的多维度评估方法，对全面建成小康社会主要目标实现情况、新发展理念贯彻落实情况、供给侧结构性改革和重大改革任务推进情况、重大战略任务推进情况、三大攻坚战推进落实情况、重大工程项目进展情况和是否需要对相关内容进行调整

修订 7 个方面的相关目标指标、重点任务、重大工程项目工作情况及成效进展进行全面评估，并要求其中 25 个主要指标及 165 项重大工程项目提供实现进度、预期展望及相关说明，形成各项评估报告，并由国家发改委汇总形成总的评估报告，履行相关程序后，提交全国人大常委会审议。各部门针对本领域重点问题适时开展专项评估，各地区做好地方总体规划实施的年度评估。经过中期全面评估后认为，《纲要》实施情况的中期评估结果符合“十三五”规划预期目标。客观评价“十三五”规划实施取得的进展成效，说明国务院及其国家发改委等相关部门、相关单位对发展规划法的执法状况是良好的；在执行发展规划法，落实《纲要》的实施工作有积极成效，所总结提炼推进《纲要》实施的经验做法可行；在深入剖析实施中出现的问题及原因，结合国内外发展环境变化，所提出改进发展规划实施的对策建议，对进一步强化国家发展规划的战略导向作用有重要意义。

2. 严格执行发展规划法，超预期实现《2018 年国民经济和社会发展计划》的目标

根据国家统计局于 2019 年 1 月 21 日公布的 2018 年的中国经济数据统计结果看：（1）国内生产总值增长 6.6%。2018 年中国国内生产总值（GDP），达到 900 309 亿元，比上年增长 6.6%，超率实现了 6.5% 左右的预期目标。（2）物价水平保持稳定。2018 年居民消费价格比上年上涨 2.1%，低于全年 3% 左右的预期目标，特别是与民生相关的消费品和服务市场供应充足，价格涨幅较低，居民得到更多实惠。（3）超额完成城镇新增就业目标。2018 年城镇新增就业 1361 万人，比上年多增 10 万人，完成全年目标的 123.7%，全年各月全国城镇调查失业率保持在 5% 左右，实现了低于 5.5% 的预期目标，2018 年末，全国城镇登记失业率为 3.8%，比上年末下降 0.1 个百分点，为近十多年来的最低水平。（4）国际收支保持基本平衡。2018 年，我国货物进出口总额 305 050 亿元，首次突破 30 万亿元，比上年增长 9.7%。其中，出口增长 7.1%，进口增长 12.9%；货物贸易顺差 23 303 亿元，比上年收窄 18.3%。利用外资规模大于对外投资，全年实际使用外资 1350 亿美元，比上年增长 3.0%；非金融类对外直接投资 1205 亿美元，与上年基本持平。2018 年 12 月末，我国外汇储备余额 30 727 亿美元，持续保持在 3 万亿美元以上；人民币兑美元汇率为 6.86 元/美元，比 10 月末升值 1.48%。（5）发展质量效益提高。国家深入推进减税降费，全年减税降费规模约 1.3 万亿元，政府收入、企业利润和居民收入保持较快增

长。2018年，全国一般公共预算收入183 352亿元，首次突破18万亿元，比上年增长6.2%。居民收入与经济增长基本同步。2018年，全国居民人均可支配收入实际增长6.5%，快于人均GDP增速。农村居民收入增长快于城镇居民，城乡居民收入比值比上年下降0.02。（6）供给侧结构性改革取得实质性进展，宏观杠杆率保持基本稳定，各类风险得到有序有效防控。

在我国除了发展规划《纲要》和《2018年国民经济和社会发展计划》外，还包括主体功能区规划、国家级专项规划和地方总体规划等其他国家规划，但本报告未介绍。

（三）发展规划法的司法状况与特点

本报告期内，因为涉及发展规划法的司法审判案件甚少，故本报告未能对2018年度我国发展规划法的司法状况做出报告。这是2018年度我国宏观调控法实施中的短板。

（四）推进2019年发展规划法实施的建议

1. 完成宪法关于“国家加强经济立法，完善宏观调控”的目标任务，着力加快发展规划立法

科学、精准、有力的宏观调控离不开国家长远发展战略部署和国民经济和社会发展规划，而国家发展战略部署的落实，国民经济和社会发展规划的实现离不开国家法治的保障。越是强调法治，越是要加强经济立法，提高立法质量，发挥立法的引领和推动作用。发展规划法是国家宏观调控的重要法律手段，发展规划立法是我国经济立法的主要任务之一。2018年3月11日第十三届全国人大第一次会议修正的《宪法》第14条规定，“国家合理安排积累和消费，兼顾国家、集体和个人的利益，在发展生产的基础上，逐步改善人民的物质生活和文化生活”。这条规定是贯彻以人民为中心，正确积累和消费关系、正确处理生产与生活的关系、正确处理国家、集体和个人的利益分配关系的基本原则，制定国家长远发展战略部署和国民经济和社会发展规划、年度计划必须遵守和具体落实好；“国家加强经济立法，完善宏观调控”。只有加强发展规划立法，才能全面完成加强经济立法，完善宏观调控的任务；只有加强发展规划立法，才能保证全国人民代表大会行使“审查和批准国民经济和社会发展计划和计划执行情况的报告”、全国人大常委会“在全国人民代表大会闭会期间，审查和批准国民经济和社会发展计划、国家预算在执行过程中所必须作的部分调整方案”职权的具体实现；只有加强发展规划立法，国务院行使“编制和执行国民经

济和社会发展计划和国家预算”、地方各级人民代表大会在本行政区域内，“依照法律规定的权限，通过和发布决议，审查和决定地方的经济建设、文化建设和公共事业建设的计划。县级以上的各级人民代表大会审查和批准本行政区域内的国民经济和社会发展计划、预算以及它们的执行情况的报告”等职权，才能规范、精准、有力的行使。因此，本报告建议，为全面落实和完成宪法关于“国家加强经济立法，完善宏观调控”的目标任务，应当着力加强发展规划立法，加快制定《发展规划法》。

2. 积极贯彻党中央的经济立法部署，加强重点领域的发展规划立法

2014 年党的十八届四中全会《中共中央关于全面推进依法治国若干重大问题的决定》明确提出，加强重点领域立法，其中包括制定发展规划等方面的法律，依法加强和改善宏观调控。习近平同志指出，“我们要加强重要领域立法，确保国家发展、重大改革于法有据，把发展改革决策同立法决策更好结合起来”。[①] 习近平同志还指出，“发挥政府作用，不是简单下达行政命令，要在尊重市场规律的基础上，用改革激发市场活力，用政策引导市场预期，用规划明确投资方向，用法治规范市场行为”。[②] “用规划明确投资方向”而这些规划的制定和实施必须有法可依，同时，对实践证明已经比较成熟的发展规划编制、审批和执行等程序规定和行之有效的中共中央关于发展规划的重大政策主张上升为法律。这都需要全国人大尽快制定《发展规划法》，并由国务院制定《国家总体规划编制与执行条例》《国家主体功能区规划编制与执行条例》《国家级专项规划编制与执行条例》《地方总体规划编制与执行条例》等行政法规，构建起比较完备的中国现代发展规划法律体系。

3. 做好与《监督法》的衔接，需要制定《发展规划法》

由第十届全国人民代表大会常务委员会第二十三次会议于 2006 年 8 月 27 日公布，自 2007 年 1 月 1 日起施行的《监督法》，在其第三章专章规定了审查和批准决算，听取和审议国民经济和社会发展计划、预算的执行情况报告，听取和审议审计工作报告的内容。其中第 16 条规定，“国务院和县级以上地方各级人民政府应当在每年六月至九月期间，向本级人民代表

① 习近平：《在庆祝全国人民代表大会成立六十周年大会上的讲话》，人民出版社 2014 年版，第 9 页。

② 参见新华社北京 1 月 22 日电：《把改善供给侧结构作为主攻方向　推动经济朝着更高质量方向发展》，载《人民日报》2017 年 1 月 23 日，第 1 版。

大会常务委员会报告本年度上一阶段国民经济和社会发展计划、预算的执行情况”。第 17 条规定，“国民经济和社会发展计划、预算经人民代表大会批准后，在执行过程中需要作部分调整的，国务院和县级以上地方各级人民政府应当将调整方案提请本级人民代表大会常务委员会审查和批准”。第 20 条规定，“常务委员会组成人员对国民经济和社会发展计划执行情况报告、预算执行情况报告和审计工作报告的审议意见交由本级人民政府研究处理。人民政府应当将研究处理情况向常务委员会提出书面报告……常务委员会听取的国民经济和社会发展计划执行情况报告、预算执行情况报告和审计工作报告及审议意见，人民政府对审议意见研究处理情况或者执行决议情况的报告，向本级人民代表大会代表通报并向社会公布”。第 21 条规定，“国民经济和社会发展五年规划经人民代表大会批准后，在实施的中期阶段，人民政府应当将规划实施情况的中期评估报告提请本级人民代表大会常务委员会审议。规划经中期评估需要调整的，人民政府应当将调整方案提请本级人民代表大会常务委员会审查和批准”。《监督法》中的这些规定如何实施与操作，必须有发展规划法的回应与对接，否则各级人民代表大会常务委员会对每年的“国民经济和社会发展计划”和“国民经济和社会发展五年规划”监督难以确保实现。

4. 尽快完善发展规划法的执法机制

发展规划法和《纲要》《国民经济和社会发展计划》等国家规划或计划的实现，必须要有健全和完善的发展规划法的执法机制和司法保障制度。因为各级政府的大部分经济行为和投资活动，都是以国家长远发展规划纲要和年度发展计划、专项规划为指导进行的；各类市场主体和行政机关、事业单位和社会团体的基建和投资都是以此为发展方向而制定自己的发展计划，目标明确地从事生产经营活动。国家计划和规划在我国社会经济生活中占有十分重要地位，对国家和社会事业发展、对市场主体、各类单位经济行为和全体居民生活发挥着巨大的影响力。然而，从目前计划和规划制定和实施状况看，其权威性、稳定性、可操作性、可问责性和公众参与度低等方面仍存在诸多问题。因此，推进发展规划体制改革，加快发展规划法治建设，创造有利于经济社会发展的良好法治环境和投资营商环境，必须完善国家宏观调控体系，在加强发展规划立法的同时，还要尽快完善发展规划法的执法机制和司法保障制度。

在我国，发展规划行政部门是否依法行政直接决定了各类发展规划的编制质量及实施效果，因此，建立健全比较完备发展规划法的执法机制，实现发展规划领域法治尤为重要。在发展规划的执行环节，规划行政部门要严格依照发展规划预先设定的目标制定合理的规划落实方案，履行职责、兑现承诺，保证发展规划中约束性指标的完成，力争实现规划指导性指标的期待和要求，防止因发展规划无法实现而造成地方债风险和社会不稳定风险的发生。在各类各级发展规划执行中，作为发展规划信息最早的接触者，部分行政人员可能借参与编制发展规划任务之机，利用公权力以谋个人之私，从而产生经济纠纷和经济犯罪行为。对此，只有建立健全比较完备发展规划法的执法机制，强化发展规划领域依法行政力度，建立行之有效的问责制度，坚持有责必问、问责必严，倒逼行政人员强化法治责任意识，规范自身执法行为，才能保证依法制定的发展规划得到实现，真正发挥国家发展规划的引领和约束作用，推动国民经济和社会发展的高质高效持续发展。

5. 建立健全服务于发展规划法实施的司法制度

在我国经济司法中，涉及税法和金融法领域诉讼案件相对较多，我国人民法院行政庭已确立由相对固定的审判团队主要负责审理涉税行政案件。2018 年 8 月 20 日，根据《关于设立上海金融法院的方案》，全国首家金融法院在上海正式揭牌成立。上海金融法院成立后，对金融案件进行集中管辖，推进了我国审判体制机制改革与创新。目前，发展规划法领域所涉诉讼案件甚少，这表明我国发展规划法的实施机制不健全，特别是发展规划法的司法保障不足。为保障发展规划司法的运行，我国人民法院需要健全相关的发展规划司法救济机制，建议在最高人民法院和高级人民法院内设立专门集中审理发展规划纠纷案件的机构，如同金融法院一样建立发展规划庭或发展规划法院审理规划民事案件和规划行政案件，切实保障公民财产权益和公共财产权益，充分发挥司法的价值引领功能，运用司法手段，确保国家各级政府制定的发展规划的实现。

二、2019 年度财税法实施的状况、特点与展望

本报告所称财税法，是指财政法和税法的统称。实质意义上的财政法，是指调整财政关系的法律规范的总称。从形式意义上看，我国尚未制定颁布《中华人民共和国财政法》（以下简称《财政法》），其法律渊源的主要表现形式为宪法和含有财政法内容的法律、行政法规、部门规章和地方性

法规等。实质意义上的税法，是指调整在税收活动中发生的社会关系的法律规范的总称。从形式意义上看，其法律渊源的主要表现形式为宪法和含有税收内容的法律、行政法规、部门规章和地方性法规等。《财税法》是我国宏观调控法体系中的主要组成部分，是国家进行宏观调控的主要法律手段。

本报告分析和总结财税法的实施，一是要介绍2018年《财税法》的立法状况，因为立法是执法、司法等法实施的前提和基础；二是要分析和总结2018年《财税法》的执法、司法状况。因篇幅所限，本报告未包括财税方面的地方性立法情况。与此同时，本报告还对2019年的财税法实施提出建议或展望。

（一）《财税法》立法状况

《财税法》立法状况，主要描述本报告期内财税法的中央一级立法状况，即财政与税收法律规范性文件的制定和修改状况。2018年国家积极的财政政策取向未变，在围绕聚财力增效益，大幅减税降费，优化财政支出结构，加大对供给侧结构性改革、“三大攻坚战”的支持等方面，给予财政税收立法支持。2018年是我国财税立法取得重大进展的一年。（见表4-1）

1. 新制定的财税法律

本报告期内，全国人大常委会新制定出台的法律有2部：《中华人民共和国车辆购置税法》（以下简称《车辆购置税法》）和《中华人民共和国耕地占用税法》（以下简称《耕地占用税法》）。

2. 新修改的财税法律

本报告期内，全国人大常委会修改的财税法律有5部：《中华人民共和国预算法》（以下简称《预算法》）、《中华人民共和国个人所得税法》（以下简称《个人所得法》）、《中华人民共和国企业所得税法》（以下简称《企业所得税法》）、《中华人民共和国船舶吨税法》（以下简称《船舶吨税法》）、《中华人民共和国环境保护税法》（以下简称《环境保护税法》）。

3. 新制定和修改的财税行政法规

本报告期内，国务院制定《中华人民共和国个人所得税法实施条例》（以下简称《个人所得税法实施条例》）、《个人所得税专项附加扣除暂行办法》等2部。

4. 新制定的财税部门规章

本报告期内，国家财政税务部门和国务院各部、委员会及具有行政管理职能的直属机构联合制定的财税法类的部门规章有《彩票管理条例实施细则》等 2 部。

5. 新型社会规范表现形式

本报告期内，中共中央办公厅和国务院办公厅联名公布的有法律约束力的发展规划规范性文件有：中共中央办公厅印发《关于人大预算审查监督重点向支出预算和政策拓展的指导意见》，中共中央办公厅、国务院办公厅印发《关于建立健全基本公共服务标准体系的指导意见》，以及中共中央和国务院批复《中共中央国务院关于全面实施预算绩效管理的意见》3 项。

表 4a－1　2018 年度新制定或修正的财税法律、行政法规和部门规章

序号	法律法规名称	制定部门	颁布时间	类型
1	个人所得税法	全国人大常委会	2018. 8. 31	修正
2	船舶吨税法	全国人大常委会	2018. 10. 26	修正
3	环境保护税法	全国人大常委会	2018. 10. 26	修正
4	车辆购置税法	全国人大常委会	2018. 12. 29	制定
5	耕地占用税法	全国人大常委会	2018. 12. 29	制定
6	企业所得税法	全国人大常委会	2018. 12. 29	修正
7	预算法	全国人大常委会	2018. 12. 29	修正
8	个人所得税法实施条例	国务院	2018. 12. 18	修订
9	个人所得税专项附加扣除暂行办法	国务院	2018. 12. 13	制定
10	彩票管理条例实施细则	财政部、民政部和国家体育总局	2018. 8. 16	修改
11	修改部分税务部门规章的决定	国家税务总局	2018. 6. 15	修改

（二）财税法的执法状况与特点

财税法的执法是财税法实施的主要内容。强化财税法执法是推进宏观调控法治发展的重要内容。随着政府职能的转换，政府依法行政的推进，本报告认为，2018 年度财政税务机关狠抓内控制度建设，通过积极执行《预算法》和新修正的《个人所得税法》等各项财税法律法规，为聚力增效实施积极的财政政策，优化财政支出结构，大力实施减税降费，提高支出

强度和财政资金使用效益，严格规制地方政府专项债券行为，助力“三大攻坚战”，国家各级税务机关依法加大对高收入行业和个人的税收征管力度，严查涉税违法行为，财税法执法效果明显，从而保证了全年良好的财政收支状况①。本报告期内我国财税法的执法呈现以下特点：

1. 积极执行《预算法》，保证全年财政收支的良好状况

本报告期内，各级财政部门积极执行《预算法》，保证全年财政收支状况良好：（1）一般公共预算收入，1～12 月累计，全国一般公共预算收入 183 352 亿元，同比增长 6.2%。其中的税收收入 156 401 亿元，同比增长 8.3%；非税收入 26 951 亿元，同比下降 4.7%。（2）一般公共预算支出，1～12 月累计，全国一般公共预算支出 220 906 亿元，同比增长 8.7%。（3）政府性基金预算收入，1～12 月累计，全国政府性基金预算收入 75 405 亿元，同比增长 22.6%。（4）全国政府性基金预算支出 1～12 月累计，80 562 亿元，同比增长 32.1%。（5）国有资本经营预算收入，1～12 月累计，全国国有资本经营预算收入 2900 亿元，同比增长 9.8%。（6）国有资本经营预算支出，1～12 月累计，全国国有资本经营预算支出 2159 亿元，同比增长 6.7%。②

2. 严格执法保证财税法功能的发挥，助力打好“三大攻坚战”

打好防范化解重大风险、精准脱贫、污染防治“三大攻坚战”，事关国家发展全局，对决胜全面建成小康社会意义重大。在完善财税法律制度的同时，强化财税执法，充分发挥了财税法的调控功能，支持和助力打好“三大攻坚战”是 2018 年财税执法的一大特点。

（1）运用财税法手段化解重大风险。在报告期内，财政部门依照预算法的规定，建立健全规范的地方政府举债融资机制、债务风险评估和预警机制、债务风险应急处置机制和债务风险常态化监督机制等制度。财税法执法措施得力：一是严控法定限额内地方政府债务风险。地方政府依法一律采取发行政府债券方式规范举债。二是着力防控地方政府隐性债务风险。坚决制止违法违规融资担保行为，严禁以 PPP、政府投资基金、政府购买服务等名义变相举债。三是坚持谁举债谁负责，实行地方政府属地管理责任制。督促地方大力压减项目建设支出、“三公”经费以及其他一般性支出，整治举债乱象，对违法违规融资担保行为发现一起，查处一起，问责一起，

① 参见 2019 年 1 月 23 日财政部国库司公布的 2018 年财政收支统计数据。
② 参见 2019 年 1 月 23 日财政部国库司公布的 2018 年财政收支统计数据。

并予以曝光。由于执法严格、措施有力，取得了遏制隐性债务增量和稳妥化解存量隐性债务的战果。根据财政部 2019 年 1 月 23 日发布的数据显示，截至 2018 年年末，全国地方政府债务余额 183862 亿元，在全国人大批准的限额控制之内，风险整体可控。①

（2）支持打好精准脱贫攻坚战。财政部门执行财税法的补贴制度、优惠制度、财政转移制度等，全力以赴支持打赢脱贫攻坚战。报告期内，国家增加财政专项扶贫资金规模，加大对贫困地区的一般性转移支付力度，落实中央对地方一般性转移支付增长 10.9% 目标，特别是增强中西部地区财力；执行 2018～2020 年中央财政支持深度贫困地区脱贫攻坚的资金安排；发挥预算法的法律约束和价值导向作用，对各级各类扶贫资金实行严格管理，建立扶贫资金动态监控机制和扶贫资金总台账制度，落实《扶贫项目资金绩效管理办法》，全面升级扶贫项目资金预算绩效管理流程，确立“花钱必问效，无效必问责”的机制。

（3）支持打好污染防治攻坚战。财税部门坚持绿色发展理念，依法增加财政资金投入，向绿色发展、环境保护、生态修复等重点领域倾斜。2018 年中央财政安排大气、水、土壤三项污染防治资金合计 405 亿元，比 2017 年增长 19%，超出了年均增长 15.7% 的目标，远高于同期中央财政支出 9.5% 的增幅；创新支持方式，大力推进重点生态功能区转移支付、横向生态补偿机制、生态环境监测执法、财政事权和支出责任划分等制度建设，完善生态环境保护长效机制；执行《环境保护税法》等财税法律，完善税法、政府采购法、资源有偿使用和生态补偿制度体系，促进了生态环境有效治理，保证提供优质生态产品的能力，打好污染防治攻坚战。

3. 积极执行依法减税降费，实现让利于民的普惠性政策目标

本报告期内，各级财政、税收、海关执行依法减税降费，积极支持让利于民的普惠性政策，促进供给侧结构性改革，提振市场主体信心，提高广大居民的获得感、幸福感、安全感，保持经济持续健康发展和社会大局稳定发挥了执法保障作用。2018 年是近年来减税规模最大的年份，减税额突破 1.3 万亿元，相当于 2013～2017 年五年减税总额的 40%，占 2018 年税收总额比重的 8%。这是 2018 年财税法执法的一大亮点。

（1）各级税务机关依照 2018 年国家修正的《个人所得税法》及其《个

---

① 财政部：《2018 全年财政收支运行情况良好》，载央视网，http：//news.cctv.com/2019/01/23/ARTIt1edvE29CgBkOUINySz5190123.shtml，最后访问日期：2019 年 2 月 9 日。

人所得税实施条例》《个人所得税专项附加扣除暂行办法》等法律法规，创新和改革征管方式，加班加点工作，使几千万居民个人减轻税负获得了实惠。

（2）积极执行新《增值税暂行条例》，2018 年把四档税率归并为三档，从 5 月 1 日起将 17% 和 11% 两档税率分别下调了一个百分点。由于增值税本质上是消费课税，新《增值税暂行条例》不仅减轻企业增值税负担，还降低了作为最终消费者的居民个人的税负。

（3）各级财税机关贯彻落实《财政部国家税务总局关于扩大小型微利企业所得税优惠政策范围的通知》《财政部税务总局关于延续小微企业增值税政策的通知》《国家税务总局关于小微企业免征增值税有关问题的公告》《财政部税务总局关于支持小微企业融资有关税收政策的通知》等规定，小微企业享受的所得税、增值税、印花税等税收及教育费附加、地方教育附加、水利建设基金、文化事业建设费降费的税收优惠政策。2018 年 1 ~ 11 月共计减税约 1840 亿元。

（4）各级海关与财政、税务、外经贸机关等有关部门落实降低关税措施。例如，2018 年 6 月 30 日召开的国务院常务会议决定，从 2018 年 7 月 1 日起，将服装鞋帽、厨房和体育健身用品等进口关税平均税率由 15.9% 降至 7.1%；将洗衣机、冰箱等家用电器进口关税平均税率由 20.5% 降至 8%；将养殖类、捕捞类水产品和矿泉水等加工食品进口关税平均税率从 15.2% 降至 6.9%；将洗涤用品和护肤、美发等化妆品及部分医药健康类产品进口关税平均税率由 8.4% 降至 2.9%。

4. 各级税务机关依法加大征管力度，严格查处部分高收入从业人员的违法行为

针对网上反映有关影视从业人员签订“阴阳合同”中的涉税等问题，国家税务机关部署了开展对部分高收入影视从业人员依法纳税情况进行评估调查的基础上，强化税收风险防控措施，加大依法征管力度，严格查处违法违规行为。例如，江苏等地税务机关依法开展调查核实影视圈涉税违法乱象，采取了征管措施，对影视工作室等由定期定额征收方式转为查账征收。依法严格查处部分高收入影视从业人员的违法行为，不仅防止了国家税收的流失、增加了财政收入，而且提高了全民的依法纳税的意识。

5. 政府财政税务部门加强内控工作机制，提高了执法能力

报告期内，各级财政部门坚持执政为民和依法理财理念，以建设法治

财政为核心，加强了内控工作机制建设，推行政府信息公开、扩大公众参与、接受社会监督、听取吸纳意见等基础性制度建设，提升了财政管理和执法水平。2018 年新一届财政部党组提出，内控要“长出牙齿来”，内控建设要从“立规矩”向“见成效”转变。财政部已初步构建起由基本制度、专项内控办法和操作规程、高风险专项内控办法组成的三级内控制度体系，各单位共同参与、分工明确、运转顺畅的内控制度逐步形成，内控制度与工作实际的结合度不断提升，为推进财政执法奠定了坚实的基础。

各级税务机关作为经济领域的重要执法部门，队伍大、战线长、执法环节多。2018 年 2 月 6 日，国家税务总局举行全国税务系统内控机制建设推进会，把内控机制建设作为一项打基础、建机制、管长远的工程。内控机制的最大特点，就是将权力制约机制嵌入税收执法和行政管理工作的各环节，通过在岗位设置、权责分配和业务流程等方面形成相互监督、相互制约和相互协调的机制，从而有效防范税收执法风险、行政管理风险，保证了税收执法和管理任务的完成。2018 年 4 月将全国统一适用的内控监督平台，在税务总局机关、税务总局驻各地特派员办事处、全国 70 家省级税务机关全面推广到位。这个平台秉承“大内控”设计理念，将内控工作、税收执法责任制和督察审计工作需求有机整合，并集成到一个平台，纵向打通总局、省局、市局和县、区局 4 级，横向互联内控主责部门、内控管理部门和监督部门，编织起一张规范化、信息化和一体化的内控大网。

（三）财税法的司法状况

在 2018 年度我国财税法司法中，涉及税法领域诉讼案件较多，而财政预算法方面涉诉案件极少，而涉税行政案件和刑事案件审判状况在相关行政诉讼法和刑事诉讼法实施报告中做报告，本报告不再列入报告内容范围。

（四）推进 2019 年财政税收法实施的建议

2019 年是新中国成立 70 周年，是决胜全面建成小康社会第一个百年奋斗目标的关键之年。财政是国家治理的基础和重要支柱。国家通过财政投融资进行国家基本建设与基础设施建设，调整经济结构，引导、推动、扶持产业升级，形成新的经济增长点，促进社会投资，增加就业，扩大内需等，从而实现国家经济与社会发展的宏观调控目标。因此，财政是实现国家各个时期经济与社会发展任务的重要调控工具。财政宏观调控和公共服务功能的充分释放离不开良好的国家法治环境。2014 年的《中共中央关于全面推进依法治国若干重大问题的决定》明确指出，“对财政资金分配使用、国有资产监管、政府投资、政府采购、公共资源转让、公共工程建设等权力集中的部门和岗位实行分事行权、分岗设权分级授权，定期轮岗，强化内部流程控制，防止权力滥用”。这为加强经济立法，完善宏观调控，明确了法治财政的具体任务，也为2019年推进财税法治化改革明确了具体目标。为此，本报告建议：

1. 为建设现代财政法律体系推进财政立法

良法是善治的基础。财政立法是财政法治化的基石。以建设现代财政法律体系为目标，必须建立起比较完备的有机统一的中国社会主义财政法律体系。习近平同志指出，要“提高立法科学化、民主化水平，提高法律的针对性、及时性、系统性”。[①] 这对建立一个完备财政法律体系具有明确的指导意义。而比较完备的中国社会主义财政法律体系，应当有一部统领体系的《财政法总则》，它要规定中国财政体制，规定财政收入、财政支出、预算管理和监督活动中的基本事项、从事重要事项所要遵循的基本原则，要规定对财政资金分配使用、国有资产监管、政府投资、政府采购、公共资源转让、公共工程建设等权力集中的部门和岗位，实行分事行权、分岗设权分级授权，定期轮岗，强化内部流程控制，防止权力滥用等基本的财政行为规则和违反财政法应当承担的法律责任等。一切涉及财政税收内容的单行的法律、行政法规和地方性法规都不得同《宪法》《财政法总则》相抵触。建设现代财政法律体系，推进财政立法，必须根据《宪法》《财政法总则》，新制定或修正预算法、财政转移支付法、政府采购法、税收法、非税收入征收法、财政资金拨款法、财政监督法等单行财政法律，构成科学、系统、明确和可操作的中国现代财政法律体系，以保证其能够形成科学、内在统一、相互协调的有机整体。

2. 全面落实税收法定原则，加快税收立法

为贯彻依法治税的法治理念，落实税收法定原则，2019年必须加快推进税收的科学立法、民主立法进程。目前现行18个税种，已有《个人所得税法》《企业所得税法》等8部税收法律，还有《增值法》《消费税法》《土地增值税法》《印花税法》《契税法》《资源税法》《城镇土地使用税法》《房产税法》和《城市维护建设税法》等10部税收法律需要制定，面对

① 习近平：《在十八届中央政治局第四次集体学习时的讲话》（2013年2月23日），载中国共产党新闻网，http：//cpc. people. com. cn/xuexi/n/2015/0512/c385474－26985149. html；最后访问日期：2019年2月12日。

2020 年前要制定 10 部税收法律的繁重任务，2019 年必须加快推进税收立法步伐，才能如期完成税收立法任务。

3. 健全财税法的执法与司法等实施机制

为紧紧围绕新时代中国财税法治建设的战略安排，促进建立现代财政制度，优化财税法执法环境，必须做到：（1）树立以人民为中心的财税执法理念，建立规范、透明、标准科学、约束有力的预算法实施制度；（2）深化税收征管制度改革，形成统一、公正、透明和便捷的税收征管执法制度；（3）建立涉税案件专业化审判机制。针对目前我国涉税案件专业化审判现状，结合涉税案件量少、专业化要求高的特点，本报告认为，建议有关部门认真研究适时采纳近年来一些专家所提出的“关于完善税务司法机制、设立税务审判法庭的提案”，积极推进涉税审判专业化建设工作，在时机成熟时出台相关规范性文件，将涉税审判专业化方案落到实处。

4. 进行财政税收法的守法教育，提高单位和纳税人对财税法律的遵从度

法治状况包括立法、执法、司法和守法，四者是相互联系的。立法、执法和司法十分重要，但守法是最为广泛的法治基础工作。习近平同志指出“人民群众对立法的期盼，已经不是有没有，而是好不好、管用不管用、能不能解决实际问题；不是什么法都能治国，不是什么法都能治好国；越是强调法治，越是要提高立法质量”。[①] 对良法我们首先要让守法者知晓，这就要进一步搞好已坚持多年的税法宣传月活动，并扩展到财税法宣传月，开展财税法普法教育，以要提高广大企业经营者、预算执行单位和居民个人等财税法的守法主体的遵从度。

三、金融调控法实施的状况、特点与展望

金融是现代经济的核心。“金融是国家重要的核心竞争力，金融安全是国家安全的重要组成部分，金融制度是经济社会发展中重要的基础性制度。”[②] 金融既需要市场化，也必须法治化。金融的市场化和法治化，必然要求建立健全金融市场规制法和金融调控法，将重要金融活动都纳入法治

---

① 习近平：《在十八届中央政治局第四次集体学习时的讲话》（2013 年 2 月 23 日），载中国共产党新闻网，http：//cpc. people. com. cn/xuexi/n/2015/0512/c385474 – 26985149. html：最后访问日期：2019 年 2 月 12 日。

② 习近平：《在中共中中央政治局第 13 次集体学习时的讲话》（2019 年 2 月 22 日），载《光明日报》2019 年 2 月 24 日，第 1 版。

轨道，以保障金融市场公平有序、金融发展稳健与安全。本报告主要对金融调控法做介绍。

金融调控法，是指调整金融宏观调控关系的法律规范系统，是我国金融法体系的主要组成部分，是国家运用货币政策进行宏观经济调控的主要法律手段。金融调控法形式意义上，是指国家制定的调整金融宏观调控关系的法律、法规等文本的总称，主要包括：（1）金融基本法律，如《中华人民共和国中国人民银行法》（以下简称《中国人民银行法》），它是为保证货币政策的实现、防范和化解系统性金融风险、维护金融稳定，而由全国人民代表大会通过的金融基本法律；（2）金融单行法律，在为执行货币政策，在商业银行业、保险业和证券、外汇等某一类金融领城内由全国人大常委会制定的单行金融法律，如《中华人民共和国银行业监督管理法》（以下简称《银行业监督管理法》）、《中华人民共和国商业银行法》（以下简称《商业银行法》）、《中华人民共和国保险法》（以下简称《保险法》）、《中华人民共和国证券法》（以下简称《证券法》）、《中华人民共和国信托法》（以下简称《信托法》）、《中华人民共和国证券投资基金法》（以下简称《证券投资基金法》）等；（3）国务院制定的金融行政法规，如《中华人民共和国外汇管理条例》《存款保险条例》等；（4）金融部门规章，由中国人民银行或中国银保监会、中国证监会单独制定或者它们之间联合以及它们和其他具有行政管理职能的中央政府部门联合制定，如《金融机构大额交易和可疑交易报告管理办法》等；（5）地方性金融法规，由各省、自治区、直辖市以及省级人民政府所在地的市和国务院批准的较大的市的人民代表大会及其常务委员会制定，如《山东省地方金融条例》《温州市民间融资管理条例》等；（6）最高人民法院发出的金融司法解释，如《关于执行担保若干问题的规定》等。

本报告主要对中国人民银行法、银行业监督管理法等法律、行政法规和部门规章的实施状况进行分析和总结。本报告未介绍地方性金融法实施情况。与此同时，本报告还对2019年的金融调控法实施提出建议或者展望。

（一）金融调控法立法状况

本报告期内，金融法律、行政法规和部门规章的制定、修改和废止状况：

1. 新制定、修改和废止的金融法律、行政法规

本报告期全国人民代表大会和全国人大常委会没有制定出台和修改金

融法律；为了支持普惠金融发展，促进资金融通，规范融资担保公司的行为，防范风险，本报告期内，国务院办公厅发布《转发证监会关于开展创新企业境内发行股票或存托凭证试点若干意见的通知》和《关于全面推进金融业综合统计工作的意见》2 部。

2. 新制定、修改和废止的金融部门规章

本报告期内，中国人民银行、中国银保监会、中国证监会以及它们与国务院各部、委员会及具有行政管理职能的直属机构联合制定的金融法类的部门规章有《商业银行大额风险暴露管理办法》《商业银行理财子公司管理办法》《证券公司和证券投资基金管理公司境外设立、收购、参股经营机构管理办法》等 23 部。（见表 4a－2）

表 4a－2　2018 年度新制定或修正的金融法的部门规章

序号	部门规章名称	颁布单位	颁布时间
1	关于废止的规章目录和现行有效的规章目录	中国人民银行	2018. 2. 8
2	商业银行大额风险暴露管理办法	中国银保监会	2018. 4. 24
3	保险公司信息披露管理办法	中国银保监会	2018. 4. 28
4	商业银行流动性风险管理办法	中国银保监会	2018. 5. 23
5	金融资产投资公司管理办法（试行）	中国银保监会	2018. 6. 29
6	关于废止和修改部分规章的决定	中国银保监会	2018. 8. 17
7	商业银行理财业务监督管理办法	中国银保监会	2018. 9. 26
8	商业银行理财子公司管理办法	中国银保监会	2018. 12. 2
9	中国证券监督管理委员会行政许可实施程序规定	中国证监会	2018. 3. 8
10	证券期货市场诚信监督管理办法	中国证监会	2018. 3. 28
11	外商投资证券公司管理办法	中国证监会	2018. 4. 28
12	首次公开发行股票并上市管理办法	中国证监会	2018. 6. 6
13	首次公开发行股票并在创业板上市管理办法	中国证监会	2018. 6. 6
14	存托凭证发行与交易管理办法（试行）	中国证监会	2018. 6. 6
15	证券发行与承销管理办法	中国证监会	2018. 6. 15
16	证券期货经营机构及其工作人员廉洁从业规定	中国证监会	2018. 6. 27

续表

序号	部门规章名称	颁布单位	颁布时间
17	关于改革完善并严格实施上市公司退市制度的若干意见	中国证监会	2018. 7. 27
18	证券登记结算管理办法	中国证监会	2018. 8. 15
19	上市公司股权激励管理办法	中国证监会	2018. 8. 15
20	外商投资期货公司管理办法	中国证监会	2018. 8. 24
21	证券公司和证券投资基金管理公司境外设立、收购、参股经营机构管理办法	中国证监会	2018. 9. 25
22	证券期货经营机构私募资产管理业务管理办法	中国证监会	2018. 10. 22
23	证券基金经营机构信息技术管理办法	中国证监会	2018. 12. 19

3. 新型社会规范表现形式

本报告期内，中共中央和国务院联名公布的有法律约束力的金融规范性文件有：《关于完善国有金融资本管理的指导意见》（2018 年6 月30 日）。

（二）金融调控法执法状况与特点

金融调控法的执法是金融调控法实施的主要内容。本报告认为，2018年度国务院金融稳定发展委员会、中国人民银行和中国银保监会、中国证监会等金融调控与金融监管的执法机构，积极贯彻党的十九大和第五次全国金融工作会议精神，严格执行《中国人民银行法》《银行业监督管理法》《商业银行法》《保险法》《证券法》等法律、法规，在保证货币政策和宏观审慎政策实施、促进金融服务实体经济、防控系统性金融风险、助力供给侧结构性改革、打好“三大攻坚战”、保持国际收支平衡、支持金融创新等方面取得的成果显著。金融调控法的执法呈现以下特点：

1. 金融调控执法机构设置的中国特色

我国金融调控机构是由国务院金融稳定发展委员会、中国人民银行和中国银保监会、中国证监会组成的。这种由“一委一行两会”组成的我国金融调控机构的组织格局形成了鲜明的中国特色。

（1）金融委是国务院统筹协调金融重大问题的议事协调机构。2018 年7 月2 日，新一届国务院金融稳定发展委员会成立，国务院副总理刘鹤担任金融委主任，央行行长易纲和国务院副秘书长丁学东担任副主任。[①] 国务院金融委是国务院统筹协调金融稳定和改革发展重大问题的议事协调机构。

国务院金融委的主要职责是：落实党中央、国务院关于金融工作的决策部署；审议金融业改革发展重大规划；统筹金融改革发展与监管，协调货币政策与金融监管相关事项，统筹协调金融监管重大事项，协调金融政策与相关财政政策、产业政策等；分析研判国际国内金融形势，做好国际金融风险应对，研究系统性金融风险防范处置和维护金融稳定重大政策；指导地方金融改革发展与监管，对金融管理部门和地方政府进行业务监督和履职问责等。

国务院金融委办公室设在中国人民银行，易纲兼办公室主任。国务院金融委办公室承担金融委的日常工作，负责推动落实党中央、国务院关于金融工作的决策部署和金融委各项工作安排，组织起草金融业改革发展重大规划，提出系统性金融风险防范处置和维护金融稳定重大政策建议，协调建立中央与地方金融监管、风险处置、消费者保护、信息共享等协作机制，承担指导地方金融改革发展与监管具体工作，拟订金融管理部门和地方金融监管问责办法并承担督导问责工作等。[②]

（2）中国人民银行是中华人民共和国的中央银行。根据《中国人民银行法》第 2 条规定，“中国人民银行是中华人民共和国的中央银行”。央行在国务院领导下，制定和执行货币政策，负责宏观审慎管理，防范和化解金融风险，维护金融稳定，维护国家金融安全，是中央银行宏观调控体系的牵头机构。[③]

中国人民银行的主要职责是：拟订金融业改革、开放和发展规划，承担综合研究并协调解决金融运行中的重大问题、促进金融业协调健康发展的责任。牵头国家金融安全工作协调机制，维护国家金融安全；牵头建立宏观审慎管理框架，拟订金融业重大法律法规和其他有关法律法规草案，制定审慎监管基本制度，建立健全金融消费者保护基本制度；制定和执行货币政策、信贷政策，完善货币政策调控体系，负责宏观审慎管理；牵头

---

① 《新一届国务院金融稳定发展委员会召开第一次会议》，载中国政府网，http: //www. gov. cn/xinwen/2018 -07/03/content_ 5303229. htm，最后访问日期：2019 年 2 月 18 日。

② 《新一届国务院金融稳定发展委员会召开第一次会议》，载中国政府网，http: //www. gov. cn/xinwen/2018 -07/03/content_ 5303229. htm，最后访问日期：2019 年 2 月 18 日。

③ 《中国人民银行职能配置、内设机构和人员编制规定》，载中国政府网，http: //www. gov. cn/zhengce/2019 -02/02/content_ 5363338. htm，最后访问日期：2019 年 2 月 18 日。

负责系统性金融风险防范和应急处置，负责金融控股公司等金融集团和系统重要性金融机构基本规则制定、监测分析和并表监管，视情责成有关监管部门采取相应监管措施，并在必要时经国务院批准对金融机构进行检查监督，牵头组织制定实施系统重要性金融机构恢复和处置计划；承担最后贷款人责任，负责对因化解金融风险而使用中央银行资金机构的行为进行检查监督；监督管理银行间债券市场、货币市场、外汇市场、票据市场、黄金市场及上述市场有关场外衍生产品和牵头负责跨市场跨业态跨区域金融风险识别、预警和处置，负责交叉性金融业务的监测评估，会同有关部门制定统一的资产管理产品和公司信用类债券市场及其衍生产品市场基本规则；负责制定和实施人民币汇率政策，推动人民币跨境使用和国际使用，维护国际收支平衡，实施外汇管理，负责国际国内金融市场跟踪监测和风险预警，监测和管理跨境资本流动，持有、管理和经营国家外汇储备和黄金储备；牵头负责重要金融基础设施建设规划并统筹实施监管，推进金融基础设施改革与互联互通，统筹互联网金融监管工作；统筹金融业综合统计，牵头制定统一的金融业综合统计基础标准和工作机制，建设国家金融基础数据库，履行金融统计调查相关工作职责；组织制定金融业信息化发展规划，负责金融标准化组织管理协调和金融科技相关工作，指导金融业网络安全和信息化工作；发行人民币，管理人民币流通；统筹国家支付体系建设并实施监督管理。会同有关部门制定支付结算业务规则，负责全国支付、清算系统的安全稳定高效运行；经理国库；承担全国反洗钱和反恐怖融资工作的组织协调和监督管理责任，负责涉嫌洗钱及恐怖活动的资金监测；管理征信业，推动建立社会信用体系；参与和中国人民银行业务有关的全球经济金融治理，开展国际金融合作；按照有关规定从事金融业务活动；管理国家外汇管理局；完成党中央、国务院交办的其他任务十九项①。

2018 年将原中国银行业监督管理委员会和中国保险监督管理委员会拟订银行业、保险业重要法律法规草案和审慎监管基本制度的职责也划入了中国人民银行主要职责范围。②

（3）中国银保监会、中国证监会协助中央银行做好金融宏观调控事项。

---

① 《中国人民银行职能配置、内设机构和人员编制规定》，载中国政府网，http：//www.gov.cn/zhengce/2019－02/02/content_5363338.htm，最后访问日期：2019 年 2 月 18 日。

② 王勇：2018 年 3 月 13 日第十三届全国人民代表大会第一次会议作《关于国务院机构改革方案的说明》。

中国银行保险监督管理委员会和中国证监会是国务院直属事业单位。它们依照《银行业监督管理法》《商业银行法》《保险法》《证券法》《信托法》《证券投资基金法》等法律规定，统一监督管理银行业、保险业、证券业、信托业、证券投资基金业和互联网金融业，维护金融业合法、稳健运行，保护金融消费者合法权益，助力中央银行做好防控金融风险、保障国家金融安全、维护金融稳定等金融宏观调控事项。

根据中国国情和金融业存在高风险的实际，逐渐形成的货币政策和宏观审慎管理双支柱调控框架体系，更有利于政府金融调控职能的发挥，有利于统一和强化宏观审慎管理和系统性金融风险的防范，确保金融安全与稳定发展。

2. 实施中国人民银行法，实现了稳健的货币政策目标

稳健的货币政策是指根据经济变化的征兆来调整政策取向，当经济出现衰退迹象时，货币政策偏向扩张；当经济出现过热时，货币政策偏向紧缩。《中国人民银行法》第 3 条规定，“货币政策目标是保持货币币值的稳定，并以此促进经济增长”。在本报告期内，中央银行遵守《中国人民银行法》的规定，采取《中国人民银行法》第 23 条所规定的货币政策工具：“要求银行业金融机构按照规定的比例交存存款准备金”“确定中央银行基准利率”“为在中国人民银行开立账户的银行业金融机构办理再贴现”“向商业银行提供贷款”“在公开市场上买卖国债、其他政府债券和金融债券及外汇”和“国务院确定的其他货币政策工具”。等方法，并会同中国银保监会、中国证监会执行稳健的货币政策，对金融市场实施比较精准的宏观调控，从而实现了稳健的货币政策目标。

（1）在货币总量上保持流动性合理充裕。在报告期内，通过五次降低存款准备金率，增量开展中期借贷便利（MLF）操作，增加中长期流动性供应，2018 年，新增人民币贷款 16.17 万亿元，同比多增 2.64 万亿元，多增量是上年同期的 3 倍，引导货币信贷和社会融资规模合理增长。

（2）在结构上加大定向调控、精准滴灌力度。灵活运用结构性货币政策工具，加大对普惠金融等重点领域、薄弱环节的金融支持，包括增加支农支小再贷款和再贴现额度、下调支小再贷款利率、扩大央行担保品范围等措施。2018 年 1 月至 11 月，普惠口径小微贷款同比增长 17.1%，小微贷款授信户数较上年年末增长 28%。

（3）采取多项措施疏通货币政策传导。调整宏观审慎评估（MPA）政

策参数，扩大金融机构广义信贷增长空间，增设考察支持民营、小微企业融资和债转股工作的专项指标。创设定向中期借贷便利（TMLF），提供长期资金并执行比 MLF 更优惠的利率。推出民营企业债券融资支持工具。加强民营和小微企业金融服务实地督导。以永续债为突破口推进银行补充资本，缓解资本约束。2018 年 11 ~12 月，民营企业发债规模同比增长 70%。

（4）继续推进利率和汇率市场化改革。培育市场基准利率体系，进一步提高利率定价的市场化水平。发挥汇率调节宏观经济和国际收支的“自动稳定器”作用，同时保持人民币汇率在合理均衡水平上基本稳定，各种利率稳中有降。

（5）助力打好防范化解重大金融风险攻坚战。多措并举有序处置各类金融风险，推动金融风险由前几年的快速积累逐渐转向高位缓释。根据形势变化，前瞻性地采取了一系列逆周期调节措施。

3. 2018 年组建中国银行保险监督管理委员会，新银保金融监管执法机制运行平稳

根据党的十九届三中全会审议通过的《中共中央关于深化党和国家机构改革的决定》《深化党和国家机构改革方案》和第十三届全国人民代表大会第一次会议批准的《国务院机构改革方案》规定，在我国组建了中国银行保险监督管理委员会。2018 年 4 月 8 日，中国银行保险监督管理委员会在京揭牌，标志着新组建的中国银行保险监督管理委员会正式挂牌运行。本报告认为，中国银保监会以中国人民银行法、银行业监督管理法、商业银行法、保险法、信托法等为执法依据，2018 年新创设的金融监管执法机制运行是平稳有效的，在落实货币政策、推动银行保险业为实体经济服务、整治行业市场乱象、防范化解金融风险，依法处理不法金融机构和非法金融活动等方面取得执法成效，并呈现如下特点：

（1）全国银行业和保险业运行稳健，风险总体可控。2018 年，总体来看我国银行业和保险业运行稳健，风险总体可控。报告期内我国银行业规模持续增长，贷款占比稳步上升；信贷质量基本稳定，核销力度加大；拨备水平较高，风险抵御能力增强；流动性总体稳健，同业负债继续收缩。据初步统计，截至 2018 年 12 月末，商业银行不良贷款余额 2 万亿元，不良贷款率为 1. 89%，关注类贷款余额 3. 4 万亿元，关注类贷款率为 3. 16%，较 2016 年高点下降了 1 个百分点，逾期 90 天以上贷款与不良贷款比例为 92. 8%，较 2017 年末下降 6. 9 个百分点，全年商业银行累计核销不良贷款

9880 亿元，较上年多核销 2590 亿元，从而腾出更多空间服务民营企业和小微企业；截至 2018 年 12 月末，商业银行贷款损失准备余额 3.7 万亿元，较上年末增加 6762 亿元，拨备覆盖率和贷款拨备率分别为 185.5% 和 3.5%，较上年末分别上升 5.1 个和 0.24 个百分点，银行业流动性总体稳健，同业负债继续收缩，商业银行人民币超额备付率 2.64%、存贷款比例 74.3%，均在合理区间，优质流动性资产占比明显高于国际平均水平；同业负债同比下降 9.1%，部分中小机构过度依赖短期批发性融资问题有所缓解。①

报告期内保险业风险保障功能充分发挥，服务能力不断提升。2018 年，保险业总资产 18 万亿元，同比增长 7.2%；保险业原保险保费收入 3.8 万亿元，同比增长 3.9%；赔款与给付支出 1.2 万亿元，同比增长 9.8%。②

（2）促进银行业服务实体经济，成效突出。报告期内，我国银行业保持了较高的贷款增速、债券投资增速。同时，还通过置换地方政府债券、信贷资产证券化等方式增加对实体经济的资金支持。小微企业贷款增速远高于贷款平均增速、小微企业贷款利率明显下降等特点比较突出；就盘活存量方面而言，2018 年资产证券化产品规模达到 9000 亿元为历史最高，市场化法治化债转股的签约金额已突破 2 万亿元，落地金额已达 6200 亿元；2018 年银行业加大不良资产处置力度，初步统计处置和核销不良资产接近 2 万亿元，而 2017 年处置和核销不良资产 1.4 万亿元。通过进行债转股、不良资产处置、证券化的方式可让银行腾出更多新的资金对实体经济融资。③

（3）依法推出新举措，提高对小微企业金融支持力度。报告期内，我国银保监会根据银行业监督管理法、商业银行法、保险法和国家支持小微企业政策，针对小微企业融资难、融资贵问题，先后出台多项政策举措，总体来看，普惠金融体制机制建设逐步完善，改进小微企业融资方式取得了突破进展，信贷投放量和覆盖面稳步提高，小微企业的融资成本明显下降，小微企业贷款的质量也得到了有效的控制，并取得以下成效：截至 2018 年 11 月末，小微企业贷款余额为 33.28 万亿元，占各项贷款余额的 23.81%，其中，单户授信 1000 万元及以下的小微企业贷款余额 9.13 万亿

① 中国银保监会：《银保监会近期重点监管工作通报会》，载中国网，http://finance.china.com.cn/blank/20190111/631.shtml，最后访问日期：2019 年 2 月 20 日。

② 中国银保监会：《银保监会近期重点监管工作通报会》，载中国网，http://finance.china.com.cn/blank/20190111/631.shtml，最后访问日期：2019 年 2 月 20 日。

③ 中国银保监会：《银保监会近期重点监管工作通报会》，载中国网，http://finance.china.com.cn/blank/20190111/631.shtml，最后访问日期：2019 年 2 月 20 日。

元，比年初增长18.77%，比各项贷款增速高6.89个百分点，有贷款余额的户数是1644万户，比年初增加了376万户；在债转股方面，2018年债转股签约金额已突破2万亿元，落地金额已达6200亿元；在资产证券化以及不良资产证券化方面，2018年金额约为9000亿元，创历史最高纪录。①

（4）稳步推进理财子公司发展，引导资金有序进入市场。报告期内，在银行业积极稳妥推进理财子公司发展，引导资金逐步有序进入市场，维护市场的稳定。通过指导已获批的银行结合战略规划和市场定位，推动开展理财子公司的各项准备工作，实现顺利开业运营。加强对已设立的理财子公司监督管理，促进其合规审慎经营。

（5）查处非法和违法违规金融活动，重点整治了交叉性金融业务。报告期内，银保监会重点整治两类交叉金融业务：第一类是资金在金融体系空转，助推“脱实向虚”的交叉金融业务；第二类是对非法和违法违规的金融产品、金融活动、金融机构，以及使金融生态得不到净化的行为进行整治。具体分析和辨别通道业务，支持有利于实体经济发展、有利于降低金融风险的交叉金融业务。据统计，2018年1月1日至12月31日，全国银保监系统共计公布了3311份行政处罚文书，相比2017年公布的行政处罚文书数量有所减少，银监处罚数据公开程度不断提升。从罚单数量和罚没金额来看，银保监会公布20份，各地银监局公布944份，银监分局公布2347份；明确受惩对象为个人的1711份，占比51.68%；受惩对象为机构的1600份，占比48.32%；罚款金额共计208 176.72万元，其中对机构罚款195 070.53万元，占比93.70%；对个人罚款13 106.19万元，占比6.30%。②

（6）支持开发新保险业务和专项产品，支持实体经济发展。报告期内，通过保险法执法促进保险业支持实体经济作用的发挥，支持保险资金设立专项产品帮助化解股票质押流动性风险。2018年有10家保险公司设立专项产品，其险资规模已超过1000亿元；在发挥保险资金长期稳定的主要优势，通过债权投资和股权投资的方式更好地服务实体经济；充分发挥保险公司在风险保障和信用保障方面的功能，支持保险公司开发产品提供增信服务，

① 中国银保监会：《银保监会近期重点监管工作通报会》，载中国网，http://finance.china.com.cn/blank/20190111/631.shtml，最后访问日期：2019年2月20日。

② 《〈中国银监行政处罚大数据〉2018年度研究报告》，载未央网，https://www.weiyangx.com/317452.html，最后访问日期：2019年2月16日。

参与到小微企业风险分担机制运行。

4. 中国证监系统从严执法，促进资本市场服务实体经济的功能得到充分发挥

本报告期内，中国证监部门执行证券法，落实党中央、国务院关于资本市场监管执法的各项决策部署，按照依法全面从严监管的方针，紧扣风险防范和稳定发展，聚焦重点领域和市场关切，严厉打击各类证券期货违法违规活动，全面提升稽查执法综合效能，确保市场运行有序，投资者权益得到有效保护，资本市场服务实体经济的功能得到充分发挥。

（1）把“六稳”即稳就业、稳金融、稳外贸、稳外资、稳投资、稳预期的要求贯彻到资本市场监管工作各方面。以大局意识和协同意识，重点做好维护资本市场稳定和各类风险的防范化解工作，关注资本市场平稳健康发展。

（2）完善多项基础性制度改革。以改革为主线，继续深化发行和并购重组、股份回购、员工持股、公司治理、退市等基础性制度改革。做好 IPO 常态化发行工作，严把质量关，通过现场检查、发审委从严审核等方式将淘汰不符合要求的企业，将更多优秀、优质的企业引入资本市场。在并购重组方面，需积极推进上市公司并购重组，完善并购重组监察机制，进一步提升工作效率和透明度，更好服务实体经济。退市制度方面，应制定好标准坚决执行，提升退市执行力。

（3）全面加快资本市场对外开放。按照“宜早不宜迟、宜快不宜慢”的原则，资本市场对外开放亮点频频，从放宽证券期货从业机构外资股比及业务范围的工作迈出实质性步伐，到顺利推出了原油期货，铁矿石期货引入境外交易者，再到内地与香港特区两地股票互联互通额度扩大 4 倍，H 股全流通试点正式启动。

（4）加强上市公司和各类证券期货机构监管，强化稽查执法力度，大力推进监管科技建设。自 2018 年初以来，中国证监会及其派出机构已经公开披露的，对于证券公司（包括分公司和营业部）及从业人员所采取的行政处罚和行政监管措施共计 114 项，合计罚没金额共计 7989.75 万元，其中罚款金额 5647.27 万元，没收金额 2342.48 万元；针对机构罚没款 4378.64 万元，针对个人罚没款 3565.41 万元。在采取的处罚措施中，主要有罚款、责令改正和出具警示函，对于违法违规较严重的机构和个人，暂停业务、暂停新增客户或撤销资格等监管措施也不在少数。2018 年全年共有 59 家证券公

司收到罚单，占全部130家证券公司的45%，被处罚的个人达到62人。[①]

（5）切实维护投资者合法权益。保护投资者特别是中小投资者的合法权益，是证监会始终强调的重中之重。从设立基础性制度规定投资者适当性，到发行IPO考虑市场承受力，再到打击违法违规维护投资者利益，这一系列监管规则都在为投资者保驾护航。

（三）金融调控法的司法状况与特点

本报告期内，金融审判工作面对新形势、新要求，任务异常艰巨而繁重。全国金融工作会议确定了服务实体经济、防控金融风险、深化金融改革三项重大任务。中央经济工作会议提出了打好防范化解重大风险，金融风险攻坚战的工作任务。全国金融审判系统深入贯彻党的十九大、十九届二中、三中全会精神，全面学习贯彻中央经济工作会议、全国金融工作会议、中央政法工作会议，服务“一带一路”的国家战略，依法履行审判职能，深化金融审判体制机制改革，抓好队伍建设，确保司法公正、高效、权威，为规范金融市场秩序，维护国家金融安全，营造良好的营商环境和金融法治环境提供优质的司法服务和司法保障。

1. 依法履行审判职责，维护金融安全稳定

2018年，金融审判坚持执法办案第一要务，依法公正高效审理每一起金融商事案件，努力提升审判质效，维护国家金融安全及社会和谐稳定。切实增强大局意识，对以金融创新为名掩盖金融风险、规避金融监管、进行制度套利的金融违规行为，要以其实际构成的法律关系确定其效力和各方的权利义务。加强涉众型案件的司法应对。对P2P网贷、现金贷、套路贷、校园贷、涉类期货交易场所等易引发群体性矛盾的金融案件，进一步做好维稳预案，预防矛盾激化。妥善处理“刑民交叉”案件，坚持“先刑后民”的处置原则处理好涉嫌违规金融活动的案件。加强新类型金融案件的研究和应对，统一裁判尺度。高度关注涉及私募股权投资、委托理财、资产管理等新类型金融交易的案件。通过发布指导性案例，通过类案指导，统一裁判尺度。规范和促进直接服务实体经济的融资方式，拓宽金融对接实体经济的渠道。依法保护融资租赁、保理等金融资本与实体经济相结合的融资模式。

---

① 《2018年证券公司监管处罚数据统计报告》，载腾讯网，https：//new. qq. com/omn/20190116/20190116G07M5G00，最后访问日期：2019年2月24日。

2. 设立上海金融法院，完善金融纠纷多元化解体制机制

全力推进上海金融法院设立。上海金融法院的设立是金融司法审判的重大审判机制创新，标志着我国金融审判体制机制改革取得了重大历史性突破，具有里程碑意义。进一步扩大金融纠纷多元化解决机制覆盖面，全国法院加快推进与各专业机构之间的有效对接，签署长期合作协议，健全具体工作机制，实现纠纷多元化解决机制在全市范围的全覆盖。引导更多金融商事纠纷进入诉调对接，在立案阶段引导和鼓励当事人先行调解，包括委托调解、委派调解、人民调解、金融行业组织专业调解等。与金融机构签署合作协议，建立单方承诺同意调1解机制，扩大纠纷多元化解决机制适用范围。完善司法确认机制和强制执行机制，建立专项绿色通道，第三方机构达成调解协议，通过专项绿色通道申请司法确认，赋予其强制执行力。

3. 加强与金融监管部门沟通协调，营造良好金融法治环境

加强与各类金融监管机构、金融行业组织的沟通交流，通过互访、情况通报、专题讨论会、联席会议等方式，实现法院裁判结果与金融监管政策导向的有机衔接。加强与学术机构、高等院校的合作，围绕金融审判实务问题，深入开展金融审判的理论研究，为金融审判提供智力支持。通过发布金融审判白皮书和司法建议对规范金融市场秩序、加快市场交易规则形成、保护金融消费者保护起到了良好的促进作用，切实做好司法延伸工作。

4. 推进智慧法院建设，以智能化促进金融审判适法统一与专业化

创新运用云计算、互联网、大数据、人工智能等现代科技手段，全面加强金融审判工作，助力审判质效全面提升。探索建立金融审判信息平台，精准采集信息，实时反映金融机构涉诉情况。建立重大金融案件的信息专报制度，进一步提升信息系统的审判调研和动态预警功能，为准确研判分析金融案件趋势，预测、防范、化解金融风险服务。探索人工智能在金融商事审判中的应用，加强对金融案件的审判管理和分析研判，定期形成金融审判大数据分析报告，研究解决具有普遍性、趋势性的法律问题，为区域性、行业性、系统性金融风险的防范预警和重大决策提供信息支持。积极推进金融案件的证据要件指引制定和证据模型开发工作，通过运用智能化数据分析，提升采信证据、认定事实、适用法律、公正裁判等方面的适法统一与裁判的可预期性。

（四）推进2019年金融调控法实施的建议

2019年2月22日，习近平同志在中共中央政治局第十三次集体学习时强调，“深化金融供给侧结构性改革增强金融服务实体经济能力”。[①] 推进2019年金融调控法的实施应当以习近平同志关于金融工作方面的思想为指导，紧紧围绕金融改革服务实体经济，满足经济社会发展和人民群众需要的宗旨，增强金融调控法的功能，更好发挥金融调控法的作用，完善金融调控制度体系，打好防范化解包括金融风险在内的重大风险攻坚战，推动我国金融业健康发展。

1. 金融调控法的实施应当保证实现稳金融、强经济的目标

金融稳，经济稳。经济是肌体，金融是血脉，两者共生共荣。2019年，面临经济运行稳中有变、变中有忧，经济金融形势更加复杂的局面，中国人民银行系统应当牢固树立新发展理念，深化金融供给侧结构性改革，实施好中国人民银行法，保证稳健的货币政策执行到位，发挥货币政策的逆周期调节作用，优化金融体系结构，通过严格依法调控与执法，进一步增强金融调控的前瞻性、灵活性和针对性，促进中央银行调控松紧适度，保持流动性合理充裕，解决融资贵融资难问题，保证币值稳定，防范与化解金融风险，为实体经济发展提供更高质量、更有效率的金融服务。

2. 金融调控法的实施应当有利于发挥国务院金融委的统筹协调作用

做好金融工作需要金融界各方的共同努力和协调一致。2019年，金融调控法的实施应当有利于发挥国务院金融委的统筹协调作用，加强金融宏观调控与金融市场监管协调，坚持宏观审慎管理和微观行为监管两手抓、两手都硬、两手协调配合；发挥国务院金融委的统筹协调作用，统筹金融管理资源，加强银保监委、证监会之间，中央金融管理部门与地方政府及相关金融管理机关之间的协调，加强基层金融监管力量，强化地方监管责任。为此，建议通过国家立法的方法，制定能够明确国务院金融委法律地位、确立货币政策和金融宏观审慎政策的双支柱金融管理体制的法律，并相应修订《中国人民银行法》《银行业监管法》《证券法》《保险法》和《信托法》等金融法律法规，健全金融法基本制度。

---

① 习近平：《在中共中央政治局第13次集体学习时的讲话》（2019年2月22日），载《光明日报》2019年2月24日，第1版。

3. 金融调控法的实施应当助力打好防范化解金融风险攻坚战

防范化解金融风险特别是防止发生系统性金融风险，是金融工作的根本性任务。展望2019年，全球经济和金融市场仍存在较大不确定性，中国经济在由高速增长向高质量增长的转型与结构优化调整过程中，一些“灰犀牛”性质的金融风险可能仍将释放，金融调控法的实施应当助力打好防范化解金融风险攻坚战。全面执行《关于完善系统重要性金融机构监管的指导意见》，加快金融市场基础设施建设，推进金融机构改革，整合金融管理机关，加快金融监管职能转换，加强对金融从业人员的教育监督管理，加强金融领域反腐败力度增强综合监管能力；要完善多层次资本市场体系，提高上市公司质量，促进资本市场健康发展；稳步推进金融业关键信息基础设施国产化，做好金融业综合统计，健全及时反映风险波动的信息系统，完善信息发布管理规则，健全信用惩戒机制；构筑能够“管住人、看住钱、扎牢制度防火墙”，达到管住金融机构、金融监管部门主要负责人和高中级管理人员；尽快建立健全现代科技金融和支付结算制度，适时动态监管线上线下、国际国内的资金流向流量，使所有资金流动都置于金融监管机构的监督视野之内。

4. 金融调控法的实施需要健全和完善金融法院或金融法庭

深化金融改革开放，加强金融法基本制度建设，也包括深化金融审判体制机制改革。金融调控法的实施迫切需要金融司法的支持。展望2019年，为解决金融决策失误、金融监督失职、滥用监管权力等造成重大金融风险的问题，为公正处理金融机构及其从业人员违反金融法律、破坏金融市场秩序、危害国家金融安全、严重损害金融消费者权益等问题，只有做到依法严格追究其法律责任，才能确保金融法的实施，因此，加强金融调控法的实施必须进一步健全金融审判体制机制，办好金融法院或金融法庭，培养、选拔、打造一支政治过硬、作风优良、精通金融审判业务的人才队伍，提高司法公正、高效、权威，为规范营造良好的营商环境和金融法治环境提供优质的司法服务和司法保障。

撰稿专家

徐孟洲，法学博士，中国人民大学法学院二级教授、博士生导师，兼任中国人民大学金融法研究所所长、中国人民大学财税法研究所所长、中国法学会商业法学研究会常务副会长、中国法学会银行法学研究会副会长、中国法学会经济法学研究会监事长、中国法学会财税法学顾问、中国法学会立法法学研究会常务理事、北京市经济法研究会会长等职。自1978年考入中国人民大学法律系并留校工作至今已有41年，主要从事经济法学、金融法学、财税法学、竞争法学、银行法学、信托法学等方面的教学与科研工作，分别于1994年和1997年到法国艾克斯－马赛第三大学留学两年；出版学术专著、主编教材等30多部，发表学术论文120多篇，主持完成《财税法律制度改革与完善研究》《社会主义市场竞争的法律调整机制研究》《逆周期金融宏观审慎管理法律问题研究》《财政转移付立法问题研究》《金融监管法律制度研究》《预算法国际比较研究》《中国税收执法研究》《金融专业调解制度研究》《发展规划立法研究》等20多项国家社科基金、教育部等科研课题；主要获奖代表著作有《耦合经济法论》［获教育部第六届高等学校科学研究优秀成果奖（人文社会科学）三等奖］《税法学》（获司法部第二届全国法学教材与科研成果奖二等奖）《金融监管法研究》（获司法部第三届全国法学教材与科研成果奖三等奖）《经济法》（合著，获教育部优秀教材成果一等奖）。

第四章　2018 年经济法实施报告

2018 年市场规制法实施报告

李胜利

报告要旨

2018 年市场规制法的实施稳步提升，多个领域取得较大进展。国家市场监管机构进一步整合，有利于构建大市场监管体制；《反垄断法》实施稳步推进，修订草案已形成，有望近几年出台；修订后的《反不正当竞争法》2018 年 1 月 1 日正式施行，社会反响良好；公平竞争审查制度进一步全面落实和完善，各省市覆盖率稳步提升；消费者权益保护和虚假广告监管工作有新进展，监管力度进一步加大；《电子商务法》2018 年 8 月正式通过，电子商务法治水平进一步提高。2018 年市场规制法的实施特点主要有：反垄断执法水平进一步提升，国际影响力不断扩大；公平竞争审查制度进一步全面落实并完善；重点治理假冒伪劣产品问题，消费者维权水平有所提高；重点加强互联网市场监管力度，多方协作进一步增强；价格机制改革措施进一步深化。

核心建议

1. 推动《电子商务法》《反不正当竞争法》配套细则以及《反垄断法》相关法律文件的出台和修订。

2. 进一步推进公平竞争审查制度的落实。

3. 运用大数据、人工智能等技术推进价格改革。

4. 加强部门间的协调联动，形成多方联合治理模式，实现市场监管合力。

5. 加强信用体系和失信联合惩戒机制建设，增强市场主体法律责任意识。

根据学界通说以及撰稿人个人理解，所谓市场规制法，即调整市场规制关系的法律规范的总称，是指基于社会整体经济利益，而由国家或者政府对那些危及市场良性运作的行为予以规范、控制，以维持良好市场秩序为基本内容的法律规范的总称。[①] 具体而言，本报告主要涉及我国有关反垄断法、反不正当竞争法、消费者权益保护法、价格法、广告法以及电子商务法等内容。通过对有关国家机关、企事业单位以及其他社会组织、媒体等权威发布的2018年有关信息的总结提炼，对我国市场规制法方面的实施进展进行年度盘点。

一、2018年市场规制法实施的总体状况

（一）反垄断执法工作步入新阶段、司法工作稳步推进

2018年3月，中共中央《深化党和国家机构改革方案》中提出组建市场监督管理总局，并将国家发展和改革委员会的价格监督检查与反垄断执法职责，商务部的经营者集中反垄断执法以及工商总局的反垄断执法职责整合归入市场监管总局，同时国务院反垄断委员会办公室的具体工作也一并由新组建的市场监管总局承担，反垄断法执法机构实现了统一。2018年4月10日市场监管总局正式挂牌，各地方市场监督管理部门也相继组建。这也是我国构建“大市场监管体制”工作的重要组成部分，通过将分散的监管机构职能进行整合，实行统一的市场监管，对政府机构职能进行重新塑造，以适应我国新时代建设健康、统一、有序的社会主义市场经济的需要。

之后，国务院及国家市场监管总局对多部法律文件进行修订，明确市场监管总局对经营者集中案件的反垄断执法权。2018年12月28日，国家市场监管总局发布《市场监管总局关于反垄断执法授权的通知》，对省级市

① 华国庆主编：《经济法学》，法律出版社2016年版，第67页。

场监督管理部门统一授予本行政区域内的反垄断执法职权。[①] 由此反垄断执法步入新时代。

在《反垄断法》执法方面，2018年市场监管总局共立案查处垄断案件95件，办结83件。其中涉嫌垄断协议和滥用市场支配地位案件共立案调查32件，结案15件。[②] 根据相关政府部门网站的公告，目前已公布了11起案件的行政处罚决定书。除上述执法活动外，2018年市场监管总局仍继续深入开展整治公用企业限制竞争和垄断行为突出问题专项执法行动，加大案件查处力度以及提高执法行动的影响力。[③]

截至2018年年底，国家市场监管总局反垄断局共收到经营者集中申报513件，审结468件，同比增长均超过30%。[④] 审结案件中，无条件批准444件，附条件批准4件重大跨国并购案件，涵盖农业、眼镜、化工气体、航空航天等多个具有高度专业性的领域。此外，国家市场监管总局反垄断局对15起未依法申报案件作出公开处罚决定，原商务部反垄断局还对赛默飞世尔科技公司违反附条件批准公告一案进行了处罚。[⑤]

2018年反垄断执法机构进一步加强了对行政垄断行为的查处力度。截至2018年12月27日，市场监管总局纠正和制止滥用行政权力排除、限制竞争行为共54起，涵盖医疗、交通、建筑、公章刻制等多个行业领域。[⑥] 2018年6月19日，市场监管总局公布了《市场监管总局办公厅关于建议纠正内蒙古自治区公安厅滥用行政权力排除限制竞争有关行为的函》，要求内蒙古自治区公安厅整改其强制各盟市公安机关和刻章企业统一安装金丰公司开发的系统软件和向金丰公司购买刻章设备和装有加密电子芯片的硬质

---

① 《市场监管总局关于反垄断执法授权的通知》，载http：//samr. saic. gov. cn/xw/yw/wjfb/201901/t20190103_ 279720. html，最后访问日期：2019年2月9日。

② 《市场监管总局一年成绩单：企业开办需仅8.5天，新药上市加快一年批48个》，载https：//www. yicai. com/news/100087903. html，最后访问日期：2019年2月10日。

③ 《关于2018年继续深入开展整治公用企业限制竞争和垄断行为突出问题专项执法行动的通知》，载http：//www. cicn. com. cn/zggsb/2018 - 04/28/cms106512article. shtml，最后访问日期：2019年2月10日。

④ 《【新年寄语】国家市场监管总局反垄断局局长吴振国：推进竞争政策实施强化反垄断统一执法开创新时代反垄断工作新局面》，载https：//mp. weixin. qq. com/s/lnQgsnGTfD8i2OnIYcHEhQ，最后访问日期：2019年2月9日。

⑤ 《商务部行政处罚决定书》（商法函〔2018〕11号），http：//fldj. mofcom. gov. cn/article/ztxx/201802/20180202707021. shtml，最后访问日期：2019年2月10日。

⑥ 《市场监管总局一年成绩单：企业开办需仅8.5天，新药上市加快一年批48个》，载https：//www. yicai. com/news/100087903. html，最后访问日期：2019年2月10日。

章材的行为。[①] 2018 年 12 月 29 日，市场监管总局公布了 16 起当年全国各地查处的滥用行政权力排除、限制竞争行为的典型案例。[②] 2018 年 12 月市场监管总局还发布了《市场监督管理行政处罚听证暂行办法》和《市场监督管理行政处罚程序暂行规定》，为提高反垄断执法的规范性和透明度提供了有力保障。

在司法工作方面，2018 年 7 月 19 日广东省高级人民法院二审维持了东莞市横沥国昌电器商店诉东莞市晟世欣兴格力贸易有限公司、东莞市合时电器有限公司纵向垄断协议纠纷案的一审判决。[③] 在该案中，法院经审理后认为该纵向垄断协议并非本身违法，原告应承担举证责任证明被告的限制最低转售价格协议具有排除、限制竞争效果。2018 年 7 月 27 日，上海知识产权法院审结武汉市汉阳光明贸易有限责任公司诉上海韩泰轮胎销售有限公司纵向垄断协议、滥用市场支配地位纠纷案，一审判决驳回原告的全部诉讼请求，这是全国首例原告同时起诉被告实施纵向垄断协议和滥用市场支配地位行为的案件，本案中法院在认定纵向垄断协议时仍坚持限制最低转售价格协议需具有排除、限制竞争效果这一审理原则。

2018 年 11 月 16 日，最高人民法院召开纪念反垄断法实施十周年座谈会并公布了反垄断民事诉讼 10 大典型案件，涉及信息网络、医药、家用电器等行业领域。[④]

（二）公平竞争审查制度全面落实

公平竞争是市场经济的基本原则，是市场机制高效运行的重要基础。自 2016 年国务院正式印发《关于在市场体系建设中建立公平竞争审查制度的意见》并于 7 月 1 日正式开始实施以来，全国各省市公平竞争审查工作进展迅速。截至 2018 年底，国务院各部门、所有省级政府、98% 市级政府、

---

① 《市场监管总局办公厅关于建议纠正内蒙古自治区公安厅滥用行政权力排除限制竞争有关行为的函》，载 http：//samr. saic. gov. cn/xw/yw/wjfb/201806/t20180622_ 274726. html，最后访问日期：2019 年 2 月 11 日。

② 《市场监管总局关于发布 2018 年市场监管部门制止滥用行政权力排除、限制竞争行为典型案例的公告》，载 http：//samr. saic. gov. cn/gg/201812/t20181229_ 279404. html，最后访问日期：2019 年 2 月 11 日。

③ 《东莞市横沥国昌电器商店、东莞市晟世欣兴格力贸易有限公司纵向垄断协议纠纷二审民事判决书》，载 http：//wenshu. court. gov. cn/content/content？ DocID = c511ba00 – 956c – 4d2c – ae2f – a97a00be5dbe&KeyWord = 反垄断%7C 国昌电器，最后访问日期：2019 年 2 月 12 日。

④ 《2008 – 2018 年中国法院反垄断民事诉讼 10 大案件案情简介》，载 http：//www. court. gov. cn/zixun – xiangqing – 130571. html，最后访问日期：2019 年 2 月 12 日。

85% 县级政府已部署落实。市县落实比例与 2017 年年底相比分别提高了 5 个百分点和 36 个百分点。其中，北京、天津、河北等 17 个省（区、市）实现省市县三级全覆盖。2018 年 1 月，发改委设立公平竞争审查处进一步强化公平竞争审查工作，各地也出台不少措施推动公平竞争审查制度的贯彻落实。市场监管总局办公厅 11 月发布关于请提供清理现行排除限制竞争政策措施和执行公平竞争审查制度情况的函，并于 2019 年 1 月发布公平竞争审查制度 2018 年总体落实情况。

具体而言，各地区、各部门共对 31 万份增量文件进行了公平竞争审查，比 2017 年增长 154%，对其中 1700 余份文件进行了修改完善，相较于 2017 年增长 157%，审查效果进一步显现；对 82 万份存量文件进行梳理，清理 2 万余份含有地方保护、指定交易、市场壁垒内容的文件，有效预防和纠正了一系列排除、限制竞争的问题，促进了统一开放、竞争有序的市场体系建设。①

为进一步推动落实公平竞争审查制度，2018 年 6 月至 10 月，市场监管总局会同有关部门，以公平竞争审查工作部际联席会议名义，随机选择辽宁、黑龙江、广东、广西、新疆 5 省区开展重点督查，抽查了相关单位 2017 年以来出台的 175 份文件，发现其中 30 份存在违反公平竞争审查标准或者程序的问题。2018 年 12 月，市场监管总局向 5 省区人民政府发函，督促整改有关问题并要求及时反馈整改情况。截至 2018 年年底已整改 8 份文件。②

在宣传培训方面，市场监管总局 2018 年举办三期全国性培训班，对部际联席会议、各省级联席会议成员单位进行业务培训，提高公平竞争审查工作能力。③ 深化“中国公平竞争审查与欧盟国家援助控制”对话机制，与欧盟委员会竞争总司联合举办中欧竞争周，共同起草对话机制运行情况年度报告。

（三）反不正当竞争法执法工作再出发，司法工作稳步开展

新修订的《反不正当竞争法》已于 2018 年 1 月 1 日起正式实施，为此

---

① 《公平竞争审查制度 2018 年总体落实情况》，载 http：//samr. saic. gov. cn/xw/yw/zj/201901/t20190125_ 281215. html，最后访问日期：2019 年 2 月 10 日。

② 《2018 年公平竞争审查重点督查发现的典型问题及整改情况》，载 http：//www. cqn. com. cn/zj/content/2019 -01/25/content_ 6724154. htm，最后访问日期：2019 年 2 月 1 日。

③ 《市场监管总局在成都举办 2018 年全国公平竞争审查制度培训班》，载 http：//samr. saic. gov. cn/xw/yw/zj/201806/t20180601_ 274450. html，最后访问日期：2019 年 2 月 1 日。

市场监管总局决定，自2018年5月至10月，在全国范围内开展反不正当竞争执法重点行动。此次执法行动重点查处：市场混淆、侵犯商业秘密等知识产权不正当竞争行为，医药、教育领域的商业贿赂行为，互联网领域的虚假宣传行为等，加强社会共治，建设公平有序市场竞争环境。[①] 各地工商部门顺应市场监管总局公告内容积极开展各项行政执法。2018年年初，浙江省率先在全国启动反不正当竞争"百日执法"专项行动，取得显著成效，截至2018年8月，浙江全省工商和市场监管部门累计出动3.8万执法人员，开展联合检查391次，查处扰乱市场竞争秩序、损害经营者和消费者合法权益不正当竞争违法案件1098件，案值4.38亿元，收缴罚没款5554万元。[②] 2008年至2018年6月底，甘肃省工商和市场监管系统共查处不正当竞争案件3004件，案值7425万元，收缴罚没款3200万元。[③]

在修订后的《反不正当竞争法》实施一年间，各地依法顺利开展行政执法工作。2018年6月，武汉市工商局依法查处首起刷单案，依据《反不正当竞争法》第20条的规定，责令当事人停止违法行为，并处罚款30万元。[④] 2018年7月，杭州适用新《反不正当竞争法》办结首批商业贿赂系列案，杭州市西湖区市场监管局认为，当事人利用设计师对客户的特殊影响力，通过暗中给付设计师"带单提成"的形式，拉拢促使设计师将客户带至其家居生活馆进行购物消费（未如实入账），以谋取交易机会，属商业贿赂行为。杭州市西湖区市场监管局依法责令当事人立即停止违法行为，并处罚款。[⑤]

在司法方面，全国法院受理审结的反不正当诉讼案件类型增多、数量明显增加。2018年全国基层法院涉及不正当竞争诉讼一审案件共计574件，其中涉及混淆类280件、涉及虚假宣传77件。中级人民法院涉及不正当竞

① 《市场监管总局关于开展反不正当竞争执法重点行动的公告》，载http：//samr. saic. gov. cn/gg/201902/t20190213_ 281526. html，最后访问日期：2019年2月15日。

② 《浙江省开展反不正当竞争"百日执法"专项行动取得显著成效》，载http：//home. saic. gov. cn/fldyfbzdjz/gzdt/201807/t20180724_ 275206. html，最后访问日期：2019年2月14日。

③ 《甘肃：当好市场公平竞争的维护者》，载http：//home. saic. gov. cn/fldyfbzdjz/gzdt/201808/t20180806_ 275428. html，最后访问日期：2019年2月2日。

④ 《武汉适用新〈反不正当竞争法〉查处首起刷单案》，载http：//home. saic. gov. cn/fldyfbzdjz/dxal/201806/t20180606_ 274508. html，最后访问日期：2019年2月15日。

⑤ 《杭州适用新〈反不正当竞争法〉办结首批商业贿赂系列案》，载http：//home. saic. gov. cn/fldyfbzdjz/dxal/201807/t20180726_ 275246. html，最后访问日期：2019年2月15日。

争诉讼一审案件共计 530 件。[①] 全国首例数据产品不正当竞争案——淘宝诉美景公司数据产品不正当竞争案入选“2018 年度人民法院十大民事行政案件”。[②]

（四）消费者权益保护工作进一步发展

消费者权益保护相关的法律法规进一步完善。在医疗方面，2018 年 8 月 13 日市场监管总局发布了《医疗器械不良事件监测和再评价管理办法》，规定对医疗器械不良事件的检测和再评价标准，从而降低医疗器械上市后的风险，加强对消费者生命健康的保护。在保险行业方面，有关部门发布多个法律文件加强对保险当事人合法权益的保护，包括：2018 年 1 月原中国保险监督管理委员会颁布《保险资金运用管理办法》；2 月 9 日原中国保监委出台《保险经纪人监管规定》和《保险公估人监管规定》；8 月 8 日新组建的中国银行保险监督管理委员会发布《中国银保监会关于切实加强和改进保险服务的通知》。

消费者权益纠纷解决工作有新的进展。2018 年消费者维权水平不断提升，全国市场监管部门和消费者组织积极开展放心消费创建活动和消费投诉公示试点，并启动“12315”等投诉咨询热线和平台整合工作，积极推进公益诉讼，进一步发挥消协组织的作用。[③] 根据全国消协组织受理投诉情况统计，2018 年全国消协组织共受理消费者投诉 762 247 件，解决 556 440 件，投诉解决率 73%，为消费者挽回经济损失 98 090 万元。其中，因经营者有欺诈行为得到加倍赔偿的投诉 2976 件，加倍赔偿金额 1483 万元。全年接待消费者来访和咨询 92 万人次。2018 年 3 月 1 日，《最高人民法院、最高人民检察院关于检察公益诉讼案件适用法律若干问题的解释》公布，第 20 条第 1 款明确人民检察院对于食品药品安全领域侵害众多消费者合法权益的刑事案件可一并提起附带民事公益诉讼。消费公益诉讼在消费者权益纠纷的解决中发挥着越来越重要的作用。2018 年 3 月 22 日，广东省广州市

---

① 载中国裁判文书网，http：//wenshu. court. gov. cn/Index，最后访问日期：2019 年 1 月 12 日。

② 《全国首例数据产品不正当竞争案入选“2018 年度人民法院十大民事行政案件”》，载 http：//www. rmfz. org. cn/channels/371. html，最后访问日期：2019 年 2 月 15 日。

③ 《2018 年消费维权水平不断提升》，载 http：//www. 315. gov. cn/wqyw/201812/t20181227_179529. html，最后访问日期：2019 年 2 月 12 日。

中级人民法院公开宣判全国首例共享单车消费民事公益诉讼案。[①] 人民法院判决被告悦骑公司向申请退还押金的消费者及时退还押金并在指定媒体上发表赔礼道歉声明。2018 年 5 月和 9 月，广州市中级人民法院先后对广东省消委会提起的 4 起假盐消费公益诉讼案件作出判决，4 起案件共判决赔偿金额 131.4 万元，严厉惩罚打击了假盐生产企业。[②] 2018 年 11 月，最高人民法院就“宾利退一赔三案”作出终审判决，撤销了一审法院关于“退一赔三”的判决，酌定经销商赔偿原告 11 万元。二审法院明确了《消费者权益保护法》关于全面告知商品信息非指所有产品信息，而是指可能影响消费者人身健康、安全或财产利益的全部重要信息。[③]

在新业态消费者权益保护工作方面，根据《中国消费者报》与阿里巴巴集团联合发布的《电商消费维权指数 2018 年度报告》显示，2018 年电商消费权指数均值为 95.6，较 2017 年降低 8.1 个点，整体维持在乐观区与正常区之间，其中构成总指数中的假货感知比率和总纠纷率各下降 9.99 各百分点，成为总指数下降的主要原因，但航旅纠纷指数小幅增长 7.2 个百分点。[④] 这表明在 2018 年电商消费维权水平总体有所提升，但在机票退改签纠纷问题解决方面仍有提升空间。

在产品质量领域，2018 年市场监管总局完成食品监督抽检 175.8 万批次，下架封存、召回不合格食品 451 吨。[⑤] 2018 年 3 月 22 日原质检总局发布了《缺陷进口消费品召回工作细则》，结合进口消费品质量安全监管工作实际，规范缺陷进口消费品的信息收集、缺陷初评、缺陷调查和召回等工作的具体内容。10 月 30 日，市场监管总局和海关总署发布了《关于统一管理缺陷产品召回工作的公告》，提出海关总署在口岸检验监管中发现不合格

---

① 《2018 · 民事 · 全国首起共享单车消费民事公益诉讼案》，载 https：//baijiahao. baidu. com/s? id = 1622509404737985175&wfr = spider&for = pc，最后访问日期：2019 年 2 月 13 日。

② 《首例惩罚性赔偿公益诉讼胜诉，释放哪些信号？ | 新年消费宝典》，载 http：//news. foodmate. net/2019/02/505348. html，最后访问日期：2019 年 2 月 13 日；《广州中院审结“假盐系列公益诉讼案”》，载 http：//www. gdcourts. gov. cn/gdcourt/web/content/42297 – ? lmdm = 10769，最后访问日期：2019 年 2 月 13 日。

③ 《最高法反转天价车案退一赔三过度维权遭“封杀”》，载 http：//www. sohu. com/a/279449742_ 765855，最后访问日期：2019 年 2 月 14 日。

④ 《2018 年网络消费环境稳中向好》，载 http：//www. ccn. com. cn/html/wangluojiadian/yaowen/2019/0124/437833. html，最后访问日期：2019 年 2 月 14 日。

⑤ 《市场监管总局一年成绩单：企业开办需仅 8.5 天，新药上市加快一年批 48 个》，载 https：//www. yicai. com/news/100087903. html，最后访问日期：2019 年 2 月 14 日。

或存在安全隐患的进口产品，依法实施技术处理、退运、销毁，并向市场监管总局通报。[①] 进口产品被统一纳入缺陷产品召回管理范围。乳制品质量监督有新动态，2018年6月11日国务院办公厅发布《关于推进奶业振兴保障乳品质量安全的意见》，提出强化乳品质量安全监管，健全有关法规标准，强调加大婴幼儿配方乳粉监管力度，提高消费者对国产乳制品的信心。重要产品追溯体系建设进入新阶段，2018年8月29日印发的《商务部办公厅财政部办公厅关于明确肉菜中药材流通追溯体系试点结束后运行管理体制等工作的通知》，明确了试点结束后的运维管理体制和经费保障机制。2018年12月29日，全国人大常委会发布了新修订的《产品质量法》，从法律层面上落实了市场监督管理部门对产品质量的监督管理职权。

（五）广告市场监管力度显著强化

2018年以来，全国市场监管系统积极开展互联网广告专项治理，查处一批大案要案，维护广告市场的秩序。根据市场监管总局公布的数据显示，2018年前三季度，全国市场监管系统共查处广告案件2万多件，其中互联网广告案件超过1.3万件。[②] 2018年7月20日，市场监管总局在网站上公布了30起“2018年典型虚假违法互联网广告案件”，同时提出2018年上半年全国工商、市场监管部门共查处的互联网广告案件数量共8104件，同比增长64.2%，罚没金额达到11 668.70万元，同比增长17.0%，涉及医疗、房地产、食品、美容仪器、教育、投资等多个行业领域。[③] 由此可见，互联网广告的案件数量以及处罚的金额，都超过了传统广告。

由于网络具有开放性、虚拟性等特征，互联网虚假违法广告违法成本更低、手段更加隐蔽、危害更为广泛。2018年2月13号，市场监管总局下发《关于开展互联网广告专项整治工作的通知》，开展为期10个月的专项整治工作，将互联网广告作为2018年广告监管的“重头戏”。[④] 2018年2月26日，市场监管总局组织召开整治虚假违法广告工作电视电话会议，并会

① 《市场监管总局海关总署关于统一管理缺陷产品召回工作的公告》，载 http://samr. saic. gov. cn/gg/201810/t20181031_ 276580. html，最后访问日期：2019年2月14日。

② 《2018年前三季度全国市场监管系统查处互联网广告案件1.3万多件》，载 http://www. ccn. com. cn/html/news/xiaofeiyaowen/2019/0104/434320. html，最后访问日期：2019年1月4日。

③ 《上半年全国查处互联网广告案件8104件罚没金额过亿》，载 http://www. chinanews. com/gn/2018/07 -20/8573786. shtml，最后访问日期：2019年2月20日。

④ 《工商总局关于开展互联网广告专项整治工作的通知》（工商广字〔2018〕23号），载 http://www. gov. cn/xinwen/2018 -02/13/content_ 5266495. htm，最后访问日期：2019年2月13日。

同整治虚假违法广告部际联席会议成员单位联合印发《整治虚假违法广告部际联席会议2018年工作要点》，对互联网广告专项整治工作再次作了部署。[①] 2018年9月，市场监管总局会同整治虚假违法广告部际联席会议成员单位对10个省市的专项整治工作开展联合督导调研，并两次通报各地专项整治工作进展及案件查办情况，集中行政约谈百度、淘宝、腾讯、今日头条等重点互联网站，提出整改要求，共3次向社会集中曝光虚假违法案例80件，其中互联网虚假违法广告53件。各省（区、市）的市场监管部门结合本地实际情况制定工作方案，及时对专项整治工作进行专门动员部署，对基层专项整治工作加强考核督导，落实属地监管责任。[②]

2018年，市场监管总局相继公布了四批典型虚假违法广告案件，涉及因发布虚假违法广告受到行政处罚的99家企业。从国民经济行业分类来看，被处罚的企业主要集中在批发、医疗卫生、商务服务、房地产、科技推广和应用服务、新闻媒体六个领域，其中批发业被处罚企业数量最多，有20家，占总数的20.2%。从广告内容来看，近44%的违法广告与医疗保健相关，违法事实主要是夸大、虚假宣传医疗机构、保健品、医疗器械的治疗效果，其中15个虚假广告案例来自医疗卫生机构。[③]

（六）电子商务法治建设趋于成熟

根据统计局最新数据显示，2018全年，全国网上零售额90065亿元，比上年增长23.9%。其中，实物商品网上零售额70198亿元，增长25.4%，占社会消费品零售总额的比重为18.4%，比上年提高3.4个百分点；非实物商品网上零售额19867亿元，增长18.7%。[④] 可见，电商已经成为消费增长的重要力量，对经济增长的贡献日益突出。

本年度该领域最重要的事件是2018年8月31日全国人大常委会通过《电子商务法》。该法是我国电商领域首部综合性法律，其颁布标志着中国电子商务正式告别野蛮生长时期并逐步走向成熟。该法把支持和促进电子

---

① 《整治虚假违法广告部际联席会议2018年工作要点》，载http://www.cqn.com.cn/cj/content/2018-02/26/content_5474384.htm，最后访问日期：2019年2月16日。

② 《2018年前三季度全国市场监管系统查处互联网广告案件1.3万多件》，载http://www.ccn.com.cn/html/news/xiaofeiyaowen/2019/0104/434320.html，最后访问日期：2019年1月4日。

③ 《2018年失信黑名单分析报告发布6908人被限乘》，载http://gongyi.people.com.cn/n1/2019/0215/c151132-30704112.html，最后访问日期：2019年2月15日。

④ 《2018年全国网上零售额同比增长23.9%》，载http://finance.sina.com.cn/roll/2019-01-21/doc-ihqfskcn8981626.shtml，最后访问日期：2019年1月21日。

商务持续健康发展摆在首位，以鼓励创新和竞争为主，同时兼顾规范和管理的需要；适用范围较为谨慎，排除了金融类产品和服务、利用信息网络提供的新闻、信息、音视频节目、出版以及文化产品等方面的内容服务；坚持电商技术中立、业态中立、模式中立，平等对待线上线下的商务活动；均衡地保障电商各方主体的合法权益，适当加重电商经营者，特别是平台的责任义务，适当地加强对消费者的保护力度；符合电商发展特点的协同监管体制和具体制度，鼓励支持各方共同参与电商市场治理。

2018 年 1 月 23 日，国务院办公厅印发《关于推进电子商务与快递物流协同发展的意见》指出，近年来我国电子商务与快递物流协同发展不断加深，但仍面临政策法规体系不完善、发展不协调、衔接不顺畅等问题。需要深入实施“互联网 + 流通”行动计划，提高电子商务与快递物流协同发展水平。①

2018 年 5 月 15 日，电子商务研究中心发布了一年一度的《2017 – 2018 年中国电子商务法律报告》。报告总结了电子商务领域中最为突出的“十大电子商务法律案例”“十大电商法律关键词”以及最新出台的法律法规，从不同的维度客观全面地剖析了“互联网 + ”形态下电子商务领域发展中存在的法律问题。②

2018 年 5 月 21 日，财政部办公厅、商务部办公厅、国务院扶贫办综合司三部门联合发布《关于开展 2018 年电子商务进农村综合示范工作的通知》，旨在深入建设和完善农村电子商务公共服务体系，培育农村电子商务供应链，促进产销对接，加强电商培训，带动贫困人口稳定脱贫，推动农村电子商务成为农业农村现代化的新动能、新引擎。③

2018 年 5 月 20 日，发改委等 8 部委联合发布《关于加强对电子商务领域失信问题专项治理工作的通知》指出，我国将加大对电商失信主体的惩戒力度，各地方可根据需要，制定地方电子商务失信主体认定标准，将认

---

① 《关于推进电子商务与快递物流协同发展的意见》，载 http：//www. gov. cn/zhengce/content/2018 – 01/23/content_ 5259695. htm，最后访问日期：2019 年 1 月 23 日。

② 《2017 – 2018 年度中国电子商务法律报告》，载 https：//www. useit. com. cn/thread – 19043 – 1 – 1. html，最后访问日期：2019 年 2 月 15 日。

③ 《关于开展 2018 年电子商务进农村综合示范工作的通知》，载 http：//www. mofcom. gov. cn/article/h/redht/201805/20180502746624. shtml，最后访问日期：2019 年 2 月 21 日。

定后的电子商务领域黑名单纳入联合惩戒。[①]

跨境电商方面，2018 年 9 月 28 日，财政部发布《关于跨境电子商务综合试验区零售出口货物税收政策的通知》，该通知标志着出口跨境电商免征免退正式落地。[②] 2018 年 11 月 21 日，国务院常务会议决定延续和完善跨境电子商务零售进口政策并扩大适用范围，将政策适用范围从之前的杭州等 15 个城市，再扩大到北京、沈阳、南京、武汉、西安、厦门等 22 个新设跨境电商综合试验区的城市。[③]

2018 年双十一前夕，国家市场监管总局为加强电子商务产品质量安全监管，营造安全放心的网络消费环境，专门组织开展了电子商务产品国家监督专项抽查。[④]

2018 年 12 月 4 号，市场监管总局公布了《关于做好电子商务经营者登记工作的意见》，鼓励电子商务发展，为合规经营者提供主体登记便利。[⑤]

（七）价格改革工作继续深入推进

2018 年全国“12358”价格监管平台受理各类价格举报、投诉、咨询共计 674081 件，市场价格秩序平稳。

2018 年 5 月 4 日，发改委价格司组织召开《价格法》实施二十周年座谈会，回顾了该法出台历程，总结了该法在完善社会主义市场经济体制、推动实现市场在资源配置中起决定性作用等方面发挥的巨大作用，分析了当前价格法治建设面临的问题和挑战，提出了下一步修订《价格法》的主要思路和工作重点。[⑥]

---

① 《八部门严厉打击电商违法失信行为　刷单将入黑名单》，载 http：//baijiahao. baidu. com/s?id = 1601035808546367785&wfr = spider&for = pc，最后访问日期：2019 年 2 月 21 日。

② 《关于跨境电子商务综合试验区零售出口货物税收政策的通知》，载 http：//szs. mof. gov. cn/zhengwuxinxi/zhengcefabu/201809/t20180928_ 3031597. html，最后访问日期：2019 年 1 月 28 日。

③ 《李克强主持召开国务院常务会议　决定延续和完善跨境电子商务零售进口政策并扩大适用范围等》，载 http：//www. gov. cn/premier/2018 - 11/21/content_ 5342252. htm，最后访问日期：2019 年 1 月 21 日。

④ 《市场监管总局组织开展 2018 年双 11 电子商务产品质量国家监督专项抽查》，载 http：//samr. saic. gov. cn/xw/yw/zj/201811/t20181108_ 276941. html，最后访问日期：2019 年 1 月 8 日。

⑤ 《市场监管总局关于做好电子商务经营者登记工作的意见》，载 http：//www. gov. cn/xinwen/2018 - 12/05/content_ 5345812. htm，最后访问日期：2019 年 2 月 5 日。

⑥ 《价格司组织召开〈价格法〉实施二十周年座谈会》，载 http：//www. ndrc. gov. cn/fzgggz/jggl/zhdt/201805/t20180504_ 885004. html，最后访问日期：2019 年 2 月 4 日。

2018 年 6 月 21 日，发改委发布了《关于创新和完善促进绿色发展价格机制的意见》，明确了污水处理、垃圾处理、节水、节能环保四个方面的价格改革方向，并提出到 2020 年，我国将基本形成有利于绿色发展的价格机制、价格政策体系，促进资源节约和生态环境成本内部化的作用明显增强；到 2025 年，适应绿色发展要求的价格机制更加完善，并落实到全社会各方面各环节。①

2018 年价格管理部门出台了多项法律文件，完善了我国价格法律体系。6 月 29 日，发改委、财政部修订印发《行政事业性收费标准管理办法》；②9 月 15 日，发改委制定印发《价格认定复核办法》；③ 12 月 13 日，发改委对《政府制定价格听证办法》进行了全面修订；④ 12 月 27 日，发改委对政府定价的经营服务性收费进行了清理规范，并制定了《政府定价的经营服务性收费目录清单》。⑤

2018 年修订地方定价目录工作基本完成。继 2017 年 3 月启动地方定价目录修订以来，截至 2018 年 6 月底，全国已有 29 个省、自治区、直辖市完成新一轮的地方定价目录修订。地方政府定价项目在 2015 年缩减 55%、平均保留 45 项左右的基础上，进一步缩减到平均 32 项左右，缩减幅度达 30%，竞争性领域和环节价格已基本放开，目前保留的定价项目主要集中在供排水、燃气、电力、交通运输、环境保护、教育、医疗、养老、殡葬、文化旅游、保障性住房、重要专业服务等领域。⑥

2018 年，农业、医疗、能源等领域依然是价格政策持续调整的重点领域。农产品方面，2018 年我国小麦托市政策实施以来首次出现价格下调，这将推动农产品价格形成机制改革，使农业补贴政策更加市场化，更多反

---

① 《关于创新和完善促进绿色发展价格机制的意见》，载 http：//www. ndrc. gov. cn/zcfb/gfxwj/201806/t20180629_ 891044. html，最后访问日期：2019 年 1 月 21 日。

② 《行政事业性收费标准管理办法》，载 http：//zwdt. ndrc. gov. cn/fwdt/fwdttzgg/201808/t20180806_ 895305. html，最后访问日期：2019 年 2 月 6 日。

③ 《价格认定复核办法》，载 http：//jgrz. ndrc. gov. cn/gonggao/201810/t20181008 _ 900605. html，最后访问日期：2019 年 2 月 15 日。

④ 《国家发展改革委修订出台〈政府制定价格听证办法〉》，载 http：//www. gov. cn/xinwen/2018 - 12/14/content_ 5348722. htm，最后访问日期：2018 年 12 月 28 日。

⑤ 《政府定价的经营服务性收费目录清单》，载 http：//bgt. ndrc. gov. cn/zcfb/201812/t20181227_ 923767. html，最后访问日期：2019 年 1 月 27 日。

⑥ 《国家发展改革委价格司有关负责人就修订地方定价目录答记者问》，载 http：//www. ndrc. gov. cn/zcfb/jd/201807/t20180717_ 892589. html，最后访问日期：2019 年 2 月 17 日。

映供求关系。[①] 医疗方面，2018 年 5 月底，新组建的国家医疗保障局正式揭牌，药品和医疗服务价格管理职责归于医保局；9 月 30 日，医保局发布《关于将 17 种抗癌药纳入国家基本医疗保险、工伤保险和生育保险药品目录乙类范围的通知》，公布了 17 个药品价格谈判结果。[②] 光伏产业方面，2018 年 1 月 1 日发改委印发的《关于 2018 年光伏发电项目价格政策的通知》开始执行，5 月 31 日发改委、财政部、国家能源局联合印发《关于 2018 年光伏发电有关事项的通知》，旨在促进光伏行业健康可持续发展，提高发展质量，加快补贴退坡。[③] 5 月 25 日，发改委印发《关于理顺居民用气门站价格的通知》，决定将居民用气由最高门站价格管理改为基准门站价格管理，推行季节性差价政策，形成灵敏反映供求变化的季节性差价体系，促进削峰填谷，更好保障居民供给。[④]

二、2018 年市场规制法实施的主要特点与问题

（一）2018 年市场规制法实施主要特点

1. 反垄断执法水平进一步提升，国际影响力不断扩大

2018 年反垄断执法权实现了“三合一”，解决了过去“三驾马车”各自为政的弊端，进一步厘清反垄断执法机关的职责范围。在经营者集中方面，无条件批准的案件数量相较于去年增幅明显，全年在 30 天内第一阶段审结的案件 359 起，占全部审结案件的 80.8%，相较于 2017 年（76.9% 的案件在第一阶段审结）审结速度提升明显，简易案件平均用时 16 天，较 2017 年（平均 24 天）大幅缩短。[⑤] 同时，进一步加大了对未申报经营者集中案件的违法处罚力度，处罚金额相比过去显著增多。除针对未依法申报

① 《关于公布 2018 年小麦最低收购价格的通知》，载 http：//www. ndrc. gov. cn/gzdt/201710/t20171027_ 865023. html，最后访问日期：2019 年 1 月 25 日。

② 《关于将 17 种抗癌药纳入国家基本医疗保险、工伤保险和生育保险药品目录乙类范围的通知》，载 http：//www. gov. cn/xinwen/2018 －10/10/content_ 5328891. htm，最后访问日期：2019 年 2 月 10 日。

③ 《关于 2018 年光伏发电有关事项的通知》，载 http：//zfxxgk. ndrc. gov. cn/web/iteminfo. jsp? id＝14264，最后访问日期：2019 年 1 月 31 日。

④ 《关于理顺居民用气门站价格的通知》，载 http：//zfxxgk. ndrc. gov. cn/web/iteminfo. jsp？id＝14165，最后访问日期：2019 年 1 月 25 日。

⑤ 《2018 年中国反垄断执法回顾——经营者集中篇》，载 http：//zhichanli. com/article/7804. html，最后访问日期：2019 年 2 月 15 日。

案件进行处罚外，对于事后违反附条件批准公告亦加以惩戒，强化经营者集中全链条反垄断监管。在查处垄断行为案件方面，反垄断执法机构依职权启动调查的案件显著增多，针对国内企业的处罚案件数量增多，体现反垄断执法机构内外一视同仁的态度。针对滥用行政权力排除、限制竞争行为的处罚力度亦有所增强，执法重心整体上集中于民生领域的相关行政垄断行为，内蒙古自治区公安厅滥用行政权力排除限制竞争行为案引起了媒体的广泛关注，体现了对于公安机关这样的强势部门的行政垄断行为，仍能严格实施反垄断执法权加以制约。[①] 在新业态及高科技行业方面，反垄断执法机关也启动了对相关案件的反垄断调查。

2018 年 2 月，高通提出收购恩智浦并且该收购计划已获得美国、日本、欧盟等国家的批准，一旦完成收购将对全球的半导体行业产生巨大影响，甚至可能形成垄断地位。中国反垄断执法机构经过评估后认为高通不能提出有效的方案减少集中对市场竞争产生的排除、限制竞争影响，要求高通在进一步审查阶段期限届满前提出解决方案并延长审查期限。美国当地时间 2018 年 7 月 25 日，高通正式宣布放弃收购恩智浦，该案也体现出中国在全球反垄断执法领域已享有相当的话语权，国际影响力不断扩大。

2. *公平竞争审查制度进一步全面落实并完善*

2018 年公平竞争审查制度进一步全面落实，截至 2018 年底，国务院各部门、所有省级政府、98% 市级政府、85% 县级政府已部署落实。市县落实比例与 2017 年底相比分别提高了 5 个百分点和 36 个百分点。[②]

在机构建设完善方面，公平竞争审查机制逐渐完善。相关部门和地方持续优化工作机制，规范审查流程，强化监督约束，保障审查工作取得实效。2018 年市场监管总局发文专项部署，建立自我审查、专业支持、程序把关相结合的工作机制，并优化办文系统将公平竞争审查作为必经流程，进一步强化程序约束。工业和信息化部建立由业务司局初审、产业政策司复核的审查机制，加强审核把关。商务部在内网发文管理系统中增加“公平竞争审查”选项，从文件批转程序上加强把关。天津、浙江将公平竞争

① 《市场监管总局叫停内蒙古公安厅滥用权力：一封函彰显法治一大步》，载 http：//k. sina. com. cn/article_ 1400072192_ 53736800001008nuj. html? cre = tianyi&mod = pcpager_ china&loc = 36&r = 9&doct = 0&rfunc = 100&tj = none&tr = 9，最后访问日期：2019 年 2 月 15 日。

② 《公平竞争审查制度 2018 年总体落实情况》，载 http：//samr. saic. gov. cn/xw/yw/zj/201901/t20190125_ 281215. html，最后访问日期：2019 年 2 月 10 日。

审查纳入依法行政考核，由联席会议办公室对各委办局落实制度情况进行评判打分。江苏强化联席会议办公室协查机制，协助省级部门、市县政府对疑难文件进行审查。湖南探索公平竞争审查约谈机制，由省联席会议办公室对违反公平竞争审查制度的相关单位进行约谈并督促整改。福建建立工作落实台账和“每月一通报”机制，要求各级联席会议办公室按月报送工作进展，并抄送省政府办公厅和各市县政府。广州市越秀区积极探索第三方评估，委托法律顾问协助审查并出具书面的审查建议等。

3. 重点治理假冒伪劣产品问题，消费者维权水平有所提高

2018年国家市场监管总局将《反不正当竞争法》的实施重点之一集中于治理假冒伪劣产品领域。针对假冒伪劣问题较为突出的4个消费领域部署开展专项治理：一是以“山寨食品”、小家电、洗化用品、五金电料以及农业生产资料等为重点，集中开展农村市场专项治理，净化农村市场环境，助力乡村振兴战略实施；二是以强化特殊食品、校园食品、餐饮服务及网络订餐监管为重点，集中开展食品安全专项治理，保障百姓舌尖上的安全；三是以虚假宣传、虚假促销、刷单炒信、侵权假冒等违法行为为重点，集中开展电商平台专项治理，大力推动网络综合监管，净化网络市场交易环境；四是以查处无证“3C”认证产品、买证卖证、虚假认证、超范围认证等违法行为为重点，集中开展认证领域专项治理，有效维护认证市场秩序。

2018年消费民事公益诉讼在消费者维权方面发挥了重要作用，消费民事公益诉讼的优势逐渐凸显。广东省消委会提起的“假盐系列公益诉讼案件”影响巨大，意味着消费公益诉讼制度的发展步入新阶段。在新业态领域，3月22日广东省广州市中级人民法院公开宣判全国首例共享单车消费民事公益诉讼案——广东省消费者委员会诉被告广州悦骑信息科技有限公司民事公益诉讼案，原告胜诉。这表明在鼓励全民创新、创业之外，对于包括共享单车在内的共享经济等新的经济模式仍应加以规范，不能忽视对消费者合法权益的保护。

4. 重点加强互联网市场监管力度，多方协作进一步增强

在互联网电商市场监管方面，《电子商务法》是国家规范互联网市场的重要一步，期待可以为电商行业发展创造了更为公平合理的竞争环境。2018年上半年，我国通过发布《关于推进电子商务与快递物流协同发展的意见》《关于开展2018年电子商务进农村综合示范工作的通知》等文件，大力推动电子商务基础设施和物流网络建设，支持电子商务与各产业融合发展，

促进农村电子商务发展，发挥电子商务在精准扶贫中的作用。

在互联网广告市场监管方面，2018 年我国进一步强化了医疗、药品、食品、保健食品、招商、金融投资、收藏品类等重点领域的互联网广告监管力度，集中整治社会影响恶劣、公众反映强烈、危害人民群众人身健康和财产安全的虚假违法互联网广告，从而有效地维护了互联网广告市场秩序，保护了消费者合法权益。①

在互联网产品质量监管方面，形成了执法机关、平台、品牌方、消费者紧密联动的“打假共治系统”。2018 年年初原工商总局以儿童用品为重点开展网络抽检。其后，市场监管总局对不合格商品以及无厂名厂址的商品依法实施联合惩戒，在全国企业信用信息公布系统对后续的处罚信息予以公示，同时要求有关市场监管部门督促指导网络交易平台加强对网络商品经营者的管理，立即停止销售、下架不合格商品。2018 年阿里巴巴与全国 31 个省（直辖市、自治区）公安机关建立了线下打假合作，累计推送超 5 万元起刑点的涉假线索 1634 条，协助抓捕涉案犯罪嫌疑人 1953 名，捣毁窝点 1542 个，涉案金额约 79 亿元。其中，在多方协作跨国追逃微博网红大 V“美 PI 猫娘”一案，还入选了“2018 年公安执法领域十大社会共治影响力经典案件”“2018 年十大年度质量事件”。②

5. 价格机制改革措施进一步深化

2018 年，我国着力完善能源、公共服务等重点领域的价格形成机制，同时启动新一轮的地方定价目录修订工作，进一步放开竞争性领域和环节价格，通过充分发挥价格杠杆的作用引导产业结构调整，价格改革工作正在不断向纵深推进。③ 另外，为了促进绿色发展，发改委等部门发布了《关于创新和完善促进绿色发展价格机制的意见》，标志着我国价格机制改革工作的又一进展。

---

① 《市场监管总局：前三季度查处 13665 件虚假违法互联网广告》，载 http：//www.zqrb.cn/finance/hongguanjingji/2018－12－04/A1543918042378.html，最后访问日期：2018 年 12 月 24 日。

② 《2018 年网络消费环境稳中向好》，载 http：//www.ccn.com.cn/html/wangluojiadian/yaowen/2019/0124/437833.html，最后访问日期：2019 年 2 月 14 日。

③ 《地方定价项目再削减 30%　竞争性领域价格基本放开》，载 http：//finance.people.com.cn/n1/2018/0720/c1004－30159144.html，最后访问日期：2019 年 2 月 20 日。

（二）2018年市场规制法实施存在问题

1. 部分法律法规仍需修改、细化

《反垄断法》实施十年以来，取得了很大成效，也暴露出不少问题，部分条款已经不能适应现在和将来的需要，部分条款的理解与适用存在较大差异，反垄断民事诉讼中亦存在不少问题亟待解决，需要加快《反垄断法》的修订工作，也需要有关司法解释的完善。

新《反不正当竞争法》于2018年1月1日正式施行，实施效果显著。与此同时新法条文仍存在执法主体职责交叉、法律责任不足、消费者角色定位等新老问题。因此仍需要包括最高人民法院修订有关司法解释、市场监管总局出台实施细则等工作。

2018年《电子商务法》正式通过，尽管其中明确引用了6部法律，即《广告法》《民法总则》《合同法》《电子签名法》《消费者权益保护法》《网络安全法》，但该法与上述6部法律以及其他未明确引用的法律之间在适用方面，可能还存在冲突或者不清晰之处，有待通过司法解释等方式予以解决，也需要提高立法技术，避免法律不协调。①

2. 公平竞争审查制度实施有待深入

2018年公平竞争审查制度全面推进落实，但在涉及社会反映强烈的地域保护、限制准入、指定交易、选择性补贴等方面进展不尽如人意，在2018年国家市场监管总局的重点督查结果中暴露出审查工作不到位、审查程序不健全、审查质量不高等问题。在公平竞争理念上，各省市认识程度不一，导致各省市公平竞争审查进展也不均衡。目前公平竞争审查制度建构还处在初始阶段，公平竞争审查制度实施主要靠命令、政策、文件，由行政执法手段推动。各地政策制定主体进行自我审查的积极性不高，自我审查水平仍有待进一步提高，第三方审查有待推进。

3. 政府监管机制仍需进一步优化

政府与市场的边界仍需进一步厘清。在市场监管中，一直以来我国是“强政府、弱社会”，政府享有较大权力，承担过多的职责，而忽视了市场、社会的作用，政府“运动式”执法方式，虽具有集中整治的效果，但不利于市场经济自身活力的激发。仍需进一步明确政府的市场监管职责，既要

① 邱宝昌：《〈电子商务法〉需要注意的十个问题》，载 http：//www. ccn. com. cn/html/wangluojiadian/wangluo/2018/0911/365367. html，最后访问日期：2019年2月14日。

防止和纠正政府干预过多的职能越位问题，又要防止和纠正监管不到位的职能缺位问题。

政府在特殊领域的监管力度仍有提升空间。从2018年滴滴顺风车案、长春长生不合格疫苗事件、权健涉嫌夸大宣传等事件中可以看出有关政府部门对于互联网、共享经济、医疗等行业领域的监管仍存在漏洞，消费者合法权益在这些领域难以切实保障。

政府监管方式仍需不断创新。需要建立有效的部门间联动机制，加强市场监管系统内部的互联互通，探索构建跨地区、跨领域的网络执法联动机制，特别是强化对于新兴互联网不正当竞争、消费者保护等案件的监管。监管手段上，传统政府监管主要采取事前的刚性手段，如行政许可、行政处罚等。在互联网约租车中，政府即以滴滴、Uber等因缺乏政府许可的运营资质而做出扣押、罚款等行政处罚。事实证明，此种监管手段并未收到良好效果。对于网络广告监管存在问题，基层市场监督管理部门对网络广告监管的人员及软硬件设施不到位，导致网络广告监管难度大。在互联网时代，市场监管部门亟需注重技术手段的进步，发挥专业团队、技术协作等在互联网市场监管中收集证据的作用，同时也应加强执法队伍的建设，提升执法水平。①

三、2019年市场规制法实施的展望与建议

（一）2019年市场规制法实施展望

1.《反垄断法》及其配套法律文件有望修订或出台，反垄断执法工作机制将进一步完善

《反垄断法》的修订研究报告及草案现已形成，《市场监管总局2019年立法工作计划》已将《反垄断法》的修订列为需确保其高质高效推进的第二类立法项目。预计2019年《反垄断法》的修订工作仍将紧锣密鼓地开展。同时，《关于禁止垄断协议行为的规定》《关于制止滥用行政权力排除、限制竞争行为的规定》和《关于禁止滥用市场支配地位行为的规定》的征求意见稿已对外公布。《立法工作计划》将上述3部文件列为第一类项目，要求确保将其送审稿于2019年6月30日前送法规司审查并报总局局务会议

① 《现行广告市场监管中存在的问题监管难点及监管建议》，载http：//www. ordos. gov. cn/xxgk/information/ordos_ xxw54/msg10714270108. html，最后访问日期：2019年1月31日。

审议，可以预见上述 3 部反垄断相关配套法律文件的修订工作仍将继续进行。

2018 年年底市场监管总局授权省级市场监督管理部门负责本行政区内的有关反垄断执法工作，并允许省级市场监督管理部门委托其他省级市场监管部门或者下级市场监管部门开展调查，这将进一步增加反垄断执法的灵活性，增加反垄断执法力量，未来可以预期各地反垄断执法工作会逐渐活跃起来。

2. 互联网经济背景下《反不正当竞争法》对消费者的保护增强，有关配套法律文件有望出台

互联网消费时代已经到来，但消费者往往位于互联网竞争生态链末端，权益难以维护。2019 年《反不正当竞争法》执法仍会将重点放在查处与民生紧密相连的不正当竞争行为上面；在不正当竞争案件审理中，就不正当竞争行为构成等方面的法律判断将会更为关注消费者的整体、长期利益，这也有利于凸显消费者的主体地位。

《反不正当竞争法》有关配套文件将会抓紧制定或修订。《关于禁止不正当有奖销售行为的若干规定》已经公开征求意见，有望于 2019 年出台；《关于禁止市场混淆行为的若干规定》《关于禁止商业贿赂行为的暂行规定》《关于禁止侵犯商业秘密行为的若干规定》等法律文件的制定或修订也有望取得较大进展。

3. 公平竞争审查制度全面落实，通过竞争宣导提升竞争政策与竞争文化的社会接受度

竞争审查制度出台两年多来，在各方努力下，已经取得了阶段性成效，但全面实施真正落地仍需加大力度。预期 2019 年公平竞争审查方式进一步完善，将探索有效的工作机制，努力提高审查质量，适时改革审查方式。一方面保障新出台的文件、政策不妨碍公平竞争；另一方面坚持分类引导、积极推进的原则，逐渐对存量部分予以清理。将着重解决全国统一大市场问题，对指定交易、行业壁垒、地方壁垒予以纠正。不符标准的存量文件将进一步予以清理。适用逐步向纵深发展的原则，对于优惠政策、政府补贴等限定时间予以纠正。同时反行政垄断执法将进一步强化，强化特殊类型的监管力度，向社会发出强烈信号，为社会监督提供引导。

竞争政策的倡导与竞争文化的形成是公平竞争审查制度深入完善的关键。2019 年市场监管总局将会加大宣传力度，在全社会树立公平竞争意识，

培育良好的竞争文化，宣传竞争政策对经济发展的促进作用，给人民生活带来的实惠。

4. 总体消费环境进一步改善

新的一年有望在健全质量标准和消费后评价制度、加强消费领域信用体系建设，进一步健全消费者维权机制，改善总体消费环境等方面取得进展。未来在金融消费、电商消费方面的维权力度将继续加强，针对侵犯消费者隐私权行为的惩戒力度亦逐步加大，违法经营者的失信联合惩戒措施也将加快落实，互联网平台、电信运营商、服务提供商等经营者的主体责任协作将更加密切。另外，针对保健品等特殊行业的监管、整治力度将进一步加大。

5. 广告监管执法力度持续加大

未来将会继续重点整治医疗、药品、食品、保健食品、金融投资等重点领域的违法广告，推进《医疗广告管理办法》《药品广告管理办法》等重要法规的修订。结合《电子商务法》的实施，更为严厉地查处虚假违法的互联网广告，净化互联网市场交易环境。

6. 电子商务行业发展更为规范

近年来，我国电子商务领域的发展引人瞩目，其增速与规模都已居于世界前列。《电子商务法》的颁布与实施是我国电子商务发展史上的一个里程碑，其从法律层面对电子商务经营者特别是平台经营者在产品质量安全、消费者权益和个人信息保护等方面的责任予以明确，将给消费者营造更好的网络消费环境。面对电子商务行业的迅猛发展，还须加紧完善《电子商务法》的配套法律文件，同时执法机关对电子商务领域的侵权、偷漏税等行为的打击力度将不断加大。

7. 绿色发展价格机制逐步形成，深化有关领域的价格改革

以发改委发布的《关于创新和完善促进绿色发展价格机制的意见》为指导，将在完善污水处理收费政策、健全固体废物处理收费机制、建立有利于节约用水的价格机制、健全促进节能环保的电价机制四个方面进行探索。还将进一步深化垄断行业的价格改革（如电力、成品油、天然气等），加快完善公用事业和公共服务的价格改革（如医疗、文化、教育、养老、殡葬）等，推进农产品价格改革以及转变价格管理方式、加大价格监管力度。

（二）2019年市场规制法实施若干建议

1. 推动《电子商务法》《反不正当竞争法》配套细则以及《反垄断法》相关法律文件的出台和修订

2019年，相关部门仍需加快《反垄断法》修订工作的进程，形成正式草案并报送有关部门审议，促使其早日出台。对于反垄断民事诉讼中举证责任等争议问题，司法机关应加快有关司法解释的修订与出台，统一裁判标准，提高司法效率。同时也应促成相关的反垄断指南等相关法律文件尽快出台，为反垄断执法工作和司法工作提供具体可行的裁量标准，为企业的经营守法指明方向。

从快速发展到规范提升，《电子商务法》作为我国电商领域首部综合性法律，将使电子商务领域真正实现有法可依。还必须尽快出台分类具体、指向明确、尺度统一的配套法规规章或司法解释，才能在《电子商务法》原则性规定的基础上提高可操作性。①

修订后的《反不正当竞争法》存在的有关问题，也需要通过配套法律文件予以解决。

2. 进一步完善公平竞争审查执法机构及机制

竞争政策的基础性地位是我国社会主义市场经济发展的必然趋势，竞争机构在公平竞争审查制度的落实中也将起到更大作用。再加上《反垄断法》及《反不正当竞争法》的执法任务，如何组建素质优良的执法队伍、机构完善的执法机构以及高效明确的执法机制尤为关键。除此之外，还应采取措施加强各地公平竞争审查制度的推进，奖优惩劣。

3. 运用大数据、人工智能等技术推进价格改革

目前，主要由市场决定价格的机制已经基本确立，灵活有度的价格调控体系基本健全，科学规范透明的价格监管体系基本建立，以价格法为核心的价格法律体系基本形成。伴随大数据、人工智能等技术的发展，我国应进一步致力于运用现代信息技术推进价格改革。大数据、人工智能技术的应用能有效地反映供需双方的市场行为，有利于加强和创新市场价格监管，促进公平有序的市场竞争，使价格在市场竞争中形成，发挥市场决定资源配置的作用，合理引导供求。大数据技术的应用也有利于提高政府定

---

① 《电子商务法千呼万唤始出来　专家：实施细则仍待完善》，载 http：//wemedia. ifeng. com/92103240/wemedia. shtml，最后访问日期：2019年2月9日。

价的科学性、透明性。①

4. 加强部门间的协调联动，形成多方联合治理模式，实现市场监管合力

对于市场主体经营行为的监管力度仍需进一步加强，旨在打造多方协作、联合治理的市场监管新模式。在电子商务监管、食品安全等方面，必须充分发挥各执法部门合力，畅通部门间沟通渠道，建立健全部门间监管信息反馈处理机制和监管执法联动机制，加大部门间联合行政约谈、联合督查工作力度，形成整治监管合力，并以严重的违法成本予以威慑。② 激励消费者积极提供举报线索，建立消费后评价机制；鼓励消费者协会（委员会）针对大规模侵犯消费者合法权益的事件提起消费公益诉讼，为消费者维权提供便利，增大企业的违法成本，节约司法资源。

5. 加强信用体系和失信联合惩戒机制建设，增强市场主体法律责任意识

目前，电子商务领域信用体系建设是社会信用体系建设的重要内容之一。应加快建立健全电子商务领域失信专项治理长效工作机制，通过推动电子商务平台基本信息、信用信息及重大事件信息披露，科学区分电子商务领域失信主体名单信息，将认定后的电子商务领域“黑名单”纳入失信联合惩戒，加强政企合作，督促失信企业限期整改。③

撰稿专家

李胜利，1972年出生，安徽颍上人，法学博士。安徽大学法学院副院长、教授、博士生导师，安徽大学经济法制研究中心副主任、研究员。兼任中国经济法学研究会理事、安徽省法学会经济法研究会副会长。主要从事经济法学、竞争法学、房地产法学等课程的教学与研究工作。曾在《法商研究》《法学评论》《财贸经济》《法制日报》（理论版）等刊物发表学术论文、译文约50篇，其中多篇被人大复印资料和《中国社会科学文

---

① 《应用好大数据 促进价格改革 提高工作水平》，载 http：//www.sohu.com/a/237562952_99895009，最后访问日期：2019年1月24日。

② 《整治虚假违法广告部际联席会议2018年工作要点》，载 http：//www.cqn.com.cn/cj/content/2018-02/26/content_5474384.htm，最后访问日期：2019年2月6日。

③ 2018年5月国家发改委等8部门发布《关于加强对电子商务领域失信问题专项治理工作的通知》（发改财金〔2018〕716号）。

摘》转载转摘。现主持国家社科基金“反不正当竞争法与反垄断法的关系研究”（15BFX123）、教育部人文社会科学研究项目“政府采购领域中垄断行为的法律规制研究”（14YJA820016）等科研项目多项；独撰《美国联邦反托拉斯法百年：历史经验与世界性影响》（法律出版社 2015 年版），合撰《竞争法原论》（武汉大学出版社 2011 年版）等学术著作多部。

第五章　2018 年社会法实施报告

2018 年劳动法和社会保障法实施报告

刘文华　江　峰

报告要旨

2018 年，劳动法和社会保障法的实施坚持“以人民为中心”，以“法治化”为基本方向，以改善民生保障、增进人民福祉为主线，通过推行系列劳动和社会保障便民措施，“减证便民”，完善基本劳动标准和劳动关系规则，完善劳动监察、争议处理和社会保险等制度，全面规范企业用工行为，倡导正确用工理念，矫正劳资力量失衡，维护劳动者合法权益。同时，劳动和社会保障工作进一步与“互联网 +”相结合，行政部门大力推进“互联网 + 政务服务”，加快人力资源和社会保障领域简政放权、放管结合、优化服务改革，增强人力资源和社会保障工作效能，提升公共服务水平和能力。

核心建议

1. 完善劳动基准立法。
2. 完善集体劳动关系法律调整体系。
3. 完善人力资源社会保障服务标准体系。

2018 年，是中国改革开放四十周年，也是《劳动合同法》《劳动争议调解仲裁法》《就业促进法》《职工带薪年休假条例》“三法一条例”颁布实施十周年。在这样一个重要的历史节点，回顾年度劳动法和社会保障法实施过程，意义重大、影响深远。这一年，《劳动法》《社会保险法》迎来小改，《人力资源市场暂行条例》公布实施，劳动和社会保障行政主管部门启动机构改革，社会保险费征收体制发生重大变化，各地出台了一系列劳动和社会保障政策措施，在诸多方面有重大创新突破，劳动人事争议案件的仲裁和审判水平显著提高，裁审衔接逐步规范化、制度化。当然，劳动法和社会保障法实施过程中仍然存在一些不足，需要采取积极应对措施加以解决。

一、劳动法和社会保障法立法情况

（一）《人力资源市场暂行条例》颁布实施

2018 年 6 月 29 日，国务院总理李克强签署国务院令，公布《人力资源市场暂行条例》，自 2018 年 10 月 1 日起施行。《人力资源市场暂行条例》是系统规范在我国境内通过人力资源市场求职、招聘和开展人力资源服务活动的第一部行政法规，对建设统一开放、竞争有序的人力资源市场，更好服务于就业创业和高质量发展，实施就业优先战略和人才强国战略，具有重要意义。

改革开放 40 年来，党中央、国务院高度重视人力资源市场建设，制定出台了一系列政策措施，健全完善市场机制，加强市场监管，提高服务水平，推进统一规范、竞争有序的人力资源市场体系建设。2018 年，全国共有人力资源服务机构 3. 02 万家，从业人员 58. 37 万人。2017 年全年营业总收入 1. 44 万亿元，帮助 2. 03 亿人次就业创业和流动提供了人力资源服务①。党的十八大特别是十九大以来，党中央对人力资源市场建设提出了新的更高要求，明确要求要结合就业创业和人力资源流动配置工作实际，制定一部人力资源市场建设与管理的行政法规。党中央将制定《人力资源市场暂行条例》确定为全面深化改革急需的重要立法项目，先后列入了中央深改委工作要点和国务院立法工作计划。在党中央、国务院领导下，司法部、人社部起草了《人力资源市场暂行条例（草案）》，经反复研究论证、多次征求意见、不断修改完善，报经国务院常务会议审议通过。

《人力资源市场暂行条例》对人力资源市场培育、人力资源服务机构、

① 《司法部、人力资源社会保障部负责人就〈人力资源市场暂行条例〉答记者问》，载中国政府法制信息网，http：//www. moj. gov. cn/news/content/2018 - 07/17/zcjd_ 33530. html，最后访问日期：2019 年 2 月 20 日。

人力资源市场活动规范、人力资源市场监督管理及法律责任等作了全面规定，致力于解决市场体系的统一性问题、市场要素的流动性问题、市场运行的规范性问题、市场主体的公平性问题、市场监管的强制性问题。

《人力资源市场暂行条例》的突出亮点，是最大限度减少了人力资源服务的行政许可。《人力资源市场暂行条例》出台之前，人力资源市场的行政许可事项一共有 3 项，即设立职业中介机构审批、设立人才中介机构及其业务范围审批、设立中外合资中外合作职业介绍机构审批。《人力资源市场暂行条例》将上述 3 项行政许可事项整合为一项，并且进一步把许可范围缩减为人力资源服务机构从事职业中介活动，明确对于经营性人力资源服务从事职业中介活动的，应当取得人力资源服务许可证，开展其他人力资源服务的，应当向人力资源社会保障行政部门进行备案。

（二）《劳动法》《社会保险法》《老年人权益保护法》等劳动法和社会保障法作技术性修改

2018 年，全国人大常委会《劳动法》《老年人权益保护法》《社会保险法》《残疾人保障法》和《妇女权益保障法》等劳动法和社会保障领域法律进行了修改。此次拟修改的法律涉及机构改革、政府职能转变和“放管服”改革、改革试点经验推广三个方面。比如，取消了《劳动法》第 69 条设定的行业职业技能考核鉴定机构设立行政审批，《老年人权益保障法》第 44 条设定的养老机构设立行政许可，取消这些行政许可管理事项，政府有关主管部门可以通过加强事中事后监管的方式实现管理目的。同时，取消这些行政许可事项，有利于激发市场活力，调动市场主体的积极性。此外，与机构改革相适应，在全国推开社会保险制度改革试点经验，对《社会保险法》第 64 条、第 66 条作了修改，将生育保险基金并入基本医疗保险基金征缴和管理。将《残疾人保障法》第 62 条中的“广播电影电视”修改为“广播电视、电影”。《妇女权益保障法》第 59 条中的“广播电影电视”修改为“广播电视、电影”，均是适应中央和国家机关机构改革后职能调整要求。

（三）《企业年金办法》施行

2017 年 12 月 18 日，人力资源社会保障部、财政部公布了《企业年金办法》，自 2018 年 2 月 1 日起施行。企业年金是企业及其职工在依法参加基本养老保险的基础上，通过集体协商自主建立的补充养老保险制度，是我国多层次养老保险制度体系中第二支柱的重要组成部分。

企业建立企业年金，有利于完善职工薪酬体系，展现企业良好文化、增强人才吸引力、稳定职工队伍。职工参加企业年金，有利于在基本养老保险的基础上，另外增加一份养老积累，进一步提高退休后的收入水平和生活质量。

《企业年金办法》主要适用于企业及其职工，经过多年的改革发展，企业职工基本养老保险已覆盖城镇各类企业及其职工、社会组织及其专职工作人员、机关事业单位编制外工作人员等。《企业年金办法》规定，参加企业职工基本养老保险的其他用人单位及其职工建立补充养老保险的，参照本办法执行。因此，只要参加了企业职工基本养老保险的用人单位及其职工，都可以建立企业年金制度。

（四）人力资源社会保障部修改部分规章

2018 年 12 月 14 日，人力资源社会保障部根据《国务院办公厅关于做好证明事项清理工作的通知》要求，对现行有效的部门规章设定的证明事项材料进行了全面清理。经商民政部、卫生健康委同意，人力资源社会保障部决定取消“证明原身份的有关证明”“求职证明”“工伤认定决定书原件和复印件”等10 项证明，并对 5 件规章的部分条款予以修改：

对《就业服务与就业管理规定》作出修改：删去第 64 条第 1 款中的“和证明原身份的有关证明”。对《失业保险金申领发放办法》作出修改：删去第 7 条第 3 项中的“及求职证明”。对《工伤职工劳动能力鉴定管理办法》作出修改：删去第 8 条第 1、3 项中的“和复印件”、第 4 项；将第 16 条第 2 款修改为“申请再次鉴定，应当提供劳动能力鉴定申请表，以及工伤职工的居民身份证或者社会保障卡等有效身份证明原件。”对《工伤保险辅助器具配置管理办法》作出修改：删除第 7 条第 1 款第 1、2 项中的“和复印件”。对《社会保险基金先行支付暂行办法》作出修改：删去第 4 条中的“持工伤认定决定书和有关材料”。

（五）地方立法情况

1. 陕西省颁布《陕西省企业工资集体协商条例》。2018 年 11 月 30 日，为推动和规范企业工资集体协商，促进劳动关系的和谐稳定，维护职工和企业双方合法权益，陕西省第十三届人民代表大会常务委员会第八次会议通过《陕西省企业工资集体协商条例》，自 2019 年 3 月 1 日起施行。

2. 《河北省工会劳动法律监督条例》施行。2018 年 7 月 27 日，为保障和规范工会劳动法律监督，维护职工合法权益，构建和谐劳动关系，河北省第十三届人民代表大会常务委员会第四次会议通过《河北省工会劳动法律监督条例》，自2018年12月1日起施行。

3. 陕西省制定《陕西省人力资源市场条例》。2018年9月28日，为规范人力资源市场活动，促进人力资源合理流动和优化配置，建立统一开放、竞争有序的人力资源市场体系，促进就业创业，陕西省第十三届人民代表大会常务委员会第五次会议通过《陕西省人力资源市场条例》，自2019年1月1日起施行。

4. 多地制定或修订老年人权益保障地方法规。河南省、内蒙古自治区等地分别制定《河南省老年人权益保障条例》《内蒙古自治区老年人权益保障条例》，自2019年1月1日起施行。四川省、宁夏回族自治区分别修订《四川省老年人权益保障条例》（2018年10月1日起施行）、《宁夏回族自治区老年人权益保障条例》（自2019年1月1日起施行）。

5. 上海市通过《上海市社会救助条例》。为了加强社会救助，保障本市居民的基本生活，帮助家庭或者个人克服生活困难，促进社会公平，维护社会和谐稳定，2018年11月22日，上海市第十五届人民代表大会常务委员会第七次会议于通过《上海市社会救助条例》，自2019年5月1日起施行。

6. 多地制定女职工劳动特别保护政府规章。陕西省、江苏省、河南省分别颁布实施《陕西省实施女职工劳动保护特别规定》《江苏省女职工劳动保护特别规定》《河南省女职工劳动保护特别规定》。

7. 北京市施行《北京市社会救助实施办法》。为了加强社会救助，保障公民的基本生活，促进社会公平，维护社会和谐稳定，2018年4月24日，北京市人民政府第9次常务会议审议通过《北京市社会救助实施办法》，自2018年7月1日起施行。

8. 吉林省通过《吉林省企业工资支付办法》。为规范企业工资支付行为，维护劳动者获得合法劳动报酬的权益，2018年12月7日，吉林省政府第26次常务会议审议通过《吉林省企业工资支付办法》，自2019年2月1日起施行。

二、依法全面履行劳动和社会保障政府行政职能情况

（一）国务院劳动和社会保障政府主管部门机构改革

1. 国家层面劳动和社会保障行政主管部门机构改革基本情况

（1）组建国家医疗保障局。为完善统一的城乡居民基本医疗保险制度

和大病保险制度，国务院将人力资源和社会保障部的城镇职工和城镇居民基本医疗保险、生育保险职责，民政部的医疗救助，国家卫生和计划生育委员会、国家发展和改革委员会相关职责整合，组建国家医疗保障局，作为国务院直属机构。承担拟订医疗保险、生育保险、医疗救助等医疗保障制度的政策、规划、标准并组织实施等职能。同时，为提高医保资金的征管效率，将基本医疗保险费、生育保险费交由税务部门统一征收。

（2）调整全国社会保障基金理事会隶属关系。为加强社会保障基金管理和监督，理顺职责关系，保证基金安全和实现保值增值目标，将全国社会保障基金理事会由国务院管理调整为由财政部管理，承担基金安全和保值增值的主体责任，作为基金投资运营机构，不再明确行政级别。

（3）成立退役军人事务部。为加强退役军人服务保障体系建设，建立健全集中统一、职责清晰的退役军人管理保障体制，国务院将民政部的退役军人优抚安置职责，人力资源和社会保障部的军官转业安置职责，以及中央军委政治工作部、后勤保障部有关职责整合，组建退役军人事务部，作为国务院组成部门。承担拟订退役军人管理保障等工作政策法规并组织实施，军队转业干部、复员干部、退休干部、退役士兵的移交安置工作和自主择业退役军人服务管理、待遇保障工作等职责。

（4）人力资源和社会保障部职能调整。根据中央和国家机关机构改革方案，原属人力资源社会保障部以下职能分离：军队转业干部安置政策和安置计划、自主择业军队转业干部管理服务工作；行政机关公务员综合管理、工资收入分配政策、福利和离退休政策；医疗保险、生育保险政策、规划和标准、基金管理办法等职能。

2. 机构改革对劳动和社会保障依法行政的主要影响

本次机构改革，适应新时代中国特色社会主义发展要求，坚持稳中求进工作总基调，坚持正确改革方向，坚持以人民为中心，坚持全面依法治国，以加强党的全面领导为统领，以国家治理体系和治理能力现代化为导向，以推进党和国家机构职能优化协同高效为着力点，着眼于转变政府职能，围绕推动高质量发展，加强和完善政府社会管理、公共服务职能，结合新的时代条件和实践要求，着力推进重点领域和关键环节的机构职能优化和调整，构建起职责明确、依法行政的政府治理体系，改革机构设置，优化职能配置，深化转职能、转方式、转作风，提高效率效能，提高政府执行力，建设人民满意的服务型政府，为决胜全面建成小康社会、开启全面建设社会主义现代化国家新征程、实现中华民族伟大复兴的中国梦提供有力制度保障[①]。

（二）社会保险费征收体制改革

党的十九届三中全会作出了关于社会保险费征收体制改革的决定，明确将基本养老保险费、基本医疗保险费、失业保险费等各项社会保险费交由税务部门统一征收。2018 年 7 月 20 日，中共中央办公厅、国务院办公厅印发《国税地税征管体制改革方案》，明确从 2019 年 1 月 1 日起，将基本养老保险费、基本医疗保险费、失业保险费、工伤保险费、生育保险费等各项社会保险费交由税务部门统一征收。8 月 20 日，国家税务总局、财政部、人力资源社会保障部、国家卫生健康委、国家医疗保障局五部门召开电视电话会，对相关工作进行了动员部署。9 月 19 日，人力资源社会保障部、财政部、国家税务总局、国家医疗保障局相关负责人答记者问，承诺改革社会保险费征收体制总体上不增加企业负担。9 月 21 日，人力资源社会保障部办公厅印发《关于贯彻落实国务院常务会议精神切实做好稳定社保费征收工作的紧急通知》，明确"党中央做出的将基本养老保险费、基本医疗保险费、失业保险费等各项社会保险费交由税务部门统一征收的决定，只是征收主体的变更，并未调整现行社保费征收政策。当前，我部正根据国务院要求，会同相关部门抓紧开展测算分析，提出适当降低单位社保缴费比例、确保总体上不增加企业缴费负担的具体政策措施。在社保征收机构改革到位前，各地现行的社保缴费基数、费率等相关征收政策，要一律保持不变"，"严禁自行组织对企业历史欠费进行集中清缴。目前，仍承担社保费征缴和清欠职能职责的地区，要稳妥处理好历史欠费问题，严禁自行对企业历史欠费进行集中清缴。已经开展集中清缴的，要立即纠正，并妥善做好后续工作"。

中央作出的关于社会保险费征收体制改革的决定是完善社会保险管理体制和治理方式的重大改革，这次征缴体制的改革，只是征收主体的变更，并未调整现行社保费征收政策，社保缴费基数、缴费费率并没有改变，且总体上不增加企业缴费负担。社会保险征收体制改革，有利于进一步明确部门职责分工，规范征缴管理，提高征缴效率，降低征收成本，优化缴费

① 王勇：《关于国务院机构改革方案的说明——2018 年 3 月 13 日在第十三届全国人民代表大会第一次会议上》，载新华网，http：//www. xinhuanet. com/2018 - 03/14/c_ 1122533127. htm，最后访问日期：2019 年 2 月 24 日。

服务，增强参保缴费人获得感，实现社会保险资金安全、可持续增长，为降低社保费率创造条件；有利于进一步深化社会保险制度改革，更好地确保发放、维护广大参保人的利益；有利于为深化“放管服”改革和进一步激发市场主体活力奠定良好基础①。

（三）社会保险降费

2018年4月，人力资源和社会保障部、财政部联合印发《关于继续阶段性降低社会保险费率的通知》，通知明确，自2018年5月1日起，企业职工基本养老保险单位缴费比例超过19%的省（区、市），以及按照《人力资源社会保障部、财政部关于阶段性降低社会保险费率的通知》单位缴费比例降至19%的省（区、市），基金累计结余可支付月数（截至2017年年底，下同）高于9个月的，可阶段性执行19%的单位缴费比例至2019年4月30日。2018年5月1日起，按照《人力资源社会保障部、财政部关于阶段性降低失业保险费率的通知》实施失业保险总费率1%的省（区、市），延长阶段性降低费率的期限至2019年4月30日。具体方案由各省（区、市）研究确定。自2018年5月1日起，在保持八类费率总体稳定的基础上，工伤保险基金累计结余可支付月数在18（含）个月至23个月的统筹地区，可以现行费率为基础下调20%；累计结余可支付月数在24个月（含）以上的统筹地区，可以现行费率为基础下调50%。降低费率的期限暂执行至2019年4月30日。下调费率期间，统筹地区工伤保险基金累计结余达到合理支付月数范围的，停止下调。具体方案由各省（区、市）研究确定。

2018年8月31日，广东省人民政府印发《广东省降低制造业企业成本支持实体经济发展若干政策措施（修订版）》，明确要降低企业社会保险成本。推进全省养老保险省级统筹，执行全省统一的企业养老保险单位缴费比例，单位缴费比例高于14%的按14%执行；职工生育保险基金累计结余超过9个月的统筹地区，可将生育保险费率降到企业职工工资总额的0.5%以内，已降到0.5%的可进一步降到0.45%。建立健全工伤保险费率浮动管理制度，对符合条件的参保单位工伤保险费率实施下浮，全省工伤保险平均费率下降20%~30%。2018年11月30日，广东省人民政府关印发《广东省进一步促进就业若干政策措施》，提出继续稳定政策适度降低社会保险

---

① 李心萍：《人社部、财政部、税务总局、国家医保局相关负责人表示：改革社会保险费征收体制总体上不增加企业负担》，载《人民日报》2018年9月21日，第4版。

等成本，税务机关征收社会保险费的政策和征管程序不变，缴费方式不变，保持企业社会保险缴费成本总体稳定。规范执法检查，严禁行政执法机关自行对企业历史欠费进行集中清缴。2018 年 7 月 21 日，河南省出台《关于做好 2018 年河南省降成本重点工作的通知》，提出要降低用工成本。将阶段性降低企业职工基本养老保险单位缴费比例、失业保险及工伤保险费率政策期限延长至 2019 年 4 月 30 日。将阶段性降低企业住房公积金缴存比例政策期限延长至 2020 年 4 月 30 日。加大稳岗补贴工作实施力度，帮助企业脱困发展。2018 年 9 月 30 日，河北省人民政府办公厅发布《关于进一步降低成本减轻负担促进实体经济企业发展的若干意见》，提出阶段性降低失业保险费率至 1% 政策实施期限延长至 2019 年 4 月 30 日。调整完善残疾人就业保障金政策，将残疾人就业保障金征收标准上限从不超过当地社会平均工资的 3 倍降至不超过 2 倍。2018 年 8 月 9 日，福建省出台《关于进一步降低成本减轻负担促进实体经济企业发展的若干意见》，要求阶段性降低失业保险及工伤保险费率政策，再下调工伤保险费率 50%，并将外来务工人员纳入公共服务范围，合理降低企业社会保险负担；对困难企业降低或暂缓缴存公积金，限定公积金缴交基数高限，进一步缓解公积金压力。

国务院新闻办公室举行的国务院政策例行吹风会上，人力资源和社会保障部表示，自 2015 年以来，我国已先后降低或者阶段性降低了社会保险费率 4 次，总体的社保费率从 41% 降到 37.25%，总体降幅接近 10%，累计减少企业成本约 3150 亿元，2018 年全年为企业降低成本 1840 亿元[①]。

（四）《中央企业合规管理指引（试行）》出台

2018 年 11 月 2 日，为推动中央企业全面加强合规管理，加快提升依法合规经营管理水平，着力打造法治央企，保障企业持续健康发展，国务院国有资产监督管理委员会印发《中央企业合规管理指引（试行）》，要求中央企业应当根据外部环境变化，结合自身实际，在全面推进合规管理的基础上，突出重点领域、重点环节和重点人员，切实防范合规风险。《中央企业合规管理指引（试行）》特别强调，加强对以下重点领域的合规管理：劳动用工。严格遵守劳动法律法规，健全完善劳动合同管理制度，规范劳动合同签订、履行、变更和解除，切实维护劳动者合法权益。

---

① 《人社部 2018 年第四季度新闻发布会》，载中国网，http：//www.china.com.cn/zhibo/content_74402631.htm，最后访问日期：2019 年 2 月 24 日。

《中央企业合规管理指引（试行）》的出台，是顺应全球强化合规管理新趋势，通过强化合规管理，有助于企业化解合规风险。企业劳动用工合规管理是企业合规管理的重要组成部分，让企业的劳动用工模式、规章制度、薪酬体系、奖惩福利、社会保险符合法律要求，既是切实维护好央企职工合法权益的内在要求，更是央企练好内功，强化合规经营、构建合规管理体系的必然要求。

（五）国务院建立基本养老保险基金中央调剂金制度

2018 年 6 月，国务院印发《关于建立企业职工基本养老保险基金中央调剂制度的通知》（以下简称《通知》），决定建立养老保险基金中央调剂制度，自 2018 年 7 月 1 日起实施。2018 年 9 月 14 日，人力资源和社会保障部、财政部印发《企业职工基本养老保险基金中央调剂制度实施办法》。

这一政策的主要内容包括三部分。一是中央调剂基金由各省份养老保险基金上解的资金构成。实施基金中央调剂制度，不提高企业和职工个人缴费比例，不会增加企业和个人的负担，不改变现行的养老保险待遇计发和调整办法，不会影响离退休人员个人待遇。二是坚持“调剂”是养老保险基金中央调剂制度的核心。《通知》明确了上解和下拨资金额的计算公式，明确了上解工资基数、上解人数、上解比例、下拨人数及人均拨付额等相关参数的核定办法。三是明确上解调剂基金标准。《通知》明确，中央调剂基金由各省份养老保险基金上解的资金构成。按照各省份职工平均工资的 90% 和在职应参保人数作为计算上解额的基数，上解比例从 3% 起步，逐步提高。各省市上解数额的多少主要取决于上解工资和在职应参保人数这两项指标。

实施基金中央调剂制度是加强基本养老保险体系建设的重要内容，近年来，随着我国人口老龄化加快发展和就业多样化以及经济发展不平衡等原因，地区间抚养比差距扩大，省际之间养老保险基金负担不平衡的问题越来越突出，靠省级统筹难以解决，需要进一步提高统筹层次，在全国范围对基金进行适度调剂。党中央、国务院高度重视养老保险全国统筹工作。《社会保险法》规定，基本养老保险基金逐步实行全国统筹。党的十九大报告明确要求尽快实现养老保险全国统筹。由于我国区域间经济发展水平不平衡，各地养老保险抚养比相差悬殊，养老保险政策、待遇水平仍存在差异，省级统筹制度还不够完善，难以一步实现基金全国统收统支。为此，党中央、国务院决定，先建立养老保险基金中央调剂制度，作为实现全国统筹的第一步。

（六）国务院改革现有国有企业工资决定机制

2018 年 5 月 25 日，国务院发布《关于改革国有企业工资决定机制的意见》。该意见的主要内容有四。一是改革工资总额决定机制。要综合考虑国家工资收入分配宏观政策要求、企业发展战略和薪酬策略、生产经营目标和经济效益、劳动生产率、人工成本投入产出率、职工工资水平等“一揽子”因素。同时，明确了企业经济效益增则工资增、企业经济效益降则工资降的挂钩联动原则。二是改革工资总额管理方式。对国有企业工资总额全面实行预算管理，根据企业功能性质定位、行业特点并结合法人治理结构完善程度，对其工资总额预算方案分别实行备案制或核准制。三是完善企业内部工资分配管理。在坚持落实国有企业内部薪酬分配法定权利的基础上，对完善企业内部工资总额管理制度、深化企业内部分配制度改革、规范企业工资列支渠道提出了原则要求。四是健全工资分配监管体制机制。对加强和改进政府对国有企业工资分配的宏观指导调控、落实履行出资人职责机构监管职责、健全国有企业工资内外收入监督检查制度和问责机制做出明确规定。

此次改革是对国有企业工资分配制度的一次系统性改革。适应国资国企改革进程，推动建立中国特色现代国有企业工资分配制度，使国有企业工资分配更加符合中国特色社会主义市场经济规律和企业发展规律，这是此次改革的出发点和落脚点。改革突出了国有企业工资分配的市场化方向。在工资总额确定办法上，改变了过去国有企业工资总额增长同经济效益单一指标挂钩的办法，要求统筹考虑“一揽子”因素，合理确定工资总额[①]。

（七）全面优化劳动和社会保障领域公共服务

2018 年，人力资源和社会保障部部署在全系统全面深入开展行风建设。全国各级人力资源和社会保障部门紧紧围绕“正行风、树新风，打造群众满意的人力资源和社会保障服务”的总体目标，按照行风建设三年行动计划确定的重点任务，迅速行动、扎实推进，行风建设工作取得积极进展。2018 年 10 月 29 日，人力资源社会保障部办公厅、财政部办公厅印发《关于深入推进 12333 发展促进人力资源社会保障公共服务便民化的意见》。

① 《进一步健全与社会主义市场经济相适应的国有企业工资决定机制——人社部副部长解读〈关于改革国有企业工资决定机制的意见〉》，载新华社，http：//www. gov. cn/zhengce/2018 - 05/28/content_ 5294331. htm，最后访问日期：2019 年 2 月 24 日。

这一政策的主要内容有四。一是编制办事清单指南。对系统和部本级审批服务事项进行了摸底梳理，近期将向社会公布。二是专项清理证明事项。加紧清理由部门规章、规范性文件设定的证明事项目录。例如，湖南省在企业社保基数申报等7项公共服务事项中，取消需要提供的18项证明材料。三是推进标准化信息化建设。修改完善社会保险经办、人力资源服务、公共就业指导等国家标准、行业标准。积极推进各地实现就失业登记、社保登记和用工备案办理“三个入口”登记合并为“一个入口”登记。落实全面取消社会保险待遇资格集中认证的规定，与公安、医保、卫健等部门合作，积极推进跨部门数据共享和信息比对，完善远程自助认证功能。四是加快建设全国统一的社会保险公共服务平台，充分利用互联网技术和大数据手段，努力实现“马上办、网上办、就近办、一次办”，着力打通为民服务“最后一公里”，提升服务水平。

（八）15个省区市调整最低工资标准

截至2018年12月，15个省、区、市调整了最低工资标准，上海、广东、北京、天津、江苏、浙江6省份月最低工资标均超过2000元。其中，上海月最低工资标准达到2420元，为全国最高（见表5a-1）。

表5a-1　2018年全国省区市最低工资标准

（截至2018年12月31日）

单位：元

地区	标准实行日期	月最低工资标准				
		第一档	第二档	第三档	第四档	第五档
北京	2018.09.01	2120				
天津	2017.07.01	2050				
河北	2016.07.01	1650	1590	1480	1380	
山西	2017.10.01	1700	1600	1500	1400	
内蒙古	2017.08.01	1760	1660	1560	1460	
辽宁	2018.01.01	1620	1420	1300	1120	
吉林	2017.10.01	1780	1680	1580	1480	
黑龙江	2017.10.01	1680	1450	1270		
上海	2018.04.01	2420				

续表

地区	标准实行日期	月最低工资标准				
		第一档	第二档	第三档	第四档	第五档
江苏	2018. 08. 01	2020	1830	1620		
浙江	2017. 12. 01	2010	1800	1660	1500	
安徽	2018. 11. 01	1550	1380	1280	1180	
福建	2017. 07. 01	1700	1650	1500	1380	1280
江西	2018. 01. 01	1680	1580	1470		
山东	2018. 06. 01	1910	1730	1550		
河南	2018. 10. 01	1900	1700	1500		
湖北	2017. 11. 01	1750	1500	1380	1250	
湖南	2017. 07. 01	1580	1430	1280	1130	
广东	2018. 07. 01	2100	1720	1550	1410	
其中：深圳	2018. 07. 01	2200				
广西	2018. 02. 01	1680	1450	1300		
海南	2018. 12. 01	1670	1570	1520		
重庆	2016. 01. 01	1500	1400			
四川	2018. 07. 01	1780	1650	1550		
贵州	2017. 07. 01	1680	1570	1470		
云南	2018. 05. 01	1670	1500	1350		
西藏	2018. 01. 01	1650				
陕西	2017. 05. 01	1680	1580	1480	1380	
甘肃	2017. 06. 01	1620	1570	1520	1470	
青海	2017. 05. 01	1500				
宁夏	2017. 10. 01	1660	1560	1480		
新疆	2018. 01. 01	1820	1620	1540	1460	

三、就业创业情况

党的十九大报告中指出，就业是最大的民生，要坚持实施就业优先战略和积极就业政策，实现更高质量和更充分就业。2018 年，在国内外不确定性的因素客观存在，尤其是在中美经贸摩擦以来，经济下行压力有所加大、结构性矛盾突出，经济结构加速调整、新旧动能加速转换的背景下，我国的就业整体局势保持了总体稳定，就业创业无论是政策层面还是具体工作，都取得新的进展。全年，城镇新增就业 1361 万人，城镇调查失业率全年都保持在 5% 左右。

（一）国务院发布促进就业若干意见

2018 年 11 月 16 日，国务院发布《关于做好当前和今后一个时期促进就业工作的若干意见》。从 5 个方面提出 15 条具体措施，稳定和促进就业。该意见的亮点有三。第一，支持民营企业和小微企业发展。意见在支持民营企业和小微企业发展方面，提出了一系列措施。一是加大对企业稳岗的支持力度。意见提到，对不裁员或少裁员的参保企业，可返还其上年度实际缴纳失业保险费的 50%，同时对面临暂时性生产经营困难而且又有望近期得到恢复的，加大返还力度。二是加大了对小微企业融资担保的支持力度。三是加大对小微企业创业担保贷款的支持力度。将符合条件的小微企业创业担保贷款申请额度，从 200 万元提高到 300 万元。第二，政策扩展延伸上有突破。实施三年百万青年见习计划，将就业见习补贴范围扩展至 16～24岁失业青年。对下岗失业人员普遍开展有政府补贴的培训，对其中符合条件的就业困难人员和零就业家庭成员在培训期间再给予生活费补贴。将技术技能提升补贴申领条件由企业在职职工参加失业保险 3 年以上调整至参保 1 年以上。第三，政策重点覆盖就业困难群体。鼓励各地加快建设重点群体创业孵化载体，支持就业压力较大地区为失业人员自主创业免费提供经营场地。困难企业可组织开展职工在岗培训，企业职工教育经费不足部分，经所在地人力资源和社会保障部门审核评估合格后，由就业补助资金予以适当支持。及时开展下岗失业人员帮扶。失业人员可在常住地办理失业登记，申请享受当地就业创业服务、就业扶持政策、重点群体创业就业税收优惠政策。对符合条件的下岗失业人员，及时落实失业保险待遇，并纳入最低生活保障和临时救助范围。

该意见还就政策施行保障做出三方面的规定。第一，明确政府的主体责任。要求地方各级人民政府建立由政府负责人牵头，相关部门共同参与的工作机制，并结合本地实际，制定出台具体实施办法，做好本地区促进就业的相关工作。相关部门立足职能职责，积极出台措施，开展专项活动，共同做好促进就业的相关工作。人力资源和社会保障部会同发改委、财政部出台了《关于推进全方位公共就业服务的指导意见》，印发了《关于开展2019 年全国公共就业服务专项活动的通知》，作为国务院文件的配套措施。第二，抓好政策服务。人力资源和社会保障部门积极主动向社会公布政策清单、申办流程、补贴标准等，并向申请享受政策的困难企业和下岗失业人员，建立实名管理服务信息系统，确保政策精准落地。指导企业等各方面履行社会责任。引导困难企业更加注重运用市场机制，多渠道分流安置职工，引导劳动者树立正确的就业观，通过自身努力实现就业创业，广泛调动社会各界的积极性，形成稳定和扩大就业的合力。第三，加强经费保障和宣传引导。这些政策措施的落地需要资金保障，要用足用好就业补助资金、失业保险基金、职工教育经费等各类资金渠道。同时，还专门从工业企业结构调整专项奖补资金中安排一部分资金，专项用于当前稳定和促进就业相关工作。加强宣传引导。加强政策解读，主动回应社会关切，并发挥典型引路的作用，大力宣传推广经验做法，引导形成全社会共同关心、积极支持就业工作的局面。

（二）取消台港澳人员在内地就业许可

2018 年 7 月 28 日，国务院印发《关于取消一批行政许可事项的决定》正式取消台港澳人员在内地就业许可。2018 年 8 月 23 日，人力资源社会保障部颁布《关于废止〈台湾香港澳门居民在内地就业管理规定〉的决定》（人力资源社会保障部令第 37 号），该决定根据《国务院关于取消一批行政许可等事项的决定》中取消台港澳人员在内地就业许可的精神，为进一步便利香港澳门台湾居民在内地（大陆）工作生活，促进交往交流，决定对《台湾香港澳门居民在内地就业管理规定》予以废止。2018 年 8 月 23 日，人力资源社会保障部印发《关于香港澳门台湾居民在内地（大陆）就业有关事项的通知》，明确港澳台人员在内地（大陆）就业不再需要办理《台港澳人员就业证》，并对取消许可后港澳台人员在内地（大陆）就业的有关事项作出规定。

港澳台人员在内地（大陆）就业政策主要内容：一是在内地（大陆）求职、就业的港澳台人员，可使用港澳台居民居住证、港澳居民来往内地通行证、台湾地区居民来往大陆通行证等有效身份证件办理人力资源社会保障各项业务，以工商营业执照、劳动合同（聘用合同）、工资支付凭证或社会保险缴费记录等作为其在内地（大陆）就业的证明材料。二是将港澳台人员纳入当地就业创业管理服务体系，参照内地（大陆）劳动者对其进行就业登记和失业登记，加强就业失业统计监测，为有在内地（大陆）就业创业意愿的人员提供政策咨询、职业介绍、开业指导、创业孵化等服务。要在2018年12月31日前完成对公共就业创业服务系统的改造升级，支持港澳台人员使用港澳台居民居住证、港澳居民来往内地通行证、台湾地区居民来往大陆通行证等有效身份证件注册登录，提供求职招聘服务。三是在内地（大陆）就业的港澳台人员，依法享有各项劳动保障权益。与用人单位发生劳动人事争议或者合法劳动权益被侵害的，依照国家有关劳动人事争议处理、劳动保障监察的规定处理。四是明确政策适用的时间节点。自2018年7月28日起，港澳台人员在内地（大陆）就业不再需要办理《台港澳人员就业证》。8月23日起，各地不再受理《台港澳人员就业证》申请；对此前已受理申请但尚未发放证件的，及时告知用人单位无须再申请办理。2018年12月31日前，处于有效期内的《台港澳人员就业证》仍可同时作为港澳台人员在内地（大陆）就业证明材料；2019年1月1日起终止使用。

（三）国家全面推行企业新型学徒制

2018年10月12日，人力资源社会保障部、财政部共同印发了《关于全面推行企业新型学徒制的意见》。这项政策的目标是，按照政府引导、企业为主、院校参与的原则，在企业（含拥有技能人才的其他用人单位，下同）全面推行以“招工即招生、入企即入校、企校双师联合培养”为主要内容的企业新型学徒制，进一步发挥企业主体作用，通过企校合作、工学交替方式，组织企业技能岗位新招用和转岗等人员参加企业新型学徒培训，促进企业技能人才培养，壮大发展产业工人队伍。从2018年起到2020年底，努力形成政府激励推动、企业加大投入、培训机构积极参与、劳动者踊跃参加的职业技能培训新格局，力争培训50万以上企业新型学徒（以下简称学徒）。2021年起，继续加大工作力度，力争年培训学徒50万人左右。

企业新型学徒制的主要内容包括：一是培养对象和培养模式。学徒培训以与企业签订一年以上劳动合同的技能岗位新招用和转岗等人员为培养对象。企业可结合生产实际自主确定培养对象，采取“企校双制、工学一体”的培养模式，即由企业与技工院校、职业院校、职业培训机构、企业培训中心等教育培训机构采取企校双师带徒、工学交替培养等模式共同培养学徒。二是培养主体职责。学徒培养的主要职责由所在企业承担。企业应与学徒签订培养协议，明确培训目标、培训内容与期限、质量考核标准等内容。培训机构与企业签订合作协议后，对学徒进行非全日制学籍注册，加强在校学习管理。三是培养目标和主要方式。学徒培养目标以符合企业岗位需求的中、高级技术工人为主，培养期限为1～2年，特殊情况可延长到3年。培养内容主要包括专业知识、操作技能、安全生产规范和职业素养，特别是工匠精神的培育。要以企业为主导确定具体培养任务，由企业与培训机构分别承担。在企业主要通过企业导师带徒方式。

为落实政策，该意见进一步明确，一要健全企业对学徒培训的投入机制。学徒在学习培训期间，企业应当按照劳动合同法的规定支付工资，且工资不得低于企业所在地最低工资标准。企业按照与培训机构签订的合作协议约定，向培训机构支付学徒培训费用，所需资金从企业职工教育经费中列支；承担带徒任务的企业导师享受导师带徒津贴，津贴标准由企业确定，津贴由企业承担。二要完善财政补贴政策。人力资源社会保障部门会同财政部门对开展学徒培训的企业按规定给予职业培训补贴，补贴资金从就业补助资金列支。补贴标准由各省（区、市）人力资源社会保障部门会同省级财政部门确定，学徒每人每年的补贴标准原则上不低于4000元，并根据经济发展、培训成本、物价指数等情况逐步提高。

开展企业新型学徒制培训，是传承我国优秀历史、与当代国际人才培养模式接轨的重要创新。学徒制在我国历史悠久，师傅带徒的工匠技术传承方式一直是我国技术工人培养的主要制度，在新中国建设中也发挥了重要作用。近年来，一些发达国家在传统学徒制的基础上，开始探索建立新型学徒制度，取得了明显成效。新型学徒制在传统的企业师傅带徒这一模式基础上，引入了职业培训机构和职业院校协同开展培训，并由政府进行激励推动，给予政策支持和财政补贴，是推动校企合作、产教融合的行之有效的创新举措，具有强大的生机和活力。在总结我国历史经验、最新实践探索和国外先进经验基础上，在各类企业普遍推行“招工即招生、入企即入校、企校双师联合培养”的新型学徒制，有利于形成政府、企业和培训机构发挥各自优势、协同推进人才培养的良好工作格局，是我国技能人才培养模式的重大创新。截至2018年11月，人力资源和社会保障部与财政部先后分两批在22个省启动了企业新型学徒制试点工作，试点企业共158

家，培养新型学徒制企业职工近2万人，其中转岗职工3670人以上，涉及机械、化工、电气、汽修、数控、焊接等近百个工种。

（四）国家推进全方位公共就业服务

2018年12月5日，人力资源社会保障部、国家发展改革委、财政部印发《关于推进全方位公共就业服务的指导意见》。这项政策的要点有四。第一，推动覆盖全民的公共就业服务范围。推动公共就业服务城乡常住人口全覆盖，保障各类用人单位同等享有公共就业服务。劳动年龄内、有劳动能力、有就业要求的城乡劳动者可持居民身份证（或社会保障卡），港澳台人员可持港澳台居民居住证（或港澳居民来往内地通行证、台湾居民来往大陆通行证），在常住地公共就业服务机构申请公共就业服务。各类企业、个体经济组织、民办非企业单位等组织，机关事业单位、社会团体以及创业实体，可向公共就业服务机构咨询了解人力资源市场信息，申请招聘用工服务。对民营企业等非公有制经济，要公平对待，提供同等服务。第二，健全贯穿全程的公共就业服务功能。完善对劳动者求职就业全程服务；加强对用人单位招聘用人全程指导。加强对用人单位需求分类评估，指导其合理制订招聘计划和招聘条件，提供稳定用工和就业创业政策法规、市场工资指导价位、劳动合同示范文本等方面的咨询服务。加强劳动关系协调和矛盾调处，引导企业依法用工、劳动者依法维权，努力构建和谐劳动关系；强化创业全程服务；实施就业援助全程帮扶。推行终身职业技能培训；对出现生产经营困难需要进行规模性裁员的企业，提供劳动关系处理、社会保险接续等方面的专项咨询指导，做好被裁减员工的再就业服务工作。第三，构建辐射全域的公共就业服务体系。构建政府主导社会参与的多元化供给体系。建立健全公共就业服务体系，完善公共就业服务机构设置，完善街道（乡镇）、社区（村）服务平台，构建覆盖城乡的公共就业服务网络。完善全领域的多渠道供给机制。推动线下实体网点服务与线上互联网服务深度融合，实现同一业务事项多渠道可受理、任一方式可办结。提升贫困地区公共就业服务能力。第四，完善便捷高效的公共就业服务方式。一是推动标准化服务。建立健全公共就业服务标准体系，完善设施设备、人员配备等指导性标准，统一公共就业服务视觉识别系统，统一核心业务流程和规范。逐项编制通俗易懂的办事指南，系统梳理并公开必须到现场办理的事项目录。二是推进智慧化服务。打造全国统一的智能公共就业服务信息化平台，加快应用大数据、云服务技术，全面推进“互联网+公共就业服务”。三是推行便民化服务。持续推进“减证便民”行动，简化优化服务流程，清理各类无谓证明，逐一明确兜底条款，压减经办事项自由裁量权。

党的十九大明确提出，就业是最大的民生，要坚持就业优先战略和积极就业政策，提供全方位公共就业服务。推进全方位公共就业服务，就是坚持以人民为中心的发展思想，牢固树立新发展理念，坚持改革创新，完善城乡统筹的公共就业服务制度，扩大服务供给，创新运行机制，提供覆盖全民、贯穿全程、辐射全域、便捷高效的全方位公共就业服务，以全方位公共就业服务促进就业增长，以就业增长支撑经济发展和民生改善。推进全方位公共就业服务，是做好就业创业工作的重要举措，有利于保障和改善民生，推动经济高质量发展，促进社会和谐稳定，更好服务稳就业工作，推动实现更高质量和更充分就业。

四、劳动和社会保障执法情况

2018 年，劳动和社会保障执法工作得到不断加强，全国共查处工资类违法案件 8.8 万件，公布三批在全国有重大影响的欠薪违法行为，向国家发展改革委等部门推送 3 批拖欠农民工工资“黑名单”，为 161.1 万名劳动者（主要是农民工）追偿被拖欠工资等待遇 160.4 亿元。

（一）保障农民工工资支付

落实《国务院办公厅关于全面治理拖欠农民工工资问题的意见》《治欠保支三年行动计划（2017 - 2019）》，进一步提升劳动保障监察能力，以易发、频发违法问题的行业和企业为重点，开展专项检查，及时发现和纠正违法行为。人社部分三批公布共计 30 个拖欠劳动报酬典型案件，依法维护劳动者合法权益，加大对拖欠工资等违法犯罪行为的惩戒力度。按照“治欠保支”三年行动计划确定的年度任务，推动“两金三制”措施尽快落实到每个企业，落实到每个在建工程项目。

（二）创新劳动保障监察执法方式

推行“双随机、一公开”执法方式，全面实施《拖欠农民工工资“黑名单”管理暂行办法》，对拖欠农民工工资开始实施“黑名单”管理制度。全年，人力资源社会保障部共公布三批拖欠农民工工资“黑名单”，包括 65 家用人单位，15 个自然人。加大对拖欠农民工工资违法行为惩戒力度，督促企业依法支付劳动者工资。落实《关于对严重拖欠农民工工资用人单位及其有关人员开展联合惩戒的合作备忘录》，让列入“黑名单”的用人单位及其有关人员在全国范围内“一处违法、处处受限”。

（三）全面落实行政执法责任制

部署对各省级政府2018年度保障农民工工资支付工作考核和专项检查，人力资源社会保障部印发《2018年度农民工工资支付工作考核细则》，部署对各省级政府2018年度保障农民工工资支付工作进行考核。人力资源社会保障部、发展改革委、公安部、司法部、财政部、住房城乡建设部、交通运输部、水利部、人民银行、国资委、市场监管总局、全国总工会12部门联合印发《关于开展农民工工资支付情况专项检查的通知》，通过开展专项检查，确保农民工按时足额拿到工资，坚决杜绝地方政府投资工程项目因拖欠工程款导致欠薪的现象，切实维护广大农民工的工资报酬权益。

五、劳动人事争议仲裁和诉讼情况

2018年度，相关主管部门进一步推进劳动人事争议多元处理机制建设，加强专业性调解机制建设，完善裁审衔接机制，创新调解仲裁制度，建设“互联网+调解”在线服务平台，探索构建“互联网+仲裁”在线服务平台，增强争议预防和处理能力。前三季度，全国劳动人事争议调解仲裁机构共处理劳动人事争议案件129.7万件，同比上升6.7%，办结案件117万件，调解成功率为67.7%，仲裁结案率为88.9%。

（一）裁审衔接

1. 部院联合举办裁审衔接示范培训

2018年6月26日至29日，为贯彻落实人力资源社会保障部与最高人民法院共同下发的《关于加强劳动人事争议仲裁与诉讼衔接机制建设的意见》提出的“联合建立培训制度”的要求，人力资源社会保障部调解仲裁管理司、教育培训中心与最高人民法院民一庭联合举办了第一期劳动人事争议仲裁与诉讼衔接工作示范培训班。各省、自治区、直辖市及新疆生产建设兵团调解仲裁机构业务骨干和人民法院法官共150多名学员参训。

2. 各地出台裁审衔接实施意见

继人力资源社会保障部、最高人民法院出台《关于加强劳动人事争议仲裁与诉讼衔接机制建设的意见》后，2018年，全国31个省、自治区、直辖市相继出台裁审衔接实施意见。如广东省高级人民法院、广东省人力资源和社会保障厅联合印发《关于劳动人事争议仲裁与诉讼衔接若干意见》，发挥仲裁与诉讼两种制度优势，进一步统一裁审衔接意见，及时回应网约车、工伤劳动者、仲裁阶段财产保全的诉讼衔接等问题，合力构建和谐劳动关系。

（二）颁布“互联网 + 调解仲裁”2020 行动实施计划

2018 年 7 月 31 日，人力资源社会保障部办公厅印发《“互联网 + 调解仲裁”2020 行动实施计划》。这项政策的要点是，2019 年，完成部版办案系统升级，完善法律法规库和案例库，统一仲裁文书，实现类案法律政策推送等功能。县级仲裁机构办案系统覆盖率超过 90%；各省（区、市）在线办案率不低于 60%。2020 年，加大升级后办案系统推广力度，进一步充实案例库，加强类案法律政策推送，丰富系统功能。各地基本完成办案系统升级，县级仲裁机构办案系统覆盖率超过 93%；各省（区、市）在线办案率不低于 80%。推进网上调解仲裁服务平台建设。该平台通过网站、手机 APP 等载体为当事人提供在线调解和在线仲裁服务，2020 年，推动数字仲裁庭和智能仲裁院建设，仲裁机构逐步实现案件网上处理，探索裁决书网上公开，大部分地区仲裁机构实现与人民法院系统数据信息的共享互联。

“互联网 + 调解仲裁”2020 行动实施计划，着眼于做好新时代劳动人事争议调解仲裁工作，切实加强调解仲裁行风建设，更好发挥信息化引领和保障作用，不断提高调解仲裁工作质效和公共服务能力，到 2020 年，功能完备、运行高效、服务优质、监督有力的调解仲裁信息化网络基本建立，基本实现线上办案全覆盖，网上调解仲裁服务普遍开展，与有关部门信息共享机制初步形成，信息化建设在调解仲裁事业发展中的引领和保障作用充分发挥，调解仲裁工作服务当事人、服务人力资源和社会保障事业发展、服务改革发展稳定大局的能力将显著提升。

（三）最高人民法院新增“平等就业权”和“性骚扰”案由

2018 年 12 月 12 日，最高人民法院发布《关于增加民事案件案由的通知》，自 2019 年 1 月 1 日起施行。该通知在第一部分“人格权纠纷”的第三级案由“9. 一般人格权纠纷”项下增加一类第四级案由“1. 平等就业权纠纷”；在第九部分“侵权责任纠纷”的“348. 教育机构责任纠纷”之后增加一个第三级案由“348 之一 . 性骚扰损害责任纠纷”。增加“平等就业权纠纷”和“性骚扰损害责任纠纷”两类民事案由，为遏制就业歧视和职场性骚扰行为提供了有力的法律支持。

《就业促进法》第 62 条规定：“违反本法规定，实施就业歧视的，劳动者可以向人民法院提起诉讼。”这一规定没有完全解决就业歧视属于劳动争议还是民事侵权纠纷的问题。最高人民法院此次明确将“平等就业权纠纷”

纳入“人格权纠纷”案由，并新增“性骚扰损害责任纠纷”，列入“侵权责任纠纷”类型，将“平等就业权纠纷”“性骚扰损害责任纠纷”清晰列明，并分类归于民事纠纷，有利于劳动者平等就业权利和女职工的保护，为预防和遏制职场性骚扰行为提供司法保障。

（四）最高人民法院就工伤认定相关行政审判形成会议纪要

2018年7月23日，最高人民法院第一巡回法庭公布《关于行政审判法律适用若干问题的会议纪要》，就职工在家加班工作期间突发疾病死亡，或者在48小时之内经抢救无效死亡的，是否可以视为工伤问题作出界定。最高人民法院第一巡回法庭认为，根据《工伤保险条例》，将工作带回家，在家加班工作，应当属于“在工作时间和工作岗位”。职工在家加班工作期间突发疾病死亡，或者在48小时之内抢救无效死亡的，应当依照《工伤保险条例》第十五条第（1）项规定，视为工伤。

（五）多地出台劳动争议案件地方裁判口径

为及时解决劳动争议案件新型疑难问题，局部统一劳动争议案件裁判标准，提高劳动争议案件裁审质量，2018年，先后有天津市、广东省、重庆市、黑龙江省、福建省福州市、安徽省合肥市等地出台裁判口径类指导意见，就裁判实践中对于《中华人民共和国劳动法》《中华人民共和国劳动合同法》《中华人民共和国劳动争议调解仲裁法》等法律法规适用提出指导性意见。如黑龙江省人力资源和社会保障厅出台《关于审理劳动人事争议案件若干问题的处理意见（一）》，《重庆市高级人民法院关于劳动争议案件法律适用问题的8个意见》，天津市人力资源和社会保障局出台《天津市贯彻落实〈劳动合同法〉若干问题实施细则》。

六、2018年劳动法和社会保障法实施的主要特点

（一）聚焦“人民性”

坚持“以人民为中心”，以改善民生保障、增进人民福祉为主线，通过推行系列劳动和社会保障便民措施，“减证便民”，简化优化服务流程，清理各类无谓证明，逐一明确兜底条款，压减经办事项自由裁量权。通过完善基本劳动标准和劳动关系规则，以及劳动监察、争议处理和社会保险等制度，全面规范企业用工行为，倡导正确的用工理念，矫正劳资力量失衡，维护劳动者合法权益。

（二）强调“互联网+”

全面落实《“互联网+人力资源和社会保障”2020 行动计划》，推进“互联网+政务服务”，加快人力资源和社会保障领域简政放权、放管结合、优化服务改革，增强人力资源和社会保障工作效能，提升公共服务水平和能力，充分运用“互联网+”和大数据思维，全面发挥我国互联网应用规模优势及人力资源和社会保障数据资源优势，深度挖掘人力资源和社会保障工作与互联网融合发展潜力，增强创新能力，改进公共服务供给模式，激发社会创新活力，破解民生热点难点问题，应用最新的互联网技术，推动公共服务能力和水平，推动人力资源和社会保障事业创新发展。

（三）体现“法治化”

颁布实施我国第一部人力资源市场领域行政法规——《人力资源市场暂行条例》，贯彻中央关于建设统一开放、竞争有序的人力资源市场的新精神、新要求，对人力资源市场培育发展、活动规范、服务提供、监督管理等方面作了规定，是做好新时代人力资源市场建设工作的基本依据和准则。实施《拖欠农民工工资“黑名单”管理暂行办法》，对拖欠农民工工资开始实施“黑名单”管理制度。2018 年，人力资源和社会保障部共公布三批拖欠农民工工资“黑名单”，包括 65 家用人单位，15 个自然人，加大对拖欠农民工工资违法行为惩戒力度，督促企业依法支付劳动者工资。

七、劳动法和社会保障法实施过程中存在的主要问题

（一）体系完整性不强，《劳动法》在劳动和社会保障法律体系中的母法地位日渐式微

1.《劳动法》成短板

《劳动法》实施 20 多年来，随着经济建设的快速发展、改革开放的不断深化，我国劳动用工制度发生了深刻变化，劳动关系领域出现了许多新情况、新问题，《劳动法》在实施中也显现出了一些问题：对违反《劳动法》的行为惩处不够有力，执法标准不一；农民工、网络平台用工难以享受到《劳动法》所赋予的各项权利；“二孩”政策背景下就业歧视问题特别是性别歧视问题凸现；《劳动法》部分原则性条款可操作性较差，有关主管行政部门已经发生名称变更；《劳动合同法》《劳动争议调解仲裁法》等新出台的法律法规已经调整了《劳动法》相关规定，使现行法律之间产生了

某些冲突。这些问题的存在，使《劳动法》在劳动法律体系中的母法地位日趋淡化，成为劳动法律体系结构松散的最大症结。

2. 部分基本法律缺失

例如，集体协商是劳动者维护自己权益的手段之一，集体协商制度是劳动法律体系的重要组成，然而当前我国规制集体协商的立法要么原则、笼统，要么滞后、疏漏，缺乏系统、完善的中央层面的法律支撑。再如，社会保障主要依靠政策推动，立法远远不足，特别是社会救助制度主要以“条例”和“办法”的形式存在，法律层级有待上升。

3. 已有法律亟待整合

如拒不支付劳动报酬和非法骗取社会保险金或其他社会保险待遇虽然已纳入《刑法》处罚范围，但行政机关执法与法院裁判在标准和程序上不统一，实践中“有案难移”现象严重。《社会保险法》不仅对社会保险基金的监管未作具体规定，而且对实践中存在的政策分歧也没有权威界定。

（二）碎片化管理问题比较突出，劳动和社会保障行政内部统一性有待加强

1. 部门协同性尚需加强

劳动和社会保障工作在现有行政管理体制下，职能分属多个机构或者部门行使，机构与机构之间，部门与部门之间，缺乏主动的沟通和交流，在一些具体的劳动保障具体业务经办上，没有形成一种相得益彰，相互促进的正向互动关系，比如工伤认定、劳动保障监察、劳动人事争议仲裁对于劳动关系确认的处理，由于各个机构各持己见，缺乏必要的工作沟通，常常让劳动者在各个机构之间奔走。再如，《行政许可法》规定行政机关应确定一个机构统一受理申请、统一送达决定。目前，多数地方人力资源和社会保障部门仍由各个业务机构自行受理、自行办理、自行送达，没有集中。有的虽然通过窗口集中，但窗口只是充当了“邮递员”，资料的要件审查、补充告知仍由业务机构进行。申请人既要跑窗口，又要跑业务机构，群众往返跑路现象时有发生①。

2. 地区互动性有待提升

各地区各自为政，本位意识仍然存在，思维习惯和行为习惯难以改变，

① 刘文华、刘贞科：《人力资源社会保障部门推进“放管服”改革的思考》，载《中国劳动》2016 年第 21 期。

办理窗口、办理条件、办理程序的设置有的仍是从方便自己的角度出发，较少从民众角度设计流程制度，存在任意增加申报资料、任意提高办理条件、任意延长办理时限等现象，服务群众的“最后一公里”难以打通。比如，人力资源和社会保障部《关于城镇企业职工基本养老保险关系转移接续若干问题的通知》发布后，各地跨省流动就业人员转移接续养老保险关系时，对于符合国家规定一次性缴纳养老保险费超过 3 年（含）的，社会保险行政部门强制要求转出地应向转入地提供人民法院、审计部门、实施劳动保障监察的行政部门或劳动人事争议仲裁委员会出具的具有法律效力证明一次性缴费期间存在劳动关系的相应文书，这种强制要求，最终落实到流动就业人员，为一纸文书奔走多个部门，甚至进行不必要到仲裁和诉讼。

3. 服务标准差异性较大

由于我国各地经济社会发展水平的高低不同，不同地区之间人力资源和社会保障领域公共服务标准化推行的进程不一，地区差异较大，有些发达省份已经在全省范围内广泛推行，有些欠发达省份只在部分城市之间进行试点，全面统一的标准化推进模式还没有展开，不同地区之间标准不一，规范不同，缺乏统一的标准体系。此外，各地人力资源和社会保障领域公共服务标准化的标准内容规范不一，使其在实施标准化的过程中，往往集中于一个或几个方面，如单纯集中于人力资源或者单纯集中于社会保障领域，在整体推进标准化上不够集中，对标准化实施的力度不够[①]。

（三）法律适用地方化趋势明显，劳动法和社会保障法权威性受到挑战

1. 地方化与劳动法立法宗旨异化

保护劳动还是保护用人单位。这是劳动立法规制个别劳动关系的需要解决的价值理念问题，也称为“单保护”还是“双保护”的论争。2018 年 7 月，天津市人力资源和社会保障局印发《天津市贯彻落实〈劳动合同法〉若干问题实施细则》，第 1 条载明：“为贯彻落实《劳动合同法》《劳动合同法实施条例》，保护劳动者和用人单位的合法权益，根据有关法律法规，结合我市实际，制定本实施细则。”该规范性文件虽冠名《劳动合同法》实施细则，却直接将劳动法、劳动合同法“保护劳动者合法权益”立法宗旨进行了篡改，招致各方批评。倾斜保护原则是劳动法的重要理念和基本原则，

① 袁湘：《人力资源和社会保障领域公共服务标准化的模式、问题及对策》，载《中国管理信息化》2015 年第 24 期。

立法规制个别劳动关系，建立法治化的劳动力市场，就必须针对劳动者之弱势进行立法匡扶，以实现实质意义上的平等和衡平。

2. 地方化与劳务关系泛化

随着新行业、新业态快速发展，企业用工管理和劳动者的劳动形态深刻变化，个别劳动关系多元化趋势向复杂化演进，泛劳动关系与去劳动关系纠缠不清。随着互联网等新经济的蓬勃发展，共享经济等新经济业态的发展，诸如网约车等网络平台用工形式大量出现，这些非规则用工大多未纳入劳动法律调整，业务主管部门匆匆进行的“去劳动关系”定调，更让这部分劳动者游离于劳动关系之外。比如，广东省高级人民法院、广东省劳动人事争议仲裁委员会于2018年7月18日通过《关于劳动人事争议仲裁与诉讼衔接若干意见》即确立了网络平台从业者用工性质约定优先原则，规定网络平台经营者与相关从业人员之间的用工关系性质，原则上按约定处理，这本质上还是去劳动关系，泛劳务关系。

八、劳动法和社会保障法实施的几点建议

劳动法与社会保障法的实施是一个持续、长远的工程，应当予以持续、积极推进。需要继续完善劳动基准立法工作，完善集体劳动关系法律调整体系，完善人力资源社会保障服务标准体系。

（一）完善劳动基准立法

1. 明确中央地方事权

明确中央和地方在劳动基准确定上的事权划分，哪些劳动基准应当由国家层面立法进行规制，哪些由国务院行政法规来进行规制，哪些可以授权地方立法来进行规制。既要保障中央和地方事权划分合理、职责清晰，又要杜绝超越权限对劳动基准进行任意解释。比如，对于女性劳动者法定退休年龄，就应当由国家作出规定，禁止各地自行出台女性退休年龄的地方政策。

2. 强化劳动基准界定

结合各不同行业的特征，对劳动定额、工时标准、工资标准和支付方法的具体标准、工作场所的环境设置、休息休假、社会保险等具体劳动标准进行细致的调研和测定，在此基础上制定专业、系统的国家劳动基准，有效地引导和监督企业科学管理，改善劳动者工作条件，切实维护劳动者权利。

3. 确保基准平衡适用

法律的生命力在于实施，推动劳动基准争议裁审对接，确保劳动基准

法律适用平衡。处理好劳动基准全国普适性与地方独立性的关系，完善劳动基准国家标准和规制体系，地方应尽量减少涉及劳动基准解释口径的冲动，提高劳动基准地方立法层级，加强裁审衔接，统一裁判口径和适用基准尺度①。

（二）完善集体劳动关系法律调整体系

1. 探索建立适应市场经济的劳动法律体系

应当以《劳动法》为基本法，以《劳动合同法》《集体劳动关系法》《社会保险法》等单行法与之配套，形成结构合理、内容完备、可操作性强的劳动法律体系。综观我国在劳动法律建制层面所取得的进展，已有《劳动法》作为调整劳动领域的劳动基本法，还有如《矿山安全法》《安全生产法》《劳动合同法》《就业促进法》《劳动争议调解仲裁法》《社会保险法》等均已出台，整个劳动保障法律体系正在逐步完善之中。

2. 探索建立集体劳动关系法律调整体系

集体协商、集体合同制度的相关规定总体上还不够系统全面，条文比较分散，规定比较原则，不够具体，可操作性偏低，特别是《集体劳动关系法》等集体劳动关系法律规制的核心法律的缺失，致使集体劳动关系调整中的一些问题，诸如工人和雇主各自的组织权利界限为何，工人集体行动的边界何在，集体行动的发起和处理依照何种程序，工会在劳资冲突中承担哪些责任和义务等，都缺乏完善的界定和处置的法律依据。相关法律尚不完善是有些劳资冲突未能预防或及时解决甚至扩大的重要原因。为保证劳动关系集体化转型规范进行，集体劳动关系相关立法应该提上日程。

3. 探索建立劳动关系协调推进体系

一是用好上级的力量。建立健全构建和谐劳动关系的领导协调机制，形成全社会协同参与的工作合力。充分发挥党委统揽全局，及时研究和解决劳动关系中的重大问题，把党政力量、群团力量、企业力量、社会力量统一起来，发挥人大监督、政协民主监督作用。二是用好同级的力量。注重发挥人力资源社会保障行政部门，总工会以及企业组织等各个部门的协同作用，整合各个职能部门在政策制定、劳动关系协调等方面的职能，充分履行职责。三是用好基层的力量。坚持预防为主、基层为主、调解为主的工作方针，推动各类企业普遍建立内部劳动争议协商调解机制，支持工

① 江峰、刘文华：《劳动基准法律规制研究》，载《中国劳动》2017年第4期。

会、商（协）会依法建立行业性、区域性劳动争议调解组织，有效调处因签订集体合同发生的争议和集体停工事件①。

（三）完善人力资源社会保障服务标准体系

1. 加强制度建设

深化劳动保障行政管理体制改革，加快建立结构合理、配置科学、程序严密、制约有效的行政权力运行机制，确保政令畅通，提高政务运转效率。要建立健全决策公示、社会听证、专家论证、决策评估等制度，进一步发扬民主，完善科学民主的行政决策机制，形成正确反映、妥善协调社会各方面利益关系的机制。要大力推行政务公开，自觉接受人民群众对行政权力的监督，为群众提供方便、准确、及时的服务。

2. 加强标准建设

健全人力资源社会保障公共服务标准体系，抓好标准贯彻落实，逐步打造名称统一、标识统一、柜台统一、着装统一的窗口服务品牌。实行一窗受理、一窗通办。优化服务流程，切实减环节、减材料、减时限，主动向社会公开服务清单、办事指南和标准化工作规程，为企业和群众办事提供清晰指引。完善考核机制。完善窗口单位检查考核办法，注重工作实绩考核，避免简单以留痕多少评判工作好坏，避免刚安排就检查、刚部署就考核。

3. 加强能力建设

突出对服务意识、服务能力、服务成效的建设和考核，全面实施“互联网＋人力资源和社会保障”行动计划，大力推广网上服务、移动服务、电话服务、自助服务等形式，推动业务协同、数据共享、一网通办、一卡通办，加快形成线上办事为主、实体办事为辅、自助办事为补的经办服务新格局，在有效分流实体窗口工作量的同时，让群众“少跑”“不跑”，不断提升服务效能。

刘文华

撰稿专家

刘文华，湖南省人力资源和社会保障厅法规处处长。
江　峰，湖南省劳动人事争议仲裁委员会仲裁员。

① 刘文华、江峰：《集体劳动关系法律规制研究》，载《中国劳动》2017年第2期。

第五章　2018年社会法实施报告

2018年环境法实施报告

张　宝

报告要旨

本年度的环境法实施的各个方面均得到持续有力发展。主要表现在五个方面：一是生态文明建设进入深化改革阶段。打好污染防治攻坚战形成合力，生态保护红线全国“一张图”基本形成，国家公园体制试点稳步推进，河长制湖长制全面建立，生态环境损害赔偿制度全国试行。二是生态环保法律体系日渐成熟。制定《土壤污染防治法》，修改《大气污染防治法》《野生动物保护法》《环境保护税法》《节约能源法》《循环经济促进法》《防沙治沙法》《环境影响评价法》《环境噪声污染防治法》，国务院、生态环境部等部门还制定或修改环境保护行政法规4件、部门规章8件。三是环境监管执法持续发力。国务院机构改革方案通过，组建“两部一局”。中央环保督察组开展“回头看”行动，再掀环保风暴。全国共实施环境行政处罚案件18.6万件，罚款数额152.8亿元。四是环境司法专门化持续加强。“两高”出台有关环境司法规范性文件3件，公布典型案例23起。全国法院一审受理各类环境资源案件26万余件，专门环境资源审判机构数量已达1271个。五是环境信息公开和公众参与稳步开展。政府信息公开的范围和内容不断扩大，公开方式不断优化。公众投诉举报的数量逐年上升，微信和网络举报逐渐成为主要举报方式。总体来看，本年度沿袭了党的十八大以来不断强化环境法治实施的一贯思路，通过弥补立法短板、持续保持“督企”和“督政”高压、加强环境资源司法保护等，推动环境法治建设迈上新台阶。但与此同时，环境执法中“一刀切”现象突出，专门环境资源审判机构建设变动不居，生态环境损害赔偿制度改革推进缓慢等问题仍未得到有效化解，仍需进一步加快制度创新，增加制度供给，完善制度配套，强化制度执行。

核心建议

1. 适时启动环境法典编撰工作，促进环境立法的科学化、体系化。

2. 总结、梳理中央环保督察的经验，启动生态环境督察制度立法工作。

3. 研究出台环保法庭建设指导意见，使各地环境司法专门化有章可循。

2018 年适逢改革开放四十周年，也是第八次全国生态环境保护大会的召开之年。[①] 习近平总书记在会议上发表重要讲话指出，生态文明建设正处于压力叠加、负重前行的关键期，已进入提供更多优质生态产品以满足人民日益增长的优美生态环境需要的攻坚期，也到了有条件有能力解决生态环境突出问题的窗口期。要充分利用改革开放 40 年来积累的坚实物质基础，加大力度推进生态文明建设、解决生态环境问题，坚决打好污染防治攻坚战，推动我国生态文明建设迈上新台阶。[②] 习近平总书记指出，总体来看，

---

① 从 1973 年到 2018 年，我国先后召开了八次环境保护大会（会议），前七次的召开时间分别为 1973 年、1983 年、1989 年、1996 年、2002 年、2006 年、2011 年。2018 年 5 月 18～19 日召开的第八次生态环境保护会议则是我国生态文明建设和生态环境保护发展历程中规格最高、规模最大、影响最广、意义最深的会议，正式确立了习近平生态文明思想。参见李干杰：《以生态环境保护优异成绩迎接新中国成立 70 周年——在 2019 年全国生态环境保护工作会议上的讲话》，载生态环境部网站，http://www.mee.gov.cn/xxgk2018/xxgk/xxgk15/201901/t20190127_691113.html，最后访问日期：2019 年 2 月 22 日。

② 《习近平：坚决打好污染防治攻坚战　推动生态文明建设迈上新台阶》，载新华网，http://www.xinhuanet.com/2018-05/19/c_1122857595.htm，最后访问日期：2019 年 2 月 22 日。

我国生态环境质量持续好转，出现了稳中向好趋势，但成效并不稳固，稍有松懈就有可能出现反复，犹如逆水行舟，不进则退。[①] 我国环境法治建设也是如此，尽管自党的十八大以来，无论是环境立法、执法还是司法都得到了长足发展，但环境法在实施过程中仍存在不少隐忧，习近平总书记所指出的我国生态环境保护中存在的体制不健全、制度不严格、法治不严密、执行不到位、惩处不得力等突出问题仍未得到根本解决，因此，仍需要进一步加快制度创新，增加制度供给，完善制度配套，强化制度执行，让制度成为刚性的约束和不可触碰的高压线。[②]

一、生态文明体制改革进展情况

从 2018 年中央全面深化改革委员会议（原中央全面深化改革领导小组会议）的审议事项来看，本年度有关生态文明体制改革的新议题有 2 件，生态文明体制改革的重心更多集中在按照此前的工作部署将已有改革事项推向纵深。

（一）打好污染防治攻坚战形成合力

党的十九大将污染防治攻坚战列为决胜全面建成小康社会的三大攻坚战之一，打好污染防治攻坚战也因此成为各部门、各机构年度工作的重心。2018 年 4 月，习近平总书记在中央财经委员会第一次会议上发表了关于打好污染防治攻坚战的重要讲话，提出“打好污染防治攻坚战，还要打几场标志性的重大战役——打赢蓝天保卫战，打好柴油货车污染治理、城市黑臭水体治理、渤海综合治理、长江保护修复、水源地保护、农业农村污染治理攻坚战，确保 3 年时间明显见效”；[③] 6 月，中共中央、国务院印发了《关于全面加强生态环境保护　坚决打好污染防治攻坚战的意见》；7 月，第十三届全国人民代表大会常务委员会第四次会议通过了《关于全面加强生态环境保护　依法推动打好污染防治攻坚战的决议》；第十三届全国政协常委会第三次会议，以“污染防治中存在的问题和建议”为议题建言献策；最高人民法院、最高人民检察院、发展改革委、科技部、工业和信息化部、交通部、农业农村部等单位和部门均出台相关文件，合力打好污染防治攻坚战。

---

① 习近平：《推动我国生态文明建设迈上新台阶》，载《求是》2019 年第 3 期。

② 习近平：《推动我国生态文明建设迈上新台阶》，载《求是》2019 年第 3 期。

③ 《中央财经委员会首次会议释放四大信号》，载新华网，http：//www. xinhuanet. com/2018 - 04/02/c_ 1122628276. htm，最后访问日期：2019 年 2 月 22 日。

表 5b－1　2018 年各部门关于污染防治攻坚战相关文件

序号	名称	颁布日期	制定部门
1	关于全面加强生态环境保护　坚决打好污染防治攻坚战的意见	2018. 6. 16	中共中央、国务院
2	关于全面加强生态环境保护　依法推动打好污染防治攻坚战的决议	2018. 7. 10	全国人大常委会
3	贯彻落实《全国人民代表大会常务委员会关于全面加强生态环境保护　依法推动打好污染防治攻坚战的决议》实施方案	2018. 7. 30	生态环境部
4	关于全面加强生态环境保护坚决打好污染防治攻坚战的实施意见	2018. 6. 26	交通运输部
5	关于充分发挥检察职能作用助力打好污染防治攻坚战的通知	2018. 7. 22	最高人民检察院
6	关于印发坚决打好工业和通信业污染防治攻坚战三年行动计划的通知	2018. 7. 23	工业和信息化部
7	关于科技创新支撑生态环境保护和打好污染防治攻坚战的实施意见	2018. 10. 15	科技部
8	农业农村污染治理攻坚战行动计划	2018. 11. 6	农业农村部

2018 年，“污染防治攻坚战取得重大进展，生态环境状况继续改善，完成既定的年度目标任务，超过“十三五”规划序时进度要求”。① 根据《关于研究处理大气污染防治法执法检查报告和审议意见情况以及有关决议落实情况的报告》，“全国 338 个地级及以上城市优良天数比例为 79. 3%，同比提高 1. 3 个百分点；PM2. 5 浓度为 39 微克/立方米，同比下降 9. 3%。京津冀及周边地区、长三角地区、汾渭平原 PM2. 5 浓度同比分别下降 11. 8%、10. 2%、10. 8%。其中，北京市 PM2. 5 浓度为 51 微克/立方米，同比下降 12. 1%。全国地表水优良（Ⅰ～Ⅲ类）水质断面比例为 71%，同比提高 3. 1 个百分点；劣Ⅴ类断面比例为 6. 7%，同比降低 1. 6 个百分点。近岸海域水质总体稳中向好。”

① 《全国人大常委会听取国务院关于研究处理大气污染防治法执法检查报告和审议意见情况的报告》，载央视网，http：//news. cctv. com/2019/02/26/ARTI1eei3SugH6qvpZWCyZ04190226. shtml，最后访问日期：2019 年 2 月 22 日。

（二）生态保护红线划定工作全面完成

根据中办、国办印发的《关于划定并严守生态保护红线的若干意见》，京津冀区域、长江经济带沿线各省份要在2017年底前完成生态保护红线划定工作，其他各省份要在2018年底前完成划定工作。从进展情况看，2018年2月，国务院批准了京津冀、长江经济带11个省份和宁夏回族自治区共15个省份的生态保护红线划定方案，剩余16个省份和新疆生产建设兵团的生态保护红线划定方案也已上报国务院批准，生态保护红线全国“一张图”基本形成。此外，方案已经国务院批准的15个省份还启动了生态保护红线勘界定标试点工作。

（三）国家公园体制试点稳步推进

国家公园体制十个试点区域（三江源、东北虎豹、大熊猫、祁连山、湖北神农架、福建武夷山、浙江钱江源、湖南南山、北京长城和云南普达措）的试点工作在2018年继续推进。大熊猫、祁连山国家公园管理局已挂牌成立，东北虎豹国家公园健全国家自然资源资产管理体制改革试点通过国家评审验收。海南热带雨林国家公园体制试点方案已上报，三江源国家公园总体规划获得批准，东北虎豹国家公园总体规划编制完成，《神农架国家公园保护条例》颁布实施。通过开展生态廊道建设、外来物种清除、裸露山体治理等，各试点国家公园生态状况持续改善。①

（四）河长制、湖长制全面建立

根据中央部署，我国需在2018年年底前全面建立河长制、湖长制。为贯彻落实该项工作，在此前推进河长制工作的基础上，2018年1月25日，水利部印发了《贯彻落实〈关于在湖泊实施湖长制的指导意见〉的通知》；2018年11月20日，水利部办公厅、生态环境部办公厅又联合印发了《全面推行河长制湖长制总结评估工作方案的通知》。截至2018年底，我国已完成全面建立河长制、湖长制的目标任务，全国共明确省市县乡四级河长30多万名、四级湖长2.4万名，设立村级河长93万多名、村级湖长3.3万名，河长制湖长制的组织体系、制度体系和责任体系已初步形成。②

---

① 《我国将加快推进国家公园体制试点建设》，载中国政府网，http://www.gov.cn/xinwen/2019-01/10/content_5356777.htm，最后访问日期：2019年2月22日。

② 《百万河长湖长上岗：我国全面建立河长湖长制》，载新华网，http://www.xinhuanet.com/2019-01/15/c_1123994315.htm，最后访问日期：2019年2月22日。

（五）生态环境损害赔偿制度全国试行

2017年12月17日，中共中央办公厅、国务院办公厅印发了《生态环境损害赔偿制度改革方案》，将生态环境损害赔偿制度改革的试点范围由七省市拓展至全国。与2015年年底印发的《生态环境损害赔偿制度改革试点方案》相比，《改革方案》的变化主要有三：一是将赔偿权利人范围由省级人民政府拓展至市地级人民政府；二是将磋商作为提起生态环境损害赔偿诉讼的前置程序；三是规定将磋商达成的赔偿协议可以向人民法院申请司法确认。从实践来看，截至2018年年底，已有29个省市（自治区、直辖市）先后公布了本省生态环境损害赔偿制度改革实施方案，一些市地级政府和县级政府也公布了本行政区域的改革实施方案。

表5b－2　各省份实施方案的印发时间

序号	地区	印发时间	序号	地区	印发时间
1	黑龙江省	2018.3.27	14	安徽省	2018.8.31
2	江西省	2018.5.9	15	四川省	2018.9.6
3	新疆维吾尔自治区	2018.5.16	16	云南省	2018.9.11
4	吉林省	2018.6.4	17	重庆市	2018.9.11
5	广西壮族自治区	2018.6.14	18	陕西省	2018.9.20
6	山东省	2018.6.20	19	福建省	2018.10.5
7	北京市	2018.6.28	20	浙江省	2018.10.10
8	贵州省	2018.6.29	21	甘肃省	2018.10.10
9	江苏省	2018.7.18	22	湖北省	2018.11.1
10	河北省	2018.7.20	23	天津市	2018.11.27
11	河南省	2018.8.13	24	内蒙古自治区	2018.12.17
12	青海省	2018.8.13	25～29	上海、广东、湖南、海南、宁夏印发时间不详	
13	辽宁省	2018.8.13			

二、环境资源法律、法规、规章制定情况

2018年，我国环境资源立法继续推进：生态文明写入宪法，为生态环境法治建设提供了新的动力和保障；《土壤污染防治法》制定，填补了环境

资源领域主要立法短板；多部环境资源法律修改，环境资源立法实现提质改造；法规和规章的领域和数量也进一步扩大。

（一）环境资源法律制定与修改情况

2018 年 1 月 18 日，党的十九届二中全会召开，审议通过了《中共中央关于修改宪法部分内容的建议》。3 月 11 日，第十三届全国人大一次会议表决通过《宪法修正案》，修改宪法序言表述为“推动物质文明、政治文明、精神文明、社会文明、生态文明协调发展，把我国建设成为富强民主文明和谐美丽的社会主义现代化强国，实现中华民族伟大复兴”，“生态文明”“美丽”等写入宪法，翻开了环境法治新篇章。

8 月 31 日，第十三届全国人大常委会第五次会议审议通过了《土壤污染防治法》，对土壤污染防治的基本原则、基本制度、预防保护、管控和修复、经济措施、监督检查和法律责任等重要内容做出了明确规定，该法自 2019 年 1 月 1 日起正式施行。这是我国首次进行土壤污染防治立法，标志着三大环境领域的污染防治法已齐备。

10 月 26 日，第十三届全国人大常委会第六次会议通过了《全国人民代表大会常务委员会关于修改〈中华人民共和国野生动物保护法〉等十五部法律的决定》，对《大气污染防治法》《环境保护税法》《野生动物保护法》《节约能源法》《循环经济促进法》和《防沙治沙法》进行了修改，主要是根据党和国家机构改革情况对相关主管部门的表述进行了修改。

12 月 29 日，第十三届全国人大常委会第七次会议通过了对《环境影响评价法》《环境噪声污染防治法》的修改决定。新修改的《环境影响评价法》不再强制要求由具有资质的环评机构编制建设项目环境影响报告书（表），规定建设单位既可以委托技术单位为其编制环境影响报告书（表），如果自身就具备相应技术能力也可以自行编制环评报告书（表）。新修改的《环境噪声污染防治法》对违反环保设施“三同时”验收制度的罚则进行了修改。

表 5b－3　2018 年度环境资源法律制定和修改情况

序号	法律名称	通过时间	施行时间	立改情况
1	宪法修正案	2018. 03. 11	2018. 03. 11	修改
2	土壤污染防治法	2018. 08. 31	2019. 01. 01	新制定
3	大气污染防治法	2018. 10. 26	2018. 10. 26	修正

续表

序号	法律名称	通过时间	施行时间	立改情况
4	野生动物保护法	2018.10.26	2018.10.26	修正
5	环境保护税法	2018.10.26	2018.10.26	修正
6	节约能源法	2018.10.26	2018.10.26	修正
7	循环经济促进法	2018.10.26	2018.10.26	修正
8	防沙治沙法	2018.10.26	2018.10.26	修正
9	环境影响评价法	2018.12.29	2018.12.29	修正
10	环境噪声污染防治法	2018.12.29	2018.12.29	修改

（二）环境资源法规、规章、标准的立改废情况

环境保护法规、规章、标准的立改废持续提速。本年度共制定环境保护行政法规4件、部门规章8件。生态环境部制定了3项国家环境质量标准、10项国家污染物排放（控制）标准及配套的监测方法标准等144项标准，现行有效国家环境保护标准达1970项。

表5b－4　2018年度环境保护领域行政法规和部门规章制定情况

序号	名称	颁布日期	制定部门
1	防治海洋工程建设项目污染损害海洋环境管理条例	2018.03.19	国务院
2	防治海岸工程建设项目污染损害海洋环境管理条例	2018.03.19	国务院
3	防治船舶污染海洋环境管理条例	2018.03.19	国务院
4	消耗臭氧层物质管理条例	2018.03.19	国务院
5	排污许可管理办法（试行）	2018.01.10	原环保部
6	关于废止有关排污收费规章和规范性文件的决定	2018.05.02	生态环境部
7	工矿用地土壤环境管理办法（试行）	2018.05.03	生态环境部
8	环境影响评价公众参与办法	2018.07.16	生态环境部
9	国土资源执法监督规定	2018.01.02	原国土资源部
10	资源税代扣代缴管理办法	2018.06.15	国家税务总局
11	船舶污染海洋环境应急防备和应急处置管理规定	2018.09.27	交通运输部
12	国家级文化生态保护区管理办法	2018.12.10	文化和旅游部

国务院办公厅印发《关于开展生态环境保护法规、规章、规范性文件清理工作的通知》，由生态环境部会同司法部组织31个省（区、市）和国务院30多个部门完成1.1万余件生态环境保护法规、规章和规范性文件的清理工作，各地区各部门已废止或拟废止193件规章，已修改或拟修改300件规章，已废止或拟废止8629件规范性文件，已修改或拟修改2411件规范性文件。[①] 此外，根据国务院《关于修改和废止部分行政法规的决定》，2000年3月20日发布的《水污染防治法实施细则》被废止。

三、环境监管执法进展状况

习近平总书记指出，“令在必信，法在必行。制度的生命力在于执行，关键在真抓，靠的是严管”。[②] 2018年，在强化环境监管力度的同时，还对执法机构进行了大幅改革。

（一）生态环境保护机构改革有序推进

党的十八大以来，习近平总书记多次强调山水林田湖草是生命共同体，要求从系统工程和全局角度寻求新的治理之道。2018年生态环境领域党和国家机构改革贯彻了习近平总书记山水林田湖草系统治理的思想。

一是组建生态环境部。生态环境部整合了原环境保护部的全部职责，纳入了国家发改委的应对气候变化和减排职责，国土资源部的监督防止地下水污染职责，水利部的编制水功能区划、排污口设置管理、流域水环境保护职责，农业部的监督指导农业面源污染治理职责，国家海洋局的海洋环境保护职责，国务院南水北调工程建设委员会办公室的南水北调工程项目区环境保护职责。[③] 生态环境部的组建，打通了地上和地下、岸上和水里、陆地和海洋、城市和农村、一氧化碳和二氧化碳，有助于贯通污染防治和生态保护，加强生态环境保护统一监管。

二是组建自然资源部。自然资源部整合了国土资源部、国家海洋局、国家测绘地理信息局的全部职责，并纳入国家发改委、住建部的相关规划职责，水利部、农业部的相关资源调查和确权登记管理职责等，对外保留

---

① 《国务院关于研究处理大气污染防治法执法检查报告和审议意见情况以及有关决议落实情况的报告》，载全国人民代表大会网站，http：//www.npc.gov.cn/npc/xinwen/2019－02/26/content_2072504.htm，最后访问日期：2019年2月22日。

② 习近平：《推动我国生态文明建设迈上新台阶》，载《求是》2019年第3期。

③ 《国务院机构改革方案》。

国家海洋局牌子。[1] 自然资源部的组建，为自然资源资产确定了“所有者”，也为领导干部自然资源离任审计等改革奠定了基础。

三是组建国家林业和草原局。该局将国家林业局的职责，农业部的草原监督管理职责，以及国土资源部、住房和城乡建设部、水利部、农业部、国家海洋局等部门的自然保护区、风景名胜区、自然遗产、地质公园等管理职责进行整合，[2] 统一监督管理森林、草原、湿地、荒漠和陆生野生动植物资源开发利用和保护，管理国家公园等各类自然保护地。该局由自然资源部管理，同时加挂国家公园管理局牌子。

四是深化生态环境保护综合行政执法改革。要求“整合组建生态环境保护综合执法队伍。整合环境保护和国土、农业、水利、海洋等部门相关污染防治和生态保护执法职责、队伍，统一实行生态环境保护执法。由生态环境部指导”。2018 年 12 月，中共中央办公厅、国务院办公厅发布《关于深化生态环境保护综合行政执法改革的指导意见》，明确提出“到 2020 年基本建立职责明确、边界清晰、行为规范、保障有力、运转高效、充满活力的生态环境保护综合行政执法体制，基本形成与生态环境保护事业相适应的行政执法职能体系”。

（二）中央环保督察“回头看”

2016～2017 年，中央环保督察组分四批在全国实施进驻督察，实现了对全国 31 个省（区、市）的全覆盖。2018 年，中央环保督察组继续分两批对河北等 20 个省（区）开展“回头看”督察工作，公开通报 103 个敷衍整改、表面整改、假装整改的典型案例，推动解决 7 万多个民众身边的生态环境问题。[3] 此外，针对污染防治攻坚战 7 大标志性战役和其他重点领域，结合被督察省份具体情况，每个省份同步统筹安排 1 个生态环境保护专项督察。从数据上来看，第一批“回头看”督察组受理群众生态环境问题举报 37 640 件，均已基本办结，10 个省份罚款 7.1 亿元，约谈 3695 人，问责 6219 人；第二批“回头看”督察组受理群众举报 38 133 件，截至 12 月 6

① 《国务院机构改革方案》。

② 《国务院机构改革方案》。

③ 《2018 年中国实施环境行政处罚案件 18.6 万件》，载人民网，http：//env.people.com.cn/n1/2019/0119/c1010－30578385.html，最后访问日期：2019 年 2 月 22 日。

日，各地已办结 26 873 件，罚款 2.1 亿元，约谈 1804 人，问责 2177 人。①陕西秦岭违建事件等成为环保督查“回头看”的关注重心。

表 5b－5　中央环保督察“回头看”情况

批次	时间	督察对象	督察结果
第一批	2018.5	河北、河南、内蒙古、宁夏、黑龙江、江苏、江西、广东、广西、云南	受理 37640 件群众生态环境问题举报，已基本办结，罚款 7.1 亿元，约谈 3695 人，问责 6219 人
第二批	2018.10	山西、辽宁、吉林、安徽、山东、湖北、湖南、四川、贵州、陕西	受理群众举报 38133 件，截至 12 月 6 日，已办结 26873 件，罚款 2.1 亿元，约谈 1804 人，问责 2177 人

（三）环境行政处罚数额大幅攀升

2018 年，我国继续强化环境行政处罚力度，配合开展大气污染防治法、海洋环境保护法执法检查工作。全国共实施环境行政处罚案件 18.6 万件，罚款数额 152.8 亿元。② 环境行政处罚案件数量虽较 2017 年的 23.3 万件有所回落，但罚款数额则有大幅攀升，同比增长 32%，是 2014 年的 4.8 倍。从 1～11 月的环境行政处罚数据来看，行政处罚力度最大的五个省份依次为江苏（19.73 亿元）、广东（15.37 亿元）、河北（12.53 亿元）、山东（10.25 亿元）。③

① 《中央环保督察组今年共对 20 个省份实施“回头看”》，载人民网，http：//politics. people. com. cn/n1/2018/1226/c1001－30489716. html，最后访问日期：2019 年 2 月 22 日。

② 《2018 年中国实施环境行政处罚案件 18.6 万件》，载人民网，http：//env. people. com. cn/n1/2019/0119/c1010－30578385. html，最后访问日期：2019 年 2 月 22 日。

③ 《生态环境部通报 2018 年 1－11 月环境行政处罚案件与〈环境保护法〉配套办法执行情况》，载中国政府网，http：//www. gov. cn/xinwen/2018－12/25/content_ 5352002. htm，最后访问日期：2019 年 2 月 22 日。

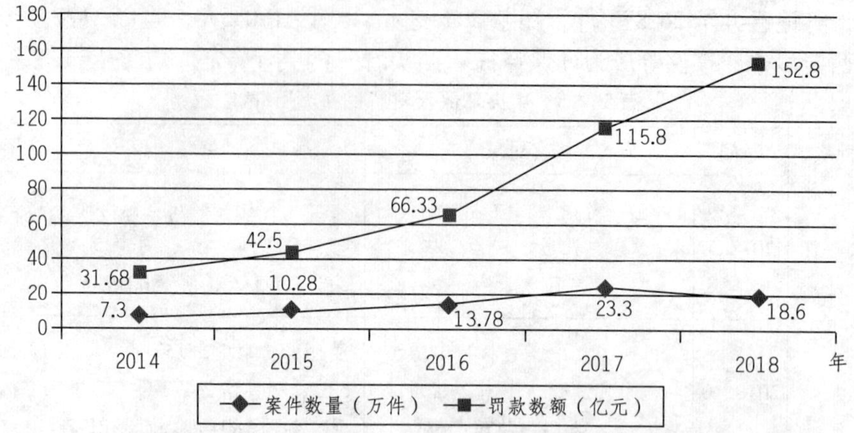

图 5b－1　新环保法实施前后环境违法案件查处情况

从《环境保护法》配套办法及移送污染犯罪案件的实施情况来看，按日连续处罚、查封扣押、限产停产、移送拘留、移送涉嫌环境污染犯罪案件等五类案件数量总数也有所增加。2018 年 1～11 月，全国实施五类案件总数为 36 302 件，比上年同期（35 667 件）增长 1.78%，比 2016 年全年（22 730 件）增长 59.7%。与同期相比，五类案件总数有所增长，但是五类案件中除查封、扣押案件，其余均有所减少，以按日连续处罚案件最甚。其中，按日连续处罚案件 691 件，比同期（1046 件）减少 33.94%，罚款金额 9.85 亿元，比同期（10.75 亿元）减少 8.41%；查封、扣押案件 19 903 件，比同期（16 429 件）增长 21.15%；限产、停产案件 6196 件，比同期（7842 件）减少 20.99%；移送行政拘留 7145 起，比同期（7827 起）减少 8.71%；移送涉嫌环境污染犯罪案件 2367 件，与同期（2523 件）减少 6.18%。①

① 《生态环境部通报 2018 年 1－11 月环境行政处罚案件与〈环境保护法〉配套办法执行情况》，载中国政府网，http：//www.gov.cn/xinwen/2018－12/25/content_5352002.htm，最后访问日期：2019 年 2 月 22 日。

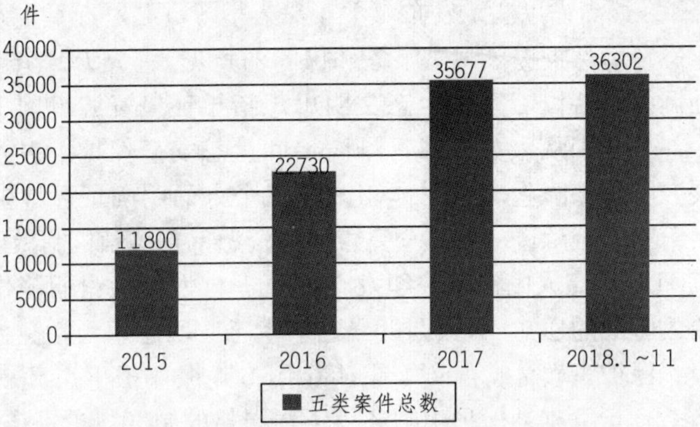

图 5b－2 新环保法实施 4 年来五类案件增长情况

从区域分布来看，2018 年 1～11 月，《环境保护法》配套办法案件数量较多的为江苏、广东、安徽、浙江、福建、陕西六省，相比 2017 年同期，除浙江省外均有所增长。案件数量与去年同期相比上升明显的则为重庆（109.15%）、广西（95.24%）、天津（66.80%）、海南（42.17%）、陕西（35.45%）、内蒙古（35.40%）六省（区、市）。①

四、环境司法保护进展情况

（一）环境司法规范性文件制定情况

2018 年，最高人民法院出台有关环境司法规范性文件 2 件，其中 1 件为司法解释，为“两高”共同发布。最高人民检察院出台相关规范性文件 1 件。

1 月 17 日，最高人民法院与最高人民检察院、国土资源部联合印发《关于加强协作推进行政公益诉讼促进法治国土建设的意见》，从七个方面对如何推进国土资源领域的行政公益诉讼工作提供了指导意见。

3 月 1 日，“两高”通过了《关于检察公益诉讼案件适用法律若干问题的解释》，自 3 月 2 日起施行。该解释共 4 部分 27 条，明确并细化了检察公益诉讼案件的具体程序，为地方法院、检察院办理检察公益诉讼案件提供了统一的规范依据。

---

① 《生态环境部通报 2018 年 1－11 月环境行政处罚案件与〈环境保护法〉配套办法执行情况》，载中国政府网，http：//www.gov.cn/xinwen/2018－12/25/content_5352002.htm，最后访问日期：2019 年 2 月 22 日。

6月4日，最高人民法院发布《关于深入学习贯彻习近平生态文明思想为新时代生态环境保护提供司法服务和保障的意见》，分为5个部分21条。第一部分强调要坚持以习近平生态文明思想指导环境资源审判工作，第二部分到第四部分分别从服务保障污染防治和生态安全保护、服务保障经济高质量发展、服务保障生态文明体制改革三个方面明确了环境资源审判的工作重点，第五部分就进一步健全完善环境资源审判体制机制做出部署。

7月27日，最高人民检察院印发《关于充分发挥检察职能作用助力打好污染防治攻坚战的通知》，强调以习近平生态文明思想为指引，充分发挥惩治、监督、保护、教育、预防等职能作用，确保保护生态环境“最严密的法治”有效运行，推动保护生态环境“最严格的制度”进一步完善。

（二）环境资源审判机构建设情况

截至2018年年底，全国法院共设立专门环境资源审判机构1271个，其中专门环境资源审判庭391个，合议庭808个，巡回法庭72个，有23个省份的高级法院设立了环境资源审判庭。各地法院积极探索归口审理和跨区域管辖。2018年6月，最高人民法院将以生态环境、自然资源、林业和草原主管部门为被告的环境资源行政案件均调整由环境资源审判庭审理，15个省份的高级人民法院环境资源审判庭实行民事、行政“二合一”、民事、行政、刑事“三合一”等归口审理模式。①

（三）环境资源案件审理情况②

2018年，全国法院系统依法受理各类一审环境资源案件260 724件，比上年（239 572件）增长21 152件，同比增长8.83%。各类型环境资源案件一审受理数均有所增长。其中，刑事一审案件26 481件，审结25 623件，同比受理数增加3752件，上升16.51%；审结数增加2986件，上升13.19%。民事一审案件192 008件，审结182 691件，同比受理数增加14 507件，上升8.17%；审结数增加1426件，上升0.79%。行政一审案件42 235件，审结41 725件，同比受理数增加2893件，上升7.35%；审结数增加1214件，上升3%。

---

① 参见最高人民法院：《中国环境资源审判（2017－2018）》（白皮书）。

② 除特别说明外，本节数据均来源于最高人民法院2019年3月2日发布的《中国环境资源审判（2017－2018）》（白皮书）。

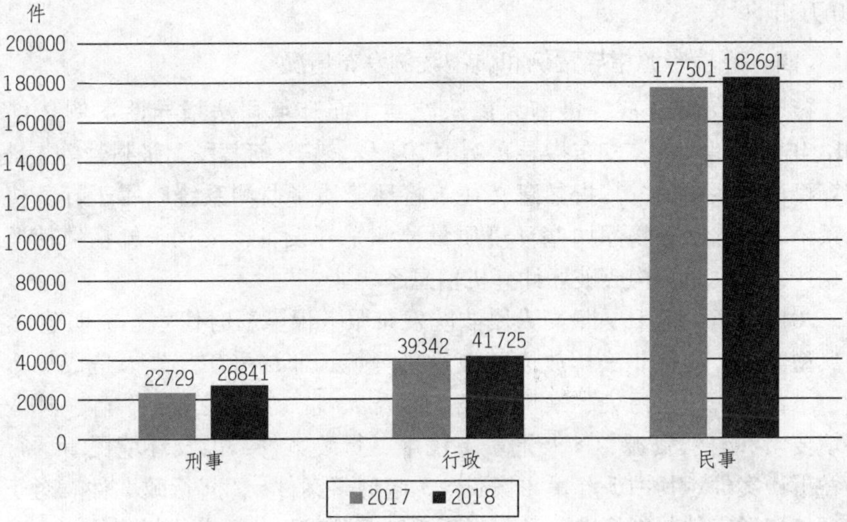

图 5b－3：2017－2018 人民法院受理各类一审环境资源案件对比

2018 年，全国法院共受理一审环境公益诉讼案件 1802 件，其中受理社会组织提起的环境民事公益诉讼案件 65 件，审结 16 件，同比受理数增加 7 件，上升 12.07%；审结数减少 22 件，下降 57.89%；受理检察机关提起的环境公益诉讼案件 1737 件，审结 1252 件，同比受理数增加 433 件，上升 33.21%，审结数增加 277 件，上升 28.41%，检察公益诉讼案件受理数中含检察民事公益诉讼案件 113 件，检察行政公益诉讼案件 376 件，检察刑事附带民事公益诉讼案件 1248 件。此外，自 2016 年生态环境损害赔偿制度改革试点推行以来，全国法院共受理省级、市地级政府提起的一审生态环境损害赔偿案件 20 件，审结 8 件。

2018 年，全国检察机关共批准逮捕涉嫌破坏环境资源保护罪 9470 件 15 095人，同比上升 51.5%；起诉 26 287 件 42 195 人，同比上升 21%，其中滥伐林木犯罪和非法占用农用地犯罪占 50% 左右，非法采矿犯罪上升迅猛，批捕非法采矿案件人数和案件数同比分别上升了 190% 和 145%。经检察机关建议，行政执法机关共移送涉嫌破坏环境资源保护犯罪案件 3550 件 4782 人；监督公安机关立案涉嫌污染环境罪案件 3140 件 3942 人。全国检察机关共立案办理自然资源和生态环境类案件 59 312 件，约占全部检察公益诉讼案件的一半，其中办理诉前程序案件 53 521 件，经诉前程序行政机关整改率达到 97%，督促被毁损污染的耕地、湿地、林地、草原得到修复

210 万亩。[①]

（四）环境资源指导案例和典型案例发布情况

截至 2018 年年底，最高人民法院共公布环境司法指导性案例 2 件[②]。2018 年 12 月 25 日，发布指导案例第 104 号李某、何某民、张某勃等人破坏计算机信息系统案，其指导意义在于将环境质量监测系统归属于计算机信息系统。用棉纱等物品堵塞环境质量监测采样设备，干扰采样，致使监测数据严重失真的，构成破坏计算机信息系统罪。

2018 年 6 月 4 日，最高人民法院发布服务保障新时代生态文明建设 10 起典型案例，涉及非法排放废酸液污染环境、非法采矿、失火造成林木损毁、水污染、土壤污染、噪声污染，涵盖大气、水、土壤、矿产、林业等环境要素和自然资源，涉及刑事、民事、行政案件，以及环境民事、行政公益诉讼案件。其中 5 起民事案件、3 起刑事案件、2 起行政案件。对于统一环境资源案件裁判标准，完善审理规则起到较好的示范指导作用。

2018 年 11 月 28 日，最高人民法院发布 10 起人民法院环境资源审判保障长江经济带高质量发展典型案例。此次发布的 10 个案例涉及水污染防治、土壤污染防治、大气污染防治、林业资源保护等领域，涵摄大气、水、土壤、林草、湖泊、自然保护区等环境要素和自然资源，充分体现长江流域环境资源审判围绕以水为生态核心的特征，同时具有长江经济带不同区段案件审判的特点。其中 1 起民事案件、3 起刑事案件、3 起行政案件、3 起公益诉讼案件。

---

① 《检察机关为生态文明建设提供有力司法保障》，载《人民日报》2019 年 2 月 15 日，第 7 版。

② 第一起为指导案例第 75 号：中国生物多样性保护与绿色发展基金会诉宁夏瑞泰科技股份有限公司环境污染公益诉讼案，本案系社会组织提起的环境污染公益诉讼。本案的争议焦点是绿发会应否认定为专门从事环境保护公益活动的社会组织。

表 5b－6　服务保障新时代生态文明建设 10 起典型案例

序号	案例名称	类别	典型意义
1	被告单位德司达（南京）染料有限公司、被告人王某荣等污染环境案	刑事	人民法院根据德司达公司的犯罪情节以及缴纳罚金的能力，在利益和公私财产损失数额的区间内确定判处罚金的数额
2	被告人梁某德、梁某明非法采矿案	刑事	本案判处主犯有期徒刑并处罚金的同时，追缴犯罪所得 1300 余万元
3	山东省烟台市人民检察院诉王某殿、马某凯环境污染民事公益诉讼案	民事	将酸洗池内受污染沙土纳入危险废物，同时认定强酸废水亦属危险废物
4	重庆市长寿区珍心鲜农业开发有限公司诉中盐重庆长寿盐化有限公司、四川盐业地质钻井大队环境污染责任纠纷案	民事	无意思联络的多个污染行为导致同一损害后果，单一污染行为尚不足以造成本案全部损害后果，应适用《侵权责任法》第 12 条，由各侵权人承担按份赔偿责任
5	山西京海公司等诉莱芜钢铁集团莱芜矿业有限公司股权转让纠纷案	民事	区分矿业权人股权转让与矿业权转让性质
6	贵州省清镇市流长苗族乡人民政府诉黄某发等确认合同无效纠纷案	民事	转包合同违反法律的强制性规定，但涉案林地已栽种经济作物，判令承包人收获后返还，在返还林地前对林地内的植被妥善保护
7	陈某荣等诉南宁振宁开发有限责任公司噪音污染损害赔偿纠纷案	民事	振宁公司是开发商及涉案水泵安装地点的选定者，认定其对水泵的安装有采取隔音防噪措施的义务，且该义务不能转移给业主
8	湖北省宜昌市西陵区人民检察院诉湖北省利川市林业局不履行法定职责行政公益诉讼案	行政	不同行政部门应在各自的管辖范围内承担监管职责，对特定资源负有监管职责的行政机关推诿塞责、简单将案件移送其他部门处理的行为亦属于行政不作为的范畴
9	李某军诉浙江省绍兴市上虞区环境保护局行政处罚案	行政	本案所涉《通知》属于行政规范性文件，行政相对人有权提出附带性审查
10	被告人白某碧失火案	刑事	野外焚烧树枝杂草等行为导致森林火灾也可能构成犯罪

表 5b－7　人民法院环境资源审判保障长江经济带高质量发展典型案例

序号	案例名称	类别	典型意义
1	被告人易某发等非法生产制毒物品、污染环境案	刑事	非法生产制毒物品过程中引发环境污染，其行为同时构成污染环境罪，数罪并罚
2	被告单位重庆首旭环保科技有限公司、被告人程某等污染环境案	刑事	重庆地处长江上游和三峡库区腹地，依法审理重点区域的环境资源案件，严惩重罚排污者，构筑长江上游生态屏障
3	被告人邓某平等污染环境案	刑事	非法处置危险废物，严重污染环境，构成污染环境罪
4	中华环保联合会诉宜春市中安实业有限公司等水污染公益诉讼案	公益	从事非法经营危险废物的资金来源公司以及提供危险废物的公司均应当按照其过错承担相应的责任
5	中华环境保护基金会诉凯发新泉水务（扬州）有限公司水污染公益诉讼案	公益	未避免损害进一步扩大，特许经营解除，双方达成调解协议
6	湖南省益阳市环境与资源保护志愿者协会诉湖南林源纸业有限公司水污染公益诉讼案	公益	根据湖南省高级人民法院跨行政区划集中管辖环洞庭湖环境资源案件的安排，本案由岳阳市君山区法院洞庭湖环境资源法庭审理
7	浙江省开化县人民检察院诉衢州瑞力杰化工有限责任公司环境民事公益诉讼案	民事	强化土壤污染管控和修复，防止有毒有害污染物、危险化学品、危险废物等通过地下水循环系统进入长江干支流，彰显山水林田湖草是生命共同体的基本理念
8	岳西县美丽水电站诉岳西县环境保护局环境保护行政决定案	行政	水电站建立时虽然取得了相关部门的批复，但违反了《自然保护区条例》的规定，应当依法关闭和拆除

续表

序号	案例名称	类别	典型意义
9	云南省剑川县人民检察院诉剑川县森林公安局怠于履行法定职责环境行政公益诉讼案	行政	结案后未执行恢复原状，行政机关应当全面履行监管职责。
10	湖北省宜昌市点军区人民检察院诉宜昌市点军区环境保护局怠于履行法定监管职责行政公益诉讼案	行政	环保局虽然采取了积极措施，但污染物仍然存在，沿江排放口水质尚未达标，环境污染问题尚未得到彻底治理，行政机关应当继续履职。

2018年12月25日，最高人民检察院发布检察公益诉讼十大典型案例，其中包括3起环境公益诉讼案件。

表5b－8 2018年度检察环境公益诉讼

序号	案例名称	典型意义
1	重庆市石柱县水磨溪湿地自然保护区生态环境保护公益诉讼案	该案是检察长带头办案，把公益诉讼做成“一把手工程”的范例
2	湖北省黄石市磁湖风景区生态环境保护公益诉讼案	该案打破了持续14年之久的“五龙治水”的僵局，破解了行政执法难题
3	安徽省芜湖市镜湖区检察院诉李某等人跨省倾倒固体废物刑事附带民事公益诉讼案	该案实现了惩治犯罪与修复生态、纠正违法与源头治理、维护公益与促进发展相统一

此外，在《人民法院报》评选的2018年度十大民事行政案件中，江苏省人民政府诉安徽海德化工科技有限公司生态环境损害赔偿诉讼作为全国首例由省政府首次单独作为原告提起生态环境损害赔偿案件入选。

表5b－9：最高人民法院公布的环境资源审判典型案例一览

案例类型	发布时间	发布名称	小计
环境民事案例	2018. 6. 4	服务保障新新时代生态文明建设十起典型案例	5
	2018. 11. 28	保障长江经济带高质量发展典型案例	1

续表

案例类型	发布时间	发布名称	小计
环境行政案例	2018. 6. 4	服务保障新新时代生态文明建设十起典型案例	2
	2018. 11. 28	保障长江经济带高质量发展典型案例	3
环境刑事案例	2018. 6. 4	服务保障新新时代生态文明建设10起典型案例	3
	2018. 11. 28	保障长江经济带高质量发展典型案例	3
环境公益诉讼案例	2018. 11. 28	保障长江经济带高质量发展典型案例	3
总计			20

五、环境信息公开和公众参与进展状况

（一）环境信息公开力度逐年加大

城市污染源监管信息公开水平不断上升。根据公众环境研究中心（IPE）和自然资源保护协会（NRDC）联合发布的污染源监管信息公开指数（PITI）年度报告，2017～2018年度120城市污染源环境公开指数平均得分52.2分，虽比上一年度仅有小小提高，但近5期结果呈逐年上升趋势；且和2013～2014年度不到30分的情况相比，已有较大改善和进步。

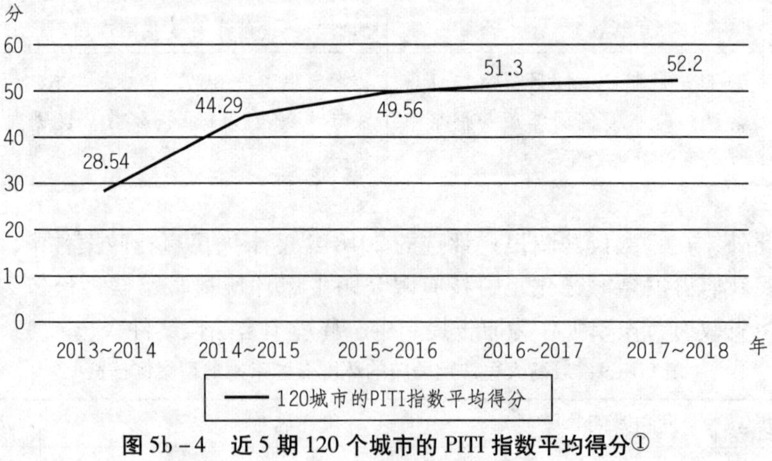

图5b－4　近5期120个城市的PITI指数平均得分①

① 资料来源：根据近5期的《120城市污染源监管信息公开指数（PITI）报告》整理。

温州以 81 分的成绩蝉联第一，创造 PITI 指数 9 年来的新高；排名前十的城市分数均超过 70 分，无论是高分分数还是获取数量均高于上一年度。山东城市集群最为突出，生态环境厅公开各城市监管记录已超出了应有量；其中泰安在此项上的得分让 PITI 指数排名一跃而起，从上一年度的第 27 名直至第 3 名。①

表 5b-10　2017~2018 年度前 10 城市 PITI 评价结果对比排名表

排名	城市	2017~2018 年分数	2016~2017 年分数	排名变化
1	温州	81	78.1	0
2	北京	79.6	75.7	+1
3	泰安	78.6	63.9	+24
4	青岛	78.5	75.1	0
5	宁波	77.7	70	+9
6	东莞	76.3	70.2	+7
7	淄博	76.1	67	+12
8	济南	75.2	72.6	0
9	杭州	75	72.5	0
10	烟台	75	66	+13

2018 年媒体曝光多起企业、公司生态环境违法案件，相比于政府在信息公开途径和力度上的不断跟进，企业信息公开存在缺乏渠道，对公开内容、形式和频率的规定不明确等问题。例如，有毒有害污染物排放和转移的信息公开难成体系和制度，本期 PITI 评价观察的 4937 个企业年报样本中有 3930 份披露污染物排放量信息，但仅 962 份披露了危险废弃物转移、处置信息，882 份报告涉及重金属等特征污染物排放数据。② 因此生态环境部发布《伴生放射性矿开发利用企业环境辐射监测及信息公开办法（试行）》

① 《渐成常态：2017-2018 年度 120 城市污染源监管信息公开指数（PITI）报告》，载公众环境研究中心网，http：//www.ipe.org.cn/reports/report_ 19842.html#，最后访问日期：2019 年 2 月 22 日。

② 《渐成常态：2017-2018 年度 120 城市污染源监管信息公开指数（PITI）报告》，载公众环境研究中心网，http：//www.ipe.org.cn/reports/report_ 19842.html#，最后访问日期：2019 年 2 月 22 日。

的公告，要求补充完善省级地区国家重点监控企业自行监测信息公开平台。[①] 据统计，自企业定期发布环境报告或公开环境责任履行信息后，上市公司一直是近几年我国发布相关环境责任信息报告比例最高的板块。[②] 2017年上市公司发布环境责任报告、社会责任报告及可持续发展报告等有效样本企业共计 857 家，较上年增加 47 家，占沪深股市上市公司总量的 24. 59%，占两市市值之和的 56%；发布报告的上市公司环境信息披露总体平均约为 33. 57 分，虽比同期整体略有提升，达到二星级水平，但还处于发展阶段。[③] 总体而言，上市公司环境信息披露处上升趋势。

（二）环境投诉举报途径逐渐畅通

“12369” 环保举报平台完成了热线电话、微信和网络举报渠道整合，形成了“国家—省—市—区县” 四级数据共享机制，成为环境投诉举报的最主要途径。通过平台的投诉举报数量呈现逐年上升的趋势：2016 年管理平台仅收到 26 万件，2018 年已达到 655 582 件，其中“12369” 环保举报热线电话 324 900 件，约占 49. 6%；微信举报 249 264 件，约占 38%；网上举报 81 418 件，约占 12. 4%。[④]

从举报区域来看，热线电话举报以江苏为首，并以上海、北京、辽宁和重庆数据记录最为完整，合计举报量占比例极高。2017 年和 2018 年广东省的微信举报量均居首位，关注“12369 环保举报” 微信公众号的人数逐月递增，其中河南、山东两省的公众使用微信和网络投诉举报最为频繁。[⑤]

---

① 《关于发布〈伴生放射性矿开发利用企业环境辐射监测及信息公开办法（试行）〉》，载法律图书馆，http：//www. law－lib. com/law/law_ view. asp？id＝635543，最后访问日期：2019 年 2 月 22 日。

② 《我国上市公司环境信息披露总体水平处于发展阶段》，载人民网，http：//env. people. com. cn/n1/2017/0125/c1010－29047971. html，最后访问日期：2019 年 2 月 22 日。

③ 《〈中国上市公司环境责任信息披露评价报告（2017 年）〉发布》，载中国环境新闻网，http：//www. cfej. net/ztzl/zgssgshjshze/201901/t20190120_ 690190. shtml，最后访问日期：2019 年 2 月 22 日。

④ 资料来源：根据 2018 年 1～12 月《生态环境部通报全国“12369” 环保举报办理情况》整理。

⑤ 资料来源：根据 2018 年 1～12 月《生态环境部通报全国“12369” 环保举报办理情况》整理。

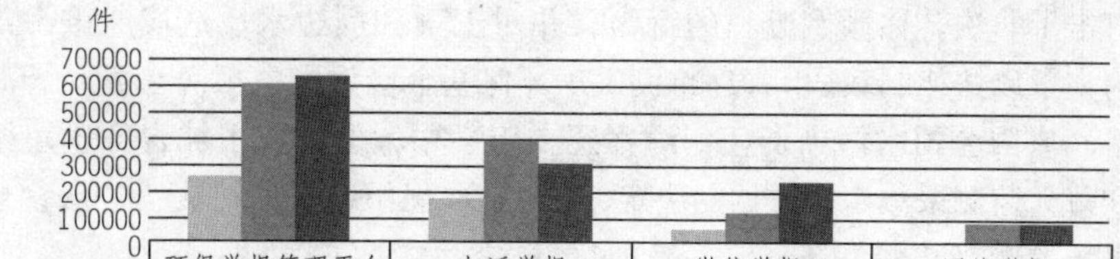

	环保举报管理平台	电话举报	微信举报	网络举报
2016年	263009	185919	65882	11208
2017年	618856	409548	129423	79885
2018年	655582	324900	249264	81418

图 5b－5　全国环保举报管理平台情况

从举报类型看，仍是大气污染和噪声污染占据首要比重。大气污染共 35 万余件，占 54%，其中前三位分别为恶臭/异味污染（42.6%）、烟粉尘污染（34.7%）和工业废气污染（23%）。噪声污染占 36.9%，其中建筑施工噪声和工业噪声分别占 43.7% 和 30.2%。①

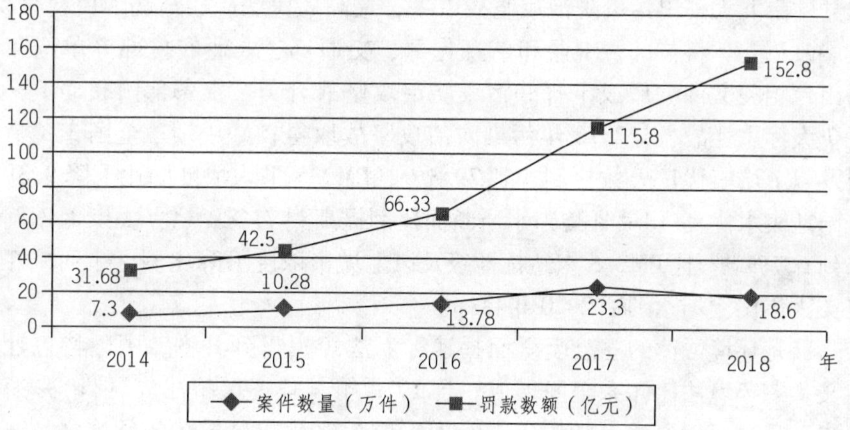

图 5b－6　2018 年“12369”环保举报类型

除信访投诉举报的方式外，公众参与以环保组织为核心地位，充分凝聚社会力量共筑环保事业。2018 年环保组织“自然之友”共提起环境公益诉讼 40 起，包括水污染、大气污染、生态破坏、土壤污染等，其中立案 34 起。② 以中山市一起涉及非法转移倾倒废弃物的环境民事公益诉讼案为典型，这是中山市首起由环保社会组织提起的环境民事公益诉讼胜诉案，严

① 资料来源：根据 2018 年 1～12 月《生态环境部通报全国“12369”环保举报办理情况》整理。

② 《环境公益诉讼简报 2018 年 12 月》，载自然之友网，http：//www.fon.org.cn/，最后访问日期：2019 年 2 月 22 日。

厉打击了非法转移倾倒废物的行为，并对土壤和周边水质造成严重污染的行为人予以法律制裁。[①] 青岛首例山东环保基金会诉国电银河水务（青岛开发区）有限公司水污染责任纠纷案还在审理中，但已作出被告停止超标排放和每天监测采集水质数据的决定，[②] 这是环保组织诉诸司法、公众参与环保事务的新突破。

六、2018 年度环境法实施的特点、问题与对策

（一）2018 年环境法实施的特点与趋势

总体而言，2018 年沿袭了党的十八大以来强化环境法治实施的一贯思路，在科学立法、严格执法、公正司法、全民守法的道路上继续推进。与此同时，本年度环境法治实施也展现出一些独特的特征与趋势。

一是打好污染防治攻坚战开局之年，各部门形成合力，取得重大进展。从党的十九大提出污染防治攻坚战以来，最高人民法院、最高人民检察院、发展改革委、科技部、工业和信息化部、交通部、农业农村部等单位和部门出台相关文件，形成了打好污染防治攻坚战合力。在各部门联动下，围绕 7 大标志性战役，2018 年污染防治攻坚战取得较好成绩。全国 338 个地级及以上城市优良天数比例达到 79.3%；PM2.5 平均浓度同比下降 9.3%；全国地表水优良（Ⅰ～Ⅲ类）水质断面比例提高到 71%，劣Ⅴ类断面比例下降到 6.7%。[③] 且 PM2.5 未达标地级及以上城市浓度下降比例、达到或好于Ⅲ类水体比例均达到了 2020 年目标。[④]

二是环境法律的立改废全面提速，立法短板得到补齐，中国特色社会主义生态环境法律体系全面形成。自 1979 年《环境保护法（试行）》通过以来，我国环境立法开始走上快车道，成为法律数量最多的领域之一，同时也一直存在立法质量不高、主要领域存在立法空白等问题。这一状况随着生态文明写入宪法、《土壤污染防治法》的出台以及《大气污染防治法》等一系列法律的修改而得到了扭转。生态文明写入宪法，掀开了我国环境

---

① 《中山首宗环保社会组织提起的环境公益诉讼案胜诉》，载南方网，http：//zs. southcn. com/content/2018－10/09/content_ 183586096. htm，最后访问日期：2019 年 2 月 22 日。

② 《青岛首例社会组织提起环境民事公益诉讼案开庭》，载中国法院网，https：//www. chinacourt. org/article/detail/2018/06/id/3373967. shtml，最后访问日期：2019 年 2 月 22 日。

③ 资料来源：《李干杰在 2019 年全国生态环境保护工作会议上的讲话》。

④ 资料来源：《李干杰在 2019 年全国生态环境保护工作会议上的讲话》。

法治的新篇章；《土壤污染防治法》的出台，填补了长期以来主要生态环境要素的立法空白；近几年对《大气污染防治法》《水污染防治法》《环境影响评价法》等一系列法律的密集修改，使环境立法的质量不断提升。截至2018 年 12 月，全国人大常委会制定了 29 部环保法律，国务院制定了 47 部环保行政法规，国务院有关部门制定了数百件环保规章，有立法权的地方人大和政府制定了 3000 余件环保地方性法规、地方政府规章、自治条例和单行条例，可以说中国特色社会主义生态环境法律体系已全面形成。在此基础上，可适时启动环境法典的编撰工作，促进环境立法的科学化、体系化。

三是严格的环境监管执法成为新常态，中央环保督察保持持续高压，环境行政执法力度持续加强。2015 年《环境保护法》施行后，我国逐渐实现了"督企"与"督政"并重。在"督政"方面，中央环保督察保持持续高压状态，在通过两年时间实现中央环保督察全覆盖之后，本年度中央环保督察继续"回头看"，同时新一轮的中央环保督察也即将拉开帷幕，与上一轮相比，这一轮不仅对省（区、市）党委和政府进行督察，还将对国务院有关部门以及中央企业开展督察。① 在"督企"方面，2018 年环境行政处罚数量比 2014 年增加了 2.55 倍，罚款金额增加了 4.82 倍；按日连续处罚、查封扣押、限产停产、移送拘留、移送涉嫌环境污染犯罪案件等五类案件数量总数也持续增加，环境执法始终保持打击环境违法行为高压态势。

四是司法成为生态环境保护的重要力量，在法院持续加强环境保护司法力度的同时，检察机关也开始将打击污染环境犯罪和开展公益诉讼作为检察工作的重心。党的十八大以来，"两高"已经出台各类环境司法规范性文件 18 件，仅 2018 年，"两高"即单独或联合发布环境司法规范性 3 件。同时，"两高"积极发布指导案例和典型案例，统一环境司法裁判标准，截至 2018 年年底，最高人民法院已发布涉环境类指导案例 2 件，典型案例 111 件。

（二）2018 年环境法实施中存在的主要问题与对策

一是环境执法过程中"一刀切""治标不治本"等现象依然存在。例如，在蓝天保卫行动的号召下，陕西省彬州市却以治污降霾名义设立车辆

---

① 《重磅！环境部：明年启动第二轮中央环保督察为期 4 年》，载中国水网，http：//www. h2o - china. com/news/284968. html，最后访问日期：2019 年 2 月 22 日。

冲洗站乱收费，[1] 诸多家禽养殖、工厂作坊乃至菜场摊废品回收站都在污染防治攻坚战中被迫消失；在标准不一的执法面前部分企业即使购买安装昂贵的环保设备也难逃关停结局，小部分重污染企业的表面整改或关停仅是混淆视听，监督检查后如期恢复现象屡见不鲜。为克服这种现象，生态环境部专门印发了《禁止环保“一刀切”工作意见》，要求严格禁止“一律拆迁”“一律关停”“先停再说”等敷衍应对做法，坚决避免集中停工停业停产等简单粗暴行为。

二是环境司法专门化缺乏统一指导思想，各地环保法庭建设变动不居。2014 年，某省 1 再次在全国首创生态环境司法“145 格局”，根据某省 1 大江大河流域及山脉走势，在全省选择 5 个基层法院、4 个中级法院跨区域管辖全省的环境资源案件，一时成为很多地方学习的样板。但 2017 年 5 月，某省 1 高级人民法院又决定在全部 9 个地市州中级法院均成立环境资源审判庭，在每个中级法院辖区内再选择 1～3 家基层法院集中管辖辖区内环境资源案件。某省 2 的环境资源审判机构建设却走了相反的道路，此前某省 2 是在每个中级法院设立环境资源审判庭，同时在每个中级法院辖区内选择几家基层法院设立环境资源审判庭，2018 年以来，某省 2 则开始按照生态功能区开始重新布局环境资源审判机构，设立长江流域（南、北片）、太湖流域、洪泽湖流域、骆马湖流域等 9 家基层法院环境资源法庭，集中管辖由全省基层人民法院受理的环境资源案件。其余省市也有类似情况，由于缺乏统一的指导思想，无论是审判机构建设还是审判机制建设方面，都存在较大差异，影响了环境司法专门化的顺利推进。建议最高人民法院对此进行研究部署，以山水林田湖草生命共同体思想，对各地环境司法审判机构建设提出指导性意见。

三是部分改革事项与现行法律制度的适用关系没有理顺，影响了改革效果。以政府提起生态环境损害赔偿制度改革为例。在建立政府生态环境损害赔偿制度之前，法律上已经赋予政府及其职能部门广泛的执法权力，同时也已经确立社会组织和检察机关提起环境民事公益诉讼制度。对于已经发生的生态环境损害，政府可以责令违法者进行修复，并在违法者不履行或者没有能力履行时依照法律规定组织代履行。同时，符合条件的社会组织以及检察机关也可以提起环境民事公益诉讼。但无论是 2015 年底通过

[1] 《陕西彬州违规设立治污降霾车辆冲洗站，存明显乱作为》，载中国新闻网，http://www.chinanews.com/sh/2018/09－07/8621525.shtml，最后访问日期：2019 年 2 月 22 日。

的试点方案还是2017 年年底出台的改革方案，都未能对此作出合理的制度安排。这一状况，影响了试点的顺利开展。2016～2017 年，7 个试点省市仅申报开展案件 27 件，至 2017 年年底阶段性试点结束时，不少案例尚未终结，甚至尚未启动。2018 年试点推向全国以后，情况也没有实质改观，至 2018 年年底，尚有 2 个省份没有出台本省的实施方案，除江苏等个别省份继续推进此前申报的试点案例外，其余省份试点基本上仍停留在出台实施方案阶段，改革进展极为缓慢。建议生态环境部会同有关部门出台政府民事索赔与行政监管衔接关系的指导意见，同时由最高人民法院出台司法解释，对政府生态环境损害赔偿诉讼的适用条件和审理程序进行规定。

撰稿专家

张宝，1983 年生，安徽阜阳人，现为中南财经政法大学法学院副教授、硕士生导师。中南财经政法大学法学学士（2005 年）、法学硕士（2007 年）、法学博士（2012 年），美国佛蒙特法学院联合培养博士（2011～2012 年），中南大学法学博士后（2013～2016 年）。曾任中南大学法学院讲师、副教授、院长助理，中南大学环境司法研究中心（湖南省高级人民法院环境资源司法理论研究基地）执行主任，挂职湖南省高级人民法院环境资源审判庭庭长助理（2016～2017 年）。主持国家社科基金（青年项目和后期资助项目各 1 项）、司法部、中国法学会、最高人民检察院、生态环境部、省社科基金等各类项目近 20 项。独著《环境侵权的解释论》（2015 年）《环境规制的法律构造》（2018 年），合著 10 余部。在《现代法学》《政治与法律》《人民日报（理论版）》等发表论文 30 余篇。兼任中国环境资源法学研究会理事、中国环境科学学会学环境法分会常务理事等。

第五章　2018 年社会法实施报告

2018 年卫生法实施报告

陈云良　岳远雷

报告要旨

2018 年度卫生法实施针对现实热点问题、焦点问题具有鲜明的回应性。立法立规促改革，不断完善细化卫生法律法规；深化“放管服”改革，激发医药行业活力；医药卫生政策不断出台新举措，医药卫生法治工作取得新成效。重大改革于法有据，问题导向型制度完善成为卫生法治运行趋势新特点、卫生法的实施体现出鲜明的政策性色彩，医药领域反垄断不断升级，严重危害医疗秩序被联合惩戒，司法机关重视典型案例的指导作用。究其原因，既有卫生立法的碎片化，导致卫生法难具有权威性，也有卫生法律实施凸显空洞性，以及卫生法治建设面临许多新问题和新挑战。积极实施健康中国战略，把人民健康放在优先发展的战略地位，坚持走中国特色卫生与健康发展法治道路，完善卫生法律体系，加强卫生行政执法，维护群众合法权益，培养公众的卫生法治意识，积极参与全球健康治理与合作，可以有效化解当前面临的问题。

核心建议

1. 卫生法律实施需要依靠行政法、民法、社会法、反垄断法、刑法鼎力支持。

2. 全面加强医药卫生法治建设是健康中国战略实施法治保障。

3. 把人民健康放在优先发展的战略地位，坚持走中国特色卫生与健康发展法治道路。

实现医药卫生法治化，是实现依法治国、全面建成法治政府的宏伟目标的重要组成部分。卫生法是中国法律体系的重要组成部分，在保障公民健康权益、推进经济社会和谐发展方面发挥着不可或缺的作用。使公民的健康权益得到最大限度的保障是卫生法律实施的根本目的，研究卫生法律实施必然要从卫生法律运行的整体角度去探讨，从全部要素和层次及其相互联系中进行整体化的研究和全方位的把握。基于这种认识，我们认为卫生法律实施是从卫生立法到卫生执法、卫生法适用、卫生法治实现的一个系统过程。

一、2018 年度卫生法实施状况全景描述

（一）卫生法律法规不断完善细化

1.《国境卫生检疫法》和《精神卫生法》及时修订

2018 年 4 月 27 日，全国人大常委会对《国境卫生检疫法》和《精神卫生法》进行了修订。对《国境卫生检疫法》修改内容为删去第 2 条第 2 款："国务院卫生行政部门主管全国国境卫生检疫工作"；删去第 27 条："国务院卫生行政部门根据本法制定实施细则，报国务院批准后施行"。对《精神卫生法》修改内容为将第 8 条第 2 款中的"人力资源社会保障"修改为"医疗保障"；第 68 条第 2 款中的"人力资源社会保障、卫生、民政"修改为"医疗保障"，将第 3 款中的"民政"修改为"医疗保障"。

2.《基本医疗卫生与健康促进法（草案）》提请二次审议

2018 年 10 月，《基本医疗卫生与健康促进法（草案）》通过全国人大常委会第二次审议。作为卫生与健康领域第一部基础性、综合性法律，该法旨在落实宪法关于国家发展医疗卫生事业、保护人民健康的规定。从整体结构来看，新版草案更加科学、精当；内容的调整，也使行文更加合理、准确、顺畅。草案二审稿突出了基本医疗卫生服务，突出了强化基层、筑牢网底，充分体现"三医联动"机制，充实医保、医药方面的内容，增加

和完善疫苗药品管理相关规定等。[①] 为进一步体现保障基本医疗卫生服务公平可及性，草案二审稿提出，公民依法享有从国家和社会获得基本医疗卫生服务的权利；针对基层医疗卫生服务能力薄弱的现状，草案二审稿明确，国家采取多种措施，优先支持基层医疗卫生机构发展，提高基层服务能力；为增强医改有效措施的制度刚性，草案二审稿规定，国家推进基本医疗服务实行分级诊疗制度以及实行家庭医生签约服务模式；针对问题疫苗案件暴露的突出问题，草案二审稿增加规定，国家实行有计划的预防接种制度；为落实“大健康”理念，草案二审稿提出，将公民主要健康指标的改善情况纳入政府目标责任考核。[②] 二审稿相较于一审稿增加了不少亮点，部分规定的可操作性有所提升，但仍存在一定需要细化、明确的地方。11 月 1 日全国人大官网刊发了《基本医疗卫生与健康促进法（草案二次审议稿）》，公开征求意见，12 月 1 日为截止日期。

3.《药品管理法（修正草案）》提请审议

2018 年 10 月，全国人大常委会对《药品管理法（修正草案）》进行了审议。国家药监局局长焦红在作草案审议的说明时表示，草案围绕实施药品上市许可持有人制度和推进审批制度改革等进行修改，坚持重典治乱，强化全过程监管，同时改革完善药品审评审批制度，鼓励药品创新，加强事中事后监管。[③] 其中，强化全过程监管、明晰药品监管职责、全面加大处罚力度、实施药品上市许可持有人制度，成为草案修订的四大亮点，及时回应了社会关切。修正草案中，完善药品全过程监管制度、强化企业主体责任，强化对疫苗等特殊药品的监管，建立药品职业化检查员队伍、建立并公布药品安全信用档案、增设责任约谈制度……扎紧制度的笼子，确保人民群众用药安全、有效。[④] 针对违法成本低、处罚力度弱的现实问题，法

① 《丛斌作关于基本医疗卫生与健康促进法草案修改情况的汇报》，载中国人大网，http://www.npc.gov.cn/npc/cwhhy/13jcwh/2018-10/22/content_2063064.htm，最后访问日期：2019 年 2 月 22 日。

② 《基本医疗卫生与健康促进法草案二审稿凸显保基本、强基层、大健康理念》，载中国人大网，http://www.npc.gov.cn/npc/cwhhy/13jcwh/2018-10/23/content_2063198.htm，最后访问日期：2019 年 2 月 22 日。

③ 《焦红作关于提请审议药品管理法修正草案议案的说明》，载中国人大网，http://www.npc.gov.cn/npc/cwhhy/13jcwh/2018-10/22/content_2063069.htm，最后访问日期：2019 年 2 月 22 日。

④ 《为药品安全开出“猛药良方”》，载中国人大网，http://www.npc.gov.cn/npc/lfzt/rlyw/2018-10/23/content_2063339.htm，最后访问日期：2019 年 2 月 22 日。

律的修改，加大对违法行为处罚力度，处罚到人。修正草案对解决“救命药”等短缺药品、低价有效药品供应保障机制，也作出规定，分类精准施策。

4.《疫苗管理法（草案）》首次提交审议

2018年12月23日，在十三届全国人大常委会第七次会议上首次提交审议的《疫苗管理法（草案）》提出，国家对疫苗生产实行严于一般药品生产的准入制度。草案就疫苗管理单独立法，突出疫苗管理特点，强化疫苗的风险管理、全程控制、严格监管和社会共治，切实保证疫苗安全、有效和规范接种。[①] 草案在立法目的中明确维护公共安全，在总则中提出国家坚持疫苗的战略性和公益性。草案强调实行严格的企业准入管理。对疫苗研制、生产、流通、预防接种全过程，草案有关条款明确落实各方责任。草案明晰监管责任，强化监管能力建设，严厉打击违法行为。草案明确了药品监管部门和卫生行政部门职责分工，要求药品监管部门和卫生行政部门建立信息共享机制；实行疫苗安全信息统一公布制度；强化对监管部门和地方政府责任追究。[②] 草案于2019年1月2日始在全国人大网公开征求意见，截止日期为2月2日。这是一部计划外的立法事项，缘于长春长生疫苗事件的领导人批示。项目启动比较仓促，因此，如何评价2016年修订后的《疫苗流通和预防接种管理条例》，以及如何取舍其内容，科学升华和完善为《疫苗管理法（草案）》所用，值得进一步研究。

5.《医疗纠纷预防和处理条例》出台

2018年颁布实施的医药卫生行政法规有《医疗纠纷预防和处理条例》，于2018年10月1日起施行。《医疗纠纷预防和处理条例》的出台，在构建和谐医患关系工作中具有里程碑的意义，为医患双方特别是医患纠纷的解决确立了基本规则。此次制定的《医疗纠纷预防和处理条例》，有一个重大的理念变更：由侧重医疗纠纷的处理改为医疗纠纷的预防与处理并重。[③]

---

① 《我国拟对疫苗管理单独立法》，载中国人大网，http：//www. npc. gov. cn/npc/xinwen/lfgz/2018－12/24/content_ 2067752. htm，最后访问日期：2019年2月22日。

② 《体现疫苗管理特殊要求——解析疫苗管理法草案四大亮点》，载中国人大网，http：//www. npc. gov. cn/npc/cwhhy/13jcwh/2018－12/24/content_ 2067771. htm，最后访问日期：2019年2月22日。

③ 申卫星：《〈医疗纠纷预防和处理条例〉：定分止争，确立医患关系基本规则》，载司法部网，http：//www. moj. gov. cn/news/content/2018－08/30/zlk_ 39162. html，最后访问日期：2019年2月20日。

《医疗纠纷预防和处理条例》有以下亮点：以患者为中心，预防医疗风险；多部门合作共治，将医疗纠纷纳入社会治安综合治理体系；发挥人民调解在医疗纠纷处理中的主渠道作用；医疗损害鉴定坚持同行评议的原则；建立了医疗风险分担机制；强化医疗机构依法执业；统一赔偿标准。本条例仅仅规制了“医疗损害鉴定”，与医疗事故技术鉴定的关系，以及本医疗损害鉴定是否可以延用于医疗损害民事诉讼中，都有待进一步明确。本条例的最重要的配套文件《医疗损害鉴定管理办法》迄今未能出台，给本条例的实施效果，带来负面影响。另外，《医疗事故处理条例》并未如惯例被同步废止，其修订完善工作亟待强化。

6.《医疗技术临床应用管理办法》出台

2018 年，国家卫生健康委员会颁布了该委组建后的第一个委令《医疗技术临床应用管理办法》。办法明确，建立医疗技术临床应用“负面清单管理”制度。将安全性、有效性不确切的医疗技术，或存在重大伦理问题的医疗技术，或已经被临床淘汰的医疗技术，以及未经临床研究论证的医疗新技术列入“禁止类技术”清单。将技术难度大、风险高，对医疗机构的服务能力、人员水平有较高专业要求而需要设置限定条件的医疗技术，或需要消耗稀缺资源的、涉及重大伦理风险的，或存在不合理临床应用需要重点管理的医疗技术纳入“限制类技术“清单，实施备案管理。国家卫生健康委员会制定发布国家限制类技术目录，省级卫生行政部门可以结合本地区实际，在国家限制类技术目录的基础上增补省级限制类技术。《办法》强调，医疗机构对本机构医疗技术临床应用和管理承担主体责任，医疗机构主要负责人是本机构医疗技术临床应用管理的第一责任人。医疗机构应当根据其自身条件和技术能力开展相应的医疗技术临床应用，建立本机构医疗技术临床应用管理制度。

（二）2018 年卫生执法

执法是实现立法目的的主要手段，没有执法，法律就很难得到贯彻实施。

1. 医药相关国家机构改革

（1）组建国家卫生健康委员会。2018 年 3 月，根据《国务院机构改革方案》，组建国家卫生健康委员会，作为国务院组成部门。将国家卫生和计划生育委员会、国务院深化医药卫生体制改革领导小组办公室、全国老龄化工作委员会办公室的职责，工业和信息化部牵头的《烟草控制框架公约》

履约工作职责，国家安全生产监督管理总局的职业安全健康监督管理职责进行整合。同时，不再保留国家卫生和计划生育委员会，不再设立国务院深化医药卫生体制改革领导小组办公室。保留全国老龄工作委员会，日常工作由国家卫生健康委员会承担。民政部代管的中国老龄协会改由国家卫生健康委员会代管。国家中医药管理局由国家卫生健康委员会管理。[①] 组建后的国家卫生健康委员会的主要职责是，拟定国民健康政策，协调推动深化医药卫生体制改革，组织制定国家基本药物制度，监督管理公共卫生、医疗服务、卫生应急，负责计划生育管理和服务工作，拟订应对人口老龄化、医养结合政策措施等。

（2）组建国家医疗保障局。《国务院机构改革方案》提出，将人力资源和社会保障部的城镇职工和城镇居民基本医疗保险、生育保险职责，国家卫生和计划生育委员会的新型农村合作医疗职责，国家发展和改革委员会的药品和医疗服务价格管理职责，民政部的医疗救助职责整合，组建国家医疗保障局，作为国务院直属机构。[②] 其主要职责是，拟订医疗保险、生育保险、医疗救助等医疗保障制度的政策、规划、标准并组织实施，监督管理相关医疗保障基金，完善国家异地就医管理和费用结算平台，组织制定和调整药品、医疗服务价格和收费标准，制定药品和医用耗材的招标采购政策并监督实施，监督管理纳入医保范围内的医疗机构相关服务行为和医疗费用等。同时，为提高医保资金的征管效率，将基本医疗保险费、生育保险费交由税务部门统一征收。

（3）组建国家药品监督管理局。根据《国务院机构改革方案》，组建国家市场监督管理总局，作为国务院直属机构。将国家工商行政管理总局的职责，国家质量监督检验检疫总局的职责，国家食品药品监督管理总局的职责，国家发展和改革委员会的价格监督检查与反垄断执法职责，商务部的经营者集中反垄断执法以及国务院反垄断委员会办公室等职责整合。同时，考虑到药品监管的特殊性，单独组建国家药品监督管理局，由国家市场监督管理总局管理。[③] 市场监管实行分级管理，药品监管机构只设到省一

---

① 《国务院机构改革方案》，载中国政府网，http：//www.gov.cn/xinwen/2018－03/17/content_5275116.htm，最后访问日期：2019 年 2 月 22 日。

② 《国务院机构改革方案》，载中国政府网，http：//www.gov.cn/xinwen/2018－03/17/content_5275116.htm，最后访问日期：2019 年 2 月 22 日。

③ 《国务院机构改革方案》，载中国政府网，http：//www.gov.cn/xinwen/2018－03/17/content_5275116.htm，最后访问日期：2019 年 2 月 22 日。

级，药品经营销售等行为的监管，由市（县）市场监管部门统一承担。国家药监局负责制定药品、医疗器械监管制度，负责药品、医疗器械研制环节的许可、检查和处罚。省级药品监督管理部门负责药品、医疗器械生产环节的许可、检查和处罚，以及药品批发许可、零售连锁总部许可、互联网销售第三方平台备案及检查和处罚。

2. 深化医药行政审批体制改革

2018 年 7 月 27 日，国家药监局发出《关于调整药物临床试验审评审批程序的公告》。公告指出，在我国申报药物临床试验的，自申请受理并缴费之日起 60 日内，申请人未收到药品审评中心否定或质疑意见的，可按照提交的方案开展药物临床试验。药物临床试验审评审批实施到期默认许可制是药品审评审批制度改革进程中的重要举措，将进一步落实申请人研发主体责任，鼓励我国医药创新，满足公众用药需求。2018 年 8 月 14 日，国家药监局批复了天津市市场监管委和广东省食品药品监管局的申请，同意在中国（天津）自由贸易试验区和广东省部分地区开展医疗器械注册人制度试点工作。医疗器械注册人制度为医疗器械注册申请人办理产品注册和生产许可“解绑”，将使更多的企业享受改革红利，激发产业创新发展活力，优化资源配置。①

2018 年 11 月，为贯彻落实《国务院关于在全国推开“证照分离”改革的通知》要求，进一步优化医疗机构和医护人员准入服务，国家卫生健康委办公厅、国家中医药局办公室联合印发《关于优化医疗机构和医护人员准入服务的通知》。依托电子化注册系统，实行医疗机构执业登记、医师执业注册、护士执业注册等事项网上办理，并提供进度查询、业务咨询等服务。进一步理顺卫生健康行政部门（含中医药主管部门，下同）内部工作流程，实行“一个窗口受理、一次性告知、一站式审批”，最大限度压缩审批时限，避免“多头跑、来回跑”等问题。全面清理各类审批材料和证明事项，凡缺乏法律法规依据的一律取消；申请医疗机构执业登记，不再提交验资证明。严格落实医疗机构基本标准，优化医疗机构诊疗科目登记，完善二级及以下医疗机构设置审批与执业登记“两证合一”。

3. 医药卫生政策新举措

（1）加强公立医院党的建设工作的意见出台。2018 年 6 月，中共中央

---

① 《2018 透过热词看药品监管法治与制度建设》，载搜狐网，http：//www.sohu.com/a/290280189_ 464400，最后访问日期：2019 年 2 月 21 日。

办公厅印发《关于加强公立医院党的建设工作的意见》，明确公立医院实行党委领导下的院长负责制，且二级及以上公立医院应当实行党委书记、院长分设。由此，公立医院党委已经从过去的“政治核心”转变为“领导核心”。这次公立医院第一负责权的变更，主要体现在以下几个方面：党委书记成医院第一负责人，党委书记主持党委全面工作，对医院工作负总责，履行第一责任人的责任；医院党委将通过集体决策对公立医院的运行起最后的决定作用，而院长不再担任“决策者”，转为执行者；院长负责制被终止，其任用可实行聘任制，院长需按规定向党委述职；医院的财务、人事、仪器设备的采购等事宜都将由党委书记领导下的党委决定，不再是院长负责；院长在医院党委领导下，全面负责医院医疗、教学、科研、行政管理工作，组织实施党委有关决议并向党委报告决议执行情况。[①]

（2）完善全科医生培养与使用激励机制的意见出台。2018 年 1 月 24 日，国务院办公厅印发《关于改革完善全科医生培养与使用激励机制的意见》。意见指出，加快培养大批合格的全科医生，对于加强基层医疗卫生服务体系建设、推进家庭医生签约服务、建立分级诊疗制度、维护和增进人民群众健康，具有重要意义。意见明确，从三个方面改革完善全科医生培养与使用激励机制。一是建立健全适应行业特点的全科医生培养制度；二是全面提高全科医生职业吸引力；三是加强贫困地区全科医生队伍建设。2018 年 10 月 31 日，甘肃省卫生和计划生育委员会下发了《关于进一步完善乡村医疗机构一体化管理工作的通知》，在全国首个省份“提出切实转变村医身份”，“所有村医与乡镇卫生院签订聘用劳动合同，身份由个体转变为乡镇卫生院临聘职工，即乡聘村用。对在村卫生室工作年限较长、业务水平高、群众反映好且取得执业助理及以上执业资格的在岗村医，在乡镇卫生院招考正式在编工作人员时给予适当加分，优先录用。有条件的地区，可探讨实行村医转正制度，进一步提高村医岗位的吸引力”。

（3）仿制药供应保障新政出台。2018 年 4 月 3 日，国务院办公厅印发《关于改革完善仿制药供应保障及使用政策的意见》。该意见改革完善相关政策，足以体现政府对国人用药安全的重视，对保障人民群众用药需求、用药质量、用药疗效具有重大意义。一是定期制定并公布鼓励仿制药品目录，引导企业研发、注册和生产。二是加强仿制药技术攻关，将鼓励仿制

① 《2019 年卫生健康改革发展重点任务清单》，载搜狐网，http: //www. sohu. com/a/287627309_ 100092991，最后访问日期：2019 年 2 月 21 日。

药品的关键共性技术研究列入国家相关科技计划，健全产学研医用协同创新机制。三是研究完善与我国经济社会发展水平和产业发展阶段相适应的药品知识产权保护制度，充分平衡药品专利权人与社会公众的利益。四是加快推进仿制药质量和疗效一致性评价工作，提高药用原辅料和包装材料质量，提高工艺制造水平，严格药品审评审批，加强药品质量监管。五是及时纳入采购目录，促进仿制药替代使用，发挥基本医疗保险的激励作用，明确药品专利实施强制许可路径，落实税收优惠政策和价格政策。

（4）“互联网+医疗健康”发展的意见出台。2018年4月25日，《国务院办公厅关于促进“互联网+医疗健康”发展的意见》正式印发，提出鼓励医疗机构应用互联网等信息技术拓展医疗服务空间和内容，构建覆盖诊前、诊中、诊后的线上线下一体化医疗服务模式，允许依托医疗机构发展互联网医院。同时，对发展远程医疗提出明确要求。文件主要有三个方面内容：健全“互联网+医疗健康”服务体系、完善“互联网+医疗健康”支撑体系、加强行业监管和安全保障。该意见提出了一系列政策措施，明确了支持“互联网+医疗健康”发展的态度，突出了鼓励创新、包容审慎的政策导向，明确了融合发展的重点领域和支撑体系，也提出了安全监管的硬性要求。6月以来国家卫生健康委员会先后印发了《国家健康医疗大数据标准、安全、服务管理办法（试行）》《互联网诊疗管理办法（试行）》《互联网医院管理办法（试行）》《远程医疗服务管理规范（试行）》等文件，规范数据应用管理，明确监管底线，确保医疗服务质量和安全。

（5）完善医疗卫生行业综合监管制度的指导意见出台。2018年8月3日，《关于改革完善医疗卫生行业综合监管制度的指导意见》（国办发〔2018〕63号）出台，这是医疗卫生综合监管制度的纲领性文件。该指导意见主要内容包括总体要求、明确监管主体和责任、加强全过程监管、创新监管机制，以及加强保障落实五个部分。该指导意见提出到2020年，建立职责明确、分工协作、科学有效的综合监管制度，健全机构自治、行业自律、政府监管、社会监督相结合的多元化综合监管体系，为实施健康中国战略、全方位全周期保障人民健康提供有力支撑。文件强调，从重点监管公立医疗卫生机构转向全行业监管，从注重事前审批转向注重事中事后全流程监管，从单项监管转向综合协同监管，从主要运用行政手段转向统筹运用行政、法律、经济和信息等多种手段，提高监管能力和水平，为实施健康中国战略、全方位全周期保障人民健康提供有力支撑。①

(6) 财政事权和支出责任划分改革方案出台。2018 年 8 月 14 日，国务院办公厅印发《医疗卫生领域中央与地方财政事权和支出责任划分改革方案》，自 2019 年 1 月 1 日起实施。方案提出，要坚持政府主导，促进人人公平享有；遵循规律，适度强化中央权责；问题导向，统筹兼顾突出重点；积极稳妥，分类施策扎实推进等原则。通过改革，形成中央领导、权责清晰、依法规范、运转高效的医疗卫生领域中央与地方财政事权和支出责任划分模式，提高基本医疗卫生服务的供给效率和水平。方案明确，从公共卫生、医疗保障、计划生育、能力建设四个方面划分医疗卫生领域中央与地方财政事权和支出责任。以全国性或跨区域的公共卫生服务为重点，适度加强中央财政事权和支出责任；属于中央与地方共同财政事权的，由中央统一制定国家基础标准或提出原则要求；统筹推进项目优化整合，提高财政资金使用效益。

(7) 完善国家基本药物制度意见出台。2018 年 9 月 24 日，国务院办公厅出台《关于完善国家基本药物制度的意见》。意见进一步强化了基本药物“突出基本、防治必需、保障供应、优先使用、保证质量、降低负担”的功能定位，全面带动药品供应保障体系建设，着力保障药品安全有效、价格合理、供应充分，缓解“看病贵”问题。该意见从基本药物的遴选、生产、流通、使用、支付、监测等环节，明确了五个方面政策措施。2018 年 10 月 25 日卫健委正式印发《国家基本药物目录（2018 年版）》，并要求 2018 年 11 月 1 日起正式执行。与 2012 年版基药目录相比，新版目录收载品种数量由 520 种增加到 685 种，包括西药 417 种、中成药 268 种（含民族药）。

4.《传染病防治法》执法检查

执法检查是人大监督的法定形式和重要途径，也是人大推动法律贯彻实施、推进法治国家建设的主要手段。2018 年 5 月，为全面了解传染病防治法贯彻实施情况，全力保障传染病防治法的有效实施，为健康中国战略的全面实施提供良好的法治环境，全国人大常委会启动传染病防治法执法检查。全国人大常委会对传染病防治法实施情况开展执法检查，是贯彻落实习近平总书记关于以人民为中心的发展思想和卫生与健康工作重要指示

① 《推进综合监管制度改革　守护百姓的健康权益》，载健康中国微信公众号，https：//mp. weixin. qq. com/s/PChhi1tv1X_ 4DhPhWb9Jvw，最后访问日期：2019 年 2 月 24 日。

精神在法律监督方面的重要举措。[①] 在全面了解和评估传染病防治法实施情况的基础上，此次执法检查重点包括传染病防治法普法宣传教育情况，传染病防治体系建设和工作机制情况，传染病防治能力情况，传染病防治保障情况，重大传染病防治工作情况，疫苗免疫接种情况，疫苗质量监督和管理情况等在内的10方面情况。据介绍，执法检查组分为4个小组，从5月上旬至6月中旬分别赴内蒙古、吉林、福建、四川等8个省、自治区开展检查。7月中旬，召开执法检查组第二次全体会议，研究讨论执法检查报告稿。8月下旬，执法检查组组长向十三届全国人大常委会第四次会议作关于检查传染病防治法实施情况的报告。执法检查组认为，传染病防治法自颁布实施以来，对我国预防、控制和消除传染病的发生与流行，保障人民群众身体健康，发挥了重要作用。检查过程中，各地普遍反映，“传染病防治法是一部好法、管用的法”。与此同时，报告指出目前我国传染病防治法律实施中存在的七大问题，包括我国传染病防治形势依然严峻、任务仍然艰巨，传染病防治工作存在薄弱环节，少数生产经营企业还存在严重违法违规行为，相关保障措施落实不到位，传染病防治的法治建设还不完善，传染病防治法的宣传普及不够深入，体制机制建设有待加强。报告建议，抓紧研究修订传染病防治法、国境卫生检疫法等相关法律。建议国务院抓紧修订传染病防治法实施办法、国境卫生检疫法实施细则、学校卫生工作条例等行政法规，与当前的传染病防治工作形势相衔接。[②]

5. 药品监管工作取得的新成绩

2018年药品审评审批制度改革不断深化，特瑞普利单抗注射液等48个新药获批上市，仿制药质量和疗效一致性评价稳步推进，上市许可持有人制度试点取得成效；现场检查力度不断加大，有效发挥药品监督抽检和风险监测作用，药品安全风险防控关口进一步前移；妥善处理长春长生疫苗案件，对45家疫苗生产企业全面排查风险，推进完善疫苗监管长效机制；国家药监局成功当选国际人用药品注册技术协调会（ICH）管理委员会成

① 《全国人大常委会传染病防治法执法检查组举行第二次全体会议》，载中国人大网，http：//www. npc. gov. cn/npc/xinwen/syxw/2018 - 07/26/content_ 2058381. htm，最后访问日期：2019年2月22日。

② 《传染病防治法执法检查剑指七大问题》，载中国人大网，http：//www. npc. gov. cn/npc/cwhhy/13jcwh/2018 - 08/29/content_ 2059760. htm，最后访问日期：2019年2月22日。

员，药品监管国际话语权不断提升。[①] 统筹运用检查、抽检、监测等手段排查风险，形成发现风险、认定风险、控制风险、排除风险的有效机制，提高了风险的防范和处置能力。集中开展了“两打两建”专项行动，医疗器械“五整治”，城乡接合部与农村地区小药店小诊所、美容美发场所专项整治，药品批发企业专项整治，疫苗、银杏叶提取物及制剂、中药材、中药饮片和生化药违法生产专项整治，网络销售化妆品专项整治等。

6. 市场总局严惩滥用行政权力垄断耗材、药械配送采购行为

在国家大部制改革之后，国家市场监督管理局出台新规，对于各省市区政府、卫健委在内的行政机关，滥用行政权利实施排除、限制竞争行为要重点打击，加大惩戒力度。2019 年 1 月，国家市场监督管理局发布《2018 年市场监管部门制止滥用行政权力排除、限制竞争行为典型案例的公告》，15 个典型案例，就有 2 例是与医药购销领域相关的，地方政府部门纠正滥用行政权力排除、限制竞争行为的案件。

（1）河南省纠正封丘县人民政府行政性垄断行为案件[②]。2018 年 6 月，根据举报，河南省发展和改革委员会对封丘县人民政府涉嫌滥用行政权力排除、限制竞争行为进行调查。经查，2016 年底，封丘县人民政府和华润河南医药有限公司签署战略合作协议，约定封丘县人民政府支持华润河南医药有限公司在封丘县各级医疗机构开展药品、耗材配送工作，并协调解决华润河南医药有限公司与当地经营企业的并购问题。2017 年年底，作为县政府协调并购的参与方——河南中诺医药有限公司向县政府递交了《关于在全县公立医院试行药品统一配送的请示报告》，请求封丘县人民政府按照与华润河南医药签订的战略合作协议中的责任和义务，尽快制定出台公立医院药品、医疗器械统一配送工作实施方案。2018 年 5 月，封丘县人民政府召开县长办公会，会后印发了《封丘县人民政府县长办公会议纪要》，其中包括以下内容：一是为履行封丘县人民政府与华润河南医药有限公司签署的战略合作协议，县政府原则同意河南省中诺医药有限公司作为全县药物、医疗器械、耗材转配送的主体企业，负责全县药物、医疗器械、耗

① 《开创新时代药品监管新格局　全国药品注册管理和上市后监管工作会议在京召开》，载中国质量新闻网，http：//www. cqn. com. cn/cj/content/2019 - 01/21/content_ 6703337. htm，最后访问日期：2019 年 2 月 24 日。

② 《市场监管总局关于发布 2018 年，市场监管部门制止滥用行政权力排除、限制竞争行为典型案例的公告》，载中国质量新闻网，http：//www. cqn. com. cn/zj/content/2018 - 12/29/content_ 6623888. htm，最后访问日期：2019 年 2 月 24 日。

材的转配送工作，并由该企业开票实施。二是卫生部门要将会议精神传达到全县所有公立医院、各乡镇卫生院以及村医卫生室，并对各单位落实药物统一配送工作开展专项整治行动，进行跟踪指导。监察部门要提前介入，对私自采药，违规套取新农合资金的要严肃处理并追究相关责任人责任。三是所有在封丘县中标的基本药物配送企业须经县药业有限公司转配送，并在本纪要下发后签订转配送协议；如中标企业不签订转配送协议，取消在封丘县的配送资格。上述行为违反了《反垄断法》第 32 条“行政机关和法律、法规授权的具有管理公共事务职能的组织不得滥用行政权力，限定或者变相限定单位或者个人经营、购买、使用其指定的经营者提供的商品”和第 37 条“行政机关不得滥用行政权力，制定含有排除、限制竞争内容的规定”之规定，构成滥用行政权力，排除、限制竞争行为。在调查过程中，封丘县人民政府认识到其行为违反了《反垄断法》相关规定，积极配合调查工作，并及时报送了《封丘县人民政府办公室关于对中诺医药有限公司限制性竞争的整改报告》（封政办〔2018〕83 号）和《封丘县人民政府县长办公会议纪要》（〔2018〕25 号），决定撤销涉嫌违法的会议纪要，消除限制市场主体公平竞争的社会后果，规范行政行为。

（2）四川省纠正南充市西充县人民政府行政性垄断行为案件①。根据举报，四川省发展和改革委员会对南充市西充县人民政府涉嫌滥用行政权力排除、限制竞争行为进行调查。经查，西充县人民政府于 2016 年 1 月发布了《西充县公立性医疗卫生机构药房托管暨药品集中配送招商公告》，明确西充县公立性医疗机构药房托管暨药品集中配送公开招商，由西充县人民政府组织实施。2016 年 3 月，西充县人民政府与成都西部医药经营有限公司签订《西充县公立医疗卫生机构药房托管、药品统一配送协议书》。2016 年 4 月，西充县医药卫生体制改革工作领导小组办公室印发《西充县公立性医疗卫生机构药房托管药品统一配送实施方案》。2016 年 5 月起，西充县各公立性医疗卫生机构与成都西部医药经营有限公司全资子公司南充市太极医药有限责任公司签订《药房托管药品统一配送协议书》。2016 年 11 月，西充县召开全县公立性医疗卫生机构药房托管药品统一配送推进会，正式启动实施该项工作，至今仅实施了全县公立性医疗卫生机构药品统一配送，

① 《市场监管总局关于发布 2018 年市场监管部门制止滥用行政权力排除、限制竞争行为典型案例的公告》，载中国质量新闻网，http：//www. cqn. com. cn/zj/content/2018 - 12/29/content_6623888. htm，最后访问日期：2019 年 2 月 24 日。

未实际开展药房托管等相关工作。南充市西充县人民政府的上述行为排除和限制了西充县药品托管、药品配送市场的竞争，剥夺了县级公立医疗卫生机构选择药品配送企业的自主权，违反了《反垄断法》第 32 条“行政机关和法律、法规授权的具有管理公共事务职能的组织不得滥用行政权力，限定或者变相限定单位或者个人经营、购买、使用其指定的经营者提供的商品”和第 37 条“行政机关不得滥用行政权力，制定含有排除、限制竞争内容的规定”之规定，构成滥用行政权力，排除、限制竞争行为。2018 年 6 月，四川省发展和改革委员会向南充市人民政府办公厅发出行政建议书，建议其责令西充县人民政府改正相关行为。目前，南充市西充县人民政府已废止相关协议。

（三）卫生法适用

1. 全国人大常委会审查浙江高院制定的“非法行医”解释文件

法学家李步云于 2018 年年初向全国人大常委会法工委法规备案审查室就浙江省高院对非法行医罪进行解释提出了审查建议，指出地方法院越权制定司法解释性质文件。李步云此次提起的审查建议，针对的是浙江省高级人民法院于 2012 年 11 月 9 日制定发布的《关于部分罪名定罪量刑情节及数额标准的意见》（浙高法〔2012〕325 号）中的部分内容，即第 92 条第 5 项“非医学需要鉴定胎儿性别 3 人次以上，并导致引产的”、第 6 项“因非医学需要鉴定胎儿性别受过行政处罚，又实施该行为的”的规定。按照意见，这两项行为被认为构成非法行医罪，须追究刑事责任。2018 年 7 月 18 日，全国人大常委会法工委法规备案审查室予以复函。根据反馈的情况，浙江省高级人民法院表示所涉解释属于应当清理的带有司法解释性质的文件，省人民检察院、省公安厅将停止执行相关条款，共同研究妥善处理正在审理的案件及生效案件，并将于近期通知辖区法院停止执行意见中有关非医学需要鉴定胎儿性别行为以非法行医罪处罚的决定。① 解决地方不依法立法的问题，通过备案审查程序是最佳方式。此次全国人大常委会法工委很好地履行了职责，通过督促有关部门对违法文件进行纠正，这是维护宪法法律权威的需要，是社会主义法治建设的一大进步。②

---

① 《2018 年中国十大宪法事例揭晓》，载中国宪治网，http://www.calaw.cn/article/default.asp?id=13028，最后访问日期：2019 年 2 月 22 日。

② 《全国人大常委会法工委：纠正地方法院越权制定司法解释性质文件》，载人民网，http://sz.people.com.cn/n2/2018/0814/c202846-31932760.html，最后访问日期：2019 年 2 月 22 日。

2. 失信联合惩戒制度化

2018年10月，发改委、人民银行、卫健委、公安部、人社部、商务部、最高人民法院等28个部门联合印发《〈关于对严重危害正常医疗秩序的失信行为责任人实施联合惩戒合作备忘录〉的通知》，对暴力杀医伤医以及在医疗机构寻衅滋事等严重危害正常医疗秩序的失信行为，建立健全失信联合惩戒机制。联合惩戒对象是指因实施或参与涉医违法犯罪活动，被公安机关处以行政拘留以上处罚，或被司法机关追究刑事责任的严重危害正常医疗秩序的自然人。本备忘录中所提及的严重危害正常医疗秩序的失信行为是指倒卖医院号源等破坏、扰乱医院正常诊疗秩序的涉医违法犯罪活动，以及2014年4月28日最高人民法院、最高人民检察院、公安部、原国家卫生计生委联合印发的《关于依法惩处涉医违法犯罪维护正常医疗秩序的意见》中所列举的6类涉医违法犯罪活动。卫生健康委对严重危害正常医疗秩序的失信行为等严重违法违规名单进行动态管理，及时补充、撤销和更新相关信息，并及时推送至参与严重危害正常医疗秩序的失信行为联合惩戒的相关部门，对于从该严重违法违规名单中撤销的主体，相关部门应当及时停止实施惩戒措施。

3. 司法积极探索疫苗接种损害补偿新机制

在2018年审结的田某与深圳赛诺菲巴斯德生物制品有限公司、李沧区浮山路街道社区卫生服务中心产品责任纠纷一案①中，青岛市中级人民法院指出，综合判断，可以认定受诉公司是蓄谋制造了本案疫苗的缺陷，其行为是对中国不特定消费者生命健康的歧视，也是对中国法律的藐视。受诉公司系故意侵权……尽管田某可以要求被上诉人做出惩罚性赔偿，但是田某按照《山东省预防接种异常反应补偿办法（试行）》规定的标准，只要求被上诉人按照双方均无过错的公平原则支付“补偿费”，本院予以照准。……预防接种异常反应救济机制分为行政补偿和民事赔偿两个机制，行政补偿机制没有优先性，即使已经开启只要没有终结，当事人仍有选择民事赔偿机制的权利。本生效判决案例，对于既往的《疫苗流通和预防接种管理条例》确立的补偿机制具有突破性意义，值得正在立法进程中的“疫苗管理法”起草组关注。

① 参见（2018）鲁02民终6287号民事判决书。

二、2018 年卫生法实施的主要特点

（一）重大改革于法有据

卫生法律体系趋于完整，卫生法逐渐发展成为社会主义法律体系中重要的部门法律。立法工作与时俱进，根据医疗卫生事业发展的需要、经济社会发展形势创制法律规范，立法形式灵活务实，包括了立、改废各种形式。[①] 全国人大常委会对《国境卫生检疫法》和《精神卫生法》进行了修订为卫生相关政府部门职能调整、依法行政等提供了法制保障，也体现了"重大改革于法有据""立法要主动适应改革"的新时代法治精神。[②] 政府应该在法律授权的范围内以法律允许的方式实施监管是法治政府的要求，法律是法治政府职权的合法来源，法无授权不可为，可以说，法治政府必然是有限政府。2018 年 10 月 26 日，十三届全国人大常委会第六次会议决定：将药品上市许可持有人制度试点工作的三年期限延长一年。

（二）问题导向型制度完善成为卫生法治运行趋势新特点

卫生法律的实施，以及基于实施形成的问题，反馈带动的修法乃至立法成为医药法律制度建设的主要议题。2018 年 1 月，为深入推进政府职能转变和行政审批制度改革，深化"放管服"改革，切实维护法制统一，推进依法行政，根据国务院关于开展规章清理工作的要求，国家卫生计生委对现行有效部门规章进行了全面清理，《医疗机构设置规划指导原则》等 6 个文件被废止[③]。吉林长春长生公司问题疫苗案件是中国近十几年来在医药领域发生的最具影响的重大案件。此次药品管理法修正草案围绕问题疫苗案件暴露的突出问题、实施药品上市许可持有人制度和推进审批制度改革等进行修改，及时回应社会关切。疫苗管理立法属于应急性立法。《疫苗管理法（草案）》将分散在多部法律法规中的疫苗研制、生产、流通、预防接种、异常反应监测、保障措施、监督管理、法律责任等规定进行全链条统筹整合，增强了疫苗立法的针对性、实效性和可操作性，将为我国的疫苗

---

① 董文勇：《我国卫生法治三十年之检视：1978—2008》，载《中国医院管理》2008 年第 10 期。

② 曹艳林、郑雪倩：《2018，医药卫生法制建设再回首》，载《健康报》2019 年 1 月 3 日，第 6 版。

③ 《国家卫生和计划生育委员会公告 2018 年第 1 号》，载国家卫生健康委员会网，http://www.nhfpc.gov.cn/fzs/s7851/201801/3cea438e1253415fbf9d8d8ff0b8755a.shtml，最后访问日期：2019 年 2 月 23 日。

质量和安全提供法制保障。①

（三）卫生法的实施体现出鲜明的政策性色彩

在卫生法实施的各具体领域，体现出鲜明的政策化特征。《关于加强公立医院党的建设工作的意见》是建立健全现代医院管理制度的重要内容，对全面落实新时代卫生与健康工作方针、实施健康中国战略都具有十分重要的意义。《关于改革完善仿制药供应保障及使用政策的意见》提出，促进仿制药研发，提升仿制药质量疗效，提高药品供应保障能力，重点解决高质量仿制药紧缺问题，更好地满足临床用药及公共卫生安全需求。《关于促进"互联网+医疗健康"发展的意见》就促进互联网与医疗健康深度融合发展作出部署，提出了促进互联网与医疗健康深度融合发展的一系列政策措施。《关于改革完善医疗卫生行业综合监管制度的指导意见》解决的就是为什么监管、谁来监管、监管什么、落实监管、保障监管、如何监管六个核心问题。《医疗卫生领域中央与地方财政事权和支出责任划分改革方案》从公共卫生、医疗保障、计划生育、能力建设四个方面划分医疗卫生领域中央与地方财政事权和支出责任。

（四）医药领域反垄断不断升级

国家发展改革委针对医药领域存在的价格垄断问题，加大执法工作力度，切实维护医药领域公平竞争秩序，保护消费者合法权益。2017 年 12 月 12 日，国家发改委印发的《2017－2018 年清理现行排除限制竞争政策措施的工作方案》，要求 2018 年 5 月之前，国务院各部门和地方各级人民政府及所属部门对清理出的排除限制竞争的政策措施形成处理结论，并按程序予以废除或者调整。2018 年 1 月，原国家卫生计生委办公厅发布《关于征求我委现行政策措施文件排除限制竞争情况意见的函》，表示将对国家卫生计生委曾经制定的涉及市场主体经济活动的政策措施中含有的地方保护、指定交易、市场壁垒等内容进行清理。依据《2017—2018 年清理现行排除限制竞争政策措施的工作方案》要求和卫生计生部门职能，公立医院药品招标采购政策中带有地方保护色彩的政策也将被调整。2018 年，新成立的国家市场监管总局频频发力，惩处原料药垄断行为，旨在净化医药市场，保证药品正常供应。成都华邑药用辅料制造有限责任公司、四川金山制药有

① 曹艳林、郑雪倩：《2018，医药卫生法制建设再回首》，载《健康报》2019 年 1 月 3 日，第 6 版。

限公司、广东台山新宁制药有限责任公司三家冰醋酸原料药生产企业也因实施垄断行为，共同提高原料药销售价格，被依法处罚 1283.38 万元。[①] 上述案件涉及垄断协议和滥用市场支配地位等不同垄断行为类型，市场监管部门依据《反垄断法》作出责令停止违法行为和处以罚款的处理。通过这些案件的集中查处，有力打击了原料药领域的垄断行为，维护了市场公平竞争秩序。

（五）严重危害医疗秩序被联合惩戒

2017 年 7 月，原国家卫生计生委、公安部、国家中医药管理局制定了《严密防控涉医违法犯罪维护正常医疗秩序的意见》，以进一步维护正常医疗秩序，严密防控、依法惩处涉医违法犯罪，保护医务人员人身安全，为医患双方营造良好诊疗环境。在审判工作中，人民法院始终坚持对暴力杀医、伤医等严重涉医犯罪依法从严惩处[②]。2018 年 10 月，国家发展改革委、国家卫生健康委等 28 部门联合印发了《关于对严重危害正常医疗秩序的失信行为责任人实施联合惩戒合作备忘录》，明确规定“因实施或参与涉医违法犯罪活动，被公安机关处以行政拘留以上处罚，或被司法机关追究刑事责任的严重危害正常医疗秩序的自然人将被联合惩戒”。根据公安部提供的相关信息，将刘某等 193 人列为严重危害正常医疗秩序失信行为人。[③] 该名单信息已经全国信用信息平台推送给参与联合惩戒各部门，共同落实联合惩戒措施。

（六）重视典型案例的指导作用

2018 年 4 月，司法部发布三个司法鉴定指导案例，分别为同卵双胞胎的 DNA 鉴定、医疗损害责任纠纷鉴定和法医精神病鉴定，属于常见但相对疑难复杂且易引起争议的鉴定事项，用于指导医疗损害责任纠纷等鉴定。[④] 2018 年 12 月 25 日，最高人民检察院发布公益诉讼十大典型案例，其中有

---

① 《两家药企垄断原料药被罚 1243 万元》，载中国制药网，http：//www. zyzhan. com/news/Detail/72990. html，最后访问日期：2019 年 2 月 25 日。

② 《严密防控涉医违法犯罪维护正常医疗秩序的意见》，载国家卫生健康委员会网，http：//www. nhfpc. gov. cn/yzygj/s3589/201707/b2deb57cfb014f439bd34b2ab1c8f6fc. shtml，最后访问日期：2019 年 2 月 25 日。

③ 《“号贩子”“医闹”等严重危害医疗秩序行为被联合惩戒》，载财经新浪网，https：//finance. sina. com. cn/roll/2019 - 02 - 25/doc - ihsxncvf7732955. shtml，最后访问日期：2019 年 2 月 26 日。

④ 《司法部发布三个司法鉴定指导案例》，载北大法宝网，http：//www. pkulaw. cn/cluster_call_ form. aspx，最后访问日期：2019 年 2 月 28 日。

五起系食品药品领域，涉及网络餐饮、校园周边食品、转基因食品、虚假药品广告等。[①] 在“北京市海淀区网络餐饮服务第三方平台食品安全公益诉讼案”中，最高人民检察院强调，对于入网餐饮服务提供者违法经营、网络餐饮服务第三方平台管理制度不严格、行政机关对网络平台监管不到位等问题，检察机关可通过发挥公益诉讼诉检察职能作用，督促行政机关依法履行监管职责，净化网络餐饮环境。“宁夏回族自治区中宁县校园周边食品安全公益诉讼案”指出，针对校园周边商店、小卖部售卖“三无”食品及相关食品卫生安全隐患等顽疾，检察机关可通过公益诉讼诉前程序督促相关行政部门履行监督管理职责，切实保障未成年人“舌尖上的安全”。“福建省闽侯县食用油虚假非转基因标识公益诉讼案”强调，检察机关针对调查中发现的食用油安全、偷工减料、非转基因虚假标识等问题，可通过行政公益诉讼工作，督促监管部门依法履行职责，促成问题整改。“湖南省湘阴县虚假医药广告整治公益诉讼案”明确了虚假医药广告不仅误导观众消费，更有可能导致患者错过最佳治疗时间，同时对合格正规医药制品也起到恶意竞争和排挤作用。检察机关通过发挥公益诉讼监督职能，督促负有监督管理职责的行政机关依法履职，维护社会公共利益。此外，2018 年 11 月 16 日，最高人民法院发布近十年十大反垄断案件。其中，涉及医药领域反垄断的北京锐邦涌和科贸有限公司诉强生（上海）医疗器材有限公司、强生（中国）医疗器材有限公司纵向垄断协议纠纷上诉案入选。[②]

三、卫生法实施面临的挑战

（一）卫生立法的碎片化，导致卫生法难具有权威性

我国卫生立法是在成熟一个、制定一个的方针指导下制定出来的，法律之间不可避免地存在诸多“不自洽”的情况，尤其缺少一部卫生基本法；卫生改革与发展方向、卫生行政管理体制、卫生财政投入保障等核心内容无法可依，致使卫生改革随意性较大，且缺乏长效机制[③]。在立法指导思想上，由于实行了宜粗不宜细和有关部门共管的原则，使许多卫生法律法规

① 《最高检发布检察公益诉讼十大典型案例》，载人民网，http：//legal. people. com. cn/n1/2018/1225/c42510 - 30487071. html，最后访问日期：2019 年 2 月 22 日。

② 《2008 - 2018 年中国法院反垄断民事诉讼 10 大案件》，载中国法院网，https：//www. chinacourt. org/article/detail/2018/11/id/3577648. shtml，最后访问日期：2019 年 2 月 22 日。

③ 宋大平、任静：《法治视域下的卫生改革与发展》，载《卫生经济研究》2017 年第 5 期。

制定得过于笼统，内部逻辑结构不严谨，条文规定不严密；在卫生法律法规与实施细则之间，原则规定和具体措施之间没有配套。由于欠缺法律所具有的体系性，频现的法律漏洞以及法律冲突导致执法困惑难以解决。

（二）卫生法治建设面临许多新问题和新挑战

法治进步离不开观念更新，卫生法治理念尚需要适应新的社会形势；实现卫生治理体系和治理能力现代化任务还很艰巨。在国内法层面，我国的健康权研究尚未形成体系。世界首例免疫艾滋病的基因编辑婴儿事件引发全球科学界对基因编辑婴儿及科学伦理的关注与讨论。权健保健帝国纠纷和年初的鸿茅药酒所在地警方抓捕质疑鸿茅药酒疗效谭某东医生一样，再次暴露保健品生产销售乱象的严重程度，再现社会健康管理软肋。经济发展进入新常态，互联网等新兴信息技术快速发展，要求卫生与健康领域加快转变发展方式，创新服务模式和管理方式。此外，制约卫生与健康事业改革发展的内部结构性问题依然存在①。

（三）卫生法律实施凸显空洞性

纵观近年的卫生法实施状况，不仅各种具体措施是以政策形式发布，而且总体规划和专项行动均以政策方式落实，突击性和短视性明显，莽动一阵过后往往故态复萌、依然故我。法律规定在实施中则凸显空洞性，指导性强而约束性弱，难操作、难落地，权威性不高。另外，在容易细化和规范化的方面，卫生法在实施中体现出相反的特征，即成熟制度的法化趋势明显，低位阶法律规范文件替代高位阶化也是突出的表现。

（四）严格执法与执法机关能力之间的矛盾

卫生立法工作的发展已使我国卫生社会关系领域主要的、基本的方面有法可依。但总体上卫生法律法规的执行情况不尽理想，卫生行政执法环节与完善社会主义市场经济体制、建设社会主义政治文明以及依法治国的客观要求相比，还存在不少差距。尤其是基层食品药品安全监管执法体制变化频繁，“N 合一”后队伍人心稳定有一定影响，执法的专业化素质难以保证，执法效果有待科学评估。随着“放管服”推进的行政审批制度改革的进一步深化，将有越来越多的行政审批事项被取消或者下放。取消行政

---

① 《国务院关于印发“十三五”卫生与健康规划的通知》（国发〔2016〕77 号），载国家卫生健康委员会，http：//www.nhfpc.gov.cn/bgt/gwywj2/201701/4c906ad0e5c1481e9b1d333a0f5dc11a.shtml，最后访问日期：2019 年 2 月 16 日。

审批后如何后续监管？如何管好、防止出现“一放就乱”？这是基层监管部门面临和需要解决好的问题。

（五）公民卫生法律意识较为淡薄

从表面上看，卫生事业中存在的问题反映在手段上是因为法制不健全；其实，在更深层次上，则反映出我国公民在法律的态度上存在突出问题。没有法律或者法律不健全，公民会感到无所适从，没有依靠，而在有了较为完善的法律规范后，法制教育、法律宣传、学法、用法、守法、依法办事、捍卫法律权威就成为整个社会每个成员的任务。当前，医患关系紧张透露出公民在总体上法律意识比较淡薄，不仅削弱了自身运用法律实行自我保护的能力，而且还不能理解法治的社会意义，有时甚至出现轻视法律、抵制法律、对抗法律的现象，这与法治社会对公民法律素质的要求相去甚远①。

四、卫生法实施的展望与建议

如何以法治手段保障医疗卫生事业健康发展是健康中国建设面临的一项重要时代命题。我们要以习近平新时代中国特色社会主义思想为统领，深刻理解和把握新时代健康中国战略的精神实质和思想内涵，进一步厘清发展思路、完善发展举措，为健康中国战略的实施提供法治保障。

（一）健康中国建设对卫生法发展的新机遇

1. 健康权是实施健康中国建设的法治基础理论

目前，国际社会普遍认同健康权是公民的一项基本人权，并且该项权益应得到大多数国家的尊重、保护和实现。在国际人权法中，《经济、社会及文化权利国际公约》（以下简称《公约》）有关条款最全面地规定了健康权，根据《公约》第 12 条的规定及经济社会和文化权利委员会第 14 号一般性意见对健康权的解释，健康权是一种可提供、可获得、文化上可接受的与健康有关的设施、物品、条件和服务以及健康的内在决定因素的无歧视性的权益。基于世界卫生组织宪章和《公约》第 12 条的规定，该权利主要涉及两大部分：一是卫生条件领域，包括职业卫生、足够的卫生设施、清洁用水、充分营养食品、免受歧视、与健康有关教育和信息等；二是医

① 李显朋、兰迎春：《论法治视野中的卫生管理法制化建设》，载《中国农村卫生事业管理》2008 年第 11 期。

药卫生保健领域，包括食品卫生保健、对重要传染病的预防接种、医药保健、母婴卫生保健、基本药物保障等[①]。依据《公约》第 12 条第 2 款第 4 项的规定，缔约国要创造条件，保证每个人在患病时可获得基本医疗照顾，来保障公民健康权的实现。健康权是我国宪法明确规定的基本人权，我国宪法上有多个条款可以作为健康权的依据，例如公民在患病时有权从国家和社会获得医疗照护、医疗救助、物质给付和其他服务（第 33 条第 3 款、第 45 条第 1 款）[②]。

2. 健康中国为医药卫生体制改革提供法律依据

医疗卫生事业只有得到国家层面法律保障才能够持续健康发展。将全面推进医疗卫生法治建设作为巩固改革成果、引领和推动卫生计生事业改革发展的一个重要手段。法律化的基本医疗卫生制度，不仅是中国卫生法律制度的基石，还是中国卫生体系的法律基础[③]。医药卫生法治作为法治中国建设的重要组成部分，其重要性日益凸显，可为医药卫生体制改革提供法律依据。然而，目前几乎所有主要的医疗体制改革措施都停留在国家方针政策层面，基本医疗卫生法律制度的缺位，使得宪法确定的公民健康权无从落实。就目前而言，在基本医疗制度框架已经确定的背景下，制定一部基础性、方向性、统领性的《基本医疗卫生法》的时机和条件已经成熟，为保障医疗卫生体制改革的依法进行，我国立法机关应当尽快出台《基本医疗卫生法》，落实宪法确定的公民健康权[④]。

3. 健康中国为提升医药卫生治理体系和治理能力提供法治保障

全面依法治国深入推进，为提升医药卫生治理体系和治理能力现代化水平提供了坚实的法治保障。从推进法治中国建设和健康中国的视角来看，国家在其可获得的资源范围内，一切与促进国民健康相关的因素都可运用法治思维及方法对相关制度、措施予以调整、规范和指引，从而实现健康领域治理体系和治理能力的现代化。医疗卫生体制改革与发展需要卫生法律体系作支撑，需要把医疗卫生改革与发展的方针政策法律化，域外经验

---

① 杨宇冠：《联合国人权公约机构与经典要义》，中国人民公安大学出版社 2005 年版，第 122 ~ 123 页。

② 焦洪昌：《论作为基本权利的健康权》，载《中国政法大学学报》2010 年第 1 期。

③ 黄清华：《“基本医疗卫生立法”法理学研究——以中国卫生体系基本立法为目标》，载《法治研究》2014 年第 11 期。

④ 陈云良：《基本医疗服务法制化研究》，载《法律科学（西北政法大学学报）》2014 年第 2 期。

也成功表明德国、英国、法国、日本等许多国家相继采取立法将基本医疗卫生等社会保障制度法律化、体系化、规范化，并通过法律推行相应的卫生改革，以健全的法治为基础，建立和完善国家医疗卫生福利制度①。在法治中国和健康中国建设中，上述经验值得借鉴，我国新医改政策也应当通过相应的法律供给来推进医疗体制改革持续、稳定、纵深发展，使“基本医疗卫生制度”法律化、体系化、规范化，推动全国基本医疗卫生服务保障的健康发展。

（二）我国卫生法发展的建议

1. 把人民健康放在优先发展的战略地位

健康是全体人民对幸福生活的美好向往，是民族昌盛与国家富强的重要标志。党和政府历来关注全国人民的健康保障。尤其是党的十八大后，以习近平同志为核心的党中央高度重视健康中国建设，把维护人民健康作为治国理政的基本要务。习近平强调，没有全民健康，就没有全面小康。加快推进健康中国建设，要把人民健康放在优先发展的战略地位，形成全方位、全周期保障全民健康，为实现中华民族伟大的“中国梦”奠定坚实的健康根基。国务院新闻办公室 2017 年 9 月 29 日发表《中国健康事业的发展与人权进步》白皮书，提出人人有权享有公平可及的最高健康标准。实现全民健康是中国共产党和中国政府对人民的郑重承诺。党的十八大以来，在以习近平同志为核心的党中央坚强领导下，中国把人民健康放在优先发展的战略地位，把创新、协调、绿色、开放、共享的发展理念贯穿于健康权的促进与保护中，以普及健康生活、优化健康服务、完善健康保障、建设健康环境、发展健康产业为重点，加快推进健康中国建设，努力为人民群众提供全生命周期的卫生与健康服务，提升了中国的健康权保障水平，使中国人权事业得到长足发展。推进健康中国建设，中国共产党和中国政府切实尊重和保障人民健康权利，把维护人民健康作为治国理政的基本要务，实施了一系列利当前、惠长远的重大举措，中国健康事业取得了举世瞩目的伟大成就，为人类可持续发展做出了重要贡献。2017 年 9 月 30 日《人民日报》配发了评论员文章《健康中国见证人权进步》，认为通往民族复兴的伟大征程上，实现全民健康是亿万人民的共同期盼。持续努力、久

---

① 孙静、金平阅、张春瑜：《卫生立法的国际经验对我国的启示》，载《中国卫生政策研究》2016 年第 10 期。

久为功，矢志推进保障人民健康的系统工程，才能让健康之光照亮更多人的生活。健康是人类的永恒追求。一个更加可期的健康中国，不仅将给人民带来更多、更广、更公平的健康福祉，也将为人类健康事业发展与人权进步贡献更多光彩。既要提升全民健康的公平性与可及性，维护好全体人民的基本健康权益，又要增强全民健康的水平和质量，让更多的人民群众分享到医疗卫生改革发展的新成果。

2. 坚持走中国特色卫生与健康发展法治道路

习近平总书记在全国卫生与健康大会指出，在推进健康中国建设的过程中，我们要坚持走有中国特色的卫生与健康发展道路。走有中国特色的卫生与健康发展道路，应从法律上明确医疗卫生事业的发展方向。第一，要遵循正确的卫生与健康工作方针。新时代要坚持“以基层为重点，以改革创新为动力，预防为主，中西医并重，将健康融入所有政策，人民共建共享”的方针。新时代的卫生与健康工作方针既与我们党长期以来的的卫生工作方针薪火相传，又反映了我国医疗卫生事业发展的规律和体现了新时代卫生与健康工作重点。国家要通过法律手段反映医疗卫生事业基本规律，从法律上明确新时代的卫生与健康工作方针。第二，要遵循“大健康”发展新理念。新时代医疗卫生事业的发展要积极推进卫生与健康发展模式的转型，建构“大健康”“大卫生”发展新理念，从“以治病为中心”转型到“以健康为中心”，从法律上明确个人、社会、国家各自职责，为实现全方位全周期维护人民健康提供法治保障。第三，要遵循卫生与健康事业公益性的特点。习近平总书记指出“要毫不动摇把公益性写在医疗卫生事业的旗帜上，不能走全盘市场化、商业化的路子”。新时代下，遵循卫生与健康事业公益性的特点是我们党在卫生与健康领域落实全心全意为人民服务宗旨的具体体现。因此，要通过立法明确医疗卫生事业是社会公益事业，发展医疗卫生事业要以人民为中心。

3. 健全医药卫生法律体系

卫生立法要与医疗卫生事业的发展相适应，力争基础理论研究扎实推进，基本核心问题形成正确的共识。例如，基本医疗卫生服务是国家和各级政府法定的公民健康权实现义务。在此基础上，致力于卫生法的废改立进程。由于目前中国还没有卫生基本法律，所以现在各类卫生法律、法规之间缺乏相互衔接配套，因此应该尽快制定高层次的卫生基本法，推进《基本医疗卫生与健康促进法》立法进程，提高执法依据的权威性。修订

《药品管理法》应结合药品行业经济发展状况，体现和适应政府放管结合的职能改革趋势，充分发挥法律制度对药品监管改革的保障和促进作用，推动《药品管理法》修正案出台①；完善药品注册法规标准体系，加快推进《药品注册管理办法》等一系列规章制度的制修订；针对药品标准、标签和说明书、检查、行政处罚、召回、信用治理、行业禁入等，出台相关的规章或规范性文件；推动《全国人大常委会授权开展部分药品专利期补偿制度试点和探索建立药品专利链接制度的决定》出台。全面推进《中医药法》贯彻实施，统筹推进中医药传统知识保护条例、中医药学术传承项目和传承人制度等法规制度制定②。

4. 加强医药卫生行政执法，维护群众合法权益

加快转变政府职能，完善与医药卫生事业发展相适应的监管模式，提高综合监管效率和水平，推进监管法治化和规范化，建立健全职责明确、分工协作、运行规范、科学有效的综合监管长效机制。③ 加强医疗卫生服务行业秩序监管；加强健康产业监管，建立健全覆盖健康产业全链条、全流程的包容、审慎、有效监管机制。药监系统要加强依法行政，努力实现药品最严格监管。强化疫苗监管，推动职业化药品检查员队伍建设，强化疫苗批签发管理，加大对疫苗生产企业检查力度，挂牌督办疫苗违法案件要对接司法，建立健全案情会商研判、信息交流共享、联合执法办案、线索移交移送、案件成果联合发布等机制，把行政执法和刑事司法更加紧密地衔接起来，严厉打击药品违法犯罪行为，确保对违法犯罪行为的法律责任追究到位。④ 注重药品监管法规政策与市场监管法规政策、医药产业法规政策、卫生法规政策的联动；注重体现从监管向治理的转型，着力夯实企业主体责任。

---

① 高红梅：《法律制度创新与药品监管改革：〈药品管理法〉立法回顾与前瞻》，载《中国食品药品监管》2019 年第 1 期。

② 《国家中医药管理局 2018 年中医药工作要点》，载搜狐网，http：//www.sohu.com/a/220605712_ 467288，最后访问日期：2019 年 2 月 20 日。

③ 《国务院关于印发“十三五”深化医药卫生体制改革规划的通知》（国发〔2016〕78 号），载国家卫生健康委员会网，http：//www. nhfpc.gov.cn/bgt/gwywj 2/201701/c2cb5f11ebbd4dea99b9b0c32080fda6.shtml，最后访问日期：2019 年 2 月 18 日。

④ 《国务院关于药品管理工作情况的报告》，载中国人大网，http：//www.npc.gov.cn/npc/xinwen/2017 -6/22/content_ 2023712.htm，最后访问日期：2019 年 2 月 20 日。

5. 培养公众的卫生法治理念

卫生法律意识是卫生法律实施的基础，也是影响卫生执法的重要因素。卫生法律法规制定以后，应充分利用法制宣传、报纸杂志、电视广播、网络媒体等途径和方式，有针对性地广泛进行卫生法制的宣传教育。对相对人开展卫生法培训，同时在执法过程中加强卫生法制宣传教育，使他们知法守法。在此基础上，促进公众形成自觉守法的意识、主动维护法律的观念、履行健康保障权利和义务的实际行动，成为卫生法律实施的基础和根本动力。

6. 积极参与全球健康治理与合作

全球化是人类经济社会发展的必然趋势。党的十八大以来，以习近平同志为核心的党中央，积极推动人类命运共同体建设，深入参与全球健康治理与合作，很好地展示了我国负责任的大国国际形象，受到了国际社会广泛赞誉。我们要从新时代的历史高度，全面认识和理解积极参与全球健康治理与合作在建构人类命运共同体中的重大历史使命。中国作为负责任大国，在全球卫生治理中应发挥重要作用，要主动参与全球卫生与健康领域国际协议、指南的研究、谈判、制定、执行，加强与世界卫生组织之间的法律合作，为全球健康治理贡献中国方案；另外，要健全我国参与国际特大公共卫生事件应对的紧急援外工作机制，把卫生与健康作为我国参与国际社会与“一带一路”沿线国家建设的重要内容，打造“健康丝绸之路”，使我国成为全球健康治理的典范。

撰稿专家

陈云良，湖南双峰人，博士。中南大学法学院院长、教授、博士生导师。中国法学会理事；中国卫生法学会学术委员会主任；联合国教科文组织生命伦理推进会中国机构副理事长；湖南省民营经济法治研究会会长。研究方向为经济法、法理学、卫生法，提出的模糊法学理论、转轨经济法理论、公共服务法制化理论有广泛影响。

岳远雷，医学学士、法学硕士。现为湖北中医药大学人文学院副教授，湖北今天律师事务所兼职律师。曾在《中国卫生政策研究》《中国卫生事业管理》《医学与哲学》《中国医学伦理学》《南京医科大学学报》《医学与法学》等杂志上发表论文30余篇，主编《医事法基础与超越》，参编《卫生法学》《卫生法学概论》《医事法》《医疗法律风险防范与处理》《医事程序法事务》等多部教材。

第六章　2018 年刑法实施报告

康均心

报告要旨

相对于传统犯罪而言，2018 年度刑事犯罪在某些领域呈高发态势，具有常见性、复杂性、疑难性等特点，涉众型、风险型犯罪活动突出，呈现出涉案金额巨大、危害面广、手法多样且不断翻新等特点。在正当防卫制度、“扫黑除恶”专项斗争、人工智能领域、互联网金融犯罪、恐怖主义犯罪等领域取得诸多显著进展，在刑事缺席审判与反腐、监察法与刑法刑诉法衔接等领域呈现诸多新课题。

核心建议

1. 树立防卫者优先保护的观念，立足防卫者所处的具体情境，规范正当防卫制度的法律适用标准。

2. 突出“深挖根治”，推动打击“显性”黑恶势力向深挖彻查“隐性”黑恶势力及“保护伞”延伸。

3. 客观认识人工智能，完善刑法规制。

4. 完善互联网金融犯罪立法和刑罚制度，保障金融安全和国家安全。

5. 完善刑事缺席审判制度，推进反腐败国家立法和国际追逃追赃工作的顶层设计。

6. 细化《监察法》相关制度建设，真正实现与《刑事诉讼法》《刑法》融合。

7. 厘清反恐发展态势，严密法网，深化研究，强化实践，多方位应对。

本报告立足于客观、中立、严肃的立场，通过梳理2018年来我国刑事立法、刑事司法与刑法理论等实施运行情况与发展态势，来展现2018年度刑法实施状况，以飨读者。

一、2018年刑法实施的总体状况

（一）2018年刑事司法解释施行情况

2018年，最高人民法院和最高人民检察院（以下简称“两高”）颁行并施行涉及刑法的司法解释2部。2018年10月1日开始施行的《关于办理虚假诉讼刑事案件适用法律若干问题的解释》涉及刑法分则第六章“妨害社会管理秩序罪”具体个罪的适用。2018年12月1日开始施行的《关于办理妨害信用卡管理刑事案件具体应用法律若干问题的解释》涉及刑法分则第三章“破坏社会主义市场经济秩序罪”具体个罪的适用。

2018年“两高”出台了1部批复，即2018年3月30日起施行的《关于涉以压缩气体为动力的枪支、气枪铅弹刑事案件定罪量刑问题的批复》。该批复对于追究该类犯罪的刑事责任以及如何具体裁量刑罚，如何综合评估社会危害性，如何坚持主客观相统一，确保罪责刑相适应等进行了批复。这是“两高”对社会热点问题的及时关切和回应，也是对相关疑难案件定罪与量刑争议问题的指导。

2018年“两高”出台了1部意见，即2018年9月28日最高人民法院、最高人民检察院、公安部发布的《关于办理盗窃油气、破坏油气设备等刑事案件适用法律若干问题的意见》。该意见对于如何认定危害公共安全、共犯、直接经济损失以及其他相关问题给予了明确具体的处理意见，有利于司法和执法部门及时办理案件，化解社会风险。

截至2018年12月31日，最高人民法院发布的刑事指导性案例共22例，2018年发布的刑事指导性案例共7例①，这是2017年发布的刑事指导性案例数量的7倍。

① 最高人民法院审判委员会讨论通过指导案例第93、97、102、103、104、105、106号。

（二）2018 年刑事案件审结情况

根据中国裁判文书网上发布的刑事案件裁判文书数量，大致可以得出 2018 年度刑事案件审结情况①。2018 年全国公布的刑事案件裁判（案件）文书共 1 340 683（件）篇，同比 2017 年下降了约 9.02%。在按审判程序划分的 7 类刑事案件中：除了人民法院审结生效的刑罚变更刑事案件同比 2017 年上升了 16.41%，审结生效的再审审查与审判监督刑事案件同比 2017 年上升了 15.20%，其它类审结生效案件同比 2017 年均下降了。同比下降率小于 10% 的，占 2 类；同比下降率在 10% ~20% 的，占 2 类；同比下降率在 20% ~30% 的，占 1 类。如表 6－1 所示：

表 6－1　中国裁判文书网 2017 年、2018 年刑事案件审结参考比较②

审结案件类别		2017 年（件）	2018 年（件）	变动比例
	人民法院审结生效的各类刑事案件	1473670	1340683	下降 9.02%
按审判程序分类	人民法院审结生效的一审刑事案件	1003442	833357	下降 16.96%
	人民法院审结生效的二审刑事案件	128534	114476	下降 10.93%
	人民法院审结生效的再审刑事案件	2043	1995	下降 2.34%
	人民法院审结生效的复核刑事案件	1386	1100	下降 20.63%
	人民法院审结生效的刑罚变更刑事案件	314508	366133	上升 16.41%
	人民法院审结生效的再审审查与审判监督刑事案件	4783	5510	上升 15.20%
	人民法院审结生效的其他类刑事案件	16415	15449	下降 5.88%

根据中国裁判文书网的浏览记录，2018 年度最引发社会关注且热议最多的十大刑事案件分别为：张文中再审改判无罪案、杭州保姆纵火案、孙政才受贿案、深圳鹦鹉案、赵志勇等性侵女童案、上海携程亲子园虐童案、全国首例套路贷涉黑案、北京特大跨国电信诈骗案、山西闻喜“盗墓黑帮”案、金哲红再审改判无罪案。这十大案件显示了 2018 年度全国法院为让人

① 依照法律及相关规定没有在中国裁判文书网上发布的刑事案件除外。

② 资料来源：中国裁判文书网上刑事案件文书数量对比，供年度结案数的参考。文书数量参见 http：//wenshu.court.gov.cn/，最后访问日期：2019 年 1 月 17 日。

民群众在司法案件中感受到公平正义所作的努力，展现了法院在推进以审判为中心的刑事诉讼制度改革方面所取得的成就，体现了法院在打击各类刑事犯罪、维护社会和谐稳定和保障人权方面所作的贡献，彰显了司法的理性、良知与温度。如表6－2所示：

表6－2 2018年具有重大影响力的十大刑事案件①

时间	案件	罪名	刑罚	社会影响
2018.5.31	张文中再审改判无罪案	诈骗罪 单位行贿罪 挪用资金罪	一审：判处有期徒刑十八年，并处罚金50万元，违法所得予以追缴，上缴国库 二审：有期徒刑十二年，并处罚金50万元再审改判：无罪	在全面推进依法治国的大背景下，人民法院落实党中央国务院关于加强产权和企业家合法权益保护政策、依法纠正涉产权和企业家冤错案件的第一案
2018.5.17	杭州保姆纵火案	放火罪 盗窃罪	一审：死刑，剥夺政治权利终身，并处罚金1万元 二审：驳回上诉，维持一审死刑判决	本案控辩焦点是所谓的多因一果。二审裁定特别强调，一个危害社会的行为如果必然导致危害结果的产生，只有当外力的介入加重或者促进这种结果的产生，才能认为是刑法上的多因一果

① 参见《2018年度人民法院十大刑事案件》，载《人民法院报》2019年1月11日。

续表

时间	案件	罪名	刑罚	社会影响
2018. 5. 8	孙政才受贿案	受贿罪	一审：无期徒刑，剥夺政治权利终身，并处没收个人全部财产；对其受贿所得财物及孳息予以追缴	案件审理遵循了司法公正尤其是程序公正理念的核心要求，无论是证据出示、证人出庭作证、交叉质证，还是被告人及其辩护人发表辩护意见、被告人陈述等环节，法庭都充分保障了被追诉人正当的诉讼权利。这既是一堂生动的反腐教育课，也是一堂深刻的法治宣传课
2018. 3. 30	深圳鹦鹉案	非法收购、出售珍贵、濒危野生动物罪	一审：有期徒刑五年，并处罚金3000 元 二审：有期徒刑二年，并处罚金3000 元	一方面，贯彻了刑法规定的罪刑相适应原则，做到了罚当其罪。另一方面，二审人民法院对下级人民法院在审理该类案件时对被告人具备哪些犯罪情节可能适用这项制度具有一定指导作用

续表

时间	案件	罪名	刑罚	社会影响
2018.12.20	赵志勇等性侵女童案	强奸罪组织、强迫卖淫罪	一审：赵志勇犯强奸罪，判处死刑，剥夺政治权利终身；李某犯强奸罪，组织、强迫卖淫罪，判处死刑，缓期两年执行，剥夺政治权利终身，并处罚金6万元，限制减刑；刘某羊犯强奸罪、强迫卖淫罪、协助组织卖淫罪，判处有期徒刑十八年，剥夺政治权利四年，并处罚金4万元；周某鑫犯强奸罪，判处有期徒刑十二年，剥夺政治权利四年 二审：维持原判	严正表明人民法院对性侵幼女的犯罪绝不手软，对性侵幼女类的共同犯罪依法严惩的决心，最大限度地发挥了刑法对这类特殊犯罪的一般预防和特殊预防功能

续表

时间	案件	罪名	刑罚	社会影响
2018. 11. 27	上海携程亲子园虐童案	虐待被看护人罪	郑某有期徒刑一年六个月；梁某、唐某有期徒刑一年二个月；吴某、廖某霞、周某兰、沉某霞、珑某有期徒刑一年二个月至一年、缓刑一年六个月至一年不等刑罚。禁止郑某、梁某、唐某自刑罚执行完毕之日或者假释之日起五年内从事看护工作。禁止吴某、廖某霞、周某兰、沉某霞、裕某在缓刑考验期内从事看护工作	首先，当务之急是要加强和完善保护弱势群体的相关立法，加强公共政策对弱势群体保护的倾斜。其次，是要加强行政监管和行业治理，严格从事老幼病残监护、看护职责单位的准入条件和从业条件，加强事中监管，严肃行业纪律，提高从业人员的社会公德和职业素养。最后，要加强惩罚力度，严肃惩处犯罪的单位和个人，综合运用刑罚和职业禁止等处罚手段
2018. 9. 26	全国首例套路贷涉黑案	组织、领导黑社会性质组织罪抢劫罪敲诈勒索罪非法持有枪支罪	一审：判处穆某有期徒刑二十四年，剥夺政治权利三年，其他组织成员分别被判处有期徒刑二十二年到十个月不等 二审：维持原判	在处理涉黑案件时务必以事实为依据，以法律为准绳，坚持证据裁判原则，坚持“客观性、关联性、合法性”的证据属性要求，注重发挥实物证据在认定案件事实中的关键作用，确保形成完整扎实的证据链，使案件经得起历史检验

续表

时间	案件	罪名	刑罚	社会影响
2018.8.3	北京特大跨国电信诈骗案	诈骗罪	一审：有期徒刑十二年至三年不等刑罚，并处罚金，并对部分罪行严重的人员并处剥夺政治权利 二审：维持原判	本案具有典型代表性，体现出该类型犯罪跨国化、犯罪组织结构集团化、团伙作案化和作案手段新颖化的核心特征，而且其涉案金额大，社会关注度高，其前期较为得当的侦查工作和后续的公正审理工作对于今后类似案件的处理将发挥重要的参考作用
2018.10.8	山西闻喜“盗墓黑帮”案	组织、领导、参加黑社会性质组织罪 盗掘古墓葬罪 非法拘禁罪 等16项	一审：无期徒刑，死刑缓期两年执行，有期徒刑二十年至八年不等刑罚，及相应的财产刑、资格刑 省高院依法作出裁定：驳回上诉，维持原判	本案中黑社会性质组织的认定严格坚持了法定标准，确保据以定案的证据确实、充分，黑社会性质组织及其相关犯罪的认定准确无误，在具体办案过程中，很好地贯彻了罪刑法定、罪刑相适应的刑法基本原则

续表

时间	案件	罪名	刑罚	社会影响
2018. 11. 30	金哲红再审改判无罪案	故意杀人罪	一审：死刑、缓期二年执行，剥夺政治权利终身省高院两次将本案发回重审，皆认为事实不清，但最终在 2000 年 8 月作出终审裁定，维持原判决再审：撤销原审判决，改判金某红无罪	要让人民群众在每一个司法案件中都感受到公平正义，事实认定是前提，而这恰恰也是最困难的。因为案件都是已然的事实，司法裁判其实是在重构历史。类似金某红这样仅凭“被告人的有罪供述与其他证据相互印证”的疑罪从有、“留有余地”的案件都能够得到纠正

（三）2018 年刑法学术会议交流情况

我国刑法在未来立法方向上应继续坚持适度犯罪化的方向，在犯罪化的刑法扩张过程中，将轻罪立法的方向定位于处理轻微危害社会行为、保障公民权利，以避免过度犯罪化；在刑事制裁模式上应立足于刑法制裁体系的轻缓化和预防功能。

就具体刑法问题的研究，2018 年全国性的学术研讨会、各省市刑法研究会以及公检法机关单位主办的学术会议，这些会议的主题围绕以下问题进行学术交流，进行反思性研究：反恐与国家安全、互联网犯罪、扫黑除恶、人工智能与刑法规制、海外追逃、企业产权保护等问题研究。

二、正当防卫制度的反思

（一）典型案件

从 2017 年“于欢案”到 2018 年“昆山反杀案”、武汉“摸狗命案”等热点案件的发生，引起社会普遍关注，使得“正当防卫”一词成为 2018 年刑法学界的研究重点。值得注意的是，2018 年 6 月，最高人民法院将“于欢案”列入第 18 批指导性案例；2018 年 12 月，最高人民检察院将 4 起典型正当防卫或防卫过当案件作为第12批指导性案例，充分体现出司法机关对此类案件的高度重视，其目的在于阐释正当防卫的界限标准，明确对正当防卫权的保护，供司法办案参考。① 如表6-3所示：

表6-3　2018年典型正当防卫案件②

案件名称	针对问题	裁判要旨
于欢故意伤害案	一般防卫	对正在进行的非法限制他人人身自由的行为，认定为“不法侵害”，可以进行正当防卫；但对伴有侮辱、轻微殴打的行为，不应当认定为“严重危及人身安全的暴力犯罪”
陈某正当防卫案	一般防卫	在被人殴打、人身权利受到不法侵害的情况下，防卫行为虽然造成了重大损害的客观后果，但防卫措施并未明显超过必要限度的，不属于防卫过当
朱凤山故意伤害（防卫过当）案	一般防卫	在民间矛盾激化过程中，尚未危及人身安全但防卫行为的强度不具有必要性并致不法侵害人重伤、死亡的，属于防卫过当
于海明正当防卫案	特殊防卫	对于犯罪故意的具体内容虽不确定，但足以严重危及人身安全的暴力侵害行为，应认定为“行凶”，即使没有发生严重的实害后果，也不影响正当防卫的成立
侯雨秋正当防卫案	特殊防卫	单方持械聚众斗殴，对他人的人身安全造成严重危险的，应认定为“其他严重危及人身安全的暴力犯罪”

（二）当前理论研究现状

刑法学界对于正当防卫制度的研究和讨论已持续多年，但至今仍有诸多理论问题尚未达成普遍共识、得到妥善解决。当前刑法学界对于正当防卫制度的讨论主要集中于正当防卫的正当化根据、成立条件、防卫限度标

① 《正确理解和适用正当防卫的法律规定——最高检副检察长孙谦就第十二批指导性案例答记者问》，载中华人民共和国最高人民检察院官网，http：//www.spp.gov.cn/xwfbh/wsfbt/201812/t20181219_402919.shtml#3，最后访问日期：2019年1月20日。

② 参见《指导案例93号：于欢故意伤害案》，载中华人民共和国最高人民法院官网，http：//www.court.gov.cn/fabu-xiangqing-104262.html，最后访问日期：2019年1月20日。《最高人民检察院第十二批指导性案例》，载中华人民共和国最高人民检察院官网，http：//www.spp.gov.cn/xwfbh/wsfbt/201812/t20181219_402919.shtml#2，最后访问日期：2019年1月20日。

准、防卫时间等问题上。第一，关于正当防卫的正当化根据问题，主要存在“法益衡量说”“法确证说”“合法权利说”等学说，各种学说均有其理论优势和有待完善的空间。第二，关于正当防卫的成立条件，由于刑法学界存在结果无价值论和行为无价值论两大学说，因此各学者对成立条件的争论主要集中在防卫意识是否必要存在，这在防卫挑拨、相互斗殴、偶然防卫等问题上均有体现。第三，关于防卫限度标准，与 1979 年刑法相比，现行刑法明显放宽了正当防卫的限度，进一步保障公民的正当防卫权。理论界主要存在“基本相适应说”“必需说”，以及结合了基本相适应说和必需说的“折中说”三种学说，同时也有学者主张应当将“明显超过必要限度”拆分为“必要限度”和“明显超过”分别加以理解，其中“必要限度”应以制止不法侵害、保护法益的合理需要为标准。第四，关于防卫时间问题，对于不法侵害的开始时间，刑法理论上有进入侵害现场说、着手说、直接面临说和综合说（一般以着手为判断标准，特殊情况以直接面临为判断标准）。[①] 对于不法侵害的结束时间，则存在侵害行为被制止、不法侵害的客观危险排除、事实结束以及具体情况具体分析，没有统一标准等观点。除此之外，关于正当防卫判断的视角，许多学者意识到不能站在事后进行“全知全能”式的判断，而应根据防卫者所处的具体情境加以判断。[②]

（三）正当防卫制度适用的困境及应对路径

1. 适用困境

正当防卫制度在司法实践适用的过程中存在的突出问题是司法认定标准整体过严，具体表现为将正当防卫认定为防卫过当或相互斗殴，进而认定为故意伤害罪，防卫过当免除处罚的适用范围较窄，[③] 以及将防卫过当直接认定为普通犯罪定罪量刑，而不是从宽处罚等。其原因在于：第一，司法机关在案件办理中“唯结果论”，单纯重视损害结果，尤其是防卫行为造成不法侵害人重伤或死亡的案件，最终被认定为防卫过当的比例极高；第二，对部分案件作简单化处理，以谁先动手或双方先前有矛盾为准认定为相互斗殴，成立故意伤害罪，没有全面考量事件发生的是非曲直和具体情

---

① 张明楷：《刑法学》（第五版），法律出版社 2016 年版，第 201 ~ 202 页。

② 刘宪权、林雨佳：《刑法学：回应实践与前瞻未来》，载《检察日报》2019 年 1 月 4 日，第 3 版。

③ 参见张明楷：《正当防卫与防卫过当的司法认定》，载《法律适用》2018 年第 20 期。

况；第三，无论是理论界还是司法实务界，对于防卫限度、特殊防卫中“严重危及人身安全的暴力犯罪”等均没有统一的判断标准，同时理论界和实务界也存在较大分歧；第四，来自被害人方的压力，正当防卫大多会导致被害人伤亡的损害结果，若法院认定被告人成立正当防卫不负刑事责任，会引起被害人方的不满，除此之外，社会舆论也会对法院审理造成一定的压力。

2. 应对路径

（1）树立防卫者优先保护的观念。正当防卫是“以正对不正”，而非“以暴制暴”，是无须承担刑事责任的合法行为，在面对现实紧迫的不法侵害时，防卫者没有退避的义务，“合法没有必要向不法让步”，此时防卫者的法益优越于不法侵害者的法益，处于应当优先保护的地位，法律允许防卫行为对不法侵害者造成防卫限度内的损害，甚至是造成重伤、死亡的结果。因此，“激活”正当防卫制度，首先需要树立防卫者优先保护的观念，在防卫者与不法侵害者的人权保障冲突时，利益保护的天平应当倾向于防卫者，这既合乎国法，也合乎天理、人情，[①] 同时也能够增强公民同不法侵害行为作斗争的积极性，鼓励见义勇为。

（2）考察认定正当防卫的重心从结果转移到行为上。针对司法实践中认定正当防卫时“唯结果论”的问题，需要正确理解《刑法》第 20 条第 2 款，将考察中心从结果转移到行为上，对防卫过当的判断应细分为“明显超过必要限度”和“造成重大损害”两个阶段。成立防卫过当，首先要求根据不法侵害的紧迫性和手段强度等，防卫行为明显超过防卫的客观需要，即不具有“必要性”；其次是防卫行为造成的损害结果明显重于不法侵害可能造成的损害，两者相差悬殊。“行为过当”和“结果过当”应当综合考虑，两者缺一不可，不存在行为过当而结果不过当，或者相反的情形。同时“行为过当”应当优先于“结果过当”，从防卫行为本身出发，立足于防卫者当时的具体情境，[②] 全面分析不法侵害行为的危险程度、双方的人员多少与强弱、所处的客观环境与形势等，而不能仅仅在事件发生后作为一个“冷静的旁观者”去判断是否造成重大损害、防卫者是否能够逃跑而不是实施防卫行为等，这对于面对现实紧迫不法侵害的防卫者是不合情理的判断标准，甚至过于严苛。除此之外，还需要正确把握刑法第 20 条各款项间的

---

① 参见王勇：《正当防卫疑难问题的司法适用》，载《中国检察官》2018 年第 9 期。

② 参见周光权：《正当防卫裁判规则的构建》，载《中国检察官》2018 年第 9 期。

关系，并非凡是超过必要限度的都是防卫过当，只有对于不属于“严重危及人身安全的暴力犯罪”的不法侵害进行防卫的，才存在防卫过当问题，同时并非只要不法侵害不符合特殊防卫的规定，且防卫行为造成不法侵害者重伤或死亡，即成立防卫过当，需要在全面考虑案件的各种因素和具体事实的基础上加以判断。

（3）规范正当防卫制度的法律适用标准。针对正当防卫制度在司法实践中适用标准不一、正当防卫和防卫过当界限模糊等问题，应当坚持对其成立条件进行规范解释，最高司法机关可以通过制定司法解释、发布指导性案例等方式统一法律适用标准。尤其是通过发布指导性案例，能够充分发挥“以案释法”的作用，用典型案例指导类似案件的裁判，为其提供具体的参照标准，有效确保同类案件的法律适用和审理结果基本一致，使裁判符合正当防卫的法律精神和内涵。同时有利于提高裁判文书的权威性和说理性，增强公众对裁判结果的认可度和接受度。另外，司法机关在审理案件过程中，应当及时对社会广泛关注和争议的案件进行回应和解读，通过组织专家讨论等方式，听取多方意见，最终做出公正合法的裁判。

三、“扫黑除恶”专项斗争

（一）“扫黑除恶”的相关政策及刑事司法解释

2017 年 11 月，习近平总书记在中办《文摘》（第 160 期）上做出重要指示：“从此件看，当前农村涉黑问题出现一些新情况，请中央政法委牵头有关部门加强研究，摸清底数，找准病灶，拿出方案。要开展一轮新的扫黑除恶专项斗争，重点是农村，城市也要抓，对群众反映强烈、问题比较突出的地区、行业和领域，应采取强有力的措施，依法重点整治。扫黑除恶要与反腐结合起来，与基层‘拍绳结合起来，既抓涉黑组织，也抓后面的‘保护伞’。加强基层组织建设，是铲除黑恶势力滋生土壤的治本之策、关键之举，务必把这个基础夯实筑牢”。2018 年 1 月，为深入贯彻落实党的十九大部署和习近平总书记重要指示精神，保障人民安居乐业、社会安定有序、国家长治久安，进一步巩固党的执政基础，党中央、国务院发布《关于开展扫黑除恶专项斗争的通知》，标志着扫黑除恶斗争正式启动。目标是通过三年不懈努力，黑恶势力违法犯罪特别是农村涉黑涉恶问题得到根本遏制，涉黑涉恶治安乱点得到全面整治，重点行业、重点领域管理得到明显加强，人民群众安全感、满意度明显提升；黑恶势力“保护伞”得以铲除，加强基层组织建设的环境明显优化；基层社会治理能力明显提升，涉黑涉恶违法犯罪防范打击长效机制更加健全，扫黑除恶工作法治化、规范化、专业化水平进一步提高。[①] 具体来说，扫黑除恶专项斗争共持续三年，即2018年取得初步战果，黑恶势力违法犯罪突出问题得到有效遏制，在全社会形成对黑恶势力人人喊打的浓厚氛围。2019年集中重点攻坚，对已侦破的案件寻线深挖，彻底铲除黑恶势力赖以滋生的土壤，人民群众安全感、满意度明显提升。2020年建立健全遏制黑恶势力滋生蔓延的长效机制，取得扫黑除恶专项斗争压倒性胜利。

随后，最高人民法院、最高人民检察院、公安部、司法部印发《关于办理黑恶势力犯罪案件若干问题的指导意见》（以下简称《2018年指导意见》），制定了这次扫黑除恶斗争的主要司法指导依据，并于2月发布《关于依法严厉打击黑恶势力违法犯罪的通告》，对黑恶势力犯罪进行有力震慑，要求黑恶势力立即停止一切违法犯罪活动，限期自首。2018年7月，中共中央办公厅、国务院办公厅又印发了《全国扫黑除恶专项斗争督导工作方案》，派出中央督导组赴全国开展督导工作，促进专项斗争向纵深发展落到实处，并要求督导工作应围绕政治站位、依法严惩、综合治理、深挖彻查、组织建设、组织领导等六大重点开展。除此之外，中央政法委、中央综治委、公安部、中国银保监会、国家工商行政管理总局（现国家市场监督管理总局）等部门针对农村赌博犯罪、金融犯罪、市场经济秩序犯罪等具体领域犯罪也印发了相关通知，力求实现“黑恶势力人人喊打”的局面。

根据我国刑法规定，黑恶势力犯罪主要涉及组织、领导、参加黑社会性质组织罪以及绑架罪、非法拘禁罪、敲诈勒索罪、寻衅滋事罪、聚众斗殴罪、聚众扰乱社会秩序罪、故意伤害罪、开设赌场罪、组织卖淫罪和强迫卖淫罪、破坏选举罪等。其中最受人关注的就是“组织、领导、参加黑社会性质组织罪”，在具体适用上，以1997年刑法修改为标志，刑法典明确规定了该罪名，从而为惩治黑社会性质组织犯罪提供了法律依据。但新刑法施行初期，以该罪名追究犯罪分子刑事责任的案件并不多，主要原因是新刑法对该罪名的罪状表述过于简单，实践中难以把握。为便于适用新刑法，最高人民法院于2000年制定《关于审理黑社会性质组织犯罪的案件

---

① 中共中央、国务院：《关于开展扫黑除恶专项斗争的通知》，载新华网，http：//www. xinhuanet. com/2018－01/24/c_ 1122309773. htm，最后访问日期：2019年1月23日。

具体应用法律若干问题的解释》（以下简称《解释》），《解释》明确规定了黑社会性质组织必须具备的四个特征（组织特征、经济特征、行为特征和危害性特征），为审判实践提供了明确标准。《解释》执行后，司法机关对黑社会性质组织是否应具有“国家工作人员参与犯罪活动或者为犯罪活动提供非法保护”的特征，有不同认识。其后，全国人大常委会于2002年制定《关于〈中华人民共和国刑法〉第二百九十四条第一款的解释》（以下简称《立法解释》），将《解释》规定的“保护伞”特征由认定黑社会性质组织的必备要件修改为选择性要件，换言之，没有“保护伞”也可以定黑。自2002年《立法解释》对黑社会性质组织的“四个特征”做出明确规定后，“一锤定音”，至今未再作改动。可在实践中围绕如何具体理解和把握这“四个特征”又产生认识分歧，各部门掌握的标准不一致，影响了打击效果，其后，中央政法各部门开始了细化标准工作。2009年，最高人民法院会同最高人民检察院、公安部制定《办理黑社会性质组织犯罪案件座谈会纪要》（以下简称《2009年纪要》），对黑社会性质组织“四个特征”的认定标准，涉黑财产、恶势力团伙的认定和处理等作了明确，意义重大。但此后开展的专项斗争，也反映出《2009年纪要》规定的黑社会性质组织“四个特征”标准仍较为弹性，涉黑财产认定标准不够明确，个别黑社会性质组织犯罪案件办理中也暴露出一些问题。鉴于此，最高人民法院于2015年印发《全国部分法院审理黑社会性质组织犯罪案件工作座谈会纪要》（以下简称《2015年纪要》），对黑社会性质组织“四个特征”和涉黑财产的认定又作了更加明确、更为具体的规定。2018年，在扫黑除恶专项斗争开展之际，最高人民法院再次会同有关部门制定了《2018年指导意见》，对前期联合发布或者单独制定的规范性文件作了修改、补充和完善，为开展此次专项斗争提供了明确、具体、可操作的规范依据，即不再过分强调要求符合明显的数额、人数、规模等标准。① 因为在实践中，部分涉黑恶的村霸、讨债公司、公关公司等如果要被认定为黑社会组织，他们可能不明显突出自己的黑社会组织的四个必备特征。因此，《2018年指导意见》针对实践中的这些新问题、新情况，规定“在具体认定时，应根据立法本意，认真审查、分析黑社会性质组织‘四个特征’相互间的内在联系，准确评价涉案犯罪组织所造成的社会危害”。

---

① 张向东：《黑恶势力犯罪审判：从严打到重程序、重人权保障》，载《人民法院报》2018年11月7日。

（二）“扫黑除恶”专项斗争总体实施状况

此次“扫黑除恶”不同于以往的“打黑除恶”，虽然只有一字之差，但有较大区别，主要体现为以下三点：第一，重视程度不同。这次“扫黑除恶”重视程度前所未有。“党中央、国务院专门印发通知，整合多部门力量，集党和国家之力要把这个问题解决好。”第二，广度和深度不同。过去“打黑除恶”更多是从社会治安角度出发，强调点对点打击黑恶势力犯罪。这次“扫黑除恶”是“从夯实党的执政根基、巩固执政基础、加强基层政权建设、维护国家长治久安的角度，在更大范围内，更全面、更深入地扫除黑恶势力，不但要打击犯罪，还要打击违法行为”。第三，把预防和打击黑恶势力摆在突出位置。以往“打黑除恶”打得多，防得少。这次“扫黑除恶”更加重视综合治理、源头治理、齐抓共管。“各行业的主管部门明确了扫黑责任，加大了防范力度。”①

因此，此次“扫黑除恶”成绩比以往更加显著，在2018年年底召开的全国扫黑除恶专项斗争视频会议上，中共中央政治局委员、中央政法委书记、全国扫黑除恶专项斗争领导小组组长郭声琨对2018年扫黑除恶专项斗争情况进行了总结：截至2018年11月底，全国共打掉涉黑组织1082个，缴获枪支1620支，一审判决涉黑涉恶案件被告人14 155名，1.8万名涉黑涉恶违法犯罪人员投案自首。经过一年来强大攻势，专项斗争取得显著成效。主要体现在“五个明显”：一是社会治安环境明显改善。通过专项斗争，全国刑事案件下降7.9%，持枪案件下降38.9%，爆炸案件下降29.1%，杀人案件下降6.3%。二是群众安全感、满意度明显增强。专项斗争给人民群众安心、舒心生产生活带来的“红利”逐步显现。国际上公认中国是最有安全感的国家之一。三是党风政风社会风气明显好转。立案查处涉黑涉恶腐败和“保护伞”案件11982起，给予党纪政务处分8327人、移送司法机关处理1893人。四是基层组织建设明显夯实。全国组织部门排查软弱涣散村党组织5.1万个，整顿提升3.3万个，调整不合格不胜任村党组织书记1.7万名，取消了5.3万名不符合条件的人选资格，村“两委”换届秩序明显改善，基层党组织政治功能有效发挥。五是投资发展环境明显优化。整治了一批破坏市场秩序、影响经济发展的突出问题，推动健全

---

① 北京青年报：《扫黑除恶要与反腐败斗争结合起来》，载新华网，http：//www. xinhuanet. com/legal/2018-01/25/c_ 129798636. htm，最后访问日期：2019年1月23日。

了监管制度措施，挤压了黑恶势力滋生空间，净化了营商环境。①

（三）“扫黑除恶”专题学术会议的开展

自党中央、国务院于 2018 年 1 月发出《关于开展扫黑除恶专项斗争的通知》，全国及各省刑法研究会以及犯罪学研究会在 2018 年召开的学术年会中也纷纷重点围绕“扫黑除恶”的主题从理论与实践的角度进行了研讨。2018 年 12 月 16 日，2018 年全国刑法学术年会在广西南宁开幕。中国法学会会长王乐泉出席开幕式并做重要讲话，广西壮族自治区党委常委、政法委书记黄世勇参加开幕式并致辞。黄世勇表示，这次大会的主题是“改革开放四十年刑事法治的回顾与前瞻”，这是一个紧扣法治实际、面向法治未来的重大研究课题。这次学术年会重点围绕了“扫黑除恶”“网络犯罪”“企业产权保护”等刑法实务问题进行研讨。②

湖北、福建、江苏等省的刑法学术年会以及犯罪学学术年会也纷纷围绕着“扫黑除恶”的主题进行了研讨。例如，2018 年 8 月 10 日至 12 日，湖北省法学会刑法研究会 2018 年年会暨“大数据时代扫黑除恶与社会治理网格化研究”高端论坛在崇阳召开，该论坛分为“扫黑除恶与打黑除恶价值取向”“黑社会性质犯罪的立法与司法”“基层涉黑涉恶违法犯罪大数据研判”“扫黑除恶与基层网格化治理”四个主题发言单元，各发言人进行交流，点评专家进行了精彩的点评。大会还安排了“大数据下智慧扫黑除恶新路径探讨”的专题讲座。③ 2018 年 12 月 1 日，湖北省法学会犯罪学研究会 2018 年年会暨“扫黑除恶”学术研讨会在湖北省鄂州市凤凰山庄举行，开幕式之后，会议进入主题研讨阶段，会议第一阶段的研讨主题便是“扫黑除恶”专项问题研究。④

---

① 中央政法委长安剑：《扫黑除恶第一年，这份成绩单您满意吗？全国专项斗争领导小组对 2019 扫黑攻坚年作出新部署》，载搜狐网，http：//www. sohu. com/a/285558155_ 120060958，最后访问日期：2019 年 1 月 23 日。

② 中国法学会：《王乐泉会长出席 2018 年全国刑法学术年会》，载中国法学会网，https：//www. chinalaw. org. cn/Column/Column_ View. aspx？ColumnID = 922&InfoID = 30265，最后访问日期：2018 年 12 月 17 日。

③ 湖北法学会：《省法学会刑法研究会 2018 年年会暨“大数据时代扫黑除恶与社会治理网格化研究”高端论坛在崇阳召开》，载湖北法学会网，http：//www. hbfxh. com/Home/ShowArticle/6082，最后访问日期：2018 年 8 月 15 日。

④ 湖北法学会：《湖北省法学会犯罪学研究会 2018 年年会暨“扫黑除恶”学术研讨会召开》，载湖北法学会网，http：//www. hbfxh. com/Home/ShowArticle/c2f4ef11825c409c9507e73bfa587a4b，最后访问日期：2018 年 12 月 14 日。

2018 年 12 月 3 日，福建省法学会刑法学研究会 2018 年年会在国家检察官学院福建分院召开，该年会以“涉黑涉恶法律政策问题研究”为主题，围绕“打击涉黑涉恶犯罪的立法完善”，“打击涉黑涉恶犯罪的司法实践”两个专题进行研讨交流和互动；① 2018 年 12 月 7 日至 8 日，江苏省法学会刑法学研究会 2018 年年会在扬州召开，大会分主题交流包括法定犯问题研究、扫黑除恶刑法适用问题研究和网络信息犯罪前沿问题研究三个主题。②

国内知名刑法专家、学者聚集在一起，通过认真总结改革开放 40 年中国刑事法治发展的历程与经验，聚焦刑事法学领域重大理论和实践问题，积极探索推动新时代刑事法治建设发展的具体措施和路径，对进一步完善中国特色的刑事法治体系、推进国家治理体系和治理能力现代化具有十分重要的意义。

具体来说，各位专家、学者从不同层面、不同方位研讨交流“扫黑除恶”的相关问题，既有理论性的探讨又有实践性的总结，这些理论和实践的成果对指导基层社会开展扫黑除恶与综合治理具有非常重要的现实意义；对于法律事务部门正确适用法律，提高刑事司法能力也非常有现实意义，有利于推动我国的法治建设再上新台阶。

四、人工智能时代的刑法应对

我国人工智能产业呈现加速发展的良好势头，产业规模不断壮大。2016 年全球科技巨头人工智能投资已达 300 亿美元，2015 年至 2016 年，人工智能的媒体关注度暴涨 632%，2017 年上半年在此基础上再涨 45%……重视人工智能已成为全球共识。随着互联网、大数据、超级计算、传感器等技术的加速突破和广泛应用，人工智能发展进入新阶段，呈现出深度学习、跨界融合、人机协同、群智开放和自主操控等新特点，影响着各个产业和人们的生活。

2018 年 5 月 17 日，由新一代人工智能产业技术创新战略联盟承办的新一代人工智能核心技术论坛在天津顺利召开。此次“新一代人工智能核心技术论坛”主要聚焦自动驾驶、城市大脑、医疗影像、智能语音等热门领

① 福建检察：《福建省法学会刑法学研究会 2018 年年会在检察官学院召开》，载福建检察微信公众号，https：//mp. weixin. qq. com/s/fPLdGGo3qwAjGjmLX6dKAQ，最后访问日期：2018 年 12 月 5 日。

② 扬州市中级人民法院：《江苏省法学会刑法学研究会 2018 年年会在扬州召开》，载扬州市中级人民法院网，http：//fy. yangzhou. gov. cn/yzszjrmfy/bydt/201812/1e0910a77e44486598f298605199d21f. shtml，最后访问日期：2018 年 12 月 11 日。

域，共话新技术，探讨人工智能发展现状与未来技术的趋势。

（一）人工智能的刑事风险

1. 司法实践中新型犯罪手段增多

弱人工智能如同自然人其他的生产、生活工具一样，是自然人智力和肢体的拓展，不仅可以解放人类的劳动力使其免于从事枯燥、沉重、机械的体力劳动，也可以弥补人类自然属性的不足，替代人类从事一些高难度、高强度以及人类自然条件所无法触及的极限工作。但是弱人工智能机器的这一优势也可能会被罪犯所利用，作为实施犯罪的工具，强化实施犯罪的手段，使罪犯利用弱人工智能这一新型技术更容易地实现犯罪目的和逃避刑法的规制和打击。

2. 数据信息的保护面临更大的风险

人工智能包括三个核心要素：深度学习的算法、高质量的数据收集、高性能的计算能力，人工智能技术发展主要依赖于高质量的大数据包括敏感数据的收集和使用。人工智能在数据的采集和应用过程中，会使刑法保护的数据信息风险增大，因为数据信息不仅具有很强的政治价值和经济价值，还直接关系着公民的个人隐私，这些被收集和采集的数据信息一旦被泄露，将会给公民和社会带来严重的危害。这些数据涉及一个国家的方方面面，不仅包括国防和国家安全的数据信息，还包括政府、企业、金融、医疗等各方面的数据信息，直接关系着国家安全、社会秩序及社会公共安全。

3. 司法实践遭遇新的刑法适用难题

人工智能的产生和应用也可能会导致在刑事司法实践中出现新的刑法适用难题。以自动驾驶汽车为例，自动驾驶汽车作为人工智能技术发展的一个重要表现，被逐渐广泛应用到交通运输领域，但继而也带来了一些新的刑法适用难题。例如，行为人开启自动驾驶模式以后，自动驾驶汽车在行使过程中违反交通运输管理法规，发生重大交通事故，致人重伤、死亡或者使公私财产遭受重大损失的，在此时究竟是行为人违法还是自动驾驶汽车违法？如果是行为人违法，那么是否可以将其的主观心态界定为行为人应当预见自己开启自动驾驶汽车会违反交通运输管理法规可能会发生重大严重后果，由于疏忽大意而没有预见或虽然预见但轻信能够避免，那么这样就会导致认为只要使用自动驾驶汽车就可能会发生违反交通运输管理法规的悖论。

（二）人工智能的刑法规制

1. 在刑法中确立人类利益优先原则

“未来关于机器人的立法必须考虑如何避免和治理机器人对人类的伤害问题。对此，艾萨克·阿西莫夫提出的机器人三大定律可以为立法提供重要的指引。阿西莫夫的第一定律是不能伤害人类；第二定律是恪守人的命令，除非与第一定律相冲突；第三定律是保护自己，除非与第一、第二定律相冲突。一般地，将人工智能分为弱人工智能和强人工智能两个阶段。当人工智能发展到强人工智能时，机器便具有了感情和感知意识，拥有了自身的意识和意志，不一定就会遵循人类为其设置的规则，并与人类的利益发生冲突。因此，为了更合理、有效地防止人工智能机器对人类造成损害，我们应对其可能侵害人类利益的情况早日作出预防，在技术和立法中确立人类利益优先的原则，并在该原则的前提下，再认真考虑人工智能机器的人格发展以及相关伦理和法律问题，以正确对待他们。

2. 刑法应严格恪守技术中立原则

面对智能革命，我们不能逃避它、否定它和阻止它。在技术发展程度还不确定的情况下，我们不应该因为人工智能发展可能带来一定的刑事风险，就阻止或者放弃对人工智能技术的发展和应用，刑法对人工智能技术的发展和应用应当严格恪守技术中立原则。科学技术本身是中立的，关键是掌握和使用的人如何来开发和使用。如果掌握者或使用者不正当地利用科学技术就会为人类带来风险和灾难；如果掌握者或使用者正当合理地利用科学技术就会为人类带来便捷和福利。具体到人工智能技术而言，在弱人工智能时代，若开发者和使用者正当地开发和使用人工智能技术，不仅不应对其进行制止和阻挠，还应该对其进行支持和鼓励，只有这样才能促进人工智能技术的发展和进步。若开发者和使用者不正当地开发和使用人工智能技术，如恐怖分子开发和使用以实施恐怖活动为目的的人工智能机器，就需要对开发者和使用者追究相应的法律责任，阻止不正当利用。

在对未来是否可能会出现强或者超级人工智能及其会发展到何种程度还不确定的情况下，我们不能因为存在不可预知的风险，就放弃或阻止对其的发展和应用。因此，在人工智能技术的发展过程中，为预防不良后果的发生，人工智能技术的开发者和使用者需要尽到必要的合理注意义务，但也不能对其规定过高的注意义务，在刑法中应当严格恪守技术中立原则，只要在人工智能技术发展和应用过程中发生的一些风险没有超过社会的相当性、控制度和容忍度，并且该技术的发展和使用又会促进社会进步时，就不应该对其阻挠和制止。

3. *以刑法为后盾、其他法律为先行，对人工智能技术进行法律规制*

在当今弱人工智能机器时代，人工智能机器实质上还是一种产品，可以依据产品质量法的相关规定对其进行规制，从而促使生产者进一步完善其产品，减少人工智能机器侵权事件的发生。例如，对于自动驾驶汽车而言，如果立即在刑法中确立其罪主体地位，在当前阶段尚不具有可能性。但是，是否可以考虑对其暂且适用产品质量法等法律的相关规定或者从其他法律角度做出相应的司法解释对其进行规制。并且，在弱人工智能时代其所引发的刑法问题主要是过失犯罪的问题，在今后的刑法中可以适当增加人工智能机器设计者和使用者的注意义务，以保障其能够正当合法合理地适用人工智能技术，减少危害后果的发生。同时，还可以在刑法中对传统的罪名作出相应的扩张性解释，完善刑法对法益保护的范围和结构，调整打击犯罪的手段，以解决人工智能技术引发的新难题和充分发挥刑法的机能。对未来可能出现具有独立辨认能力和控制能力的强或者超级人工智能，是否要对其在刑法中确立犯罪主体的地位以及能否成为刑法所保护的被害主体和设置新的刑罚体系，要等行政法律以及民事法律等其他法律确立其法律地位以后，再在刑法中作出相应的规定，而不宜先行在刑法中对其确立相应的法律主体地位。

五、互联网金融犯罪的刑法规制

（一）规制互联网金融犯罪的新发展

改革开放40年来，互联网金融作为一个新事物，在推动中国经济的又好又快发展的同时也为互联网金融犯罪的滋生和蔓延提供了沃土。由于金融活动本身具有风险性，以及互联网金融迅速发展过程中缺乏有效监控管理机制，从而导致一系列利用互联网进行非法集资、洗钱、传销、金融诈骗等违法犯罪活动。这些违法犯罪活动与传统意义上的犯罪相比更突出隐蔽、不确定等的显著特点。其损害法益不是单一化，其不仅严重破坏市场金融管理秩序而且侵害了广大人民群众的合法权益。在2016年4月，国务院在全国范围内启动有关互联网金融领域的专项整治工作，为期一年。同年10月国务院正式印发《互联网金融风险专项整治工作实施方案》（以下简称《实施方案》），17部委首次强强联手公布“1+N”整治方案，在《实施方案》牵头文件下，分别聚焦于互联网金融领域的主要风险隐患，如P2P网络借贷、股权众筹、互联网保险、第三方支付、通过互联网开展资产管理及跨界从事金融业务、互联网金融领域广告六大领域。[①] 该实施计划对互联网金融犯罪拉响警钟长鸣。2017年8月最高人民法院印发《关于进一步加强金融审判工作的若干意见》规定，“应依法审理互联网金融纠纷案件，规范发展互联网金融。依法认定互联网金融所涉具体法律关系，据此确定各方当事人的权利义务。准确界定网络借贷信息中介机构与网络借贷合同当事人之间的居间合同关系。依法严厉打击涉互联网金融或者以互联网金融名义进行的违法犯罪行为，规范和保障互联网金融健康发展”。[②] 这些规定为互联网金融安全提供制度保障。

2018年《金融法治建设蓝皮书：中国金融法治建设年度报告（2016－2017）》指出新型金融犯罪三个特点：“一、金融犯罪网络化趋势明显。无论是金融犯罪手段的网络化抑或是网络金融产品刑法规制问题，都是近年来金融刑法重点关注的问题。尤其需要关注的是披着电子商务外衣从事信用卡诈骗、买卖假币、擅自发行公司债券等金融犯罪。二、犯罪手段更加隐蔽。三、金融惯犯屡禁不止。”并且蓝皮书中指出：“互联网金融环境下，电子支付与转账已经成为金融交易的主要手段之一，移动终端钱包、线下扫码支付等新型支付转账手段以及众筹、P2P等新型融资模式，在方便大众消费和投资的同时，为洗钱犯罪提供了更广阔的资金隐匿与掩饰渠道，随着用户的增加，大量交易次数使得洗钱活动更容易藏身其中。”[③] 根据报告指出的互联网金融犯罪新形式、新特点，为进一步分析如何打击互联网金融犯罪以及保障金融安全提供基础。

（二）打击互联网金融犯罪的新进展

2017年11月7日，公安部发布《出台意见部署进一步加强打击金融犯

---

① 《国务院发布互金专项整治方案》，载互联网金融网，http：//iof. hexun. com/2016/zxzz/，最后访问日期：2019年1月10日。

② 《最高人民法院印发〈关于进一步加强金融审判工作的若干意见〉的通知》，载中国金融法治服务网，http：//www. financialservicelaw. com. cn/article/default. asp？id = 7226，最后访问日期：2019年1月10日。

③ 《金融法治建设蓝皮书：中国金融法治建设报告（2016－2017）》，载人民法治网，http：//www. rmfz. org. cn/contents/129/167912. html，最后访问日期：2019年1月10日。

罪工作》[①] 要求"依法严厉打击金融犯罪，坚决维护国家金融安全。要充分履行打击职能，优化打击模式，始终保持对金融犯罪的严打高压态势，重点打击非法集资犯罪和涉及互联网金融、证券期货市场和金融机构的突出经济犯罪活动"。2018 年人民银行与公安部就互联网金融风险专项整治、打击地下钱庄及非法外汇交易平台等进行合作。这在某种程度上为打击金融犯罪活动明确了工作开展的领导组织与法律制度保障，推进了惩治互联网金融犯罪刑事法律修订工作，加强了打击金融犯罪专门力量建设，全力维护金融安全与保障国家安全。

（三）遏制互联网金融犯罪的核心建议

1. 完善在刑法谦抑性指导下的互联网金融犯罪的立法

由于刑法体系的滞后性，我国目前没有针对互联网金融犯罪的专门明确的立法，由于在互联网金融中，互联网只是作为一个平台，因此其本质上仍然是金融属性。因此主要使用金融类犯罪类型即刑法分则第三章第四节破坏金融管理秩序罪和第五节金融诈骗罪来定罪，对于涉案财产类犯罪主要集中于分则侵犯公民财产权的章节中。但是以传统的法条套用新型的互联网金融犯罪，则存在明显的弊端，架空了罪刑法定原则并且可能导致刑罚滥用。并且相关法律在适用过程中存在疏漏之处，法律对行为规则存在没有界定或界定不明确的现象，使违规者的行为成本很低，有的违法者甚至以创新者面目出现，制造影响，浑水摸鱼。

因此，为了保障这种新型的经济模式的发展并且对于违法犯罪给予制裁，维护金融秩序稳定，完善互联网金融犯罪相关规定主要包括以下几个方面：第一，我国的立法部门在制定《刑法》的过程当中必须要完善网络金融犯罪的罪名，对于具体的危害互联网金融安全的行为规定具体罪状；第二，刑法在调整相关金融行为的过程中，应当明确各部门法之间的界限，从而使各部门法之间存在明确分工，根据法律的位阶不同来构建保障经济发展的金融管理综合法律体系。并且在构建规制网络金融危害行为法律体系的同时需要厘清各个部门法的辐射范围，减少重叠，防止漏洞；第三，保障互联网金融范围规定的独立性，只有这样才能保证相关法律的全面性，进而为执法工作提供有效的依据，维护当事人的合法权益。由于行政和民

① 《公安部出台意见部署进一步加强打击金融犯罪工作》，载中华人民共和国中央人民政府，http：//www. gov. cn/xinwen/2017－11/08/content_ 5237721. htm，最后访问日期：2019 年 1 月 12 日。

事处罚在对严重的危害互联网金融安全的犯罪的处罚上具有局限性，因此为了维护社会秩序稳定，并促进整个行业的健康发展，刑法仍应打击非法集资、非法吸收公众存款、非法向公众发行股票、债券及其他违法犯罪行为，可以通过刑法修正案的方式规范细化新的互联网金融犯罪罪名；第四，刑罚轻缓化有利于创造一个相对宽松的互联网金融环境，这将有利于互联网金融发展，互联网金融市场作为新兴市场，很多领域的实践尚处于尝试阶段，相关配套制度保障还不够完善，因此对新生事务的发展要预留足够的空间。刑法的谦抑性要求其必须保持住必要的限度，保持防止互联网金融犯罪与维护互联网金融市场自由发展之间的平衡。

2. 实现缓和的自由刑及加重的罚金刑的刑罚制度

有观点指出："当前我国刑法中对于计算机犯罪的刑罚方式只有自由刑，这与当今世界各国网络犯罪立法广泛使用财产刑和资格刑的通例不相符。因此在增加网络金融犯罪条款时，刑罚方式除自由刑外应当增加资格刑和罚金刑，如没收计算机设备，处以罚金，并剥夺其从事与计算机网络有关的工作资格。"① 对于互联网金融犯罪我们采用罚金处罚，对于负有直接管理责任人员及其他直接责任人员通过自由刑的方式施加刑罚。互联网金融主体设立应该具有一定的条件，以增强金融安全和金融监管。因此在对互联网金融犯罪进行处罚时不仅仅是单一处罚方式，以实现更好打击犯罪活动。对于各类侵害金融秩序的犯罪行为，作为法人，互联网金融犯罪在实行双罚制的同时，可以对于影响范围广、危害大的犯罪，加大罚金刑的适用，强化刑罚的威吓作用。在对直接管理人员和其他直接责任人员自由刑的适用上应当保持缓和。这样防止因为在自由刑适用上过于重刑化从而使刑法遭受短视的诟病。缓和自由刑幅度兼具加重的罚金刑，对互联网金融犯罪的刑法规制应该预计能达到良好效果。

3. 强化消费者风险防范意识

关于互联网金融犯罪的打击应该强调预防，提高人们的风险防范意识，如果刑法单单从立法规定的角度去规制，并不能对互联网金融犯罪起到很好的规避效果，但是加强对金融消费者的保护可以有效地预防互联网金融犯罪，这既是现实的需求也是理论的要求。犯罪行为人利用消费者的贪婪心理和对经济规律的无知的弱点，并且施以超过市场平均利润率的高收入

---

① 王东：《论网络金融犯罪的成因与法律监管》，载《中国经贸导刊》2011 年第 14 期。

回报来诱惑，在这种情况下如果消费者有事先审查和筛选的意识，那么许多风险是能够被识别和控制的，损失是可以避免的。因此，加强对消费者风险防范意识，使其理解和接受互联网金融基本常识，如互联网金融市场的结构和特点、金融管理法规、消费者受法律保护的权益范围等，这在某种程度上能很好地预防犯罪发生。

六、缺席审判下反腐败与国际追逃追赃

近年来，我国反腐败力度不断的呈现高压趋势，反腐成果显著。但是在刑事诉讼法修改决定公布以前，一些贪污贿赂等刑事案件的嫌犯、被告人潜逃境外躲避法律制裁，在当时由于我国仍未在立法层面上正式确立缺席审判制度，使嫌疑人或者被告人逍遥法外。十三届全国人大常委会第六次会议审议通过了关于修改刑事诉讼法的决定和国际刑事司法协助法，填补了反腐败国际合作与追逃追赃工作的法律空白，党中央推进反腐败国家立法和国际追逃追赃工作的顶层设计，再次释放“有逃必追、一追到底”的强烈信号。

（一）在立法层面确立缺席审判制度

2014 年，中央反腐败协调小组会议提出建立刑事缺席审判制度的建议。2016 年 7 月，全国人大常委会法工委提出了关于建立刑事缺席审判制度的研究报告。2018 年，通过修订刑事诉讼法在立法层面上正式确立了缺席审判制度，这是党中央高度重视反腐败以及海外追逃追赃的法律制度建设的重要举措。2018 年新修订的刑诉法中增加的“缺席审判程序”，是在总结“违法所得没收程序”的司法实践经验基础上进行的制度完善。刑事缺席审判制度的确立，进一步填补反腐败追逃追赃的立法空白，强化了境外追逃工作的手段和力度，加大了对贪污受贿犯罪的嫌疑人以及被告人的打击，使外逃贪官受到了应有的法律制裁，形成对外逃腐败分子前所未有的震慑局面。

2018 年是中国启动“天网行动”的第四个年头，也是“百名红通人员”名单公布的三周年。一年来，我国反腐与追逃追赃力度不断加大，反腐败合作也进一步向纵深推进，反腐败工作与追逃追赃工作谱写新篇章。2018 年 3 月颁布的监察法设置了反腐败国际合作专章，在立法上确立安排了与其他国家、地区以及国际组织进行反腐败国际交流与合作，加强与有关国家和地区在反腐败执法、引渡、司法协助、被判刑的移管、资产追回

和信息交流等领域的合作；2018 年 10 月，第十三届人大常委会第六次会议通过的国际刑事司法协助法，被媒体比喻为让“丁义珍”们颤抖的法律，一些贪官逃到与中国没有引渡条约的国家，妄图躲避法律的制裁，制定国际刑事司法协助法是完善我国刑事法律体系的需要，也是严厉打击有组织犯罪包括腐败犯罪的需要。制定国际刑事司法协助法，建立刑事缺席审判制度，为反腐败追逃追赃国际合作提供司法支持，体现出党中央深化国际合作、布下反腐败天罗地网、决不让腐败分子躲进“避罪天堂”的坚定决心和高压态势。

（二）确立缺席审判制度的意义

缺席审判制度由于可以在被追诉人不到场的情况下进行审理和裁判，被一些学者称为是有“天然缺陷”的制度，[①] 这对传统的“对席审判”以及对被追诉人的公平审判权形成了一定的冲击，引起了学界和司法实务界的广泛重视。拉德布鲁赫曾言：“如果把法律看做社会生活的形式，那么作为‘形式的法律’的程序法，则是这种形式的形式，如同桅杆顶尖，对船身最轻微的运动也会作出强烈的摆动。”[②] 刑事缺席审判制度作为“形式的法律”中新创设的制度，其内容设计的完善与否直接反映出我国立法者的司法价值取向和法治进程方向。确立缺席审判制度，对打击重大腐败犯罪，追回外逃赃款具有重大现实意义。

1. *确立刑事缺席审判制度有助于补强违法所得没收程序*

针对时下腐败犯罪分子为逃避法律制裁而将赃款转移外逃的现象，为了有效惩治腐败犯罪，刑事诉讼法 2012 年修改时增设了犯罪嫌疑人、被告人逃匿、死亡案件违法所得的没收程序。这在一定程度上弥补了刑事诉讼法在打击腐败犯罪程序滞后的缺陷。但是违法所得没收程序只是针对违法所得等涉案财产所进行的裁定，而不对缺席的犯罪嫌疑人、被告人的人身刑进行判处，因此关于违法所得的裁定在犯罪嫌疑人、被告人归案后有可能被推翻。[③] 因此，有必要对犯罪嫌疑人、被告人的人身刑进行判处，建立刑事缺席审判制度有一定的必要性。

---

① 王敏远：《刑事缺席审判制度探讨》，载《法学杂志》2018 年第 8 期。

② ［德］拉德布鲁赫：：《法学导论》，米健译，商务印书馆 2013 年版，第 170 页。

③ 陈光中、肖沛权：《刑事缺席审判制度的确立意义、立法技术和权利保障》，载《中国刑事法杂志》2018 年第 3 期。

2. 确立刑事缺席审判制度能使我国与联合国反腐败公约的规定相融合衔接

根据《联合国反腐败公约》规定，对于外逃资产的追回，原则上要求有对犯罪人定罪的生效裁判。虽然根据公约的规定被请求缔约国也可以放弃对生效判决的要求，但是如果被请求国坚持此要求才能予以合作，那么我国如果不满足这一要求，在追回外逃资产上就会十分的被动。在司法实践中，有不少的西方国家以没有生效的裁判为由拒绝追回外逃资产的合理请求。2012 年刑事诉讼法设置的违法所得没收程序只是涉及被告人的财产，但是不涉及犯罪嫌疑人、被告人的定罪问题，从裁判权威性来看必然不如法院对被告人所做的定罪判决，被请求国仍然很有可能以没有已经生效的判决为由拒绝配合我国的合理请求。所以，确立刑事缺席审判制度是扫除追回外逃资产的障碍的需要，使我国向被请求国提出的追回外逃资产要求有了真正的权威依据，有助于更好地打击腐败犯罪，加强追回外逃资产的国际合作。

（三）完善刑事缺席审判程序的适用

1. 合理设置刑事缺席审判犯罪的种类与范围

修订后的《刑事诉讼法》关于缺席审判程序部分规定了 7 个条文，第 291 条至第 297 条。从适用程序的案件类型来看分为 4 类，第一，潜逃境外的贪污贿赂等犯罪案件（第 291 条）；第二，经最高人民检察院核准的严重危害国家安全犯罪、恐怖活动犯罪案件，犯罪嫌疑人、被告人在境外的案件（第 291 条）；第三，被告人因病无法出庭的案件（第 296 条）；第四，被告人死亡的案件（第 297 条）。由此可见，修正后的《刑事诉讼法》将案件的性质界定为贪污贿赂、恐怖活动等重大犯罪案件。《监察法》实施后，规定监察机关调查案件违法所得没收程序适用的罪名范围较《刑事诉讼法》及《规定》有所增加。

2. 完善刑事缺席审判与违法所得没收程序的衔接

由于刑事缺席审判的程序刚刚创立，很多条件尚不具备，更没有充足的时间进行司法实践。缺席审判的制度的许多原则、规定、程序都是借助于追逃追赃《规定》上建立起来的，完全可以预见适用刑事缺席审判的案件是极少数的案件，毕竟它是特别程序，刑事缺席审判的前置条件就是首先适用犯罪嫌疑人、被告人逃匿、死亡的财产没收程序，因为要适用刑事缺席审判程序首先的对象是逃亡境外的贪腐贿赂犯罪分子，这与追逃追赃特别程序所规定的主体是相同的；其次，追逃追赃的特别程序要求对犯罪嫌疑人或者被告人要进行通缉，那么，刑事缺席审判也须一定的强制措施。在此，无论是追逃追赃的财产没收程序抑或刑事缺席审判程序都需要对犯罪嫌疑人或者被告人进行通知。对外逃的腐败分子优先使用的是这些追逃追赃的方式，在拒不回国的犯罪分子中，启动财产没收程序可以查封、扣押、冻结其境内外的财产，只用这些程序穷尽后，仍然拒不回国的犯罪分子才适用刑事缺席审判程序。①

七、《监察法》与《刑事诉讼法》《刑法》衔接

（一）《监察法》与《刑事诉讼法》的衔接

《监察法》的出台以及监察委员会的成立使我国国家机关在刑事案件的权力结构上出现更为细化的权限划分。国家监察体制改革的重要内容是将原本归属于检察机关的职务犯罪侦查职能转化为监察机关的监察职能，由监察机关实际承担公职人员职务犯罪调查（侦查）职能，重构我国刑事案件职能管辖的格局。因此，《监察法》与《刑事诉讼法》的衔接问题，成为这一职能重构中极为重要的问题之一。目前学界对于两部法律衔接中涉及的问题探讨主要包括以下几个方面：

1. 案件管辖的协调衔接

《监察法》第 11 条规定：“监察委员会依照本法和有关法律规定履行监督、调查、处置职责……对涉嫌贪污贿赂、滥用职权、玩忽职守、权力寻租、利益输送、徇私舞弊以及浪费国家资材等职务违法和职务犯罪进行调查……对涉嫌职务犯罪的，将调查结果移送人民检察院依法审查、提起公诉。”监察机关管辖案件的范围即为公职人员在行使公权力过程中实施的职务犯罪案件，具体包括 6 类犯罪 88 个罪名。因此，对于一人犯数罪而引发的职能管辖竞合问题如何有效处理管辖问题，以及如何明确某些公职人员实施职务犯罪是否与行使公权力有关从而确定管辖问题等成为两法衔接中关键问题。虽然《监察法》第 34 条规定一般以监察机关为主调查，其他机关予以协助，但实务中这一原则仍需得到有效细化方能应对管辖竞合等问题。

① 王晓东：《国际追逃追赃视野下的刑事缺席审判制度》，载《法律适用》2018 年第 23 期。

2. 监察程序（立案、调查）与刑事诉讼程序统一衔接

监察案件从何时开始适用刑事诉讼法，才是“法法衔接”系列问题的核心和前提。“法法衔接”中如何开始适用刑事诉讼法的问题，实际上就是何时应对涉嫌职务犯罪的监察案件进行刑事立案的问题。[①] 目前，对于涉嫌职务犯罪的监察案件进行刑事立案的必要性已逐渐显现，《监察法》赋予监察机关在调查职务违法犯罪时可采取如搜查、讯问等众多强制性措施的权力，这与《刑事诉讼法》中所规定的司法机关可采取的强制性措施相一致，而《刑事诉讼法》中对于强制性措施的实施及监督均有司法审查机制等相关规定加以约束，相较而言，监察机关则没有这一机制进行约束，存在权力滥用的可能性。因此，对涉嫌职务犯罪的监察案件进行刑事立案，使其与普通刑事诉讼程序统一，将立案后的监察案件纳入《刑事诉讼法》的约束范围，接受《刑事诉讼法》的程序监督与其对犯罪嫌疑人、被告人的人权保障制度，实现惩罚犯罪与保障人权的统一。

3. 留置措施与刑事强制措施衔接

《监察法》中对于限制人身自由的留置措施制定了一些较为具体的规定，其中包括留置时间、对象、条件等，而新《刑事诉讼法》对于监察机关移送的已经采取留置措施的案件，规定检察机关应当对犯罪嫌疑人先行拘留，留置措施自动解除。这就意味着检察机关对于已采取留置措施的调查人有一个先行拘留的过渡期，这个过渡期间检察机关对被调查人进行羁押必要性审查以及决定是否采取逮捕、取保候审、监视居住等强制措施，从而实现《刑事诉讼法》与《监察法》的衔接，而只要检察机关决定适用强制措施，则必须适用《刑事诉讼法》中关于强制措施的有关规定，从而完整刑事案件审查起诉前的调查程序。但值得注意的是，如出现补充侦查程序流转的情况对于被调查人该如何采取强制措施，是退回监察机关采取留置措施还是继续由检察机关采取羁押措施。这些实务中的问题仍然需要两法衔接磨合细化完善相关法律法规从而解决。

4. 调查阶段律师介入与刑事诉讼程序保障措施衔接

按照《刑事诉讼法》的规定，除特别重大贿赂犯罪、国家安全犯罪、恐怖组织犯罪案件在侦查阶段对犯罪嫌疑人律师介入有限制外，其他犯罪嫌疑人可在侦查阶段第一次讯问时允许律师的介入。但《监察法》对于监

---

① 姚莉：《监察案件的立案转化与“法法衔接”》，载《法商研究》2019 年第 1 期。

察机关调查阶段被调查人能否申请律师介入没有明确规定，这势必与《刑事诉讼法》不相衔接，同时也不利于人权的保障，与正当程序原则背道而驰，更与新《刑事诉讼法》中认罪认罚从宽制度不相合。因此，对于监察机关调查阶段律师介入制度需要逐渐予以解决和细化，从而实现与《刑事诉讼法》的契合。例如，有学者提出的自被调查人被监察机关采取留置措施之日起，应当允许律师介入职务犯罪调查程序。一方面遵循《刑事诉讼法》有关规定，较为妥当地实现与刑事诉讼程序的衔接；另一方面考虑到违法调查与犯罪调查的界限，既不至于给监察调查带来风险，又能保证监察调查程序正当性。①

（二）《监察法》与《刑法》的衔接

《监察法》是一部反腐败国家立法，是对职务违法与职务犯罪行为进行特殊约束的法律。虽然其独立于刑事犯罪有关的程序法律《刑事诉讼法》与实体法律《刑法》，但其对于职务犯罪行为能否实现最终约束仍然依靠《刑事诉讼法》与《刑法》的配合。因此，除于《刑事诉讼法》衔接问题外，与《刑法》衔接问题也不可忽视。例如，《监察法》中对于监察对象公职人员的规定与《刑法》中国家工作人员的规定与描述无法完全一一对应。有些公职人员可能并不具有国家机关工作人员身份，但其在履行公职过程中实施的职务犯罪，仍然可以属于监察机关管辖范围。因此，《监察法》与《刑法》对于职务犯罪的公职人员的监察范围的应逐渐对应实现监察对象与犯罪对象对应衔接。再如，《监察法》第 40 条规定："严禁监察机关以威胁、引诱、欺骗及其他非法方式收集证据，严禁侮辱、打骂、虐待、体罚或者变相体罚被调查人员和涉案人员。"法条中所规定的行为与《刑法》第 247 条刑讯逼供、暴力取证行为相类似，《刑法》中规定刑讯逼供罪与暴力取证罪的犯罪主体为司法人员，监察机关的性质不属于司法机关范畴，具有混合性质。因此，如果发生监察人员刑讯逼供、暴力取证的行为该如何处置，这也是《监察法》与《刑法》相衔接须解决的问题。

如今，我国监察体制改革正处于高速发展阶段，其中显现出来的刑事领域内法律间衔接问题是其中不可避免又急需解决的问题。在现有的制度设计下，如何通过理论的架构与论证逐步细化和解决实务中涌现出来的问题，成为我们在反腐浪潮中须踏实渡过的一道关卡。

---

① 卞建林：《配合与制约：监察调查与刑事诉讼的衔接》，载《法商研究》2019 年第 1 期。

八、国家总体安全观指导下的反恐怖主义犯罪

（一）恐怖主义犯罪的发展态势

2018 年以来，恐怖组织、反政府武装力量持续加大对各国破坏力度。据统计，2018 年 1 月至 6 月，在全球 42 个国家发生了 639 起恐怖袭击案件，比 2017 年同期略为增长，增长幅度为 0.6%，恐怖袭击造成了 3305 名人员死亡，死亡人数较去年同期大幅下降，下降比例达 19.6%。① 恐怖袭击方式变化多端，手段极其残忍，导致民众日常情绪恐慌。当前，恐怖主义形势依然严峻，恐怖主义仍然是和平与发展的最大威胁，严重影响了多国政治、经济等多领域发展。

1. 国际恐怖主义犯罪发展态势

2018 年是不平凡的一年，在全球各个国家接连发生恐怖主义事件，严重威胁到人民的生活安宁。如 1 月 15 日，发生在伊拉克首都巴格达市中心的两起炸弹袭击，造成至少 27 人死亡、91 人受伤；2 月 14 日，美国佛罗里达州迈阿密都会区帕克兰玛乔丽·斯通曼·道格拉斯高中发生大规模枪击案，造成 17 人死亡、14 人受伤；5 月 1 日，尼日利亚东北部阿达马瓦州穆比镇发生两起自杀式爆炸袭击，造成超过 60 人死亡；6 月 19 日，阿富汗西部巴德吉斯省巴拉穆尔加布地区两个安全检查站遭到袭击，造成至少 45 名安全人员死亡。国际恐怖主义呈现出新的趋势：第一，杀伤性武器使用增多、杀伤力更大；第二，袭击方式变化多端，无人机的广泛应用，成为恐怖袭击的新趋势。

2. 国内恐怖主义犯罪发展态势

国际恐怖主义犯罪问题呈现上升发展，无一例外，恐怖主义犯罪问题在我国也同样存在。2018 年，境内外涉及我国恐怖主义事件不断发生。如 2 月 11 日，北京西城区西单大悦城商场内 1 名男子持械行凶，造成 1 名女性死亡，另有 12 人受伤；4 月 27 日，陕西省榆林市米脂县第三中学学生放学途中遭人持匕首袭击，造成 19 名学生受伤，其中 7 人死亡；6 月 28 日，上海世外小学浦北路校区门口 1 名男子持菜刀砍学生和家长，造成 2 名男童死亡，另有 1 名男童和 1 名家长受伤。此外，3 月 31 日，1 名中国公民在坦桑尼亚达累斯萨拉姆市住所内遇害身亡；5 月 30 日凌晨，2 名中国人在菲律宾

① 宋汀、曹伟：《2018 年上半年国际恐怖主义态势报告》，载《信息安全》2018 年第 9 期。

马尼拉市罗哈斯大道和吉尔神父街交界，遭到2名摩托车骑手伏击当场身亡。种种事件表明，恐怖主义犯罪仍是我们当前面临的一大难题，但总体来说，国内的反恐斗争形势，特别是新疆地区等重点省份反恐形势得到了较大改善。

（二）新形势下应对恐怖主义犯罪

习近平总书记在十九大报告中强调："国家安全是安邦定国的重要基石，维护国家安全是全国各族人民根本利益所在。"[①] 和平与发展仍然是当前的时代主题，但世界面临的不稳定性、不确定性突出，地区热点问题此起彼伏，恐怖主义犯罪持续蔓延。应对新形势下的恐怖主义犯罪，仍需从以下几个方面不断努力。

1. 完善反恐立法，构建严密法律体系

为有效打击恐怖主义犯罪，加快国家安全法治建设，我国在反恐立法方面作出了一系列努力。如2015年12月27日，全国人大常委会通过了《反恐怖主义法》，对反恐工作的体制、机制、手段和措施作出明确规定；2016年11月7日，全国人大常委会通过了《网络安全法》；2017年2月22日，新疆和田地区出台《和田地区群防群治组织反暴恐奖励办法（试行）》；2018年4月24日，全国人大常委会对《反恐怖主义法》进行了修正。然而，目前的反恐法律体系仍然存在一定的不足。我国《反恐怖主义法》在未来完善时，可以借鉴美国复合式的立法体例，对其经验进行去粗取精、去伪存真的借鉴，进而弥补我国独立式立法体例繁琐的缺陷，并且可以更好地兼顾反恐和立法二者的关系，形成良性互动。[②]

2. 深化理论研究，进一步为反恐提供智力支持

理论研究服务于反恐实践。应对恐怖主义犯罪，我国不仅从立法层面作出了不懈努力，法学理论也紧贴反恐步伐。2018年，国内一大批国家机关、高校以及科研机构举办了多场大型反恐学术研讨、交流会。其中影响比较大的有：2018年5月28日，为期4天的武警部队"长城-2018"反恐国际论坛在燕山脚下的武警特警学院召开，来自中国、法国、巴基斯坦、约旦、埃及、墨西哥等28个国家同类任务部队的180余名代表参加了该论

---

① 李敏：《维护国家安全是人民根本利益所在》，载光明网，http://theory.gmw.cn/2017-12/05/content_27007838.htm，最后访问日期：2019年1月20日。

② 康均心、徐翔、高丽丽：《机遇与挑战：我国反恐怖主义研究的未来走向》（上篇），载《河南警察学院学报》2018年第4期。

坛；6 月 22 日，“第七届中国国际反恐防爆技术研讨会”的召开，探讨、交流了反恐防爆技术理论以及反恐防爆技术信息；6 月 23 日，第三届“总体国家安全法治·长安论坛”在西北政法大学长安校区举办，会议就当前情势下“一带一路”建设面临的恐怖主义风险及应对、我国面临恐怖威胁态势的新变化等进行了深入的探讨；7 月 15 日，由教育部对台教育交流项目资助、中南财经政法大学和甘肃政法学院联合主办的“第三届海峡两岸反恐怖主义研究合作论坛”暨“新的国家安全观与国际反恐新形势中的中国应对”研讨会；10 月 26 日，全国首个“反恐怖主义法学研究会”在西北政法大学成立，研究会的成立对反恐怖主义法学在理论与实践相结合的发展道路上有着深远影响。学术论坛的召开，给深入反恐不断添砖加瓦，同时为进一步打击恐怖主义奠定了良好基础。

3. 重视反恐实践，提升反恐实战能力

一方面，运用高科技、大数据等科技反恐。当前，随着高科技、特别是计算机网络技术的迅速发展，越来越多的恐怖分子掌握并使用生物技术、化学技术、计算机网络技术等高科技手段。面临国际恐怖主义高科技化，运用大数据、高科技反恐已是当务之急，应重点完善、提升反恐体系的防范预警机制以及及时应对能力。例如，2018 年以来，我国在新疆测试面部识别系统，该系统在目标人物离开家庭或工作单位 300 米远时，自动向相关部门发出警报，我国警方正在使用具备面部识别技术的智能眼镜抓捕人群中的逃犯和可疑人员。[①] 此外，研究和分析恐怖分子思想，提前做好预防。如采用心理学分析方式和高端心理测试仪器研究宗教极端思想的根源和演变，尽可能对具有极端思想的人员提前做好思想工作，防止沦为恐怖分子成员。从思想源头以及利用高端科技预防和打击恐怖主义将成为未来反恐发展趋势。

另一方面，进一步加强与周边国家反恐合作。反恐合作是正确把握地区安全形势，防范和打击国际恐怖主义犯罪的有效途径。2018 年我国与周边国家进行了一系列反恐维安合作，如 2 月 10 日，中马两国就去年从泰国监狱越狱的 11 名维吾尔人是否遣返中国进行磋商；3 月，我国军方在塔吉克斯坦部署军力，以加强安全存在，防范驻扎在附近的阿富汗境内武装分子袭击我国西部，并在靠近中、阿、塔三国边境的塔吉克斯坦境内部署士

① 宋汀、曹伟：《2018 年上半年国际恐怖主义态势报告》，载《信息安全》2018 年第 9 期。

兵，打造反恐中心；此外，8月24日，“和平使命－2018”联合反恐实兵实弹演习在俄罗斯切巴尔库尔市的第255综合训练场打响，该演习对于提升多国联合反恐作战能力具有重大意义。

回首2018年，尽管我国在打击恐怖主义犯罪方面取得了一定得成绩，地区发展相对稳定。但是，从世界整体情况来看，反恐形势不容乐观，反恐斗争的复杂性、长期性等特征并未发生改变，稍加不慎便会反弹。此外，恐怖主义仍然处于回流、上升状态，恐怖袭击事件在世界范围内层出不穷，加之恐怖分子对高新科技以及计算机网络的利用，使得未来反恐形势更加严峻。在今后一段时间里，恐怖主义将依然是刑法预防与打击的重点。因此，各国在强化本国反恐能力建设的同时，应不断加强反恐国际合作，共同应对恐怖主义犯罪这一难题。

九、民营企业产权的刑法保护

产权保护制度是社会主义市场经济的基石，依法保护产权是建设社会主义法治国家的必然要求，也是经济宪法的核心范畴。改革开放以来，我国非公有制经济，特别是民营企业得以快速发展，已经成为我国经济发展的重要核心力量，但目前在非公有制经济之刑法保护理论研究方面仍面临“瓶颈”和挑战，因此在民营企业产权保护制度问题上亟须植入新的法治基因。

（一）民营企业产权刑法保护的必要性

改革开放以来，全社会产权保护意识不断增强，保护力度不断加大。但目前我国民营企业产权保护仍存在一些薄弱环节和问题，因此加快产权保护制度势在必行。中共中央和国务院于2016年11月提出《关于完善产权保护制度依法保护产权的意见》。最高人民法院于2016年11月发布《关于充分发挥审判职能作用切实加强产权司法保护的意见》。最高人民检察院于2016年7月下发《关于充分发挥检察职能依法保障和促进科技创新的意见》，后又于次年2017年1月发布《关于充分履行检察职能加强产权司法保护的意见》。而且，最高人民法院在2017年12月29日发布《关于充分发挥审判职能作用为企业家创新创业营造良好法治环境的通知》，具体规定了保护民营企业产权的具体措施。可以看出随着经济的发展、政策的引导、立法的规范，学界和实务界都开始对此予以高度重视，因此对于民营企业的产权的刑法保护相关问题，具有关乎国家经济发展大局的重要意义。

（二）刑法在保护民营企业产权上的困境

尽管我国刑法规定了平等原则，但有关民营企业产权保护上并未得到体现，相反刑法保护民营企业产权的困境集中现在立法和司法上的不平等。

1. 刑事立法上存在对民营企业产权保护不平等

刑事立法中就蕴含着差别性保护的倾向，民营企业往往得不到与国有企业产权同等的保护。从我国现行刑法来看，刑法对民营企业产权保护有失平等的立法主要体现在以下三个方面：

第一，刑法总则部分对民营企业产权保护立场不够明确。具体来说，我国《刑法》第 2 条规定了刑法的基本任务，其中有“保护公民私有的财产”的表述，这仅是对私人财产的认可，并不能表明私人财产可以获得与国有财产同等的保护。《刑法》第 92 条明确规定了刑法保护私人所有财产的人员范围，主要包括公民个人及其家庭、个体户、私营企业。但是民营企业还包括中外合资、混合制企业等，这些在此条中并未体现。

第二，侵害客体和形式相同，民营企业与国有企业存在差别待遇，法定刑也存在较大悬殊。刑法分则中的某些条款存在对侵害对象作出公有私有之分；侵权主体的单位性质不同，罪名认罪也不尽相同；同种侵害行为，因侵害客体和侵权主体不同，其量刑标准和刑期等方面也存在较大差别。这些都在某种程度上体现出民营企业平等适用刑法原则没有得到应有的落实。例如，我国加入的《联合国反腐败公约》于 2005 年即对我国具有约束力，该公约指出民营企业中的职务犯罪也视为腐败犯罪，而我国刑法对此公约的精神并没有落实，民营企业没有得到平等的刑法保护。

2. 民营企业产权刑法保护的司法困境与缺陷

从上述来看，我国立法对民营企业产权保护存在差别性对待。这在某种程度上直接导致民营企业产权刑法平等保护带来了诸多司法缺陷与障碍。

第一，司法实践中存在随意处置民营企业产权的情形。根据《刑事诉讼法》的有关规定，司法机关要对所扣押、查封冻结的当事人财产妥善保管，不得扣押、查封、冻结与案件没有关系的财产。案件处理结束后，司法机关应当及时将与案件无关的财产归还当事人。中央深改组《关于完善产权保护制度依法保护产权的意见》指出，严格按照法定程序扣押、查封、冻结企业，为企业预留必要的流动资金和往来账户，以最大限度地降低扣押、查封、冻结对企业正常经营活动的负面影响。在扣押、查封、冻结财产时，要合理区分个人财产与企业法人财产，处置个人财产时不得任意牵连企业财产，严格区分合法财产与违法所得。然而，公安机关等在办案过程中经常扣押、查封、冻结些与案件无关的民营企业财物，并非法处理扣押、查封、冻结的这些财产。

第二，司法实践中存在民营企业与国有企业追究刑责区别对待。新中国成立以来，我国政府对国有企业予以特别保护，立法上也对民营企业与国有企业区别对待，这就让司法人员心里容易形成了一定的思维定式，对民营企业司法平等保护的观念难以形成。在此观念的影响下，即便实施了同样行为，民营企业被追责而国有企业却被任意放纵；抑或民营企业追究刑责重于国有企业。①

（三）破解民营企业产权刑法保护困境之出路

1. 转变传统思维观念

首先，必须树立刑法平等保护的观念。市场经济要求各市场主体在自由竞争市场上、法律上处于平等地位，无论是国有企业还是民营企业。特别是在刑法领域，必须从意识上平等保护民营企业权益，不能厚此薄彼，挫伤民营企业发展的积极性。

其次，保持刑事立法与宪法一致。从思想上牢固树立宪法是根本大法，是一切立法、司法、执法的基本遵循。我国宪法已经要求对民营企业平等保护，然而因为思想存在偏差，导致刑事立法脱节于宪法，因此，对民营企业产权的保护，必须要以宪法为核心，积极发挥刑事立法的指导性作用。

最后，深化对民营企业重要性认识。非公有制经济是我国市场经济的重要组成部分，据有关资料统计，非公企业对我国 GDP 贡献率高达 60% 以上，提供了 80% 的城镇就业岗位，吸纳了 70% 以上的农村转移劳动力，新增就业 90% 绝大部分都在民营企业，来自非公企业的税收占比超过 50% 。②

2. 贯彻落实刑法平等原则

第一，完善刑法总则相关条款的规定。刑法总则条文应当将刑法保护的范围适当扩大，将民营企业也纳入保护范围，删除对主体的限制，实现定罪平等。必须明确贯彻平等原则立场，不允许任何权利主体有超越法律的特权。

---

① 袁彬：《加强民营企业产权刑法保护的司法典范》，载《人民法院报》2018 年 6 月 1 日，第 2 版。

② 人民风采网新闻中心：《民营企业在国民经济中的地位和作》，载于东方头条，http://mini.eastday.com/mobile/170502114436730.html，最后访问日期：2019 年 1 月 20 日。

第二，构建完善的刑罚制度，实现量刑平等。要以“罪”与“刑”相适应为原则，将对国有企业中和民营企业中的犯罪，实现均衡化、合理化，如受贿罪，最高刑为死刑，而民营企业中的非国家工作人员受贿罪，最高刑则为 5 年，量刑有失均衡，这将不利于对民营企业权益的保护。

3. 加强刑事司法的有效保护

第一，树立司法为民理念。司法是维护社会公平正义的最后一道防线，是我国最具时代特色的司法理念，要求法官运用现行法律实现包括弱者在内的法律主体的平等、公平、正义等价值，让司法人员真正成为解决人们合理诉求的重要途径。① 具体而言，适当加大对非公民营企业犯罪的惩处力度，为其发展营造良好法治环境；严惩公职人员职务犯罪，为民营企业创造良好政务环境；明确罪与非罪、重罪与轻罪界限，为民营企业打造宽松的发展环境。

第二，强化平等司法理念。平等是法律的基本属性，而刑法面前人人平等原则更是金科玉律，国有企业与民营企业产权的利益应当同样的受到保护，二者权益保护发生冲突时，也不能无偿牺牲民营企业产权利益，应当对其进行合理补偿，对犯罪应当及时进行刑事司法救济。

第三，加大刑事司法保护力度。目前为止，我国当前的国家文件和司法政策已经注意到应加大对民营企业产权保护，但毕竟这些并未转化为法律，有关的立法、司法机关应当与时俱进进行相应的立法、司法衔接工作。在民营企业产权刑法保护上，作出有针对性、可操作性的立法、司法解释，来指导解决我国司法实践中面临的现实问题。

撰稿专家

康均心，1968 年出生，湖北仙桃人，法学博士，中南财经政法大学刑事司法学院教授、博士生导师、美国南伊利诺依大学高级访问学者。现任中南财经政法大学学术委员会委员，社会科学研究院院长，湖北省人文社科重点研究基地中南财经政法大学反恐怖主义研究中心主任。兼任湖北省刑法研究会会长、中国犯罪学研究会副会长、湖北省法学会副会长；

① 屈新、何显兵：《论司法为民与现代司法理念》，载《国家行政学院报》2005 年第 4 期。

受聘任国家留学基金委评审委员会委员、公安部精品课程评审委员会委员、中共湖北省委法治环境监督员、湖北省法官检察官遴选委员会委员、湖北省人民检察院专家咨询委员等。在《管理世界》《中国法学》等境内外刊物发表学术论文200余篇，出版专著、主编、参编国家统编教材、著作等50余部；主持国家社科基金、教育部对台湾教育交流重大项目、中央政法委重大项目、欧盟人权项目、湖北省反恐应对策略等纵向横向项目40余项，撰写的有关预防商业贿赂的对策被中纪委监察部领导批示、撰写的海峡两岸反恐法律比较被国家反恐办在反恐立法中采用。获得教育部等国家级及省部级多项奖励。曾参与我国《刑法》及有关《刑法修正案》《反分裂国家法》《反恐怖主义法》《社会治安综合治理法（草案）》等法律的调研起草工作。

第七章　2018 年诉讼法实施报告

2018 年刑事诉讼法实施报告

汪海燕

报告要旨

2018 年，《刑事诉讼法》第三次修改，《监察法》颁布实施，《人民法院组织法》《人民检察院组织法》等法律相继修订。此次《刑事诉讼法》修改主要涉及《刑事诉讼法》与《监察法》的衔接、建立值班律师制度、构建缺席审判制度、完善认罪认罚从宽制度和增加刑事速裁程序等内容。与此同时，以"司法责任制"为核心的司法体制改革也向纵深推进，检察机关"捕诉合一"改革全面铺开，律师辩护全覆盖的试点工作得以推行。总体来看，2018 年与刑事诉讼相关的改革和活动呈现"加强庭审实质化，努力实现司法的公平正义""司法体制改革深度推进，诉讼信息化建设加速进行""保护国民财产安全，为经济健康稳定发展保驾护航"等特点。继续推进以审判为中心的诉讼制度改革，加强人民检察院的法律监督职能建设，完善认罪认罚从宽制度和值班律师相关制度等，应是近期刑事诉讼制度改革和完善的方向。

核心建议

1. 继续推进以审判为中心的诉讼制度改革。
2. 完善刑事诉讼中认罪认罚从宽制度。
3. 完善值班律师制度，扩大法律援助范围，提升援助质量。

2018年在刑事诉讼和刑事司法领域，立法机关对《刑事诉讼法》进行了第三次修改，制定了《监察法》，同时对《人民法院组织法》《人民检察院组织法》等多部涉及司法体制的法律作了重大调整。2018年是改革开放40周年，各项改革措施逐步落地，以“司法责任制”为核心的司法体制改革向纵深推进。最高人民法院、最高人民检察院相继发布《关于进一步全面落实司法责任制的实施意见》《2018－2022年检察改革工作规划》，标志着司法体制改革从主体框架的基本确立向“内部精装”推进。

一、2018年刑事诉讼法律实施总体状况

（一）修改《刑事诉讼法》等法律

2018年我国《刑事诉讼法》迎来了自1979年制定以来的第3次修改，这无疑成为本年度刑事诉讼司法领域最受关注的事件。本次修改共作出26项决定，对2012年《刑事诉讼法》的18个条款进行了修改，同时新增条款18条。从篇幅上看，相对于前两次修改，此次修改虽然只能算作一次局部性的“小改”，但对完善中国特色刑事诉讼制度、推进依法治国方略的实施具有重要意义。本次修改是在《宪法》的修订和《监察法》的颁布背景下完成的，体现了与新构建的国家监察体制相适应，呼应了国际追逃追赃的现实需要，并及时总结司法体制改革中的试点经验，可以说是一次“本土化”特色明显的立法。本次修改主要涉及《刑事诉讼法》与《监察法》的衔接问题、建立值班律师制度、构建缺席审判制度、完善认罪认罚从宽制度和增加刑事速裁程序等方面的内容。

“法律的生命在于实施”。为落实修改后《刑事诉讼法》相关条款，当务之急是需要明确、细化新修改的制度和程序，或者调整与之相关的法律规定。针对修订后的《刑事诉讼法》第19条第2款关于检察机关管辖的案件范围的重新界定，2018年11月24日，最高人民检察院印发了《关于人民检察院立案侦查司法工作人员相关职务犯罪案件若干问题的规定》，对检察机关应当立案管辖的案件范围、级别管辖、案件线索的移送和处理以及办案程序进行了明确和细化，为检察机关及时、准确适用修改后的《刑事诉讼法》提供了指引。此外，《人民法院组织法》《人民检察院组织法》也进行了相应的调整。

2018年4月27日，十三届全国人大常委会第二次会议表决通过了《人民陪审员法》。其中第15条规定，人民法院审理案情复杂的第一审刑事案

件，由人民陪审员参加审判；第 16 条规定，“可能判处十年以上有期徒刑、无期徒刑、死刑，社会影响重大的刑事案件”，由人民陪审员和法官组成七人合议庭进行审理；第 22 条规定，“人民陪审员参加七人合议庭审判案件，对事实认定，独立发表意见，并与法官共同表决；对法律适用，可以发表意见，但不参加表决”。这是关于我国审判组织的重大变化，标志着刑事审判组织的改革进一步推进。

（二）《监察法》出台

2018 年 3 月 20 日，第十三届全国人民代表大会第一次会议通过了《监察法》，标志着集中统一、权威高效的中国特色国家监察体制已建立。长期以来我国对公权力的监督和制约机制存在监察范围过窄、反腐败力量过于分散、反腐败的专责和集中不够统一等问题。为着力解决上述法治难题，自 2016 年年底开始，全国各地逐步展开国家监察体制改革的试点工作，并取得了积极成效和有益经验。《监察法》的制定和出台，彰显了党和国家治理公权力腐败问题的信心和决心。

《监察法》由于关涉职务犯罪调查，其中的诸多内容与《刑事诉讼法》密切相关。《监察法》的出台，打破了以往“侦查—公诉”的格局，构建出全新的“调查—公诉”模式，[①] 其中涉及刑事诉讼中职能管辖格局的改变、监察机关留置措施与刑事强制措施、监察证据与刑事证据衔接等问题，但是监察机关办理的刑事犯罪案件最终还是要回归到审判的轨道上。这充分体现了监察“有别侦查，对接公诉，服务审判”[②] 和“监察机关与刑事司法机关相互配合、相互制约”的精神。

《监察法》出台后，《刑事诉讼法》及时作出了调整，努力实现与之有效衔接。但是我们应该看到，这仍然是一种“粗线条”的衔接，在一些问题上还存在规定模糊，甚至适用无据的情形，这也意味着亟待相关解释性文件的出台。

（三）检察机关“捕诉合一”改革持续推进

作为新一轮司法体制改革的重要配套措施，检察机关的“捕诉合一”办案模式的探索成为当前检察改革的“最热门”路径之一。“捕诉合一”的办案模式改革探索自 2013 年就在全国各地相继展开。“捕诉合一”改革自

---

① 参见李奋飞：《“调查－公诉”模式研究》，载《法学杂志》2018 年第 6 期。

② 张云霄：《〈监察法〉与〈刑事诉讼法〉衔接探析》，载《法学杂志》2019 年第 1 期。

2018年上半年在全国部分地区开展试点，下半年则在全国范围内进行推广，也有部分地区出台了相关的规程、细则，将这种办案模式固定下来。

“捕诉合一”办案模式，是相对于传统的“捕诉分离”而言的，即检察机关由同一部门同一检察人员对所办理的刑事案件完成案件的审查批捕、提起公诉、诉讼监督等工作。“捕诉合一”涉及部门合一、主体合一、权力合一、责任合一共四个方面的结合。在当前“以审判为中心的刑事诉讼制度改革”逐渐步入深水区的大背景下，检察机关当前面临人案矛盾突出的现状①，“诉捕合一”的办案模式无疑能够在很大程度上缓解检察机关所面临的“案多人少”的现实困境，同时也可以有效地加强检察机关对侦查机关的引导。此外，该种模式在全面提高检察官办案能力和水平以及方便律师辩护等方面均有所裨益。但是这种模式也因为侵蚀批捕权的中立性以及将两种不同性质的权力混同而遭受质疑。

关于“捕诉合一”的模式，各地也积极探索，取得了丰富的经验。相关数据和研究似乎表明，“捕诉合一”的模式对司法办案产生的正面效果积极且明显，检察机关的办案质量和效率均有所提升。② 部分试点地区也将实践中的一些做法和有效经验固定下来，一些地方相继出台了各自的关于“捕诉合一”的规范性文件，细化并规范了捕诉合一机制的运行程序和相关规则。例如，2018年6月20日，湖北省宜昌市人民检察院通过了《宜昌市人民检察院试行捕诉合一办案机制的工作意见》；天津市检察机关也制定了《刑事检察业务全面实行“捕诉合一”办案机制的实施意见》，并于2019年1月1日起正式实施。其中以2018年7月上海市检察机关印发的《上海市检察机关“捕诉合一”办案规程（试行）》（以下简称《上海规程》）最具有典型性和代表性，为在全国范围内进行推行“捕诉合一”机制提供了有益的参考和借鉴。首先，《上海规程》秉持法治化的制度设计理念，将审查批准逮捕程序打造成诉讼化的模式，并在审查批捕环节引入了指定辩护的

---

① 如2017年全国检察机关侦查监督部门受理审查逮捕犯罪嫌疑人135万人，同比上升24.4%，公诉部门受理移送起诉人数突破200万人，同比增长19.8%。简言：《“诉捕合一”：提供更加优质“法治产品”》，载《检察日报》2018年6月21日，第3版。而同时2017年全国检察机关共遴选出84 444名员额制检察官，参见王治国、郭洪平：《全国检察机关遴选出员额内检察官84444名》，载《检察日报》2017年11月2日，第2版。

② 例如，江苏扬州检察机关开展“捕诉合一”改革以来，检察机关的办案期限平均缩短了5~10个工作日，参见黄芹、周珊、张峻琦：《案件审查起诉时间减少5至10天苏州吴中：“捕诉合一+专业化办案组”全面落实办案责任制》，载《检察日报》2018年6月22日，第2版。

机制，有效弥补了对人权保障的不足和防止检察机关偏听偏信、一家独大的机制。其次，《上海规程》还在检察官职责、案件质量标准、司法责任追究等方面作出了全新的规定，突出了检察官的办案主体地位，让办案者权责更加明晰，这是与司法责任制改革的内在精神是相统一的。最后，《上海规程》强化了检察机关对侦查机关的引导。此外，《上海规程》还打造了全方位、立体化的监督制约机制，全面堵住了司法腐败的风险点。[①]

在“捕诉合一”改革推行过程中，全国人大监察和司法委员会、最高人民检察院联合邀请多名法学专家，前往江苏省无锡市和苏州市检察机关针对“捕诉合一”情况展实地调研，详细了解了“捕诉合一”模式在实践中的运行情况。[②] 通过调研，各位专家学者在总体上肯定此种做法基础上也发现了不少问题，并为日后完善该制度提供了有益的建议。

（四）规范办案流程，完善取证规则

电子数据是 2012 年《刑事诉讼法》修改后所新增加的一类独立的证据种类，但是《刑事诉讼法》中却缺少关于电子数据提取和审查判断的具体规则。在当前的信息化时代背景下，随着人们的网络生活越来越频繁以及网络犯罪的日渐高发，电子数据在刑事诉讼中出现的频率也越来越高，甚至有成为信息时代下“证据之王”的趋势。电子数据往往是存在于计算机、网络空间中，专业性、技术性较强，对收集和取证的方法及程序要求较高。对此，2016 年最高人民法院、最高人民检察院和公安部曾经出台过《关于办理刑事案件收集提取和审查判断电子数据若干问题的规定》，但是实践中的新问题不断出现，尤其是在公安侦查阶段关于电子数据的取证规则、程序和收集方法上不够细化，致使某些电子数据能否成为法庭定案的根据而频频产生争议，如 2016 年的快播案即出现过这样的问题。对此，2019 年 1 月 2 日公安部发布了《公安机关办理刑事案件电子数据取证规则》，[③] 该规则对电子数据的收集、提取、检查、检验、鉴定等多个方面的流程进行了细化，为公安机关侦查部门搜集、提取、检验、鉴定电子数据提供了更加清晰的规程和指引，对于规范公安机关取证程序、确保证据质量、提高取证效率无疑具有更加重要的作用。

---

① 叶青：《关于“捕诉合一”办案模式的理论反思与实践价值》，载《中国刑事法杂志》2018 年第 4 期。

② 参见最高人民检察院网站，http：//www. spp. gov. cn/spp/zdgz/201807/t20180724_ 385786. shtml。

③ 参见公安部网站，http：//www. mps. gov. cn/n2254314/n2254409/n4904353/c6337154/content. html。

（五）完善办案程序，提高办案质量

在科技时代的大环境下，刑事案件的情况错综复杂，涉及多个领域、多种行业，尤其是一些专业性、科技性较强的证据，大大超出了司法办案人员的知识储备范围，给司法人员带来前所未有的挑战。司法人员必须依靠案件涉及领域专业人员的参与才能高质量、高标准的完成案件的侦查、审查起诉等工作。2012 年《刑事诉讼法》修改中也引入了“有专门知识的人”参与诉讼的机制，但是实践中对于“有专门知识的人”的基本条件、参与办案的范围、如何参与办案以及保障性问题都缺乏专门性、系统性的规定，“有专门知识的人”参与办案一直面临“无法可依”的状态。对此，2018 年 4 月 3 日，最高人民检察院发布了《关于指派、聘请有专门知识的人参与办案若干问题的规定（试行）》，这也是我国现有的第一部关于有专门知识的人参与办案的专门性司法解释。[①] 该规定共有 25 条，涉及相关概念的界定；有专门知识的人基本条件、名单库建设、回避规则；有专门知识的人参与办案的范围、程序和工作内容以及保障性条款，从而为有专门知识的人参与检察机关办案程序提供了明确的规范，并促进科学办案的长效机制建立。[②]

推进以审判为中心的诉讼制度改革是党的十八届四中全会对司法改革作出的重要部署。为了进一步推动将刑事诉讼的重心转移至审判阶段，增强法庭审判的实质化，2018 年 7 月，最高人民检察院出台了《公诉人出庭举证质证工作指引》。该指引共五章，77 条，对举证质证的概念、内涵进行了界定，对检察机关的庭前准备、举证质证的目标任务、基本要求、一般方法、具体程序等多个方面进行了细化和规范。[③] 该指引是最高检察机关第一部关于庭审的举证、质证的规范，它适应了完善多层次诉讼体系的需要，着眼于构建以庭前准备为基础、以当庭指控证实犯罪为核心、认罪与不认罪案件相区别的出庭模式，既体现出追求刑事诉讼实质真实的要求，也反映出繁简分流、提高效率的司法理念。

---

① 参见最高人民检察院网站，http：//www. spp. gov. cn/xwfbh/wsfbt/201804/t20180403 _ 373312. shtml#2。

② 赵志刚等：《〈关于指派、聘请有专门知识的人参与办案若干问题的规定（试行）〉理解与适用》，载《人民检察》2018 年第 10 期，第 30 页。

③ 参见最高人民检察院网站，http：//www. spp. gov. cn/spp/tt/201807/t20180719_ 385387. shtml。

（六）推行律师辩护全覆盖的试点工作

辩护权是刑事诉讼中犯罪嫌疑人、被告人最基本、最重要的诉讼权利。刑事诉讼文明史就是辩护权不断完善和发展的历史。毋庸讳言，长期以来，我国的刑事辩护制度不完善，刑事诉讼的律师辩护率不高，这些均极大影响了刑事诉讼中人权保障的实现。2018 年《刑事诉讼法》的修订，所涉及的缺席审判制度、认罪认罚从宽制度等都需要以律师的参与为支撑，因此扩大律师辩护的范围乃至律师辩护全覆盖是今后刑事辩护发展的重要目标和方向。此外，以审判为中心的诉讼制度改革，客观上亦需要我国全面提高刑事诉讼中律师辩护的覆盖率。自 2017 年 11 月以来，最高人民法院、司法部部署在北京等地开展刑事案件律师辩护全覆盖试点工作。通过一年多的运行，试点工作取得积极成效，大幅提高了律师辩护率，广东适用普通程序审理的案件律师辩护率达 92.8%，北京一审案件律师辩护率达 95%。为了进一步扩大试点范围，巩固试点成果，2018 年 11 月 29 日，最高人民法院和司法部在安徽合肥召开刑事案件律师辩护全覆盖和律师调解两项试点工作推进会，部署在全国扩大两项试点工作。会议要求，到 2019 年年底，刑辩全覆盖要在第一批试点的八个省市和天津、江苏、福建、山东等发达省市基本实现，其他省份要在省会城市和一半以上的县市区基本实现全覆盖。[①] 最高人民法院发布的《关于深化人民法院司法体制综合配套改革的意见——人民法院第五个五年改革纲要（2019－2023）》中也明确提出，未来五年的的法院改革中要“进一步支持刑事案件律师辩护全覆盖试点，完善工作衔接机制，充分保障刑事辩护律师依法执业权利”。

二、2018 年度刑事诉讼法律实施特点

（一）加强庭审的实质化，努力实现司法的公平正义

长期以来我国的刑事诉讼一直以侦查活动为中心，检察机关的法律监督作用不明显，效果不显著。公检法三机关配合有余而制约不足，致使刑事诉讼人权保障的价值难以体现。2018 年，检察机关、法院和司法行政机关都在各自的领域向以审判为中心的目标施策发力，努力推进司法的公平、公开和规范。

---

① 《最高人民法院、司法部部署扩大刑事案件律师辩护全覆盖和律师调解试点工作》，载最高人民法院网站，http：//www. court. gov. cn/shenpan－xiangqing－133301. html。

首先，检察机关强化了法律监督，在检察办案过程中充分发挥监督的职能和职责。长期以来，我国刑事诉讼中的批捕率和起诉率一直处在高位运行的状态，这反映了检察机关对侦查机关的监督、制约作用不明显，侦查在刑事诉讼的核心和权威地位难以撼动。2018 年，检察机关在刑事检察工作中强化了对侦查机关的监督和制约，依法决定不批捕 29 万余人，不起诉 14 万余人，同比分别上升 10.8% 和 22.3%；督促公安机关立案 2.2 万件、督促撤案 1.8 万件，发出纠正违法意见书 5.8 万件，同比分别上升 19.5%、32%、22.9%。与此同时，检察机关加强审判监督，对认为确有错误的刑事裁判提出抗诉 8504 件，同比上升 7.2%。深化刑罚执行监督，监督纠正不当减刑、假释、暂予监外执行 3.9 万人，同比上升 38.9%。[①] 以上数据充分反映出检察机关加强了对诉讼的监督职能和效果，并且更加注重刑事诉讼中的人权保障，有力推动了刑事诉讼的重心稳步地由侦查阶段转移至审判阶段。下一步，检察机关将进一步对审查批捕进行改革，将审查批捕打造成诉讼化的形态。最高人民检察院发布的《2018－2022 年检察改革工作规划》，其中第 2 条第 4 款提出要“完善审查逮捕工作机制”，从而让刑事诉讼中犯罪嫌疑人诉权的保障得到进一步实现。

其次，人民法院努力构建判决书的“释法说理”机制，进一步推动司法公开，让司法在阳光下运行。“正义不仅要实现，而且要以看得见的方式实现。”长期以来，法院裁判文书说理性不强、不充分是审判的一大顽疾。党的十八届三中全会《关于全面深化改革若干重大问题的决定》提出，“增强法律文书说理性，推动公开法院生效判决文书”。最高人民法院随即将“推动裁判文书说理改革”列入审判程序改革的规划。2018 年 6 月 1 日，最高人民法院公布了《关于加强和规范裁判文书释法说理的指导意见》，对法院裁判文书进行释法说理的原则、内容、要求和方法进行了明确的规定。该意见的出台，不仅有力地推动了法院审判工作的公开化、透明化，而且还进一步提高了法庭审判的实质化进程，提升了刑事诉讼程序的公平正义，努力实现“让人民群众在每一起司法案件感受到公平正义”目标。

最后，司法行政系统加强对司法鉴定机构的监管，提高司法鉴定的质量和公信力。司法鉴定是刑事诉讼中查明案情、解决诉讼中的专业性问题的重要途径，鉴定意见也是我国《刑事诉讼法》中法定证据之一。但是由于历史遗留、司法鉴定机制不完善等多方面的原因，我国的司法鉴定存在

① 载长安网，http：//www.chinapeace.gov.cn/2019－02/08/content_ 11505739.htm。

着把关不严、监管不严等问题，致使鉴定意见的质量不高，证据的证明力大打折扣，这极大地影响了刑事诉讼中案件真实的发现和公平正义的实现。近年来也有多起刑事案件因为鉴定的问题而出现波折，甚至酿成冤错案件。针对我国鉴定管理存在的乱象，2017 年 11 月 22 日印发了《司法部关于严格准入　严格监管　提高司法鉴定质量和公信力的意见》，对司法鉴定机构和鉴定人员的准入、监督和管理等多个方面进行了细化和规范，有针对性地解决现实中存在的不规范等问题。自此，司法鉴定的管理和监管将逐步走上正规化的轨道，鉴定意见的公信力也将稳步提升。

（二）保护国民财产安全，为经济健康稳定发展保驾护航

刑事诉讼法实施目的之一就是有效地惩罚犯罪，保证《刑法》准确地实施，从而保护公民的生命财产安全，维护社会秩序。过去的一年，我国公检法三机关通过刑事诉讼法的有效实施，有力地打击了各类侵犯公民人身和财产安全的犯罪，也有力地对社会中各种潜在的犯罪发挥了震慑的作用，从而有效地保护了广大人民群众的生命和财产安全，提升了人民群众的满意度和获得感。其中最突出的表现，一是公安机关开展了扫黑除恶专项斗争；二是大力开展打击侵财类犯罪和经济犯罪案件，出台相关的办案程序规定，维护国家的经济安全和社会主义市场经济秩序。

黑恶势力严重危害广大群众的生命、人身和财产安全，为百姓所深恶痛绝。党中央决定自 2018 年 1 月开始进行为期三年的扫黑除恶专项斗争。2018 年是三年扫黑除恶专项斗争的开局之年。一年来，公安机关共打掉涉黑组织 1292 个、恶势力犯罪集团 5593 个，破获涉黑刑事案件 79 270 起；全国检察机关批捕涉黑犯罪 2 万余件 7 万余人，提起公诉 1 万余件 6 万余人，并充分发挥侦查监督的职能，追加逮捕 5000 余人，追加起诉 3000 余人。

2018 年上半年，P2P 网络借贷平台风险频发，给广大百姓的财产安全造成巨大威胁。公安机关积极开展侦查措施，一年来依法对 380 余个涉嫌非法集资的网贷平台立案侦查，查封、扣押、冻结涉案资产价值约百亿元。检察机关在打击经济犯罪案件方面也重拳出击，通过出台相关司法解释性文件、规范性文件，并与多部门协作配合，增强打击力度。2018 年起诉涉嫌非法吸收公众存款被告人 15 302 人，起诉涉嫌集资诈骗案件被告人 1962 人，这两组数据均相较于去年有较大幅度上升。2019 年 1 月 30 日，最高人民法院、最高人民检察院、公安部联合印发了《关于办理非法集资刑事案件若干问题的意见》，对办理非法集资案件中的相关实体性、程序性问题进

行了规制。①

为了适应当前经济犯罪的新形势和新挑战，2017 年 12 月 19 日，最高人民检察院、公安部联合修订印发了《最高人民检察院、公安部关于公安机关办理经济犯罪案件的若干规定》（公通字〔2017〕25 号），自 2018 年 1 月 1 日起施行。② 该规定着眼于以审判为中心的刑事诉讼制度改革，强调公安机关和检察机关之间配合与制约机制的统一，并对证据的收集、固定以及审查判断提出了更高的要求，从而实现办案质量提升、准确有效打击各类经济犯罪的目标。

（三）司法体制改革深度推进，诉讼信息化建设加速进行

2013 年 11 月，中共十八届三中全会部署全面深化改革，明确提出“深化司法体制改革，加快建设公正高效权威的社会主义司法制度”。自 2014 年 12 月开始，全国 7 个地区先行先试，同步拉开了司法体制改革的序幕。司法体制改革以司法责任制为基础和导向，以“完善司法人员分类管理、完善司法责任制、健全司法人员职业保障、推动省以下地方法院检察院人财物统一管理”为抓手，将改革推向高潮。改革过程中的各项先进做法和经验逐步转化为制度优势。2018 年修订的《刑事诉讼法》中增加了关于审判组织的条文，特别是对于法官与人民陪审员的构成、速裁程序审判组织的构成作出了新的规定；随后，《人民法院组织法》《人民检察院组织法》相继作出了修改，体现了与《刑事诉讼法》的衔接和配合。2018 年 12 月 4 日，最高人民法院印发了《关于进一步全面落实司法责任制的实施意见》，将司法体制改革的各项制度进一步明确、细化，对于构建权责明晰、权责统一、监管有力、运转有序的审判权力运行体系作出了明晰的布局。2018 年还是诉讼信息化建设高速发展的一年。各地在进行电子卷宗的生成和管理方面进行了大胆的改革和探索并形成了有益的经验。2018 年 1 月 16 日，最高人民法院下发了《关于进一步加快推进电子卷宗同步生成和深度应用工作的通知》，进一步细化了电子卷宗的生成和管理规范。③ 同时，《人民法院组织法》以及相关的规定都将司法的信息化建设列为今后的重点工作。信息化建设的加速进行，有助于进一步推进司法公开，提高诉讼的效率，并强化对诉讼过程的监督，同时为修改后的《刑事诉讼法》中认罪认罚从

① 参见最高人民检察院网站，http：//www.spp.gov.cn/spp/zdgz/201901/t20190130_406993.shtml。

② 参见公安部网站，http：//www.mps.gov.cn/n2254314/n2254409/n4904353/c5950132/content.html。

③ 参见最高人民法院网站，http：//www.court.gov.cn/fabu-xiangqing-95342.html。

宽、值班律师参与诉讼等制度提供有力地现代化技术支撑。

三、2018 年刑事诉讼法律实施过程中存在的问题及建议

（一）加强人民检察院的法律监督职能建设

最高人民检察院发布了《2018－2022 年检察改革工作规划》，其中将"完善检察机关法律监督职能"作为未来五年我国检察改革的总体目标之一，并将"健全完善检察机关法律监督体系"作为规划的主要任务，其中列明了"构建刑事立案和侦查活动的法律监督""发挥检察机关审前程序工作机制""完善审查逮捕工作机制""完善以证据为核心的刑事犯罪指控体系"等多个具体任务。面临着当前司法体制改革、监察体制改革、新《刑事诉讼法》实施以及检察公益诉讼制度建立的大环境和大背景，检察机关加强和完善法律监督职能有着巨大的空间。也曾有学者将改革浪潮中转型的检察机关定位为"国家利益和社会公共利益的维护者"和"国家法律统一实施的监督者"。[①] 未来，检察机关应着重在以下几个方面加强或完善刑事法律监督职能。

第一，打造听证式的审查批捕模式，让逮捕回归司法的属性。上述规划中明确写道"建立有重大影响案件审查逮捕听证制度，健全讯问犯罪嫌疑人、听取辩护人意见工作机制"。逮捕为我国最严厉的强制措施，关乎公民的人身自由的完全剥夺。按照"程序正当"原则和相关理念，逮捕应当以司法的形式进行审查，而我国检察机关长期以来一直以"书面式"的行政化模式进行审批，甚至在一些案件中，逮捕有实体刑"实报实销"的倾向。因此，应当探索建立听证式的审查逮捕方式，即可以考虑将部分犯罪嫌疑人是否构成犯罪、是否达到逮捕的条件等争议较大的案件、当事人及其辩护人申请听证的案件以及涉及盲聋哑、未成年人的案件的批捕程序打造成具有诉讼化的听证模式，以确保检检察权的中立性、客观性，防止权力的滥用。第二，在"捕诉合一"模式下构建监督制约机制。"捕诉合一"改革是近年来检察机关办案模式改革的热点，其优势和劣势都是非常明显的。当务之急是构建或完善相关机制，防范权力集中之后的失控与滥用。第三，强化对监察程序的法律监督。当监察机关向检察机关移送审查起诉的案件，检察机关应当充分发挥法律监督的作用，严格审查留置措施的合

① 陈瑞华：《论检察机关的法律职能》，载《政法论坛》2018 年第 1 期。

法性并严格适用下一步的强制措施，不应当受到监察机关的权威性影响而降低强制措施的标准。需要补充侦查的，可以按照“案退，人不退”的原则退回监察机关补充侦查，也可以自行补充侦查。①

（二）进一步深化以审判为中心的诉讼制度改革

党的十八届四中全会通过的《中共中央关于全面推进依法治国若干问题的决定》提出了“推进以审判为中心的诉讼制度改革”要求。近年来，各项刑事诉讼程序改革和司法体制改革都朝着“以审判为中心”的方向前进，并取得了相应成果。但是，“以审判为中心的诉讼制度”改革远未到达“完成时”，而仍然在“进行时”。2019 年 2 月 27 日最高人民法院发布的《关于深化人民法院司法体制综合配套改革的意见——人民法院第五个五年改革纲要（2019－2023）》中在“主要任务”的第 7 款第 43 项明确列明，将“推进刑事诉讼制度改革”作为未来五年规划的重要内容，并将“完善法庭调查程序”“落实证人、鉴定人、侦查人员出庭作证制度”“完善技术侦查证据的随案移送和法庭调查规则”等内容细化和具体化。在当前语境下，加强以审判为中心的诉讼制度改革，应当从以下几个方面着手。首先，完善监察程序与刑事审判程序的证据衔接。新修订的《刑事诉讼法》出台后，职务犯罪的侦查权由检察机关基本转移至监察机关，监察程序中的“调查”程序与《刑事诉讼法》中的侦查程序具有“同质性”，监察机关在职务犯罪调查中行使职权最终还是要回归到刑事诉讼的程序轨道中来，因此在证据方面应当严格遵循法庭审判的证据规格和证明标准，严格落实非法证据排除规则。这就要求监察工作人员要强化证据意识，严格规范调查、取证程序。同时要加强检察机关的法律监督作用，而人民法院在庭前程序、庭审中应当严格落实和适用非法证据排除规则。其次，加强、完善侦查人员和监察人员出庭制度。长期以来，我国的警察出庭率非常低，这极大地妨碍了被告人诉权的实现和案件真实的查明。因此，应当进一步明确侦查人员和监察人员出庭作证的制度和规则。笔者建议，在重大案件、重罪案件和被告人不认罪认罚的案件中，如果控辩双方提出要求，或者法庭认为侦查人员或监察人员应当出庭作证的，应当出庭。同时，作为配套措施，应当细化警察出庭接受控辩双方质询的规则。最后，完善“技术侦查证据”的随案移送和审查质证机制。随着我国恐怖犯罪的猖獗和扫黑除恶专项斗

① 卞建林：《配合与制约：监察调查与刑事诉讼的衔接》，载《法商研究》2019 年第 1 期。

争的深入以及对贪腐犯罪的高压打击态势，技术侦查越来越多地应用于刑事诉讼中。技术侦查作为隐蔽战线上的一把“利刃”，极易产生人权的侵犯问题，而为了防止技术手段的暴露，技术侦查的证据往往不公开使用，这极大地限制和剥夺了被告人的质证权。因此应当尽快建立技术侦查证据的举证质证规则，对于容易产生手段暴露的措施，应当建立转化使用或者“庭后调查”的程序。

（三）值班律师相关制度亟待完善

2018 年修改的《刑事诉讼法》确立了值班律师制度，这对于提高犯罪嫌疑人、被告人刑事辩护全覆盖，保障认罪认罚从宽制度的顺利实施，无疑具有重要意义。但是，关于值班律师的法律定位、适用范围皆不明确，并且值班律师的权利非常有限，这些都限制了值班律师效用的发挥。例如，值班律师是否具有“辩护人”的身份，是否具有法律援助人的身份，皆无法律明确规定，理论界对此也颇有争议。① 又如，《刑事诉讼法》第 36 条规定，值班律师的职责范围包括“为犯罪嫌疑人、被告人提供法律咨询、程序选择建议、申请变更强制措施、对案件处理提出意见等法律帮助”，但是法律仅仅赋予犯罪嫌疑人约见值班律师的权利，此种“会见”具有被动性，而且还需要相关部门的配合。再如，值班律师获得的报酬往往较低，而且后期与辩护人进行衔接和转化的机制不明。有学者也经过调研发现，实践中值班律师的工作积极性不高、责任心不强，存在走过场的现象，甚至演变成犯罪嫌疑人被告人签署具结书的“见证人”。② 上述问题皆需要通过立法或者司法解释的方式予以明确和解决。第一，应当推动值班律师法律帮助的实质化，赋予值班律师更多的实质性权利，如阅卷权、调查取证权、主动会见犯罪嫌疑人等权利。第二，明确值班律师相应的责任，尤其是在认罪认罚案件中保证认罪认罚的被告人的自愿性、明智性等方面的义务以及出现冤错案件时值班律师的责任问题。第三，明确值班律师的适用范围，即在何种案件、何种情形下适用值班律师，以切实提高刑事辩护的覆盖率，让值班律师这块“好钢”用在“刀刃上”。第四，疏通值班律师与法律援助律师、当事人委托的辩护人之间的衔接和转化机制，要确保当事人委托辩

① 侯东亮、李艳飞：《浅谈值班律师的定位与发展》，载《国家检察官学院学报》2018 年第 6 期。

② 胡铭：《律师在认罪认罚从宽制度中的定位及其完善——以 Z 省 H 市为例的实证分析》，载《中国刑事法杂志》2018 年第 5 期。

护人的自愿性，同时也要提高值班律师的积极性、主动性。第五，要加强对律师队伍的管理，可以实行考评制对值班律师队伍进行考核，保证值班律师队伍的整体素质。

（四）认罪认罚从宽制度的相关规定有待细化

认罪认罚从宽原则的建立和相关程序的完善，是本次《刑事诉讼法》修改的一大亮点和特色，体现了法律在保障程序公正的基础上对效率价值的适度追求。但是认罪认罚从宽程序毕竟是我国对于协商型司法的初步探索，其中蕴含着较大的司法风险，如果对这其中存在的风险认识不足或防控不足，则会产生较大的负面效应，甚至效果会适得其反。因此，通过立法或出台相关司法解释的形式对认罪认罚予以程序性控制，是必经之路。首先，应当扩大认罪案件中指定辩护范围，对于可能被判处一定刑期（如有期徒刑一年以上）的被告人，没有委托辩护人的，法庭应当指派法律援助律师担任其辩护人。虽然修改后的《刑事诉讼法》引入了值班律师制度，但是囿于值班律师不具有辩护人的地位，亦不享有辩护人的诉讼权利，难以发挥辩护人的作用，因此指定法律援助确有必要。其次，法庭应当着重审查被告人认罪认罚的自愿性、明智性，不能因为一纸“具结书”而一劳永逸，这也是认罪认罚案件的主要风险所在。认罪认罚程序的生命力在于程序的简化，实现诉讼效率的提高，但是不能因为过度追求效率而丧失司法公正的底线。再次，对认罪认罚从宽程序的适用主体、阶段、内容等予以限制。应当明确适用的主体限于公诉人、被告人和辩护人，法官和侦查人员不能成为适用的主体，否则会动摇法官的中立性，以及影响案件事实的查明。同理，认罪认罚适用的阶段应当限于公诉阶段和审判阶段，侦查阶段不能适用。① 此外，认罪协商的范围不宜作扩大解释，如是否构成犯罪的基本事实、同案犯的处理等都应排除在协商的范围之外。最后，从长远角度来看，应当赋予认罪认罚从宽程序以独立的程序地位，并列于普通程序、简易程序和速裁程序。②

---

① 孙长永：《完善认罪认罚从宽制度的两个重点》，载《人民检察》2018年第11期。

② 参见樊崇义：《2018年〈刑事诉讼法〉最新修改解读》，载《中国法律评论》2018年第6期。

撰稿专家

汪海燕，1974年生，安徽潜山人，中国政法大学刑事司法学院院长，教授，博士生导师，中国刑事诉讼法学研究会常务理事、秘书长，曾挂职北京市大兴区人民检察院副检察长、最高人民法院司法改革办公室副主任。从事刑事诉讼法学、证据法学和司法改革等研究，共发表论文近百篇，独著、合著（包括教材）20余部。曾获第二届“首都十大杰出青年法学家”、第八届“全国十大杰出青年法学家”等称号。

第七章　2018 年诉讼法实施报告

2018 年民事诉讼法实施报告*

唐东楚

报告要旨

2018 年是“基本解决执行难”的决胜之年，也是检察机关提起民事公益诉讼的开局之年。本年度民事诉讼法律实施的重点是“基本解决执行难”的总攻战，亮点是检察民事公益诉讼的蓬勃发展，民商事审判和执行的收结案件数趋向平稳，并有小幅增长。本年度民事诉讼法实施的主要特征是：(1)“基本解决执行难”攻坚战取得了预期的决胜效果。(2) 民事审判的专门化、国际化以及民事纠纷解决方式之间的多元化、协调化趋势进一步加强。(3) 民事检察、环境保护、产权保护、涉农纠纷审判和执行等为经济保驾护航的功能得以强化。(4)“智慧司法”建设进一步加强。本年度民事诉讼法实施的主要问题仍然是“案多人少”与审判、执行质效不平衡、不充分之间的矛盾。

核心建议

1. 适时出台一部经得起时代检验的《民事强制执行法》。

* 本报告沿袭往年的风格，根据民商事案件的立案、审判、执行等情况，结合有关的司法解释和文件，对 2018 年度的民事诉讼法实施进行描述和分析。本报告一般不涉及人民陪审、司法公开与司法改革等本书另有专题介绍的内容，除非其对民事诉讼法实施具有直接关联。基于科学严谨的考虑，特声明两点：一是个别诉讼案件或活动并非完全能够精准地“锁定”或者“仅限于”本年度之内；二是本报告只是本年度民事诉讼法实施的大致把脉。

2. 家事审判需要关注人工生殖技术带来的监护权等特别程序与家庭伦理变革。

3. 以“不再和稀泥”的指导性案例为契机，加强民事审判对调解、和解以及日常生活“规则意识”的引领作用。

4. 以“智慧司法”推进民事诉讼的革命性变革。

一、2018 年民事诉讼法实施的基本情况

本年度是立案登记制实施的第 4 年，民商事审判和执行的收结案件数趋向平稳，并有小幅增长。同时，本年度是“基本解决执行难”的决胜之年，也是检察机关提起民事公益诉讼的开局之年，“基本解决执行难”的攻坚战取得了预期的决胜效果，检察民事公益诉讼获得了蓬勃的发展。

（一）民商事审判和执行的收结案件数趋向平稳并有小幅增长，部分法院的结案数超过了收案数

本年度第一季度，截至 2018 年 3 月 31 日，全国法院已结审判类案件增加 7. 3 万件，上升 2. 68%，未结案件减少 17. 6 万件，下降 5. 08%。从数据上看，同比上年（2017 年第一季度）的审结、执结的比例升高，审判质效明显加强。第一季度各省（区、市）法院共审结民事一审案件 196. 92 万件，民事二审案件 20. 45 万件，分别占民事案件总数的 86. 41%、8. 97%。[①] 第一季度全国法院审结民事案件中，数量最多、占比最大的 5 类案由分别是：合同、婚姻家庭、侵权责任、劳动争议、物权保护纠纷。[②]

2018 年度上半年，全国法院新收审判类案件 843. 5 万件，审结审判类案件 687. 1 万件；新收执行案件 385. 9 万件，执行实际到位金额 5200 亿元。相比 2017 年上半年，全国法院新收案件继续保持增长态势，新收审判执行

---

① 参见张曦：《最高人民法院发布第一季度审判执行工作数据》，载最高人民法院网站，http：//www. court. gov. cn/zixun - xiangqing - 110691. html，最后访问日期：2019 年 2 月 21 日。

② 由于中国裁判文书网上的民事案件文书数量，每个案件可能涉及 1 份或者几份不同的文书，而且每日每分每秒的文书数量，始终处于动态变化之中，并不能真实科学地反映办案数量的对比，所以本报告放弃了往年不同民事案由的文书数量比对表，这里只引用了最高人民法院发布的 2018 年第一季度审判执行工作数据略作说明，而且在不区分民事、行政、刑事案件的审判执行收结案件总数中，民事案件至少占到九成以上，刑事案件和行政案件在总数中只是一个“零头”。

案件总数增加70.6万件，上升6.09%；旧存加新收合计增加59.9万件，上升4.06%；结案数增加40.2万件，上升4.41%；结案率上升0.20个百分点。上半年全国法院员额法官人均新收案件为99.2件。①

2018年度全年，最高人民法院和各高级人民法院晒出的“成绩单”和年度工作报告显示，全国法院共受理案件2800万件，审结、执结2516.8万件（其中审结一审民事事件901.7万件，审结一审商事案件341.8万件），同比分别上升8.8%、10.6%。其中，湖南全省法院2018年全年，收结案数创历史新高、司法绩效创历年最佳：新收案件79.2万件，同比增长8.7%，结案88.7万件，同比增长26.6%，结案率达92.1%；结收比112%，居全国法院第1位。江西全省法院2018年全年，新收案件581 834件，同比增长26.44%，结案595 942件，增长14.16%，结案率达94.95%；结收比102.42%，居全国法院第6位。江西省全年旧存案件45 795件，同比下降57.45%；未结案件31 687件，同比下降30.75%。重庆全市法院2018年全年，受理各类案件918 668件，审执结832 161件，同比分别上升12.13%和11.17%，法官人均新收案312.69件，结案306.84件。

总体来看，本年度在立案登记制实施后新收和审执结案件连续三年“走高”以后，增幅趋向平稳，并有小幅增长。这一方面，得益于大厅立案、预约立案、上门立案等常规立案渠道和措施，使立案登记制已经发挥了最大效用，不再像立案登记制实施前后那样的“爆发式”增长或者相差过于悬殊；另一方面，得益于这两年全国法院推行的多元化纠纷解决或者化解改革，尤其是2018年度全国学习贯彻“枫桥经验”多方化解、多调联动等，使得许多原本需要进入审判执行渠道的纠纷，已经通过诉讼外的和解、调解、仲裁等得以解决，同时，2018年度不少法院的结案率大幅度提高，旧存和未结案件大幅度下降，比如前述的湖南和江西法院系统，结案数已经超过收案数，这是一个很好的转变。

（二）重点是“基本解决执行难”的总攻战

本年度是“基本解决执行难”攻坚战的决胜之年。全国法院不仅在清理积案、网络执行查控、网络司法拍卖、执行司法救助、终结本次执行、“执转破”等方面成绩斐然，而且为民事执行的专门立法和彻底甩掉“执行

---

① 孙航：《最高人民法院发布上半年审判执行工作数据》，载最高人民法院网站，http://www.court.gov.cn/zixun-xiangqing-110691.html，最后访问日期：2019年2月21日。

难”的长效机制准备了条件。

自从最高人民法院在 2016 年 3 月，第一次提出要用两到三年时间“基本解决执行难”专项活动以来，[①] 2018 年度已经进入该专项活动的决胜收尾阶段。以下一组动态的滚动数据，可以说明本年度“基本解决执行难”总攻战的战绩：本年度 1～3 月，全国法院执行类案件旧存 126.38 万件，新收 222.03 万件，实际执结与终结本次执行共 73.82 万件。首次执行案件总数 285.25 万件，其中旧存执行实施案件 113.51 万件，新收执行实施案件 171.74 万件。首次执行案件实际执行到位金额 1489.26 亿元，恢复执行案件实际执行到位金额 550.68 亿元；[②] 本年度年 1 月至 7 月，全国法院受理执行案件 480.24 万件，执结 361.54 万件，执行到位金额 0.65 万亿元，同比增长 52%；[③] 本年度 1 月至 11 月，全国法院共受理执行案件 850.8 万件，执结 668.2 万件，同比分别增长 14.7% 和 27%。

这三年间，全国法院共受理执行案件 2042 万件，执结 1939 万件，执行到位金额 4.4 万亿元。三年来，生效裁判文书的自动履行率逐年提高，2015 年为 44.76%，2016 年为 50.52%，2017 年为 56.97%，以强制执行促进自动履行，司法权威的树立、司法公信力的提升，效果非常明显。仅湖南全省法院，自“基本解决执行难问题”活动以来的这三年间，至 2018 年年底，就共执结案件 51.83 万件，执行到位金额 1578.96 亿元。[④]

（三）亮点是检察民事公益诉讼的蓬勃发展

本年度是检察民事公益诉讼的“开局之年”。继 2017 年《民事诉讼法》第三次修正规定了检察机关可以提起民事公益诉讼之后，检察民事公益诉讼在本年度获得了蓬勃的发展。

根据最高人民检察院的通报，2018 年 1 月至 11 月，全国检察机关共立

---

① “基本解决执行难”中的“四个基本”总体目标是：（1）法院消极执行、选择性执行、乱执行的“情形基本消除”；（2）被执行人规避执行、抗拒执行和外界干预执行的“现象基本遏制”；（3）无财产可供执行案件终结本次执行的程序标准和实质标准把握不严、恢复执行等相关配套机制应用不畅的“问题基本解决”；（4）有财产可供执行案件在法定期限内的“执行基本完毕”。

② 参见张曦：《最高人民法院发布第一季度审判执行工作数据》，载中国法院网，https://www.chinacourt.org/article/detail/2018/05/id/3295839.shtml，最后访问日期：2019 年 3 月 3 日。

③ 参见张昊：《前 7 个月全国法院执行到位 0.65 万亿元增 52%》，载《法制日报》2018 年 8 月 13 日，第 3 版。

④ 参见曾妍：《湖南高院通报“决胜基本解决执行难”工作最新进展》，载中国法院网，https://www.chinacourt.org/article/detail/2019/01/id/3713855.shtml，最后访问日期：2019 年 2 月 20 日。

案公益诉讼案件 89 523 件，提出检察建议和发布公告 78 448 件、提起诉讼 2560 件。其中共办理生态环境和资源保护领域的公益诉讼案件 48 847 件，是 2015 年至 2017 年试点期间的 7.5 倍。[①] 这里的案件数，既包括了诉前必须提出检察建议（“检察建议前置”）的行政公益诉讼案件，也包括了诉前必须发出公告（“公告前置”）的民事公益诉讼案件。检察公益诉讼“功夫在诉前”，一般只有 3% 左右的线索立案案件会进入提起诉讼环节，而检察机关提起诉讼的公益诉讼案件中，目前主要以刑事附带民事公益诉讼案件为主，纯粹的检察民事公益诉讼案件一般占比不到 5%。

以山东、湖南为例，2018 年度山东省检察机关在履行职责中共发现公益诉讼案件线索 2471 件，立案 2210 件；办理诉前程序案件 1928 件，提起公益诉讼 228 件，其中刑事附带民事公益诉讼 105 件，民事公益诉讼 11 件。[②] 而根据湖南省人民检察院发布的《湖南检察公益诉讼白皮书》，自 2017 年 7 月 1 日新修正增加的民事检察公益诉讼实施至 2018 年 11 月，湖南省检察机关共收集公益诉讼线索 8861 件，立案 5849 件（其中民事公益诉讼案件 188 件，占比 3.21%），提出诉前检察建议和发布公告 4391 件，提起公益诉讼 111 件（其中民事公益诉讼案件 4 件，占比 3.6%；刑事附带民事公益诉讼案件 106 件，占比 95.5%），法院已判决 57 件，检察机关诉讼请求全部得到支持。[③]

二、2018 年民事诉讼法实施的主要特征

2018 年度民事诉讼法实施的主要特征是：“基本解决执行难”攻坚战取得了预期的决胜效果；民事审判的专门化、国际化以及民事纠纷解决方式之间的多元化、协调化趋势进一步加强；民事检察、环境保护、产权保护、涉农纠纷审判和执行等为经济保驾护航的功能得到了进一步的发挥；[④] “智

① 参见闫晶晶、戴佳：《最高检召开新闻发布会通报检察机关公益诉讼工作情况 全国检察机关实现公益诉讼办案全覆盖》，载最高人民法院网站，http：//www.spp.gov.cn/spp/zdgz/201812/t20181226_403577.shtml，最后访问日期：2019 年 2 月 20 日。

② 参见沈静芳、李尚、王雪冰：《依法规范有序推进公益诉讼工作》，载《检察日报》2018 年 12 月 30 日，第 1 版。

③ 参见王智芳、唐龙海：《湖南首次发布检察机关公益诉讼白皮书 16 个月立案 5849 件 行政公益诉讼占比超九成》，载《三湘都市报》2018 年 12 月 18 日，第 A2 版。

④ 人民法院报评出的“2018 年度人民法院十大关键词”包括了“执行总攻”“产权保护”“枫桥经验”“诉调对接”“知产保护”等；评出的“2018 年度人民法院十大亮点人物”中有 4 个是直接从事或主管执行的法官或领导，可见执行在本年度的工作之重。

慧司法”建设进一步加强。伴随着“智慧司法”和人工智能的运用，民事诉讼和执行迎来了革命性的转变。

（一）“基本解决执行难”攻坚战取得了决胜收官的效果

首先是建章立制。“基本解决执行难”在中国共产党的坚强领导下，在多方联动“雷厉风行”的同时，也在执行活动的规范化、科学化、制度化上取得了巨大的进步。近3年，最高人民法院出台的涉及执行工作的司法解释和规范性文件数量，超过了之前20年的总和。

2018年2月23日，最高人民法院专门召开新闻发布会，发布了关于执行和解（法释〔2018〕3号）、执行担保（法释〔2018〕4号）、仲裁裁决执行（法释〔2018〕5号）的三个司法解释，均自3月1日起施行。5月28日，最高人民法院发布了《关于进一步规范近期执行工作相关问题的通知》（法〔2018〕141号）。同日，最高人民法院发布《关于人民法院立案、审判与执行工作协调运行的意见》（法发〔2018〕9号）。6月5日，最高人民法院公布《关于仲裁机构“先予仲裁”裁决或者调解书立案、执行等法律适用问题的批复》（法释〔2018〕10号），自6月12日起施行。本批复对网络平台上在没有发生纠纷之前，作出的所谓“先予仲裁”的裁决执行申请，进行了明确的否定。8月28日，最高人民法院公布《关于人民法院确定财产处置参考价若干问题的规定》（法释〔2018〕15号），自9月1日起施行。9月30日，最高人民法院发布《关于公证债权文书执行若干问题的规定》（法释〔2018〕18号），自10月1日起施行。

还有一些本年度涉及执行的其他司法解释和文件，以及本年度以前施行的司法解释也正在全面发挥作用，比如2016年特意针对“执行不能”的“终本执行”（“终结本次执行”的简称）的司法解释等。“执行不能”不属于人为意义上的“执行难”，是执行过程中确无财产可供执行的一种法律风险和社会风险，而“终本执行”就是人民法院近年来创设的一种将“执行不能”与“执行难”进行切割的制度。我国当前进入执行程序的案件约有43%属于“执行不能”的案件，周强院长根据我国2016年、2017年的生效裁判自动履行率（分别约为51%、57%）进行了换算，发现所有的民商事案件中大约有18%是属于“执行不能”的案件。[①] 入选“2018年度十大民

① 参见周强：《最高人民法院关于人民法院解决“执行难”工作情况的报告》，载最高人民法院网站，http://www.court.gov.cn/zixun-xiangqing-124841.html，最后访问日期：2019年2月24日。

事行政案件”之一的“丹东益阳公司申请丹东中院错误执行赔偿案”，[①] 就是一件涉及“执行不能”和“终本执行”的案件。

其次是实践创新。比如北京市海淀区人民法院2017年以来开展了“三全五化”的执行机制改革，实现了执行工作的“三升两降”，[②] 即通过“全面机构改革”“全程信息化”“全方位联动”的措施，锚定“信息化、精细化、团队化、集约化、规范化”的目标，实现了执行案件收案量（上升50%）、结案量、结案率的大幅度提升和旧存案件量、未结案件量的显著下降。另外，各地法院还采取各种措施，如联席会议制度网络查控人财物、执行网络域名、除限制失信被执行人乘坐飞机高铁之外还试点限制私家车即“限驾令”、限制子女上高收费的私立学校、制作失信身份提示的手机彩铃，限制购房、投资、招投标、就业等措施。我国的网络执行查控、悬赏举报财产、网络司法拍卖以及以联合惩戒等为契机的间接执行，相较大陆法系国家“登门临柜”式的查控手段，和将间接执行局限于不可替代的行为和不作为的执行之上，以及我国传统的法院委托拍卖而言，不仅在比较法上“独此一家”“堪称创举”，[③] 而且也守住了我国法律的底线，比如《民事诉讼法》第247条关于法院自行拍卖原则的规定等。

再次是重在落实。为了实现“四个基本”的总体目标，最高人民法院又将其具体化为“四个90%，一个80%”的核心指标要求作为阶段性目标，即“90%以上有财产可供执行案件在法定期限内执结，90%以上无财产可供执行案件终结本次执行程序符合规范要求，90%以上执行信访案件得到化解或办结，全国90%以上法院达标，近三年执行案件整体执结率超过80%”。为了形成“基本解决执行难”总攻决胜的强大声势，不少法院啃下一大批“骨头案”，并且探索在全国范围内引入保险机制，拓展司法救助的资金来源等。

最后是信息互通和宣传监督。2018年度不仅在4月13日，上线运行了第一家全景动态展示全国各地法院执行工作情况的官方网站——全国法院“决胜基本解决执行难”信息网，为各级法院宣传执行提供一体化平台，为广大群众了解执行、监督执行提供一站式服务，而且自5月17日以来，最

① 参见《人民法院报》2019年1月12日，第4版。

② 参见《案例1 北京市海淀区人民法院—开展“三全五化”执行机制改革 建立解决“执行难”长效机制》，载《人民法院报》2018年10月28日，第4版。

③ 参见肖建国：《人民法院执行工作成绩骄人》，载《人民法院报》2018年11月6日，第2版。

高人民法院新闻局会同执行局以每周不少于一期的频率，先后在山东、北京、湖南等地法院举办了 36 期“决胜执行难”全媒体直播活动。截至 12 月 18 日，在全媒体直播活动中，共发表有关网络新闻 9852 篇，微信文章 5866 篇，APP 报道 8533 篇，并有超过 5 亿人次网友在线收看直播。[①]

（二）民事审判专门化、国际化以及纠纷解决方式之间的协调化趋势进一步加强

本年度民事审判的专门化、国际化以及纠纷解决多元化的趋势，具体表现为家事审判试点改革的成效，上海金融法院、最高人民法院国际商事法庭、最高人民法院知识产权庭等机构的新设，知识产权司法保护的进一步加强，环境资源案件审判的“二合一”或者“三合一”，以及民事纠纷多元化解决或化解等。

1. 家事审判试点改革的成效

本年度家事审判方式和工作机制改革试点工作全面铺开，各地法院与当地综治办、民政、公安、妇联、社区服务等部门创建了形式多样的合作方式，建立了相应的联席会议制度，推动形成了家事审判“党委领导、政府尽责、法院牵头、社会参与”的良好工作局面。全国试点法院大多已经成立专门的家事审判机构，超过 70% 的法院还组建了独立建制的家事审判庭、少年家事庭，配备较为专业的家事审判法官和司法辅助人员，近 70% 的试点法院组建了专业的家事调解队伍。各高级法院和试点法院加强对家事法官和家事调解员、调查员等的培训等。绝大多数试点法院布置了符合家事审判特点的审判庭，配置了家事调解室、沙盘分析室、单面镜观察室、心理辅导室等。

2018 年 1 月 16 日，最高人民法院公布《关于审理涉及夫妻债务纠纷案件适用法律有关问题的解释》（法释〔2018〕2 号），自 1 月 18 日起施行。该解释在仅有的 4 个条文里，确立了“共债共签”“日常生活所需”的原则以及举证证明责任的分配，可以防范虚假诉讼和夫妻一方的“被负债”现象。2 月 7 日，最高人民法院又发出《关于办理涉夫妻债务纠纷案件有关工作的通知》（法明传〔2018〕71 号），对前述解释涉及的案件在程序适用上进行了明确，尤其是通过再审调解、再审改判以及执行和解，最大限度地

---

① 参见孙航：《“决胜执行难”全媒体直播阶段性总结调研举行》，载《人民法院报》2018 年 12 月 25 日，第 1 版。

平等保护当事人权益，做好服判息诉工作等。5 月 24 日，最高人民法院在云南昆明召开全国部分法院家事审判方式和工作机制改革试点工作座谈会。7 月 18 日，最高人民法院发布《关于进一步深化家事审判方式和工作机制改革的意见（试行）》（法发〔2018〕12 号），该意见将当事人利益的保护延伸到了人格利益、情感利益和安全利益，要求法官强化职权探知，设置家事调解制度、婚姻冷静期、如实申报财产的义务，以及可供当事人选择的心理疏导等。各地法院相继探索了离婚案件的审理程序指南等，比如广东省高级人民法院就同期发布了《广东法院审理离婚案件程序指引》。

2. 上海金融法院、国际商事法庭等机构的新设

一是专门金融法庭和上海金融法院的新设。2018 年 1 月 16 日，全国首个专门金融法庭——深圳金融法庭，敲响了第一槌，对毕某与深圳市某科技有限公司、王某场外股票融资合同纠纷一案，终审判决深圳市某科技公司返还毕某保证金和收益共 851 万余元，并由王某承担连带赔偿责任。[①] 8 月 20 日，全国首家金融法院——上海金融法院正式挂牌成立，工作首日即收到诉讼材料 21 件，当场立案 20 件，受理案件标的总额超过 10 亿元。上海金融法院只受理金融民商事案件和涉金融行政案件，不受理刑事案件。上海金融法院受理民商事案件的范围，根据 2018 年 8 月 10 日起施行的最高人民法院《关于上海金融法院案件管辖的规定》（法释〔2018〕14 号），为上海市辖区内应由中级人民法院受理的第一审证券、期货、信托等金融民商事纠纷，以金融机构为债务人的破产纠纷，以住所地在上海市的金融市场基础设施为被告或者第三人与其履行职责相关的第一审金融民商事案件等，以及对上海市基层人民法院作出的第一审金融民商事案件判决、裁定提起的上诉案件。上海金融法院实行以“案由为主、主体为辅”的管辖原则。当事人双方中一方是网络借贷平台的，属于金融民商事案件，但只有以网络借贷平台为被告的金融民商事案件在诉讼标的额高于人民币 5000 万元的情况下，才由上海金融法院作为一审法院受理。当事人对上海金融法院作出的第一审判决、裁定提起的上诉案件，由上海高院审理。截至 2018 年 12 月 31 日，上海金融法院共收案 1897 件，标的总额人民币 252 亿元，

① 参见肖波：《深圳金融法庭敲响第一槌》，载最高人民法院网站，http：//www.court.gov.cn/zixun－xiangqing－77312.html，最后访问日期：2019 年 2 月 1 日。

正在向着国际化、专业化、智能化的世界一流专门金融法院努力。①

二是国际商事法庭的新设。2018 年 6 月 27 日，最高人民法院公布《关于设立国际商事法庭若干问题的规定》（法释〔2018〕11 号），自 7 月 1 日起施行。6 月 29 日，最高人民法院第一国际商事法庭、第二国际商事法庭分别于深圳、西安揭牌，并开始正式办公。来年的 2019 年，注定是国际商事法庭的“实体化”之年。

3. 知识产权司法保护的进一步加强

知识产权案件数量虽然只是所有民商事案件的 1% 左右，但其事关国家知识产权战略，本年度的知识产权司法保护进一步加强。以广东为例，本年度全年共审结民商事一审案件 89 万件，其中审结知识产权一审案件 8.3 万件，同比上升 40.8%。② 现在，中国法院已经成为世界上审理知识产权案件尤其是专利案件最多的法院。资料表明，自 2013 年至 2017 年的五年间，全国法院共审结一审民事知识产权案件 60.9 万件，年均增长 21.59%，年均结案率达 94.24%。而且，中国法院处理涉外知识产权案件的审理周期，已经跻身全世界最短行列之一，仅 2016 年，人民法院共审结涉外知识产权民事一审案件就达 1667 件，同比上升 25.6%。中国正日益成为国际知识产权争端解决的“优选地”。③

2018 年 2 月 27 日，中共中央办公厅、国务院办公厅印发了《关于加强知识产权审判领域改革创新若干问题的意见》，这是中国首个针对特定审判领域改革创新的纲领性文件。10 月 26 日，第十三届全国人大常委会第六次表决通过了最高人民法院提请审议的《关于专利等案件诉讼程序若干问题的决定》，自 2019 年 1 月 1 日起施行，该决定确立了专利等案件的“飞跃上诉”制度。11 月 7 日，世界知识产权组织首届知识产权法官论坛在瑞士日内瓦总部召开，中华人民共和国二级大法官、最高人民法院副院长陶凯元应邀出席，并作了主旨发言。12 月 4 日，国家发改委等 38 个部门和单位联合发布《关于对知识产权（专利）领域严重失信主体开展联合惩戒的合作

---

① 参见胡仕浩、何帆：《司改 2018：逐梦前行续新篇》，载《人民法院报》2019 年 1 月 17 日，第 3 版。

② 参见尚黎阳、林晔晗、胡静：《去年新收各类案件 203 万件　省高院：11 项司法改革经验作为全国法院司法改革范例》，载《南方日报》2019 年 1 月 31 日，第 3 版。

③ 参见孙航：《砥砺护航创新之路——改革开放以来人民法院知识产权审判工作综述》，载人民法院新闻传媒总社网站，http://www.court.gov.cn/zixun-xiangqing-133521.html，最后访问日期：2019 年 2 月 1 日。

备忘录》，规定6种失信行为将遭到联合惩戒。12月4日，最高人民法院网发布《人民法院充分发挥审判职能作用保护产权和企业家合法权益典型案例（第二批）》中的“北京某源公园与某某汇源公司侵害商标权及不正当竞争纠纷案”，最高人民法院作出的（2015）民三终字第7号民事判决书，支持了上诉人针对赔偿数额300万元过低的主张，判决被上诉人赔偿经济损失1000万元。该案在现行法律并未规定惩罚性赔偿制度的情况下，采用裁量性赔偿方法，加大了对知识产权侵权的惩罚力度，贯彻实施了中共中央国务院《关于完善产权保护制度依法保护产权的意见》中“提高知识产权侵权法定赔偿上限，探索建立对专利权、著作权等知识产权惩罚性赔偿制度，对情节严重的恶意侵权行为实施惩罚性赔偿，并由侵权人承担权利人为制止侵权行为所支付的合理开支”的要求。12月12日，最高人民法院公布《关于审查知识产权纠纷行为保全案件适用法律若干问题的规定》（法释〔2018〕21号），自2019年1月1日起施行。12月13日，最高人民法院网发布《知识产权纠纷行为保全典型案例》共5个案例，其中的“杨某某申请责令停止拍卖钱钟书书信手稿案”，人民法院认为发表权是著作权人行使和保护其他权利的基础，一旦作品被非法发表，极易导致其他复制、发行等行为的难以控制，所以应当及时制止非法发表。12月27日，最高人民法院公布《关于知识产权法庭若干问题的规定》（法释〔2018〕22号），自2019年1月1日起施行。新成立的最高人民法院知识产权法庭，于2019年1月1日挂牌办公，开始统一审理全国范围内专利等专业技术性较强的知识产权上诉案件。[①] 三年后，将在进一步总结试点工作的基础上，向全国人民代表大会常务委员会作出报告。[②] 至此，2018年度在发展完善既有的3家知识产权法院（2014年年底设立）、18家知识产权法庭（2017年以来设立），以及《关于在全国法院推进知识产权民事、行政和刑事案件审判“三合一”工作的意见》发布以来，在全面推进知识产权审判“三合一”改革的基础上，又稳步推进建立了国家层面知识产权案件上诉审理机制的改革。

---

① 具体包括对发明专利、实用新型专利、植物新品种、集成电路布图设计、技术秘密、计算机软件、垄断等专业技术型较强的一审判决、裁定不服提起上诉的案件，以及对知识产权法院前述专利等一审判决、裁定而提起上诉的案件，以及对前述案件已经生效的一审判决、裁定、调解书依法进行再审的案件。

② 参见王俏：《专利等案件的二审审理权限将集中到最高人民法院知识产权法庭》，载人民法院新闻传媒总社网站，http：//www. court. gov. cn/zixun - xiangqing - 125391. html，最后访问日期：2019年2月1日。

此外，2018 年度在发布“指导案例 100 号”——山东登海先锋种业有限公司诉陕西农丰种业有限公司、陕西大丰种业有限公司侵害植物新品种权纠纷案之外，“淘宝诉美景公司大数据产品不正当竞争案”入选“2018 年度十大民事行政案件”，[①] 法院经审理认为美景公司“不劳而获”，将涉案数据产品直接作为获取商业利益的工具，构成不正当竞争，遂判令美景公司停止知产侵权并赔偿经济损失。

4. 环境资源审判机构的“二合一”“三合一”

审判专门化是环资审判改革的“牛鼻子”。全国各地法院结合审判需要采取多种形式设立专门机构，既有环境资源审判庭，又有专门合议庭；既有派出法庭，又有巡回法庭。截至 2018 年 9 月，各级人民法院设立环境资源审判专门机构 1040 个，其中 22 家高级法院、105 家中级法院、258 家基层法院设立了环境资源审判庭。始于 2016 年 4 月的最高人民法院环境资源审判庭对环境资源民事、行政案件“二合一”的归口审理，迄今已有 16 家高院实行环境资源民事、行政案件的“二合一”，或者刑事、民事、行政案件的“三合一”归口审理模式。5 月 30 日，最高人民法院发布《关于深入学习贯彻习近平生态文明思想为新时代生态环境保护提供司法服务和保障的意见》（法发〔2018〕7 号），提出要健全完善环境资源审判体制机制，包括完善环境资源专门化审判机制、推动环境资源案件由专门审判机构或专业审判团队审理。另外，最高人民法院批准在南京设立全国首家环境资源法庭，对全省环境资源案件实行集中管辖。

5. 民事司法与仲裁、调解等多元化纠纷解决或化解方式的互动

首先是民事司法与仲裁的互动。2018 年 1 月 1 日，有两个对仲裁予以司法审查和报核的司法解释——最高人民法院《关于仲裁司法审查案件报核问题的有关规定》《关于审理仲裁司法审查案件若干问题的规定》（法释〔2017〕21 号、法释〔2017〕22 号）开始施行。司法实践中，一些网络借贷平台在金融监管政策禁止其提供增信措施的情况下，通过引入仲裁为网络借贷的信用背书，出现了所谓的“先予仲裁”，地方各级人民法院面对大量“先予仲裁”裁决的执行申请，裁量尺度不一。[②] 最高人民法院 2018 年 6 月 5 日针对广东省高级人民法院《关于“先予仲裁”裁决应否立案执行的

---

① 参见《人民法院十大民事行政案件》，载《人民法院报》2019 年 1 月 12 日，第 4 版。

② 人民法院报评论员：《明确“先予仲裁”是与非　统一仲裁司法审查尺度》，载《人民法院报》2018 年 6 月 11 日，第 1 版。

请示》作出的批复，明确了对所谓“先予仲裁”裁决书或者调解书的执行申请，不予受理；已经受理的，裁定驳回执行申请。[①] 这样就澄清了误识，重申了“无纠纷即无仲裁”的本意。

其次是民事司法与人民调解、律师调解等多元化纠纷解决或化解的互动。2018 年度全国各级法院继续深化“分调裁”[②] 的改革，通过调解方式处理案件 1396.1 万件。建立全国法院在线调解平台，及时便捷化解纠纷。[③] 由最高人民法院开发建设的人民法院调解平台，于 2018 年 2 月 28 日正式上线，并在全国法院试运行。[④] 全国基层法院适用速裁程序、简易程序和小额诉讼程序审结案件 829.9 万件；各级法院以调解方式结案 313.5 万件。2018 年度是毛泽东同志批示学习推广“枫桥经验”55 周年，也是习近平总书记批示坚持发展“枫桥经验”15 周年，涌现了枫桥法庭作为“枫桥经验”发源地的“三前调解法”“四环指导法”，以及全国其他各地法院层出不穷的“诉源治理”“社区法官”“小岗精神”“寻乌经验”“荣昌模式”等多元化纠纷解决和化解模式。“枫桥经验”“诉调对接”被人民法院报选入“2018 年度人民法院十大关键词”。3 月 8 日，最高人民法院、中华全国归国华侨联合会发布《关于在部分地区开展涉侨纠纷多元化解试点工作的意见》（法〔2018〕69 号）。3 月 9 日，十三届全国人大第二次全体会议上，周强院长作最高人民法院工作报告时，介绍了推进矛盾纠纷多元化解工作的四川“眉山经验”、山东“潍坊经验”、安徽“马鞍山经验”等。3 月 27 日，中华全国工商业联合会、司法部关于印发《全国工商联、司法部关于推进商会人民调解工作的意见》的通知。11 月 6 日，在首届中国国际进口博览会召开期间，《联合国关于调解达成的和解协议公约》与中国对外开放论坛在上海举办。最高人民法院落实中央《关于建立“一带一路”国际商事争端解决机制和机构的意见》，提出设立国际商事法庭和国际商事专家委员会，形成便利、快捷、低成本的“一站式”争端解决平台，建立诉讼与调解、

---

① 罗书臻：《最高人民法院就“先予仲裁”应否立案执行作出司法解释》，载《人民法院报》2018 年 6 月 11 日，第 1 版。

② 即“繁简分流”“调解”“速裁”的简称。

③ 王俏：《诉调对接　方便快捷》，载《人民法院报》2018 年 3 月 14 日，第 6 版。

④ 罗书臻：《人民法院调解平台正式上线》，载最高人民法院网站，http://www.court.gov.cn/zixun-xiangqing-82582.html，最后访问日期：2019 年 2 月 1 日。

仲裁有效衔接的多元化纠纷解决机制。[①] 11月13日，司法部公布《关于推进个人调解工作室建设的指导意见》。11月13日，最高人民法院、中国证券监督管理委员会印发《关于全面推进证券期货纠纷多元化解机制建设的意见》的通知（法〔2018〕305号）。同时，最高人民法院网发布《证券期货纠纷多元化解十大典型案例》，介绍了发挥"专业调解+商事调解+行业自律+行政监督"四位一体优势解决复杂矛盾的案例，最高人民法院身体力行委托调解的第一起商事案例，首次尝试保荐机构先行赔付投资者损失的案例，首次尝试上市公司虚假陈述赔偿案件中行政处罚前达成民事调解协议的案例，首次尝试资本市场纠纷调解中使用资金提存公证手段促成调解的案例，首起证券期货市场适用小额速调机制调解成功的案例，首起基金业协会会员之间债券交易纠纷调解成功的案例等。

（三）民事检察、环境保护、产权保护、涉农纠纷审判和执行等为经济保驾护航的功能得以强化

伴随着"四大检察"内设机构的改革，作为民事公益诉讼"国家队"的人民检察院，在保护绿水青山、"舌尖安全"和英烈权益方面赢得了世界的尊重。人民法院在环境保护、产权保护、涉农纠纷审判和执行等方面为经济保驾护航的功能得以强化。

1. 民事检察重建30周年，在"四大检察"的新格局重放异彩

本年度是民事行政检察恢复重建30周年，检察机关大部分刑事侦查业务"转隶"后，民事检察尤其是检察民事公益诉讼，成了检察业务的新的增长点。在未来"四大检察"的新格局中，民事检察的比重越来越大，而从某种意义上说，民事检察就是关注民生的检察。

根据2017年增加的《民事诉讼法》第55条第2款的规定，检察民事公益诉讼主要围绕环境资源保护和食药安全等领域。2018年1月至11月，全国检察机关，共办理生态环境和资源保护领域公益诉讼案件48 847件，占检察公益诉讼案件总数的54.56%；共办理食品药品领域公益诉讼案件29 916件，占检察公益诉讼案件总数的34.02%。[②]

---

① 参见乔文心：《罗东川在〈联合国关于调解达成的和解协议公约〉与中国对外开放论坛上强调　推动调解解决纠纷建设法治化营商环境服务新时代改革开放》，载最高人民法院网站，http：//www.court.gov.cn/zixun－xiangqing－127331.html，最后访问日期：2019年2月1日。

② 参见李万祥：《最高检：全国检察机关实现公益诉讼办案"全覆盖"》，载《经济日报》2019年1月2日，第11版。

2018 年 3 月 1 日，最高人民法院、最高人民检察院联合发布《关于检察公益诉讼案件适用法律若干问题的解释》（法释〔2018〕6 号），自 3 月 2 日实施。该解释赋予了检察机关“公益诉讼起诉人”的角色，而且第一次规定了刑事附带民事诉讼的公益诉讼。3 月 2 日，最高人民检察院以“公益诉讼，为了您的美好生活”为主题召开新闻发布会，分别通报了法院审理检察公益诉讼案件以及检察院开展公益诉讼工作的有关情况。9 月 15 日，最高人民检察院发布《关于停止执行〈人民检察院民事诉讼监督规则（试行）〉第三十二条的通知》（高检发研字〔2018〕18 号）。该通知解除了检察机关受理再审申诉的上诉前提限制，回归了《民事诉讼法》的立法本意，等于给自己“松了绑”。10 月 24 日，最高人民检察院发布《关于人民检察院加强对民事诉讼和执行活动法律监督工作情况的报告》。

2. 人民法院在生态赔偿与环境公益诉讼、产权保护、涉农审判与执行等方面为经济保驾护航的功能得以强化

首先是生态损害赔偿与环境公益诉讼审判方面的保驾护航。2018 年 1 月 15 日，最高人民法院 2017 年 12 月 29 日公布的《关于审理海洋自然资源与生态环境损害赔偿纠纷案件若干问题的规定》（法释〔2017〕23 号）开始施行，该司法解释对诉讼管辖、索赔主体、公告与通知、诉讼形式、责任方式、损失赔偿范围、损失认定的一般规则与替代方法、损害赔偿金（给付）的裁判与执行、诉讼调解等予以了明确的规定。江苏省 2018 年新收环境公益诉讼案件 133 件，判处污染者赔偿环境损害修复费用 1.19 亿元。[①]“江苏省政府诉安徽海德公司生态环境损害赔偿案”入选“2018 年度十大民事行政案件”。[②] 2018 年最高人民法院网发布了人民法院环境资源审判保障长江经济带高质量发展的 10 个典型案例，其中有 4 起属于环境民事公益诉讼案件，遵循了“绿水青山就是金山银山”的环境保护理念。

其次是产权保护审判方面的保驾护航。2018 年 1 月 2 日，最高人民法院发布《关于充分发挥审判职能作用为企业家创新创业营造良好法治环境的通知》（法〔2018〕1 号）。1 月 30 日，最高人民法院发布一批人民法院依法保护产权和企业家合法权益的典型案例。12 月 4 日，最高人民法院网发布了《人民法院充分发挥审判职能作用保护产权和企业家合法权益典型

---

① 参见夏道虎：《江苏省高级人民法院工作报告》，载江苏法院网，http：//www.jsfy.gov.cn/art/2019/01/16/9_96666.html，最后访问日期：2019 年 3 月 3 日。

② 参见《人民法院十大民事行政案件》，载《人民法院报》2019 年 1 月 12 日，第 4 版。

案例（第二批）》，共 6 个案例，其中的“李某某、腾飞龙公司执行申诉案”，最高人民法院作出的（2017）最高法执监 401 号执行裁定，依法撤销了原来的中级法院和高级法院的执行异议裁定和执行复议裁定，最后由执行法院即原中级人民法院支持了申诉人请求中止拍卖、重新评估并解除超标部分的查封的主张。该案贯彻实施了中共中央国务院在《关于完善产权保护制度依法保护产权的意见》中“完善涉案财物保管、鉴定、估价、拍卖、变卖制度，做到公开公正和规范高效”的明确要求。同时，最高人民法院和最高人民检察院都有不能将经济纠纷当成犯罪处理的司法文件出台或者将相关法律精神予以贯彻。

再次是涉农审判方面的保驾护航。本年度一个标志性的事件是，2018 年 12 月 29 日，十三届全国人大常委会第七次会议，表决通过了关于修改农村土地承包法的决定，“新土改”有了明确的法律规定。根据司法大数据研究院对 2016 年 1 月 1 日至 2018 年 3 月 31 日的中国裁判文书网公布的数据进行分析，发现京沪两地排名第一的土地民事案由不同，北京是农村土地承包合同纠纷排第一（占比五成即 50. 36%），上海则是土地租赁合同纠纷排第一（占比超过六成即 61. 81%）。11 月 7 日上午，最高人民法院召开新闻发布会，发布了《关于为实施乡村振兴战略提供司法服务和保障的意见》（法发〔2018〕19 号），该意见中的上门立案、电话立案等具体措施，堪称农民告状维权的“操作指南”。意见将服务“三农”（“农业、农村、农民”）作为人民法院工作的一项重要内容，要求将党的群众路线与司法专业化相结合，建立健全涉农纠纷多元化解决机制，着力保护农村空巢老人、留守儿童的合法权益，保护农村外嫁女、入赘婿的合法权益。①

最后是执行方面的民生关注。2018 年 11 月 29 日，最高人民法院召开全国法院“基本解决执行难”视频会议，指出年底继续开展涉民生案件专项执行活动，坚持优先立案、优先执行、执行款优先发放的“三优先”制度。湖南全省法院 2018 年开展“涉民生案件执行专项活动”和“涉农民工工资案件集中审判执行专项活动”，累计执结拖欠农民工工资案件 8000 多件，执行到位金额 3. 03 亿元，对涉民生案件中生活困难的申请执行人开展执行保险救助，发放救助款 400 余万元。主动协调争取财政资金 9975. 41 万

---

① 参见刘婧：《最高人民法院发布〈关于为实施乡村振兴战略提供司法服务和保障的意见〉妥善审理各类涉农案件　为乡村振兴提供司法服务和保障》，载《人民法院报》2018 年 11 月 8 日，第 1 版。

元解决小额民生案件。[①] 光在2018年春节前后的专项审判执行活动中，湖南省法院就兑付4202名农民工的工资及工程款2.25亿元，为执行不能案件中的194名特困农民工发放司法救助款197.8万元。[②]

（四）“智慧司法”建设进一步加强

本年度出现的各式各样的“云上法庭”“云拍卖”、导诉机器人、多元化纠纷解决结果预测、手机立案平台等，既方便了当事人，也大幅减轻了法官的案头事务性工作。各地法院推行“无纸化办案”，由网上智能辅助系统（又称“智审系统”等）自动分析、生成各类法律文书，逐步改变法官的办案工作习惯。江西省高级人民法院强调绝不允许“任何法院任何部门任何个人、以任何理由”不实行网上办案，要求全省法院严格落实四个“一律不”：不在网上审批的，办公室一律不盖章；不制作电子卷宗的，审管办一律不结案；不在网上结案的，档案部门一律不归档；上诉案件不在网上移送的，立案庭一律不收案。[③] 四川法院在首届数字中国建成成果展览会中，对智慧法院的成果进行了展出，开发了“类案要素式智能审判”等系统，设立了西部首个互联网法庭，实现了从立案到执行的全流程在线办理；重庆法院深度打造以“4易平台+1中心”为核心的智慧法院新生态：分别包括网上法院、智能办案、纠纷多元化解、智能送达的“易诉、易审、易解、易达”四大平台，外加一个“法智云中心”即重庆法院大数据中心。其中的“易诉”平台，具有网上立案、网上缴费、网上案件查询、网上质证、网上开庭、电子送达六大核心功能，当事人足不出户，不受地域、交通和时间的条件限制，无须排队、等候，只要鼠标一点，即可享受便捷的网上诉讼服务。[④] 这种全流程、一站式的网上便民诉讼平台，等于把法院建在了互联网上。

2018年1月10日，北京四中院掌上智慧法院平台上线运行，这是北京

---

① 参见曾妍：《湖南高院通报“决胜基本解决执行难”工作最新进展》，载中国法院网，https://www.chinacourt.org/article/detail/2019/01/id/3713855.shtml，最后访问日期：2019年2月20日。

② 参见蒋菲菲：《服务大局　维护稳定　湖南高院司法保障“三大攻坚战”》，载最高人民法院网站，http://www.court.gov.cn/zixun-xiangqing-137741.html，最后访问日期：2019年1月15日。

③ 转引自《全国法院信息化建设普惠法官及当事人　“智慧法院”像网店一样方便》，载《法制日报》2018年5月2日。

④ 参见《重庆法院网上智能法院——“易诉”平台开通运行》，载重庆市高级人民法院网站，http://cqfy.chinacourt.org/article/detail/2018/01/id/3181999.shtml，最后访问日期：2019年2月23日。

法院的首个尝试。1 月 16 日，最高人民法院发布《关于进一步加快推进电子卷宗同步生成和深度应用工作的通知》（法〔2018〕21 号），提出要区分电子卷宗和电子档案的关系，不能仅将纸质卷宗扫描为电子档案，要在 6 月底之前，各高级人民法院应至少实现文档电子化和电子卷宗随案同步生成的三级法院试点，形成可复制、推广和选择的基本模式；年底之前，全国各级法院应全面完成本项工作。3 月 4 日，最高人民法院公布《关于人民法院通过互联网公开审判流程信息的规定》（法释〔2018〕7 号），自 9 月 1 日起施行。截至 2018 年 4 月，全国共建成 3.4 万多个科技法庭，部分法院还将科技法庭“搬上”巡回审判车，实现了移动审判，全国已有 2189 家法院开通诉讼服务网，占全部法院总数的 76%。与此同时，全国已有 75% 的法院开通“12368”诉讼服务热线，可以“全方位、全天时、零距离、无障碍”为人民群众提供诉讼咨询、案件查询、法院信息查询、联系法官、意见建议等诉讼服务。4 月 20 日，浙江杭州市西湖区人民法院上演了一场“一个人的法庭”，原告在家中，被告在 1200 多公里开外的律师事务所，靠智能系统在线面对面。更令人惊叹的是，书记员是“机器人”，庭审现场仅法官一人。2018 年 4 月，最高人民法院发布的《智慧法院建设评价报告(2017 年)》显示，全国智慧法院已初步形成。全国 3525 个法院和 10 759 个人民法庭全部接入专网，实现“一张网”办公办案。通过电子诉讼、“12368”诉讼服务热线等信息化手段，减少群众出行，促进了节能减排。通过网络执行查控、异地执行委托、远程音视频应用等应用，实现了节能增效。最高人民法院委托河北省高级人民法院研发的智审系统，可以辅助法官一键生成各类通知书、传票、公告、送达回证等制式文书，已在河北、吉林、广东、浙江等地法院广泛应用，可以减轻法官案头事务性工作 30% 以上。最高人民法院官网微信小程序，于 5 月 2 日正式上线开通运行。8 月 16 日，最高人民法院发布第一批涉互联网 10 个典型案例，介绍了互联网与民事诉讼的深度融合，包括诉前约定送达，对网络域名采取强制执行措施等。

2018 年 9 月，北京互联网法院、广州互联网法院，在杭州互联网法院成立一周年之后，相继成立。到 2018 年年底的三个月时间里，北京互联网法院已经立案 3040 件，结案 2540 件；广州互联网法院已经立案 1833 件，结案 927 件；两家法院的在线立案率、开庭率、裁判文书电子送达率均在 90% 以上，并审理了“抖音维权案”“涉人工智能作品著作权案”“中国音乐著作权协会诉斗鱼直播平台案”等一批具有互联网特性和规则治理意义的典型案件。[①]“服务群众不打烊”“不让群众跑一次”的互联网审判模式已经日渐成熟。9月6日，最高人民法院在总结全国首家互联网法院——杭州互联网法院贡献的“杭州经验”“中国智慧”的基础上，[②] 出台了《关于互联网法院审理案件若干问题的规定》（法释〔2018〕16号），对互联网法院的管辖范围、上诉机制和诉讼平台建设，以及在线诉讼的身份认证、立案、应诉、举证、庭审、送达、签名、归档等诉讼规则作出一系列规定。

（五）其他方面的司法解释、文件或实务、学术活动

2018年度其他方面有关民事诉讼的司法解释、文件或者实务、学术活动等，对级别管辖的标准、诉讼时效制度、破产重整、执行转破产程序、拘传等强制措施的适用等，也多有涉及。比如，本年度在北京、上海、深圳设立了专门的破产法庭；又比如，2017年12月29日最高人民法院《关于认真贯彻实施民事诉讼法及相关司法解释有关规定的通知》（法〔2017〕369号），明确了依法审慎适用拘传措施和执行第三人到期债权应当注意的规范，并且要求对适用民事诉讼法及其司法解释发现有新的问题的，应当及时层报最高人民法院，等等。

2018年3月4日，最高人民法院关于印发《全国法院破产审判工作会议纪要》的通知（法〔2018〕53号）。4月25日，最高人民法院发布《关于严格规范民商事案件延长审限和延期开庭问题的规定》（法释〔2018〕9号），自4月26日起施行。6月1日，《最高人民法院印发〈关于加强和规范裁判文书释法说理的指导意见〉的通知》（法发〔2018〕10号），自6月13日起施行。6月2日，第二届民诉法学研究的实体之维学术研讨会，在重庆西南政法大学召开。7月17日，最高人民法院发布《关于调整部分高级人民法院和中级人民法院管辖第一审民商事案件标准的通知》（法发〔2018〕13号），自8月1日起施行。7月18日，最高人民法院公布《关于适用〈中华人民共和国民法总则〉诉讼时效制度若干问题的解释》（法释〔2018〕12号），自7月23日起施行。7月31日，最高人民法院公布《关于适用〈中华人民共和国保险法〉若干问题的解释（四）》（法释〔2018〕

① 参见胡仕浩、何帆：《司改2018：逐梦前行续新篇》，载《人民法院报》2019年1月17日，第3版。

② 参见孙航：《开启新时代互联网司法治理的新征程——杭州互联网法院试点建设情况综述》，载中国法院网，https：//www. chinacourt. org/article/detail/2018/10/id/3556756. shtml，最后访问日期：2019年2月23日。

13 号)，自 9 月 1 日起施行。8 月 1 日，最高人民法院发布《关于为海南全面深化改革开放提供司法服务和保障的意见》（法发〔2018〕16 号)。同日，最高人民法院发布《关于依法妥善审理民间借贷案件的通知》（法〔2018〕215 号)。9 月 15 日，中国法学会民事诉讼法学研究会 2018 年年会在石家庄举行，为期两天，集中围绕家事审判、非讼程序、改革开放四十年民事诉讼法之回顾这三个议题进行了讨论，来自全国各地的 200 多名专家学者和实务工作者参加了会议。10 月 10 日，全国法院审判执行工作会议暨审判管理工作座谈会在北京召开。10 月 26 日，十三届全国人大常委会第六次会议表决通过了关于修改《人民法院组织法》的决定，这是《人民法院组织法》作出首次“大修”，对专门法院、审判组织以及知识产权案件的飞跃上诉等予以了补充和规定。11 月 23 日，最高人民法院召开“推进破产重整，助力民营企业发展”座谈会。12 月 29 日，最高人民法院公布《关于审理建设工程施工合同纠纷案件适用法律问题的解释（二)》（法释〔2018〕20 号)，自 2019 年 2 月 1 日起施行。

三、2018 年民事诉讼法实施存在的问题与建议

2018 年度民事诉讼法实施有突破，有创新，总体效果不错，但仍存在一些新、老问题，主要表现在“案多人少”与审判、执行质效不平衡、不充分之间的矛盾等。

(一)“人案矛盾”仍然突出

2018 年第一季度，全国法院共有 12. 26 万名员额法官，新收审判、执行案件总数 664. 3 万件，人均新收案件 54. 16 件。重庆、北京、上海 3 市法院人均收案超过 90 件；全国法院结案 376. 5 万件，同比上升 6. 45%，人均结案 30. 7 件。上海、浙江、重庆、北京 4 省（市）人均结案数超过 50 件。[①] 这种平均不到 2 天就要审结一个案件的节奏，使得法官不堪重负，所以还是要从案件管理、全面信息化和智能化上要效益，要从诉讼外纠纷解决或化解上要效益，同时要减轻法官的“法外”事务，合理搭配审判执行团队实现人力资源配置优化，而不能固守“五加二”“白加黑”以损耗健康为代价的加班模式。

---

① 参见张曦：《最高人民法院发布第一季度审判执行工作数据》，载中国法院网，https: //www. chinacourt. org/article/detail/2018/05/id/3295839. shtml，最后访问日期：2019 年 3 月 3 日。

（二）生态损害赔偿与民事公益诉讼案件的诉讼机制与审判方式值得进一步研究

2018年度有两个涉及社会公共利益，但并非以“公益诉讼”形式出现的标志性案件，入选“2018年度十大民事行政案件”，[①] 即“叶挺近亲属诉西安摩摩公司名誉侵权纠纷案”和“江苏省政府诉安徽海德公司生态环境损害赔偿案”。前者“叶挺案”中，法院认为摩摩公司制作的涉案视频亵渎了叶挺烈士的大无畏革命精神，损害了其名誉，不仅给其亲属造成了精神痛苦，而且伤害了社会公众的民族和历史感情，损害了社会公共利益；后者“江苏省政府案”中，虽然涉及生态环境的社会公共利益，但并非以“公益诉讼”的形式提起，而是省政府以国家的“民法主体”而提起的“私益诉讼”或曰“国益诉讼”。这种涉及公益但不以公益诉讼面目出现的案件，其与基于同一侵权行为而引发的公益诉讼如何衔接值得研究。

对于英烈保护民事公益诉讼与私益诉讼，2018年5月1日起施行的《英雄烈士保护法》只规定了“英雄烈士没有近亲属或者近亲属不提起诉讼”时，检察机关可以提起民事公益诉讼，但没有关于如何确定“英雄烈士没有近亲属或者近亲属不提起诉讼”的程序条件，实践中一般以近亲属出具放弃私人诉讼支持检察机关公益诉讼的声明作为起诉条件。

对于环境民事公益诉讼与生态环境损害赔偿诉讼，根据中共中央办公厅、国务院办公厅2017年年底印发的《生态环境损害赔偿制度改革方案》要求，2018年1月1日起在全国试行生态环境损害赔偿制度，2015年的《生态环境损害赔偿制度改革试点方案》即行废止。该改革方案要求：“生态环境损害赔偿制度与环境公益诉讼之间衔接等问题，由最高人民法院协商有关部门根据实际情况制定指导意见予以明确。”但最高人民法院的指导意见尚未出台，各地出台的实施方案不尽相同，具体实践中也多有混淆。前述“江苏省政府案”中到底是以省政府与环保组织作为“共同原告”而进行的首例生态环境损害赔偿诉讼，还是首例环境民事公益诉讼，至少在报道上显得混淆不清。[②] 后来江苏省高级人民法院2018年6月26日发布的《关于生态环境损害赔偿诉讼案件的审理指南（一）》，则规定由同一侵权行

① 参见《人民法院报》2019年1月12日，第4版。

② 参见赵兴武：《省政府当原告提生态环境损害赔偿诉讼　江苏省政府首例环境公益诉讼案开审》，载北大法宝网，http：//www. pkulaw. cn/case/pal_ 21110623299227789. html？match = Exact，最后访问日期：2019年3月3日。

为引起的生态环境损害赔偿诉讼与环境民事公益应当分别立案，不得以生态环境损害赔偿诉讼已经立案为由拒绝受理环境民事公益诉讼，但在前者已经立案的情况下，后者应当中止审理，待生态环境损害赔偿诉讼审结后再行审理环境民事公益诉讼。另外，诸如刑事附带民事公益诉讼是否需要“公告前置”，似乎并不明晰。根据《民事诉讼法》第 55 条第 2 款的规定，检察民事公益诉讼保护的法益只能是“社会公共利益”，而“两高”的《关于检察公益诉讼案件适用法律若干问题的解释》则将其扩张到了刑事附带民事诉讼的“国家财产、集体财产损失”（《刑事诉讼法》第 99 条第 2 款）。还有就是《民事诉讼法》第 55 条第 2 款检察机关提起环境保护和食药安全领域民事公益诉讼的“等外”案件范围如何确定，也是最高人民检察院公益诉讼厅以后需要探索的问题。同时，诉讼实践中，随着检察机关提起民事公益诉讼的发展，环保组织和消费者保护协会等社会组织提起民事公益诉讼似乎有逐渐弱势甚至萎缩的迹象，而这显然与检察公益诉讼权行使的“谦抑性”不符，有违鼓励社会组织提起民事公益诉讼的立法初衷。

最后，本年度的消费公益诉讼继续获得了较大的发展，如广东法院公开宣判了全国首例共享单车公益诉讼案，判决经营者依法退还押金等，但检察机关提起的民事消费公益诉讼（尤其表现在刑事附带民事诉讼中的食药安全领域）中民事责任的承担方式，还值得进一步研究。广州市中级人民法院等法院的审判实践，已经认可了惩罚性损害赔偿，但是在假劣食药的召回上仍然难以操作，导致假劣食药产品的召回以及公开赔礼道歉等民事责任承担方式，往往因缺少“牙齿”或者配套支持而流于形式。

（三）以审判新风向引领调解、和解、仲裁以及社会生活中“规则意识”的强化

中国文化素有“调和”的传统，这一方面秉承“以和为贵”的理念，可以充分发挥调解与和解的柔性优势，但另一方面又有不讲规则、“当老好人”的弊端。2018 年度有三起重大社会影响力和标志性意义的案件，入选“2018 年度人民法院十大民事行政案件”，即“郑州电梯劝阻吸烟猝死案”“朱振彪追赶交通肇事逃逸者案”和“南京吕哥穿越铁道被挤压致死案”，[①] 这三起案件都因死亡索赔，都涉及公序良俗和规则意识，法院在审理时坚持以法律为依据，摒弃了“死者为大”“谁闹谁有理”的做法，树立了法治

① 《2018 年度人民法院十大民事行政案件》，载《人民法院报》2019 年 1 月 12 日，第 4 版。

思维的审判新风向。任何人都应该为自己的行为负责，应当尊重规则、遵守法律，违反规则就该“后果自负”。同时，前述的“朱振彪案”以及“狼牙山五壮士”之一的近亲属葛某某诉洪某某名誉权、荣誉权纠纷案，分别以指导案第98号、第99号的形式，作为本年度的指导案例予以发布，以及检察机关发布的“曾某侵害英烈名誉案”（检例第51号）等指导性案例等，也都是维护善良风俗、保护英烈社会公共利益的举措。所以要以此为契机，提倡即便是法院审判以外的仲裁、调解、和解或者谈判，也应该坚守基本的底线，强化法治思维中的“规则意识”。

（四）尽快出台一部经得起时代检验的《民事强制执行法》

正如前文所述，“基本解决执行难”活动在党的坚强领导下，取得了雷厉风行和制度建设的“标本兼治”效果，不仅出台了30多份司法解释和文件，而且在联合信用惩戒、司法网络拍卖等“一网打尽”方面创造了世界的奇迹，其间亦有不少的理论梳理和实践反思，[①] 这些都应该予以总结和提升，为执行法典的出台作出直接贡献。[②]

（五）家事审判需要关注人工生殖技术带来的监护权等特别程序与家庭伦理变革

家事审判不仅要关注家庭与社会的和谐，而且要关注人工生殖技术带来的挑战，如亲子鉴定、监护权等特别程序，以及家庭伦理的变革。学者们对我国家事诉讼的特别程序立法，有过持续的关注和研究，比如辩论主义和职权探知在家事审判中的关系处理，举证证明责任的分配，以及家事调查员的身份定位，家事诉讼中妇女、儿童和老人等弱势群体权利的特别保护，等等。同时，家事裁判文书应当情法并用，以心换心，方能温暖而不失人性。

---

① 除了学术界对执行法理和制度的持续关注和探讨之外，2018年度有两个法院关于执行的专题调研报告还入选了《人民法院报》的“2018年人民法院十大调研报告”，即北京三中院的《严格规范管理　提高执行质效——北京三中院关于终结本次执行程序案件管理的调研报告》、浙江舟山中院的《规范纠纷化解　护航金融创新——浙江舟山中院关于涉P2P借贷仲裁案件执行情况的调研报告》。

② 据悉，我国立法机关已经正式将《民事强制执行法》列入二类立法项目，最高人民法院争取在2019年年底将草案提交立法机关审议。参见《推动〈民事强制执行法〉立法　实现执行制度现代化》，载中国法院网，https://www.chinacourt.org/article/detail/2019/01/id/3712800.shtml，最后访问日期：2019年3月3日。

（六）以“智慧司法”促进民事诉讼的革命性变革

“智慧司法”使得民事诉讼，借由“互联网+”思维和人工智能技术，在导诉立案、文书送达、证据展示、远程开庭、文书自动生成、审理上诉机制、网络执行查控、网络司法拍卖等方面，有可能产生前所未有的革命性变革。同时，“智慧司法”因不受时空的限制而有可能为民事诉讼带来无限的发展空间；少受意识形态的影响而有可能在世界上具有共通性。以“智慧司法”促进民事诉讼的革命性变革，不仅必要，而且可行。

四、结语

总之，2018年度民事诉讼法的实施，在实施活动中同时兼有规则的适用、检验、修正和创新，涉及民事诉讼的核心制度，诸如管辖、当事人、举证证明责任分配和审判执行程序等。比如，七人制陪审合议庭等在生态损害赔偿诉讼与民事公益诉讼中的尝试与发展、飞跃上诉制度在专利等知识产权诉讼中的创设、禁令制度在知识产权诉讼行为保全中的运用、惩罚性赔偿在知识产权诉讼和环境消费民事公益诉讼中的运用等等。2018年度仍有不少问题需要进一步研究、探讨和完善，如家事审判如何契合人工生殖伦理，民生检察如何持续发力又能保持检察权的“谦抑性”而不致使社会组织提起公益诉讼产生“依赖心理”，等等。这些都需要有常态化的机制和共识化的理念，即由“激情”回归“日常”。最后，期望2019猪年的民事诉讼法实施能够诸事顺遂。

撰稿专家

唐东楚，中南大学法学院教授，法学博士、伦理学博士后，曾为美国东北大学法学院访问学者、“双千计划”挂职湖南省人民检察院民事行政处副处长，主要研究民诉法与司法制度。兼湖南省孚悦律师事务所律师、长沙仲裁委员会仲裁员，任中国民诉法学研究会理事、湖南省诉讼法学研究会学术委员会委员和常务理事、湖南省依法治省讲师团成员、湖南省暨湘潭大学调解研究与培训中心专家等。曾获中南大学讲课“十佳”和湖南省教学成果二等奖、中南大学教学成果一等奖等。主持国家社科基金一般课题1项，中国法学会重点课题1项，以及湖南省社科基金、教育教改课题多项，发表法学论文50余篇。

第七章　2018 年诉讼法实施报告

2018 年行政诉讼法实施报告*

黄先雄

报告要旨

2018 年是新《行政诉讼法》高歌猛进地实施近三年之后趋于平稳的一年。这一年，行政诉讼案件数量增幅不大，法院行政案件的审结率普遍上升，行政案件涉案主要类型保持稳定，行政机关负责人出庭应诉制度落实较好，行政案件中被告败诉率、原告撤诉率变化很小，法院行政审判工作继续围绕党政工作大局展开。这一年，新《行政诉讼法》司法解释正式实施；行政公益诉讼逐渐成为司法实践中的热点，尤其成为全国各检察机关的工作热点；行政案件异地管辖、集中管辖、选择管辖等制度探索遍地开花；规范性文件附带审查典型案例首次发布；有中国特色的两权互动活动继续展开。不过，这一年，行政诉讼法的实施中也存在一些问题亟待关注和解决，如行政案件管辖体制改革各地模式不一，步调不齐；有些法院对原告资格的“利害关系”标准把控过于严格，与立法的价值取向不大一致；

---

* 本报告的写作素材包括但不限于各级法院网、中国裁判文书网、无讼网、各省检察院网、法制日报、人民法院报等网站或者报刊刊载的工作报告、年度总结、统计数据、调研成果、新闻资讯等。由于数据来源有限，写作资料不足，本报告只能展现行政诉讼法实施状况之“星星点点”，分析结论可能失之于片面，敬请读者诸君谅解。

本文撰写过程中，中南大学法学院宪法学与行政法学博士研究生孙学凯就报告前期资料的收集和整理作了大量工作，硕士研究生贾宁琦、陈佳宇、陈慧聪和闫嘉琦参与了资料收集工作。特此致谢！

行政诉讼中第三人“利害关系”标准的模糊性与“遗漏当事人”发回重审的必然性之间存在高度紧张的关系，有待制度重构。但总体来看，《行政诉讼法》的实施在不断走向深入，行政机关依法行政理念在逐步增强，公民的诉权越来越得到妥善保护，具有中国特色的行政诉讼制度正在探索中慢慢成长。

核心建议

1. 我们应当尽快在异地管辖模式、集中管辖模式、选择管辖模式和行政法院管辖模式中作出选择，进一步明确改革的目标和方向。在进行这一选择之前，我们也需要在当前的制度框架内应对现实中管辖体制改革产生的问题。

2. 我们应当按照党的十八届四中全会决定的精神，坚定不移地推进司法改革，从体制机制上确保行政诉讼中法官能够并敢于独立公正地行使审判权，以应对更加强势的被告。

3. 我们应当从行政诉讼制度发展的历史阶段和当下国情出发理解和运用原告资格中的“利害关系”标准，宽松把握，将其理解为包括法律上的利害关系、部分事实上的利害关系乃至与行政行为有紧密关联的反射利益之利害关系，以强化行政诉讼制度监督行政、促进法治政府和法治中国建设的功能。

4. 我国有必要引入域外“必要参加诉讼第三人”制度，以“同案件处理结果有直接利害关系，其法律上利益将被法院裁判一并确定”作为认定标准，区分出必要参加诉讼第三人和普通参加诉讼第三人，并相应修改现行立法中关于遗漏当事人的处理规则条款，以减少司法资源和涉诉人员诉讼成本的消耗，避免程序空转。

截至2018年12月31日，新《行政诉讼法》正式实施已近四年。2018年，行政诉讼法实施中的绝大部分工作趋于“常态化”，进入稳步推进阶段。本报告将首先分析2018年法院行政诉讼案件的基本情况，其次对行政诉讼法实施中的重要举措进行介绍，最后对行政诉讼法实施中出现的一些新问题进行分析，并提出相应的建议。

一、行政诉讼法实施的基本情况

（一）行政诉讼案件数量较2017年变化不大

本报告通过中国裁判文书网进行相关数据检索和统计。以“裁判日期：2018年1月1日至2018年12月31日”+“案件类型：行政案件”+“案由：行政案由”为检索条件，共搜得裁判文书164 953份；其他条件不变，以“裁判日期：2017年1月1日至2017年12月31日”为条件检索，共搜得裁判文书183 658份。[①] 相比可知，2018年总量比2017年减少10.1%，但考虑到2018年可能还有部分案件没有审结、裁判文书没有上传，结合2017年行政案件数量变化的态势，[②] 2018年全国行政案件的总量不会有太大变化。

不过，从部分法院公布的数据来看，行政案件数量多呈增长态势，如北京市新收案件895 224件，同比上升16.3%。[③] 贵州省受理行政案件17 429件，同比上升8.4%。[④] 江苏省新收一审行政案件16 404件，同比上升9.18%。[⑤] 内蒙古高院行政庭受理行政案件1094件（总量不大），同比增长128%。[⑥] 也有部分地区行政案件数量在下降，如南京市2018年新收行政案件2949件，同比下降7.55%。[⑦]

---

① 检索时间为2019年2月19日。

② 2017年全国法院受理一审行政案件230 432件，同比2016年增长2.19%；新收二审案件108 099件，同比增长3.11%。参见黄先雄：《2017年行政诉讼法实施报告》，载中国行为法学会、中南大学编：《中国法治实施报告（2017）》，人民法院出版社2018年版。

③ 参见《数说北京法院的2018》，载北京法院网，http：//bjgy. chinacourt. org/article/detail/2019/01/id/3709827. shtml，最后访问日期：2019年2月1日。

④ 参见贵州省高级人民法院院长韩德洋2019年1月29日在贵州省第十三届人民代表大会第二次会议上所作的《贵州省高级人法院工作报告》，载贵州长安网，http：//www. gzpeace. org. cn/info/1337/31015. htm，最后访问日期：2019年2月21日。

⑤ 参见江苏省高级人民法院院长夏道虎2019年1月16日在江苏省第十三届人民代表大会第二次会议上所作的《江苏省高级人民法院工作报告》，载中共江苏省委新闻网，http：//www. zgjssw. gov. cn/yaowen/201901/t20190131_ 6049867. shtml，最后访问日期：2019年2月18日。

⑥ 参见内蒙古高级人民法院行政庭：《充分发挥党支部战斗堡垒作用　以实际行动积极响应“奋战一个月”倡议书》，载内蒙古法院网，http：//nmgfy. chinacourt. org/article/detail/2018/12/id/3605356. shtml，最后访问日期：2019年2月1日。

⑦ 参见南京市中级人民法院院长茅仲华：《南京市中级人民法院工作报告（2018年）》，载南京审判网，http：//www. njfy. gov. cn/www/njfy/res_ mb_ a39190111124991. htm，最后访问日期：2019年2月21日。

（二）行政案件的审结率普遍上升

从各地公布的数据来看，全国各级法院行政案件的审结率同比普遍上升，说明司法效率较 2017 年进一步向好。例如，北京市各级法院审结行政案件 22 894 件，同比上升 5.8%。[①] 黑龙江省各级法院审结行政诉讼案件 7150 件，审查和执结行政非诉案件 3989 件，同比分别上升 8.6%、24.4%。[②] 安徽省各级法院审结行政案件 13 802 件，同比上升 14.46%。[③] 云南省各级法院审结行政案件 5698 件，其中审结一审行政案件 3864 件，同比上升 49.3%。[④] 江苏省各级法院审结行政案件 15 730 件，同比上升 6.08%。[⑤] 贵州省各级法院审结行政案件 15 345 件，同比上升 3.41%。[⑥] 浙江省各级法院审结行政案件 1.4 万件，同比上升 9.5%。[⑦] 江西省各级法院审结一、二审行政案件 10 137 件，同比上升 46.2%。[⑧] 陕西省各级法院审结一审行政案件 6407 件，同比上升 19.89%。[⑨] 青海省各级法院审结一审行

① 参见《数说丨北京法院的 2018》，载北京法院网，http://bjgy.chinacourt.org/article/detail/2019/01/id/3709827.shtml，最后访问日期：2019 年 2 月 1 日。

② 参见《全省法院 2018 年工作亮点回顾》，载黑龙江法院党建网，http://www.hljcourt.gov.cn/fydjw/public/detail.php?id=25977，最后访问日期：2019 年 2 月 1 日。

③ 参见《安徽省高级人民法院工作报告》，载网易网站，https://c.m.163.com/news/a/E5OKB4LI051486CM.html?spss=wap_refluxdl_2018，最后访问日期：2019 年 2 月 1 日。

④ 参见《数据跳起来！手机横过来！云南法院 2018 工作报告有点不一样》，载“云南高院”微信公众号，https://mp.weixin.qq.com/s/I8KFgvVXjoZWJnJnoyegCA，最后访问日期：2019 年 2 月 1 日。

⑤ 江苏省高级人民法院院长夏道虎：《江苏省高级人民法院工作报告——2019 年 1 月 16 日在江苏省第十三届人民代表大会第二次会议上》，载中共江苏省委新闻网，http://www.zgjssw.gov.cn/yaowen/201901/t20190131_6049867.shtml，最后访问日期：2019 年 2 月 18 日。

⑥ 参见贵州省高级人民法院院长韩德洋 2019 年 1 月 29 日在贵州省第十三届人民代表大会第二次会议上所作的《贵州省高级人法院工作报告》，载贵州长安网，http://www.gzpeace.org.cn/info/1337/31015.htm，最后访问日期：2019 年 2 月 21 日。

⑦ 参见浙江省高级人民法院院长李占国 2019 年 1 月 29 日在浙江省第十三届人民代表大会第二次会议上所作的《浙江省高级人法院工作报告》，载浙江新闻网，https://zj.zjol.com.cn/news/1131463.html，最后访问日期：2019 年 2 月 21 日。

⑧ 参见《请回答，2018！江西法院答卷》，载中国审判网，http://www.chinatrial.net.cn/news/22743.html，最后访问日期：2019 年 2 月 1 日。

⑨ 参见陕西省高级人民法院院长李智 2019 年 1 月 29 日在陕西省第十三届人民代表大会第二次会议上所作的《陕西省高级人民法院工作报告（摘要）》，载陕西省人大常委会网站，http://www.sxrd.gov.cn/shanxi/gzbg/118279.htm，最后访问日期：2019 年 2 月 18 日。

政案件692件，同比上升20.98%。[①] 广西壮族自治区各级法院审结行政案件16 252件，同比上升12.88%。[②] 广东省各级法院审结一审行政案件2.1万件，同比上升20.0%。[③]

（三）行政案件涉案主要类型保持稳定

行政案件中四大类案件（城市建设类、自然资源类、公安类、劳动与社会保障类）仍占据主要位置。按照2016年最高人民法院研究室的统计，这四大类案件数量占据当年行政案件总数的46.6%。[④] 2018年度的情况，从中国裁判文书网上进行统计的结果来看，仍然保持了这种态势。在该网以“案件类型：行政案件” + “案由：行政案由”为基础检索条件，搜索2018年度的裁判情况，根据“案由筛选”的自动分类统计，其中公安行政管理类27 104份（治安管理9270份+消防管理432份+道路交通管理5223份+其他12 179份），资源行政管理类33 100份（土地行政管理28 594份+林业行政管理3801份+草原行政管理15份+地质矿产行政管理170份+能源行政管理124份+其他396份），城乡建设行政管理32 779份（城市规划管理6193份+房屋拆迁管理11 798份+房屋登记管理8236份+其他6552份），劳动和社会保障行政管理20 053份。这四类案件总数达113 036件，占该网公布的2018年行政裁判文书总数的69.1%，相较2016年所占比例进一步增大。[⑤]

（四）行政机关负责人出庭应诉制度落实较好

行政机关负责人出庭应诉制度作为新行政诉讼法的一大亮点，这几年来一直在稳步推进。2018年《最高人民法院关于适用〈中华人民共和国行政诉讼法〉的解释》（以下简称《行政诉讼法解释》）实施后，对此进行了

---

① 参见青海省高级人民法院院长陈明国2019年1月29日在青海省第十三届人民代表大会第三次会议上所作的《青海省高级人民法院工作报告》，载青海省人民政府网站，http：//www.qh.gov.cn/zwgk/system/2019/02/15/010324128.shtml，最后访问日期：2019年2月18日。

② 参见广西壮族自治区高级人民法院院长黄海龙2019年1月29日在广西壮族自治区第十三届人民代表大会第二次会议上所作的《广西壮族自治区高级人民法院工作报告》，载广西法院网，http：//gxfy.chinacourt.org/article/detail/2019/02/id/3722289.shtml，最后访问日期：2019年2月18日。

③ 参见《龚稼立在省人大作法院工作报告》，载广东省河源市中级人民法院网站，http：//www.hycourts.gov.cn/News/NewsDeatil.aspx？cls=2&id=1237，最后访问日期：2019年2月18日。

④ 参见黄先雄：《2016年行政诉讼法实施报告》，载中国行为法学会、中南大学编：《中国法治实施报告（2016）》，法律出版社2017年版。

⑤ 该数据系笔者2019年2月12日在中国裁判文书网搜索统计所得。

进一步明确和强调。《行政诉讼法解释》适度扩大了行政机关负责人的范围、明确了应当出庭应诉的情形、明确了行政机关负责人不能出庭应诉的说明义务、列明了“行政机关工作人员”的含义、确定了不出庭应诉的后果等，对行政机关负责人出庭应诉起到了很好的促进作用。

2018 年许多地方法院在工作中都把推进行政机关负责人出庭应诉作为一项重要工作来抓，出庭应诉率在不断提高。北京市第四中级人民法院的行政案件审判中，“行政机关工作人员出庭率连续三年保持 100%，行政机关负责人出庭应诉长效机制在北京市第四中级人民法院的积极推动下得到逐步深化”。[①] 安徽省 2018 年行政机关负责人出庭应诉率 23.16%，同比上升 3.57 个百分点。[②] 福建省行政机关负责人出庭应诉率同比提高 11.98%。[③] 湖北省推进行政机关负责人出庭应诉工作，出庭应诉率 84.1%，其中荆门、天门等地出庭应诉率达 100%。[④] 四川省政府办公厅印发了《四川省加强和改进行政应诉工作实施办法》，明确 3 类 8 种行政机关负责人应当出庭应诉的情形，2018 年全省行政机关负责人出庭应诉率从 5 年前不到 5% 上升到 65.80%。[⑤] 云南省全省行政机关负责人出庭应诉率达到 72.88%。[⑥] 广东惠州市行政机关负责人出庭应诉率提升至 62.7%。[⑦]

另以郑州市中级人民法院为例，该院为贯彻实施新《行政诉讼法解释》的规定，充分发挥行政机关负责人出庭应诉制度功能，于 2018 年 3 月 19 日印发了《郑州市中级人民法院全面推进行政机关负责人出庭应诉专项活动

---

① 参见《北京四中院召开行政审判白皮书暨典型案例新闻发布会》，载中国法院网，https：//www.chinacourt.org/article/detail/2018/07/id/3383381.shtml，最后访问日期：2019 年 2 月 1 日。

② 参见《安徽省高级人民法院工作报告》，载网易网站，https：//c.m.163.com/news/a/E5OKB4LI051486CM.html？spss=wap_ refluxdl_ 2018，最后访问日期：2019 年 2 月 1 日。

③ 参见《一图看懂 2019 年福建省高级人民法院工作报告》，载福建省高级人民法院网站，https：//www.fjcourt.gov.cn/Page/Court/News/PicNewsDetail.aspx？nrid=d8d02741-fbc3-4229-9ae5-e5be54e0094b，最后访问日期：2019 年 2 月 1 日。

④ 参见湖北省高级人民法院院长游劝荣：《湖北省高级人民法院工作报告》，载《湖北日报》2019 年 1 月 28 日，第 5 版。

⑤ 参见《热词频现背后　司法公正效率上升到新高度——四川高院工作报告解读》，载四川省高级人民法院网，http：//www.sccourt.gov.cn/xwzx/fyyw/2018/01/28201907497.html，最后访问日期：2019 年 2 月 1 日。

⑥ 参见《数据跳起来！手机横过来！云南法院 2018 工作报告有点不一样》，载“云南高院”微信公众号，https：//mp.weixin.qq.com/s/I8KFgvVXjoZWJnJnoyegCA，最后访问日期：2019 年 2 月 1 日。

⑦ 参见《2018 年惠州市中级人民法院工作报告》，载广东法院网，http：//www.gdcourts.gov.cn/web/content/40279-？lmdm=10753，最后访问日期：2019 年 2 月 1 日。

实施方案》，在全市法院开展了全面推进行政机关负责人出庭应诉专项活动，选择有典型意义的案件向行政机关发送行政机关负责人出庭应诉通知书，丰富和创新工作方式，积极督促行政机关负责人出庭应诉，化解行政争议。据不完全统计，2018 年前四个月，全市法院共促成行政机关负责人出庭应诉 194 案。其中，行政机关法定代表人（“一把手”）出庭应诉共 16 案，其余为党组成员以上负责人，已出庭应诉负责人中最高行政级别为副厅级。对于行政机关负责人出庭应诉情况的评价，在出具评价意见的 112 起案件中，法院给予相关行政机关负责人好评 108 件，中评 3 件，差评 1 件。①

（五）被告败诉率、原告撤诉率变化不大

从 2018 年全国部分法院公布的数据来看，被告败诉率在 30% 以下，不过多在 10% ~16%，与近年来的情况相差不大。安徽省各级法院 2018 年已审结的一审行政案件中，确认行政行为违法或无效、撤销行政行为、判决行政机关履行法定职责、变更行政行为 1133 件，行政机关败诉率 12.28%，同比下降 1.43 个百分点。② 山东省各级法院在审结的 1.6 万件一审行政案件中，判决确认行政行为违法、撤销行政行为、履行法定职责等 2669 件，占比约 16%。③ 江西省景德镇市中级人民法院审结一、二审行政案件 1099 件，依法判决行政机关败诉 123 件，败诉率 11.2%。④ 上海市各级法院在审结的 5992 件一审行政案件中，判决行政机关败诉 232 件，占比 3.9%。⑤ 这一比例之低较为抢眼。与前述省市不同的是，北京市、青海省和河南省行政案件中被告的败诉率比较高。2018 年北京市各级法院依法保护行政相对人权

① 参见《郑州中级人民法院召开行政机关负责人出庭应诉专项活动情况新闻发布会》，载郑州市中级人民法院网，http://zzfy.hncourt.gov.cn/public/detail.php? id=25718，最后访问日期：2019 年 2 月 1 日。

② 参见《安徽省高级人民法院工作报告》，载网易网站，https://c.m.163.com/news/a/E5OKB4LI051486CM.html? spss=wap_refluxdl_2018，最后访问日期：2019 年 2 月 1 日。

③ 参见王彬：《〈山东省高级人民法院工作报告〉出炉，收结案、人均结案均创新高》，载济南日报网，http://jnrb.e23.cn/shtml/jinrb/20190217/1781588.shtml，最后访问日期：2019 年 2 月 18 日。

④ 参见景德镇市中级人民法院院长邹中华 2019 年 1 月 23 日在景德镇市第十五届人民代表大会第四次会议上所作的《景德镇市中级人民法院工作报告》，载景德镇市中级人民法院网，http://jdzzy.chinacourt.org/public/detail.php? id=1656，最后访问日期：2019 年 2 月 21 日。

⑤ 参见上海市高级人民法院院长刘晓云 2019 年 1 月 29 日在上海市第十五届人民代表大会第二次会议上所作的《上海市高级人民法院工作报告》，载东方网，http://shzw.eastday.com/eastday/shzw/G/20190204/u1ai12226963_K27223.html，最后访问日期：2019 年 2 月 18 日。

益，被告败诉或协调解决的行政案件占 21.7%。[①] 青海省行政案件中被告的败诉率持续走高，2018 年，法院判决行政机关败诉案件 153 件，败诉率 28.81%，同比上升 4.69 个百分点。[②] 河南省切实保护行政相对人合法权益，判决撤销变更具体行政行为、确认行政行为违法 6295 件，占结案数的 28.9%。[③]

案件撤诉率相比往年同样变化不大。虽然各地都在推进行政争议实质性化解，强调协调撤案，但是从统计数据来看，2018 年撤案率并没有上升，而是保持了稳定。2011～2015 年全国以撤诉方式审结的一审行政案件的比率高达 42.9%。[④] 在此之后 2016 年、2017 年逐步下降，除少数地方外基本都在 30% 以下。2018 年行政案件的撤诉率也基本维持在这一状态。例如，河北省各级法院坚持依法裁判和协调化解并重，一审撤诉 1407 件，撤诉率 14.6%。[⑤] 黑龙江省各级法院审结的一审行政诉讼案件中协调撤诉结案 811 件，占 23.3%，同比去年上升 6.7%。[⑥] 上海市各级法院完善行政争议实质性解决机制，成立行政争议多元调处中心，依法保护行政相对人实质权益，促成双方和解后原告撤诉 1364 件，占一审结案数的 22.8%。[⑦]

---

① 以判决形式体现的被告败诉率可能并不高（笔者注）。参见北京市高级人民法院院长寇昉 2019 年 1 月 29 日在北京市第十五届人民代表大会第二次会议上所作的《北京市高级人民法院工作报告》，载京报网，http：//www.bjd.com.cn/zc/sjc/201902/11/t20190211_ 11097468.html，最后访问日期：2019 年 2 月 18 日。

② 参见青海省高级人民法院院长陈明国 2019 年 1 月 29 日在青海省第十三届人民代表大会第三次会议上所作的《青海省高级人民法院工作报告》，载青海省人民政府网站，http：//www.qh.gov.cn/zwgk/system/2019/02/15/010324128.shtml，最后访问日期：2019 年 2 月 18 日。

③ 参见河南省高级人民法院院长胡道才 2019 年 1 月 18 日在河南省第十三届人民代表大会第二次会议上所作的《河南省高级人民法院工作报告》，载人民法治网，http：//www.rmfz.org.cn/dfz-contents/184/186753.html，最后访问日期：2019 年 2 月 18 日。

④ 参见黄先雄：《2016 年行政诉讼法实施报告》，载中国行为法学附、中南大学编：《中国法治实施报告（2016）》，法律出版社 2017 年版。

⑤ 撤诉率系笔者根据撤诉数和总案数计算所得，参见卫彦明：《河北省高级人民法院工作报告》，载《河北日报》2019 年 2 月 2 日，第 7 版。

⑥ 参见《全省法院 2018 年工作亮点回顾》，载黑龙江法院网，http：//www.hljcourt.gov.cn/public/detail.php? id＝25977，最后访问日期：2019 年 2 月 1 日。

⑦ 参见上海市高级人民法院院长刘晓云 2019 年 1 月 29 日在上海市第十五届人民代表大会第二次会议上所作的《上海市高级人民法院工作报告》，载东方网，http：//shzw.eastday.com/eastday/shzw/G/20190204/u1ai12226963_ K27223.html，最后访问日期：2019 年 2 月 18 日。

二、行政诉讼法实施中的重要举措

（一）新《行政诉讼法解释》正式实施

新《行政诉讼法解释》于2018年2月8日起正式施行。该解释以163个条文，从受案范围、管辖体制和异议程序、当事人资格、证据规则、立案登记制、审理判决程序、行政机关负责人出庭应诉、复议机关作共同被告、规范性文件附带审查等方面对行政诉讼法进行了较为详细的解释，虽然还缺乏有关行政公益诉讼、行政协议诉讼等方面的特殊司法规则，但其已在行政诉讼实践中发挥着非常重要的指引、规范作用。

新《行政诉讼法解释》实施以后，最高人民法院行政审判庭编著出版了《最高人民法院行政诉讼法司法解释理解与适用》。这一出版物对全国上下正确理解新司法解释、统一法律适用至关重要。各地法院纷纷组织学习新《行政诉讼法解释》，以确保在司法实践中的正确适用。例如，张家口市中级人民法院在全市法院行政审判工作会议中，谈到开展下一步工作时将继续深入学习行政诉讼法和新司法解释、提高全市法院行政审判案件质效作为一个要点。① 铜川市中级人民法院组织全市两级法院行政和立案、审监、赔偿部门的审判人员参加培训，以修改后的行政诉讼法及新司法解释为重点，涉及行政诉讼案件的立案条件、审理标准和裁判规则等重要内容。②

（二）行政公益诉讼稳步推进

2017年6月《行政诉讼法》第25条增加公益诉讼条款后，行政公益诉讼逐渐成为司法实践中的热点，尤其成为全国各检察机关的工作热点。不过，从2018年中国裁判文书网上公布的行政公益诉讼裁判文书来看，案件数量似乎不多。在中国裁判文书网上以“案件类型：行政案件” + “案由：行政案由” + “全文检索：公益诉讼”为检索条件，搜索得到2018年相关裁判文书265份，其中基层法院的裁判文书211份、中级法院的49份、高级人民法院的4份、最高人民法院的1份。这说明行政公益诉讼案件主要发

① 参见《市中级人民法院召开全市法院行政审判工作会议》，载张家口法院网，http：//zjkzy. hebeicourt. gov. cn/public/detail. php？id = 3580，最后访问日期：2019年2月21日。

② 参见《铜川中级人民法院：加强学习，提高行政审判业务水平》，载东方头条网，http：//mini. eastday. com/a/180404173530325. html，最后访问日期：2019年2月1日。

生在基层法院，主要针对县级政府之下的行政机关。[①] 值得注意的是，从中国裁判文书网上统计出的这一数据远小于各省级检察院在 2019 年年初的工作报告中所公布的数据之和（见下述），由此可见，2018 年相关案件存在大部分尚未判决或裁判文书尚未上传的情况。当然，从下述各省数据来看，总体上全国行政公益诉讼的案件数量并不多。

尽管总体上数量不多，但行政公益诉讼日益成为全国各检察机关工作中的重头戏，其影响在不断扩大。一方面，各地检察机关在主要通过诉前程序督促行政机关依法行政的同时，积极运用行政公益诉讼手段。例如，2018 年，安徽省检察系统对拟提起行政公益诉讼的案件，向行政机关提出检察建议 4216 件，督促自行纠正违法、履行职责，超过 96% 的问题通过诉前程序得以解决；提起行政公益诉讼案件 63 件，远多于其提起的民事公益诉讼案件数量（35 件）。[②] 湖北省检察系统共办理环境资源、食品药品、国有财产等领域公益案件 4453 件，94.7% 的案件通过诉前程序得以解决；向法院起诉 209 件。[③] 重庆市检察系统提出行政公益诉讼诉前检察建议 1799 件，有关行政机关在规定时限内整改回复 1530 件，提起行政、民事公益诉讼 36 件。[④] 陕西省检察系统公益案件立案 6243 件，办理诉前案件 6033 件，提起公益诉讼 126 件，督促行政机关依法履职。[⑤] 河北省检察系统公益案件立案 8280 件，通过诉前程序督促行政机关依法履行职责 7642 件，起诉 102 件。[⑥] 山西省检察系统公益案件立案 6178 件，发出诉前检察建议 6088 件，95% 的案件在检察建议发出之后，有关行政机关都依法履职到位；提起诉讼

① 检索时间为 2019 年 2 月 19 日。

② 参见安徽省人民检察院检察长薛江武 2019 年 1 月 17 日在安徽省第十三届人民代表大会第二次会议上所作的《安徽省人民检察院工作报告》，载安徽省人民检察院官网，http://www.ah.jcy.gov.cn/jwgk/gzbg/201901/t20190122_2474077.shtml，最后访问日期：2019 年 2 月 18 日。

③ 参见湖北省人民检察院检察长王晋 2019 年 1 月 16 日在湖北省第十三届人民代表大会第二次会议上《湖北省人民检察院工作报告》，载湖北日报网，http://news.cnhubei.com/zhengwu/p/10222957.html，最后访问日期：2019 年 2 月 18 日。

④ 参见重庆市人民检察院检察长贺恒扬：《重庆市人民检察院工作报告全文》，载新华网，http://www.cq.xinhuanet.com/2019-02/18/c_1124127055.htm，最后访问日期：2019 年 2 月 21 日。

⑤ 参见陕西省人民检察院检察长杨春雷 2019 年 1 月 29 日在陕西省第十三届人民代表大会第二次会议上所作的《2018 年陕西省人民检察院工作报告》，载陕西检察网，http://www.sn.jcy.gov.cn/jwgk/gzbg/201901/t20190131_105109.html，最后访问日期：2019 年 2 月 19 日。

⑥ 参见河北省人民检察院检察长丁顺生 2019 年 1 月 15 日在河北省第十三届人民代表大会第二次会议上所作的《河北省人民检察院工作报告》，载河北新闻网，http://hbrb.hebnews.cn/pad/paper/c/201902/02/c121290.html，最后访问日期：2019 年 2 月 19 日。

84 件，法院审结 49 件，判决胜诉率 100%。[①] 吉林省检察系统公益案件立案 2351 件，发出诉前检察建议 2077 件，推动行政机关整改 1819 件，向法院提起公益诉讼 188 件。[②] 青海省检察系统共收集公益诉讼案件线索 500 件，立案审查 430 件，启动诉前程序发出检察建议 326 件，向法院提起公益诉讼 39 件。[③] 福建省检察系统通过诉前程序办结案件 1180 件，其中 92% 的行政机关主动纠错或依法履职，另向法院提起公益诉讼 49 件。[④] 西藏自治区检察系统共收集行政公益诉讼案件线索 648 件、立案 269 件，分别是上年的 3.6 倍和 10 倍；向行政机关发出诉前检察建议 251 件，相关行政机关根据诉前检察建议限期整改率达到 98.0%。[⑤]

另一方面，2018 年，全国不少地方法院受理或判决了首例行政公益诉讼案件，在当地引起了广泛关注，如江西省首例（国有资产保护）行政公益诉讼案[⑥]、辽宁省首例（环境保护）行政公益诉讼案[⑦]、浙江省首例（国有建设用地使用权出让合同监管履职）行政公益诉讼案[⑧]、河北省首例（环境保护）行政公益诉讼案[⑨]、江苏省南京市首例（长江水环境）行政公益诉

① 参见山西省人民检察院检察长杨景海 2019 年 1 月 28 日在山西省第十三届人民代表大会第二次会议上所作的《山西省人民检察院工作报告》，载中国新闻网，http://www.sx.chinanews.com/news/2019/0212/140937.html，最后访问日期：2019 年 2 月 19 日。

② 参见吉林省人民检察院检察长杨克勤 2019 年 1 月 28 日在吉林省第十三届人民代表大会第二次会议上所作的《吉林省人民检察院工作报告》，载吉林省人民检察院网，http://www.jl.jcy.gov.cn/tjzj/gzbg/201901/t20190129_2480206.shtml，最后访问日期：2019 年 2 月 19 日。

③ 参见青海省人民检察院检察长蒙永山 2019 年 1 月 28 日在青海省第十三届人民代表大会第三次会议上所作的《青海省人民检察院工作报告》，载青海省人民政府网，http://www.qh.gov.cn/zwgk/system/2019/02/18/010324256.shtml，最后访问日期：2019 年 2 月 19 日。

④ 参见福建省人民检察院检察长霍敏 2019 年 1 月 16 日在福建省第十三届人民代表大会第二次会议上所作的《福建省人民检察院工作报告》，载《福建日报》2019 年 1 月 31 日，第 6 版。

⑤ 参见西藏自治区人民检察院检察长朱雅频 2019 年 1 月 12 日在西藏自治区第十一届人民代表大会第二次会议上所作的《西藏自治区人民检察院工作报告》，载中国西藏新闻网，http://www.xzxw.com/xw/xzyw/201901/t20190127_2510153.html，最后访问日期：2019 年 2 月 19 日。

⑥ 参见欧阳晶、刘荣松：《江西首例行政公益诉讼案宣判——“世界钨都”130 余万元矿产资源补偿费全部征收入库》，载《检察日报》2018 年 4 月 15 日，第 1 版。

⑦ 景文奇等：《辽宁省首例国有土地使用权出让行政公益诉讼案宣判》，载新华网辽宁频道，http://www.ln.xinhuanet.com/2018-12/19/c_1123872975.htm，最后访问日期：2019 年 2 月 18 日。

⑧ 范跃红、毛伟利：《浙江首例行政公益诉讼案当庭宣判》，载《检察日报》2018 年 7 月 11 日，第 2 版。

⑨ 参见刘树奇等：《河北省首例行政公益诉讼案件在围场开庭审理》，载河北省承德市人民检察院网，http://www.chengde.jcy.gov.cn/jcyw/201806/t20180608_2230704.shtml，最后访问日期：2019 年 2 月 22 日。

讼案[①]、重庆市首例（国土领域生态环境资源保护）行政公益诉讼案[②]、湖北省保康县首例（环境保护）行政公益诉讼案[③]等等。这些被公布的行政公益诉讼案件几乎都是被告败诉的案件，彰显了官方推进行政公益诉讼、监督行政机关依法行政的决心。

（三）异地管辖、集中管辖、选择管辖等制度探索不断深入

行政案件管辖体制改革是近年来行政诉讼改革的热门话题。2018年，更多的地方法院开始尝试管辖模式改革，基于当地实际不断探索。山东省自2018年6月1日开始，在全省基层法院全面推开以当事人选择管辖为核心的跨行政区划管辖行政案件试点工作机制，同时将铁路两级法院纳入济南、青岛跨区划管辖试点范围。济南铁路运输两级法院参与济南市、青岛市法院管辖的一审行政案件的管辖选择，当事人依照级别管辖既可以向济南、青岛中级法院以及原辖区法院所在“片区”范围内的基层法院起诉，也可以选择向济南铁路两级法院起诉，对济南、青岛铁路运输法院一审裁判不服提起的上诉案件，由济南铁路运输中级法院受理。[④] 湖南省益阳市自2018年7月1日起，辖区沅江市人民法院、桃江县人民法院跨行政区划管辖全市基层法院的第一审行政诉讼案件。其中沅江市人民法院受理资阳区、南县、大通湖区、桃江县辖区范围内的第一审行政诉讼案件，桃江县人民法院集中受理赫山区、沅江市、安化县辖区范围内的第一审行政诉讼案件。其他5个基层法院自2018年7月1日起不再管辖第一审行政诉讼案件，但原告选择本地法院管辖以及简易程序案件除外。[⑤] 深圳行政审判中心于2018年9月26日正式揭牌。早在2015年，深圳法院已在全国率先实行行政案件

---

① 参见南京市中级人民法院院长茅仲华的《南京市中级人民法院工作报告（2018年）》，载南京审判网，http：//www. njfy. gov. cn/www/njfy/res_ mb_ a39190111124991. htm，最后访问日期：2019年2月21日。

② 参见重庆市人民检察院第四分院：《重庆首例国土领域生态环境资源保护行政公益诉讼案宣判》，载重庆市人民检察院网，http：//www. cqjcy. gov. cn/information/informationdisplay. asp？ newsid＝20507，最后访问日期：2019年2月18日。

③ 参见杨祖清：《湖北保康首例行政公益诉讼案宣判 歇马镇政府被判违法》，载湖北网台，http：//news. hbtv. com. cn/p/1436043. html，最后访问日期：2019年2月18日。

④ 参见《破解“民告官”难题！山东6月起试点行政案件跨区划管辖》，载光明网，http：//baijiahao. baidu. com/s？ id＝1598241562272726031&wfr＝spider&for＝pc，最后访问日期：2019年2月1日。

⑤ 参见《7月1日起益阳行政诉讼案件由沅江、桃江法院集中管辖审理》，载益阳法院网，http：//yyzy. chinacourt. org/public/detail. php？ id＝6568，最后访问日期：2019年2月1日。

集中管辖改革，全市行政案件实现100%集中管辖、99%跨区管辖，此次的行政审判中心“其区位、交通优势，有利于整合全市优质行政审判资源，吸引更多专业行政审判人员集中办公，有效解决行政案件集中管辖改革中人员分散的难题，极大方便双方当事人诉讼，切实提升审判质效”。①

（四）规范性文件附带审查典型案例发布

最高人民法院于2018年10月30日发布了行政诉讼附带审查规范性文件的典型案例，包括徐某诉山东省五莲县社会医疗保险事业处不予报销医疗费用案等共9个案例，进一步明确了附带审查规范性文件的具体规则。这些规则包括：一是行政机关规范性文件的制定应以上位法为依据，与上位法相冲突的条款不具有合法性，不能作为认定行政行为合法的依据。二是行政机关对法律条文中的不确定法律概念如“其他供社会公众活动的场所”所作的符合立法目的的解释应当得到法院的尊重。三是对于行政机关明显超出法律条文原意的解释适用应当认定为不合法，法院可以向规范性文件的制定机关提出司法建议。四是对于行政机关制定的、符合立法目的和上位法具体法律规定的技术规范性文件，法院应当作为认定行政行为合法的依据。五是法院对于行政机关制定的与法律法规的规定不冲突，制定主体、制定目的、制定过程符合规范，不存在明显违法情形的规范性文件应当肯定其合法性。六是法院对于专业性和政策性较强的规范性文件，为更好地理解此类文件的制定目的、依据及出台背景等以便作出合理的司法判断，有必要专门向制定机关了解情况。七是对于原告提起的规范性文件审查应当符合“附带性”的要求：包括审查对象的附带性，只有直接作为被诉行政行为依据的规范性文件才能成为法院的审查对象；审查模式的附带性，对规范性文件的审查只能在针对行政行为合法性审查中附带提出；审查结果的附带性，人民法院经审查后确认规范性文件不合法的，处理方式为不作为认定行政行为合法的依据，并向规范性文件的制定机关提出处理建议，而不就规范性文件的合法性作单独判定。

（五）有中国特色的两权互动活动继续开展

两权互动即行政诉讼内外法院与行政机关之间的联系活动，这是一种非常具有中国特色的权力运行现象，其对我国行政诉讼制度的实施有着非

---

① 参见《在全国率先！深圳行政审判中心揭牌》，载搜狐网，http：//www.sohu.com/a/256368294_170817，最后访问日期：2019年2月1日。

常重要的影响。2018 年，两权互动活动继续开展，官方媒体报道的形式主要有：一是发布行政案件司法审查报告或者行政审判白皮书。如山西省高级人民法院 2018 年 5 月向社会公布了 2017 年全省行政审判白皮书，并首次发布全省行政审判十大典型案例。白皮书阐述了人民法院对各行政执法领域司法审查的新动向，并对行政机关在行政执法和应诉中出现的程序违法、负责人出庭应诉率偏低等问题给出了建议。[①] 北京市第四中级人民法院于 2018 年 7 月发布了上年度行政案件司法审查报告，报告指出，行政机关在依法行政和行政应诉工作中仍存在因作出的行政行为不合法或未依法履行法定职责而败诉的案件占比较大，预防争议和实质化解争议的意识不强、效果不理想以及对行政应诉规范化建设重视不够、行政应诉工作质量不高等突出问题，亟须行政机关引起重视；该院还向 16 个区政府分别发送司法审查分报告，以切实发挥个性化“法治体检表”的作用。[②] 其他很多省市的法院也发布了此类报告，如山东、河北、安徽、青海等。二是组织行政机关干部旁听庭审。如福建省高级人民法院在首个全国“宪法宣传周”期间组织近 150 名省直机关厅处级干部观摩行政案件庭审。[③] 南京市中级人民法院邀请 73 名省管领导干部和 324 名市管领导干部旁听庭审。[④] 江苏省淮安市清江浦区人民法院 2018 年组织开展庭审观摩 3 场，邀请清江浦区、经济技术开发区的行政机关负责人及执法人员旁听庭审。[⑤] 三是组织专题座谈。如郑州铁路运输法院组织纪念新行政诉讼法实施暨受理行政案件三周年座谈，省政府法制办、郑州铁路运输中级人民法院、河南省高级人民法院行政庭领导以及 20 个中央驻豫机关、省直厅局委及郑州市人力资源和社会保障局负责法制工作的主管领导和处室领导共 40 余人参加了座谈，就行政诉

---

① 参见《山西高院发布行政审判白皮书和十大典型案例》，载山西省高级人民法院网站，http://shanxify.chinacourt.org/article/detail/2018/05/id/3313580.shtml，最后访问日期：2019 年 2 月 1 日。

② 参见《北京四中级人民法院发布行政案件司法审查报告》，载经济日报网，http://baijiahao.baidu.com/s?id=1605151828450788329&wfr=spider&for=pc，最后访问日期：2019 年 2 月 1 日。

③ 参见《一图看懂 2019 年福建省高级人民法院工作报告》，载福建高级人民法院网站，https://www.fjcourt.gov.cn/Page/Court/News/PicNewsDetail.aspx?nrid=d8d02741-fbc3-4229-9ae5-e5be54e0094b，最后访问日期：2019 年 2 月 1 日。

④ 参见南京市中级人民法院院长茅仲华：《南京市中级人民法院工作报告（2018 年）》，载南京审判网，http://www.njfy.gov.cn/www/njfy/res_mb_a39190111124991.htm，最后访问日期：2019 年 2 月 21 日。

⑤ 参见束佳佳：《积极延伸审判职能　加强司法行政良性互动》，载中国江苏网，http://jsnews.jschina.com.cn/ha/a/201807/t20180720_1774904.shtml，最后访问日期：2019 年 2 月 22 日。

讼中出现的新情况、新问题进行了交流；行政机关的领导们对法院行政审判工作方面存在的问题提出了建议，希望加强相关行政应诉方面的培训，建立便捷有效的联系协调沟通机制，加强与法院的良性互动，促进依法行政，从源头上预防行政争议的发生。①

三、行政诉讼法实施中的主要问题及建议

对行政诉讼法实施中的许多问题，笔者在2014年至2017年的“行政诉讼法实施报告”中已作了较为充分的论述，其中有些问题已经解决或正在解决，有些问题仍然存在。由于篇幅所限，此处不再赘述。本报告仅对2018年新发现或者更加凸显的问题进行梳理并提出建议。

（一）行政案件管辖体制改革中的新问题有待解决

近年来，人民法院积极探索建立与行政区划适当分离的行政案件管辖体制，主要形成了三种模式：一是异地管辖模式，如河南省的“推磨式”异地管辖。二是集中管辖模式，这种模式又可细分为三种：（1）新设立跨区划法院管辖模式，如北京市第四中级人民法院；（2）依托原有铁路法院跨行政区划管辖模式，有铁路法院的各个地方几乎都在实施；（3）依托现有普通法院相对集中管辖模式，即将行政案件集中到少数法院管辖，这一改革目前主要在基层展开。三是选择管辖模式，如山东省以当事人选择管辖为核心的跨行政区划管辖试点。各地改革模式的不统一，改革进度的不一致，将来形成的格局可能会让民众无所适从。这是行政案件管辖体制改革缺乏顶层设计的必然结果！当然，这种做法也有一定的好处，那就是对不同模式进行试错，为未来行政案件管辖体制的选择积累经验与教训。

与此同时，各地行政案件管辖体制改革中，出现的一些新情况、新问题需要应对。“被剥夺”行政案件管辖权的法院行政审判庭功能弱化，是管辖制度改革后面临的突出问题。不再管辖行政诉讼案件的法院大多只保留非诉行政案件审查职能以及上级法院赋予的协助集中管辖法院的相关职责，导致这些法院的行政审判庭功能几近闲置，有行政审判司法经验的法官流失较重。另外，改革后集中管辖法院的案件管辖权相对固定，这种状况可能会引发两方面问题：一是跨行政区划管辖增加了当事人的诉讼成本，在

① 参见《郑州铁路运输法院召开行政审判三周年座谈会》，载河南省高级人民法院网，http：//www. hncourt. gov. cn/public/detail. php？ id = 174139，最后访问日期：2019 年 2 月 1 日。

一定程度上减弱或淡化了当事人的诉讼意愿和司法需求。二是随着时间的推移，跨行政区划集中管辖法院与被管辖地区政府之间可能形成新的密切联系，行政案件的审理难以避免新的干预。

我们应当尽快在异地管辖模式、集中管辖模式、选择管辖模式和行政法院管辖模式中作出选择，进一步明确改革的目标和方向。当然，在进行这一选择之前，我们也需要在当前的制度框架内应对现实中产生的问题。

（二）原告资格中“利害关系”的界定有待统一

新《行政诉讼法》实施以后，立案登记制虽然在相当程度上解决了“立案难”的问题，但由于制约行政审判独立性、公正性的体制和制度因素等没有根本改变，“立案难”似乎已经变成了“进入实体审理难”，一些案件获得立案后被法院以起诉人不具有原告资格等理由驳回起诉。[①] 导致这一现状的重要原因之一就是一些法院对原告资格中的“利害关系”界定过于严格。2015 年新修订的《行政诉讼法》将原告资格在旧法中的“法律上的利害关系”标准修改为“利害关系”标准，意在放宽原告资格限制，强化行政诉讼制度监督行政之客观诉讼功能。但在各地、各层级法院的审判实践中多倾向于从严把握，将“利害关系”解释为“法律上的利害关系”[②]或“直接的利害关系”[③] 等，制约了当事人的诉权，削减了行政诉讼制度的应有功能。

行政诉讼原告资格问题既是一个世界性难题，也是行政诉讼法中变化最快的领域之一。因为它不仅涉及可操作性标准，而且涉及特定历史时期的政策性考量。在考量政策性因素时，原告资格问题就不再仅仅是一个司法技术问题，更主要的是法院在监督行政机关方面能走多远的问题。我们

① 据最高人民法院研究室的统计，在 2016 年全国法院审结的 225 020 件一审行政案件中，法院裁决驳回起诉的高达 50 387 件，占比 22.4%。2017 年、2018 年相关数据是多少，官方尚未公布，我们不得而知，但我们从中国裁判文书网上搜索统计的数据中可以大致推知。我们以“全文检索：驳回起诉 + 案件类型：行政案件 + 案由：行政案由 + 文书类型：裁定书”为检索条件，分别搜索统计得出 2016 年、2017 年、2018 年的相关裁定书份数数据为 19 970 份、29 495 份、27 648 份。在法院受理的一审行政案件总量没有大幅增长的 2017 年、2018 年，驳回起诉的裁定书数量却大幅增长。

② 如山西省太原市杏花岭区人民法院（2018）晋 0107 行初 69 号行政裁定书，江苏省泰州市中级人民法院（2018）苏 12 行终 103 号行政裁定书，安徽省高级人民法院（2018）皖行终 92 号行政裁定书，最高人民法院（2017）最高法行申 8048 号行政裁定书等。

③ 如江苏省泰州市海陵区人民法院（2018）苏 1202 行初 7 号行政裁定书，福建省福州市中级人民法院（2018）闽 01 行终 133 号行政裁定书，河南省高级人民法院（2018）豫行终 1922 号行政裁定书，最高人民法院（2018）最高法行申 2975 号行政裁定书等。

应当从当下国情和行政诉讼制度发展的历史阶段出发，把握行政诉讼原告资格中的“利害关系”标准。一方面，2013 年党的十八届三中全会明确提出法治中国的建设目标，2015 年中共中央、国务院在《法治政府建设实施纲要（2015－2020 年）》中明确提出，要在 2020 年基本建成法治政府。另一方面，新中国行政诉讼制度经过 30 年的发展，其运行的外部环境在逐步向好，政府机关和民众对该制度的接受度越来越高。也正因如此，新《行政诉讼法》在第 1 条将旧法中的“维护和监督行政机关”修改为“监督行政机关”，以彰显行政诉讼制度的“应有本色”。我们应当在这一大的背景下来理解和运用原告资格中的“利害关系”标准，宽松把握，将其理解为包括法律上的利害关系、部分事实上的利害关系乃至与行政行为有紧密关联的反射利益之利害关系，以强化行政诉讼制度监督行政、促进法治政府和法治中国建设的功能。

（三）行政诉讼必要参加第三人制度亟待构建[①]

我国行政诉讼立法上没有对第三人进行分类，一定程度上导致司法实践中第三人“利害关系”标准的模糊性与“遗漏当事人”发回重审的必然性之间存在紧张的关系。法院认定被遗漏的第三人时有时标准不一，存在过于宽泛地将第三人认定为必须参加诉讼的当事人的问题，徒增司法资源和诉讼成本的消耗，造成程序空转。

行政诉讼中的第三人应该如何分类，我国行政诉讼法学界目前尚未达成共识，主要观点有：直接利害关系第三人和间接利害关系第三人；[②] 权力关系第三人、义务关系第三人和事实关系第三人；[③] 类似原告地位的第三人和类似被告地位的第三人；[④] 必然性利害关系第三人、或然性利害关系第三人和预决性利害关系第三人。[⑤] 但这些分类难以应对立法和司法实践中出现的问题。我国有必要引入域外“必要参加诉讼第三人”制度，以“同案件处理结果有直接利害关系，其法律上利益将被法院裁判一并确定”作为认

① 相关内容的详细阐述请参见黄先雄：《我国行政诉讼必要参加诉讼第三人制度之构建”》，载《法商研究》2018 年第 4 期。

② 参见王红岩：《行政诉讼第三人探析》，载《政法论丛》1991 年第 3 期。

③ 参见马怀德、解志勇：《行政诉讼第三人研究》，载《法律科学》2000 年第 3 期。

④ 参见王麟、王周户：《行政诉讼法》，法律出版社 2005 年版，第 149 ~ 150 页。

⑤ 参见余明永：《对行政诉讼第三人的法律界定》，载陈光中、江伟主编：《诉讼法论丛》（第 1 卷），法律出版社 1998 年版，第 505 页。

定标准，区分出必要参加诉讼第三人和普通参加诉讼第三人，[①] 并相应修改现行立法中关于遗漏当事人的处理规则条款，才有可能制约二审或再审法院法官认定被遗漏当事人，消除一审法院法官对发回重审条款的担忧，进而改变他们较为宽泛认定第三人的状况，减少司法资源和涉诉人员诉讼成本的消耗，避免程序空转。

结语

2018 年是新《行政诉讼法》高歌猛进地实施近三年之后趋于平稳的一年。这一年，通过司法解释的发布与实施，使新《行政诉讼法》实施以来行政诉讼中出现的许多新问题、新情况有了细则化的操作指引，促进了行政诉讼制度的健康发展。这一年，行政诉讼案件数量不再大幅增长，各级法院的法官们对案件审判工作量和工作压力有了基本的预期；行政诉讼中被告的败诉率变化不大。这一年，行政案件管辖体制改革在缓慢地依法推进，虽然各地选择的管辖模式差异较大，但必将为未来顶层设计时的模式选择提供经验。这一年，最大的亮点在于行政公益诉讼的扎实推进，各地检察机关在机构改革之后将公益诉讼作为工作中的重头戏，积极探索，大胆实践，有力地推动着行政公益诉讼制度这个“新生儿”的成长。尽管当前行政诉讼中还存在这样或那样的问题，如有些法院对原告资格问题把控过于严格，与立法的价值取向不大一致；行政诉讼中第三人“利害关系”标准的模糊性与“遗漏当事人”发回重审的必然性之间存在紧张的关系。但总体来看，行政诉讼法的实施在不断走向深入，行政机关依法行政理念在逐步增强，公民的诉权越来越得到妥善保护，具有中国特色的行政诉讼制度正在探索中慢慢成长。我们有理由期待：行政诉讼法的实施在未来会更好！

---

① 最高人民法院周觅法官曾提及过这种分类，不过，笔者不赞同其提出的区分标准（见后文阐述）。“一般情况下，‘同被诉行政行为有利害关系’的第三人都是必须参加诉讼的第三人，而‘同案件处理结果有利害关系’的第三人一般并非必须参加诉讼的第三人。”参见江必新主编：《行政诉讼法理解适用与实务指南》，中国法制出版社 2015 年版，第 395 页。

撰稿专家

黄先雄，法学博士，中南大学法学院教授、博士生导师，美国华盛顿大学法学院 2010～2011 年访问学者，曾任长沙市中级人民法院院长助理（国家“双千计划”）。主要研究领域：行政法与行政诉讼法、司法制度。近年来，先后主持国家社科基金项目 1 项，作为国家社科基金重大项目子课题负责人 1 项，省部级法学研究课题 7 项；出版学术专著《司法谦抑论》（法律出版社 2008 年版）、《行政诉讼中的权力关系》（中南大学出版社 2012 年版）；执行主编全国首届行政诉讼法学学术研讨会论文集《权利与权力的博弈——行政诉讼法修改纵横谈》（中国法制出版社 2005 年版）、《行政规制论丛》（2009 年卷、2011 年卷，法律出版社出版）；主编《行政法与行政诉讼法学》教材 2 部；在《法商研究》《比较法学研究》《法学》《行政法学研究》《国家行政学院学报》等刊物上公开发表学术论文数十篇，其中数篇被人大报刊资料中心复印、《法制日报》内参转载或《高校文科学术文摘》摘录。

第三编　法治实施专题报告

- 第八章　2018年党内法规制度建设专题报告
- 第九章　2018年机构改革专题报告
- 第十章　2018年司法改革专题报告
- 第十一章　2018年反腐败专题报告
- 第十二章　2018年网络法治专题报告

第八章　2018 年党内法规制度建设专题报告

宋功德

报告要旨

2018 年，党内法规制度建设坚持以习近平新时代中国特色社会主义思想为指导，深入贯彻党的十九大和十九届二中、三中全会精神，落实新时代党的建设总要求，以党的政治建设为统领，以实施《中央党内法规制定工作第二个五年规划（2018－2022 年）》为抓手，制定修订 700 多部党内法规，进一步健全党的领导和管党治党法规制度保障，同时着力提升党内法规制度执行力，依规治党阔步前进，推动全面从严治党向纵深发展。

核心建议

1. 深入学习贯彻习近平总书记关于加强党内法规制度的重要论述特别是党的十九大以来作出的有关新指示新要求，确保党内法规制度建设方向正确、行动有力。

2. 以修订《中国共产党党内法规制定条例》为契机，全面总结党的十八大以来党内法规制定工作经验，抓住提升制定质量这个关键，确保法规制度安排于规周详、于事简便。

3. 贯彻落实党中央关于精简文件决策部署，着力解决法规文件制定中的形式主义、官僚主义问题，聚焦层层搞配套、量多质次等突出问题，控制配套法规文件数量，力戒简单照抄照搬照转。

4. 以编写出版《党内法规学》统编教材为引擎，进一步深化党内法规理论研究，推动形成党内法规话语体系、学科体系、学术体系、理论体系。

一、着力健全“两个维护”法规制度保障

坚决维护习近平总书记党中央核心、全党核心地位，坚决维护党中央权威和集中统一领导，这是党的十八大以来我们党的最大政治成果和宝贵经验，是我们党最重要的政治纪律和政治规矩。坚决做到“两个维护”，是我们党的政治命脉所在，是时代的需要、事业的需要，是亿万中华儿女的幸福和期望所系。加强党内法规制度建设，必须将贯彻落实“两个维护”要求贯穿始终，为坚决做到“两个维护”提供坚实法规制度保障。

2018年制定出台的党内法规，主要通过两种方式贯彻落实“两个维护”要求，一个是针对有关方面专门出台党内法规，提出坚决做到“两个维护”明确要求；另一个是在制定相关党内法规时鲜明体现“两个维护”要求，将其确定为建章立制的首要政治任务。这方面的党内法规制度建设，集中体现在2018年制定、2019年年初出台的《中共中央关于加强党的政治建设的意见》和《中国共产党重大事项请示报告条例》当中。

制定《中共中央关于加强党的政治建设的意见》（以下简称《意见》）。2019年1月25日，习近平总书记主持中央政治局会议审议通过该《意见》。1月31日，《意见》正式发布实施。《意见》由导语、6个部分20条组成。《意见》是党的历史上第一个专门就加强党的政治建设作出全面部署的中共中央文件，是一个搭建起新时代党的政治建设“四梁八柱”的纲领性文件，是一个彰显我们党旗帜鲜明讲政治的标志性文件。《意见》的出台是党和国家政治生活的一件大事，对于加强新时代党的建设具有里程碑意义，必将载入史册。党的十九大报告强调，保证全党服从中央，坚持党中央权威和集中统一领导，是党的政治建设的首要任务。《意见》强调：“事在四方，要在中央。坚持和加强党的全面领导，最重要的是坚决维护党中央权威和集中统一领导；坚决维护党中央权威和集中统一领导，最关键的是坚决维护习近平总书记党中央的核心、全党的核心地位。”坚持和加强党的全面领导涉及方方面面，为什么要将坚决做到“两个维护”当作首要任务？其中的道理既朴素又深刻。因为我们党是中国特色社会主义事业的领导核心，党中央是全党全社会的领导核心，习近平总书记是党中央核心、全党核心，所以，加强党的政治建设，坚持和加强党的全面领导，首要任务就必然是坚决做到“两个维护”，必须树牢“四个意识”特别是核心意识。当今世界正面临百年未有之大变局，无论形势任务多么复杂、风险挑战多么严峻、

使命任务多么艰巨，只要坚决做到“两个维护”，我们党就一定能够团结带领全国人民实现“两个一百年”奋斗目标。《意见》提出，要教育引导党员干部从历史和现实、理论和实践、国内和国际的结合上深刻认识、强化认同，不断增强拥护核心、跟随核心、捍卫核心的思想自觉政治自觉行动自觉，始终同以习近平同志为核心的党中央保持高度一致，做到党中央提倡的坚决响应、党中央决定的坚决执行、党中央禁止的坚决不做。要以正确的认识、正确的行动坚决做到“两个维护”，坚决防止和纠正一切偏离“两个维护”的错误言行，不得搞任何形式的“低级红”“高级黑”，决不允许对党中央阳奉阴违做两面人、搞两面派、搞“伪忠诚”。《意见》强调，要以党章为根本依据，不断完善保障“两个维护”的制度机制。

制定《中国共产党重大事项请示报告条例》（以下简称《重大事项请示报告条例》）。2019 年 1 月 25 日，习近平总书记主持中央政治局会议审议通过该《重大事项请求报告条例》。1 月 31 日，《重大事项请示报告条例》正式施行。《重大事项请示报告条例》共八章 48 条。请示报告制度是我们党的一项重要政治纪律、组织纪律、工作纪律，是执行民主集中制的有效工作机制。作为党的优良传统，请示报告制度很早就写入党章，得到有力执行，在革命、建设、改革各个时期发挥了重要作用。党的十八大以来，党中央高度重视加强请示报告工作。习近平总书记反复强调严格执行请示报告制度的重要性，明确要求全党必须严格执行重大问题请示报告制度，研究涉及全局的重大事项或作出重大决定要及时向党中央请示报告，执行党中央重大决定的情况要专题报告。近年来，党中央制定出台《关于新形势下党内政治生活的若干准则》《中共中央政治局关于加强和维护党中央集中统一领导的若干规定》等党内法规，对加强请示报告工作作出了新规定、提出了新要求。同时要看到，目前请示报告工作还存在不少亟待解决的问题，有的地方和部门请示报告意识不强、内容把握不准、程序方式不规范，有的党组织在请示报告上打折扣、搞变通、不实事求是等。这些问题有的是主观方面的，有的跟制度规定还不够完善有关。鉴于此，《重大事项请示报告条例》对什么是请示报告、谁向谁请示报告、请示报告什么、怎么请示报告等基本问题作出明确规定，为开展请示报告工作提供基本遵循，有利于推动请示报告工作全面走上制度化、规范化、科学化轨道。《重大事项请示报告条例》的出台，对于坚持和加强党的全面领导，坚持党要管党、全面从严治党，坚决做到“两个维护”，保证全党团结统一和行动一致，具有重要意义。《重大事项请示报告条例》的制定工作主要遵循以下原则，有以下特点。一是把准政治方向。《重大事项请示报告条例》以党章为根本遵循，以习近平新时代中国特色社会主义思想为指导，深入贯彻党的十九大精神，坚持正确政治方向，把坚决做到“两个维护”贯穿《重大事项请示报告条例》始终。二是突出问题导向。针对实践中存在的突出问题，着眼于加强和规范重大事项请示报告工作，《重大事项请示报告条例》有的放矢、对症下药，确立了请示报告的工作体制，厘清了主体，明确了范围和内容，规范了程序和方式，强化了监督与追责，对请示报告工作作出全面规定。三是回应实践关切。注重把政治上的要求落下去、实起来，转化成具体的行为规范，让各地区各部门尤其是基层的同志看得懂记得住用得好，能够解决实际问题，保证《重大事项请示报告条例》具有可操作性，在实践中有生命力。四是重在“立柱架梁”。《重大事项请示报告条例》作为请示报告方面的基础主干党内法规，主要对请示报告中的基本问题作出规定，注意抓大放小，对一些已有规定的问题不再重复，通过有关条款留好接口；对一些需要在实践中细化的问题作出原则性规定，为各地区各部门结合实际制定具体落实措施留出必要空间。需要强调的是，《重大事项请示报告条例》通篇贯彻落实“两个维护”要求。比如，《重大事项请示报告条例》第2条明确要求：“重大事项请示报告工作以习近平新时代中国特色社会主义思想为指导，坚持和加强党的全面领导，坚持党要管党、全面从严治党，贯彻民主集中制，坚决维护习近平总书记党中央核心、全党核心地位，坚决维护党中央权威和集中统一领导，保证全党团结统一和行动一致，确保党始终总揽全局、协调各方。”又如，第12条明确规定：“涉及党和国家工作全局的重大方针政策，经济、政治、文化、社会、生态文明建设和党的建设中的重大原则和问题，国家安全、港澳台侨、外交、国防、军队等党中央集中统一管理的事项，以及其他只能由党中央领导和决策的重大事项，必须向党中央请示报告。”

二、着力健全党的领导法规制度

党政军民学，东西南北中，党是领导一切的。为保证党发挥总揽全局、协调各方领导核心作用，目前已出台了近1000部相关党内法规，占现行有效党内法规总量的22%，基本上把党组织和党员领导干部的领导活动纳入制度化轨道。党的十八大5年间，在这方面制定出台了《中国共产党统一战线工作条例（试行）》《党政主要负责人履行推进法治建设第一责任人职责规定》等一批党内法规，在党的历史上，对健全党的领导法规的重视程度之高、制定力度之大、推进速度之快，皆是前所未有。2018年以来，党中央在党的领导方面制定出台了《中国共产党政法工作条例》《社会主义学院工作条例》等多部党内法规，进一步健全党的领导体制、改善党的领导方式，进一步夯实了坚持和加强党的全面领导的制度保障。

制定《中国共产党政法工作条例》（以下简称《政法工作条例》）。2018 年 12 月 27 日，习近平总书记主持中央政治局会议审议通过该《政法工作条例》。1 月 13 日，《政法工作条例》正式施行。制定该《政法工作条例》，是贯彻落实党的十九大精神的重要举措。习近平总书记在党的十九大报告中明确指出："增强依法执政本领，加快形成覆盖党的领导和党的建设各方面的党内法规制度体系，加强和改善对国家政权机关的领导。"2018 年 2 月，《中央党内法规制定工作第二个五年规划（2018－2022 年）》将制定《政法工作条例》作为贯彻落实党的十九大精神、加强和改善党对政法机关领导的重要举措，要求坚持党对政法工作的领导不动摇，加强党中央对政法工作的集中统一领导，阐明党领导政法工作方针政策，规范党领导政法工作体制机制、主要内容、方式方法，明确党委政法委职能定位，支持和保障司法机关依法独立公正行使职权。在制定《政法工作条例》过程中，主要遵循以下原则：一是突出党的领导这个最高原则，鲜明体现政法工作的政治性。二是突出全局思维，把政法工作置于党和国家事业发展大局中来制定《政法工作条例》。三是突出问题导向，聚焦"谁来领导""领导什么""怎么领导"等重大问题，注重将领导主体具体化、职责清单化、工作运行机制化，为党领导新时代政法工作提供体制机制保障。《政法工作条例》共九章 39 条，明确了党领导政法工作系列重大问题，主要包括：一是明确了制定《政法工作条例》目的是坚持和加强党对政法工作的绝对领导、做好新时代党的政法工作，依据是党章、宪法和有关法律，阐明了政法工作的性质、指导思想、主要任务和原则等重大问题。二是明确了政法工作的领导主体及职责，规定了党中央对政法工作实施绝对领导等重大职权，以及地方党委、党委政法委员会、政法单位党组（党委）的主体责任等。三是明确了党领导政法工作的运行机制，规定了政法工作重大事项请示报告、决策和执行、监督和责任等制度。《政法工作条例》以基础主干党内法规形式，对党领导新时代政法工作进行全面制度擘画，为党领导政法工作提供基本遵循，具有重大而深远的意义，这是提高党领导政法工作法治化、制度化水平的内在要求，是坚持和发展中国特色社会主义制度、推进国家治理体系和治理能力现代化的题中之义；这是推进依法治国与依规治党有机统一的重要举措，有利于推动政法工作政治性、人民性和法治性在更高水平上深度融合；同时，政法工作事关党和国家长治久安，事关“两个一百年”奋斗目标的实现，《政法工作条例》的出台和实施有利于从制度上保障政法工作始终坚持正确前进方向，更好发挥服务保障党和国家工作大局的重要作用。

制定《社会主义学院工作条例》。《社会主义学院工作条例》共十一章63条，自2018年12月22日起施行。这次制定《社会主义学院工作条例》是将原来由部委制定的党内法规上升为中央党内法规，成为第一部由党中央制定的关于社会主义学院工作的党内法规。《社会主义学院工作条例》全面贯彻习近平新时代中国特色社会主义思想特别是习近平总书记关于加强和改进统一战线工作的重要指示，集中体现了党中央对统一战线人才教育培养和社会主义学院工作的新精神新要求，为做好新时代社会主义学院工作提供了方向引领。《社会主义学院工作条例》着眼新时代统一战线人才教育培养工作面临的新形势新任务，突出强调了社会主义学院的性质定位，进一步明确了办学的总体要求、工作方针、基本任务、培训目标。《社会主义学院工作条例》强调，社会主义学院“是中国共产党领导的统一战线性质的政治学院，是民主党派和无党派人士的联合党校，是统一战线人才教育培养的主阵地，是开展党的统一战线工作的重要部门，是党和国家干部教育培训体系的重要组成部分”，这“五个是”进一步明确了社会主义学院新时代的性质定位，体现了以习近平同志为核心的党中央对统一战线人才培养和社会主义学院工作的高度重视。《社会主义学院工作条例》将“习近平新时代中国特色社会主义思想”作为社会主义学院工作的指导思想，强调“坚持社会主义办学方向”，体现了指导思想的与时俱进和政治学院的根本要求；同时要求社会主义学院“充分发挥统一战线人才培养基地、理论研究基地、方针政策宣传基地作用”，明确了社会主义学院在统一战线教育、研究、宣传方面的三大基本职能。《社会主义学院工作条例》提出“五个坚持”的工作方针，即坚持党的领导，坚持围绕中心、服务大局，坚持理论联系实际，坚持联合办学、开放办学，坚持严以治院。这既是对社会主义学院长期办学经验的总结提升，也是新时代社会主义学院必须坚持的基本原则。《社会主义学院工作条例》根据新形势新任务，明确了社会主义学院“教育培训”“理论研究和宣传”“决策咨询”“开展中华文化教育、研究和对外交流”“联谊交友”五项基本任务，延伸拓展了社会主义学院的政治功能。同时，《社会主义学院工作条例》遵循统一战线人才成长规律和教育培训规律，针对不同的培训对象分类提出培训目标，突出教育培训的针对性和有效性。

三、着力健全党的组织法规制度

党的组织是党的工作活动的主体。为了规范党组织的产生和职责，我们党持续推进党的组织法规制度变革，这个板块现行有效的党内法规共 480 多部，涵盖党的地方组织和基层组织选举、地方党委、党组、党的工作机关，农村、高校、机关等领域基层党组织以及党支部等。这一板块的法规虽然数量不多，约占法规总量的 11%，但条例却多达 13 部，占条例总量 1/3，成为党内法规制度体系的“高地”。党的十八大 5 年间，党中央高度重视党的组织法规制度建设，为进一步夯实管党治党、执政兴国的组织基础，修订了《中国共产党地方委员会工作条例》，制定了《中国共产党党组工作条例（试行）》《中国共产党工作机关条例（试行）》等。2018 年以来，围绕贯彻新时代党的组织路线，党中央在健全党的组织法规方面制定修订《中国共产党支部工作条例（试行）》《中国共产党农村基层组织工作条例》《干部人事档案工作条例》《中央企业领导人员管理规定》等多部党内法规，在把党的各级各类组织的设立和运行工作全面纳入制度化轨道上又往前推进了一大步。

制定《中国共产党支部工作条例（试行）》（以下简称《支部工作条例》)。2018 年 12 月 27 日，习近平总书记主持中央政治局会议审议通过该《支部工作条例》。10 月 28 日，《支部工作条例》正式施行。重视和加强党支部建设，是马克思主义政党的鲜明特征。党的十八大以来，以习近平同志为核心的党中央高度重视党支部建设，要求把全面从严治党落实到每个支部、每名党员，推动全党形成了大抓基层、大抓支部的良好态势，取得了明显成效。推进伟大斗争、伟大工程、伟大事业、伟大梦想，要求各级党组织必须认真贯彻落实新时代党的组织路线，把党支部建设放在更加突出的位置，加强党支部标准化、规范化建设，不断提高党支部建设质量。《支部工作条例》的制定工作，主要遵循以下原则：一是以习近平新时代中国特色社会主义思想为指导，认真贯彻落实习近平总书记提出的“推动全面从严治党向基层延伸”“把全面从严治党落实到每个支部、每名党员”等一系列新精神新要求。二是以党章为根本遵循，突出党支部主体作用，着眼提升组织力，强化政治功能，明确党支部的职责任务。三是坚持问题导向和求解思维，针对党支部建设在功能定位、组织设置、工作运行等方面存在的突出问题，从制度建设层面补齐短板、形成规范。四是体现继承与创新相结合，传承我们党在革命、建设、改革历程中积累的党支部建设宝贯经验，总结提炼党的十八大以来抓基层打基础强支部的成功经验，固化为法规制度。五是贴近基层实际操作需要，既回应不同领域党支部特点，又力求规定明确、简便可行。《支部工作条例》共八章37条，内容全面、规定明确，覆盖了党支部建设的各领域、各方面。一是明确了党支部的功能定位，规定党支部是党的基础组织、党的组织体系的基本单元、党在社会基层组织中的战斗堡垒、党的全部工作和战斗力的基础，并提出党支部工作必须遵循的原则。二是规范了党支部的设置，明确党支部设立范围、条件和程序，对结合实际创新党支部设置形式作出规定。三是提出了党支部的基本任务和不同领域党支部的重点任务，强调村和社区党支部要全面领导隶属本村、本社区的各类组织和各项工作。四是完善了党支部的工作机制，对党员大会、党支部委员会和党小组的职责和运行方式等作出规范。五是规定了党支部组织生活，对“三会一课”和主题党日、组织生活会、民主评议党员、谈心谈话等细化内容和程序。六是强调了加强党支部委员会建设，规范党支部委员会组成、任期和选举，提出党支部书记任职条件和选拔渠道等。七是压实了党支部工作的领导指导责任，明确为党支部开展工作给予经费保障，干部考察应当听取考察对象所在党支部的意见等。《支部工作条例》是我们党历史上第一部关于党支部工作的基础主干法规，是新时代党支部建设的基本遵循。《支部工作条例》的制定和实施，对于加强党的组织体系建设，推动全面从严治党向基层延伸，全面提升党支部组织力、强化党支部政治功能，巩固党长期执政的组织基础，具有十分重要的意义。

修订《中国共产党农村基层组织工作条例》（以下简称《农村基层组织工作条例》）。2018年11月26日，习近平总书记主持中央政治局会议审议通过该《农村基础组织工作》。12月28日，《农村基层组织工作条例》正式施行。农村基层党组织是党在农村全部工作和战斗力的基础，坚持党管农村工作、重视和加强农村基层党组织建设是我们党的优良传统。1999年2月颁布实施的《农村基层组织工作条例》，作为党的农村基层组织建设的基础主干法规，为推进农村基层组织建设、夯实党在农村的执政基础提供了重要制度保证。近20年来，农村经济社会发生很大变化，特别是党的十八大以来，以习近平同志为核心的党中央推动农业农村发展取得了历史性成就、发生了历史性变革，在坚持和加强党对农村工作的全面领导，坚持党要管党、推动全面从严治党向农村基层延伸上取得重大进展，积累了重要经验。党的十九大对新时代党的建设作出重大部署，明确提出以提升组织力为重点，突出政治功能，加强基层党组织建设。面对新形势新任务新要求，《农村基层组织工作条例》已不能完全适应，需要修订完善。新修订的《农村基层组织工作条例》以习近平新时代中国特色社会主义思想为指导，贯彻党章和新时代党的建设总要求、新时代党的组织路线，是新时代党的农村基层组织建设的基本遵循。《农村基层组织工作条例》的颁布实施，对于坚持和加强党对农村工作的全面领导，打赢脱贫攻坚战、深入实施乡村振兴战略，推动全面从严治党向基层延伸，提高党的农村基层组织建设质量，巩固党在农村的执政基础，具有十分重要的意义。《农村基层组织工作条例》增写了“乡村治理”“领导和保障”两章，对其他各章都作了修改，由八章 34 条增加到十章 48 条、3654 字增加到 7750 字。《农村基层组织工作条例》主要内容可以概括为 6 个方面：一是强调了农村基层党组织的领导地位。二是规范了农村基层党组织设置。三是规定了乡镇党委和村党组织的主要职责。四是明确了农村基层党组织领导经济建设、精神文明建设、乡村治理的重点任务。五是提出了加强农村基层党组织领导班子和干部队伍建设，加强党员队伍建设的明确要求。六是强化了各级党委特别是县级党委要认真履行农村基层组织建设主体责任。修订后的《农村基层组织工作条例》既体现方向性、原则性，又突出实践性、针对性，主要有以下几个显著特点：一是贯彻党中央最新精神和要求。《农村基层组织工作条例》以习近平新时代中国特色社会主义思想为指导，对党的十九大报告、党章关于坚持和加强党的全面领导，坚持党要管党、全面从严治党，新时代党的建设总要求、重大部署，习近平总书记关于党的建设特别是农村党建的一系列重要指示精神，全国组织工作会议精神和党中央有关部署要求等，予以深入贯彻、充分体现。二是紧紧围绕“三农”工作大局。按照党中央关于新时代“三农”工作的重大决策部署，聚焦抓党建促脱贫攻坚、促乡村振兴，就农村基层党组织在组织党员、群众完成中心任务中提升组织力、强化政治功能，在不断增强群众获得感幸福感安全感中提高威信、提升影响，进行制度设计，提出明确要求。三是突出问题导向。针对一些农村基层党组织弱化、虚化、边缘化，带头人素质不高、能力不强，党员先锋模范作用不明显，农村基层党建主体责任不落实、保障不力等问题，提出务实管用的措施办法。四是汲取成功经验。系统梳理各地抓农村基层党建的好经验好做法，上升为制度性要求，用基层经验指导基层实践，增强工作的规范性、稳定性。

制定《干部人事档案工作条例》。《干部人事档案工作条例》共七章 46 条，于 2018 年 11 月 20 日施行，1991 年 4 月 2 日中央组织部、国家档案局印发的《干部档案工作条例》同时废止。党中央高度重视干部人事档案工作，习近平总书记多次作出重要指示提出明确要求。党的十八大以来，中央组织部在全国分级分批集中开展了干部人事档案专项审核工作，对档案造假问题进行专项整治，档案内容回归本真，制度建设得到有力加强，歪风邪气受到有效遏制，广大干部普遍经受了党性洗礼，营造了干部人事档案工作的“青山绿水”，优化了干部选拔任用工作生态。干部人事档案在领导班子换届，干部考察、防止干部“带病提拔”，巡视巡察、纪检监察机关执纪办案等方面发挥了重要作用。《干部人事档案工作条例》全面贯彻习近平新时代中国特色社会主义思想和党的十九大精神，深入落实全国组织工作会议精神，坚持和加强党的全面领导，坚持党要管党、全面从严治党，坚持从严管理干部，总结吸收党的十八大以来从严管理干部人事档案工作的新经验新成果，对干部人事档案工作的体制机制、内容建设、日常管理、利用审核、纪律监督等加以规范完善，是一部重要的基础主干党内法规，是全面从严治党落细落实的具体体现，对新时代全面发挥干部人事档案资政作用，全面提升干部人事档案的权威性和公信力，具有重要意义。作为新时代干部人事档案工作的基本遵循，《干部人事档案工作条例》具有以下鲜明特点：一是坚持把党的政治建设摆在首位。坚持以习近平新时代中国特色社会主义思想为指导，坚持党管干部原则，坚持党对干部人事档案工作的统一领导，坚决把党的政治建设要求贯穿档案工作的各个环节。明确要求各级组织和干部严格遵守档案工作纪律，强化组织观念和规矩意识，自觉做到“三严三实”。二是着力服务建设高素质专业化干部队伍。紧紧围绕服务建立素质培养、知事识人、选拔任用、从严管理、正向激励的干部工作体系，明确档案要包括的重点内容，要求有充分体现干部忠诚干净担当的材料，为干部人事等工作提供全面准确鲜活及时的档案信息服务。坚持“凡提必审”“凡进必审”“凡转必审”，严把选人用人档案关。三是坚持把破解难题作为重点。针对干部人事档案涂改造假等重点问题，用严格制度和严明纪律规范档案“建、管、用”各个环节，将真抓真管、严抓严管、常抓常管落到实处。针对干部人事档案效用发挥不足问题，明确档案内容建设相关要求，设立专章规范档案利用要求、范围和程序，发挥档案的资政作用和凭证价值。四是坚持把全面从严落细落实。《干部人事档案工作条例》从组织领导、体制机制、内容建设、日常管理等方面分别作了明确，打造自上而下、分工负责、协同推进的新模式。明确提出“十一个严禁”工作纪律要求；明确党委（党组）及其组织人事部门在工作中要自觉接受组织监督和党员干部群众监督；对违反工作规定和纪律的，严格责任追究。

修订《中央企业领导人员管理规定》。2018 年 5 月 11 日，习近平总书记主持召开中央全面深化改革委员会第二次会议，审议通过该规定。《中央企业领导人员管理规定》是对 2009 年 11 月中办、国办印发的《中央企业领导人员管理暂行规定》的修订。《暂行规定》印发实施以来，有力提升了中央企业领导人员管理工作的科学化、制度化、规范化水平，对加强中央企业领导人员队伍建设发挥了十分重要的作用，但随着形势发展变化，中央企业领导人员管理工作面临很多新任务新挑战，亟待修订完善《暂行规定》。在中国特色社会主义进入新时代和深化国有企业改革的关键时期，党中央修订出台《中央企业领导人员管理规定》，对于坚持和加强党对中央企业的全面领导，完善适应中国特色现代国有企业制度要求和市场竞争需要的选人用人机制，提高中央企业领导人员管理工作质量，打造对党忠诚、勇于创新、治企有方、兴企有为、清正廉洁的高素质专业化中央企业领导人员队伍，进一步激励中央企业领导人员新时代新担当新作为，把中央企业建设成为党和人民可以信赖、依靠的“大国重器”，具有十分重要的意义。《中央企业领导人员管理规定》共十章 66 条，分总则、职位设置、任职条件、选拔任用、考核评价、薪酬与激励、管理监督、培养锻炼、退出、附则，明确了中央企业领导人员管理的基本原则、基本要求和主要内容，覆盖了中央企业领导人员管理的全过程和各环节。《中央企业领导人员管理规定》的主要特点包括：一是坚持党管干部原则。充分发挥党组织在中央企业选人用人工作中的领导和把关作用，确保党对中央企业干部人事工作的领导权和对重要领导人员的管理权。二是发挥市场机制作用。从中央企业的市场主体属性出发，扩大选人用人视野，完善与市场竞争相适应的中央企业领导人员管理机制，激发和保护企业家精神，更好发挥企业家作用。三是坚持问题导向。重点解决中央企业选人用人机制创新不够、领导人员管理失之于宽松软和领导人员管党治党意识不强、担当不够、“能上不能下”等问题。四是坚持简便易行、有效管用。从中央企业实际出发，该规范的严格规范，该简化的尽量简化，该留有空间的留有空间，提高制度的精准性、有效性和可操作性。

四、着力健全管党治党法规制度

坚持制度治党、依规治党，以党的政治建设为统领，把党内法规制度建设贯穿于党的建设各领域各方面，这是加强党的自身建设的一条重要经验。改革开放以来，为了保持党的先进性和纯洁性，我们党出台了大量党内法规，这方面现行有效的法规约有3000部，占法规总量约70%，涵盖党的政治建设、思想建设、组织建设、作风建设、纪律建设以及反腐败斗争等各个方面。党的十八大以来，党中央强力推进全面从严治党，抓思想从严、抓管党从严、抓执纪从严、抓治吏从严、抓作风从严、抓反腐从严，这“六个从严”各有侧重，共通的一点是每个“从严”都注重建章立制。实践证明，全面从严治党要走依规治党的路子，只要全面从严治党延伸到哪里，党内法规制度建设就要跟进到哪里，依靠党内法规发挥引领和保障作用，推动全面从严治党不断向纵深发展。2018年以来，聚焦管党治党制定修订了多部党内法规，特别是党中央制定修订《中国共产党纪律处分条例》《中国共产党纪律检查机关监督执纪工作规则》，对于全面从严治党具有重大意义。

修订《中国共产党纪律处分条例》（以下简称《纪律处分条例》）。党的十八大以来，党中央先后两次修订《纪律处分条例》，第一次修订是2015年10月，2018年进行第二次修订。2018年7月31日，习近平总书记主持中央政治局会议审议通过《纪律处分条例》。8月18日，修订后的《纪律处分条例》发布，自10月1日起正式实施。2015年10月党中央印发的《中国共产党纪律处分条例》，对维护党章和其他党内法规、严肃党的纪律、坚持从严管党治党发挥了重要作用。党的十九大将纪律建设纳入新时代党的建设总体布局，在党章中充实完善了纪律建设相关内容。鉴于此，党中央决定根据新的形势、任务和要求，对条例予以修订完善。经过这次修订的《纪律处分条例》共3编11章142条。《纪律处分条例》全面贯彻习近平新时代中国特色社会主义思想和党的十九大精神，以党章为根本遵循，将党的纪律建设的理论、实践和制度创新成果，以党规党纪形式固定下来，着力提高纪律建设的政治性、时代性、针对性。与修订前相比，《纪律处分条例》新增11条，修改65条，整合了2条，是在原框架内的“升级版”，既保持了制度的连续性、稳定性，又体现了中央的新要求、适应了新形势，有力推动全面从严治党向纵深发展。这次《纪律处分条例》修订主要有两个显著特点：一个是把坚决维护以习近平同志为核心的党中央权威和集中统一领导作为出发点和落脚点，着力提高纪律建设的政治性、时代性、针对性。《纪律处分条例》增加“以习近平新时代中国特色社会主义思想为指导”“坚持和加强党的全面领导，坚决维护习近平总书记党中央的核心、全党的核心地位，坚决维护党中央权威和集中统一领导”“牢固树立政治意识、大局意识、核心意识、看齐意识”等内容，就是要把坚决维护以习近平同志为核心的党中央权威和集中统一领导作为出发点和落脚点，作为根本的政治纪律和政治规矩，推动各级党组织和党员干部始终在政治立场、政治方向、政治原则、政治道路上同党中央保持一致，确保全党令行禁止。另一个是紧紧围绕我们党承担的新使命新任务，作出了许多体现时代性的新规定。比如，《纪律处分条例》紧密结合新时代新使命新要求，增写了对贯彻创新、协调、绿色、开放、共享的发展理念不力，扶贫脱贫工作中侵害群众利益，利用宗族或者黑恶势力欺压群众以及充当黑恶势力“保护伞”等行为的处分规定，为实现“两个一百年”奋斗目标、实现中华民族伟大复兴中国梦提供了更加有力的纪律保障。又如，《纪律处分条例》修订坚持问题导向，针对管党治党的突出问题和监督执纪中发现的新型违纪行为，扎紧制度篱笆，实现制度建设与时俱进。再如，《纪律处分条例》突出党纪特色，坚持纪严于法、纪在法前、纪法贯通，对各级党组织和全体党员，特别是党员领导干部提出了更为严格的纪律要求，不仅要模范遵守国家法律，还必须接受更加严格的纪律约束，使全面从严治党的思路举措更加科学、更加严密、更加有效。还如，《纪律处分条例》对党章和《关于新形势下党内政治生活的若干准则》《中国共产党党内监督条例》等党内法规的新规定进一步细化具体化，特别是将过去几年实践中普遍运用的监督执纪“四种形态”写入了总则，进一步强化了《纪律处分条例》抓早抓小、防微杜渐的作用。此外，修订后的《纪律处分条例》还注重与新颁布的《监察法》相衔接，把党员涉嫌犯罪的表述修改为“贪污贿赂、滥用职权、玩忽职守、权力寻租、利益输送、徇私舞弊、浪费国家资财等违反法律涉嫌犯罪行为”；增加规定党组织在纪律审查中发现党员严重违纪涉嫌违法犯罪的，原则上先作出党纪处分决定，并按照规定给予政务处分后，再移送有关国家机关依法处理；增加规定党员被依法留置的，党组织应当按照管理权限中止其表决权、选举权和被选举权等党员权利；等等。修订《纪律处分条例》本身，就是释放全面从严治党永远在路上的强烈信号，营造不断加强纪律建设的浓厚氛围，体现下大力气建制度、立规矩、抓落实、重执行的鲜明导向，是对全党一次生动的纪律教育。

制定《中国共产党纪律检查机关监督执纪工作规则》（以下简称《纪律检查机关监督执纪工作规则》）。2018 年 11 月 26 日，习近平总书记主持中央政治局会议审议通过该《纪律检查机关监督执纪工作规则》。12 月 28 日，

《纪律检查机关监督执纪工作规则》正式发布，自2019年1月1日起施行，2017年1月15日中央纪委印发的《中国共产党纪律检查机关监督执纪工作规则（试行）》同时废止。这次制定《纪律检查机关监督执纪工作规则》，上升为中央党内法规，是党中央在新的历史条件下，给中央纪委和各级纪检机关定制度、立规矩，体现了党对纪律检查工作统一领导，是构建党统一指挥、全面覆盖、权威高效监督体系的重要举措，是深化党的纪律检查和国家监察体制改革的迫切需要，也是总结纪检监察机关自身建设经验，解决突出问题的现实要求。《纪律检查机关监督执纪工作规则》共十章77条，比《中国共产党纪律检查机关监督执纪工作规则（试行）》增加了20条。一方面，《纪律检查机关监督执纪工作规则》专章规定监督检查，突出监督执纪和监察执法统一决策、一体运行。强调党委（党组）在党内监督中履行主体责任，纪检监察机关履行监督责任，将纪律监督、监察监督、巡视监督、派驻监督结合起来；明确把“两个维护”、贯彻执行党和国家的路线方针政策以及重大决策部署等，作为监督检查的重点；规定党内监督情况专题会议、信访举报、党员领导干部廉政档案、干部选拔任用党风廉政意见回复、纪律检查建议或者监察建议等制度；强调纪检监察机关应当结合被监督对象的职责，加强对行使权力情况的日常监督，发现苗头性、倾向性问题或者轻微违纪问题，及时约谈提醒、批评教育、责令检查、诫勉谈话，提高监督的针对性和实效性。同时，《纪律检查机关监督执纪工作规则》贯彻纪委监委合署办公要求，要求监督执纪和监察执法统一决策、一体运行。《纪律检查机关监督执纪工作规则》在指导思想中明确“全面贯彻纪律检查委员会和监察委员会合署办公要求”，在领导体制中规定“把执纪和执法贯通起来，实现党内监督和国家监察的有机统一。”《纪律检查机关监督执纪工作规则》还具体在管辖范围、监督检查、线索处置、审查调查、审理、请示报告、措施使用等各个环节，建立统一决策、一体运行的执纪执法工作机制，扣紧纪委监督执纪和监委监察执法的链条，体现促进执纪执法贯通、有效衔接司法的要求，实现执纪与执法同向发力、精准发力，把制度优势转化为治理效能。另一方面，《纪律检查机关监督执纪工作规则》整合规范纪检监察工作流程，进一步严格纪检监察机关监督管理措施和要求。其中，在线索处置环节，明确信访举报部门归口受理信访举报，案件监督管理部门对问题线索实行集中管理、动态更新、定期汇总核对，确保对问题线索处置全程可控；在谈话函询环节，规定谈话函询之前要严格审批，谈话内容应制作谈话笔录，必要时对谈话函询的说明情况进行抽查核实；在初步核实环节，规定经严格审批启动初步核实程序，对具有可查性的问题线索扎实开展初核，收集客观性证据，确保真实性和准确性；在审查调查环节，突出强调党委（党组）对审查调查处置工作的领导，严格报批程序，明确审批权限，严格管控措施使用，强调重要取证工作必须全程录音录像，纪检监察机关相关负责人通过调取录音录像等方式，加强对审查调查全过程的监督；在案件审理环节，规定纪律处理或处分必须坚持民主集中制原则，集体讨论决定，坚持审查调查与审理相分离，审查审理和复议复查相分离，做到事实清楚、证据确凿、定性准确、处理恰当、手续完备、程序合规，严格依规依纪依法审核把关。此外，《纪律检查机关监督执纪工作规则》还专设监督管理一章，进一步强调纪检监察机关要强化自我监督，自觉接受党内监督、社会监督和群众监督，规定了多项自我监督制度，主要包括：干部准入、设立临时党支部、打听干预案情报告备案、回避、脱密期管理、安全责任制等。强调加强纪检监察机关党的政治建设、思想建设、组织建设以及干部队伍作风建设，对私存线索、跑风漏气、以案谋私等行为，严肃追究纪律和法律责任，建立办案质量责任制，对失职失责造成严重后果的，实行终身问责。

五、着力健全党和国家机构改革法规制度保障

2018 年 2 月 26 日至 28 日召开的党的十九届三中全会，审议通过了《中共中央关于深化党和国家机构改革的决定》和《深化党和国家机构改革方案》，对深化党和国家机构改革作出重大战略部署。着力健全党和国家机构改革的法规制度保障，这是 2018 年党内法规制度建设的一重大政治任务，也是一大年度重点和亮点。坚持“先立后破、不立不破”原则开展有关党内法规工作、强化法规制度保障，在“破”的方面主要开展了专项法规文件清理工作，在“立”的方面主要是制定出台一批机构改革文件和部门“三定”规定。

组织开展涉党和国家机构改革党内法规和相关文件专项清理工作。2018 年 3 月，为贯彻落实党的十九届三中全会精神，有效解决部分党内法规和文件与党和国家机构改革不适应、不协调、不衔接、不一致问题，确保机构改革依法依规进行，党中央部署开展涉党和国家机构改革党内法规和相关文件专项清理工作。5 月，《中共中央关于涉党和国家机构改革党内法规和相关文件专项清理的决定》（以下简称《清理决定》）发布，党中央决定废止 3 件、修改 35 件中央党内法规和相关文件。《清理决定》指出，中央纪委、中央各部门要抓紧对本单位涉机构改革的党内法规和相关文件进行清

理，国家机关各部委党组（党委）要按照机构改革精神及时清理自身制定的涉机构改革的文件。各省、自治区、直辖市党委要组织实施好本地区涉机构改革党内法规和相关文件的清理工作。《清理决定》要求，各地区各部门要深刻认识专项清理工作的重要意义，认真抓好贯彻执行。对废止的党内法规和相关文件，要按照档案、保密管理有关规定，做好存档、查档利用等工作。对需要修改的党内法规和相关文件，要抓紧启动修改工作，优质高效完成修改任务。

制定出台一批机构改革文件和部门“三定”规定。按照党的十九届三中全会部署，党中央制发一批涉机构改革的中央文件，有序推进党和国家机构改革决策落实落地。《中共中央关于深化党和国家机构改革的决定》针对“推进机构编制法定化”提出明确要求，强调要完善党政部门机构设置、职能配置、人员编制规定。为此，党中央制定出台了一批“三定”规定，每个“三定”规定都是针对相关党政部门量身定制，同时注重不同部门“三定”规定之间的衔接协调，有力地推进了党政机关机构、职能、权限、程序、责任的法定化，为深化党和国家机构改革提供了有力法规制度保障。

六、着力健全监督考评奖惩法规制度

坚持严管和厚爱相结合，既注重强化责任、监督检查、问责追责，又注重科学考评、奖励表彰、权利保障，最大限度激发党员干部担当作为的正能量。党的十八大5年间，这一领域制定出台一批党内法规。2018年以来，这方面法规制度建设持续发力，党中央又专门出台多部法规文件，包括制定《地方党政领导干部安全生产责任制规定》等进一步健全各方面工作的责任制，修订《评比达标表彰活动管理办法》、制定《生活困难表彰奖励获得者帮扶办法》等进一步规范评比达标表彰活动、加大激励帮扶力度，特别是通过印发《关于统筹规范督查检查考核工作的通知》等部署开展集中清理活动，切实推动解决形式主义、官僚主义问题。

制定《地方党政领导干部安全生产责任制规定》。《地方党政领导干部安全生产责任制规定》由中办、国办印发，共六章29条，自2018年4月8日施行。《地方党政领导干部安全生产责任制规定》明确界定了地方党政领导干部安全生产的职责、考核考察、表彰奖励、责任追究等基本问题，是我国第一部安全生产领域的党内法规。党的十八大以来，以习近平同志为核心的党中央对安全生产高度重视。“党政同责、一岗双责、齐抓共管、失职追责”“管行业必须管安全、管业务必须管安全、管生产经营必须管安全”等重要指示，对地方党政领导干部的安全生产责任提出了明确要求。制定《地方党政领导干部安全生产责任制规定》意在加强组织领导、强化属地管理、完善体制机制，有利于把习近平总书记关于安全生产重要指示落实到党内法规层面，确定推进安全生产领域改革发展的重要制度遵循。按照抓关键少数、权责对等原则，《地方党政领导干部安全生产责任制规定》对地方党政领导干部的主要安全生产职责进行了明确界定，力求科学定位、合理分工、协同一体。其中，地方党政主要负责人是本地区安全生产第一责任人，要牵头抓总；党政领导班子中分管安全生产的领导干部要坚持目标导向和问题导向相结合，加强对安全生产综合监管和直接监管工作的领导，履行好统筹协调责任，要抓组织落实、抓统筹协调、抓风险管控和依法治理、抓应急和事故处理、抓基础保障；党政领导班子中其他领导干部则要按照职责分工承担支持保障责任和领导责任。要组织分管行业（领域）、部门（单位）健全和落实安全生产责任制，将安全生产工作与业务工作同时安排部署、同时组织实施、同时监督检查。要组织开展分管行业（领域）、部门（单位）安全生产专项整治、目标管理、应急管理、查处违法违规生产经营行为等工作，推动构建安全风险分级管控和隐患排查治理预防工作机制。《地方党政领导干部安全生产责任制规定》将安全生产绩效与履职评定、职务晋升、奖励惩处挂钩，制定了“三项制度”，实行“三个纳入”。“三项制度”分别是：巡查制度，要加强对下级党委和政府的安全生产巡查；考核制度，要对下级党委和政府安全生产工作情况进行全面评价，将考核结果与有关地方党政领导干部履职评定挂钩；公开制度，要求定期采取适当方式公布或通报地方党政领导干部安全生产工作考核结果。“三个纳入”分别是纳入督查督办内容，纳入相关考核内容，纳入干部考察内容。

制定《防范和惩治统计造假、弄虚作假督察工作规定》（以下简称《工作规定》）。2018 年 7 月 6 日，习近平总书记主持召开中央全面深化改革委员会第三次会议审议通过该《工作规定》。该《工作规定》由中办、国办印发，全文共 20 条，自 2018 年 8 月 24 日起施行。统计是经济社会发展重要的基础性工作，是宏观调控的重要依据，必须防范统计造假、弄虚作假，确保统计资料真实准确、完整及时，加快形成推动高质量发展的统计体系。党的十八大以来，以习近平同志为核心的党中央高度重视统计工作。习近平总书记多次就统计工作发表重要讲话、作出指示批示，为新时代统计事业发展指明了方向。此前，中央制定了《关于深化统计管理体制改革提高统计数据真实性的意见》《统计违纪违法责任人处分处理建议办法》，在此基础上印发《工作规定》，为完善统计体制、推动高质量发展、筑牢国家宏观调控与科学决策数据基础提供了扎实保障，有利于推动统计数据真实准确的决策部署次第推开、环环相扣，串点成线、密织经纬。《工作规定》要求，统计督察必须坚持以习近平新时代中国特色社会主义思想为指导，全面贯彻党的十九大和十九届二中、三中全会精神，树牢“四个意识”，坚持和加强党的全面领导，坚持稳中求进工作总基调，坚持新发展理念，紧扣我国社会主要矛盾变化，按照高质量发展的要求，围绕统筹推进“五位一体”总体布局和协调推进“四个全面”战略布局，聚焦统计法定职责履行、统计违纪违法现象治理、统计数据质量提升，注重实效、突出重点、发现问题、严明纪律，维护统计法律法规权威，推动统计改革发展，为经济社会发展做好统计制度保障。《工作规定》明确，根据党中央、国务院授权，国家统计局组织开展统计督察，监督检查各地区各部门贯彻执行党中央、国务院关于统计工作的决策部署和要求、统计法律法规、国家统计政令3类情况。统计督察对象是与统计工作相关的各地区、各有关部门，重点是班子成员：各省区市党委和政府主要负责同志、与统计工作相关的领导班子成员，必要时可以延伸至市级党委和政府主要负责同志、与统计工作相关的领导班子成员；国务院有关部门主要负责同志、与统计工作相关的领导班子成员；省级统计机构和省级政府有关部门领导班子成员。《工作规定》授权国家统计局负责统筹、指导、协调、监督统计督察工作，主要职责是制定年度督察计划，批准督察事项，审定督察报告，研究解决督察中存在的重大问题。国家统计局统计执法监督局承担统计督察日常工作。

印发《关于统筹规范督查检查考核工作的通知》（以下简称《督查检查考核工作通知》）。督查检查考核工作是推动党的理论和路线方针政策、党中央决策部署贯彻落实的重要手段，是改进党的作风、激励广大干部担当作为的重要举措。但在实践中，各种督查检查考核名目繁多，光督查就有各种各样的叫法，如督查、巡查、督察、督导等，数量多、名目多、形式主义的东西多，有的考核重点不突出、针对性不强，基层对此反映很大。鉴于此，贯彻落实党中央部署和习近平总书记指示要求，中办印发《督查检查考核工作通知》以破解当前督查检查考核工作中的各种形式主义、官僚主义突出问题，通过加强对督查检查考核工作的统筹规范，以切实减轻基层负担，更好地激励干部担当作为。一方面，《督查检查考核工作通知》针对当前督查检查考核过多过频问题，强调要从源头抓起，加强总量控制和计划管理。主要规定包括：一是立项要有依据。除党中央、国务院统一部署和依法依规开展的督查检查考核外，中央和国家机关各部门不得自行设置以地方党委和政府为对象的督查检查考核项目，不得在部门文件中自行规定全国性督查检查考核事项，确需开展的要一事一报。二是严格控制总量和频次。中央和国家机关各部门原则上每年搞1次综合性督查检查考核，同类事项可合并进行，涉及多部门的联合组团下去。《督查检查考核工作通知》还明确，督查检查考核不能兴师动众，动辄对着县乡村和厂矿企业学校，影响地方和基层的正常工作。部门督查检查考核不能打着中央旗号，日常调研指导工作不能随意冠以督查、检查、巡查、督察、督导等名义。三是实行年度计划和审批报备制度。中央和国家机关各部门拟开展的涉及地方党委和政府以及本系统全国性的业务督查检查考核事项，要按照归口管理原则，年初分别报中央办公厅、国务院办公厅研究审核，由中央办公厅统一报党中央审批，以年度计划的形式印发执行。省区市开展的全省性督查检查考核也要制定年度计划，报中央办公厅备案。这是统筹规范督查检查考核工作、增强科学性针对性实效性的关键举措。另一方面，《督查检查考核工作通知》对改进督查检查考核方式方法提出明确要求。要完善考核评价体系，突出党中央决策部署的贯彻执行情况，科学合理设置指标，体现差异化要求，避免“一刀切”“一锅煮”。针对简单地看有无领导批示、是否召开会议和出台文件等形式主义做法，强调必要的记录、台账要看，但主要看工作实绩，不能一味要求基层填表格报材料，不能简单以留痕多少评判工作好坏，不能工作刚安排就督查检查、刚部署就进行考核。督查检查既要着重发现落实中存在的问题，又要及时了解有关政策需要完善的地方，对督查检查考核中发现的问题，要加强督促整改，不能简单以问责代替整改，也不能简单搞终身问责。《督查检查考核工作通知》还对创新督查检查考核方式提出明确要求。《督查检查考核工作通知》印发后，各地区各部门按照党中央要求开展了集中清理，中央和国家机关由原来的900多项减至300项以下，省区市由原来的12000多项减至3000多项，这就把基层从应付过多过滥的督查检查考核中解况出来，把更多精神放在抓落实上。

七、着力维护党内法规制度统一性和严肃性

习近平总书记强调指出，要不断构建系统完备、科学规范、运行有效的党内法规体系，同时要完善备案审查制度，加大执行力度，坚决维护党

章党规的统一性和严肃性。2018 年，党内法规制度备案审查工作取得新进展，有效防止了制度冲突打架，下大力气狠抓党内法规贯彻落实，有效防止制度空转成为摆设。

加强备案审查以维护党内法规制度的统一性。下级党组织在规定期限内将其制定出台的党内法规制度报送上级党组织备案审查，上级党组织严格审查并对“问题文件”作出纠正处理决定，这是加强党内监督的重要举措，是维护党内法规制度统一性的重要举措，是维护党中央权威和集中统一领导的重要举措。20 世纪 90 年代初，曾经开展过一段时间党内法规备案审查工作，但后来没有坚持下去。党的十八大以来，党中央高度重视备案审查工作，专门出台《中国共产党党内法规和规范性文件备案规定》并严格执行，按照“有件必备、有备必审、有错必纠”原则全面开展备案审查工作，在全党形成了上下贯通、左右联动、规范有序的备案工作体系，同时还建立了党委、人大、政府、军队系统备案工作衔接联动机制。2018 年，备案审查工作坚持严的标准、硬的举措、细的机制，进一步更好发挥党内监督的重要作用。党中央对各地区各部门党委（党组）全年报送备案的 4000 多件党内法规和规范性文件严格审查，依规依法处理了一批问题文件。31 个省区市党委共审查报备的规范性文件 27 000 多件，发现和处理问题文件 1000 多件。目前，31 个省区市县级党委规范性文件和省区市党委批准设立的党组（党委）规范性文件，已经全部纳入备案审查范围。2018 年，有的地方通过建立直报点、联系点等形式推动下备一级工作，有的将备案工作情况纳入绩效考评指标体系，有的建立备案审查与党委巡视巡察工作衔接机制。通过完善备案审查体制机制、加大备案审查工作力度，特别是通过上级党组织对下级党组织“问题文件”的严肃纠正，有力地倒逼下级党组织科学依规民主制定法规文件，有力维护党内法规制度的统一性。

严格执规执纪以维护党内法规制度的严肃性。2018 年，党中央及各地区各部门进一步加大党内法规宣传力度，打好执规组合拳，在推动党内法规落实落地、维护党内法规严肃性权威性上取得新进展。一方面，进一步加强党内法规制度建设宣传教育，推动党规党纪内化于心。“伟大的变革——庆祝改革开放四十周年大型展览”专设“健全党内法规体系”单元压轴，展示了改革开放 40 年特别是党的十八大以来党内法规制度建设取得的重大成就，向广大人民群众展示了我们党推进全面从严治党、制度治党、依规治党的坚强意志和坚定决心，既引导教育广大党员干部切实增强制度意识、党章意识、规矩意识，又激励地方和部门以更大的力度和决心做好党内法规工作。2018 年，《中国共产党纪律处分条例》《中国共产党纪律检查机关监督执纪工作规则》《中国共产党农村基层组织工作条例》《中国共产党政法工作条例》等重要中央有关党内法规印发后，中央有关部门通过答记者问、发表评论员文章、开展在线访谈、播发系列述评等方式，加强宣传解读，提高公开性知晓率，营造尊规守纪良好氛围。各地区各部门不断推进“两学一做”学习教育常态化制度化，通过举办专题培训班、报告会、研讨班等多种方式，进一步加大党章党规学习力度，教育引导党员干部的制度意识、规矩意识持续增强。另一方面，严格执规执纪，真正让铁轨发力、禁令生威。一是强化日常监督。全国纪检监察机关共接受信访举报 344 万件次，处置问题线索 166.7 万件，谈话函询 34.1 万件次，真正让日常监督的约束作用得到发挥。二是深化运用监督执纪“四种形态”。全国纪检监察机关共处理 173.7 万人次。充分运用第一种形态，约谈函询、批评教育 110.4 万人次，占总人次的 63.6%，对如实说明情况且被反映问题不实的党员干部予以采信并反馈告知；妥善运用第二种形态，给予轻处分、组织调整 49.5 万人次，占 28.5%；准确运用第三种形态，给予重处分、重大职务调整 8.2 万人次，占 4.7%；果断运用第四种形态，依规依纪依法处理严重违纪违法涉嫌犯罪的党员干部 5.5 万人次，占 3.2%，监督执纪由“惩治极少数”向“管住大多数”拓展。三是用好追责问责利器。对落实全面从严治党主体责任、监督责任不到位，维护党的政治纪律和政治规矩不力，在推进重大改革、重点工作中推诿应付等不担当不作为问题，坚决追责问责。中央纪委领导同志约谈相关单位党组织主要负责人，推动落实主体责任。中央纪委国家监委通报曝光 7 起落实主体责任和监督责任不力被问责的典型案例。全国共有 1.3 万个单位党委（党组）、党总支、党支部，237 个纪委（纪检组），6.1 万名党员领导干部被问责，失责必问、问责必严成为常态。

八、着力推动党内法规理论研究和人才培养

中共中央印发《关于加强党内法规制度建设的意见》，针对推动党内法规理论研究和人才培养工作提出明确要求。2018 年，有关地区和部门在落实该意见相关要求上采取许多新措施，推动这方面工作取得新进展。主要包括：一是成立党内法规研究机构。截至 2018 年年底，全国共成立党内法规研究机构 41 个。其中，中央有关部门成立 2 个党内法规研究机构，有关

地方成立19个党内法规研究机构，有关高校、科研机构单独成立20个党内法规研究机构。同时，北京、吉林、山东、广西成立党内法规研究会。二是开展党内法规方向博硕士研究生培养试点工作。教育部会同中央有关部门组织专家对“高校设置党内法规学科”进行专题研究，从设置“党内法规”学科必要性、可行性以及目前相关学科人才培养和科研状况、设置可能面临的问题等方面进行系统研究分析，制定了“党内法规”研究方向设置工作方案，并确定在法学一级学科下设置“党内法规”研究方向，招收培养研究生。根据该工作方案，从全国具有法学博士学位授予权的单位中遴选了北京大学、中国人民大学、清华大学、中国政法大学、吉林大学、山东大学、武汉大学、西南政法大学、中国社科院大学、中央党校（国家行政学院）共10个单位开展“党内法规”研究方向设置试点。目前，清华大学、中国政法大学、山东大学、武汉大学、中央党校（国家行政学院）等单位在法学一级学科下设置“党内法规”二级学科或研究方向，近三年计划累计招收博士研究生46人、硕士研究生105人，授予博士学位11人、硕士学位80人。三是在国家社科基金项目规划中列入26个党内法规专门课题，经申报评审最终正式立项的有19个。主要包括，“习近平法规制度建设思想研究”“新时代加强党内法规建设研究”“新时代党内法规制度体系的完善与应用研究”“新时代党内法规制度执行机制创新研究”“党内法规制度建设与党的执政安全研究”“党内法规宣传教育实效性量化研究”“新时代思想建党与制度治党融合机制研究”等。四是组织开展“学习贯彻习近平新时代中国特色社会主义思想，努力开拓新时代党内法规制度建设新局面”主题征文活动。得到各级党委办公厅和广大专家学者积极响应，共收到征文310篇，中央组织部政策法规局撰写的“学习贯彻习近平新时代中国特色社会主义思想，加强新时代组织工作法规制度体系化建设”等5篇文章获一等奖，同时还评出二等奖10名、三等奖15名、优秀奖20名。五是发表一大批理论研究成果。据中国知网统计，2018年发表的党内法规专门文章共220多篇，其中，篇名中含有“党规”的15篇，含有“党内法规”的127篇，含有“依规治党”的29篇，含有“制度治党”的50篇。党的十八大以来，党内法规研究日益成为“显学”，党的十八大前，中国知网上以“党内法规”为篇名的文章仅70余篇，目前已多达800余篇。六是组织开展《党内法规学》统编教材编写工作。这是党的历史上第一本党内法规统编教材，其编写出版有助于解决长期以来党内法规教学“无书可教、无书可学”问题，有助于推动形成党内法规的话语体系、学科体系、学术体系，有助于引领深化党内法规理论研究、早日形成党内法规理论体系，为新时代党内法规制度建设提供坚实理论支撑。2018 年，中国法学会会同中央有关部门全面启动教材编写工作，一批法学专家、党建专家和实务工作者联袂承担编写工作，并于 2018 年年底形成初稿，计划于 2019 年正式出版发行。

撰稿专家

宋功德，1971 年出生，中共中央办公厅法规局局长、机关党委书记。法学博士、教授，兼任北大软法研究中心执行主任、中国法学会立法学研究会副会长、中国法学会党内法规研究中心学术委员会主任、国务院职能转变评估专家组成员。主持完成 10 多项国家和省部级课题，出版《行政法哲学》《软法亦法》《党规之治》等法学专著 15 部，在《中国社会科学》《中国法学》《人民日报》等报刊上发表文章 150 余篇。曾获中国法学优秀成果奖论文类一等奖、著作类一等奖、全国十大杰出青年法学家提名奖等奖项。

第九章　2018 年机构改革专题报告

杨伟东

报告要旨

2018 年是机构改革之年。为适应新时代建设社会主义现代化强国的需要，推进国家治理体系和治理能力现代化，中央启动党和国家机构改革。此次机构改革以构建系统完备、科学规范、运行高效的党和国家机构职能体系，全面提高国家治理能力和治理水平为目标，以职能重组为基础，对党和国家机构进行了全方位、系统性改革。改革涉及党、政府、人大、政协、司法、群团、社会组织、事业单位、跨军地等方方面面，具有全面性；改革的核心问题是加强党的全面领导，具有政治性；改革坚持优化协同高效，具有整体性；改革强调法治作用，具有法治性。此次机构改革从八个方面对不同类别的机构进行统筹安排，提出具体的改革方案，有改革的时间表和路线图，在不到一年的时间内实现从中央到地方、涵盖各类公共机构的重构性调整，取得了前所未有进展。

核心建议

1. 推动机构整合后的内在融合。机构改革的目的不是将不同的机构简单地叠加或者组合，而在于通过机构的合并、调整，实现职能优化和运行的合理化。此次党和国家机构改革力度空前，涉及面广，整合影响大，机构的磨合问题更加突出。因此，在完成机构改革整合后需要着力推动机构的内在整合，妥善解决机构合并前的遗留问题，研究处理机构整合出现的新问题。

2. 加快机构运行的制度建设。对于机构内部，需要依新机构的规则制定、制度建设权限和程序来制定新规则和制度。情况复杂的，可以设置一定的过渡期。对于机构之间，需要尽快形成机构之间的运行机制。条件成熟的，及时共同建立规则和制度。对于有对外职能的机构，需要依法建立新的履行职能的流程，对外公布公民、法人和其他组织办事的指南。

3. 推进机构组织和编制法定化。按照党的十九届三中全会对此次机构改革的部署，需要加大推进机构组织和编制法定化力度。制定中国共产党机构编制工作条例，研究制定机构编制法，完善党政部门机构设置、职能配置、人员编制规定，适时完善组织法。

机构改革是 2018 年党和国家政治生活中的一件大事，此次机构改革涉及面之广、力度之大、影响之远前所未有。在很大程度上可以说，2018 年是我国的机构改革之年。

一、2018 年机构改革的时代背景

2018 年 2 月 28 日，党的十九届三中全会审议通过《中共中央关于深化党和国家机构改革的决定》和《深化党和国家机构改革方案》，并相继对外公布，开启了 2018 年轰轰烈烈的机构改革大幕，贯穿 2018 年始终。此次机构改革是适应新时代的要求，在既有机构改革基础上对机构改革进行全方位的升级换代，致力于从根本上解决机构与职能配置所面临的问题。

党和国家机构既是公权力和职能的承载者，也是执政和管理活动的实施者，在国家治理体系中居于重要地位，不仅直接关系党的执政能力和水平，也直接关系到具体的决策形成和制度的落实成效。“新中国成立后，在我们党领导下，我国确立了社会主义基本制度，逐步建立起具有我国特点的党和国家机构职能体系，为我们党治国理政、推进社会主义建设发挥了重要作用。改革开放以来，适应党和国家工作中心转移、社会主义市场经

济发展和各方面工作不断深入的需要，我们党积极推进党和国家机构改革”。① 在此次机构改革之前，党中央部门于1982年、1988年、1993年、1999年集中进行四次改革，行政机构先后于1982年、1988年、1993年、1998年、2003年、2008年、2013年进行过七轮次的改革。

1982年，为解决各级党的机构和人员编制快速膨胀、各级领导班子人员过多、年龄老化问题，党中央部门机构进行了改革，党中央30个直属机构的内设局级机构减少了11%，处级机构减少了10%，总编制减少17.3%，各部门领导职数减少15.7%。1988年，党中央部门机构改革的重点抓定职能、定机构、定编制的“三定”工作，实施党政职能分开，理顺党的工作部门和行政部门、党的工作机构和政府机构、党的群团组织和党务工作部门之间的关系，精简机构和人员编制。1993年，党中央部门机构改革按照转变职能、理顺关系、调整结构，精兵简政、提高效率的原则，确立了新时期中共中央工作部门的基本格局，中直各部委内设局级机构共减少21个，中央各部门行政编制精简15%。1999年6月5日，中共中央印发的《关于党中央部门机构改革的意见》是党中央部门进行的第四次改革，主要是根据形势的变化和党的中心工作的需要，进一步理顺职能关系，精简、调整内设机构和人员编制，优化人员结构，增强机关活力。此次改革的目标是“着眼于使各部门关系协调、职责清晰、机构和人员编制精干，形成一个结构合理、管理科学、工作高效的运行机制”，按照“三个有利于”原则进行，即“有利于进一步坚持、加强和改善党的领导，有利于进一步巩固党的执政地位和提高党的执政水平，有利于全面加强党的思想、组织和作风建设。”此次改革优化了部门内设机构设置，完成了中央下达的人员编制精简20%的任务。②

虽然理论界和实务部门对前七次行政机构改革和行政体制改革的阶段

---

① 《中共中央关于深化党和国家机构改革的决定》（中国共产党第十九届中央委员会第三次全体会议通过）。

② 参见薛习：《改革开放以来历次党和国家机构改革盘点》，载《党史文苑》2018年第12期；《中共中央机构沿革概要》，载中国机构编制网，http://www.scopsr.gov.cn/zlzx/zlzxlsyg/201203/t20120323_35157_7.html，http://www.scopsr.gov.cn/zlzx/zlzxlsyg/201203/t20120323_35157_9.html，最后访问日期：2019年2月27日；《改革开放以来的历次机构改革资料》，载《中国党政干部论坛》2001年第6期。

尚有不同认识[①]，但大体上可以分为三个阶段：第一阶段是冲破计划经济管理模式阶段（1980～1992 年），集中体现在 1982 年和 1988 年两次机构改革之中。这一阶段的机构改革以“破”为主，主要任务是大刀阔斧地精简经济管理部门和裁减人员。1982 年国务院的工作机构从 100 个减为 61 个，人员精简了一万多人，人员精简达 25%；1988 年的改革，国务院部委机构减少到 41 个，编制减少近万个[②]。第二阶段是适应市场经济管理模式构阶段（1993～2002 年），集中体现在 1993 年和 1998 年两次机构改革之中。这一阶段的机构改革在坚持“破”的同时开始注重“立”，主要任务是适应建立社会主义市场经济体制需要裁撤相应的机构并建立与之匹配的机构。第三阶段是深化机构改革阶段（2003～2017 年），集中体现在 2003 年、2008 年和 2013 年三次机构改革之中。这一阶段的机构改革以职能精简、调整和整合为主，主要任务是简政放权、转变职能、理顺关系、优化结构、提高效能，探索大部门体制。

经过多年的改革，我国各方面的机构，特别是行政机构改革取得重大进展，职能配置不断优化。尤其是党的十八大以来，坚持问题导向，突出重点领域，深化党和国家机构改革，在一些重要领域和关键环节取得重大进展，推动了改革开放和社会主义现代化建设。然而，我国机构安排和职能配置仍然存在不少问题。《中共中央关于深化党和国家机构改革的决定》将其概括为九个主要方面：一是一些领域党的机构设置和职能配置还不够健全有力，保障党的全面领导、推进全面从严治党的体制机制有待完善。二是一些领域党政机构重叠、职责交叉、权责脱节问题比较突出。三是一些政府机构设置和职责划分不够科学，职责缺位和效能不高问题凸显，政府职能转变还不到位。四是一些领域中央和地方机构职能上下一般粗，权责划分不尽合理；基层机构设置和权力配置有待完善，组织群众、服务群众能力需要进一步提高。五是军民融合发展水平有待提高。六是群团组织政治性、先进性、群众性需要增强。七是事业单位定位不准、职能不清、效率不高等问题依然存在。八是一些领域权力运行制约和监督机制不够完善，滥用职权、以权谋私等问题仍然存在。九是机构编制科学化、规范化、

① 参见左然、左源：《40 年来我国机构改革的经验和启示》，载《中国行政管理》2018 年第 9 期；汪玉凯：《党和国家机构职能体系重组与全方位改革》，载《紫光阁》2018 年第 4 期。

② 应松年、杨伟东：《不断把政府职能转变推向深入》，载《中国行政管理》2006 年第 4 期。

法定化相对滞后，机构编制管理方式有待改进。①

党的十九大站在党和国家事业发展全局视野高度，以改革开放近40年历程、十八大以来5年取得的历史性成就和历史性变革基点，提出了“中国特色社会主义进入了新时代，这是我国发展新的历史方位”② 的重大判断。在这一全新的时代背景下，党和国家机构存在的问题决定了现有的党和国家机构安排显然与新时代所确立的新任务新要求不相适应，必须进行更大程度的改革。2018年机构改革是中国特色社会主义进入新时代的必然要求，是党中央作出的一项重大决策部署，是我国深化党和国家机构改革的里程碑式改革。

（一）2018年机构改革是建设社会主义现代化强国的必然要求

党的十九大绘就了新时代的宏伟蓝图和奋斗目标，确立了新时代中国特色社会主义发展的战略安排。到2020年，全面建成小康社会，实现第一个百年奋斗目标；到2035年，基本实现社会主义现代化；到本世纪中叶，把我国建成富强民主文明和谐美丽的社会主义现代化强国。

要顺利实现宏伟蓝图和目标，就需要坚强有力的党和国家机构作支撑和保障。然而，党和国家机构职能中存在的一些深层次体制难题还没有解决，不可避免地影响到党和国家机构在领导和推动实现伟大目标的能力、作用和效率的发挥。通过深化党和国家机构改革，可以“科学配置机构职能、完善体制机制，为决胜全面建成小康社会、开启全面建设社会主义现代化国家新征程、实现中华民族伟大复兴的中国梦提供有力制度保障。”③

（二）2018年机构改革是社会主义制度自我完善和发展的必然要求

自中华人民共和国成立以来，经过70年伟大发展，我们开辟了中国特色社会主义道路，形成了中国特色社会主义理论体系，确立了中国特色社会主义制度，发展了中国特色社会主义文化。我国宪法明确规定，社会主义制度是中华人民共和国的根本制度。中国特色社会主义制度是一个开放、发展的体系，中国特色社会主义事业不断发展，中国特色社会主义制度也需要不断完善。习近平同志指出：“必须坚持完善和发展中国特色社会主义

---

① 《中共中央关于深化党和国家机构改革的决定》（中国共产党第十九届中央委员会第三次全体会议通过）。

② 习近平：《决胜全面建成小康社会　夺取新时代中国特色社会主义伟大胜利——在中国共产党第十九次全国代表大会上的报告》（2017年10月18日）。

③ 刘鹤：《深化党和国家机构改革是一场深刻变革》，载《人民日报》2018年3月13日，第6版。

制度，不断发挥和增强我国制度优势”“扭住完善和发展中国特色社会主义制度这个关键，为解放和发展社会生产力、解放和增强社会活力、永葆党和国家生机活力提供了有力保证。”[①] 而我国的改革正是中国特色社会主义制度的自我完善和发展，旨在努力形成更加成熟、更加定型的中国特色社会主义制度。党和国家机构改革是我国改革的重要组成部分，其目的在于通过自我改革，让党和国家机构能适应我国经济社会发展需要，职能配置更合理，运行更科学高效，治理更有能力水平，不断推动我国各方面事业能快速发展。2018 年机构改革针对我国现有党和国家机构中存在的突出问题，通过系统性改革不断完善党和国家机构职能体系。

（三）2018 年机构改革是推进国家治理体系和治理能力现代化的必然要求

推进国家治理体系和治理能力现代化，是我国确立的全面深化改革总目标。“国家治理体系和治理能力是一个国家制度和制度执行能力的集中体现。推进国家治理体系和治理能力现代化，就是要使各方面制度更加科学、更加完善，实现党、国家、社会各项事务治理制度化、规范化、程序化，善于运用制度和法律治理国家，提高党科学执政、民主执政、依法执政水平。”[②] 因此，《中共中央关于深化党和国家机构改革的决定》明确指出“深化党和国家机构改革是推进国家治理体系和治理能力现代化的一场深刻变革”。[③] 此次机构改革坚持问题导向，努力使党和国家机构设置更加科学、职能更加优化、权责更加协同、监督监管更加有力、运行更加高效，加快形成系统完备、科学规范、运行高效的党和国家机构职能体系，为推进国家治理体系和治理能力现代化提供机构和组织上的保障。

（四）2018 年机构改革是坚持和加强党的领导的必然要求

中国共产党领导是中国特色社会主义最本质的特征，党政军民学，东西南北中，党是领导一切的。[④] 然而，“坚持和加强党的全面领导、加强党的长期执政能力建设，不是空洞抽象的，需要通过机构改革使党的领导这

① 习近平：《在庆祝改革开放 40 周年大会上的讲话》（2018 年 12 月 18 日）。

② 丁薛祥：《深化党和国家机构改革是推进国家治理体系和治理能力现代化的必然要求》，载《人民日报》2018 年 3 月 12 日，第 6 版。

③ 《中共中央关于深化党和国家机构改革的决定》（中国共产党第十九届中央委员会第三次全体会议通过）。

④ 习近平：《决胜全面建成小康社会　夺取新时代中国特色社会主义伟大胜利——在中国共产党第十九次全国代表大会上的报告》（2017 年 10 月 18 日）。

个最大制度优势充分发挥出来。党的领导的实施，离不开党和国家机构坚决有效的执行力”。[①] 党和国家机构职能体系是我们党治国理政的重要保障，是确保党始终总揽全局、协调各方的重要依托，要顺利推进中国特色社会主义各项事业，就必须把党的领导贯彻落实到党和国家机关全面正确履行职责的各领域各环节，从组织机构上保证党的长期执政和国家长治久安。当前，一些领域党的机构设置和职能配置还不够健全有力，保障党的全面领导、推进全面从严治党的体制机制有待完善，迫切要求深化党和国家机构改革。

二、2018 年机构改革的目标、原则和进程

机构改革涉及复杂的利益调整，本身即具有复杂性和敏感性，随着机构改革的深化和深入，改革的复杂性、敏感性、艰巨性更加突出。因此，为保证机构改革的顺利进行，就需要对改革进行科学安排和有效落实。2018 年机构改革确立了明确的目标、清晰的原则，并通过有力的推进，保证改革任务的实现。

（一）改革的目标

《中共中央关于深化党和国家机构改革的决定》确立了此次机构改革的明确目标，指出：“深化党和国家机构改革，目标是构建系统完备、科学规范、运行高效的党和国家机构职能体系，形成总揽全局、协调各方的党的领导体系，职责明确、依法行政的政府治理体系，中国特色、世界一流的武装力量体系，联系广泛、服务群众的群团工作体系，推动人大、政府、政协、监察机关、审判机关、检察机关、人民团体、企事业单位、社会组织等在党的统一领导下协调行动、增强合力，全面提高国家治理能力和治理水平。”基于此，可以把此次机构改革的目标概括为三个方面：

1. 总指向：增加各机构在党的统一领导下协调行动合力，全面提高国家治理能力和治理水平

2018 年机构改革总指向是以增加各机构在党的统一领导下协调行动合力为抓手，以全面提高国家治理能力和治理水平为依归，这一安排决定了改革的高度和广度。在世界上，任何一个国家的治理理念、目标和活动，

① 陈希：《深化党和国家机构改革是加强党的长期执政能力建设的必然要求》，载《人民日报》2018 年 3 月 15 日，第 6 版。

都需要相应的机构和人员来承担，机构是国家治理的承担者和依托者，因此机构的安排和水平在相当大程度上决定着国家治理能力和治理水平。此次机构改革把目标指向于“全面提高国家治理能力和治理水平”，事实上要求从国家治理能力和水平的战略高度思考我国的机构问题，并以此为基点考虑机构的安排，彰显了此次机构改革的高度和视野。

为完成党的执政、国家管理、公共管理和公共服务等各项事项，我国设置了不同类型的公共机构，包括党、政、军、群等。各类机构虽然性质不同，但共同目标是在党的统一领导下不断推动中国特色社会主义事业的发展，实现中国的繁荣富强。围绕机构存在的问题，此前我们虽也进行过统筹安排，但总体而言分领域的改革强，统筹性不够。以往的机构改革偏重于行政机构改革，很少触及其他系统，在国家层面机构改革的名称通常称为国务院机构改革。此次机构改革大大拓展了改革范围，把党政军群机构改革纳入统一改革范畴，范围涉及党、政府、人大、政协、司法、群团、社会组织、事业单位、跨军地等方方面面。习近平总书记在《关于深化党和国家机构改革决定稿和方案稿的说明》明确指出，此次机构改革的重要考虑之一是“坚持统筹党政军群机构改革，站在新的历史起点上，突出改革的系统性、整体性、协同性”。因此，改革的全面性、整体性和协同性，是此次机构改革与此前历次机构改革的重大区别，成为此次机构改革的显著特点。通过统筹性改革，“推动人大、政府、政协、监察机关、审判机关、检察机关、人民团体、企事业单位、社会组织等在党的统一领导下协调行动、增强合力”，从而使各机构之间的运行能够相互配合、相互协作、相互促进、相得益彰，形成整体效应。

2. 总体系：系统完备、科学规范、运行高效的党和国家机构职能体系

改革开放早期，我国多次机构改革以精简机构为主要工作任务，采用的是以“精兵简政”为特点的数量思维，改革固然成效较大，但由于只减机构、人员，职能未作根本调整，难免陷入“精简—膨胀—再精简—再膨胀”怪圈。之后，我国机构改革逐渐转向以转变职能为主线的改革路向①。此次机构改革牢牢抓住职能调整这一关键，着力于构建系统完备、科学规范、运行高效的党和国家机构职能体系。

系统完备、科学规范、运行高效，构成了这一职能体系的基本要求。

① 参见朱光磊等：《党和国家机构改革高度整体性的深刻变革》，载《天津日报》2018年4月16日，第9版。

系统完备指职能和机构的涵盖性，保证职能的全覆盖，既不能出现职能的漏项和缺项，也不能出现职能的弱项；科学规范指职能和机构配置的科学性，保证职能的存在的确有必要，于理有据，于法有据；运行高效指职能和机构的运行的实效性，保证各类职能配置协调，机构之间的运转顺畅。“系统完备、科学规范、运行高效，三者彼此联系、相互贯通，但各有侧重、内涵不同，是一个全方位、立体化的有机整体。系统完备是基础，加强顶层设计，注重统筹谋划，使各个方面各个层次各个要素整体推进，才能保证改革的科学性和实效性；科学规范是保障，以良法促进发展、保障善治，才能推动党和国家机构职能体系的齐全完备和高效运行；运行高效是关键，再完备的系统、再规范的制度，最终要体现为机构职能的有效运转。三者相互作用、环环相扣、缺一不可。”①

3. 四个子体系：党的领导体系、政府治理体系、武装力量体系和群团工作体系

党和国家机构职能体系是总体系，是由相关子体系共同组成的有机整体。《中共中央关于深化党和国家机构改革的决定》不仅勾勒出总体系的要求，而且清晰确定了总体系的组成部分及其各自要求。

党和国家机构职能体系主要由四个子体系组成，即总揽全局、协调各方的党的领导体系，职责明确、依法行政的政府治理体系，中国特色、世界一流的武装力量体系，联系广泛、服务群众的群团工作体系。在四个子体系中，党的领导体系居于核心地位。

（二）改革的原则

要实现机构改革目标，就必须确立并遵循改革的原则。《中共中央关于深化党和国家机构改革的决定》确立了此次机构改革应遵循的四项原则：

1. 坚持党的全面领导

深化党和国家机构改革是一个系统工程，党的全面领导是深化党和国家机构改革的根本保证。因此，各级党委和政府要把思想和行动统一到党中央关于深化党和国家机构改革的决策部署上来，增强“四个意识”，坚定“四个自信”，坚决维护以习近平同志为核心的党中央权威和集中统一领导，把握好改革发展稳定关系，不折不扣抓好党中央决策部署贯彻落实。这是

① 杨晓渡：《构建系统完备、科学规范、运行高效的党和国家机构职能体系》，载《人民日报》2018年3月14日，第6版。

机构改革成功的关键。

机构改革坚持党的全面领导要把加强党对一切工作的领导贯穿改革各方面和全过程，完善保证党的全面领导的制度安排，改进党的领导方式和执政方式，提高党把方向、谋大局、定政策、促改革的能力和定力。因此，坚持党的全面领导是机构改革的首要任务。一是建立健全党对重大工作的领导体制机制。在党的全面领导制度安排中，党对重大工作的领导体制机制具有纲举目张的统领作用。[①] 加强党对涉及党和国家事业全局的重大工作的集中统一领导。优化党中央决策议事协调机构。加强和优化党对深化改革、依法治国、经济、农业农村、纪检监察、组织、宣传思想文化、国家安全、政法、统战、民族宗教、教育、科技、网信、外交、审计等工作的领导。其他方面的议事协调机构，要同党中央决策议事协调机构的设立调整相衔接。二是理顺党的组织同其他组织的关系，强化党的组织在同级组织中的领导地位，更好发挥党总揽全局、协调各方作用。三是更好发挥党的职能部门作用，加强归口协调职能，统筹本系统本领域工作。四是统筹设置党政机构，党的有关机构可以同职能相近、联系紧密的其他部门统筹设置，实行合并设立或合署办公。五是推进党的纪律检查体制和国家监察体制改革，组建国家、省、市、县监察委员会，实现对所有行使公权力的公职人员监察全覆盖。

2. *坚持以人民为中心*

人民是历史的创造者，是决定党和国家前途命运的根本力量。全心全意为人民服务是党的根本宗旨，实现好、维护好、发展好最广大人民根本利益是党的一切工作的出发点和落脚点。“面对新时代新矛盾新目标新要求，坚持以人民为中心推进党和国家机构改革，对于提高党的执政能力和领导水平，推进国家治理体系和治理能力现代化，更好满足人民日益增长的美好生活需要，具有重要意义。”[②]《中共中央关于深化党和国家机构改革的决定》提出机构改革坚持以人民为中心，必须做到“坚持人民主体地位，坚持立党为公、执政为民，贯彻党的群众路线，健全人民当家作主制度体系，完善为民谋利、为民办事、为民解忧、保障人民权益、倾听人民心声、接受人民监督的体制机制”。

---

① 黄坤明：《建设总揽全局协调各方的党的领导体系》，载《人民日报》2018 年 3 月 17 日，第 5 版。

② 郭声琨：《坚持以人民为中心推进党和国家机构改革》，载《人民日报》2018 年 3 月 16 日，第 6 版。

3. 坚持优化协同高效

此次机构改革在“深刻总结了改革开放以来历次党和国家机构改革的成功经验，抓住了当前党和国家机构职能体系存在的突出问题”① 的基础上，把“优化协同高效”确立为深化党和国家机构改革的原则之一。

根据《中共中央关于深化党和国家机构改革的决定》要求，“优化就是要科学合理、权责一致”，具体要求是“党和国家机构设置和职能配置，坚持一类事项原则上由一个部门统筹、一件事情原则上由一个部门负责”。“协同就是要有统有分、有主有次”，具体要求是“加强相关机构配合联动，避免政出多门、责任不明、推诿扯皮”，“使权责更加协同，监督监管更加有力”。“高效就是要履职到位、流程通畅”，具体要求是各领域各层级机构要各司其职、各尽其职、有序协同，“运行更加高效”。

4. 坚持全面依法治国

依法治国是党领导人民治理国家的基本方式，必须坚持改革和法治相统一、相促进。机构改革坚持全面依法治国，包括三方面的要求：

一是依法依规进行机构改革，做到重大改革于法有据，又通过改革加强法治工作，做到在改革中完善和强化法治。习近平总书记在《关于深化党和国家机构改革决定稿和方案稿的说明》指出，“改革和法治是两个轮子，这就是全面深化改革和全面依法治国的辩证关系”。

二是依法管理机构和编制，发挥法治规范和保障机构改革成果的作用。推进机构编制法定化，依法管理各类组织机构，加快推进机构、职能、权限、程序、责任法定化，完善党政部门机构设置、职能配置、人员编制规定。

三是强化机构编制管理刚性约束。强化党对机构编制工作的集中统一领导，统筹使用各类编制资源，加大部门间、地区间编制统筹调配力度。严格执行机构限额、领导职数、编制种类和总量等规定。严格控制编外聘用人员，加大机构编制违纪违法行为查处力度，严肃追责问责。

（三）改革的进程

机构改革十分复杂，任务也十分艰巨。对2018年如此广度和深度的机构改革而言，复杂性和艰巨性更为突出。因此，要顺利推进，既需要周密

---

① 王晓晖：《坚持优化协同高效推进党和国家机构改革》，载《人民日报》2018年3月19日，第8版。

部署，也要严格落实。

1. 成立深化党和国家机构改革协调小组

为确保 2018 年机构改革有序推进，中央成立深化党和国家机构改革协调小组，负责指导协调督促中央一级新机构的组建工作、审批部门“三定”规定和省级机构改革方案、统筹协调和研究解决改革实施工作中的重大问题。在协调小组之下，成立 9 个专项协调小组，分别牵头统筹归口领域改革工作，协调处理有关问题，及时向协调小组报告进展情况和重大问题。具体改革任务分配到相关部门，以部门为主体统筹进行，推进落实具体工作。①

2. 确立改革的时间表和路线图

党的十九届三中全会审议通过的《深化党和国家机构改革方案》明确提出要“紧凑有序推进改革”，并确立了具体时间表和路线图。

第一，中央和国家机关机构改革要在 2018 年年底前落实到位。党的十九届三中全会结束后，机构改革各项工作陆续展开。2018 年 3 月 17 日，第十三届全国人民代表大会第一次会议通过《关于国务院机构改革方案的决定》，为国务院机构提供法律依据。3 月 24 日，深化党和国家机构改革推进会在京召开，会议明确要求各专项小组、各部门要尽快制定机构改革组织实施工作方案，包括转隶、集中办公、挂牌、拟订“三定”、文件收发、印章启用、经费和资产处置、档案移交等各个环节的具体安排，以此为各自机构改革组织实施的具体施工图和时间表。② 自 2018 年 9 月 10 日开始，国务院机构的职能配置、内设机构和人员编制规定相继对外公布。

第二，省级党政机构改革在 2018 年年底前机构调整基本到位。省级党政机构改革方案要在 2018 年 9 月底前报党中央审批，在 2018 年年底前机构调整基本到位。

第三，省以下党政机构改革在 2019 年 3 月底前基本完成。省以下党政机构改革，由省级党委统一领导，在 2018 年年底前报党中央备案。所有地

① 参见罗争光、施雨岑：《势如破竹开新局——十九届三中全会以来推进党和国家机构改革述评》，载新华网，http：//www. xinhuanet. com/2018 – 05/12/c_ 1122821073. htm，最后访问日期：2019 年 2 月 23 日。

② 参见罗争光、施雨岑：《势如破竹开新局——十九届三中全会以来推进党和国家机构改革述评》，载新华网，http：//www. xinhuanet. com/2018 – 05/12/c_ 1122821073. htm。最后访问日期：2019 年 2 月 23 日。

方机构改革任务在2019年3月底前基本完成。

三、2018年机构改革的主要内容

根据《中共中央关于深化党和国家机构改革的决定》和《深化党和国家机构改革方案》，2018年机构改革涉及八个方面：

（一）党中央机构改革

党中央机构改革着眼于健全加强党的全面领导的制度，优化党的组织机构，建立健全党对重大工作的领导体制机制，更好发挥党的职能部门作用，推进职责相近的党政机关合并设立或合署办公，优化部门职责。

1. 组建国家监察委员会

将监察部、国家预防腐败局的职责，最高人民检察院查处贪污贿赂、失职渎职以及预防职务犯罪等反腐败相关职责整合而成。不再保留监察部、国家预防腐败局。国家监察委员会由全国人民代表大会产生，接受全国人民代表大会及其常务委员会的监督。

国家监察委员会同中纪委合署办公，履行纪检、监察两项职责，实行一套工作机构、两个机关名称，从而实现党内监督和国家机关监督、党的纪律检查和国家监察有机统一，实现对所有行使公权力的公职人员监察全覆盖。

2018年3月11日，第十三届全国人民代表大会第一次会议表决通过的《中华人民共和国宪法修正案》，在第三章国家机构第六节后增加一节专门就监察委员会作出规定，以宪法形式明确国家监察委员会和地方各级监察委员会的性质、地位、人员组成、任期任届、监督方式、领导体制、工作机制等。2018年3月20日，第十三届全国人大一次会议表决通过《中华人民共和国监察法》，为国家监察委员会与地方各级监察委员会及其运行作出了具体规定。

2. 组建中央全面依法治国委员会、中央审计委员会和中央教育工作领导小组

三机构均为党中央决策议事协调机构，分别行使党中央对全面依法治国、审计和教育工作的集中统一领导。前二者办公室分别设在司法部和审计署，中央教育工作领导小组秘书组设在教育部。

3. 中央全面深化改革领导小组、中央网络安全和信息化领导小组、中央财经领导小组、中央外事工作领导小组改为委员会

加强党中央对涉及党和国家事业全局的重大工作的集中统一领导，强化决策和统筹协调职责。4个委员会的办事机构分别为中央全面深化改革委员会办公室、中央网络安全和信息化委员会办公室、中央财经委员会办公室、中央外事工作委员会办公室。

4. 组建中央和国家机关工作委员会

将中央直属机关工作委员会和中央国家机关工作委员会的职责整合，组建中央和国家机关工作委员会，统一部署中央和国家机关党建工作，整合资源、形成合力，为党中央派出机构。不再保留中央直属机关工作委员会、中央国家机关工作委员会。

5. 组建新的中央党校（国家行政学院）

将中央党校和国家行政学院的职责整合，组建新的中央党校（国家行政学院），实行一个机构两块牌子，作为党中央直属事业单位。主要职责是承担全国高中级领导干部和中青年后备干部培训，开展重大理论问题和现实问题研究，研究宣传习近平新时代中国特色社会主义思想，承担党中央决策咨询服务，培养马克思主义理论骨干，对全国各级党校（行政学院）进行业务指导等。

6. 组建中央党史和文献研究院

将中央党史研究室、中央文献研究室、中央编译局的职责整合，组建中央党史和文献研究院，作为党中央直属事业单位。主要职责是研究马克思主义基本理论、马克思主义中国化及其主要代表人物，研究习近平新时代中国特色社会主义思想，研究中国共产党历史，编辑编译马克思主义经典作家重要文献、党和国家重要文献、主要领导人著作，征集整理重要党史文献资料等。中央党史和文献研究院对外保留中央编译局牌子。不再保留中央党史研究室、中央文献研究室、中央编译局。

7. 中央组织部统一管理中央机构编制委员会办公室、公务员工作

优化中央机构编制委员会领导体制，该委员会为党中央决策议事协调机构，其办公室作承担中央机构编制委员会日常工作，归口中央组织部管理。同时，国家公务员局并入中央组织部，中央组织部对外保留国家公务员局牌子。

8. 中央宣传部统一管理新闻出版工作、电影工作

将国家新闻出版广电总局的新闻出版管理职责、电影管理职责划入中央宣传部。中央宣传部对外加挂国家新闻出版署（国家版权局）牌子、国家电影局牌子。

9. 中央统战部统一领导国家民族事务委员会、统一管理宗教工作和侨务工作

国家民族事务委员会归口中央统战部领导，但仍作为国务院组成部门；国家宗教事务局、国务院侨务办公室并入中央统战部，中央统战部对外保留国家宗教事务局牌子、国务院侨务办公室牌子。

10. 优化中央网络安全和信息化委员会办公室职责

将国家计算机网络与信息安全管理中心由工业和信息化部管理调整为由该办公室管理。

11. 不再设立中央维护海洋权益工作领导小组、中央社会治安综合治理委员会及其办公室、中央维护稳定工作领导小组及其办公室

中央维护海洋权益工作领导小组的有关职责交由中央外事工作委员会及其办公室承担，在中央外事工作委员会办公室内设维护海洋权益工作办公室。后二者的有关职责交由中央政法委员会承担。

12. 中央防范和处理邪教问题领导小组及其办公室职责划归中央政法委员会、公安部

（二）全国人大机构改革

人民代表大会制度是坚持党的领导、人民当家作主、依法治国有机统一的根本政治制度安排，是我们党实施对国家和社会领导的重要制度载体。要发挥人大的职能作用，就需要健全人大组织制度和工作制度。此次机构改革，对完善人大专门委员会设置方面作出了安排。

1. 组建全国人大社会建设委员会

整合全国人大内务司法委员会、财政经济委员会、教育科学文化卫生委员会的相关职责，组建全国人大社会建设委员会，作为全国人大专门委员会。组建全国人大社会建设委员会主要是适应统筹推进“五位一体”总体布局需要，加强社会建设，创新社会管理，更好保障和改善民生，推进社会领域法律制度建设。其主要承担职责是，研究、拟订、审议劳动就业、社会保障、民政事务、群团组织、安全生产等方面的有关议案、法律草案，

开展有关调查研究，开展有关执法检查等。

2018年3月13日，第十三届全国人大第一次会议第四次全体会议表决通过关于设立十三届全国人大专门委员会的决定，决定设立社会建设委员会等10个专门委员会。

2. 全国人大内务司法委员会更名为全国人大监察和司法委员会

在全国人大内务司法委员会原有工作职责基础上，增加配合深化国家监察体制改革、完善国家监察制度体系、推动实现党内监督和国家机关监督有机统一方面的职责。

2018年3月13日，第十三届全国人大第一次会议第四次全体会议表决通过关于设立十三届全国人大专门委员会的决定，决定设立监察和司法委员会等10个专门委员会。

3. 全国人大法律委员会更名为全国人大宪法和法律委员会

在继续承担统一审议法律草案工作的基础上，增加推动宪法实施、开展宪法解释、推进合宪性审查、加强宪法监督、配合宪法宣传等职责。

2018年3月11日，第十三届全国人大第一次会议通过《中华人民共和国宪法修正案》将“全国人大法律委员会”更名为“全国人大宪法和法律委员会”。2018年3月13日，第十三届全国人大第一次会议第四次全体会议表决通过关于设立十三届全国人大专门委员会的决定，决定设立全国人大宪法和法律委员会等10个专门委员会。2018年6月22日，第十三届全国人大常委会第三次会议通过《关于全国人民代表大会宪法和法律委员会职责问题的决定》。

（三）国务院机构改革

行政机构改革一直是我国机构改革的重点，此次机构改革虽然涵盖范围大幅拓宽，但行政机构改革依然是重要内容。行政机构改革以建设人民满意的服务型政府为目标，以转变政府职能、发挥市场在资源配置中起决定性作用为基础，调整优化政府机构职能，全面提高政府效能。基于《中共中央关于深化党和国家机构改革的决定》和《深化党和国家机构改革方案》，2018年3月17日第十三届全国人大第一次会议通过《关于国务院机构改革方案的决定》。

1. 关于国务院组成部门的变化情况

国务院组成部门依法分别履行国务院基本的行政管理职能，包括各部、各委员会、中国人民银行和审计署。经改革后，目前国务院共有26个组成部门，其中变化情况如表9－1所示：

表9－1　国务院组成部门变化情况①

序号	改革方式	变化情况	主要职责	裁撤部门	备注
1	组建自然资源部	将国土资源部的职责，国家发展和改革委员会的组织编制主体功能区规划职责，住房和城乡建设部的城乡规划管理职责，水利部的水资源调查和确权登记管理职责，农业部的草原资源调查和确权登记管理职责，国家林业局的森林、湿地等资源调查和确权登记管理职责，国家海洋局的职责，国家测绘地理信息局的职责整合	对自然资源开发利用和保护进行监管，建立空间规划体系并监督实施，履行全民所有各类自然资源资产所有者职责，统一调查和确权登记，建立自然资源有偿使用制度，负责测绘和地质勘查行业管理等	不再保留国土资源部、国家海洋局、国家测绘地理信息局	对外保留国家海洋局牌子
2	组建生态环境部	将环保部的职责，国家发改委的应对气候变化和减排职责，国土资源部的监督防止地下水污染职责，水利部的编制水功能区划、排污口设置管理、流域水环境保护职责，农业部的监督指导农业面源污染治理职责，国家海洋局的海洋环境保护职责，国务院南水北调工程建设委员会办公室的南水北调工程项目区环境保护职责整合	拟订并组织实施生态环境政策、规划和标准，统一负责生态环境监测和执法工作，监督管理污染防治、核与辐射安全，组织开展中央环境保护督察等	不再保留环境保护部	对外保留国家核安全局牌子

① 资料来源：笔者根据《中共中央关于深化党和国家机构改革的决定》和《深化党和国家机构改革方案》整理。

续表

序号	改革方式	变化情况	主要职责	裁撤部门	备注
3	组建农业农村部	将中央农村工作领导小组办公室的职责，农业部的职责，以及国家发展和改革委员会的农业投资项目、财政部的农业综合开发项目、国土资源部的农田整治项目、水利部的农田水利建设项目等管理职责整合	统筹研究和组织实施“三农”工作战略、规划和政策，监督管理种植业、畜牧业、渔业、农垦、农业机械化、农产品质量安全，负责农业投资管理等。	不再保留农业部。农业部的渔船检验和监督管理职责划入交通运输部	中央农村工作领导小组办公室设在农业农村部
4	组建文化和旅游部	将文化部、国家旅游局的职责整合	贯彻落实党的文化工作方针政策，研究拟订文化和旅游工作政策措施，统筹规划文化事业、文化产业、旅游业发展，深入实施文化惠民工程，组织实施文化资源普查、挖掘和保护工作，维护各类文化市场包括旅游市场秩序，加强对外文化交流，推动中华文化“走出去”等	不再保留文化部、国家旅游局	
5	组建国家卫生健康委员会	将国家卫生和计划生育委员会、国务院深化医药卫生体制改革领导小组办公室、全国老龄工作委员会办公室的职责，工业和信息化部的牵头《烟草控制框架公约》履约工作职责，国家安全生产监督管理总局的职业安全健康监督管理职责整合	拟订国民健康政策，协调推进深化医药卫生体制改革，组织制定国家基本药物制度，监督管理公共卫生、医疗服务和卫生应急，负责计划生育管理和服务工作，拟订应对人口老龄化、医养结合政策措施等	不再保留国家卫生和计划生育委员会。不再设立国务院深化医药卫生体制改革领导小组办公室	保留全国老龄工作委员会，日常工作由该委员会承担。国家中医药管理局由该委员会管理①

① 民政部代管的中国老龄协会改由国家卫生健康委员会代管。

续表

序号	改革方式	变化情况	主要职责	裁撤部门	备注
6	组建退役军人事务部	将民政部的退役军人优抚安置职责，人力资源和社会保障部的军官转业安置职责，以及中央军委政治工作部、后勤保障部有关职责整合	拟订退役军人思想政治、管理保障等工作政策法规并组织实施，褒扬彰显退役军人为党、国家和人民牺牲奉献的精神风范和价值导向，负责军队转业干部、复员干部、退休干部、退役士兵的移交安置工作和自主择业退役军人服务管理、待遇保障工作，组织开展退役军人教育培训、优待抚恤等，指导全国拥军优属工作，负责烈士及退役军人荣誉奖励、军人公墓维护以及纪念活动等。		

续表

序号	改革方式	变化情况	主要职责	裁撤部门	备注
7	组建应急管理部	将国家安全生产监督管理总局的职责，国务院办公厅的应急管理职责，公安部的消防管理职责，民政部的救灾职责，国土资源部的地质灾害防治、水利部的水旱灾害防治、农业部的草原防火、国家林业局的森林防火相关职责，中国地震局的震灾应急救援职责以及国家防汛抗旱总指挥部、国家减灾委员会、国务院抗震救灾指挥部、国家森林防火指挥部的职责整合	组织编制国家应急总体预案和规划，指导各地区各部门应对突发事件工作，推动应急预案体系建设和预案演练。建立灾情报告系统并统一发布灾情，统筹应急力量建设和物资储备并在救灾时统一调度，组织灾害救助体系建设，指导安全生产类、自然灾害类应急救援，承担国家应对特别重大灾害指挥部工作。指导火灾、水旱灾害、地质灾害等防治。负责安全生产综合监督管理和工矿商贸行业安全生产监督管理等。公安消防部队、武警森林部队转制后，与安全生产等应急救援队伍一并作为综合性常备应急骨干力量，由应急管理部管理，实行专门管理和政策保障，采取符合其自身特点的职务职级序列和管理办法，提高职业荣誉感，保持有生力量和战斗力。应急管理部要处理好防灾和救灾的关系，明确与相关部门和地方各自职责分工，建立协调配合机制	不再保留国家安全生产监督管理总局	中国地震局、国家煤矿安全监察局由该部管理

续表

序号	改革方式	变化情况	主要职责	裁撤部门	备注
8	重新组建科学技术部	将科学技术部、国家外国专家局的职责整合	拟订国家创新驱动发展战略方针以及科技发展、基础研究规划和政策并组织实施，统筹推进国家创新体系建设和科技体制改革，组织协调国家重大基础研究和应用基础研究，编制国家重大科技项目规划并监督实施，牵头建立统一的国家科技管理平台和科研项目资金协调、评估、监管机制，负责引进国外智力工作等	不再保留单设的国家外国专家局	科学技术部对外保留国家外国专家局牌子。国家自然科学基金委改由科学技术部管理
9	重新组建司法部	将司法部和国务院法制办公室的职责整合	负责有关法律和行政法规草案起草，负责立法协调和备案审查、解释，综合协调行政执法，指导行政复议应诉，负责普法宣传，负责监狱、戒毒、社区矫正管理，负责律师公证和司法鉴定仲裁管理，承担国家司法协助等	不再保留国务院法制办公室	
10	优化审计署职责	将国家发展和改革委员会的重大项目稽察、财政部的中央预算执行情况和其他财政收支情况的监督检查、国务院国有资产监督管理委员会的国有企业领导干部经济责任审计和国有重点大型企业监事会的职责划入审计署，相应对派出审计监督力量进行整合优化		不再设立国有重点大型企业监事会	

2. 关于国务院直属机构的变化情况

国务院直属机构主管国务院的某项专门业务，具有独立的行政管理职能。改革后共有 10 个国务院直属机构，其中变化情况如表 9－2 所示：

表 9－2　国务院直属机构变化情况①

序号	改革方式	变化情况	主要职责	裁撤部门	备注
1	组建国家市场监督管理总局	将国家工商行政管理总局的职责，国家质量监督检验检疫总局的职责，国家食品药品监督管理总局的职责，国家发展和改革委员会的价格监督检查与反垄断执法职责，商务部的经营者集中反垄断执法以及国务院反垄断委员会办公室等职责整合	负责市场综合监督管理，统一登记市场主体并建立信息公示和共享机制，组织市场监管综合执法工作，承担反垄断统一执法，规范和维护市场秩序，组织实施质量强国战略，负责工业产品质量安全、食品安全、特种设备安全监管，统一管理计量标准、检验检测、认证认可工作等	国家工商行政管理总局、国家质量监督检验检疫总局、国家食品药品监督管理总局	组建国家药品监督管理局；将国家质量监督检验检疫总局的出入境检验检疫管理职责和队伍划入海关总署；保留国务院食品安全委员会、国务院反垄断委员会等②

① 资料来源：笔者根据《中共中央关于深化党和国家机构改革的决定》和《深化党和国家机构改革方案》整理。

② 组建国家药品监督管理局，由国家市场监督管理总局管理，主要职责是负责药品、化妆品、医疗器械的注册并实施监督管理；将国家质量监督检验检疫总局的出入境检验检疫管理职责和队伍划入海关总署；保留国务院食品安全委员会、国务院反垄断委员会，具体工作由国家市场监督管理总局承担；国家认证认可监督管理委员会、国家标准化管理委员会职责划入国家市场监督管理总局，对外保留牌子。

续表

序号	改革方式	变化情况	主要职责	裁撤部门	备注
2	组建国家广播电视总局	在国家新闻出版广电总局广播电视管理职责的基础上组建国家广播电视总局	贯彻党的宣传方针政策，拟订广播电视管理的政策措施并督促落实，统筹规划和指导协调广播电视事业、产业发展，推进广播电视领域的体制机制改革，监督管理、审查广播电视与网络视听节目内容和质量，负责广播电视节目的进口、收录和管理，协调推动广播电视领域“走出去”工作等	国家新闻出版广电总局	
3	组建国家国际发展合作署	将商务部对外援助工作有关职责、外交部对外援助协调等职责整合	拟订对外援助战略方针、规划、政策，统筹协调援外重大问题并提出建议，推进援外方式改革，编制对外援助方案和计划，确定对外援助项目并监督评估实施情况等。对外援助的具体执行工作仍由相关部门按分工承担		

续表

序号	改革方式	变化情况	主要职责	裁撤部门	备注
4	组建国家医疗保障局	将人力资源和社会保障部的城镇职工和城镇居民基本医疗保险、生育保险职责，国家卫生和计划生育委员会的新型农村合作医疗职责，国家发展和改革委员会的药品和医疗服务价格管理职责，民政部的医疗救助职责整合而成	拟订医疗保险、生育保险、医疗救助等医疗保障制度的政策、规划、标准并组织实施，监督管理相关医疗保障基金，完善国家异地就医管理和费用结算平台，组织制定和调整药品、医疗服务价格和收费标准，制定药品和医用耗材的招标采购政策并监督实施，监督管理纳入医保支出范围内的医疗服务行为和医疗费用等		

3. 关于国务院直属事业单位的变化情况

国务院直属事业单位不是行政机关，但根据法律法规授权或国务院授权行使一定的行政职能或公共职能。经此次机构改革后，国务院共有 9 个直属事业单位①，变化情况主要有两个：

一是组建中央广播电视总台。整合中央电视台（中国国际电视台）、中央人民广播电台、中国国际广播电台，组建中央广播电视总台，归口中央宣传部领导。主要职责是，宣传党的理论和路线方针政策，统筹组织重大宣传报道，组织广播电视创作生产，制作和播出广播电视精品，引导社会热点，加强和改进舆论监督，推动多媒体融合发展，加强国际传播能力建设，讲好中国故事等。撤销中央电视台（中国国际电视台）、中央人民广播电台、中国国际广播电台建制。对内保留原呼号，对外统一呼号为“中国之声”。

二是组建中国银行保险监督管理委员会。由中国银行业监督管理委员会和中国保险监督管理委员会的职责整合而成。主要职责是，依照法律法

① 国家行政学院与中央党校合并，作为党中央直属事业单位，故不计入国务院直属事业单位。

规统一监督管理银行业和保险业，保护金融消费者合法权益，维护银行业和保险业合法、稳健运行，防范和化解金融风险，维护金融稳定等。同时，将中国银行业监督管理委员会和中国保险监督管理委员会拟订银行业、保险业重要法律法规草案和审慎监管基本制度的职责划入中国人民银行。不再保留中国银行业监督管理委员会、中国保险监督管理委员会。

4. 关于国务院组成部门管理的国家局的变化情况

国务院组成部门管理的国家局由国务院组成部门管理，主管特定业务，行使行政管理职能。根据党的十九届三中全会审议通过的《深化党和国家机构改革方案》，国务院第一次常务会议审议通过了《国务院关于部委管理的国家局设置的通知》①。经此次改革后，共有16个国务院组成部门管理的国家局。

表9－3　国务院组成部门管理的国家局变化情况②

序号	改革方式	变化情况	主要职责	裁撤部门	归口管理单位
1	组建国家粮食和物资储备局	将国家粮食局的职责，国家发展和改革委员会的组织实施国家战略物资收储、轮换和管理，管理国家粮食、棉花和食糖储备等职责，以及民政部、商务部、国家能源局等部门的组织实施国家战略和应急储备物资收储、轮换和日常管理职责整合	根据国家储备总体发展规划和品种目录，组织实施国家战略和应急储备物资的收储、轮换、管理，统一负责储备基础设施的建设与管理，对管理的政府储备、企业储备以及储备政策落实情况进行监督检查，负责粮食流通行业管理和中央储备粮棉行政管理等	国家粮食局	国家发改委

① 国发〔2018〕7号。

② 资料来源：笔者根据《中共中央关于深化党和国家机构改革的决定》和《深化党和国家机构改革方案》整理。

续表

序号	改革方式	变化情况	主要职责	裁撤部门	归口管理单位
2	组建国家移民管理局	将公安部的出入境管理、边防检查职责整合，建立健全签证管理协调机制，组建国家移民管理局加挂中华人民共和国出入境管理局牌子	协调拟订移民政策并组织实施，负责出入境管理、口岸证件查验和边民往来管理，负责外国人停留居留和永久居留管理、难民管理、国籍管理，牵头协调非法入境、非法居留、非法就业外国人治理和非法移民遣返，负责中国公民因私出入国（境）服务管理，承担移民领域国际合作等		公安部
3	组建国家林业和草原局	将国家林业局的职责，农业部的草原监督管理职责，及国土资源部、住房和城乡建设部、水利部、农业部、国家海洋局等部门的自然保护区、风景名胜区、自然遗产、地质公园等管理职责整合加挂国家公园管理局牌子	监督管理森林、草原、湿地、荒漠和陆生野生动植物资源开发利用和保护，组织生态保护和修复，开展造林绿化工作，管理国家公园等各类自然保护地等	国家林业局	自然资源部

续表

序号	改革方式	变化情况	主要职责	裁撤部门	归口管理单位
4	重新组建国家知识产权局	将国家知识产权局的职责、国家工商行政管理总局的商标管理职责、国家质量监督检验检疫总局的原产地地理标志管理职责整合	负责保护知识产权工作，推动知识产权保护体系建设，负责商标、专利、原产地地理标志的注册登记和行政裁决，指导商标、专利执法工作等。商标、专利执法职责交由市场监管综合执法队伍承担		国家市场监督管理总局

5. 其他变化

国务院三峡工程建设委员会及其办公室、国务院南水北调工程建设委员会及其办公室并入水利部。不再保留国务院三峡工程建设委员会及其办公室、国务院南水北调工程建设委员会及其办公室。由水利部承担三峡工程和南水北调工程的运行管理、后续工程建设管理和移民后期扶持管理等职责。

调整全国社会保障基金理事会隶属关系。将全国社会保障基金理事会由国务院管理调整为由财政部管理，承担基金安全和保值增值的主体责任，作为基金投资运营机构，不再明确行政级别。

将省级和省级以下国税地税机构合并，具体承担所辖区域内各项税收、非税收入征管等职责，将基本养老保险费、基本医疗保险费、失业保险费等各项社会保险费交由税务部门统一征收。国税地税机构合并后，实行以国家税务总局为主与省（自治区、直辖市）政府双重领导管理体制。

（四）全国政协机构改革

人民政协是具有中国特色的制度安排，是社会主义协商民主的重要渠道和专门协商机构。此次机构改革优化政协专门委员会设置，推进人民政协履职能力建设。其变化主要体现在三方面：

1. 组建全国政协农业和农村委员会

将全国政协经济委员会联系农业界和研究“三农”问题等职责调整到全国政协农业和农村委员会。主要职责是，组织委员学习宣传党和国家农业农村方面的方针政策和法律法规，就“三农”问题开展调查研究，提出意见、建议和提案，团结和联系农业和农村界委员反映社情民意。

2. 全国政协文史和学习委员会更名为全国政协文化文史和学习委员会

将全国政协教科文卫体委员会承担的联系文化艺术界等相关工作调整到全国政协文化文史和学习委员会。主要职责是，组织委员学习宣传党和国家文化艺术文史方面的方针政策和法律法规，就文化艺术文史问题开展调查研究，提出意见、建议和提案，团结和联系文化艺术文史界委员反映社情民意。

3. 全国政协教科文卫体委员会更名为全国政协教科卫体委员会

主要职责是，组织委员学习宣传党和国家教育、科技、卫生、体育方面的方针政策和法律法规，就教育、科技、卫生、体育问题开展调查研究，提出意见、建议和提案，团结和联系教育、科技、卫生、体育界委员反映社情民意。

（五）行政执法体制改革情况

行政执法在我国法律实施中具有重要地位，大量的法律规范都是由行政机关实施的。行政执法体制是行政执法权力的配置，集中表现在行政执法权在同一层级执法主体（横向）和不同层级执法主体之间（纵向）的分配，关系到行政执法工作的开展及其成效。此次机构改革单独对行政执法体制改革加以部署，足见对行政执法和行政执法体制改革的重视。党的十八届三中全会明确提出：“深化行政执法体制改革，要以着力解决权责交叉、多头执法、执法空白问题为重点，以建立权责统一、权威高效的行政执法体制为目标。”

此次行政执法体制改革的思路，是统筹配置行政处罚职能和执法资源。基本要求包括两个方面：在纵向上，减少执法层级，推动执法力量下沉；在横向上，大幅减少执法队伍种类，合理配置执法力量。一个部门设有多支执法队伍的，原则上整合为一支队伍。推动整合同一领域或相近领域执法队伍，实行综合设置。在后一方面，集中表现为整合组建 5 支综合执法队伍。

表9－4　行政执法体制改革情况①

序号	改革方式	领域	地方安排	指导单位
1	整合组建市场监管综合执法队伍	整合工商、质检、食品、药品、物价、商标、专利等执法职责和队伍	鼓励地方将其他直接到市场、进企业，面向基层、面对老百姓的执法队伍，如商务执法、盐业执法等，整合划入市场监管综合执法队伍。药品经营销售等行为的执法，由市县市场监管综合执法队伍统一承担。	国家市场监督管理总局
2	整合组建生态环境保护综合执法队伍	整合环境保护和国土、农业、水利、海洋等部门相关污染防治和生态保护执法职责、队伍，统一实行生态环境保护执法		生态环境部
3	整合组建文化市场综合执法队伍	将旅游市场执法职责和队伍整合划入文化市场综合执法队伍，统一行使文化、文物、出版、广播电视、电影、旅游市场行政执法职责		文化和旅游部
4	整合组建交通运输综合执法队伍	整合交通运输系统内路政、运政等涉及交通运输的执法职责、队伍，实行统一执法		交通运输部

① 资料来源：笔者根据《中共中央关于深化党和国家机构改革的决定》和《深化党和国家机构改革方案》整理。

续表

序号	改革方式	领域	地方安排	指导单位
5	整合组建农业综合执法队伍	将农业系统内兽医兽药、生猪屠宰、种子、化肥、农药、农机、农产品质量等执法队伍整合，实行统一执法		农业农村部

（六）深化跨军地改革

按照军是军、警是警、民是民原则，将列武警部队序列、国务院部门领导管理的现役力量全部退出武警，将国家海洋局领导管理的海警队伍转隶武警部队，将武警部队担负民事属性任务的黄金、森林、水电部队整体移交国家相关职能部门并改编为非现役专业队伍，同时撤收武警部队海关执勤兵力，彻底理顺武警部队领导管理和指挥使用关系。

1. 公安边防部队改制

公安边防部队不再列武警部队序列，全部退出现役。公安边防部队转到地方后，成建制划归公安机关，并结合新组建国家移民管理局进行适当调整整合。现役编制全部转为人民警察编制。

2. 公安消防部队改制

公安消防部队不再列武警部队序列，全部退出现役。公安消防部队转到地方后，现役编制全部转为行政编制，成建制划归应急管理部，承担灭火救援和其他应急救援工作，充分发挥应急救援主力军和国家队的作用。

3. 公安警卫部队改制

公安警卫部队不再列武警部队序列，全部退出现役。公安警卫部队转到地方后，警卫局（处）由同级公安机关管理的体制不变，承担规定的警卫任务，现役编制全部转为人民警察编制。

4. 海警队伍转隶武警部队

按照先移交、后整编的方式，将国家海洋局（中国海警局）领导管理的海警队伍及相关职能全部划归武警部队。

5. 武警部队不再领导管理武警黄金、森林、水电部队

按照先移交、后整编的方式，将武警黄金、森林、水电部队整体移交

国家有关职能部门，官兵集体转业改编为非现役专业队伍。武警黄金部队转为非现役专业队伍后，并入自然资源部，承担国家基础性公益性地质工作任务和多金属矿产资源勘查任务，现役编制转为财政补助事业编制。原有的部分企业职能划转中国黄金总公司。武警森林部队转为非现役专业队伍后，现役编制转为行政编制，并入应急管理部，承担森林灭火等应急救援任务，发挥国家应急救援专业队作用。武警水电部队转为非现役专业队伍后，充分利用原有的专业技术力量，承担水利水电工程建设任务，组建为国有企业，可继续使用中国安能建设总公司名称，由国务院国有资产监督管理委员会管理。

6. 武警部队不再承担海关执勤任务

参与海关执勤的兵力一次性整体撤收，归建武警部队。为补充武警部队撤勤后海关一线监管力量缺口，海关系统要结合检验检疫系统整合，加大内部挖潜力度，同时通过核定军转编制接收一部分转业官兵，并通过实行购买服务、聘用安保人员等方式加以解决。

（七）深化群团组织改革

此次机构改革虽未对群团组织机构改革作出具体安排，但确立了群团组织机构改革的思路和要求。

改革思路是健全党委统一领导群团工作的制度，紧紧围绕保持和增强政治性、先进性、群众性这条主线，强化问题意识，以更大力度、更实举措推进改革，着力解决“机关化、行政化、贵族化、娱乐化”等问题，把群团组织建设得更加充满活力、更加坚强有力。

改革要求主要包括三个方面：一是聚焦突出问题，改革机关设置、优化管理模式、创新运行机制，坚持眼睛向下、面向基层，将力量配备、服务资源向基层倾斜，更好适应基层和群众需要。二是促进党政机构同群团组织功能有机衔接，支持和鼓励群团组织承接适合由群团组织承担的公共服务职能，增强群团组织团结教育、维护权益、服务群众功能，充分发挥党和政府联系人民群众的桥梁纽带作用。三是加强组织领导，加强统筹协调，加强分类指导，加强督察问责，认真总结经验，切实把党中央对群团工作和群团改革的各项要求落到实处。

（八）地方机构改革

地方机构改革既关系地方事项的运行，也关系到中央的决策决定能否得到强有力的执行。《中共中央关于深化党和国家机构改革的决定》提出要

"构建从中央到地方运行顺畅、充满活力、令行禁止的工作体系。科学设置中央和地方事权，理顺中央和地方职责关系，更好发挥中央和地方两个积极性，中央加强宏观事务管理，地方在保证党中央令行禁止前提下管理好本地区事务，合理设置和配置各层级机构及其职能。"为此，中央要求统筹优化地方机构设置和职能配置。

1. 对地方机构改革的基本要求

第一，确保集中统一领导。地方机构设置要保证有效实施党中央方针政策和国家法律法规。省、市、县各级涉及党中央集中统一领导和国家法制统一、政令统一、市场统一的机构职能要基本对应，明确同中央对口的组织机构，确保上下贯通、执行有力。

第二，坚持省市县统筹、党政群统筹。根据各层级党委和政府的主要职责，合理调整和设置机构，理顺权责关系。

第三，赋予省级及以下机构更多自主权。各地机构改革方案既与中央保持总体步调一致，又有因地制宜的"自选动作"，增强地方治理能力，把直接面向基层、量大面广、由地方实施更为便捷有效的经济社会管理事项下放给地方。除中央有明确规定外，允许地方因地制宜设置机构和配置职能，允许把因地制宜设置的机构并入同上级机关对口的机构，在规定限额内确定机构数量、名称、排序等。按照部署，地方各级党委机构限额与同级政府机构限额统一计算。承担行政职能的事业单位，统一纳入地方党政机构限额管理。省级党政机构数额，由党中央批准和管理。市县两级党政机构数额，由省级党委实施严格管理。

第四，构建简约高效的基层管理体制。根据工作实际需要，整合基层的审批、服务、执法等方面力量，整合相关职能设立综合性机构，实行扁平化和网格化管理。推动治理重心下移，尽可能把资源、服务、管理放到基层，使基层有人有权有物，保证基层事情基层办、基层权力给基层、基层事情有人办。上级机关要优化对基层的领导方式，既允许"一对多"，由一个基层机构承接多个上级机构的任务；也允许"多对一"，由基层不同机构向同一个上级机构请示汇报。明确政策标准和工作流程，加强督促检查，健全监督体系，规范基层管理行为，确保权力不被滥用。推进直接服务民生的公共事业部门改革，改进服务方式，最大限度方便群众。

2. 对地方机构改革的程序要求

根据部署，省级党政机构改革方案要在2018年9月底前报党中央审批，在2018年年底前机构调整基本到位。省以下党政机构改革，由省级党委统一领导，在2018年年底前报党中央备案。所有地方机构改革任务在2019年3月底前基本完成。

最先获得中央批复的省份是海南，2018年9月13日中办和国办印发《海南省机构改革方案》。至2018年10月，全国31个省份的省级机构改革方案均全部获中央批复同意，并相继实施。改革后，省级党委和政府机构数量在60个左右，海南和宁夏最少，为55个；直辖市中，北京为65个，重庆、天津为64个，上海为63个；山东、湖南、辽宁、黑龙江、浙江、江西、湖北、江苏、吉林、福建、甘肃、河北、安徽等省份的党政机构总数均为60个。①

四、我国机构改革的未来发展

2018年机构改革顺利开展，取得了巨大成功。在如此短的时间内实现从中央到地方、涵盖各方的公共机构进行重构性改革，是前所未有的。鉴于机构改革的复杂性，需要继续推进我国党和国家机构改革的深化，不断取得新的进展。在推进中需要注意以下问题：

（一）推动机构整合后的内在融合

机构改革的目的不是将不同的机构简单的叠加或者组合，而在于通过机构的合并、调整，实现职能优化和运行的合理化。然而，由于机构重组，人员调整，运行的改变，甚至是办公地点的变迁，原来熟悉的环境、人员和办事方式以及机关文化都会发生重大变化，由熟悉至陌生不可避免会带来不适应，甚至是阵痛。如何实现“缩短重组或磨合时间，尽快融合，实现业务重组、系统整合”②，是机构改革必须直面的问题。

此次党和国家机构改革力度空前，涉及面广，整合影响大，机构的磨合问题就会更突出。因此，在完成机构改革整合后需要着力推动机构的内在整合，妥善解决机构合并前的遗留问题，研究处理机构整合出现的新问题。

（二）加快机构运行的制度建设

因机构调整，原有机构之间和机构内部已建立和形成的运行机制和规则，可能无法适用，也可能不能适用，出现制度空档期，需要尽快研究建

① 王红茹：《31省份机构改革方案获批》，载《中国经济周刊》2018年第49期。

② 参见汪玉凯：《党和国家机构改革与国家治理现代化》，载《中共天津市委党校学报》2018年第3期。

立机构运行的制度。

对于机构内部，需要在充分清理原有机构制度基础上考虑原有机构的情况和新机构的职能，依新机构的规则制定、制度建设权限和程序制定新规则和制度。如果情况复杂，可以设置一定的过渡期。对于机构之间，需要加强不同机构的沟通和协调，形成机构之间的运行机制。条件成熟的，及时共同建立规则和制度。对于有对外职能的机构，需要依法及时完成法律、法规和规章等规则的修订工作，建立新的履行职能的流程，对外公布公民、法人和其他组织办事的指南。

（三）推进机构组织和编制法定化

推动机构改革不易，保持机构改革成果尤显重要。在现代国家，保持机构改革成果的重要方式是通过立法将机构改革的成果固化和法定化。此次机构改革明确提出“机构编制法定化是深化党和国家机构改革的重要保障。要依法管理各类组织机构，加快推进机构、职能、权限、程序、责任法定化。”[①] 目前，中央机构的三定规定已通过，涉及行政机构的三定规则对外公布，对保持此次机构改革成果有重要作用。

按照党的十九届三中全会对此次机构改革的部署，需要加大推进机构组织和编制法定化力度。要制定中国共产党机构编制工作条例，研究制定机构编制法，完善党政部门机构设置、职能配置、人员编制规定。除此之外，机构组织法的制定或修订也需要提上议事日程。

撰稿专家

杨伟东，中央党校（国家行政学院）政治和法律教研部副主任，教授、博士生导师，法学博士。剑桥大学、伦敦大学访问学者。中国行为法学会行政法治分会副会长兼秘书长，中国行政法学研究会常务理事及行政诉讼专业委员会委员，北京市法学会行政法学研究会副会长，有独著《行政行为司法审查强度研究》《权力结构中的行政诉讼》《政府信息公开主要问题研究》等著作，在《法学研究》《中国法学》等刊物上发表学术论文百余篇。

① 《中共中央关于深化党和国家机构改革的决定》（中国共产党第十九届中央委员会第三次全体会议通过）。

第十章　2018 年司法改革专题报告

何　帆

报告要旨

2018 年，配合党和国家机构改革，司法改革也进入纵深阶段，辐射至政法工作各领域、各方面、各环节。这一年，最高人民法院按照党的十九大和十九届二中、三中全会部署，积极推进法院组织体系和内设机构改革，推动设立上海金融法院，增设北京、广州互联网法院，完善一带一路国际争端解决机制，深化司法体制综合配套改革，全面落实司法责任制。与此同时，司法改革也存在一些不系统、不配套、不协调的地方。下一步，最高人民法院将以贯彻落实“五五改革纲要”为契机，进一步加强改革顶层规划，推动诉源治理，从源头上减少案件增量；争取立法授权，积极开展试点，推动诉讼规则与互联网技术深度融合；完善院庭长权力清单和责任清单，明确院庭长行使权力的边界，推动司法责任制全面落地见效。

核心建议

1. 加强司法体制综合配套改革顶层规划。
2. 完善司法责任制改革配套举措。
3. 推动诉讼机制进一步优化。
4. 推动审判方式、诉讼机制和互联网技术深度融合。
5. 进一步优化诉讼服务流程。

一、深化司法体制综合配套改革总体情况

2018 年是改革开放 40 周年，是贯彻落实党的十九大关于司法体制改革重大战略部署的开局之年，也是人民法院“四五改革纲要”的收官之年。这一年，全国法院在以习近平同志为核心的党中央坚强领导下，认真学习贯彻党的十九大精神，积极推进司法体制综合配套改革，全面落实“四五改革纲要”确定的改革任务，细化落实司法责任制的相关举措，推进司法体制改革工作在新起点取得新进展。

党的十九大以来，司法体制改革已进入系统性、整体性、重构性变革的新阶段。2018 年 7 月 24 日，中央政法委在广东省深圳市召开“全面深化司法体制改革推进会”。会议总结了党的十八大以来全面深化司法体制改革的成效和经验，要求大家准确把握历史方位，切实增强全面深化新时代司法体制改革的责任感、使命感，并部署了深化新时代司法体制综合配套改革的具体任务。

按照上述“深圳会议”确定的基调，深化司法体制改革已从法院、检察院的集中改革向党委政法委、公安、国家安全、司法行政等部门全方位改革拓展，不仅辐射到政法工作各领域、各方面、各环节，而且延伸到社会治理创新、现代科技运用、涉外法律服务。改革也由微观的体制机制问题上升到宏观的国家治理体系和治理能力层面，触及深层次利益格局调整和制度体系变革。

最高人民法院认真贯彻落实“深圳会议”精神，切实履行主体责任，狠抓改革推进落实，总体情况是：

第一，抓顶层设计，规划完善改革制度体系。

十九届中央深改组、中央深改委会议审议通过最高人民法院牵头报送的《关于建立“一带一路”争端解决机制和机构的意见》《关于设立上海金融法院的方案》《关于增设北京互联网法院、广州互联网法院的方案》。最高人民法院配合中央政法委研究制定《关于政法领域全面深化改革的实施意见》，并经中央全面深化改革委员会第六次会议审议通过。结合法院工作实际，经过反复讨论修改、广泛征求意见，研究制定《关于深化人民法院司法体制综合配套改革的意见——人民法院第五个五年改革纲要（2019－2023）》，并于 2019 年 2 月 27 日公布施行。完善司法体制综合配套改革制度体系，针对全面落实司法责任制、内设机构改革、法院干部交流等改革领域出台配套文件，完善相关政策口径。2018 年，最高人民法院单独或会同

有关部门出台司法改革文件35件。

第二，抓组织领导，健全改革工作推进机制。

最高人民法院先后召开5次院司法改革领导小组会议，研究部署重点改革任务的方案设计、推进落实和督察问效。组织召开全国法院深化司法体制综合配套推进会，交流改革经验，通报督察情况，部署安排重点改革工作。运用司法改革电子台账系统加强改革任务的统筹管理，完善落实改革任务动态调整、情况通报、督察督办、沟通协调、试点管理等工作机制。建立司法人事制度改革台账，定期汇集法官员额遴选、等级套改、工资制度改革等情况，确保改革任务稳妥推进。

第三，抓督察问效，推动改革举措落地生根。

制定印发《人民法院司法改革督察工作办法（试行）》，规范督察主体、方式、程序。深入贯彻落实中央改革办关于加强改革督察狠抓改革落实的通知精神，2018年10月中旬至11月中旬，由五位院领导分别带队，分赴9个省、自治区围绕司法责任制及其综合配套改革、以审判为中心的刑事诉讼制度改革等5个重点项目开展督察。按照“听、查、访、评”要求，实地督察45个法院，形成《最高人民法院办公厅关于2018年司法改革督察情况的通报》，共查摆问题20项，提出整改建议25条。为加强督察整改，向全国法院下发《关于报送对改革督察报告反映问题整改情况的通知》，确保整改落实到位，督察收到实效。

第四，抓成果固化，推动改革成果法律转化。

积极推动将成熟的改革经验以立法形式固定。第十三届全国人民代表大会常务委员会第六次会议修订通过的《人民法院组织法》，进一步规范了人民法院的组织体系、机构设置、管理体制、队伍建设和履职保障，为深化司法体制改革提供了法律依据，从立法层面巩固了司法体制改革成果。

认罪认罚从宽制度改革成果吸收进新修改的刑事诉讼法；人民陪审员制度改革试点顺利完成，推动《人民陪审员法》制定出台；全国人大常委会通过决定，建立国家层面知识产权案件上诉审理机制。

二、深化司法体制改革重大举措

2018年，中央确定的由最高人民法院牵头的全面落实司法责任制、增设互联网法院、建立国家层面知识产权上诉机制、建立“一带一路”国际争端解决机制4项任务全部完成。“四五改革纲要”圆满收官，65项改革举措全面推开，各项改革任务扎实有效落实。

(一) 推动全面落实司法责任制

全面落实司法责任制，是党的十九大、十九届三中全会部署的重大改革任务，并被纳入中央改革办《党的十九大报告重要改革举措实施规划(2018－2022年)》，“两高”分别作为此项任务的牵头单位。为切实贯彻落实党中央的决策部署，及时推动解决一些地方在推进司法责任制改革中存在的落实不到位、配套不完善、推进不系统等突出问题，进一步完善顶层设计、细化政策指导、解决现实问题，最高人民法院制定印发了《关于进一步全面落实司法责任制的实施意见》(以下简称《意见》)，作为指导各级法院全面落实司法责任制的重要政策文件。

第一，关于统筹内设机构改革和新型办案组织建设。

《意见》强调各级人民法院应当根据法院审级、案件数量、案件类型、难易程度和人员结构等因素，适应独任制、合议制的不同需要，因地制宜、灵活组建审判团队，法官与审判辅助人员配备比例不搞“一刀切”。基层人民法院以独任制审判团队为主，中级以上人民法院积极探索随机组成合议庭，也可以设立相对固定的专业化合议庭，但人员应当定期交流调整。人员编制较少的基层人民法院可以设置综合审判庭或者不设审判庭，实行“院—综合审判庭”或者“院—审判团队”管理模式；人员编制较多的基层人民法院一般实行“院—审判庭—审判团队”的管理模式。

第二，关于完善审判监督管理制度机制。

与之前的司法责任制文件相比，《意见》细化了院长、庭长的职责清单。院长、庭长审判监督管理权力职责一般包括：(1) 配置审判资源，包括专业化合议庭、审判团队组建模式及其职责分工；(2) 部署综合工作，包括审判工作的安排部署、审判或者调研任务的分配、调整；(3) 审批程序性事项，包括法律授权的程序性事项审批、依照规定调整分案、变更审判组织成员的审批等；(4) 监管审判质效，包括根据职责权限，对审判流程进行检查监督，对案件整体质效的检查、分析、评估，分析审判运行态势，提示纠正不当行为，督促案件审理进度，统筹安排整改措施，对存在的案件质量问题集中研判等；(5) 监督“四类案件”，对《最高人民法院关于完善人民法院司法责任制的若干意见》第24条规定的“四类案件”进行个案监督；(6) 进行业务指导，通过审理案件、参加专业法官会议或者审判委员会等方式加强业务指导；(7) 作出综合评价，在法官考评委员会依托信息化平台对法官审判绩效进行客观评价基础上，对法官及其他工作人员绩效作出综合评价；（8）检查监督纪律作风，通过接待群众来访、处理举报投诉、日常监督管理，发现案件审理中可能存在的问题，提出改进措施等。《意见》同时强调，院长、庭长行使上述审判监督管理权时，应当在办案平台标注、全程留痕，对独任庭、合议庭拟作出的裁判结果有异议的，可以决定将案件提交主审法官会议、审判委员会进行讨论，但不得强令合议庭接受自己意见或者直接改变合议庭意见。

第三，关于完善院长、庭长办案常态化机制。

《意见》结合实际规定，院领导办案量可以以本院法官平均办案量或办理案件所属审判业务类别法官平均办案量为计算基数，或者以法院所在地市全体法官平均办案量为计算基数。《意见》要求加强对院长、庭长办案的网上公示和考核监督，充分发挥院长、庭长办案示范引领作用。担任领导职务的法官无正当理由不办案或者办案达不到要求的，应当退出员额。

第四，关于统筹政法编制和员额动态管理。

《意见》吸收部分地方法院利用编制上收省一级统一管理优势，重新测算各地法官工作量和需要的政法编制数，为案多人少地区增加编制和员额数的经验，要求将长期未使用的编制调整到编制紧缺、急需补充的法院，实现编制、案件量、人员的合理匹配。对员额法官因工作需要调整岗位重新入额的政策问题作出规定，以便进一步促进人才合理流动。

第五，关于完善司法人员业绩考核。

《意见》就调研达成共识的问题提出明确指导，强调坚持客观量化和主观评价相结合，以量化考核为主；鼓励采用案件权重系数测算，暂时不具备条件的可以探索简便易行的案件工作量折算办法；将法官作为合议庭其他成员时的工作量、办理涉诉信访工作量、参加主审法官会议、审判委员会的工作量、案件评查工作量等纳入业绩考核，避免简单以办案数量作为考核业绩。对于法官惩戒委员会如何切实发挥作用的问题，

第六，关于法官惩戒和违法审判责任追究。

《意见》明确，各级人民法院对法官涉嫌违反审判职责行为要认真调查，法官惩戒委员会根据调查情况审查认定法官是否违反审判职责、是否存在故意或者重大过失，并提出审查意见，相关法院根据法官惩戒委员会的意见作出惩戒决定。法官违反审判职责行为涉嫌犯罪的，应当移交纪检监察机关、检察机关依法处理。法官违反审判职责以外的其他违纪违法行为，由有关部门调查，依照法律及有关规定处理。法院和法官惩戒委员会分工负责法官惩戒工作、追究法官违法审判责任问题，同时就惩戒机制与

监察体制改革相衔接提出明确要求。

（二）完善法律统一适用机制

主审法官会议是为法官审理案件准确适用法律提供指导和参考的重要工作机制。实践中，各地积极探索多种多样的法官会议咨询机制，形成了许多有益经验和有效做法，但也存在一些需要进一步明确和规范的问题。如参加人员范围不统一，有的地方参会人员资格门槛过高，甚至变相成为向院庭长汇报案件；议事范围不统一，有的地方将法官会议和庭务会相混淆，适用同一议事规则，有的地方讨论案件事实和证据细节过多，对法律适用和裁判标准统一问题讨论不足；会议讨论程序不科学，有的地方会前准备不充分，导致讨论效果欠佳，有的地方议事规则没有体现出民主、平等原则，成为另一种形式的“一言堂”；会议形成结果效力定位不准，有的地方过于强调监督制约，规则安排过于刚性，没有体现出法官会议服务、咨询的功能定位；会议配套机制不健全，成果运用不足，没有发挥出规范审判监督、总结审判经验、统一法律适用、业务培训平台功能；等等。针对这些问题，最高人民法院在深入调研和充分征求意见的基础上，研究制定了《关于健全完善人民法院主审法官会议工作机制的指导意见（试行）》。

第一，关于参加主审法官会议的人员范围。

主审法官会议是一种较为灵活的、服务于审判的工作机制，虽然有专业把关、审判监督、业务培训和人才养成等方面的功能，但最根本的定位是议事指导，而不是决策断案。因此，在参加人员资格条件的设置上，应当始终坚持平等、开放原则，而不宜过分突出参会人员的经验、能力和身份，更不宜突出和强化院庭长行政职务。主审法官会议应当由本院员额法官组成，参加会议的法官地位、权责平等，专家学者、人大代表、政协委员等相关人员根据实际需要可以应邀参加讨论。

第二，关于主审法官会议讨论意见的效力。

改革文件明确，主审法官会议是为法官审理案件准确适用法律提供咨询参考意见的工作机制。讨论形成的意见供合议庭、独任法官审理案件时参考，没有强制效力。合议庭、独任法官对案件最终处理结果负责。院长、副院长、庭长可以按照审判监督管理权限要求合议庭或者独任法官根据主审法官会议讨论的意见对案件进行复议。实践中既要防止脱离监督管理，虚化主审法官会议作用，也要防止借口监督管理，弱化合议庭、独任法官办案主体地位，给法官增加不必要的工作负担，降低办案效率。

第三，关于主审法官会议与审判委员会的关系。

根据审判监督管理权限，院长、副院长、庭长只有在合议庭、独任法官复议之后仍未采纳主审法官会议的多数意见时，才能将案件提交审判委员会讨论决定。一般而言，最高人民法院和高级人民法院的主审法官会议可以相对突出案件过滤功能，中级和基层人民法院的主审法官会议则应当“因地制宜”，不宜一概硬性规定其为审判委员会讨论案件的前置程序。

（三）深入推进省以下人民法院内设机构改革

最高人民法院与中央编办联合印发《关于积极推进省以下人民法院内设机构改革工作的通知》，就内设机构数量、审判业务机构设置、专业化审判组织建设、内设机构规范设置等问题，提出具体意见。先后在天津、成都、武汉召开3次内设机构改革调研座谈会，对全国法院内设机构改革情况进行深入调研。截至2018年12月底，天津已完成中、基层法院内设机构改革任务，上海已经完成基层法院内设机构改革任务，北京等20个省（区、市）法院以及兵团基层法院已制定下发内设机构改革方案，预计2019年3月底前全国所有基层法院基本完成内设机构改革任务。

（四）推动设立金融法院

2018年3月28日，中央全面深化改革委员会第一次会议审议通过《关于设立上海金融法院的方案》。4月27日，第十三届全国人民代表大会常务委员会第二次会议审议通过《关于设立上海金融法院的决定》。8月7日，最高人民法院印发《关于上海金融法院案件管辖的规定》。按照这一规定，上海金融法院管辖上海市辖区内应由中级人民法院受理的下列第一审金融民商事案件：证券、期货交易、信托、保险、票据、信用证、金融借款合同、银行卡、融资租赁合同、委托理财合同、典当等纠纷；独立保函、保理、私募基金、非银行支付机构网络支付、网络借贷、互联网股权众筹等新型金融民商事纠纷；以金融机构为债务人的破产纠纷；金融民商事纠纷的仲裁司法审查案件；申请承认和执行外国法院金融民商事纠纷的判决、裁定案件。此外，上海金融法院还管辖上海市辖区内应由中级人民法院受理的以金融监管机构为被告的第一审涉金融行政案件。以住所地在上海市的金融市场基础设施为被告或者第三人与其履行职责相关的第一审金融民商事案件和涉金融行政案件，由上海金融法院管辖。当事人对上海市基层人民法院作出的第一审金融民商事案件和涉金融行政案件判决、裁定提起的上诉案件，由上海金融法院审理。

2018 年 8 月 20 日，上海金融法院揭牌成立。截至 12 月 31 日，上海金融法院共收案 1897 件，标的总额人民币 252 亿元，案件主要类型涵盖证券虚假陈述责任纠纷、金融借款合同纠纷、公司债券交易纠纷、质押式证券回购纠纷、融资租赁合同纠纷、营业信托纠纷等。上海金融法院将按照中央要求，努力向成为专业化、国际化、智能化的世界一流金融专门法院努力奋斗。

（五）增设互联网法院

2018 年 7 月 6 日，中央全面深化改革委员会第三次全体会议审议通过《关于增设北京互联网法院、广州互联网法院的方案》，决定在北京、广州两地增设互联网法院，进一步深化互联网法院试点探索，健全完善互联网案件审判格局。为贯彻落实中央改革部署，规范互联网法院诉讼活动，保护当事人及其他诉讼参与人合法权益，最高人民法院制定印发《最高人民法院关于互联网法院审理案件若干问题的规定》，并于 2018 年 9 月 7 日起施行。

按照增设方案和司法解释，北京、广州、杭州三地的互联网购物、服务合同纠纷；互联网金融借款、小额借款合同纠纷；互联网著作权权属和侵权纠纷；互联网域名纠纷；互联网侵权责任纠纷；互联网购物产品责任纠纷；检察机关提起的涉互联网公益诉讼案件；因对互联网进行行政管理引发的行政纠纷；上级人民法院指定管辖的其他涉互联网民事、行政案件等九类案件由互联网法院管辖。

2018 年 9 月 9 日、9 月 28 日，北京互联网法院、广州互联网法院相继挂牌成立。截至目前，杭州互联网法院在线立案率达到 89.2%，在线开庭率达到 59.9%，线上结案率达到 83.6%，在线庭审平均用时 28 分钟、平均审理期限 41 天，比传统审理模式分别节约时间 60% 和 50%。三家互联网法院都注重总结提炼涉网案件裁判规则，公正高效审理了一批新类型、疑难复杂互联网案件，包括大数据权利归属、网络购物缔约过失责任、人工智能作品著作权权属等案件，有力推动了网络空间治理法治化。下一步，最高人民法院将按照互联网案件特点，完善互联网法院管辖范围和诉讼规则，改造优化电子诉讼平台，扩大互联网法院的试点效应和示范效果。

（六）完善国家层面知识产权案件上诉审理机制

2018 年 2 月，中办、国办印发《关于加强知识产权审判领域改革创新若干问题的意见》。按照意见要求，最高人民法院在不断发展和完善既有的

3 家知识产权法院、16 家知识产权法庭基础上，稳步推进“建立国家层面知识产权案件上诉审理机制”。2018 年 10 月，中央正式批准《关于最高人民法院设立知识产权法庭的试点方案》。10 月 26 日，第十三届人大常委会第六次会议审议通过《关于专利等知识产权案件诉讼程序若干问题的决定》。按照全国人大常委会的决定，当事人对发明专利、实用新型专利、植物新品种、集成电路布图设计、技术秘密、计算机软件、垄断等专业技术性较强的知识产权民事案件第一审判决、裁定不服，提起上诉的，由最高人民法院审理。当事人对专利、植物新品种、集成电路布图设计、技术秘密、计算机软件、垄断等专业技术性较强的知识产权行政案件第一审判决、裁定不服，提起上诉的，由最高人民法院审理。对已经发生法律效力的上述案件第一审判决、裁定、调解书，依法申请再审、抗诉等，适用审判监督程序的，由最高人民法院审理。

最高人民法院随即印发《关于知识产权法庭若干问题的规定》，明确最高人民法院设立知识产权法庭，主要审理专利等专业技术性较强的知识产权上诉案件。2019 年 1 月 1 日，最高人民法院知识产权法庭正式挂牌，我国知识产权专门化审判体系更加成熟定型。

（七）健全完善“一带一路”国际商事争端解决机制

2018 年 6 月，按照中办、国办印发的《关于建立“一带一路”国际商事争端解决机制和机构的意见》，最高人民法院制定印发《关于设立国际商事法庭若干问题的规定》。6 月 29 日，最高人民法院第一国际商事法庭、第二国际商事法庭分别在广东省深圳市、陕西省西安市揭牌办公。8 月 24 日，最高人民法院印发《关于成立国际商事专家委员会的决定》，特聘 32 名中外专家为国际商事专家委员会首批专家委员。

为进一步完善工作规程，印发《国际商事法庭程序规则（试行）》和《国际商事专家委员会工作规则（试行）》。为建立诉讼与调解、仲裁有机衔接的国际商事纠纷解决平台，推动形成便利、快捷、低成本的“一站式”国际商事纠纷多元化解决机制，最高人民法院综合考虑国际影响力、信息化建设等因素，确定中国国际经济贸易仲裁委员会、上海国际经济贸易仲裁委员会、深圳国际仲裁院、北京仲裁委员会、中国海事仲裁委员会以及中国国际贸易促进委员会调解中心、上海经贸商事调解中心作为首批纳入“一站式”国际商事纠纷多元化解决机制的仲裁和调解机构。

（八）全面推进以审判为中心的刑事诉讼制度改革

第一，关于全面推进“三项规程”试点。

2017年年初，最高人民法院制定印发《关于全面推进以审判为中心的刑事诉讼制度改革的实施意见》和《人民法院办理刑事案件庭前会议规程（试行）》《人民法院办理刑事案件排除非法证据规程（试行）》《人民法院办理刑事案件第一审普通程序法庭调查规程（试行）》（以下简称“三项规程”）。

2018年，“三项规程”试点扩展至全国范围。各地法院积极出台措施，全面落实证据裁判原则，严格排除非法证据，推进庭审实质化，发挥庭审在司法程序中的决定性作用。湖北高院联合有关部门出台《证人、鉴定人员和侦查人员出庭实施办法》，合理确定并逐步扩大应当出庭的人员范围，启用证人隐蔽作证和远程视频作证系统，完善强制出庭及拒不作证的惩戒机制，推动出庭作证率提升，2017年至2018年7月，全省法院刑事案件证人出庭作证993人，证人出庭率为1.6%，在开庭审理的975件重大刑事案件中，侦查人员出庭86人、鉴定人出庭34人、专家辅助证人出庭7人；2017年至2018年7月，全省刑事案件一审当庭宣判20 287件，当庭宣判率为38.2%。广东全省法院2017年受理申请排非案件1582件，启动排非程序1424件，排除非法证据235件，三项数据均超过前三年总和；2018年上半年受理排非申请案件2338件，启动排非程序2270件，占申请数的97%。河南全省法院2016年以来已依法启动非法证据排除程序751件，决定排除非法证据45件，对38名被告人宣告无罪。社会各界对非法证据排除、防范冤假错案已经达成高度共识。

第二，关于推广刑事案件智能辅助办案系统。

“上海刑事案件智能辅助办案系统”在公、检、法共计25家试点单位试运行，取得初步成效。比如，软件系统联接公检法三机关，形成新的办案流程，初步实现了刑事办案网上运行、互联互通、信息共享；制定证据标准、规则指引，初步解决刑事办案证据标准适用不统一、办案行为不规范的问题；系统的证据校验、审查判断等功能，能及时发现、提示证据中的瑕疵和证据之间的矛盾，防止“一步错、步步错、错到底”；系统为办案人员提供了集成、高效的智能辅助，促进了办案质量和效率的提升等。

第三，推动完善刑事辩护制度。

刑事辩护率低，辩护质量不高，是长期以来制约司法公正的难题。推进以审判为中心的诉讼制度改革，完善辩护制度至关重要，相关工作在2018年也得到稳步推进。最高人民法院在上海、浙江等地积极推进法律援助参与刑事案件律师辩护全覆盖试点工作，并不断扩大法律援助案件范围。根据中央改革要求，目前在全国法院、看守所已全部建立法律援助工作站，总数近6000个，值班律师法律职能不断扩展。目前，中央和地方层面均建立了律师工作联系会议制度，其中一项重要职能就是建立健全律师执业监管跨部门协调机制，沟通交流律师管理中的普遍性问题，及时研究处理意见。这些措施的制定和文件的出台，在保障律师辩护权、提高律师辩护率和改善律师执业环境等方面起到了较好的作用。

第四，关于推进刑事诉讼涉案财物跨部门集中管理信息平台建设。

最高人民法院印发《关于积极推进刑事诉讼涉案财物跨部门集中管理信息平台建设工作的通知》，推动涉案财物跨部门集中规范管理、顺畅移送、处及时置。推进中央政法机关交办案件办案经费保障制度改革，印发《最高人民法院关于印发〈人民法院办理中央交办案件涉案财物上缴及办案经费管理实施办法〉的通知》，明确划分了人民法院各部门工作职责，严格案件管理，严格涉案财物及时上报处置方案，明确办案经费预拨、增拨、结算等工作流程，建立健全中央交办案件涉案财物上缴及办案经费管理监督机制。

（九）强化司法公开和裁判文书说理

最高人民法院先后制定印发《关于人民法院通过互联网公开审判流程信息的规定》《最高人民法院关于进一步深化司法公开的意见》，进一步拓宽公开范围、规范公开程序机制。持续完善四大公开平台，优化平台功能，提升用户体验，提高公开质量。截至2018年年底，全国法院通过“四大公开平台”公布裁判文书5900万篇，访问量超过210亿人次；公布失信被执行人1279.75万例；地方法院在线直播庭审226万余件、最高人民法院在线直播庭审2437件，在线观看总人数136.83亿人次。

最高人民法院进一步加强裁判文书说理，印发《关于加强和规范裁判文书释法说理的指导意见》，推动在繁简分流的基础上，实现裁判文书阐明事理、释明法理、讲明情理、讲究文理，增强裁判的可接受性，提升司法公信力。

（十）完善网上立案和跨域立案机制

人民法院依托信息技术，推进多种便民立案方式，形成了以当场立案为主体，以网上立案、自助立案、跨域立案、协作立案等为支撑的立案新格局，人民群众诉讼更加方便快捷，立案效率显著提升。各地法院在积极畅通大厅立案、预约立案、上门立案等常规立案渠道的同时，大力推进网上立案，全国已有 2537 个法院开通网上立案，当事人足不出户即可完成立案手续。积极探索跨域立案服务，当事人可以就近或自愿选择任一法院作为协作法院，提交诉讼服务申请，完成立案手续，减轻了当事人异地立案的负担。

截至 2018 年年底，全国 3044 家法院开通网上立案服务，共网上立案 238 万件；1154 家法院提供跨域立案服务，办理跨域立案 12 万件；1863 家法院设立自助立案区，当事人或律师自助立案 103 万件。京津冀三地 7 个法院建立协作立案新模式，让当事人可以不受地域限制享受普惠均等、便捷高效的立案服务。

（十一）强化诉讼服务中心和多元化纠纷解决机制建设

到 2018 年年底，全国 98% 的法院建立了诉讼服务大厅，面积达 182 万平米，2995 家法院开通了诉讼服务网，1623 家法院上线诉讼服务 APP，2813 家法院设立“12368”诉讼服务热线。各级法院大力建设 24 小时自助法院、在线调解室、电子阅卷室、视频接访室等网上办公场所，配备智能访客系统、导诉机器人、诉讼辅导机、诉讼风险评估机、便民服务自助终端、智能云柜、智能导航等设备，通过各类服务平台，实现网上立案、网上缴费、在线调解、查询信息、递交材料、网上阅卷、电子送达、联系法官等，诉讼服务功能达 48 项，比 2009 年时增加 40 项。

在人民法院诉讼服务中心大力推进繁简分流，开展“分流 + 调解 + 速裁 + 快审”机制改革，设立程序分流员，开辟专门调解场地，建设开放式速裁法庭，优化诉调对接机制，配足分流调解速裁快审人员力量，运行“分调裁审”信息系统，形成基层法院多数案件在诉讼服务中心通过调解、速裁、快审一站式解决，切实发挥诉讼服务中心门诊解纷功能。全国法院普遍开展“分调裁审”机制改革，2464 家法院设立了程序分流员，共有 14 669 名分流员开展繁简分流工作，引入专职调解员 12 234 人。截至 2018 年年底，全国法院诉前多元化解案件 171 万件，立案后调解案件 120 万件，在诉讼服务中心通过速裁快审解决案件 175 万件。其中，北京法院通过“多元调解 + 速裁”共导出一审民事案件 404 071 件，多元调解成功和速裁结案 254 274 件，占同期一审民事结案量的 47%。全国有 1258 个法院接入统一在线调解平台，平台入驻特邀调解组织 2472 个、特邀调解员 18 229 名，全年在线化解纠纷 53 345 件。

最高人民法院会同证监会印发《关于全面推进证券期货纠纷多元化解机制建设的意见》、会同中国侨联印发《关于在部分地区开展涉侨纠纷多元化解试点工作的意见》，推动多元化纠纷解决机制在各行业、各领域落地生根。2017 年 9 月，最高人民法院、司法部联合印发关于开展律师调解试点工作的意见，在北京、黑龙江、上海等 11 个省（直辖市）进行试点。试点工作开展一年以来，试点法院共建立律师调解工作室 657 个，加入法院特邀调解名册的律师调解组织 1290 个、律师调解员 12 360 名；律师参与调解案件 54 898 件，调解成功 25 569 件；申请司法确认 8529 件，发出支付令 824 件，对调解协议申请强制执行 3325 件，有效发挥律师群体在纠纷化解中的优势和作用。全国 63% 的法院建立律师代理申诉制度，78% 的法院建立律师驻点工作制度。截至 2018 年年底，全国法院律师驻点接待案件 791 932 件，代理申诉案件 26 942 件，参与化解案件 27 499 件。

（十二）健全切实解决执行难长效机制

2018 年是“基本解决执行难”的决战之年，经过三年努力，全国 31 个省（区、市）党委、政府、政法委全部出台支持人民法院解决执行难、加强失信被执行人信用惩戒的文件，党委领导、政法委协调、人大监督、政府支持、法院主办、部门配合、社会参与的综合治理执行难工作格局已初步形成，并不断完善。一年来，最高人民法院持续加强执行制度建设，密集出台涉及执行和解、执行担保、先予仲裁、仲裁裁决和公证债权文书执行等重要司法解释和规范性文件，有效约束和规范执行权。

2018 年 6 月以来，组织开展“基本解决执行难”专项巡查工作，对全国法院进行三轮巡查，并委托中国社科院牵头的第三方评估机构通过数据采集、案卷评查开展评估。最高人民法院建立的“总对总”网络查控系统与公安部、民政部等 16 家单位和 3900 多家银行业金融机构联网，可以查询被执行人全国范围内的不动产、存款等 16 类 25 项信息，基本实现对被执行人主要财产形式和相关信息的有效覆盖。在全国法院全面推行网络司法拍卖，并完善相关配套制度，全面实行网拍的法院达到 3260 个，法院覆盖率为 92.5%，网络拍卖数量占整个司法拍卖的 80% 以上。针对司法救助金额不足的情况，最高人民法院在批准宁波法院积极试点的基础上，探索在全国范围内引入保险机制，拓展资金来源，2018 年发放司法救助金 6.5 亿元。

执行工作发生的深刻变化，得到了社会各界和广大人民群众的充分肯定。

（十三）深化家事审判方式和工作机制改革

2018 年 7 月 19 日，最高人民法院召开家事审判方式和工作机制改革总结大会暨家事审判方式和工作机制改革联席会议第二次全体会议，总结试点改革工作情况，部署家事审判改革向纵深发展，同时密切部门间沟通协作，推动形成改革合力。最高人民法院院长周强出席会议并做重要讲话。

最高人民法院印发《关于进一步深化家事审判方式和工作机制改革的意见（试行）》，作为今后一个时期全国法院推进家事审判改革的重要指引。全国共有 118 个中级、基层法院被确定为最高人民法院家事审判改革试点，超过 400 个中级、基层法院被确定为各高院试点，90% 以上试点法院成立了专门家事审判机构，其中独立建制的家事审判庭或少年家事审判庭超过 70%。广西、天津等地法院通过集中管辖家事案件、设立家事审判合议庭或专门家事法官等方式，加强专业化建设。

截至 2018 年年底，各高院和绝大多数试点法院制定了符合本地实际的家事审判规则，探索完善心理辅导干预、家事调查、婚姻冷静期、诉前调解、案后回访等制度。辽宁、内蒙古、安徽、宁夏、广西等高院和黑龙江大庆、四川成都等试点法院制定全面的家事案件审理规程；安徽雨山法院运用“房树人”心理测试方法调解离婚案件，重庆、青海等法院加强家事案件心理测评干预，有效防止“民转刑”案件发生；上海普陀法院创设“儿童权益代表人”机制，由妇儿工委办公室人员作为代表人，通过独立调查、取证、参与庭审，切实保护未成年人合法权益；北京西城、内蒙古海拉尔、湖北夷陵等法院积极适用婚姻冷静期制度，浙江青田法院创设专家型和民意型两类人员全程参与调解机制，贵州江口法院探索“分析讲解法”“批评教育法”“借力使力法”“情感规劝法”等多种调解方法，有效提高家事案件调解率；新疆兵团法院、山西临汾中院、辽宁平山法院积极探索家事案件回访帮扶制度，让群众充分感受到了社会主义司法的温度。截至 2018 年 6 月，全国法院共发出人身安全保护令 3563 份，有力保障了家庭成员特别是未成年人、妇女、老年人和残疾人合法权益，受到社会广泛好评。

（十四）深入推进法院人事管理制度

完善法官员额省级统筹机制，指导各省高院在省内统一调配、动态调整政法编制和员额比例，注重向基层和一线倾斜、向办案任务重的地区倾斜。例如在北京、江苏、浙江、广东等地，对辖区内一些案件量大、办案任务重的法院法官员额比例配备超过50%。坚持把员额省级统筹与编制统一管理改革相结合，全国法院已经基本完成省以下法院编制统一管理改革，初步建立了以省级机构编制部门管理为主、高级法院协同管理的机构编制统一管理体制。全国法院有序开展法官等级按期晋升工作，半数以上法院开展择优选升工作。法官养成机制和常态化选任机制逐步完善，广东、上海等地已开展从法官助理中遴选法官工作。最高人民法院协调中央相关部门，明确了员额法官的交流、退休年龄、医疗、差旅、车补政策，并以通知形式印发全国法院贯彻实施。指导各级人民法院加强审判辅助人员招录和管理，加大审判辅助人员补充力度，完善聘用制书记员招录管理机制，普遍制定审判辅助人员管理办法、分类定岗实施方案等制度文件，有序开展法官助理、书记员职务套改和等级确定工作。

人民法院司法改革在取得重大成效的同时，实践中也存在一些突出的问题和困难，一些地方司法责任制落实不够到位，综合配套政策措施不够完善，跨部门协同推进有待加强，有的改革任务有待加强顶层设计，诉讼制度和工作机制有待改革创新，改革系统集成能力有待加强，改革工作推进机制有待健全，亟待纳入深化司法体制综合配套改革中解决。

三、2019年司法改革的建议

2019年是中华人民共和国成立70周年，是决胜全面建成小康社会第一个百年奋斗目标的关键之年，也是人民法院推进第五个五年改革纲要的开局之年。对下一步深化司法体制综合配套改革，提出以下建议：

（一）加强司法体制综合配套改革顶层规划

根据中央改革精神和总体部署，结合司法体制综合配套改革相关要求，制定发布《最高人民法院关于深化人民法院司法体制综合配套改革的意见——人民法院第五个五年改革纲要（2019－2023）》及其分工方案，并对纲要任务进行台账式、可视化管理，强化整体设计、一体推进的要求，加强系统谋划，严格落实各项任务。

（二）完善司法责任制改革配套举措

严格按照《最高人民法院关于进一步全面落实司法责任制的实施意见》，持续深入全面落实司法责任制，并完善院庭长权力清单和责任清单制度，明确院庭长依法行使职权的边界。继续加大与中央相关部门的沟通协调力度，就法官逐级遴选相关配套政策、法官助理中遴选法官相关政策等，争取出台相关文件或政策口径。加强与有关部门沟通协调，研究完善法官惩戒机制，及时出台法官惩戒办法。

（三）推动诉讼机制进一步优化

健全“诉源治理”机制，坚持把非诉讼纠纷解决机制挺在前面，法院主要审理更具规则意义的案件。进一步完善案件繁简分流机制，就如何完善小额诉讼程序、电子督促程序、电子公告送达程序、扩大独任制适用范围、优化司法确认程序适用范围等重点改革项目开展研究，积极争取立法授权，推动开展改革试点。

（四）推动审判方式、诉讼机制和互联网技术深度融合

进一步加强互联网法院建设，完善互联网法院案件管辖制度，改造优化电子诉讼平台，完善与国家机关、相关机构和主要电子商务平台的数据对接方式。进一步总结上海刑事办案智能辅助系统、广东、江苏智慧法院建设、浙江“移动微法院”建设改革经验，扩大移动电子诉讼适用比例和应用范围。以智能化辅助为重点，深化拓展电子卷宗流转应用，逐步实现全国法院覆盖。

（五）进一步优化诉讼服务流程

健全线上“一网通办”、线下“一窗受理”的集成服务机制。推进跨区域立案诉讼服务改革，实现诉讼服务“就近能办、同城通办、异地可办”，解决异地诉讼难等问题。推动建立统一的在线矛盾纠纷多元化解平台，实现纠纷解决的在线咨询、在线评估、在线分流、在线调解、在线确认。推广在线司法确认模式，促进调解成果当场固定、矛盾纠纷就地化解。

撰稿专家

何帆，1978 年出生，法学博士，长期从事司法改革的规划、调研和方案制定工作。

第十一章　2018年反腐败专题报告

邓联繁

报告要旨

2018年，反腐败取得压倒性胜利，宪法修正案的一半内容聚焦实质上是反腐败机构的监察委员会，并在此基础上出台实质是反腐败国家立法的《监察法》，在我国反腐败史、法治史上具有重要意义。具体来说，在打“老虎”方面，2018年是党的十八大以来，“首虎”来得最早的一年。加之次日再“打虎”，一开年就形成打“老虎”小高潮，释放出打“老虎”不松劲、不停步、再出发的强烈信号。中央纪委国家监委全年共立案审查调查中管干部68人。在拍“苍蝇”方面，全国共查处发生在群众身边腐败和作风问题23.5万件，处理30.9万人，数字再创新高；扶贫领域正风反腐力度加大，党中央明确将2018年作为脱贫攻坚作风建设年，十九届中央第二轮巡视对26个地方、单位党组织开展脱贫攻坚专项巡视，中央纪委从2018年起开展为期3年的扶贫领域腐败和作风问题专项治理，2018年全国共查处扶贫领域腐败和作风问题13.1万件，处理17.7万人；把打击黑恶势力犯罪和反腐败、基层“拍蝇”结合起来，全年共立案查处涉黑涉恶腐败和“保护伞”问题1.4万起。在猎“狐狸”方面，追回外逃人员1335名，追赃金额35.41亿元人民币，分别比2017年增长3%和261%；国家监察委员会牵头开展职务犯罪国际追逃追赃专项行动，开创多个“第一”。在纪检监察体制改革方面，宪法修正案确认监察委员会的地位，全新的国家监察法与国家监察委员会面世，中央纪委国家监委机关深化内设机构改革，实行“前后台”分设，派驻监督体制大改革。

核心建议

1. 加强对工程招投标领域的腐败治理，既严查那些穿上了“马甲”、认认真真走过场、实际异化腐败的招投标，又加快修改《招标投标法》，提高招投标制度的廉洁性。

2. 严惩涉黑涉恶腐败，延长工作链条，抚慰曾经受到涉黑涉恶腐败伤害的群众。

3. 以“不忘初心、牢记使命”主题教育为契机，加大“不想腐”力度，加强廉文化建设，以“廉”祛“腐”，以文化人。

引言

“腐败是全球挑战，将产生长期影响，包括破坏国家的法律体系。”这是《金砖国家领导人第十次会晤约翰内斯堡宣言》第 79 段的开头句。该宣言产生于 2018 年 7 月 25 日至 27 日在南非约翰内斯堡举行的金砖国家领导人第十次会晤，习近平主席出席了这次会晤。[①] 宣言将“破坏国家的法律体系”排在腐败负面影响的第一位，再次充分表明腐败是法治的大敌，反对腐败是法治建设的重大任务。也许可以说，不反腐，无法治；行法治，必反腐；法治必先治腐，治腐务必胜利。在这一意义上，取得反腐败压倒性胜利的 2018 年，在我国反腐败史、法治史上留下了浓墨重彩的一笔。反过来说同样成立：无法治，必腐败；反腐败，必靠法；治腐必用法治，法治务必大兴。在这一意义上，2018 年宪法修正案一半内容聚焦实质上是反腐败机构的监察委员会，并在此基础上出台实质上是反腐败国家立法的《国家监察法》，构成了我国反腐败史、法治史的重要内容。

鉴于以上两方面考虑，本文对 2018 年反腐败的回顾，仍然依照从总体情况与具体进展两个层面进行梳理的常例，同时特别注重彰显 2018 年的特色，即在梳理总体情况时突出反腐败压倒性胜利，在梳理具体进展时突出国家监察体制改革。由于监察委员会与党内的纪律检查委员会合署办公，履行纪检、监察两项职责，实行一套工作机构、两个机关名称，加之纪律

---

① 参见王卓：《合作更紧密　行动更有力》，载《中国纪检监察报》2018 年 7 月 29 日，第 1 版。

检查体制在2018年也有重要改革，因此一并梳理纪检监察体制改革。梳理的内容，当然还包括对新时代反腐败话题而言怎么也绕不过的“打虎”“拍蝇”“猎狐”。纪检监察体制改革是治本的范畴，“打虎”“拍蝇”“猎狐”则是治标的范畴，四者一起构成了2018年反腐败的最主要内容。

一、2018年反腐败的总体情况：从“夺取”到“夺取了”反腐败斗争压倒性胜利

对反腐败，议论一直很多。“在党的十九大召开后，仍有人妄加揣测，‘党中央的工作重心转移到发展经济，反腐将踩刹车’；国家监委成立后，有人断章取义称，纪委监委工作以监督为重点，意味着反腐力度趋弱；还有人对‘四种形态’的深化运用出现严重误判，认为强调用好第一种形态就是‘重防不重惩’的委婉表达。”[①] 行动是最有力的回应。2018年的反腐败实践，证实了以上议论之偏颇。

（一）新背景：“反腐败斗争”单独进入新时代党的建设总体布局后谱写新篇章的元年

党的十九大把“反腐败斗争”而不是“反腐倡廉建设”纳入新时代党的建设总体布局，反腐败的地位更加凸显，体现了党中央对新时代反腐败的特别重视。[②] 2018年是全面贯彻党的十九大精神的开局之年，是改革开放40周年，是决胜全面建成小康社会、实施“十三五”规划承上启下的关键一年，也是“反腐败斗争”单独进入新时代党的建设总体布局后谱写新篇章的元年。“良好的开端是成功的一半。”如是观之，2018年的反腐败承前启后，背景特殊，意义特别。

（二）新目标：深化标本兼治，夺取反腐败斗争压倒性胜利

党的十九大报告一方面明确指出“反腐败斗争压倒性态势已经形成并巩固发展”，这侧重已有的喜人成效；另一方面又明确提出“夺取反腐败斗争压倒性胜利”，强调“反腐败斗争形势依然严峻复杂，巩固压倒性态势、夺取压倒性胜利的决心必须坚如磐石”，这侧重下一步的目标、决心。在2018年1月11日召开的十九届中央纪委二次全会上，“习近平强调，要深

---

① 董非晨：《连打“十虎”，反腐既见力度又见深度》，载《中国纪检监察》2018年第10期。

② 邓联繁：《正确理解新时代反腐败的新定位》，载《民主与法制时报》2018年12月13日，第6版。

化标本兼治，夺取反腐败斗争压倒性胜利。"① 这为 2018 年反腐败明确了前进方向、目标任务。② 在这里，习近平总书记强调的是目标意义上的"夺取反腐败斗争压倒性胜利"，而不是"为夺取反腐败斗争压倒性胜利起好步、开好头"或者"在夺取反腐败斗争压倒性胜利上迈出坚实步伐"等过程意义上的要求，彰显了他在反腐败上的坚定决心与信心。

（三）新数字：全国纪检监察机关接受信访举报数、处置问题线索数、立案数、处分人数创新高创新高

党的十九大后，党中央与中央纪委反复强调，全面从严治党不松劲、不停步、再出发，一刻不停歇推进党风廉政建设和反腐败斗争。如习近平总书记 2018 年 8 月 17 日强调："反腐败斗争必须坚定不移抓下去，不会变风转向。"③ 2018 年的反腐败，一往无前，多项数据打破历史记录，展现了新气象新作为。

表 11－1　2016～2018 年全国纪检监察机关有关工作情况④

（单位：万）

年度	2016	2017	2018
接受信访举报数	253.8	273.3	344
处置问题线索数	73.4	125.1	166.7
处分人数	41.5	52.7	62.1
党纪处分人数	34.7	44.3	52.6

表 11－1 显示数据全面剧增，这与监察体制改革扩大了监察范围、增加

① 《习近平在十九届中央纪委二次全会上发表重要讲话强调　全面贯彻落实党的十九大精神以永远在路上的执着把从严治党引向深入》，载《人民日报》2018 年 1 月 12 日，第 1 版。

② 中共中央政治局常委、中央纪委书记赵乐际在十九届中央纪委二次全会上的工作报告对此进行了具体安排，要求"持续保持高压态势""坚决整治群众身边腐败问题""国际追逃追赃不停步""深化构建不敢腐、不能腐、不想腐的体制机制"等等。参见赵乐际：《以习近平新时代中国特色社会主义思想为指导　坚定不移落实党的十九大全面从严治党战略部署——在中国共产党第十九届中央纪律检查委员会第二次全体会议上的工作报告（2018 年 1 月 11 日）》，载《人民日报》2018 年 2 月 13 日，第 2 版。

③ 《习近平在中央军委党的建设会议上强调　全面加强新时代我军党的领导和党的建设工作为开创强军事业新局面提供坚强政治保证》，载《人民日报》2018 年 8 月 20 日，第 1 版。

④ 数据来自张琰：《中央纪委国家监委通报去年全国"反腐战绩"，有何新亮点?》，载中央纪委国家监委网站，http://www.ccdi.gov.cn/yaowen/201901/t20190110_186821.html，最后访问日期：2019 年 3 月 5 日。

了监察对象有关，也是纪检监察机关发挥职能作用、深入推进反腐败斗争的一个缩影。把时间再往前回溯，发现党的十八大以来全国纪检监察机关历年处分人数，从过10万，到过20万、过30万、过40万、过50万、过60万，每年都上了大台阶，是反腐败不断深入的真实写照，见表11－2。

表11－2　党的十八大以来全国纪检监察机关历年处分人数①

（单位：万）

年度	2013	2014	2015	2016	2017	2018
处分人数	18.2	23.2	33.6	41.5	52.7	62.1

（四）新战果：夺取了反腐败斗争压倒性胜利

反腐败的动态与进展，一直受到党内外瞩目。2018年7月3日，习近平总书记在全国组织工作会议上发表重要讲话时，对党的十八大以来党的建设和组织工作进行了回顾，其中讲到："我们坚持'老虎''苍蝇'一起打，坚持无禁区、全覆盖、零容忍，坚持重遏制、强高压、长震慑，强化不敢腐的震慑，扎牢不能腐的笼子，增强不想腐的自觉，通过不懈努力，夺取了反腐败斗争压倒性胜利。"② 这里明确提到"夺取了"反腐败斗争压倒性胜利。2018年11月13日，中共中央宣传部、中央改革办等联合举办的"伟大的变革——庆祝改革开放40周年大型展览"开幕，其中也提到"夺取了反腐败斗争压倒性胜利"。③ 与此有同样含义的类似表述是"反腐败

---

① 数据来自王岐山：《聚焦中心任务　创新体制机制　深入推进党风廉政建设和反腐败斗争——在中国共产党第十八届中央纪律检查委员会第三次全体会议上的工作报告（2014年1月13日）》，载《人民日报》2014年1月28日，第2版；王岐山：《依法治国　依规治党　坚定不移推进党风廉政建设和反腐败斗争——在中国共产党第十八届中央纪律检查委员会第五次全体会议上的工作报告（2015年1月12日）》，载《人民日报》2015年1月30日，第3版；王岐山：《全面从严治党　把纪律挺在前面　忠诚履行党章赋予的神圣职责——在中国共产党第十八届中央纪律检查委员会第六次全体会议上的工作报告（2016年1月12日）》，载《人民日报》2016年1月25日，第3版；王岐山：《推动全面从严治党向纵深发展　以优异成绩迎接党的十九大召开——在中国共产党第十八届中央纪律检查委员会第七次全体会议上的工作报告（2017年1月6日）》，载《人民日报》2017年1月20日，第4版；《中央纪委通报2017年全国纪检监察机关纪律审查情况》，载《中国纪检监察报》2018年1月11日，第1版；《中央纪委国家监委通报2018年全国纪检监察机关监督检查、审查调查情况》，载《中国纪检监察报》2019年1月9日，第1版。

② 习近平：《在全国组织工作会议上的讲话》，载《当代党员》2018年第19期。

③ 《坚定不移惩治腐败——从庆祝改革开放40周年大型展览看反腐败斗争》，载《中国纪检监察报》2018年11月21日，第4版。

斗争取得压倒性胜利”。它出自2018年12月13日召开的中共中央政治局会议。该次会议听取中央纪律检查委员会工作汇报，研究部署2019年党风廉政建设和反腐败工作，会议指出，党的十九大以来，以习近平同志为核心的党中央一以贯之、坚定不移推进全面从严治党，党内政治生态展现新气象，反腐败斗争取得压倒性胜利，全面从严治党取得重大成果。[①]

从“腐败和反腐败处于胶着状态”，到“反腐败斗争压倒性态势正在形成”，到“反腐败斗争压倒性态势已经形成”，到“反腐败斗争压倒性态势已经形成并巩固发展”，到提出“巩固压倒性态势、夺取压倒性胜利”，再到“夺取了反腐败斗争压倒性胜利”，党的十八大以来的反腐败走过了极其不平凡的历程。人民群众最痛恨腐败现象。“民心是最大的政治，正义是最强的力量。”[②] 反腐败是“正义之战”。[③] 俗话说得好：“邪不压正。”反腐败取得压倒性胜利，就是“邪不压正”的现实反映，合乎天道天理，振奋党心民心，是重大的战略成果、政治成果，意义重大，影响深远，有利于深入推进“四个全面”战略布局，更好地凝聚全国各族人民为实现伟大梦想共同奋斗。

二、2018年“打老虎”

打“老虎”是反腐败最重要的观察指标。2018年，中央纪委国家监委立案审查调查中管干部68人[④]，打“老虎”力度没减。

（一）受执纪审查的“老虎”

2018年，中央纪委国家监委网站“执纪审查”栏目公布的“中管干部”有23名（见表11-3）。特别是1月、9月各打4只“老虎”，分别在上半年、下半年释放出打“老虎”力度不减的强烈信号。

---

① 《中共中央政治局召开会议　分析研究2019年经济工作　研究部署党风廉政建设和反腐败工作》，载《人民日报》2018年12月14日，第1版。

② 习近平：《在第十八届中央纪律检查委员会第六次全体会议上的讲话》，载《人民日报》2016年5月3日，第2版。

③ 《习近平在十八届中央纪委七次全会上发表重要讲话强调　全面贯彻落实党的十八届六中全会精神　增强全面从严治党系统性创造性实效性》，载《人民日报》2017年1月7日，第1版。

④ 赵乐际：《忠实履行党章和宪法赋予的职责　努力实现新时代纪检监察工作高质量发展——在中国共产党第十九届中央纪律检查委员会第三次全体会议上的工作报告（2019年1月11日）》，载《人民日报》2019年2月21日，第4版。

表 11－3　2018 年受执纪审查的部分“中管干部”①

序号	姓名	公布时身份	公布时间
1	冯新柱	陕西省副省长	2018.1.3
2	季湘绮	山东省副省长	2018.1.4
3	李贻煌	江西省政府党组成员、副省长	2018.1.17
4	王晓林	国家能源局党组成员、副局长	2018.1.23
5	王晓光	贵州省委原常委、副省长	2018.4.1
6	赖小民	中国华融资产管理股份有限公司党委书记、董事长	2018.4.17
7	白向群	内蒙古自治区政府副主席	2018.4.25
8	蒲波	贵州省副省长	2018.5.4
9	张少春	财政部原党组成员、副部长	2018.5.7
10	孙波	中国船舶重工集团有限公司党组副书记、总经理	2018.6.16
11	曾志权	广东省委常委、统战部部长	2018.7.11
12	艾文礼	河北省政协原副主席	2018.7.31
13	吴浈	原国家食品药品监督管理总局党组成员、副局长	2018.8.16
14	王铁	河南省人大常委会党组副书记、副主任	2018.8.17
15	王尔智	吉林省政协原副主席	2018.8.25
16	邱大明	吉林省纪委副书记、省监委副主任	2018.9.11
17	李士祥	北京市政协原副主席	2018.9.15
18	靳绥东	河南省政协原副主席	2018.9.18
19	努尔·白克力	国家发展和改革委员会党组成员、副主任、国家能源局党组书记、局长	2018.9.21
20	孟宏伟	公安部副部长	2018.10.7
21	邢云	内蒙古自治区人大常委会原副主任	2018.10.25
22	钱引安	陕西省委常委、秘书长	2018.11.1
23	缪瑞林	江苏省副省长	2018.11.15

① 资料来源：笔者根据中央纪委国家监委网站“执纪审查”栏目公布的资料整理，载 http：//www.ccdi.gov.cn/scdc/，最后访问日期：2019 年 3 月 1 日。

以上 23 只“老虎”，以副省部级为主，正省部级极少，没有副国级以上，在级别上没有特别吸人眼球之处，但 2018 年打“老虎”仍然可圈可点。如，“果断查处赖小民等手握金融资源权力，大搞幕后交易、大肆侵吞国有金融资产的‘内鬼’；拔除冯新柱等违规操纵产业扶贫基金、中饱私囊的‘烂树’；挖出李贻煌等利用国有企业资源谋取私利、滥用职权造成国有资产重大损失的‘蛀虫’。”[①] 从比较的角度看，2018 年打“老虎”的以下几点创新记录。

其一，如表 11－4 所示，党的十八大以来，2018 年“首虎”来得最早。加之次日再“打虎”，拉开了 2018 年打“虎”大序幕，一开年就形成“打虎”小高潮，释放出 2018 年“打虎”不松劲、不停步、再出发的强烈信号，也预示着 2018 年反腐的精彩。具体而言，2018 年“首虎”是陕西省原副省长冯新柱，其落马消息在 2018 年 1 月 3 日发布。由于时间刚过元旦，特别引人注目。冯新柱也是第一个被国家监委开除公职的副部级官员、第一个被通报扶贫不力的“老虎”。

表 11－4　党的十八大以来历年首名收到审查调查的“中管干部”[②]

年份	姓名	公布时身份	公布时间
2019	陈刚	中国科协党组成员、书记处书记	2019. 1. 6
2018	冯新柱	陕西省副省长	2018. 1. 3
2017	虞海燕	甘肃省委常委、副省长	2017. 1. 11
2016	陈雪枫	河南省委常委洛阳市委书记	2016. 1. 16
2015	杨卫泽	江苏省委常委、南京市委书记	2015. 1. 4
2014	冀文林	海南省副省长	2014. 2. 18
2013	倪发科	安徽原副省长	2013. 6. 4

其二，从 4 月 1 日到 5 月 4 日，一个多月内，贵州两名副省长即王晓光与蒲波先后落马，其他省市自治区以往没有出现过这种现象。这与 2 月 22

① 赵乐际：《忠实履行党章和宪法赋予的职责　努力实现新时代纪检监察工作高质量发展——在中国共产党第十九届中央纪律检查委员会第三次全体会议上的工作报告（2019 年 1 月 11 日）》，载《人民日报》2019 年 2 月 21 日，第 4 版。

② 资料来源：笔者根据中央纪委国家监委网站“审查调查”栏目公布的资料整理，载 http：//www. ccdi. gov. cn/scdc/，最后访问日期：2019 年 3 月 1 日。

日中央第四巡视组进驻贵州省有关。以上两只“老虎”是在中央巡视组巡视期间被“揪出”，这再次彰显了巡视利剑作用。中央巡视期间“打虎”不停，震慑强烈。此外，曾志权、缪瑞林等中管干部，也是根据巡视移交的问题线索而被查处。①

其三，河北省政协原副主席艾文礼是十九大以来第一个投案自首的省部级干部，并引发“自首潮”。中央纪委国家监委网站2018年7月31日9时发布消息：“河北省政协原副主席艾文礼涉嫌严重违纪违法，已投案自首，目前正接受中央纪委国家监委纪律审查和监察调查。”半个月后的8月17日，中央纪委国家监委网站又发布时任河南省人大常委会党组副书记、副主任王铁投案自首、正接受中央纪委国家监委纪律审查和监察调查的消息。这些消息，给人以反腐败的震慑效应空前、腐败分子已溃不成军、反腐败胜利大局已定的强烈感觉。

其四，公安部原副部长孟宏伟是第一个通报中只写了“接受国家监委监察调查”的“老虎”。他落马时还任国际刑警组织主席，依法查处他是以零容忍态度惩治腐败、不搞选择性反腐的重要体现，再次深刻说明腐败分子所谓的“敏感”身份、职位不是免罪符。

（二）受党纪政务处分的“老虎”

2018年，处分省部级及以上干部51人②，中央纪委国家监委发布了其中21人受处分消息，如表11－5所示。

表11－5　2018年受到处分的部分中管干部③

序号	姓名	身份	发布月日	处分
1	刘强	辽宁省政府原党组成员、副省长	2018.2.5	开除党籍和公职
2	张杰辉	河北省人大常委会原党组成员、副主任	2018.2.9	开除党籍和公职
3	刘君	广西壮族自治区政协原党组成员、副主席	2018.2.12	开除党籍、行政撤职；降为副处级非领导职务

① 姜洁：《持续保持惩治腐败高压态势》，载《人民日报》2019年1月7日，第4版。

② 《中央纪委国家监委网站发布数据》，载《人民日报》2019年1月10日，第4版。

③ 资料来源：笔者根据中央纪委国家监委官网“党纪政务处分”栏目发布的信息整理，载中央纪委监察部官网，http://www.ccdi.gov.cn/scdc/，最后访问日期：2019年3月1日。

续表

序号	姓名	身份	发布月日	处分
4	李湘绮	山东省政府原党组成员、副省长	2018. 2. 13	开除党籍和公职
5	鲁炜	中央宣传部原副部长、中央网信办原主任	2018. 2. 13	开除党籍和公职
6	杨晶	十八届中央书记处书记、国务委员兼国务院秘书长	2018. 2. 24	留党察看一年、行政撤职处分，降为正部长级
7	冯新柱	陕西省政府原党组成员、副省长	2018. 3. 31	开除党籍和公职
8	李贻煌	江西省政府原党组成员、副省长	2018. 4. 26	开除党籍和公职
9	王晓林	国家能源局党组成员、副局长	2018. 4. 26	开除党籍和公职
10	陈质枫	天津市原副市长	2018. 8. 7	留党察看二年，按副厅级确定其退休待遇
11	王晓光	贵州省委原常委、省政府原副省长	2018. 9. 20	开除党籍和公职
12	张少春	财政部原党组副书记、副部长	2018. 9. 20	开除党籍和公职
13	赖小民	中国华融资产管理股份有限公司原党委书记、董事长	2018. 10. 15	开除党籍和公职
14	艾文礼	河北省政协原党组副书记、副主席	2018. 10. 19	开除党籍
15	白向群	内蒙古自治区政府原党组成员、副主席	2018. 10. 19	开除党籍和公职
16	蒲波	贵州省政府原党组成员、副省长	2018. 11. 2	开除党籍和公职
17	王铁	河南省人大常委会原党组副书记、副主任	2018. 11. 19	开除党籍、政务撤职处分，降为副处级非领导职务，办理退休手续

续表

序号	姓名	身份	发布月日	处分
18	孙波	中国船舶重工集团有限公司原党组副书记、总经理	2018. 12. 17	开除党籍和公职
19	杨锡怀	辽宁省纪委原副书记、省监委副主任	2018. 12. 18	撤销党内职务，政务撤职，降为副厅级非领导职务
20	李建华	甘肃省人大常委会原党组副书记、副主任	2018. 12. 18	降为副处级非领导职务，办理退休手续
21	邱大明	吉林省纪委原副书记、省监委原副主任	2018. 12. 20	开除党籍和公职

以上21只“老虎”，第四“虎”季缃绮与后15只在2018年落马，当年即受到党纪政务处分。例如，山东省政府原党组成员、副省长季缃绮是2018年落马的第二“虎”，1月4日被通报落马，2月13日被公布党纪政务处分，仅40来天。这是监察体制改革后，纪委监委协同作战、效率提升的体现。

以上21只“老虎”的处分，也反映了“四种形态”的深化运用。2018年2月12日，中央纪委网站发布广西区政协原副主席刘君被开除党籍、降为副处级非领导职务的消息，这是十九大后首个“断崖式降级”。被降为副处级非领导职务的，还有河南省人大常委会原党组副书记、副主任王铁与甘肃省人大常委会原党组副书记、副主任李建华。此外，遭降级的还有十八届中央书记处书记杨晶、天津市原副市长陈质枫、辽宁省纪委原副书记杨锡怀。

惩前毖后、治病救人是中国共产党一贯的方针。2018年，在宣布一些落马中管干部处分决定时，让他们出现在镜头前现身说法，就是对此方针的运用。如白向群、蒲波、赖小民分别在视频中说：“我要用我的教训警示教育党员干部，当官发财两条道，当官就不要发财，发财就不要当官。”“我要用我的教训警示大家，走好人生每一步。”“希望广大党员领导干部以我为戒，遵纪守法，远离腐败”。① 中央纪委此前都是通过文字向社会通报

① 《2018“打虎”简报》，载中央纪委国家监委网站，http：//www. ccdi. gov. cn/toutiao/201901/t20190102_ 186151. html，最后访问日期：2019年3月7日。

官员落马与处分的消息，公开官员被处分现场视频尚属首次①，被认为是一种创新，提高了纪律处分的威力，更能形成警示和教育意义。②

（三）受法院审理、宣判的“老虎”

2018 年，检察机关依法对孙敏才、王三运等 32 名原省部级以上人员提起公诉，③ 法院审结腐败犯罪案件 2.8 万件 3.3 万人，其中被告人原为省部级以上干部为 18 人。④ 表 11－6 显示了 22 只老虎被开庭审理⑤、14 只老虎被宣判情况。其中，两只老虎既被审理，又被宣判，即第十八届中央政治局原委员、重庆市委原书记孙政才与湖南省委原常委、宣传部原部长张文雄。其中，孙政才从被审理（2018 年 4 月 12 日）到被宣判（2018 年 5 月 8 日），一个月内完成。

表 11－6　2018 年受审判的部分中管干部⑥

序号	姓名	身份	审理日期	宣判日期	宣判罪名
1	李云峰	江苏省原常务副省长、省委原常委	2018. 2. 8	2018. 3. 22	受贿罪
2	李文科	辽宁省人大常委会原副主任	2018. 3. 29	2018. 9. 13	受贿罪、行贿罪
3	张文雄	湖南省委原常委、宣传部原部长	2018. 4. 10	2018. 8. 16	受贿罪、巨额财产来源不明罪
4	孙政才	第十八届中央政治局原委员、重庆市委原书记	2018. 4. 12	2018. 5. 8	受贿罪

① 《中纪委两天通报“三虎”违纪信息　首次公开官员被处分视频》，载人民网－中国共产党新闻网，http：//fanfu. people. com. cn/n1/2018/0921/c64371－30306702. html，最后访问日期：2019 年 3 月 5 日。

② 李源：《六大特点、七个“第一”，2018 中纪委“打虎图鉴”来了》，载人民网－中国共产党新闻网，http：//fanfu. people. com. cn/n1/2018/1205/c64371－30443123－3. html，最后访问日期：2019 年 3 月 7 日。

③ 《最高人民检察院工作报告（摘要）》，载《人民日报》2019 年 3 月 13 日，第 2 版。

④ 《最高人民法院工作报告（摘要）》，载《人民日报》2019 年 3 月 13 日，第 2 版。

⑤ 最高人民法院此“重大案件”栏目发布的消息不全，如漏了陈树隆开庭审理案。2018 年 7 月 27 日，福建省厦门市中级人民法院一审公开开庭审理了中共安徽省委原常委、省人民政府原副省长陈树隆受贿、滥用职权、内幕交易、泄露内幕信息一案。

⑥ 资料来源：笔者根据最高人民法院官网“重大案件”栏目发布的信息整理，载最高人民法院官网，http：//www. court. gov. cn/fabu－gengduo－15. html，最后访问日期：2019 年 3 月 1 日。

续表

序号	姓名	身份	审理日期	宣判日期	宣判罪名
5	卢恩光	司法部原党组成员、政治部原主任	2018. 4. 18	2018. 10. 30	行贿罪、单位行贿罪
6	孙怀山	全国政协原常委、港澳台侨委员会原主任	2018. 5. 9	2018. 9. 17	受贿罪
7	虞海燕	甘肃省委原常委、省政府原副省长	2018. 5. 24	2018. 7. 18	受贿罪
8	杨崇勇	河北省人大常委会原副主任	2018. 6. 12	2018. 9. 27	受贿罪
9	项俊波	中国保险监督管理委员会原主席	2018. 6. 14	*	*
10	刘善桥	湖北省政协原副主席	2018. 6. 21	2018. 9. 4	受贿罪
11	魏民洲	陕西省人大常委会原党组副书记、副主任	2018. 6. 22	2018. 11. 20	受贿罪
12	陈旭	上海市人民检察院原党组书记、检察长	2018. 7. 5	2018. 10. 25	受贿罪
13	张越	河北省委原常委、政法委原书记	2018. 4. 20	2018. 7. 12	受贿罪
14	苏树林	福建省委原副书记、福建省人民政府原省长	*	2018. 7. 26	受贿罪、滥用职权罪
15	张化为	中央巡视组原副部级巡视专员	2018. 8. 7	*	*
16	莫建成	中纪委驻财政部纪检组原组长	2018. 9. 12	*	*

续表

序号	姓名	身份	审理日期	宣判日期	宣判罪名
18	姚刚	中国证券监督管理委员会原党委委员、副主席	2018. 7. 11	2018. 9. 28	受贿罪、内幕交易罪
19	王三运	全国人大教育科学文化卫生委员会原副主任委员	2018. 10. 11	*	*
20	张杰辉	河北人大常委会原副主任	2018. 10. 18	*	*
21	鲁炜	中共中央宣传部原副部长	2018. 10. 19	*	*
22	刘强	辽宁原副省长	2018. 11. 22	*	*
23	李贻煌	江西省人民政府原副省长	2018. 11. 23	*	*
24	张少春	财政部原副部长	2018. 12. 14	*	*
25	王晓光	贵州省原副省长	2018. 12. 20	*	*
26	艾文礼	河北省政协原副主席	2018. 12. 27	*	*
27	马建	国家安全部原副部长	*	2018. 12. 27	受贿罪、强迫交罪、内部交易罪

从 14 只被宣判的老虎来看，全部有“受贿罪”，无一例外，“受贿罪”可谓“标配”，且大多数老虎只涉及此罪。存在其他罪名的，“受贿罪”也排在前面。从受贿金额看，都触目惊心，有的甚至上亿元。如河北省人大常委会原副主任杨崇勇受贿 2. 06 亿余元，重庆市委原书记孙政才受贿 1. 7 亿余元，陕西人大常委会原副主任魏民洲受贿 1. 09783324 亿余元，三人都被判无期徒刑。

三、2018 年拍“苍蝇”

2013 年 1 月 22 日，习近平总书记在十八届中央纪委二次全会上强调“老虎”“苍蝇”一起打。2018 年 1 月 11 日，他在十九届中央纪委二次全会上进一步强调，“老虎”要露头就打，“苍蝇”乱飞也要拍；要推动全面从严治党向基层延伸，严厉整治发生在群众身边的腐败问题；要把扫黑除恶同反腐败结合起来，既抓涉黑组织，也抓后面的“保护伞”。这为 2018 年拍“苍蝇”指明了方向。从实践来看，2018 年全国共查处发生在群众身边腐败和作风问题 23.5 万件，处理 30.9 万人[①]，拍“苍蝇”力度更大，更加深入。

（一）拍“苍蝇”再加码

表 11－7　2016～2018 年全国纪检监察机关处分人数[②]

年度＼处分对象	厅局级	县处级	乡科级	乡科级以下
2016	2781	1.8 万	6.1 万	33.3 万[③]，其中处分村党支部书记、村委会主任 7.4 万人，增长 12%
2017	3300	2.1 万	7.8 万	一般干部 9.7 万人，农村、企业等其他人员 32.7 万人
2018	3500	2.6 万	9.1 万	一般干部 11.1 万人，农村、企业等其他人员 39 万人

表 11－7 显示，2018 年县处级、乡科级及以下干部与人员的处分数目，全部高于 2017 年。2016 年，全国共处分乡科级及以下干部 39.4 万人，增长 24%；2017 年增加到 50.2 万人，增长 27%；2018 年增加到 59.2 万人，再增长 18%，表明拍“苍蝇”力度在持续加大。

（二）扶贫领域正风反腐出新招

扶贫是民生工程、民心工程，是德政、善政。扶贫领域腐败和不正之

① 赵乐际：《忠实履行党章和宪法赋予的职责　努力实现新时代纪检监察工作高质量发展——在中国共产党第十九届中央纪律检查委员会第三次全体会议上的工作报告（2019 年 1 月 11 日）》，载《人民日报》2019 年 2 月 21 日，第 4 版。

② 数据来自王岐山：《推动全面从严治党向纵深发展　以优异成绩迎接党的十九大召开——在中国共产党第十八届中央纪律检查委员会第七次全体会议上的工作报告》，载《人民日报》2017 年 1 月 20 日，第 4 版；《中央纪委通报 2017 年全国纪检监察机关纪律审查情况》，载《中国纪检监察报》2018 年 1 月 11 日，第 1 版；《中央纪委国家监委网站发布数据》，载《人民日报》2019 年 1 月 10 日，第 4 版。

③ 2016 年，纪检监察机关共处分乡科级干部 6.1 万人，共处分乡科级及以下干部 39.4 万人。依据这两个数字得出。参见王岐山：《推动全面从严治党向纵深发展　以优异成绩迎接党的十九大召开——在中国共产党第十八届中央纪律检查委员会第七次全体会议上的工作报告》，载《人民日报》2017 年 1 月 20 日，第 4 版。

风，伤害困难群众感情，伤害党和政府形象。2018 年，对扶贫领域腐败和不正之风的整治得到了进一步加强，主要标志有：一是党中央明确将 2018 年作为脱贫攻坚作风建设年。对此，习近平总书记多次强调。例如，3 月 5 日，习近平总书记在参加他所在的十三届全国人大一次会议内蒙古代表团审议时强调："今年是脱贫攻坚作风建设年。要认真开展扶贫领域腐败和作风问题专项治理，加强扶贫资金管理，对挪用、贪污扶贫款项的行为严惩不贷。"① 二是十九届中央第二轮巡视对 26 个地方、单位党组织开展脱贫攻坚专项巡视。② "2018 年 10 月 17 日，我国第五个国家扶贫日。这一天，十九届中央第二轮巡视的 15 个中央巡视组开始进驻 13 个省区市，以及在脱贫攻坚中承担重要职责的 11 个中央国家机关和 2 家金融企业，开启脱贫攻坚专项巡视。这是党的历史上首次就一个主题开展巡视监督，在扶贫日之际进驻，这样的安排绝非巧合。"③ 三是中央纪委从 2018 年起开展为期 3 年的扶贫领域腐败和作风问题专项治理。全国共查处扶贫领域腐败和作风问题 13.1 万件，处理 17.7 万人。④

（三）把打击黑恶势力犯罪和反腐败、基层"拍蝇"结合起来，严惩黑恶势力"保护伞"

中共中央、国务院发出的《关于开展扫黑除恶专项斗争的通知》指出，把扫黑除恶与反腐败斗争和基层"拍蝇"结合起来，深挖黑恶势力"保护伞"。纪检监察机关要将治理党员干部涉黑涉恶问题作为整治群众身边腐败问题的一个重点，纳入执纪监督和巡视巡察工作内容。纪检监察机关和政法各机关建立问题线索快速移送反馈机制，对每起涉黑涉恶违法犯罪案件及时深挖其背后的腐败问题，防止就案办案、就事论事。⑤ 黑恶势力是社会

---

① 《习近平在参加内蒙古代表团审议时强调　扎实推动经济高质量发展　扎实推进脱贫攻坚》，载《人民日报》2018 年 3 月 6 日，第 1 版。

② 这些地方和单位包括内蒙古、吉林、安徽、江西、湖北、广西、重庆、云南、西藏、陕西、甘肃、青海、新疆、国家发展和改革委员会、教育部、民政部、财政部、人力资源和社会保障部、住房和城乡建设部、交通运输部、水利部、农业农村部、国家卫生健康委员会、国务院扶贫开发领导小组办公室、中国农业发展银行、中国农业银行。

③ 朱基钗：《全面从严治党启新局》，载《人民日报》2019 年 1 月 11 日，第 1 版。

④ 赵乐际：《忠实履行党章和宪法赋予的职责　努力实现新时代纪检监察工作高质量发展——在中国共产党第十九届中央纪律检查委员会第三次全体会议上的工作报告（2019 年 1 月 11 日）》，载《人民日报》2019 年 2 月 21 日，第 4 版。

⑤ 《中共中央国务院发出〈关于开展扫黑除恶专项斗争的通知〉》，载《人民日报》2018 年 1 月 25 日，第 1 版。

毒瘤。现实中，一些党员干部与公职人员腐败堕落，充当黑恶势力“保护伞”，导致黑恶势力胆大妄为、欺压群众，让群众觉得特别无助无奈、痛心寒心。中央明确要求把打击黑恶势力犯罪和反腐败、基层“拍蝇”结合起来，抓住了群众痛点。各级纪检监察机关按照中央要求，找准扫黑除恶与反腐“拍蝇”结合点，全年共立案查处涉黑涉恶腐败和“保护伞”问题1.4万起，给予党纪政务处分1万余人，移送司法机关1899人[①]，有利于净化党风政风社风民风，增强人民群众的获得感、幸福感、安全感。

四、2018年“猎狐狸”

党的十九大报告中指出：“不管腐败分子逃到哪里，都要缉拿归案、绳之以法。”这宣示了有逃必追、一追到底的坚定决心。十九届中央纪委二次全会提出，加强反腐败综合执法国际协作，强化对腐败犯罪分子的震慑。在第15个国际反腐败日——2018年12月9日，《中国纪检监察报》刊发《反腐败国际追逃追赃的N个“第一”》，梳理了2014年追逃追赃全面启动以来创下的9个“第一”[②]，其中2018年占3个，令人瞩目。

（一）新数目：追逃增加，追赃翻倍

2015年开启的“天网”行动，把惩治腐败的天罗地网撒向全球，是切断腐败分子后路、遏制腐败的战略举措。据中央追逃办通报，“天网2018”行动全国共追回外逃人员1335名（引渡17人，遣返66人，异地追诉1人，缉捕275人，劝返500人，边境触网202人，境内抓获198人，主动自首等76人），其中党员和国家工作人员307人，包括“百名红通人员”5名，追赃金额35.41亿元人民币。[③] 追回外逃人员总数和追赃金额分别比2017年增长3%和261%。[④] 其中包括：“百名红通人员”许超凡被遣返，他是外逃17年之久的广东中行开平案主犯；“百名红通人员”赖明敏从澳大利亚主动回国投案，他外逃17年；“百名红通人员”蒋雷回国投案，他外逃新西兰11年多；“百名红通人员”张勇光主动回国投案并退赃，他外逃美国8年；等等。

---

① 张弛：《查处涉黑涉恶腐败和“保护伞”问题1.4万起》，载《中国纪检监察报》2018年1月18日，第1版。

② 晶月：《反腐败国际追逃追赃的N个“第一”》，载《中国纪检监察报》2018年12月9日，第1版。

③ 《中央纪委国家监委网站发布数据》，载《人民日报》2019年1月10日，第4版。

④ 李鹏：《宜将剩勇追穷寇　“天网”行动再出发》，载《中国纪检监察报》2019年1月29日，第2版。

（二）新牵头单位：监察委员会

追逃追赃开辟了反腐败海外战场、第二战场，法律性与政治性都很强，很多重点案件时间长，案情复杂，不仅涉及反腐败，而且涉及外交、警务、司法、金融等多个领域，任何一个单位都难以独立胜任追逃追赃。党的十八大以来，中央加强对追逃追赃工作的统一领导，成效明显，国家监察体制改革进一步完善了追逃追赃工作体制机制，主要是："党对反腐败国际追逃追赃的领导进一步强化，中央追逃办统筹协调各部门积极履行反腐败国际合作相关职责的机制更加顺畅，形成更大合力。""纪检监察机关从追逃追赃案件协调机关转变为主办机关，从幕后走到台前，既是追逃追赃案件的指挥员，也是冲锋一线的战斗员。"①

《监察法》专设"第六章反腐败国际合作"，明确规定："国家监察委员会统筹协调与其他国家、地区、国际组织开展的反腐败国际交流、合作，组织反腐败国际条约实施工作。""国家监察委员会组织协调有关方面加强与有关国家、地区、国际组织在反腐败执法、引渡、司法协助、被判刑人的移管、资产追回和信息交流等领域的合作。""国家监察委员会加强对反腐败国际追逃追赃和防逃工作的组织协调，督促有关单位做好相关工作。"这些规定赋予国家监察委员会新的职责，国家监察委员会由此走向追逃追赃、反腐败国际合作前线，"承担追逃追赃主办责任"②。在"天网2018"行动部署中，明确"由国家监委牵头开展职务犯罪国际追逃追赃专项行动"。③

（三）新举措：从发布《关于部分外逃人员有关线索的公告》到发布《关于敦促职务犯罪案件境外在逃人员投案自首的公告》

从2015年集中公布"百名红通"人员名单，到2017年4月，中央追逃办首次公布22名外逃人员有关线索，再到2018年6月中央追逃办再次公布50名外逃人员有关线索，再到2018年8月23日国家监委与最高人民法院、最高人民检察院、公安部、外交部联合发布《关于敦促职务犯罪案件境外在逃人员投案自首的公告》（以下简称《公告》），追逃追赃的"天罗地网"越织越密，形成巨大的震慑力和感召力。其中，国家监委等五单位联合发

---

① 姜洁：《密织"天网"，让贪腐分子无路可逃——2018年反腐败国际追逃追赃工作综述》，载《人民日报》2019年1月29日，第1版。

② 王卓：《织密追逃追赃的天罗地网》，载《中国纪检监察报》2018年6月7日，第1版。

③ 毛翔：《改革为追逃追赃注入新动能》，载《中国纪检监察报》2018年6月1日，第1版。

布的敦促自首公告，系史上首次，既彰显了党中央“有逃必追、一追到底”的坚定态度和决心，又体现了我国追逃追赃工作始终坚持宽严相济的政策。[①]

敦促自首公告发布当日，即传来两封捷报：职务犯罪嫌疑人吴青结束5年的外逃生涯，从加拿大回到上海，成为《公告》发布后首名投案自首人员；也是在上海，外逃20多年的贪污犯罪嫌疑人倪小沪回国投案。如同倒下的第一张多米诺骨牌，这开启了后续投案自首的连锁反应：一天后的山东，外逃18年之久的职务犯罪嫌疑人牛琳主动归案；截至当月月底，仅仅9天内便追回39人，效果可谓立竿见影；此后4个月，《公告》持续释放震慑与感召效应，每月追回人数均保持在90人以上。[②] 据统计，《公告》期间（8月23日至12月31日），全国共计从46个国家和地区，追回外逃人员441人（含117名国家工作人员），其中主动投案165名，包括“百名红通人员”蒋雷、王清伟等。其中外逃时间最长的23年，年龄最大的79岁。有媒体认为，《公告》是国家监委成立后，探索运用认罪认罚制度、落实宽严相济刑事政策的重大创新，其“成绩单”是国家监察体制改革的制度优势转化为治理效能的生动诠释。[③]

（四）新突破：开创多个“第一”“首次”

追逃追赃的新机构新机制，带来了工作的新气象新突破。例如，2018年6月，瑞典依据我国引渡请求，将“百名红通人员”乔建军缉捕并进入引渡程序。这是我国首次在无引渡条约情况下依据《联合国反腐败公约》提出引渡请求并得到对方承认和执行。[④] 2018年7月11日，作为“新中国最大的银行贪污案”主犯，外逃美国17年之久的职务犯罪嫌疑人许超凡归案。这是国家监委成立后第一个从境外遣返的职务犯罪嫌疑人，也是第一起在发达国家实现异地追诉、异地服刑后强制遣返的成功案例。此案还开创了中美执法司法合作的多个“第一”，包括第一次依据中美刑事司法协助

① 晶月：《反腐败国际追逃追赃的N个“第一”》，载《中国纪检监察报》2018年12月9日，第1版。

② 瞿芃、王卓：《制度优势转化为治理效能的生动诠释——聚焦五部门公告“成绩单”》，载《中国纪检监察报》2019年1月10日，第1版。

③ 《五部门公告推动追逃追赃工作取得显著成效》，载《中国纪检监察报》2019年1月7日，第1版。

④ 代江兵：《监察体制改革助力国际追逃追赃实现新突破》，载《中国纪检监察报》2019年1月29日，第1版。

协定开展合作、第一次组织中方证人通过远程视频向美国法院作证等。[①] 2018 年 11 月 30 日 8 时 20 分，外逃 13 年之久的职务犯罪嫌疑人、浙江省绍兴市新昌县原常务副县长姚锦旗被顺利引渡回国。这是国家监委成立后成功引渡第一案，也是我国首次从欧盟成员国引渡涉嫌职务犯罪的国家工作人员。[②]

（五）新文书：从国内到国际

从国内看，2018 年 10 月 26 日，十三届全国人大常委会第六次会议表决通过关于修改《中华人民共和国刑事诉讼法》的决定以及《中华人民共和国国际刑事司法协助法》，建立刑事缺席审判制度，为加强境外追逃工作提供有力手段，规范和完善我国刑事司法协助体制，填补了刑事司法协助国际合作的法律空白。[③] 从国际看，与泰国、阿根廷、白俄罗斯等国家签署反腐败合作谅解备忘录，如 12 月 13 日，国家监察委员会和澳大利亚联邦警察签署反腐败执法合作谅解备忘录，这是国家监委成立后首次同西方国家签署反腐败执法合作文件。[④] 2018 年与 16 个国家商签引渡条约和刑事司法协助条约。还积极参与全球反腐败治理，推动反腐败合作内容写入中非合作论坛、二十国集团、金砖国家等峰会成果文件。[⑤]

五、2018 年纪检监察体制改革

协助党委组织协调反腐败工作是党章赋予纪委的重要职责，监察委员会实质上是反腐败机关。纪律检查体制改革与国家监察体制改革，直接关系反腐败的成效。2018 年，无论是纪律检查体制改革还是国家监察体制改革，都深入推进，形成了一体推进党的纪律检查体制、国家监察体制和纪检监察机构改革的良好局面，在构建党统一指挥、全面覆盖、权威高效的

① 贾亮：《多个“第一”，追逃追赃开新局》，载《中国纪检监察报》2018 年 7 月 12 日，第 1 版。

② 兰琳宗：《又创两个“第一”，追逃追赃一刻不停》，载《中国纪检监察报》2018 年 12 月 1 日，第 2 版。

③ 朱基钗：《反腐败斗争压倒性胜利是如何形成的》，载《新华每日电讯》2019 年 1 月 7 日，第 1 版。

④ 姜洁：《密织“天网”，让贪腐分子无路可逃——2018 年反腐败国际追逃追赃工作综述》，载《人民日报》2019 年 1 月 29 日，第 1 版。

⑤ 代江兵：《监察体制改革助力国际追逃追赃实现新突破》，载《中国纪检监察报》2019 年 1 月 29 日，第 1 版。

监督体系上取得重大进展，有力促进了反腐败的深入。

（一）地方监察委员会全部产生

从2016年11月国家监察体制改革拉开大幕，以北京、山西、浙江3省市为首批试点，到党的十九大报告对深化国家监察体制改革作出战略部署，再到2017年10月23日，中央办公厅印发《关于在全国各地推开国家监察体制改革试点方案》，监察体制改革蹄疾步稳。从2018年2月11日，青海省监察委员会领导班子成员全部产生，标志着全国省级监察委员会全部成立，到2月13日，河北唐山市监察委员会挂牌，标志着全国市级监察委员会全部完成组建，再到2月25日，广西崇左市大新县监察委员会揭牌，标志着全国省、市、县三级监察委员会全部组建完成，为下一步成立国家监察委员会，构建起国家、省、市、县四级监察体系奠定了坚实基础。①

（二）宪法修正案确定国家监察委员会的宪法地位

“法与时转则治，治与世宜则有功。”2018年3月11日，十三届全国人大一次会议通过宪法修正案，有利于增强现行宪法的适应性、时代性与生命力。其中，以监察委员会为载体的国家监察体制是宪法修改的重头戏与宪法修正案的大块头，十分重要，广受关注。

从外在形式来看，国家监察体制在宪法修正案中特别醒目。就宪法修正案条文数目而言，此次修宪共21条，其中有10条（第37条、第41～44条、第48～52条）全部关于国家监察体制，有1条（第46条）一半的内容关于国家监察体制，构成了宪法修正案的“半壁江山”。国家监察体制所涉条文数目之多，远非其他修改内容所能及。就宪法体例形式而言，从宏观到微观依次分为章、节、条、款、项、目，越宏观越稳定、越不容易修改。此次宪法修改涉及节、条、款、项，其中，只有国家监察体制的修改内容全部涉及节、条、款、项，也只有该内容涉及节、条，即第52条修正案规定，宪法第三章“国家机构”中增加一节，作为第七节“监察委员会”；增加五条，分别作为第123～127条。由此可见，宪法关于监察体制方面修改的力度之大，国家监察体制在宪法修正案中的分量之重。

从重大意义来看，宪法修正案关于国家监察体制的规定，意义是全局性的，而不限于监察领域。这与监察体制改革是具有全局性的重大政治体

---

① 朱基钗：《31个省区市三级监察委员会全部产生》，载《新华每日电讯》2018年2月26日，第1版。

制改革相关。宪法修正案花大篇幅规定国家监察体制，既固化了国家监察体制改革的成果，也贯彻了党的十九大关于健全党和国家监督体系的部署，还反映了设立各级监察委员会后，国家权力机关、行政机关职权的新变化以及工作的新要求，是中国特色国家监察体系的顶层设计，为进一步深化国家监察体制改革、制定监察法提供了宪法依据与宪法基础，不仅有利于整合反腐败资源力量，加强党对反腐败工作的集中统一领导，建立集中统一、权威高效的国家监察体制，促进反腐败工作深入开展；而且有利于优化国家机构的设置与国家权力的配置，促进国家治理体系与治理能力现代化。①

（三）国家监察法出台

2018 年 3 月 20 日，第十三届全国人民代表大会第一次会议通过了《中华人民共和国监察法》。这是党的十九大庄严宣告中国特色社会主义新时代之后，由全国人大通过的第一部基本法律。这种优先安排充分体现了党中央对《监察法》的高度重视，反映了《监察法》在新时代的特殊重要性。该法是对宪法关于监察委员会规定的具体化，实现了立法与改革相衔接，对于创新和完善国家监察制度，以法治思维和法治方式开展反腐败工作，具有重要意义与深远影响。

将行政监察法修改为国家监察法，不只是法律名称的改变，还涉及法律定位的改变。换言之，不只是形式上的称呼改变，还涉及法律内容、法律实质、法律属性的改变，即从关于监察的特别法到一般法，实现了对公职人员监察的全面覆盖；从具有反腐败功能的行政法到“反腐败国家立法”，国家监察法实质是反腐败国家立法；从全国人大常委会通过的“其他法律”到全国人大通过的“基本法律”，位阶更高。②

国家监察法区别于以前行政监察法之处，还有新的理念与内容。最突出的一点就是秉持“国家监察全覆盖、无禁区”的理念，将所有行使公权力的公职人员纳入监督范围。之前的行政监察法，监察对象主要是“狭义政府”即行政机关及其工作人员，范围过窄，存在漏网之鱼。国家监察体制改革根据我国的政治体制和文化特征，明确要求实现对所有行使公权力的公职人员监察全覆盖，也就是将监察对象扩大到包括人大政协等在内的

---

① 邓联繁：《监察委员会是宪法修正案的重要内容》，载《湖南日报》2018 年 3 月 22 日，第 12 版。

② 邓联繁：《从行政监察法到国家监察法的三大定位变化》，载《检察日报》2017 年 3 月 21 日，第 8 版。

“广义政府”的公职人员。《监察法》对此予以了确认与具体化，其第1条与第3条分别规定：“加强对所有行使公权力的公职人员的监督，实现国家监察全面覆盖。”“对所有行使公权力的公职人员（以下称公职人员）进行监察。”这属于原则性规定。监察法第十五条对监察全覆盖进行了具体化，详细规定如下：“监察机关对下列公职人员和有关人员进行监察：（一）中国共产党机关、人民代表大会及其常务委员会机关、人民政府、监察委员会、人民法院、人民检察院、中国人民政治协商会议各级委员会机关、民主党派机关和工商业联合会机关的公务员，以及参照《中华人民共和国公务员法》管理的人员；（二）法律、法规授权或者受国家机关依法委托管理公共事务的组织中从事公务的人员；（三）国有企业管理人员；（四）公办的教育、科研、文化、医疗卫生、体育等单位中从事管理的人员；（五）基层群众性自治组织中从事管理的人员；（六）其他依法履行公职的人员。”这6款，前5款属于列举式规定，最后一款属于兜底规定，相辅相成，共同完整体现了监察全覆盖的理念，有利于增强国家监察工作的震慑力与公信力、针对性和操作性，促进反腐败全覆盖、向基层延伸、解决群众身边的腐败问题。①

（四）国家监察委员会揭牌

2018年2月26日至28日召开的十九届三中全会，通过了《深化党和国家机构改革方案》，明确组建国家监察委员会，同中央纪委合署办公，履行纪检、监察两项职责。3月11日通过的宪法修正案，确定了监察委员会的宪法地位；3月18日，选举产生了国家监察委员会主任；3月21日，十三届全国人大常委会第一次会议任命国家监察委员会副主任和委员；3月23日，国家监委正式揭牌。一个全新的反腐败国家机关正式亮相，党和国家反腐败工作翻开新的一页。

（五）监察委员会履职

2018年，各级纪委监委全面履行纪检监察两项职能，贯通执纪与执法，统筹运用纪法“两把尺子”，一体推进监督执纪和监察执法，推进合署办公“形”的重塑和“神”的重铸，反腐败呈现出不少新气象。例如，2018年4月1日，中央纪委国家监委网站发布消息：“贵州省委原常委、副省长王晓光涉嫌严重违纪违法，目前正接受纪律审查和监察调查。”王晓光是国家监

① 邓联繁：《善于运用法治思维和法治方式反对腐败》，载《光明日报》2018年7月3日，第5版。

察委成立并与中央纪委合署办公后被“拿下”的“首虎”，关于其落马的短短 37 字通报，相对于以前通报而言有几个明显变化：一是消息来源由之前的“中央纪委”变为“中央纪委、国家监委”；二是落马原因由之前的“涉嫌严重违纪”丰富为“涉嫌严重违纪违法”；三是接受的后果由之前的“接受组织审查”，变为“接受纪律审查和监察调查”。“这些变化体现出国家监委挂牌即开局、开局即开工的工作作风，也是纪委监委履行双重职责、不断把制度优势转化为治理效能的具体体现。”①

（六）中央纪委国家监委机关深化内设机构改革

2018 年 3 月 28 日，全国“两会”刚闭幕一周、国家监察委员会揭牌不到一周，中央全面深化改革委员会第一次会议审议《关于深化纪检监察体制改革和中央纪委国家监委机构改革情况的报告》，中央纪委国家监委机关内设机构改革再次引起关注，成为新一轮机关改革的先锋。推进中央纪委国家监委机关内设机构改革，是深化国家监察体制改革的一个重要内容。改革的基本情况是：将原有的 12 个纪检监察室调整为 11 个监督检查室、5 个审查调查室，并明确监督检查室主要承担日常监督、问题线索分析研判处置以及谈话函询等职责。中央纪委国家监委机关有关负责人介绍，通过如此的“前后台”分设，实现权力分解和内部制衡，调整优化内设机构设置、职能权限配置和人员编制配备，既防止执纪监督部门权力过于集中，又实现了力量向监督倾斜，有助于履行好监督第一职责。②“过去，纪检监察室的权力相对集中，既有对领导干部的日常监督权，还有发现问题线索后的立案审查权、立案后的调查取证权，某种程度上相当于一个‘小纪委’。”③ 权力导致腐败，纪检监察室的权力相对集中，容易使纪检监察室的干部成为“围猎”对象。“前后台”分设，有利于降低纪检监察干部的风险。此外，纪委的基本职责是监督执纪问责，监委的基本职责是监督调查处置，两者的第一职责都是监督。11 个监督检查室，比 5 个审查调查的两倍还多，有利于做实做细监督，抓早抓小，防范于未然。

---

① 兰琳宗：《图解上半年“打虎”“纠风”成绩单》，载中央纪委国家监委网站，http：//www. ccdi. gov. cn/toutiao/201807/t20180704_ 175057. html，最后访问日期：2019 年 3 月 5 日。

② 李玉长：《深化纪检监察体制改革　健全党和国家监督体系》，载《中国纪检监察报》2019 年 1 月 5 日，第 1 版。

③ 何韬：《强化自我监督的必由之路》，载《中国纪检监察报》2017 年 2 月 15 日，第 1 版。

（七）改革派驻监督体制机制

派驻监督有“派”的权威、“驻”的优势，是“探头”，有利于解决“看得见的管不着，管得着的看不见”问题。2018 年 6 月 20 日傍晚，各大门户网站的显要位置登载一条短消息：中央纪委国家监委统一设立派驻机构，名称为中央纪律检查委员会国家监察委员会派驻纪检监察组。2018 年，派驻监督体制改革力度大，涉及面广：中央纪委国家监委统一设立 46 家派驻纪检监察组，监督中央一级党和国家机关 129 家单位；中央办公厅印发《关于深化中央纪委国家监委派驻机构改革的意见》；分类施策推进中管企业、中管金融企业、党委书记和校长列入中央管理的高校纪检监察体制改革[①]……就中管企业纪检监察体制改革，设立企业纪检监察组或者监察专员办公室，由国家监委赋予监察权；就中管金融企业纪委而言，将其改设为中央纪委国家监委派驻纪检监察组，受中央纪委国家监委直接领导；就党委书记和校长列入中央管理的高校纪委而言，明确其接受高校党委和党组织关系所在地地方纪委双重领导，切实发挥主管部门党组政治作用。推进驻相应主管部门纪检监察组协助中央纪委国家监委对高校纪委书记进行考核，会同地方纪委加强对高校纪委工作的指导、检查、监督。[②] 派驻监督体制大改革，有利于提升派驻监督全覆盖质量，促进纪律监督、监察监督、派驻监督、巡视监督“四个监督”协调衔接。

（八）推动纪法贯通、法法衔接

监委组建后，制度、流程迫切需要建立。中央纪委国家监委起草制定《党组讨论和决定党员处分事项工作程序规定（试行）》《公职人员政务处分暂行规定》《中央纪委国家监委监督检查审查调查措施使用规定（试行）》等 30 余项法规制度，完善信访举报、线索处置、立案、留置、案件审理等方面制度规范。[③] 还制定《国家监察委员会管辖规定（试行）》，明确监察对象范围和管辖职务犯罪罪名；配合全国人大常委会修改刑事诉讼法，实施《国家监察委员会与最高人民检察院办理职务犯罪案件工作衔接办法》

① 李玉长：《深化纪检监察体制改革　健全党和国家监督体系》，载《中国纪检监察报》2019 年 1 月 5 日，第 1 版。

② 赵乐际：《忠实履行党章和宪法赋予的职责　努力实现新时代纪检监察工作高质量发展——在中国共产党第十九届中央纪律检查委员会第三次全体会议上的工作报告（2019 年 1 月 11 日）》，载《人民日报》2019 年 2 月 21 日，第 4 版。

③ 吴储岐：《让党和国家监督体系更健全》，载《人民日报》2019 年 1 月 8 日，第 3 版。

等制度规定，主动对接以审判为中心的诉讼制度改革；等等。[①]

（九）加强对纪委监委权力的制约与监督

随着纪检监察体制改革全面推进，各级纪委监委的监督范围扩大、权限丰富，“谁来监督纪委监委”更加受到社会关注。“天涯无净土”，有权力的地方就可能产生腐败，权力越集中、缺乏制约和监督，越容易腐败。理论与案例表明，纪检监察机关不是“保险箱”，纪检监察干部没有天然的“免疫力”，必须也要接受监督，更要接受监督，行使权力必须慎之又慎，自我约束必须严之又严。为此，既要纪检监察干部有主观自觉，也要有制度的客观约束。2018年，《中国共产党纪律检查机关监督执纪工作规则》上升为中央法规，是党中央给纪检监察机关定制度、立规矩，把纪委权力关进制度笼子的重大举措，意义重大。

从各级纪检监察机关来看，内外都发力。就“内”而言，坚持刀刃向内，坚决清理门户，严防“灯下黑”，一批“内鬼”被查，包括中央纪委国家监委立案查处的吉林省纪委原副书记、省监委原副主任邱大明，地方纪检监察机关立案查处的广东省清远市纪委原书记、市监委原主任邓梁波，陕西省纪委原预防腐败室主任胡传祥，重庆市纪委驻市环保局纪检组原组长陶志刚，山西省晋煤集团纪委原书记王良彦，等等。[②]“全国共谈话函询纪检监察干部9200余人，组织处理1.3万人，处分3900余人，移送司法机关110余人”[③]。就“外”而言，2018年8月，中央纪委国家监委印发《国家监察委员会特约监察员工作办法》，决定建立特约监察员制度，规定特约监察员可以对纪检监察机关及其工作人员履行职责情况进行监督。12月17日，国家监委在京召开第一届特约监察员聘请会议，聘请50名特约监察员。受中共中央政治局常委、中央纪委书记赵乐际的委托，中共中央政治局委员、中央纪委副书记、国家监委主任杨晓渡出席会议，为特约监察员颁发聘书并讲话。中央纪委副书记、秘书长，国家监委副主任杨晓超主持聘请

① 赵乐际：《忠实履行党章和宪法赋予的职责 努力实现新时代纪检监察工作高质量发展——在中国共产党第十九届中央纪律检查委员会第三次全体会议上的工作报告（2019年1月11日）》，载《人民日报》2019年2月21日，第4版。

② 张弛：《建设让党放心、人民信赖的纪检监察铁军》，载《中国纪检监察报》2019年1月12日，第2版。

③ 赵乐际：《忠实履行党章和宪法赋予的职责 努力实现新时代纪检监察工作高质量发展——在中国共产党第十九届中央纪律检查委员会第三次全体会议上的工作报告（2019年1月11日）》，载《人民日报》2019年2月21日，第4版。

会议，中央纪委国家监委有关领导同志，国家监委第一届特约监察员，中央统战部、全国人大机关、全国政协机关、教育部分管负责同志，中央纪委国家监委各派出机构主要负责同志以及中央纪委国家监委机关副部长级室主任、副部级巡视专员、副秘书长、各单位主要负责同志参加。[①] 会议规格之高，充分反映出国家监委对特约监察员制度的高度重视。

结语

习近平总书记强调，党的十八大以来，我们取得了反腐败斗争压倒性胜利，但反腐败斗争还没有取得彻底胜利。反腐败斗争形势依然严峻复杂，零容忍的决心丝毫不能动摇，打击腐败的力度丝毫不能削减，必须以永远在路上的坚韧和执着，坚决打好反腐败斗争攻坚战、持久战。[②] 巩固发展反腐败斗争压倒性胜利，丝毫不比夺取反腐败斗争压倒性胜利来得轻松。为此建议如下：

第一，加强对工程招投标领域的腐败治理，既严查那些穿上“马甲”认认真真走过场、实际异化腐败的招投标，又加快修改《招标投标法》，提高招投标制度的廉洁性。2019 年 1 月 11 日，习近平总书记在十九届中央纪委三次全会上讲到“坚决惩治腐败”时强调，要紧盯事关发展全局和国家安全的重大工程、重点领域、关键岗位。[③] 这里所说的“重点领域”，包括工程招投标领域，正如赵乐际书记在该次会议上的工作报告中所指出：“紧盯选人用人、审批监管、资源开发、金融信贷、工程招投标以及公共财政支出等重点领域和关键环节”[④]。3 月 5 日，赵乐际书记在参加十三届全国人大二次会议黑龙江代表团的审议时又强调：“要精准惩治审批监管、资源开发、金融信贷、工程招投标以及公共财政支出等重点领域腐败问题。”[⑤] 招

---

① 王卓：《国家监委召开第一届特约监察员聘请会议》，载《中国纪检监察报》2018 年 12 月 18 日，第 1 版。

② 《提高防控能力着力防范化解重大风险　保持经济持续健康发展社会大局稳定》，载《人民日报》2019 年 1 月 22 日，第 1 版。

③ 姜洁：《习近平在十九届中央纪委三次全会上发表重要讲话强调　取得全面从严治党更大战略性成果　巩固发展反腐败斗争压倒性胜利》，载《人民日报》2019 年 1 月 12 日，第 1 版。

④ 赵乐际：《忠实履行党章和宪法赋予的职责　努力实现新时代纪检监察工作高质量发展——在中国共产党第十九届中央纪律检查委员会第三次全体会议上的工作报告（2019 年 1 月 11 日）》，载《人民日报》2019 年 2 月 21 日，第 4 版。

⑤ 《赵乐际在参加黑龙江代表团审议时强调　把思想和行动统一到党中央决策部署上来　凝心聚力做好经济社会发展各项工作》，载《人民日报》2019 年 3 月 6 日，第 4 版。

投标领域乱象横生，是众所周知的腐败重灾区。要对领导干部以“提篮子”“白手套”、打招呼等方式违规插手干预工程招投标说不，让腐败分子付出应有代价。要着力强化制度建设。既强化制度实施，严肃查处那些目无法纪、不履行招投标手续的行为，避免“破窗效应”；也要有“火眼金睛”，对那些穿上了“马甲”认认真真走过场、实际异化腐败的招投标，及时发现，及时查处，及时通报；还要加快修改《招标投标法》，努力完善招投标制度本身，提高制度质量，从源头上减少违规招投标的发生几率、减少制度性腐败、大面积腐败。①

第二，严惩涉黑涉恶腐败，延长工作链条，抚慰曾经受到涉黑涉恶腐败伤害的群众。黑恶势力往往有钱，其“保护伞”则有权。黑恶势力往往有恃无恐、欺压群众、为祸一方，很多群众敢怒不敢言、有苦难言。十九届中央纪委三次全会公报强调“严查黑恶势力‘保护伞’”，打中了黑恶势力的“七寸”，有利于从根本上扫除黑恶势力。严查黑恶势力“保护伞”，既要态度鲜明，硬碰硬，不做“墙头草”，又要措施得力，实打实，避免放空炮；既要严惩涉黑涉恶的腐败分子和“保护伞”，及时公布进展，曝光典型案例，让群众感到打击力度确实在加大，又要延长工作链条，以多种方式抚慰曾经受到涉黑涉恶腐败和“保护伞”伤害的群众，把工作做到群众心坎上，增强群众的获得感、幸福感、安全感和满意度。

第三，以“不忘初心、牢记使命”主题教育为契机，加大“不想腐”力度。不敢腐不能腐不想腐，既各有侧重，又相辅相成，缺一不可，是一个有机整体，不是三个阶段的划分，也不是三个环节的割裂，需要一体推进。不能认为“不想腐”位于最后就不重要，也不能错误认为不敢腐是近期目标、不能腐是中期目标、不想腐是长期目标。“人定胜天”制度有疏漏。从理论上讲，只要“想腐”，往往就“能腐”，也“敢腐”，就会花心思去钻制度的空子，去寻找“保护伞”。腐败犯罪高智商化、智能化、隐秘化、团伙化，在高压态势下不收手不收敛者仍然屡见不鲜等现实，也说明了必须一体推进不敢腐不能腐不想腐。清正廉洁是共产党人的政治本色，建设廉洁政治是中国共产党的庄严承诺。要在“不忘初心、牢记使命”主题教育中，大力加强廉文化建设，以“廉”祛“腐”，以文化人，形成以“廉”为荣、以“廉”为美、以“廉”为乐的社会氛围。

---

① 邓联繁：《对形形色色的违规招投标说不》，载《湖南日报》2019 年 1 月 11 日，第 4 版。

撰稿专家

邓联繁，博士，湖南商学院教授，湖南省廉政建设协同创新中心主任。主要研究宪法学、廉政法治。在宪法应用研究中，长期聚焦党风廉政建设和反腐败，倡导“廉学”与“廉法”。兼任中国廉政法制研究会副会长、中国宪法学研究会理事、中国行为法学会理事。2013 年 7 月以来，在《人民日报》《光明日报》《中国纪检监察报》《检察日报（廉政周刊）》发表以“廉”为主题的时评短论 71 篇，出版《建设廉洁中国：时代新篇章与廉学新视角》（人民出版社 2018 年版）等独著。

第十二章　2018 年网络法治专题报告

王春晖

报告要旨

2018 年，我国《网络安全法》的重要配套规定不断完善，重点强化对网络安全等级保护测评机构的管理，规范对网络安全的监督检查工作，严格落实《网络安全法》和信息安全等级保护制度等信息网络安全相关法律法规和政策性文件，继续纵深推进防范和依法打击电信网络诈骗，规范互联网信息服务安全评估，推动个人信息保护立法，《信息安全技术个人信息安全规范》正式施行，清理网络市场乱象，治理网络谣言，进一步深化互联网法院试点探索等。2018 年，我国网络法治实施的主要特征是强化“以民为本、立法为民”的网络法治理念，聚焦社会和广大人民群众关注的热点问题。总体上看，2018 年我国网络法治实施取得了诸多成绩，但也存在不少问题需要深入研究和系统解决，如围绕实施网络强国战略的法律法规有待强化，侵犯公民个人信息的违法犯罪依然严峻，网络领域不正当竞争案件时有发生，网络空间综合治理体系有待强化，工业互联网安全保障体系有待建立，人工智能发展的法律法规和伦理制度尚未建立，“区块链”信息服务亟须规范，APP 过度收集个人信息严重，网信军民融合领域相关立法有待建立，我国参与网络空间国际制度层面的治理缺失等。

核心建议

1. 深入学习和贯彻习近平总书记在全国网络安全和信息化工作会议上的重要讲话精神，全面、准确、深刻地领会习近平网络强国战略思想的实践基础和形成过程、主要内涵和核心要义、科学定位和重大意义，用习近平网络强国战略思想指导我国网信领域的法治建设。

2. 依法重点打击网络黑客、电信网络诈骗、侵犯公民个人隐私等违法犯罪行为，网信监管部门应当强化对网信企业数据安全管理和个人信息保护的执法力度，集中治理APP过度收集个人信息的态势，切实保护人民群众的个人隐私信息安全。

3. 尽快启动《个人信息保护法》立法工作，最大限度地反映最广大人民对个人信息保护的意愿，重点关注和保护个人隐私信息，尤其强调未经被收集者同意，不得收集和向他人提供个人隐私信息，在确保公民人格权和隐私权不受非法侵害的基础上，促进个人信息资源在“合法、正当、必要”的法定原则框架内适当的处理和利用。

4. 推动工业互联网相关法律、行政法规和规章的立法工作，建立工业互联网安全保障体系，构建工业互联网安全管理制度与机制，落实企业内网络安全主体责任，重点关注工业互联网网络安全、平台责任、数据保护等以及新兴应用领域的数据安全、数据流通、政府数据公开、安全责任等法律问题。

5. 加强人工智能发展中潜在风险的研判、防范和控制，应当从维护人民利益和国家安全的高度，确保人工智能领域的安全、可靠、可控，要整合多学科力量，加强人工智能相关法律、伦理、社会问题研究，建立健全保障人工智能健康发展的法律法规、制度体系和伦理道德。

一、2018年网络法治实施的总体状况

2018年，我国网络法治领域继续围绕习近平总书记提出的“我们要本

着对社会负责、对人民负责的态度，依法加强网络空间治理”的重要指示，恪守“以民为本、立法为民”的法治理念，取得了斐然成绩。

2018 年 4 月 20 日至 21 日，全国网络安全和信息化工作会议在北京胜利召开。这次会议是以习近平同志为核心的党中央着眼于新时代党和国家事业发展全局，特别是我国网络与信息化事业长远发展召开的一次十分重要的会议。习近平总书记出席会议并发表重要讲话，总书记站在人类历史发展的高度，着眼于党和国家事业发展全局，科学分析了信息化变革趋势和我们肩负的历史使命，全面总结了党的十八大以来网信事业取得的历史性成就，深刻阐述了网络强国战略思想，系统回答了事关网信事业发展的一系列重大理论和实践问题，并就新时代网信工作作出了全面部署。

2018 年 1 月 1 日，新修订《反不正当竞争法》（以下简称新法）正式实施，这是该法自 1993 年实施以来，时隔 24 年的第一次修订。新法对原法条进行了修改和完善，并首次纳入互联网领域不正当竞争行为，增加了规制互联网领域的不正当竞争条款，这是新法最大的亮点之一。2018 年 8 月 31 日，备受瞩目的《电子商务法》经由第十三届全国人民代表大会常务委员会第五次会议表决通过，于 2019 年 1 月 1 日正式实施，从此我国蓬勃发展的电子商务活动将进入“有法可依”的时代。

2018 年 8 月 27 日，备受社会关注的民法典各分编草案提请十三届全国人大常委会第五次会议审议，本次民法典编纂中的最大亮点就是“人格权”终于独立成编，特别在第三编中专章规定了“隐私权和个人信息”（第六章）；2018 年，《个人信息保护法》被列入《十三届全国人大常委会立法规划》，回应了人民对个人隐私权和信息权保护的迫切需求。

在网络安全法治领域，公安部于 2018 年 9 月 15 日发布《公安机关互联网安全监督检查规定》，根据该规定，公安机关开展互联网安全现场监督检查可以根据需要采取以下措施：进入营业场所、机房、工作场所；查阅、复制与互联网安全监督检查事项相关的信息；查看网络与信息安全保护技术措施运行情况；2018 年 5 月 23 日，中共中央办公厅、国务院办公厅印发《关于深入推进审批服务便民化的指导意见》（以下简称《指导意见》），着力提升“互联网 + 政务服务”水平。《指导意见》按照“整合是原则、孤网是例外”的要求，清理整合分散、独立的政务信息系统，统一接入国家数据共享交换平台，构建网络安全防护体系，实现跨部门跨地区跨层级政务信息可靠交换与安全共享，并依法依规向社会开放。2018 年 8 月 6 日，工业和信息化部办公厅发布《关于开展 2018 年电信和互联网行业网络安全检查工作的通知》，检查对象为依法获得电信主管部门许可的基础电信企业、互联网企业、域名注册管理和服务机构建设与运营的网络和系统，重点检查网络运行单位落实《网络安全法》等法律法规情况，以及可能存在的弱口令、中高危漏洞和其他网络安全风险隐患等。

2018年，公安部门集中开展打击整治网络违法犯罪“净网2018”专项行动，2018年2月7日，公安部在北京召开电视电话会议，部署全国公安机关深入开展打击整治网络违法犯罪“净网2018”专项行动。会议要求，要本着对社会、对人民高度负责的态度，依法加强网络社会治理，严厉打击整治网络违法犯罪活动，努力建设更高层次、更高水平的平安网络，为广大网民营造一个风清气正的网络空间；2018年2月以来，公安部持续部署各地公安机关开展打击自媒体“网络水军”，并取得重大成效，破获“网络水军”违法犯罪案件40余起，涉案总金额上亿元，抓获违法犯罪嫌疑人200余人，查获并关停涉嫌非法炒作的网络账号5000余个，关闭违法违规网站上万个，涉及网上恶意炒作信息数千万条。2018年5月，工业和信息化部印发《关于纵深推进防范打击通讯信息诈骗工作的通知》，强化对电信诈骗源头和综合治理，取得明显成效。

2018年11月9日，最高人民检察院发布《检察机关办理电信网络诈骗案件指引》，要求办理电信网络诈骗案件除了要把握普通诈骗案件的基本要求外，还要特别注意以下七类问题：一是电信网络诈骗犯罪的界定；二是犯罪形态的审查；三是诈骗数额及发送信息、拨打电话次数的认定；四是共同犯罪及主从犯责任的认定；五是关联犯罪事前通谋的审查；六是电子数据的审查；七是境外证据的审查。

6月5日，交通运输部、中央网信办、工业和信息化部、公安部、中国人民银行、税务总局和国家市场监督管理总局七部门联合印发《关于加强网络预约出租汽车行业事中事后联合监管有关工作的通知》（交办运〔2018〕68号，以下简称《网约车监管通知》），明确了网约车行业事中事后联合监管工作流程。

为营造晴朗网络空间，2018年多部门集中治理网络空间违法行为，2018年2月2日，国家互联网信息办公室公布《微博客信息服务管理规定》，该规定共18条，包括微博客服务提供者主体责任、真实身份信息认证、分级分类管理、辟谣机制、行业自律、社会监督及行政管理等条款，该规定自3月20日起施行。2018年4月9日，全国“扫黄打非”办公室作出专门部署，要求各地各部门即日起至11月，围绕打击非法有害出版活动、淫秽色情低俗信息、新闻“三假”和侵权盗版等重点任务，抓住人民群众高度关心的问题，紧盯网上网下重要传播渠道，精准发力，重拳出击，持续净化社会文化环境。针对从事网络直播业务的互联网信息服务提供者传播淫秽色情信息现象多发的问题，全国“扫黄打非”工作小组办公室、工业和信息化部和公安部于 2018 年 8 月联合发布《关于加强网络直播服务管理工作的通知》，提出了多项治理措施。

为贯彻落实习近平总书记在中央全面依法治国委员会第一次会议上的重要讲话精神，“加快建设覆盖城乡、便捷高效、均等普惠的现代公共法律服务体系”。2018 年，司法部和各地司法行政部门采取有效措施，大力推进公共法律服务实体、热线、网络三大平台建设，通过平台汇聚更多、更优质资源，为人民群众提供多元化、“一站式”的法律服务。2018 年 5 月 20 日，中国法律服务网正式上线运行，老百姓请律师、办公证、求法援、找调解、寻鉴定、要仲裁的要求，都可以实现“网上办”“指尖办”“马上办”。

针对社会中通过区块链技术制作和传播法律法规禁止的信息，国家互联网信息办公室于 2018 年 10 月 19 日发布《区块链信息服务管理规定（征求意见稿）》，根据该规定，基于区块链从事新闻、出版、教育、医疗保健、药品和医疗器械等互联网信息服务，依照法律、行政法规以及国家有关规定须经有关主管部门审核同意的，在履行备案手续前，应当依法经有关主管部门审核同意

2018 年 11 月 15 日，中央网信办联合公安部发布了《具有社会舆论属性或社会动员能力的互联网信息服务安全评估规定》，明确了具有舆论属性或社会动员能力的互联网信息服务的具体情形，在信息服务功能、服务范围、软硬件设施、安全管理制度和技术措施落实、风险防控等方面，要求各互联网信息服务提供者自行或者委托第三方开展安全评估，并将安全评估报告通过全国互联网安全管理服务平台，提交所在地地市级以上网信部门和公安机关。针对金融信息服务领域的乱象，国家互联网信息办公室于 2018 年 12 月 26 日公布《金融信息服务管理规定》，明确了金融信息服务提供者从事互联网新闻信息服务、法定特许或者应予以备案的金融业务应当取得相应资质，并接受有关主管部门的监督管理等。

2018 年，中国网络法治实施总体态势良好，依法治理网络空间的成绩可圈可点，具有十大突出亮点：一是全国网络安全和信息化工作会议全面部署新时代网信工作；二是备受瞩目的《电子商务法》出台；三是公安机

关对网络安全监督检查有规可依；四是最高人民法院发布《关于互联网法院审理案件若干问题的规定》；五是最高人民检察院发布《检察机关办理电信网络诈骗案件指引》；六是坚持营造风清气正的网络空间；七是个人信息保护立法有序推进；八是未成年人网络安全立法与保护受到高度关注；九是互联网金融专项治理行动继续强化；十是治理网络市场违法行为重点突出。

（一）全国网络信息工作会议全面部署新时代网信工作

全国网络安全和信息化工作会议于2018年4月20日至21日胜利召开。这次会议是以习近平同志为核心的党中央着眼于新时代党和国家事业发展全局，特别是网信事业长远发展召开的一次十分重要的会议。习近平总书记出席会议并发表重要讲话，总书记站在人类历史发展的高度，着眼于党和国家事业发展全局，科学分析了信息化变革趋势和我们肩负的历史使命，全面总结了党的十八大以来网信事业取得的历史性成就，深刻阐述了网络强国战略思想，系统回答了事关网信事业发展的一系列重大理论和实践问题，并就新时代网信工作作出了全面部署。

在这次会议上，习近平总书记用“五个明确”对网络强国战略思想进行了高度概括：一是明确了网信工作在党和国家事业全局中的重要地位。强调网络安全和信息化事关党的长期执政，事关国家长治久安，事关经济社会发展和人民群众福祉，要把网信工作摆在党和国家事业全局中来谋划，切实加强党的集中统一领导。二是明确了网络强国建设的战略目标。强调要站在实现“两个一百年”奋斗目标和中华民族伟大复兴中国梦的高度，加快推进网络强国建设，做到技术要强、内容要强、基础要强、人才要强、国际话语权要强。三是明确了网络强国建设的原则要求。强调要坚持创新发展、依法治理、保障安全、兴利除弊、造福人民的原则，坚持创新驱动发展，坚持依法治网，坚持正确网络安全观，坚持防范风险和促进健康发展并重，坚持以人民为中心的发展思想。四是明确了互联网发展治理的国际主张，强调要坚持“四项原则”“五点主张”，携手建设和平、安全、开放、合作的网络空间。五是明确了做好网信工作的基本方法，强调要把握好安全和发展、自由和秩序、开放和自主、管理和服务的辩证关系，加强统筹协调、实施综合治理，形成工作合力。

这次全国网信工作会议最突出、最核心、最重大的成果，就是对习近平网络强国战略思想进行了系统阐述。党的十八大以来，习近平总书记准确把握信息时代的“时”与“势”，紧密结合我国互联网发展治理实践，对推动网信事业发展作出一系列重要论述，提出一系列新思想新观点新论断，形成了内涵丰富、科学系统的网络强国战略思想，为做好新形势下网信工作提供了根本遵循。

关于依法治网，总书记强调，要把依法治网作为基础性手段，继续加快制定完善互联网领域法律法规，推动依法管网、依法办网、依法上网，确保互联网在法治轨道上健康运行。

（二）备受瞩目的《电子商务法》通过

2018 年 8 月 31 日，备受瞩目的《中华人民共和国电子商务法》经由第十三届全国人民代表大会常务委员会第五次会议表决通过，于 2019 年 1 月 1 日正式实施，该法全文共七章 89 条，主要对电子商务的经营者、合同的订立与履行、争议解决、电子商务促进和法律责任这五个部分作出了规定，从此我国蓬勃发展的电子商务活动将进入“有法可依”的时代。

《电子商务法》第 1 条规定，为了保障电子商务各方主体的合法权益，规范电子商务行为，维护市场秩序，促进电子商务持续健康发展，制定本法。从上述电子商务法的立法目的来看，我国《电子商务法》的立法定位与一般的民事法规或行政管理法规不同，其中既有规范市场秩序、实施市场促进的公法内容，又有规范电子商务主体交易行为、界定电子合同效力的私法内容，其立法定位介于公法与私法之间，是一部综合性的网络交易法。

《电子商务法》的立法定位介于公法与私法之间，是因为电子商务活动的复杂性。与传统的民事法律关系或合同关系不同的是，电子商务活动对于电子商务基础设施的要求极高，而这些基础设施依靠当事人的意思自治或市场自由竞争是很难建立的。电商平台的基础设施包括：身份认证体系、数字证书体系、消费维权体系、电子支付体系等，而且上述体系的运行和调整，都需要政府监管机构的介入，因此，电子商务作为一个交易体系，与传统的民商事交易体系存在一定差异。电子商务活动的属性，决定了公权力的介入程度一定是高于传统民商事交易的。

从《电子商务法》的体例和机构来看，同样体现了上述的定位。该法一共分为七章，共包含 89 条，分别从电子商务的经营监管原则、电子商务经营者、电子商务平台经营者、电子商务合同的订立与履行、电子商务争议解决、电子商务促进以及相关法律责任等方面对电子商务领域的活动进行规范。

（三）公安机关对网络安全监督检查有规可依

2018年9月15日，公安部发布《公安机关互联网安全监督检查规定》，自2018年11月1日起施行。该规定主要根据《网络安全法》和《人民警察法》制定，明确规定了互联网安全监督检查的对象、内容、方法、过程和执行人，明确表述了各方的权利、义务以及应当承担的法律责任。《公安机关互联网安全监督检查规定》作为实施《网络安全法》的重要配套规章，为规范公安机关互联网安全监督检查工作，预防网络违法犯罪，维护网络安全，保护公民、法人和其他组织合法权益具有重要意义。

根据《公安机关互联网安全监督检查规定》，公安机关应当根据网络安全防范需要和网络安全风险隐患的具体情况，对互联网服务提供者和联网使用单位开展监督检查。公安机关开展监督检查，可以采取进入营业场所、机房、工作场所、要求监督检查对象的负责人或者网络安全管理人员对监督检查事项作出说明、查阅、复制与互联网安全监督检查事项相关的信息、查看网络与信息安全保护技术措施运行情况等措施。

《公安机关互联网安全监督检查规定》将根据网络安全防范需要和网络安全风险隐患的具体情况，对四类互联网服务提供者和联网使用单位开展监督检查：一是提供互联网接入、互联网数据中心、内容分发、域名服务的；二是提供互联网信息服务的；三是提供公共上网服务的；四是提供其他互联网服务的。服务未满一年的，两年内曾发生过网络安全事件、违法犯罪案件的，或者因未履行法定网络安全义务被公安机关予以行政处罚的，将开展重点监督检查。

公安机关将根据互联网服务提供者和联网使用单位履行法定网络安全义务的实际情况，依照国家有关规定和标准，对七类内容进行监督检查：（1）是否办理联网单位备案手续，并报送接入单位和用户基本信息及其变更情况；（2）是否制定并落实网络安全管理制度和操作规程，确定网络安全负责人；（3）是否依法采取记录并留存用户注册信息和上网日志信息的技术措施；（4）是否采取防范计算机病毒和网络攻击、网络侵入等技术措施；（5）是否在公共信息服务中对法律、行政法规禁止发布或者传输的信息依法采取相关防范措施；（6）是否按照法律规定的要求为公安机关依法维护国家安全、防范调查恐怖活动、侦查犯罪提供技术支持和协助；（7）是否履行法律、行政法规规定的网络安全等级保护等义务。

《公安机关互联网安全监督检查规定》要求，公安机关开展现场监督检查，应当制作监督检查记录，并由开展监督检查的人民警察和监督检查对象的负责人或者网络安全管理人员签名。监督检查对象负责人或者网络安全管理人员对监督检查记录有异议的，应当允许其作出说明；拒绝签名的，人民警察应当在监督检查记录中注明。公安机关开展远程检测，应当制作监督检查记录，并由二名以上开展监督检查的人民警察在监督检查记录上签名。委托网络安全服务机构提供技术支持的，技术支持人员应当一并在监督检查记录上签名。

（四）最高人民法院发布《关于互联网法院审理案件若干问题的规定》

为统一规范杭州、北京、广州三家互联网法院的线上诉讼活动，保护当事人及其他诉讼参与人合法权益，最高人民法院审判委员会第 1747 次会议于 2018 年 9 月 3 日通过了《最高人民法院关于互联网法院审理案件若干问题的规定》（法释〔2018〕16 号，以下简称《互联网法院规定》），自 2018 年 9 月 7 日起施行。《互联网法院规定》对互联网法院的管辖范围、上诉机制和诉讼平台建设，以及在线诉讼的身份认证、立案、应诉、举证、庭审、送达、签名、归档等诉讼规则，作出了一系列明确规范。

1. 互联网法院的全程在线审理原则

《互联网法院规定》第 1 条要求，互联网法院审理案件应当以全程在线为基本原则，切实践行“网上纠纷网上审理”。所谓“全程在线”，是指案件的受理、送达、调解、证据交换、庭前准备、庭审、宣判等诉讼环节一般应当在互联网上完成。主体方面，要求当事人的诉讼行为在线实施，法院受理的案件在线审理。流程方面，全部诉讼流程或主要诉讼环节均应在线上完成，实现“能在线，尽在线”，仅某一个具体诉讼环节在线完成，不能被视为在线审理。

根据当事人申请或者案件审理需要，互联网法院可以决定在线下完成部分诉讼环节。实践中，人民法院需要现场查明身份、核对原件、查验实物等情形，这些情形仅在线上是无法完成的，规定在线下完成部分诉讼环节，是为了更好地保护当事人及其他诉讼参与人合法权益，但互联网法院的多数诉讼环节基本上在线上进行。

2. 互联网法院管辖的主要案件

根据《互联网法院规定》第 2 条，北京、广州、杭州互联网法院集中管辖所在市的辖区内应当由基层人民法院受理的十一类一审案件：（1）通过电子商务平台签订或者履行网络购物合同而产生的纠纷；（2）签订、履行行为均在互联网上完成的网络服务合同纠纷；（3）签订、履行行为均在互联网上完成的金融借款合同纠纷、小额借款合同纠纷；（4）在互联网上首次发表作品的著作权或者邻接权权属纠纷；（5）在互联网上侵害在线发表或者传播作品的著作权或者邻接权而产生的纠纷；（6）互联网域名权属、侵权及合同纠纷；（7）在互联网上侵害他人人身权、财产权等民事权益而产生的纠纷；（8）通过电子商务平台购买的产品，因存在产品缺陷，侵害他人人身、财产权益而产生的产品责任纠纷；（9）检察机关提起的互联网公益诉讼案件；（10）因行政机关作出互联网信息服务管理、互联网商品交易及有关服务管理等行政行为而产生的行政纠纷；（11）上级人民法院指定管辖的其他互联网民事、行政案件。

3. 互联网法院网络诉讼平台的构建

《互联网法院规定》第5条明确了互联网法院应当建设互联网诉讼平台(以下简称“诉讼平台”)，互联网诉讼平台是法院办理案件和当事人及其他诉讼参与人实施诉讼行为的专用平台，通过诉讼平台作出的诉讼行为，具有法律效力。

互联网法院审理案件所需涉案数据，电子商务平台经营者、网络服务提供商、相关国家机关应当提供，并有序接入诉讼平台，由互联网法院在线核实、实时固定、安全管理。《互联网法院规定》中的“涉案数据”主要指互联网法院在具体案件审理过程中依职权主动调取或依当事人申请调取的涉案电子证据、电子身份信息以及其他关联的电子信息。数据的调取、接入应当符合法定条件和范围，严格遵循法定程序，为此《互联网法院规定》要求，诉讼平台对涉案数据的存储和使用，应当符合《网络安全法》等法律法规的规定。

4. 不服互联网法院判决或裁定的上诉机制

《互联网法院规定》第4条就当事人不服北京、广州和杭州三家互联网法院的一审判决或裁定的上述机制做出了具体规定：（1）当事人对北京互联网法院作出的判决、裁定提起上诉的案件，由北京市第四中级人民法院审理，但互联网著作权权属纠纷和侵权纠纷、互联网域名纠纷的上诉案件，由北京知识产权法院审理；（2）当事人对广州互联网法院作出的判决、裁定提起上诉的案件，由广州市中级人民法院审理，但互联网著作权权属纠纷和侵权纠纷、互联网域名纠纷的上诉案件，由广州知识产权法院审理；

(3) 当事人对杭州互联网法院作出的判决、裁定提起上诉的案件，由杭州市中级人民法院审理。

5. 电子数据真实性的认定规则

《民事诉讼法》第63条将电子数据新增为一种新的证据形式，但对电子数据的定义、电子数据的真实性、关联性和合法性等内容未作详细规定，致使法官在审判实践中对电子数据的真实性很难认定。对此，《互联网法院规定》第11条从六个方面提出了审查判断电子数据生成、收集、存储、传输过程的真实性：一是电子数据生成、收集、存储、传输所依赖的计算机系统等硬件、软件环境是否安全、可靠；二是电子数据的生成主体和时间是否明确，表现内容是否清晰、客观、准确；三是电子数据的存储、保管介质是否明确，保管方式和手段是否妥当；四是电子数据提取和固定的主体、工具和方式是否可靠，提取过程是否可以重现；五是电子数据的内容是否存在增加、删除、修改及不完整等情形；六是电子数据是否可以通过特定形式得到验证。

6. 通过区块链等新技术的取证方式得到确认

电子数据已经成为常见的证据形式，如何保障电子证据的完整性和真实性，《互联网法院规定》特别规定了通过电子签名、可信时间戳、哈希值校验、区块链等证据收集、固定和防篡改的技术手段或者通过电子取证存证平台认证等方式提交的电子数据，只要能够证明其真实性，互联网法院应当确认。《互联网法院规定》明确了可采用“哈希值校验”“可信时间戳”和“区块链”等防篡改技术等方式提交电子证据，这是《规定》在电子证据提交方式上的创新亮点。

2018年6月28日，杭州互联网法院对一起侵害作品信息网络传播权纠纷案进行公开宣判，引发社会广泛关注。该案之所以引发社会广泛关注，并不在于案件本身，而是互联网法院首次对原告采用区块链技术存证的电子数据的法律效力予以确认，并明确了区块链电子存证的审查判断方法。

(五) 最高人民检察院发布《检察机关办理电信网络诈骗案件指引》

2018年11月9日，最高人民检察院发布《检察机关办理电信网络诈骗案件指引》(高检发侦监字〔2018〕12号，以下简称：《案件指引》)，《案件指引》对电信网络诈骗犯罪进行了定义，即以非法占有为目的，利用电话、短信、互联网等电信网络技术手段，虚构事实，设置骗局，实施远程、非接触式诈骗，骗取公私财物的犯罪行为。

《案件指引》要求，检察机关办理电信网络诈骗案件，应当根据《刑法》第266条、《最高人民法院、最高人民检察院关于办理诈骗刑事案件具体应用法律若干问题的解释》（法释〔2011〕7号）《最高人民法院、最高人民检察院、公安部关于办理电信网络诈骗等刑事案件适用法律若干问题的意见》（法发〔2016〕32号），除了要把握普通诈骗案件的基本要求外，还要特别注意以下七个问题：一是电信网络诈骗犯罪的界定；二是犯罪形态的审查；三是诈骗数额及发送信息、拨打电话次数的认定；四是共同犯罪及主从犯责任的认定；五是关联犯罪事前通谋的审查；六是电子数据的审查；七是境外证据的审查。《案件指引》除了要求重点注意上述七类问题外，还规定了审查证据的基本要求，包括审查逮捕和审查起诉，以及社会危险性及羁押必要性审查等。

《案件指引》要求除审查逮捕阶段证据审查基本要求之外，对电信网络诈骗案件的审查起诉工作还应坚持“犯罪事实清楚，证据确实、充分”的标准，保证定罪量刑的事实都有证据证明；据以定案的证据均经法定程序查证属实；综合全案证据，对所认定的事实均已排除合理怀疑。

《案件指引》对“此罪彼罪”作出了详细的界定，在一些案件中，尤其是利用网络钓鱼、木马链接实施犯罪的案件中，既存在虚构事实、隐瞒真相的诈骗行为，又可能存在秘密窃取的行为，关键要审查犯罪嫌疑人取得财物是否基于被害人对财物的主动处分意识。如果行为人通过秘密窃取的行为获取他人财物，则应认定构成盗窃罪；如果窃取或者骗取的是他人信用卡资料，并通过互联网、通讯终端等使用的，根据《最高人民法院、最高人民检察院关于办理妨害信用卡管理刑事案件具体应用法律若干问题的解释》（法释〔2009〕19号）①，则可能构成信用卡诈骗罪；如果通过电信网络技术向不特定多数人发送诈骗信息后又转入接触式诈骗，或者为实现诈骗目的，线上线下并行同时进行接触式和非接触式诈骗，应当按照诈骗取财行为的本质定性，虽然使用电信网络技术但被害人基于接触被骗的，应当认定普通诈骗；如果出现电信网络诈骗和合同诈骗、保险诈骗等特殊诈骗罪名的竞合，应依据刑法有关规定定罪量刑。

《案件指引》要求检察机关办理电信网络诈骗案件应当从以下六个方面对电子数据的合法性进行审查：一是收集、提取电子数据是否由二名以上侦查人员进行，取证方法是否符合相关技术标准。二是收集、提取电子数

① 已于2018年11月28日修改。

据，是否附有笔录、清单，并经侦查人员、电子数据持有人（提供人）、见证人签名或者盖章；没有持有人（提供人）签名或者盖章的，是否注明原因；对电子数据的类别、文件格式等是否注明清楚。三是是否依照有关规定由符合条件的人员担任见证人，是否对相关活动进行录像。四是电子数据检查是否将电子数据存储介质通过写保护设备接入检查设备；有条件的，是否制作电子数据备份，并对备份进行检查；无法制作备份且无法使用写保护设备的，是否附有录像。五是通过技术侦查措施，利用远程计算机信息系统进行网络远程勘验收集到电子数据，作为证据使用的，是否随案移送批准采取技术侦查措施的法律文书和所收集的证据材料，是否对其来源等作出书面说明。六是对电子数据作出鉴定意见的鉴定机构是否具有司法鉴定资质。

（六）坚持营造风清气正的网络空间

习近平总书记在全国网络安全和信息化工作会议讲话中强调，要提高网络综合治理能力，形成党委领导、政府管理、企业履责、社会监督、网民自律等多主体参与，经济、法律、技术等多种手段相结合的综合治网格局。习近平总书记讲话精神明确了我国网络综合治理的模式，对网络综合治理提出了新要求，为网络综合治理指明了方向。2018年，我国网信领域坚持营造风清气正的网络空间，取得了可喜的成绩。

1. 严格规范网络游戏市场

2018年2月，中共中央宣传部、中央网信办、工业和信息化部、教育部、公安部、文化部、国家工商总局、国家新闻出版广电总局八部门联合印发《关于严格规范网络游戏市场管理的意见》（以下简称《网游市场管理意见》），部署针对网络游戏违法违规行为和不良内容的集中整治。

《网游市场管理意见》指出，近年来，我国网络游戏快速发展，内容形式不断丰富。同时必须看到，我国网络游戏文化内涵缺失问题较为突出，部分游戏存在低俗暴力倾向，个别作品价值观念出现偏差，触碰道德底线。《网游市场管理意见》从统一思想认识、强力监管整治、落实主体责任等六个方面，对集中规范行动作出了全面部署。《网游市场管理意见》强调，各相关部门要迅速开展全面排查，重点排查用户数量多、社会影响大的网络游戏产品，对价值导向严重偏差、含有暴力色情等法律法规禁止内容的，坚决予以查处；对内容格调低俗、存在打擦边球行为的，坚决予以整改。

2. 规范网络视听节目传播秩序

为进一步规范网络视听节目的传播秩序，维护健康清朗的网络空间，国家新闻出版广电总局办公厅于2018年3月16日发布《关于进一步规范网络视听节目传播秩序的通知》（以下简称：《网络视听节日传播秩序通知》）。《网络视听节日传播秩序通知》指出，我国一些网络视听节目制作、播出不规范的问题十分突出。有的节目歪曲、恶搞、丑化经典文艺作品；有的节目擅自截取拼接经典文艺作品、广播影视节目和网络原创视听节目的片段，或者重新配音、重配字幕，以篡改原意、断章取义、恶搞等方式吸引眼球，产生了极坏社会影响。对此，《网络视听节日传播秩序通知》提出四项治理措置：一是坚决禁止非法抓取、剪拼改编视听节目的行为；二是加强网上片花、预告片等视听节目管理；三是加强对各类节目接受冠名、赞助的管理；四是严格落实属地管理责任。

3. 治理微博客信息服务

国家互联网信息办公室于2018年2月2日公布《微博客信息服务管理规定》（以下简称《微博管理规定》），《微博管理规定》自3月20日起施行。出台《微博管理规定》旨在促进微博客信息服务健康有序发展，保护公民、法人和其他组织的合法权益，维护国家安全和公共利益。《微博管理规定》共18条，包括微博客服务提供者主体责任、真实身份信息认证、分级分类管理、辟谣机制、行业自律、社会监督及行政管理等条款。

《微博管理规定》明确，国家互联网信息办公室负责全国微博客信息服务的监督管理执法工作。地方互联网信息办公室依据职责负责本行政区域内的微博客信息服务的监督管理执法工作。《微博管理规定》强调，微博客服务提供者应当落实信息内容安全管理主体责任，建立健全各项管理制度，具有安全可控的技术保障和防范措施，配备与服务规模相适应的管理人员。

4. 治理歪曲历史恶搞英雄的网络公害

2018年5月1日，《英雄烈士保护法》正式施行，根据该法的规定，网信和电信、公安等有关部门在对网络信息进行依法监督管理工作中，发现发布或者传输以侮辱、诽谤或者其他方式侵害英雄烈士的姓名、肖像、名誉、荣誉的信息的，应当要求网络运营者停止传输，采取消除等处置措施和其他必要措施；对来源于中华人民共和国境外的上述信息，应当通知有关机构采取技术措施和其他必要措施阻断传播。

《英雄烈士保护法》对歪曲历史恶搞英雄的网络公害亮起红灯、划出红线。从司法机关、政府部门到互联网平台、社会组织积极依法履责，全面清理网上涉亵渎、污蔑英烈的违法违规信息，整治成果初显，进一步推动形成保护和尊崇英烈的清朗网络空间。

5. 中国互联网联合辟谣平台正式上线

2018 年 8 月 29 日，由中央网信办违法和不良信息举报中心主办，新华网承办的中国互联网联合辟谣平台在北京正式上线。中国互联网联合辟谣平台是治理网络谣言、打造清朗网络空间的重大举措，旨在为广大群众提供辨识谣言、举报谣言的权威平台。

近年来，我国互联网迅猛发展，但也出现一些问题，网络谣言时有出现，误导了公共舆论，影响了人们的正常生活，扰乱了社会秩序，损害了网民的合法权益，对社会发展稳定产生了干扰。人民群众对此深恶痛绝，迫切要求加强治理。为回应群众关切，解民所需，释民所惑，推动辟谣工作常态化、专业化，中国互联网联合辟谣平台应时而生，这标志着网络谣言治理进入了新阶段，对于实现“网络空间不是法外之地”以及“使网络空间清朗起来”，具有重要意义。

中国互联网联合辟谣平台设立了部委发布、地方回应、媒体求证、专家视角、辟谣课堂等栏目，具备举报谣言、查证谣言的功能，可以获取相关部门和专家的权威辟谣信息。平台还可以起到大数据精准识谣、联盟权威辟谣、多终端立体传播、指尖即时查证、关口前移防范的作用。中国互联网联合辟谣平台的建立，得到了中央党校、国家发展改革委等 27 家指导单位的帮助，以及中央重点新闻网站和地方区域性辟谣平台、门户网站以及专家智库的大力支持，构建了对网络谣言“联动发现、联动处置、联动辟谣”的工作模式。

6. 严格舆论信息服务的安全评估

为了督促指导具有舆论属性或社会动员能力的信息服务提供者履行法律规定的安全管理义务，维护网上信息安全、秩序稳定，防范谣言和虚假信息等违法信息传播带来危害，2018 年 11 月 15 日，国家互联网信息办公室和公安部联合发布《具有舆论属性或社会动员能力的互联网信息服务安全评估规定》（以下简称《评估规定》），这是我国促进互联网企业依法落实信息网络安全义务的一项重要监管措施。

按照《评估规定》的要求，新开办舆论属性或社会动员能力的互联网信息服务，使用新技术新应用使信息服务的功能属性、技术实现方式、基础资源配置等发生重大变更，要在上线前开展评估，用户规模显著增加或发生违法有害信息传播扩散的，要在相关情形发生之日起30日内开展安全评估。评估模板的内容均为《网络安全法》等法律法规明确规定的、信息服务提供者应当履行的法定安全义务。

7. 强化网络直播服务管理

2018年8月，全国“扫黄打非”工作小组办公室、工业和信息化部和公安部联合发布《关于加强网络直播服务管理工作的通知》。该通知针对从事网络直播业务的互联网信息服务提供者传播淫秽色情信息现象多发的问题，提出了五项治理措施：一是加强网络直播服务许可和备案管理工作；二是强化网络直播服务基础管理工作；三是组织开展存量违规网络直播服务清理工作；四是建立健全网络直播服务监管工作机制；五是网络接入服务提供者、应用商店未尽到许可、备案手续审核及监管义务造成有害信息传播的，由有关主管部门按照相关法律法规予以查处。

8. 严禁利用“区块链”概念传播违法有害信息

区块链作为一项新兴技术，具有不可篡改、匿名性等特性，在给国家发展带来机遇、给社会生活带来便利的同时，也带来了一定的安全风险。针对当前一些不法分子通过“区块链”概念与传播领域的结合，传播违法有害信息，实施网络违法犯罪活动，损害公民、法人和其他组织合法权益，2018年10月19日，国家互联网信息办公室发布《区块链信息服务管理规定（征求意见稿）》（以下简称《区块链规定》）。《区块链规定》详细规定了区块链信息服务的使用范围、提供者与使用者的行为准则，以及有关部门的监管规定与处罚措施。值得注意的是，《区块链规定》要求，区块链信息服务的提供者需提前备案，实行年检，开发上线的新产品、新应用、新功能需安全评估，对违规的服务提供者进行追责等。

《区块链规定》指出，区块链信息服务提供者应当在提供服务之日起十个工作日内通过国家互联网信息办公室区块链信息服务备案管理系统填报《区块链信息服务备案登记表》，主要包括服务提供者、服务类别、服务形式、应用领域、服务器地址等信息，履行备案手续。国家互联网信息办公室根据实际情况对《区块链信息服务备案登记表》进行调整，并按规定进行公示。区块链信息服务提供者变更、注销服务项目、平台网址等事项的，应当在变更、注销之日起五个工作日内办理变更、注销手续。

9. 加强金融信息服务内容管理

金融信息服务是指向从事金融分析、金融交易、金融决策或者其他金融活动的用户提供可能影响金融市场的信息和/或者金融数据的服务。针对一些机构内容把关不严，炒作金融市场风险、发布敏感市场信息、歪曲金融监管政策等违法行为，2018 年 12 月 26 日，国家互联网信息办公室依据《网络安全法》等法律法规，公布了《金融信息服务管理规定》，该规定自 2019 年 2 月 1 日起正式施行。

该规定禁止金融信息服务提供者制作、复制、发布、传播含有以下六大内容的信息：一是散布虚假金融信息，危害国家金融安全以及社会稳定的；二是歪曲国家财政货币政策、金融管理政策，扰乱经济秩序、损害国家利益的；三是教唆他人商业欺诈或经济犯罪，造成社会影响的；四是虚构证券、基金、期货、外汇等金融市场事件或新闻的；五是宣传有关主管部门禁止的金融产品与服务的；六是法律、法规和规章禁止的其他内容。

（七）个人信息保护立法有序推进

习近平总书记在全国网络安全和信息化工作会议讲话中强调，要维护人民群众合法权益，依法严厉打击网络黑客、电信网络诈骗、侵犯公民个人隐私等违法犯罪行为。《2018 年国务院政府工作报告》明确指出，整治电信网络诈骗、侵犯公民个人信息、网络传销等突出问题，维护国家安全和公共安全。

当前，个人信息保护正日益成为社会关注的焦点，尤其是电商平台和 APP 软件非法搜集消费者个人信息的现象成为侵犯公民个人隐私的热点。2018 年 7 月 17 日至 8 月 13 日，中国消费者协会组织开展了一次“APP 个人信息泄露情况”问卷调查，在收回的 5458 份有效问卷中发现，我国超八成受访者曾遭遇个人信息泄露问题。调查显示，我国个人信息泄露总体情况比较严重，经营者未经授权收集个人信息和故意泄露信息是个人信息泄露的主要途径。根据调查结果，个人信息泄露的主要途径有：一是经营者未经本人同意收集个人信息，约占调查总样本的 62.2%；二是经营者或不法分子故意泄露、出售或者非法向他人提供个人信息，约占调查总样本的 60.6%，网络服务系统存有漏洞造成个人信息泄露 57.4%。还有不法分子通过木马病毒、钓鱼等手段盗取、骗取个人信息和经营者收集不必要的个人信息分别占 34.4% 和 26.2%。个人信息泄露已成为网络信息诈骗的根源，诈骗分子利用各行业的漏洞非法获取个人信息的情况日益突出，新骗局层出不穷，攻防博弈日趋激烈。

在大数据、云计算、物联网以及人工智能等新一代信息技术迅速普及推广的当下，网络安全语境下的个人数据安全与治理日益凸显其战略意义。2018 年，我国个人隐私信息保护立法稳步推进，《个人信息保护法》被列入《十三届全国人大常委会立法规划》，这意味着久久呼唤的个人信息保护专门立法正式启动，及时回应了人民对个人隐私权和信息权保护的迫切需求。2018 年颁布的《个人信息保护标准规范》主要内容包括：个人信息及其相关术语基本定义，个人信息安全基本原则，个人信息收集、保存、使用及处理等流转环节，以及个人信息安全事件处置和组织管理要求等。

2018 年 8 月 27 日，民法典各分编草案提请十三届全国人大常委会第五次会议审议，草案将人格权单独成编，位列物权编、合同编之后，这也是我国首次对人格权的民事权利进行系统编纂。针对隐私权和个人信息保护领域存在的突出问题，在现行法律规定基础上，草案在“人格权编”中进一步强化对隐私权和个人信息的保护，并为即将制定的个人信息保护法留下衔接空间。

（八）未成年人网络保护立法受到高度关注

2018 年，社会期待已久的《未成年人网络保护条例》被国务院列入 2018 年立法工作计划，自原国务院法制办就《未成年人网络保护条例》向社会公开征求意见以来，得到了全社会的高度关注，学校和家长尤其聚焦对未成年人的网络沉迷等突出问题，特别是《未成年人网络保护条例》建立的网络游戏宵禁等制度引发了舆论的强烈关注。

2018 年 5 月 11 日，十三届全国政协第二次双周协商座谈会在京召开。中共中央政治局常委、全国政协主席汪洋主持会议并讲话。他强调，人民政协是协商民主的重要平台，协商是双向的。委员们通过这个平台资政建言，为党和政府科学民主决策提供参考。本次双周协商座谈会的议题是“《未成年人网络保护条例》的制定”，司法部负责人介绍了《未成年人网络保护条例》起草的有关情况，中央网信办、教育部、工业和信息化部负责人对委员们关注的问题及建议进行了互动性交流，为促进《未成年人网络保护条例》的科学立法凝聚了各界的共识。

十七位委员、专家和企业代表围绕未成年人网络保护的立法定位、总体思路、基础制度、监管体制等提出意见建议。委员们认为，互联网快速发展对广大未成年人学习知识、休闲娱乐、社会交往都有重要积极作用，同时网络不良信息泛滥、网络游戏成瘾等问题也严重威胁未成年人身心健康，推进未成年人网络保护立法、营造健康文明有序的网络环境势在必行。

未成年人网络保护涉及法律主体众多，各方的认识和诉求不完全一致，立法要从实际出发，坚持多管齐下、综合施策、责任分担、社会共治，平衡好政府监管和市场机制的关系、政府职能与企业权利的关系、家庭与社会的关系、短期效果和长效机制的关系，提高立法质量。

一些委员建议，加强未成年人网络保护，重在加强基础性制度设计，构建以技术手段为基础、行政管理为补充的制度架构，积极探索建立不良信息和有害信息识别制度、未成年人专用设备设施供应制度、选择性宵禁和上网时间提醒制度、监护人约束激励制度、提升未成年人网络素养制度等。要加快构建科学合理的监管体系，按照“一事一负责”原则设定未成年人网络保护涉及各部门的职责，建立未成年人网络保护工作机制，形成政府主导下的家庭、企业、学校、社会共同参与、协同共治的良性格局。

2018 年 6 月 1 日，最高人民法院选择国际六一儿童节召开新闻发布会，向社会公布近年来人民法院依法审判的利用互联网侵犯未成年人权益的 10 起典型案例。在这 10 起案件中，有 9 起刑事案件，其中 3 起为猥亵儿童案。在互联网时代，不法分子运用网络技术实施传统意义上的犯罪，手段更为隐蔽，危害范围更为广泛。以视频裸聊方式猥亵儿童为例，乔某某通过登录 QQ 添加不满 14 周岁的幼女为其好友，并冒充生理老师以视频教学为名，先后诱骗多名幼女与其视频裸聊，最终，乔某某获刑 4 年；在另一猥亵儿童一案中，王某利用 QQ 聊天软件，以某公司招收童星需视频考核为名，先后诱骗 3 名不满 14 周岁的幼女与其视频裸聊，法院判处王某有期徒刑一年十个月。

最高人民法院表示，人民法院将依法严惩各类利用互联网侵害未成年人权益的违法犯罪行为；进一步加强调查研究，有针对性完善司法政策；进一步加强与相关部门的协作配合，为净化网络环境，保护未成年人少受、不受网络违法犯罪侵害提供强有力的司法保障。

（九）互联网金融专项治理行动继续强化

受多种因素影响，2018 年互联网金融领域的部分网贷机构出现风险，2018 年 6 月中旬，号称交易量达 800 亿元的网贷平台“唐小僧”爆雷，随后 P2P 行业陷入平台密集爆雷期。据不完全统计，6 月停业及问题平台数量为 80 家。随后的 7 月，P2P 网贷行业更是进入爆雷期，有停业的、跑路的、转型的、提现困难的，还有平台的负责人被刑事拘留。短短两个月，200 多家 P2P 平台爆雷，这也暴露了网贷行业一些深层次问题。

各省区市党委、政府高度重视，第一时间进行动员部署，多措并举，维护社会稳定和金融稳定，保护出借人合法权益。依法打击转移资金、跑路等恶性退出行为；监测资金流向，管控高管人员，引导问题机构良性退出；依法缉捕外逃人员，全力做好追赃挽损，回应和解决群众合理诉求。

自 2018 年 1 月以来，多家 P2P 平台被立案侦查，据不完全统计，2018 年全年共有 199 家 P2P 平台被立案侦查，主要分布在浙江、上海、深圳、北京等地区。截至 2018 年 12 月，P2P 在运营平台数量已经从 2018 年 6 月的 1800 多家降为 1029 家，借贷余额从 1.3 万亿元左右减少至 0.78 亿元左右。

2018 年，监管部门召开多个网贷相关会议、下发多份文件。其中包括，银保监会召集四大资产管理公司（AMC）高管开会，要求四大 AMC 主动作为以协助化解网贷的爆雷风险。2018 年 8 月，国家互联网金融风险专项整治工作领导小组办公室下发《关于报送网贷平台借款人逃废债信息的通知》，该通知提出，将逃废债信息纳入征信系统和“信用中国”数据库，借款人违约成本大增，对于借款人借款不还的情况有明显的遏制作用，有利于行业的健康发展。2018 年 9 月，首批 25 家银行存管白名单也随之公布。随着 2018 年 12 月 11 日，AMC 化解 P2P 风险首单落地，信融财富获东方资产 2000 万支持，网贷行业开始回暖，不合规平台持续出清，同时也促进了优质平台间的良性竞争。

为了推动问题平台良性退出，防范处置风险和道德风险，网络借贷风险专项整治工作办公室联合互联网金融风险专项整治办公室印发了《关于做好网络借贷等互联网金融机构良性退出工作意见》，指导各地在坚持市场化、法制化原则的前提下，完善工作机制和程序，做好机构良性退出工作，最大限度保障投资人合法权益。同时，对严重违法违规的机构加大打击力度。

2018 年 4 月 2 日，中央财经委第一次会议审议通过了，打好防范化解金融风险攻坚战的三年行动方案，将互联网金融风险的专项整治工作纳入打好防范化解重大风险攻坚战的总体安排。要求再用一到两年时间完成专项整治。根据方案的内容，领导小组办公室起草了各地互联网金融风险专项整治的工作要点：（1）明确时间节点，完善“双牵头”的工作机制，P2P 网络借贷和网络小贷领域清理整顿延长至 2019 年 6 月，其他各领域重点机构应于 2018 年 6 月底前，将存量的违规业务化解至零。各地专项整治工作继续保持原有的机制，在省级人民政府统一领导下，落实属地责任。（2）进一步梳理风险突出领域的重点机构清单，坚决打击取缔非法金融活动，加强风险监测的预警，同步开展互联网金融监管的长效机制的研究和建设。比如，各个地区建立自己的机构名录，做到“一户一档案”，划定自己的重点区域，投入更多资源。（3）以现场检查和行政处罚为抓手，坚决打击取缔非法金融活动，加速化解存量业务风险，对辖内的重点机构要全面开展现场检查，公开披露检查结果，加速市场良性退出，坚决取缔违规情节严重、难以完成整改、风险较大的机构。加强专项整治与各类打非整控工作机制的衔接，加大刑事打击力度，从严打击非法经营活动，落实好属地责任，同时防范处置风险的工作。（4）加强风险监测的预警，严控增量风险，要建立预警监测的机制，特别是对新从事金融类活动机构，要及早的盯防，继续管控金融等相关字样在工商登记注册名称中的使用，规范金融营销宣传行为，加大执法力度。

（十）治理网络市场违法行为重点突出

为了营造诚实守信、公平竞争的网络市场环境，2018 年 6 月 4 日，国家市场监管总局联合国家发改委、工信部、公安部、商务部、海关总署、网信办、邮政总局八部门联合印发《2018 网络市场监管专项行动（网剑行动）方案的通知》（以下简称“2018 网剑行动”）。“2018 网剑行动”的目的，以打击网络侵权假冒、刷单炒信、虚假宣传、虚假违法广告等违法行为和落实平台责任、规范格式合同为重点，更好地实现对网络市场的全流程、全链条精准监管，进一步遏制网络市场突出违法问题，提升网络商品和服务质量，改善网络市场竞争秩序和消费环境，推动社会信用体系建设。对此，“2018 网剑行动”提出了五项重点工作，并逐一落实了监管部门的职责和分工：（1）规范网络经营主体资格，保障网络经营活动的可追溯性。督促网络交易平台按照《网络交易管理办法》《网络食品安全违法行为查处办法》《网络餐饮服务食品安全监督管理办法》《医疗器械网络销售监督管理办法》等规章要求登记备案，并对平台内经营者的经营资格进行审查、登记、公示。督促邮政企业、快递企业加强对协议客户资格审查。（2）严厉查处制售侵权假冒伪劣网络商品行为，探索建立生产、流通、消费全链条监管机制。严惩生产、销售不符合强制性标准的产品，伪造产地、厂名、质量标志，篡改生产日期，在网售商品中掺杂、掺假，以假充真，以次充好，或者以不合格商品冒充合格商品等违法行为。根据商标权利人和消费者投诉举报、媒体报道等，以高知名度商标、地理标志、涉外商标、老字号注册商标为重点，从严从重打击侵犯商标专用权行为。（3）整治互联网不正当竞争行为，维护公平竞争的市场秩序。以市场混淆等违法行为为重点，推动执法办案工作。着力治理网络失信问题，严厉打击通过组织恶意注册、虚假交易、虚假评价、合谋寄递空包裹等方式，帮助其他经营者进行虚假或者引人误解的商业宣传。从严处罚限制、排斥平台内的网络集中促销经营者参与其他第三方交易平台组织的促销活动等行为。（4）严肃查处网络上具有不良影响、妨碍社会公共秩序和公序良俗的广告和信息，加大对包括医疗、药品、食品、保健食品等与人民群众生命财产安全密切相关的重点热点领域执法力度。督促互联网平台加强自律，规范商品或者服务的质量、性能、价格、用途、有效期限等宣传信息，严禁以虚假或者引人误解的商品说明、商品标准、商品标价等方式销售商品或者服务。（5）规范网络合同格式条款，严厉打击其他网络违法违规行为。督促网络交易平台完善与平台内经营者、消费者之间的格式合同，修正不公平格式条款，采用显著方式提请合同相对人注意与其有重大利害关系的格式条款。认真及时查处混淆“定金”与“订金”、不依法履行七日无理由退货义务、自行解释“商品完好”以及在线旅游等网络服务交易平台经营者采用订金不退、增加限退条件等方式侵害消费者权益的违法行为。

“2018 网剑行动”尤其加大对未经同意收集、使用，泄露、出售或者非法向他人提供消费者个人信息行为的处罚力度。依法打击惩处窃取或者以其他非法方式获取、出售或者向他人提供个人信息的犯罪行为。

二、2018 年网络法治实施的主要特点

2018 年，我国网络法治实施的主要特征是强化“以民为本、立法为民”的网络法治理念，着力解决网络法治领域的现实问题，具有以下主要特征：全面部署网络安全工作、《电子商务法》突出平台责任、互联网法院试点探索成绩突出、全面排查和治理未成年人网络沉迷、“净网 2018”项行动集中整治网络文化环境、网络预约出租汽车行业的监管形成合力、欧盟 GDPR 实施引发中国企业强化合规意识、民法典草案专章设立“隐私权和个人信息”、《信息安全技术个人信息安全规范》为个人信息保护立法奠定基础、公安部重拳打击自媒体“网络水军”违法犯罪活动、依法打击与治理网络新型违法犯罪取得阶段性成果。

（一）全面部署网络安全工作

习近平总书记在全国网络安全和信息化工作会议发表的重要讲话，站

在人类历史发展、党和国家事业全局高度，科学分析了信息化变革趋势和我们肩负的历史使命，系统阐述涵盖网信事业发展观、安全观、治理观的网络强国战略思想，深刻回答了一系列重大理论和实践问题，是指导新时代网络安全和信息化发展的纲领性文献。习近平总书记在讲话中，把网络安全工作摆在了极为重要的位置，

习近平总书记强调，没有网络安全就没有国家安全，就没有经济社会稳定运行，广大人民群众利益也难以得到保障。首先，要树立正确的网络安全观，加强信息基础设施网络安全防护，加强网络安全信息统筹机制、手段、平台建设，加强网络安全事件应急指挥能力建设，积极发展网络安全产业，做到关口前移，防患于未然；其次，要落实关键信息基础设施防护责任，行业、企业作为关键信息基础设施运营者承担主体防护责任，主管部门履行好监管责任；再次，要依法严厉打击网络黑客、电信网络诈骗、侵犯公民个人隐私等违法犯罪行为，切断网络犯罪利益链条，持续形成高压态势，维护人民群众合法权益；最后，要深入开展网络安全知识技能宣传普及，提高广大人民群众网络安全意识和防护技能。

（二）《电子商务法》突出平台责任

电子商务已经成为我们国民经济的重要组成部分和重要经济增长点，是经济新动力的主要构成，网络购物已成为人们生活中不可或缺的一部分。据 CNNIC 第 42 次调查报告显示，截至 2018 年 6 月，我国网络购物用户规模已经达到了 5.69 亿，这部关系到近 6 亿网购用户的首部综合性电商法律，本着维护电子商务市场秩序的立法目的，不仅明确了电子商务各方主体的合法权益，规范了电子商务行为，尤其是为电子商务的经营者设定了多项法定义务。

《电子商务法》的立法过程中具有四大特点：一是电商法由全国人大财经委员会牵头起草，国务院 12 个部门参与组成了起草组；二是在审议中充分发扬民主，广泛听取意见；三是根据科学立法的要求，对草案进行广泛修改，包括召开过两次国际研讨会；四是一般法律经过三审，电商法经过了四审才出台。

《电子商务法》在审议过程中引起社会的广泛关注，尤其是第 38 条第 2 款，对关系消费者生命健康的商品或者服务，电子商务平台经营者对平台内经营者的资质资格未尽到审核义务，或者对消费者未尽到安全保障义务，造成消费者损害的，依法承担何种法律责任，引起社会的热议，原来的草

案是承担“连带责任”，而第三稿提交的草案却改成了“相应的补充责任”，对此引起广大网民和法律专家的质疑，全国人大常委会认真听取了广大网民和专家的意见，最后修改为“相应的责任”，充分体现了“以民为本、立法为民”的新时代法治理念。

互联网的发展已经进入平台时代，《电子商务法》中的一项重要内容，也是该部法律的亮点之一，就是突出了电子商务平台的义务与责任。《电子商务法》明确了“电子商务平台经营者”的定义，即“在电子商务中为交易双方或者多方提供网络经营场所、交易撮合、信息发布等服务，供交易双方或者多方独立开展交易活动的法人或者非法人组织。”《电子商务法》为电子商务平台设定的法律义务主要包括以下几个方面：第一是电子商务平台经营者对进入平台的经营者的审核义务；第二是电子商务平台经营者对平台内经营者身份信息的两项报送义务，一是向市场监督管理部门，二是向税务部门；三是保证平台网络安全的义务；四是平台经营者的管理义务，主要包括制定平台服务协议和交易规则，明确进入和退出平台、商品和服务质量保障、消费者权益保护、个人信息保护等方面的义务；五是平台内特殊经营者（如涉及生命健康以及食品安全的经营者）的审核责任；六是建立消费者对平台信用评价的义务。

（三）互联网法院试点探索成绩突出

自我国首个互联网法院——杭州互联网法院于2017年8月18日挂牌运行以来，经过一年的审判实践，取得良好效果。2018年7月6日，中央全面深化改革委员会第三次会议审议通过《关于增设北京互联网法院、广州互联网法院的方案》，决定在北京、广州两地增设互联网法院，进一步深化互联网法院试点探索，健全完善互联网案件审判格局，2018年8月9日，最高人民法院印发《关于增设北京互联网法院、广州互联网法院的方案》，至此，我国互联网法院试点已达三家。这是我国司法改革主动适应互联网发展大趋势的“重大制度创新”：

首先，互联网法院试点探索是司法主动对接网络强国战略、服务互联网经济发展的时代需要，体现了改革的责任导向。实践证明，杭州、北京、广州等互联网产业较集中的地区设立互联网法院，实行“网上安全，网上审理”的原则，极大地提高的效率，也给人民群众带来了便利。以杭州互联网法院为例，成立一年多来，依托在线审理诉讼平台，受理申请立案超过3.6万件，立案1.5万件，结案1.3万件，平台访问量已超过1200万次，平均为当事人每人每案节省开支近 800 元、节约在途时间约 16.8 小时。

其次，互联网法院的设立是全面落实依法治国要求、探索网络空间治理法治化的必然要求，体现了改革的问题导向。成立专门管辖涉互联网案件的专业性法院，无疑为今后网络空间治理规则的积累、完善提供了极为重要的司法平台。2018 年 9 月 9 日，北京互联网法院挂牌当日，电子诉讼平台的访问量就达到了 6.2 万次，收到立案申请 89 件。互联网法院与传统法院最大的不同是，24 小时“不打烊”，当事人不需要到法院，案件的起诉、调解、立案、送达、庭审、判决、执行等诉讼环节都能通过法院的电子诉讼平台全程网上办理，实现了让数据多跑路，让群众少跑腿。

再次，互联网法院的设立是推进司法供给侧改革、落实司法公正为民宗旨的有力抓手，体现了改革的目标导向。互联网的迅猛发展给人类的生产生活方式带来了深刻的改变，同时也拓展了社会治理的时间、空间、质量和效率维度。互联网法院的设立，彰显了互联网具有的“泛在性、通用型、低成本”等便民优势。

最后，最高人民法院首次以司法解释形式对电子签名、可信时间戳、哈希值校验及区块链等固证存证手段进行予以确认。2018 年 9 月 6 日，最高人民法院发布《关于互联网法院审理案件若干问题的规定》明确：当事人提交的电子数据，通过电子签名、可信时间戳、哈希值校验、区块链等技术手段，能够证明其真实性的，互联网法院应当确认。这是我国首次以司法解释形式对电子签名、可信时间戳、哈希值校验及区块链等固证存证手段进行法律确认，意味着电子数据的真实性效力取证方式得以确认。

鼓励和引导当事人通过电子签名、可信时间戳、哈希值校验、区块链等技术手段，并通过取证存证平台等对证据进行固定、留存、收集和提取，以弥补仅依靠公证程序认定电子证据的不足，但是需要注意的是，使用以上技术手段是提升电子数据证据效力的有效途径，不等于能证明了证据的真实性，因为前述技术形式本质上不属于取证技术，而是一种固证存证技术。

杭州互联网法院于 2018 年 6 月首次确立了区块链电子存证的法律审查规则，2018 年 9 月又建立了司法区块链平台，解决电子数据全生命周期的生成、存储、传播、使用，特别是生成端的可信问题，以共建共享共治理念推动互联网行为规范化。杭州互联网法院司法区块链平台自 2018 年 9 月 18 日上线运行以来，截至 2018 年 12 月，平台存证量突破 1200 万条，通过司法区块链平台前置调解纠纷 191 件，正式立案 88 件。

（四）网络预约出租汽车行业的监管形成合力

网约车的迅速发展，在丰富运输服务类型、方便公众出行的同时，也存在非法营运、部分平台公司经营行为不规范以及安全风险大等突出问题。作为“互联网＋”发展下的新业态，网约车具有“一点接入、全网服务”的技术特征和跨部门、跨区域特点，行业监管面临新的形势和要求。为此，需要多部门加大协调配合力度，强化事中事后监管，形成监管合力，保障行业健康稳定发展。2018 年 6 月 5 日，交通运输部、中央网信办、工业和信息化部、公安部、中国人民银行、税务总局和国家市场监督管理总局七部门联合印发了《关于加强网络预约出租汽车行业事中事后联合监管有关工作的通知》（交办运〔2018〕68 号）。

该通知要求，各级交通运输、网信、通信、公安、人民银行、税务、工商和市场监管等部门，要建立健全事中事后联合监管工作机制，充分发挥各自职能，加强对网约车平台公司有关经营行为的监管。针对未取得网约车经营许可从事网约车经营、线上线下车辆人员不一致、信息泄露、不依法纳税、不正当竞争、非法经营资金支付结算等违法违规行为，各相关管理部门可开展联合约谈。约谈后仍拒不改正的，相关管理部门可根据网约车平台公司违法行为严重程度，按照《网络安全法》等有关法律法规的规定，对网约车平台公司相应采取暂停发布、下架移动互联网应用程序（APP）、停止互联网服务、6 个月内停止联网或停机整顿等处置措施。

（五）全面排查网络游戏市场，预防未成年人网络沉迷

为营造清朗网络空间，有效保护青少年身心健康，推动我国网络游戏健康有序发展，中共中央宣传部、中央网信办、工业和信息化部、教育部、公安部、文化部、国家工商总局、国家新闻出版广电总局联合印发《网游市场管理意见》，部署了 2018 年对网络游戏违法违规行为和不良内容进行集中整治。《网游市场管理意见》从统一思想认识、强力监管整治、落实主体责任、加强制度保障、加强教育引导、加强监督举报等六个方面，对集中规范整治网络游戏市场作出了全面部署。

《网游市场管理意见意见》强调，各相关部门要迅速开展全面排查，重点排查用户数量多、社会影响大的网络游戏产品，对价值导向严重偏差、含有暴力色情等法律法规禁止内容的，坚决予以查处；对内容格调低俗、存在打擦边球行为的，坚决予以整改；对未经许可、擅自上网运营的，坚决予以取缔；对来自境外、含有我国法律法规禁止内容的，坚决予以阻断。

所有网络游戏企业都要认真进行自查自纠，自觉抵制和清除不良内容。

2018 年 4 月，教育部办公厅专门发布《关于做好预防中小学生沉迷网络教育引导工作的紧急通知》，并发布一份《致全国中小学生家长的一封信》。该通知提出了五项具体措施：

一是切实增强责任感紧迫感。各地要充分认识预防中小学生沉迷网络的极端重要性和现实紧迫性，将教育引导工作摆在更加突出的位置，进一步增强责任意识，健全制度机制，强化日常监管，以更大力度、更实举措抓紧抓实抓好这项工作，保障广大中小学生在良好的网络环境下健康快乐成长。

二是迅速开展一次全面排查。各地教育行政部门要组织中小学校迅速开展一次全面排查，了解掌握中小学生使用网络基本情况，重点排查学生沉迷游戏等问题。对排查中发现的涉及中小学生的网络违法违规行为，以及宣扬赌博、暴力、色情等内容的网络文化产品，要及时向当地文旅、公安、网信等部门报告，会同相关部门采取针对性措施予以整治。

三是集中组织开展专题教育。各地教育行政部门要积极会同当地宣传部门以及新闻媒体，集中在开学后、放假前等重点时段播放预防中小学生沉迷网络提醒，及时向家长推送防范知识。

四是严格规范学校日常管理。各地教育行政部门要研究制定预防学生沉迷网络工作制度，重点加强农村学校、寄宿制学校等管理工作，并指导学校加强对校园网内容管理，建设校园绿色网络。

五是推动家长履行监护职责。各地各校要通过开展家访、召开家长会、家长学校等多种方式，一个不漏地提醒每位家长承担起对孩子的监管职责，帮助家长提高自身网络素养，掌握沉迷网络早期识别和干预的知识。

（六）“净网 2018”专项行动集中整治网络文化环境

2018 年 4 月 9 日，全国“扫黄打非”办公室作出专门部署，要求各地各部门围绕打击非法有害出版活动、淫秽色情低俗信息、新闻“三假”和侵权盗版等重点任务，抓住人民群众高度关心的问题，紧盯网上网下重要传播渠道，精准发力，重拳出击，持续净化社会文化环境。

全国“扫黄打非”办公室开展“净网 2018”专项行动，集中力量专项整治网络文化环境问题多发的五个领域：一是严厉打击利用云盘、APP 应用商店传播有害信息活动，及时处置相关有害信息、淫秽色情低俗信息；二是查处违法违规网络直播平台，及时取缔地下网络直播平台，从严打击传播淫秽色情信息的平台和违法直播聚合软件；三是规范整治违法违规网络游戏，坚决下架未经审批上线运营的网络游戏，处置含有害和不良信息内容的网络游戏，打击淫秽色情、赌博类等网络游戏；四是大力整顿非法网络群组，严打通过群组贩卖色情信息的不法分子，对相关案件一查到底，摧毁整个犯罪网络；五是深入清理非法弹窗广告，严查登载含淫秽色情等有害内容广告的网站，严惩为淫秽色情网站提供资金或费用结算服务的网络联盟，斩断淫秽色情信息传播利益链条。

2018 年 3 月，全国“扫黄打非”办公室实施“护苗 2018”专项行动中，部署各地大力开展中小学校园周边文化市场环境、涉未成年人网络有害信息两个专项整治。“护苗 2018”专项行动重在构建集政府监管、企业自律、基层参与为一体的“护苗”综合安全体系。组织开展中小学校园周边文化市场环境、涉未成年人网络有害信息两个专项整治，一是集中清查校园周边出版物及文化用品经营等场所，重点打击无证销售出版物、销售盗版少儿出版物和销售含有淫秽色情、暴力恐怖等内容的少儿出版物活动，确保校园周边文化环境规范有序；二是及时发现清理网上涉少儿非法有害出版物及信息，重点清查存在问题较多的网络游戏、网络直播、短视频、教育类 APP 等领域，确保网站、互联网应用软件等不传播妨害未成年人健康成长的内容。2018 年，各地查获非法有害少儿出版物 340 余万件，网上清理淫秽色情低俗及各类有害信息 1 亿多条。

（七）欧盟 GDPR 实施引发中国企业强化合规意识

2018 年 5 月 25 日，一部欧盟法案——GDPR（《通用数据保护条例》）的生效却引发中国企业的高度关注，并以此采取实际行动确保企业个人隐私信息的保护规则要符合这部欧盟法案，这就是 GDPR 域外适用性的威力。GDPR 的管辖范围并不局限在欧盟境内，只要一家企业向欧盟境内的个人提供了商品或服务、并收集或处理了个人数据，不管该企业是否在欧盟境内设有机构，都适用于 GDPR。这大大扩展了传统数据保护法案的适用范围。如被欧盟 GDPR 认定违规，最高处罚金额可至 2000 万欧元（约 1.5 亿元人民币）或企业全球年营业额的 4%，两者中取其高值，故这部法案也被称为“史上最严数据保护法”。

GDPR 主要的立法目的是用于保护个人隐私权和促进此权利的行使，其中从个人数据权利的法律归属上，设定了“个人数据”“数据主体”和“数据主体权利”，采取了严格的全球个人隐私保护要求。GDPR 的实施前后，很多企业就开始了为“合规”改变产品和服务设计的工作，这给欧盟企业乃至全球企业带来前所未有的影响。2018年，我国多数涉及欧盟用户数据的公司纷纷按照GDPR的要求向欧洲区用户更新隐私政策、请求重新授权，并在第一时间设立了具备特定专业素养的“数据保护官”（DPO）等。GDPR的出台对我国的个人隐私与信息保护的立法具有重要的参考价值和借鉴意义。

（八）民法典草案专章设立“隐私权和个人信息”

2018年8月27日，备受社会关注的民法典各分编草案提请十三届全国人大常委会第五次会议审议，这是民法典编纂工作的重要一步，是我国民事立法中的一件大事。在我国民法典编纂中，一直就有对人格权是否独立成编的不同声音，且不论各方观点立论基础如何，但是在大数据、云计算、人工智能时代，海量的个人隐私数据附着于各类网络载体，因此只有人格权独立成编，公民的合法权利才能得到更好地保护。本次民法典编纂中的最大亮点就是“人格权”终于独立成编（第三编），特别在第三编中专章规定了“隐私权和个人信息”（第六章），回应了人民对个人隐私权和信息权保护的迫切需求，更好地满足人民日益增长的美好生活需要。

针对隐私权和个人信息保护领域存在的突出问题，民法典草案在现行《网络安全法》和《全国人大常委会关于加强网络信息保护的决定》等法律规定基础上，草案进一步强化对隐私权和个人信息的保护。如草案第三编第814条规定，收集、使用自然人个人信息的，应当遵循合法、正当、必要原则，以及第815条关于“自然人可以请求信息持有人及时删除其个人信息”的规定，基本上与《网络安全法》有关个人信息保护的立法原则一致，但是草案同时规定了，实施收集、使用或者公开个人信息等行为，行为人不承担民事责任的情形：一是在自然人同意的范围内实施的行为；二是使用自然人自行公开的或者其他已合法公开的信息，但是使用该信息侵害该自然人重大利益或者自然人明确拒绝他人使用的除外；三是为学术研究、课堂教学或者统计目的在合理范围内实施的行为；四是为维护公序良俗而实施的必要行为；五是法律、行政法规规定的其他适当实施情形。上述规定为我国即将制定的《个人信息保护法》留下衔接空间。

（九）《信息安全技术个人信息安全规范》为个人信息保护立法奠定基础

在欧盟GDPR于5月25日生效之前，我国国家标准《信息安全技术个人信息安全规范》（以下简称《个人信息安全规范》）于5月1日正式实施。

《个人信息安全规范》的主要内容要素包括：个人信息及其相关术语基本定义，个人信息安全基本原则，个人信息收集、保存、使用以及处理等流转环节以及个人信息安全事件处置和组织管理要求等。

《个人信息安全规范》在制定过程中参照和对标了国际最先进的规则和立法标准，也参考了在个人信息保护方面最先进的国外立法，包括 GDPR、OECD（经济合作与发展组织）隐私框架、APEC（亚洲太平洋经济合作组织）隐私框架等国际规则、欧美“隐私盾”（EU - US Privacy Shield）协议、美国“消费者隐私权法案”（Consumer Privacy Bill of Rights）等欧美个人信息保护方面的立法，堪称是中国的“GDPR”。

1. 关于个人信息安全的基本原则

《个人信息安全规范》在维护个人信息安全的过程中，需要坚持多方共同参与，积极发挥公民以及其他主体的保护能动性。《个人信息安全规范》总体上强调了个人敏感信息尊重个人信息主体真实意愿，保障个人信息主体的访问、更正以及删除其个人信息的权利，同时要求个人信息控制者具备与安全风险相匹配的安全能力，并且采取适当的管理措施和技术手段保护个人信息的保密性、完整性和可用性，切实承担相应的义务与责任。

2. 关于个人信息流转环节的信息收集

《个人信息安全规范》在个人信息收集这一重要环节，严格界定了个人信息控制者的权利并明确了其义务，规定在收集个人信息前，应当向信息主体明示相关内容并取得同意；涉及间接获取方式以及个人敏感信息时，应当作出必要说明或取得明示同意且遵守有关法律、行政法规关于个人信息保护的规定。在信息收集方面，《个人信息安全规范》就个人信息控制者的义务提出了三点要旨：一是合法化；二是最小化；三是授权同意。

3. 个人信息的流转环节之保存

针对个人信息的保存，《个人信息安全规范》提出了关于信息保存的时间最小化要求与去标识化处理要求，作为个人信息控制者，有义务采取技术措施和其他必要措施，确保其收集的个人信息安全，防止其泄露、毁损、丢失。对于个人敏感信息，《个人信息安全规范》进一步要求个人信息控制者对存储的个人敏感信息采取加密的安全措施，对于生物识别类信息，应采用技术措施处理后再行存储。

4. 个人信息的流转环节之使用

信息的使用是个人信息主体权利最为丰富的一个环节，《个人信息安全规范》针对个人信息控制者的义务作出了进一步细化，即对个人信息控制者义务的明确以及对其使用个人信息的权利限制，诸如数据访问控制、个人信息的展示限制以及使用限制等。关于数据的访问，《规范》始终遵循的是最小授权原则。在此基础上，《规范》采用设置角色分离、内部审批流程以及对超权限处理信息人员记录在册等方式严格限制访问个人信息的人员范围，采取措施制定标准来规范访问模式，建立有效实用的控制机制。

5. 个人信息的流转环节之对外提供

个人信息数据的对外提供，狭义而言主要包括委托处理、共享、转让以及公开披露等几种方式在委托处理情况下，《规范》要求个人信息控制者做出的委托行为应当在法律以及信息主体授权的范围内，并且个人信息控制者不仅要对个人信息安全影响进行评估，还要对受委托人实行一定方式的监督，诸如合同约定、审计等。

6. 个人信息安全事件处理与组织管理

个人信息安全事件的处理主要涉及发生事故后的紧急应对措施，《规范》就此规定了应急处置和报告等相关问题。个人信息控制者应当就个人信息制定相关的安全事件紧急预案，防患于未然，而相关的工作人员则要进行定期培训以及应急演练等。

总体上看，《规范》的出台符合产业发展的需要，也更靠近国际上通行的做法，呼应了国家有关个人信息安全的政策战略、法律法规以及其他规范，勾勒出具体且明确的操作规则进而提供可行的合规指南，对于有效保障公民的合法权益、及时制止侵害个人信息的行为都具有重要的意义。同时，随着规范实施后积累的实践经验，也将为后续的个人信息保护立法打下很好的基础。

（十）重拳打击自媒体“网络水军”违法犯罪活动

近年来，“网络水军”违法犯罪活动日趋活跃，他们打着“舆论监督”“法制监督”“社会监督”等旗号，与不法网站和少数媒体内部人员相互勾结，利用微博、微信公众号、大鱼号、百家号等网络账号，以及境内外互联网上的自建网站和通讯群组，频繁组织实施大规模有偿发帖、有偿删帖、有偿公关、有偿操控舆论等网络行为，涉嫌从事敲诈勒索、强迫交易、诈骗、非法经营、寻衅滋事、侮辱诽谤、侵犯公民个人信息等违法犯罪活动，严重破坏互联网秩序，干扰国家对互联网的正常管理，危害传统文化、社会道德和公序良俗。

当前，危害做大的“网络水军”来自一些自媒体的网络敲诈勒索，这类“网络水军”已经不是传统意义的“网络水军”，已近产生了“变种”，具体表现为：（1）这些自媒体“网络水军”团伙为规避打击，将涉案网站搭建在境外，使用虚假身份办理银行卡、支付宝、财付通、4G 网卡，作案手法专业，已形成集假网站制作、假身份销售、假银行卡账号办理于一体的非法产业链条。（2）这些犯罪团伙通过网上搜索企事业单位负面信息，发布或威胁发布负面帖文炒作，形成舆论压力，实施敲诈勒索活动。这些虚假新闻网站往往被冠以“法制”“中国”“中华”等字眼来制造影响力。（3）真假记者勾结串联相互作案，真记者主要是借助其记者身份与受害单位接触，假记者主要从事目标选择、炒作等非接触性工作，不直接索要钱财，而是通过“报刊费”“广告宣传费”“会员理事费”等名义变相实施敲诈勒索。

2018 年，公安部组织各地公安机关重拳出击，重点打击自媒体“网络水军”，成功侦破自媒体“网络水军”团伙犯罪案件 28 起，抓获犯罪嫌疑人 67 名，关闭涉案网站 31 家，关闭各类网络大 V 账号 1100 余个，涉及被敲诈勒索的企事业单位 80 余家。

（十一）依法打击与治理网络新型违法犯罪取得阶段性成果

2018 年，我国打击和治理电信网络诈骗治理取得阶段性成果，工信部与公安部在国务院打击治理电信网络新型违法犯罪工作部际联席会议指导下，强化行业源头治理、综合治理，防范打击工作取得阶段性明显成效。2018 年 8 月 24 日最高人民检察院第十三届检察委员会第五次会议正式通过《案件指引》（高检发侦监字〔2018〕12 号，以下简称《案件指引》），《案件指引》对电信网络诈骗犯罪进行了定义，即以非法占有为目的，利用电话、短信、互联网等电信网络技术手段，虚构事实，设置骗局，实施远程、非接触式诈骗，骗取公私财物的犯罪行为。

2018 年 2 月，公安部部署全国公安机关深入开展打击整治网络违法犯罪“净网 2018”专项行动，各地公安机关深挖犯罪链条和源头，查破了一批网络违法犯罪案件，查处了一批网络服务提供者，有效整治了网络乱象。针对网络乱象，公安机关已实行“一案双查”制度，即在对网络违法犯罪案件开展侦查调查工作时，同步启动对涉案网络服务提供者法定网络安全义务履行情况的监督检查。对拒不履行法定网络安全义务、为网络违法犯罪活动提供帮助的网络服务提供者，公安机关将依法对其进行严厉查处，努力从源头遏制网络违法犯罪案件发生。

2018 年，公安部门集中侦破一批大案要案，切断一批违法犯罪链条，依法处理了一批网络违法犯罪分子，全力维护网络安全。如广东侦破系列电话“黑卡”案。2018 年 5 月，广东公安网安部门开展“安网 4 号”打击“黑卡”违法犯罪专案收网行动，抓获犯罪嫌疑人 192 名，刑事拘留卡商和接码平台涉案人员 107 人，缴获联通、移动、电信电话“黑卡”296 万余张（以物联网卡为主），缴获“猫池”2528 台，扣押电脑、手机等终端 7262 部，打掉卡商 28 家；2018 年 5 月，广西、湖南侦破“长沙线尚网络科技有限公司”破坏计算机信息系统案。广西、湖南公安网安部门侦查发现，长沙线尚网络科技有限公司与广西、贵州、四川等多省区运营商相勾结，利用未投入市场未激活的“空号卡”，搭建平台连通湖南移动和长沙电信运营商服务器，用以注册账号、收发验证码，已查证被非法使用的“空号卡”逾百万张。目前，该公司及运营商相关人员共 15 人被警方采取强制措施。这是全国首次出现通过运营商服务器批量获取电话“黑卡”及验证码的犯罪模式。

2018 年，工业和信息化部印发《关于纵深推进防范打击通讯信息诈骗工作的通知》，强化对电信诈骗源头和综合治理，并在以下五个方面取得明显成效：一是重点业务整治得以加强，关停违规语音专线 6.1 万条，“400”涉案号码从 2016 年月均 700 余个下降至目前的个位数，用户举报和公安通报封停号码总量与 2017 年同比分别下降 55% 和 66%。二是技术防范得以强化，全面建设完成覆盖国际口和省口的诈骗电话技术防范系统，日均处置诈骗电话 400 多万次，累计 3.39 亿次。三是持续从严落实电话用户实名登记，指导和督促电信企业通过配备二代身份证识别设备、现场拍摄留存办理用户照片、开展在线视频实人认证以及强化“一证五卡”限制等措施，提升电话用户登记信息准确率。四是组织电信和互联网企业开展用户个人信息保护专项检查，对国内应用商店 8 万款应用软件进行技术检测；加大网络数据和个人信息过度收集、泄露或滥用等问题核查力度，对问题企业进行约谈并督促整改。五是密切与公安等相关部门联动，及时劝阻受害用户 36.9 万人，挽回直接经济损失 11.2 亿余元。

2018 年 12 月 24 日，国务院打击治理电信网络新型违法犯罪工作部际联席会议联络员会议在京召开，进一步贯彻落实全国打击治理电信网络新型违法犯罪工作电视电话会议精神，总结前期工作情况，分析此类犯罪新形势，部署下一阶段重点工作。部际联席会议决定从 2018 年 12 月起在全国范围内组织开展为期一年的新一轮打击治理专项行动。

三、2018 年网络法治实施中存在的主要问题与建议

2018 年，我国网络法治建设和实施取得了显著的成效，但是也存在不少问题需要研究和系统解决，如网络安全监督检查尚未形成合力，侵犯公民个人信息的违法犯罪依然严峻，治理网络领域不正当竞争有待强化，《未成年人网络保护条例（送审稿）》亟须完善，网络空间综合治理体系有待建立，一些单位网络安全风险意识仍然淡薄，“算法推荐”存在严重风险隐患，“区块链”信息服务监管亟须加强，APP 过度收集个人信息严重，网信军民融合领域立法有待建立，我国参与网络空间国际制度层面的治理缺失等。

（一）网络法治实施中存在的主要问题

1. 网络安全监督检查尚未形成合力

《网络安全法》第 8 条规定，国家网信部门负责统筹协调网络安全工作和相关监督管理工作。国务院电信主管部门、公安部门和其他有关机关依照本法和有关法律、行政法规的规定，在各自职责范围内负责网络安全保护和监督管理工作。2018 年 9 月，公安部率先公布了《公安机关互联网安全监督检查规定》，该规定主要是规范公安机关互联网安全监督检查工作。笔者认为，《网络安全法》要求网络安全执法主体在各自职责范围内负责网络安全保护和监督管理工作，并不意味着每个网络安全的监管主体都要制定一部类似的“网络安全检查规定”。这样不仅无法形成网络安全监督检查的统一标准，还会导致网络安全监督检察的“九龙治水”状态。

2. 关键信息基础设施网络安全防护责任有待强化

近年来，以云计算、大数据、物联网、工业互联网为代表的新技术得到了快速应用，更多的传统能源、电力、交通、金融等基础设施接入网络，成为泛在的关键信息基础设施的有机组成。基础设施中系统的大规模集成、互联使基础设施的脆弱性和安全威胁不再是简单的线性叠加，在有组织、高强度攻击面前，关键信息基础设施面临着巨大挑战，加强关键信息基础设施的网络安全保护刻不容缓，是网络安全工作的重中之重。

3. 未成年人网络保护立法亟须完善和强化

《未成年人网络保护条例（送审稿）》应当依据未成年的生理和心理特征，进一步予以完善和强化。对未成年人隐私保护的规定需要突出和强化，

尤其要根据未成年的心理特征，治理各类网络企业对未成年的各种算法推送。对于预防未成年网络沉迷，该“送审稿”规定，教育、卫生计生等部门依据各自职责，组织开展预防未成年人沉迷网络的宣传教育，对未成年人沉迷网络实施干预，但是如何实施干预，“送审稿”缺乏明确的规定。

4. “算法推荐”存在严重风险隐患

算法推荐是通过追踪用户的网络行为，运用一些数学算法计算出个人特征、环境特征等相关信息，并推测出用户可能喜欢的内容算法规则。当前，一些APP和门户网站一味追求流量，通过算法向用户推介的内容猎奇、低俗、色情甚至无耻，毫无社会责任可言。有些APP竟然公然宣示“流量为王”的价值观，每天将大量低俗信息推介给用户，给社会带来严重的风险隐患。

5. APP过度收集个人隐私信息严重

当前，移动互联网应用程序（APP）已成为移动互联网信息服务的主要载体，对提供民生服务和促进经济社会发展发挥了一定的作用，与此同时，少数APP也被不法分子利用，传播暴力恐怖、淫秽色情及谣言等违法违规信息，有的存在窃取隐私、恶意扣费、诱骗欺诈等损害用户合法权益的行为，多数APP过度收集个人信息，且设置的所谓“隐私条款”侵犯用户个人信息权，社会反映强烈。

6. 整治互联网不正当竞争行为有待强化

近几年，我国互联网领域的不正当竞争案件数量不断递增，呈现案情复杂、审理难度大等特点，仅2015年至2018年三年间，海淀法院就审理了全国1/10以上的不正当竞争纠纷案件，其中网络不正当竞争纠纷案件占了2/3。这些网络不正当竞争纠纷主要集中在三种类型：一是线下业务扩展到线上引发的不正当竞争纠纷，如全国首例网络拍卖案系此类纠纷之典型；二是新商业模式引发的不正当竞争纠纷，如全国首例网贷评级商业诋毁案系在互联网金融这一新商业模式下引发的纠纷；三是利用新技术手段实施侵权引发的不正当竞争纠纷等。

2018年8月16日，杭州互联网法院（原审法院）依据新修订的《反不正当竞争法》对淘宝（中国）软件有限公司（以下简称淘宝公司）诉安徽美景信息科技有限公司（以下简称美景公司）涉“生意参谋”零售电商数据平台不正当竞争纠纷案进行网上公开宣判，认定美景公司构成不正当竞争，判令其停止侵权行为并赔偿淘宝公司经济损失及合理费用共200万元，此案成为国内宣判的首例大数据产品不正当竞争纠纷案。2018 年 12 月，浙江杭州中级人民法院做出了维持原判的终审判决。

7. 网信军民融合领域立法有待建立

2018 年 3 月 2 日，十九届中央军民融合发展委员会第一次全体会议审议通过《军民融合发展战略纲要》。习近平主席在全国网络安全和信息化工作会议上强调，网信军民融合是军民融合的重点领域和前沿领域，也是军民融合最具活力和潜力的领域。国家相关部门应当全面清理、废止和修订不适应军民融合发展需要的政策文件和标准规范，颁布支持网信领域军民融合发展的法规，让军民融合在多个领域换挡提速。

（二）网络法治实施的若干建议

第一，深入学习和宣传贯彻全国网络安全和信息化工作会议精神，特别是习近平总书记重要讲话精神，全面、准确、深刻地领会习近平网络强国战略思想的实践基础和形成过程、主要内涵和核心要义、科学定位和重大意义，用习近平网络强国战略思想指导我国网信领域的法治工作。全面落实习近平总书记关于加强党对网信工作领导的重要论述，建议制定《中国共产党网信工作条例》，从体制机制建设、干部网络素养建设、依法治网、网信人才和干部队伍建设等方面强化党对网信工的统一领导。

第二，规范和统一网络安全监督检查机制。网络安全监督检查涉及领域多、范围广、任务重、难度大，而且系统性、整体性、协同性很强，应对复杂的网络安全态势，网络安全的监督检察应当做到统一规划、统一部署、统一标准、统一推进，健全适应网络特点的网络安全监督检查联动机制，构建网信、工信、公安、保密等各部门协调一体化的网络安全监督检查体系，既要防止职能交叉、多头管理，又要避免执法推责、管理空白，构建一体化的网络安全执法体系，有效维护网络空间的安全。

第三，依法重点打击网络黑客、电信网络诈骗、侵犯公民个人隐私等违法犯罪行为，网信监管部门应当强化对网信企业数据安全管理和个人信息保护的执法力度，集中治理 APP 过度收集个人信息的态势，回应广大人民群众的迫切要求，切实保护人民群众的个人隐私信息安全。

第四，加强信息基础设施网络安全防护，重点强化网络安全信息统筹机制、手段、平台以及网络安全事件应急指挥能力的建设，做到关口前移，防患于未然。强化工业互联网安全，建设工业互联网安全试验验证、监测预警、检测评估、攻防测试、安全公共服务等平台，建立涵盖工业互联网领域的设备安全、控制安全、网络安全、平台安全和数据安全等多个领域的标准和法规。

第五，进一步完善和细化《未成年人网络保护条例（送审稿）》中有关“预防和干预”的内容，根据未成年的生理特征，以法律的形式构建未成年人沉迷网络的预防、救助与治疗机制，设立专门的未成年人网瘾救助或治疗机构，并对机构和从业人员的相关资质和条件作出规定。

第六，高度重视人工智能发展中存在潜在风险，应当从维护人民利益和国家安全的高度，确保人工智能安全、可靠、可控，整合多学科力量，加强人工智能相关法律、伦理、社会问题研究，建立健全保障人工智能健康发展的法律法规、制度体系和伦理道德规范。

第七，尽快启动个人信息保护立法，最大限度地反映最广大人民对个人信息保护的意愿，重点关注和保护个人隐私信息，尤其强调未经被收集者同意，不得收集和向他人提供个人隐私信息，突出知情权、删除权、更正权、明示同意权、访问权、注销权、撤回权等“个人信息权”，在确保公民人格权和隐私权不受非法侵害的基础上，促进个人信息资源在“合法、正当、必要”的法定原则框架内适当的处理和利用，尤其应加强对过度采集个人数据、数据滥用、侵犯个人隐私等行为智力和的监管，加大惩罚力度。

第八，数据安全立法应当明确数据资源的确权、开放、流通、交易等相关法律制度，强化数据产权保护制度，确立数据安全的基本原则和目标及数据分类标准，强化数据安全管理的主体责任，加强数据运营者的数据生命周期相关数据服务安全的能力，构建国家大数据发展与安全“一体两翼”的法律框架，尤其应关注国家一体化大数据平台的构建和数据平台的运行安全。

第九，加快军民融合的法治化和规范化进程，强化网信关键领域军民融合和军地协同维护国家网络空间安全的管理体制和工作机制，着力破解军民融合发展体制性障碍、结构性矛盾和政策性问题，在《军民融合发展战略纲要》的框架内构建一体化的国家网络与信息化战略体系，形成全要素、多领域、高效益的网信军民融合深度发展格局。

第十，深刻理解和全面把握习近平总书记关于网络空间国际合作和治理的重要论述，以“四项原则”和“五点主张”为引领，积极参与联合国和其他重要国际组织的信息通信国际立法和国际规则的制定，提出中国理念和中国方案，发出中国声音，构建中国在国际信息通信规则制定中的制度性话语权。

撰稿专家

王春晖，山东栖霞人，法学教授、法学博士、管理学博士、高级翻译。我国知名信息通信战略与法律专家，任南京邮电大学信息产业发展战略研究院首席专家，自2016年起，多次代表国家参加联合国国际电联国际信息通信法律的审议，2018年担任中共中央网络与信息化委员会办公室宣讲团成员，兼任工业和信息化部信息通信经济专家委员会委员、中国法学会网络与信息法研究会常务理事、中国互联网协会应用创新工作委员会副主任、中国通信企业协会法治工作委员会副主任、中国网络空间安全协会理事、国家物联网大学科技园首席法律顾问、联合国国际电联《国际电信规则》中国专家组专家、《中华人民共和国电信法》起草专家组成员、广东省和江苏省通信管理局首席法律顾问，黑龙江省、河北省、湖南省、上海市地方信息通信立法专家等。主要从事网络与信息产业战略与法律规制的交叉研究，研究领域涉及：国际信息通信法、网络空间安全、大数据、云计算、物联网、数字经济、数据权、ICT标准必要专利、国际网络与信息制度性话语权等领域的战略与法律研究，长期担任基础电信运营商的首席法律顾问，承担国家及省部级课题5项，出版专著（译著）十部，发表学术论文150余篇。

第四编　年度法治实施十大事件评析

NO.1　长生疫苗案

事例简介

2018年7月15日，国家药品监督管理局发布通告，长春长生生物科技有限责任公司冻干人用狂犬病疫苗生产存在记录造假等行为。这是长生生物自2017年11月被发现百白破疫苗效价指标不符合规定后不到一年，再爆疫苗质量问题。7月24日，吉林省纪委监委启动对长生生物疫苗案件腐败问题调查追责。7月29日，吉林长春新区公安分局以涉嫌生产、销售劣药罪，对长春长生生物科技有限责任公司董事长高某某等18名犯罪嫌疑人向检察机关提请批准逮捕。10月16日，国家药监局和吉林省食药监局分别对长生公司作出多项行政处罚。

专家点评

长春长生疫苗事件评析

王晨光

（清华大学法学院教授，中国法学会卫生法学研究会副会长）

“一石激起千层浪。”以此来形容2018年7月爆发的长春长生疫苗事件是最恰当不过的了。如同投入疫苗行业的一块巨石，它不仅激起了全社会对疫苗和药品安全的高度关注，引发了无穷的焦虑，而且余波汹涌，形成对疫苗乃至整个药品监管体制深入改革的新一轮海啸。

在我国经济快速发展、社会变革日新月异的今天，人民群众对美好生活的期待日渐高涨，其中人们对于健康的需求尤为迫切。疫苗和药品作为保障公众和公民健康的必需品，其安全、有效和质量可控就成为万众瞩目的大事。我国虽然是疫苗和药品生产与消费的大国，但缺乏创新药，而且药品的质量一直备受诟病。除了药品的价格和可及性是我国医改的重要话题外，药品的安全性也是最为敏感的社会问题和医改最难啃的“硬骨头”之一。在这一大背景下，长春长生疫苗事件恰恰触动了社会民众的痛点，也就难免激起巨大的社会反响。

这一事件并非孤立的事件，而是揭示出我国疫苗和药品研发、生产、流通和使用中的制度弊端，疫苗和药品监管法律和制度中的问题。因此，不可简单地就事论事，或简单地追究一些部门和个人的责任就“收兵”。事情发生在长春长生，但问题则深深地存在于监管的法律制度之中。认识到这一问题的性质和危害，中央主要领导、各级主管和相关部门本着对人民负责的态度，不仅在案件处理上依法落实“最严厉的处罚、最严肃的问责”，追究有关部门和人员的法律责任和行政责任，采取及时有效的手段堵塞漏洞，消除危害，积极救助，而且从长计议，亡羊补牢，扎进制度的笼子，建立“最严谨的标准、最严格的监管”，深化药品监管体制改革，力求从制度层面解决疫苗和药品安全性的深层问题。

虽然法律和制度似乎并不能直接解决具体疫苗和药品的质量问题，但它们是所有疫苗和药品安全有效最坚实和可靠的基础，是改善疫苗和药品行业生态环境的最有力的保障。在全面推动依法治国的进程中，医药领域法治的建立健全也是法治国家和法治政府建立不可或缺的重要一环，是健康中国建设的法治基石。

本着这一思路，借着长春长生事件暴露出深层问题的时机，应在以下几个方面推动相关法律和制度的建立和完善。

第一，及时制定“疫苗管理法”。在处理该事件、追究相关责任的同时，国家药品监管部门就着手起草“疫苗管理法”，制定涵盖疫苗研发、生产、流通和使用全生命周期的法律和监管制度，把“四个最严”的精神落实到法律上。该法律草案创下了我国立法的新纪录，不仅用时短，效率高，而且以科学立法和民主立法为指引，抓住疫苗行业的客观规律，以疫苗安全、有效和质量可控为目标，制定了如严格疫苗生产准入制、疫苗全生命周期信息追溯平台和制度、建立职业检查员队伍、企业质量控制制度、内部举报人制度、疫苗保险和异常反应补偿制度等一系列新的法律制度。该法草案现已通过了全国人大常委会的二读，有望很快颁布施行。

第二，进一步推动药品监管体制改革，建立健全适合我国药品行业发展的药品监管体制。在此次事件发生前，我国药品监管部门在国务院的领导下，于2015年就拉开了新一轮药品监管体制改革的序幕，例如改革冗长的药品审批程序，有效处理了大量的积压申请；改革药品临床试验监管模式，大力打击药品临床试验中数据造假，净化药品临床试验的生态环境；建立药品上市许可持有人制度，落实药品研发生产者在法律上的主体责任；出台新的药品分类，鼓励创新药研发；开展仿制药一致性评价，大力推动国产药品的质量。在短短的三年左右的时间内，取得了令人瞩目的成就，被药品行业称为“药监新政”。但是这些改革措施基本上是在药品研发、临床试验和审评审批等上市前的制度改革，尚未触及药品的生产、流通和使用环节的改革。长春长生事件的爆发，也从反面揭示出我国药品监管体制改革所涉及的广泛性（全生命周期）、复杂性和持续性。在巩固前期改革的基础上，把改革推进到后续其他环节已然是其自身逻辑的必然要求。从这一角度上讲，该事件成了进一步推进和深化当前药品监管体制改革的助推器。

第三，揭示出药品研发生产者和药品行业的自律和自我监管的重要性。此次引爆长春长生事件的不是监管部门的外部监管，而是其内部人员的举报。该企业生产中长期存在不规范操作的情况，如不按生产流程和质量控制要求，把不同批次的产品混批，假造和销毁有关数据，但由于这些不规范的操作很难被外部人员通过产品检验的手段发现，因此必须加强企业自觉遵守生产管理质量规范和法律规范，使其真正起到第一责任人的作用。监管是重要的，但是监管并非仅仅是外部或监管部门的监管，而且还应当有企业和行业的内部监管，在一定意义上，内部监管更为重要，否则就不可能真正保证疫苗和药品的质量。最严格的药品监管体制不是“猫抓耗子”的游戏，而是要把所有利益相关方都变成大大小小的抓耗子的猫，耗子就是质量问题，就是违法违规的操作。质量是企业的生命线。因此，企业的利益与大众的利益是相通的。在前期的监管体制改革中，在“疫苗管理法”制定和《药品管理法》修订的过程中，药品监管部门已经清楚地认识到这一点，通过立法推出了一系列旨在落实药品研发生产和经营者为第一责任人的新制度，如在法律上设立了药品上市许可持有人制度，明确了药品上市许可持有人的首要法律责任；设立了多种企业内部质量监控的机制和部门，强化企业内部的监管自觉和力度；设立了重奖内部举报人的制度，加大企业违规违法操作的法律风险；落实药品行业的自律，净化药品行业生态环境。

有了上述的认识和相应法律制度的建构，长春长生事件才能变祸为福，起到进一步推动深化药品监管体制改革的正向作用。

NO. 2　昆山于海明案

事例简介

2018年8月27日晚，江苏省昆山市开发区一轿车与电动车发生轻微交通事故。争执中，车内男子刘某某拿出长刀，砍向骑车人于海明，之后长刀落地，于海明捡起长刀追赶，刘某某被砍伤倒在草丛中，最终死亡。次日晚，昆山市检察院宣布提前介入此案。9月1日，昆山市公安局发布通报称，于海明的行为属于正当防卫，不负刑事责任。公安机关依法撤销该案。

专家点评

激发公民实施法治的磅礴力量

胡云腾

（中华司法研究会副会长，教授）

一、基本案情与处理结果

2018年8月27日21时30分许，刘某某（男，36岁，甘肃镇原人）醉酒（经检测，血液酒精含量为87mg/100ml）驾驶轿车载刘某1等3人行至江苏省昆山市震川路遇到红灯，便向右强行驶入非机动车道，与骑电动自行车直行的于海明险些碰擦，双方遂发生争执。后经双方同行人员劝解，争执基本平息。但刘某某突然下车，上前推

搡、踢打于海明。后又返回从轿车里拿出一把砍刀（经鉴定，该刀为尖角双面开刃，全长59厘米，其中刀身长43厘米、宽5厘米，系管制刀具），连续用刀击打于海明颈部、腰部、腿部。击打中砍刀甩脱掉在地上，二人争抢。于海明抢到砍刀，并在争夺中捅刺、砍击刘某某5刀，刺砍过程持续7秒。刘某某受伤后跑向轿车，于海明继续追砍2刀但未砍中。刘某某跑向轿车东北侧，于海明追赶数米被同行人员拉阻，后返回轿车，将车内刘某某手机取出放入自己口袋。民警到达现场后，于海明将手机和砍刀主动交给处警民警。刘某某后经抢救无效于当日死亡。经法医鉴定并结合监控认定，刘某某连续被刺砍5刀，其中第1刀为左腹部刺戳伤，致腹部大静脉等破裂；其余4刀依次造成左臀部、右胸部并右上臂等处开放性创口及3处骨折，导致其因失血性休克死亡。昆山市公安机关当日立案并将于海明刑事拘留。次日，昆山市人民检察院提前介入。9月1日，昆山市公安局发布通报称，于海明的行为属于正当防卫，不负刑事责任，案件随之撤销，于海明被释放。

二、价值意义

该案发生后，立即在社会上引发了巨大的影响和广泛的讨论，网络、媒体和公众将之称为“宝马车主杀人被反杀案”，许多人认为是江苏版的“于欢案”，并高度关注对于海明的处理。公安机关的处理结果公布后，社会公众几乎一致予以赞扬和肯定，认为弘扬了社会正气，引领了社会风尚，捍卫了公民的正当防卫权利，宣传了刑法中的正当防卫制度，是一场生动的法治教育公开课，意义重大，影响深远。2019年年初，有关单位评选2018年十大刑事案例时，该案高票入选。笔者认为，该案的价值和意义，主要表现在以下几个方面。

（一）分清了是非曲直

一个案件发生，总有是非对错曲直，分清是非对错曲直，是正确处理案件的应有之义。就本案而言，于海明对案件的发生、发展和后果的出现均无过错。一是在案发起因方面没有过错，于海明正常骑车行驶，而刘某某违章占道且引发现实危险，具有明显过错；二是对矛盾激化没有过错，双方发生争执后，本来在同行人员劝说下冲突基本平息，此时刘某某又节外生枝，从车内下来殴打于海明，可谓错上加错；三是对损害后果发生没有过错。刘某某殴打于海明后，不仅不罢手，反而变本加厉从车子里拿出砍刀砍砸于海明，这是使用凶器严重侵犯他人生命安全和身体健康的违法犯罪行为，且砍刀掉在地上之后还去强抢，显有继续侵害之意。此时于海明抢到刀将仍不罢手的刘某某伤害致死，对刘某某而言系咎由自取，对于海明来说不存在法律和道德意义上的过错。因此，办案机关不予追求于海明的法律责任，分清了案件的是非曲直，避免了实践中公民之间发生冲突纠纷一旦出现了伤亡结果，办案机关就和稀泥不分是非曲直，甚至将正当防卫行为认定为违法犯罪行为的错误做法。

（二）弘扬了社会正气

在当下的社会生活中，一些地方不同程度地存在恶人嚣张、好人受气甚至好人怕坏人的不正常现象，结果常常能够看到，恶人实施违法犯罪行为时，好人不敢斗争、不愿斗争、不会斗争，导致恶人越来越胆大妄为，好人越来越窝囊受气，这种不正常现象严重污染了社会风气，伤害了社会正义。而对于海明不追究刑事责任，就肯定了其行为的正当性，同时让刘某某白白付出了生命的代价。这样的对待和处理有利于鼓励公民大胆运用法律武器与不法侵害行为作斗争，营造广大公民见义勇为、敢于对坏人坏事出招亮剑的社会风尚，遏制某些人动辄使用暴力手段解决矛盾纠纷的冲动，从而化解坏人嚣张、好人窝囊的戾气，涵养公民运用法律理性解决纠纷，崇尚以理、以德化解矛盾的社会正气。

（三）彰显了法治精神

我国法律一贯鼓励和支持公民运用法律武器与违法犯罪行为作斗争，以维护国家、公共利益、本人或者他人的合法权益免受违法犯罪行为的侵害。法律法规规定，公民为保护国家和公共利益与违法犯罪行为作斗争的，视为深明国之大义之举予以褒奖，因此受到伤害的，要给予抚恤关怀；牺牲生命的，按照英烈予以厚待。公民为保护他人合法权益与违法犯罪行为作斗争的，作为见义勇为行为加以提倡和保护，造成不法侵害人伤亡的，依法不负法律责任。公民为保护自己的合法权益与违法犯罪行为作斗争，造成不法侵害人伤亡的，依法属于正当防卫行为，不负刑事责任。本案于海明为保护自己的人身权利而对刘某某的不法侵害行为进行反击，虽然造成了刘某某死亡的后果，依法应当认定为正当防卫行为。

我国《刑法》第 20 条第 1 款规定“为了使国家、公共利益、本人或者他人的人身、财产和其他权利免受正在进行的不法侵害，而采取的制止不法侵害的行为，对不法侵害人造成损害的，属于正当防卫，不负刑事责任”。第2款规定“正当防卫明显超过必要限度造成重大损害的，应当负刑事责任，但是应当减轻或者免除处罚”。第3款规定“对正在进行行凶、杀人、抢劫、强奸、绑架以及其他严重危及人身安全的暴力犯罪，采取防卫行为，造成不法侵害人伤亡的，不属于防卫过当，不负刑事责任”。于海明的行为完全符合上述条款的规定，犹如以案说法诠释正当防卫精义，不仅对于公民正确行使正当防卫权利具有示范意义，而且对于推进正当防卫法律制度的正确实施，改变办案机关在认定正当防卫问题上存在的消极保守态度，也有重大价值。

一是于海明的行为具有防卫性。在本案冲突中，刘某某首先实施了严重的不法侵害行为，于海明则始终处于被动防守的地位。刘某某的主动性攻击引发了于海明的针对性防卫，而正当防卫制度的旨趣之一，就是要否定率先实施的不法侵害行为，肯定并保护随之实施的防卫行为。

二是于海明的行为具有正当性。正当防卫行为的正当性，表现为目的正当性和时间正当性。目的正当性是指为了保护合法权益，而不能出于保护非法利益。时间正当性要求必须针对正在进行的不法侵害，如果不法侵害行为尚未发生或者已经结束，则失去正当性。本案于海明实施防卫行为的目的是保护自己的人身权利免受不法侵害行为的侵害，其实施防卫行为时，刘某某的不法侵害正在进行。故无论从防卫的时间看，还是从防卫的目的看，于海明的行为都具有正当性。

三是于海明的行为具有合限性。正当防卫的合限性，包括正当防卫的行为合限性和后果合限性。行为合限性是指正当防卫行为以足以制止不法侵害行为并有效防卫合法权益为限；后果合限性是指正当防卫行为给不法侵害人造成的损害后果，以不超过法律允许的范围为限。合限性是评价、认定一个防卫行为是否齐备正当防卫要件的难点和重点。本案引发的争议也主要表现在对于海明的行为是否具有合限性这一问题的认识上。从行为合限性看，刘某某手持管制刀具砍砸于海明多次，属于实施《刑法》第20条第3款规定的行凶行为，而于海明是赤手空拳一再躲闪不法侵害行为，当刘某某失手砍刀掉在地上被于海明抢到后，刘某某并未放弃实施不法侵害行为，而是继续夺刀并攻击于海明，于海明情急之下紧张之中用刀砍刺刘某某，仍属于制止不法侵害行为。从后果合限性看，于海明在双方对打的过程中几秒钟之内砍刺刘某某数刀，此时刘某某才放弃侵害跑向别处，于海明虽然在追撵的过程中又砍了两刀，但并未砍到刘某某，刘某某因伤重失血而死亡的原因，系于海明先前砍刺所致。因此，于海明的防卫行为虽然造成了刘某某伤亡的后果，但仍在《刑法》第20条第3款规定的限度之内，不属于防卫过当的情形。

三、示范功能

一个好的司法案例，犹如一本生动的法治教科书，其示范教育作用不可限量。中央政治局委员、中央政法委书记郭声琨同志曾经指出“一个案例胜过一打文件”。有专家也认为“一个司法案例胜过一部法律法规”。这些都充分肯定了司法案例的指导规范和宣传教育作用。于海明正当防卫案的示范意义，表现在诸多方面，其一是示范公民如何正确运用正当防卫制度，制止不法侵害行为，捍卫自己的合法权益，可称之为“于海明告诉你如何实施正当防卫”。其二是示范办案机关如何正确处理正当防卫案件，以惩罚犯罪、保护人民、保障人权，可称之为“于海明案告诉你如何办理正当防卫案件”。其三是示范潜在的不法侵害人如何遏制违法犯罪冲动，以免遭公民正当防卫行为的惩罚，可称之为“于海明告诉你不要招惹正当防卫”。其四是示范何谓真正的法律实施，法律实施的力量源泉，不仅来自于国家机关、执法司法部门，而且来自人民群众自觉拿起法律武器实施法律的社会实践，可称之为“于海明案告诉你如何推进法律实施”。正是基于以上理解，笔者相信，用好用足于海明正当防卫案的示范意义，便能激发人民群众实施法律的无穷力量，因而也是最好的法律实施。

NO. 3　郑州电梯劝烟猝死案

事例简介

2017 年 5 月 2 日，段某在电梯内吸烟，杨某进行劝阻，二人发生言语争执。杨某离开后不久，段某因心脏病发作猝死。段某的妻子田某起诉杨某赔偿 40 余万元。2018 年 1 月，郑州市中级人民法院二审判决杨某不承担任何民事责任。

专家点评

严格依法审判是最大的正义

张新宝

（中国人民大学法学院教授，中国法学杂志社总编辑，
中国法学会法学期刊研究会会长）

2017 年发生在郑州的电梯劝烟猝死案虽然案情并不复杂，相关的法律规定也较为明确，但是由于该案涉及民事主体的死亡，触动了我国一般民众“死者为大”的传统观念，因此产生了较大的社会影响力。该案二审判决结果对于我国今后相关案件的审判以及全社会关心、捍卫社会公共利益的行为模式将产生深远的影响。

一、对于本案中“过错”“因果关系”等侵权责任构成要件的评析

司法审判工作应当始终坚持“以事实为根据，以法律为准绳”。具体到侵权责任案件，审判工作应当坚持围绕法律条文规定的侵权责任构成要件展开。依据《侵权责任法》第6条第1款的规定，“行为人因过错侵害他人民事权益，应当承担侵权责任”，对于一般侵权行为而言，侵权责任的构成需要满足以下四个构成要件：行为、行为人具有过错、损害后果、行为与损害后果之间构成法律上的因果关系。在本案中，存在“段某猝死”这一损害后果，也存在“杨某劝阻吸烟的行为”，值得讨论的是过错和因果关系这两个构成要件。

就杨某是否具有过错而言，一审、二审法院都正确地认识到杨某劝阻段某吸烟并不具有主观上的过错。过错是指行为人主观上的一种可被责难的状态，体现为故意与过失两种形态。在本案中，虽然监控视频没有声音，但是综合监控视频的图像、杨某本人的笔录陈述、物业工作人员的笔录材料等，应当能够确定杨某的主要行为就是“对于吸烟的段某进行劝阻”。对于吸烟者进行劝阻，不是一项违法行为，更不是一项侵害行为。在公共场所吸烟会影响（侵害）他人健康，而不特定民众的健康构成一项社会公共利益，因此一般认为在公共场所吸烟是一项侵害社会公共利益的行为。本案的发生地河南省郑州市也颁布了禁止在公共场所吸烟的相关规范性文件。在本案中，小区建筑中的电梯属于密闭的公共空间，二审法院在判决书中确认杨某劝阻段某在电梯内吸烟的行为是“自觉维护社会公共秩序和公共利益的行为”。因此，杨某的劝阻行为不存在侵权责任法构成要件意义上的“过错”，这一点是明确的。

就杨某的劝阻行为与段某的死亡之间是否构成法律上的因果关系而言，一审、二审法院并没有就此展开详细的说理，这主要是因为一般侵权责任的构成要件中只要有一项没有满足就不构成侵权责任，而本案中“过错”要件并未得到满足，侵权责任已经不能成立，因此因果关系成立与否就不再是审判中的核心争点。但需要指出的是，在侵权责任案件中因果关系的成立与否是一个十分重要且复杂微妙的问题，是侵权案件审判的难点。就本案而言，一般认为杨某的劝阻行为与段某的死亡之间并不成立法律上认可的因果关系。主要的原因在于就社会一般认识而言，人们不会认为对于一位吸烟者的劝阻会导致吸烟者猝死。在本案中综合监控视频等判断，杨

某的劝阻行为是较为平和的，而且在杨某的劝阻与段某的死亡之间存在一些时间差。段某是在被劝阻之后经过一段时间，在物业人员的劝解下进入物业办公室之后再突然猝死的。因此，劝阻行为与死亡之间不成立法律上认可的因果关系。

二、要正确理解《侵权责任法》第24条“公平责任”的规定

本案中，一审法院虽然认识到杨某并不具有过错因此难以构成一般意义上的侵权责任，但是却错误地适用了《侵权责任法》第24条关于“公平责任”的规定。这是对于《侵权责任法》第24条的一种误读，二审法院对此予以了纠正。该条规定，“受害人和行为人对损害的发生都没有过错的，可以根据实际情况，由双方分担损失。”虽然该条文在文字表述上仅仅规定了双方对于损害的发生都没有过错这一适用要件，但是该条的适用还需要满足另一个要件，即行为与损害后果之间存在法律上认可的因果关系。原因在于，如果法律允许在没有因果关系的情况下，受害人仍然对于其他民事主体享有一定的请求权，那么在法律逻辑上必然导致这样一个后果：任何蒙受损失的人可以向任何他人主张侵权责任。这样的后果显然是荒谬的，也是法律适用所绝对不允许出现的现象。

因此，虽然《侵权责任法》第24条并没有十分繁复地明确规定“在行为与损害后果之间应该成立法律上认可的因果关系”，但是基于侵权责任法的体系解释以及法律理论，因果关系的存在理所当然的是适用第24条“公平责任”的前提。二审法院正确地认识到了这一点。其在判决书中阐述到，“适用《中华人民共和国侵权责任法》第二十四条的前提是行为与损害结果之间有法律上的因果关系，且受害人和行为人对损害的发生都没有过错。而本案中杨某劝阻吸烟行为与段某死亡结果之间并无法律上的因果关系，因此一审判决以段某确实在与杨某发生言语争执后猝死为由，依照《中华人民共和国侵权责任法》第二十四条的规定，适用公平原则判决杨某补偿田某某（段某配偶）15 000元，属于适用法律错误。”应当说，法院对这一法律精神的阐述是完全正确的。

需要指出，《侵权责任法》第24条关于“公平原则”的规定，是在特殊情况下依据民法公平原则的精神，对于损害所作的一种较为合情合理的分担措施。这是一种补充性的规定，而不能在司法实践中予以滥用。

三、法律要为民众主动维护社会公共利益的行为提供制度保障

一个时期以来，在涉及人民群众生命等重大敏感利益的案件中，有的审判机关出于息事宁人等因素的考量，可能出现对于死亡的民事主体一方予以倾斜的情况。即使在按照法律规定对其死亡不应予以赔偿的情况下，也在判决中“象征性”地判决予以部分赔偿。这种判决表面上看来似乎照顾到了死者的利益，在一定程度上平息了死者家属的情绪，但对于全面推进依法治国与弘扬社会主义核心价值观都具有较大的负面影响。

本案的审判尤其是本案二审改判的重要意义就在于，其坚持按照法律的规定审判，即使是涉及民事主体的死亡，依法应当予以赔偿的一点不能少；而依法不应当予以赔偿的则一点也不能多，绝不含糊。此案的审判向社会公众还宣导了以下信息：我国法律坚定地为民众主动维护社会公共利益的行为提供强大的制度保障，法律不能让为恶者逍遥法外，也不能让为善者蒙受不公。相信在本案审判所传递的法治精神的号召和引领下，我国社会公众主动关心、捍卫社会公共利益的热情将有所增长，“公平正义”的法治精神将进一步彰显。

NO. 4　鸿茅药酒案

事例简介

因在网上发帖“抹黑”鸿茅药酒，2018 年 1 月，广州医生谭某某被内蒙古凉城警方以损害商品声誉罪跨省抓捕。4 月 17 日，内蒙古自治区检察院发布通报称，案件事实不清、证据不足，自治区检察院指令凉城县检察院将该案退回公安机关补充侦查并变更强制措施。谭某某被取保候审。4 月 26 日，鸿茅药酒生产方、内蒙古鸿茅国药股份有限公司发布企业自查报告，向社会公众致歉。5 月 17 日，谭某某发道歉声明；同日，鸿茅药酒公司发布声明，接受谭某某致歉并撤回报案及侵权诉讼。

专家点评

藏在鸿茅药酒背后的法律问题

秦前红

（武汉大学法学院教授，中国法学会宪法学研究会副会长）

医生吐槽药酒功效引起了跨省抓捕，一时间鸿茅药酒事件掀起了轩然大波。究竟是言论过火还是大企业仗势欺人、公检法机关应当扮演怎样的角色、公诉案件当事人能否撤案或和解，本案中暴露出来的诸多法律问题引人深思。

一、监督权与商誉权之争——商事主体应容忍一定限度内的批评意见

“鸿茅药酒”事件实际上呈现的是监督权与商誉权的冲突。本案的争议在于谭某某的行为究竟是合法行使监督权的行为还是超出监督权的范围，侵害公司商誉权的行为。问题的关键在于明确监督权和商誉权冲突时的处理原则。

言论自由是公民的一项基本自由，也是民主社会的基本价值之一，在我国通过《宪法》第35条予以确认。本案中的监督权源于《消费者权益保护法》第6条的规定，即国家鼓励、支持一切组织和个人对损害消费者合法权益的行为进行社会监督，是宪法上的言论自由在部门法中的具体化。

我国现行法并未明确规定商誉权，但《民法总则》第110条规定了法人的名誉权。法人的名誉权包括商业信誉和商品声誉，具有一定的经济价值，兼具人格权和财产权的特征。《民法总则》第120条规定民事权益受到侵害时，被侵权人有权请求侵权人承担侵权责任。

处理权利冲突的原则是多元的，包括权利位阶原则、权利平衡原则、保护弱者原则等。名誉权和言论自由都是宪法所保护的基本权利，属于不具有明显位阶差异的不同人格权之间的冲突，应适用权利平衡原则处理两者间的冲突，在个案中实现司法公正。

本案中的冲突需要放在社会整体背景中进行综合考量以确定权利保护的天平应向何方倾斜。企业法人的产品对社会成员的利益产生广泛的影响，本案中鸿茅药酒作为药品，消费群体较一般保健品更特定，产生的影响更为深刻。同时，企业法人以追求利润为经营目的，容易出现欺骗公众、虚假广告的可能性，而消费者相较于鸿茅药厂这一上市公司处于弱势地位，需要通过社会舆论的监督获取更完整的信息。为了维护公共利益，保护社会中的弱势群体，网络环境中的言论自由与法人名誉权产生冲突时，可以适度倾向保护公民的言论自由权。

二、适用刑法或民法之争——公安机关不应随意介入民事纠纷

本案需要根据损害商品声誉罪的构成要件来确定谭某某的行为是否构罪。根据《刑法》第221条的规定，损害商品声誉罪是指“捏造并散布虚伪事实，损害他人的商业信誉、商品声誉，给他人造成重大损失或者有其他严重情节的行为”。该罪在主观上要求行为人有犯罪的故意，在客观上要

求企业的财产损失与行为人的犯罪行为间有客观的因果关系。本案的关键点在于：谭某某的行为是否为“故意捏造”行为，是否客观上给鸿茅国药公司造成重大损失。

“捏造”是指将一件本不是真的事件包装成真的，向他人广泛传播，并使他人充分相信，重点在于“无中生有”。首先，谭某某的文章题目虽将鸿茅药酒冠以“天堂毒药”一词，但文章主体部分以医学知识和公开报道、处罚公告截图为主。谭某某对心脑血管疾病的病理进行分析，认为鸿茅药酒的广告是不真实的，患者每日饮用药酒反而会增大心脑血管疾病的发病概率。谭某某将药酒比喻为“毒药”的语境是药酒会增大心血管疾病患者的发病风险，而不是通过药酒成分的分析来认定药酒“有毒”。因此，谭某某的行为不能被简单地认为是“捏造”行为，其言论是有一定医学知识和事实依据支撑的。

其次，谭某某的文章与鸿茅药厂经销商退货、退款的行为是否存在因果关系存疑。谭某某的文章网站点击率仅为2075次，其中，微信好友访问250次，微信群访问849次，朋友圈访问720次，文章共被分享120次，这是否能导致“鸿茅药酒”销售额损失140余万元？此前，鸿茅药厂曾多次触犯《广告法》，被处以多次处罚，退货的原因是否能单单归咎于谭某某的文章也有待说明。由此看来，若要入罪，经销商退货的真实性，退货与谭某某的行为之间的因果关系均需更充分的论证。

综上，本案没有公安机关介入的空间，甚至是否构成民事上的侵犯法人名誉权都有待探讨。

刑事救济往往是在其他救济手段失灵时出现的，但本案中企业有其他途径救济权利，例如发布公告详细说明药酒原理与成分，论证其安全性和有效性。毕竟社会公众情绪化描述的可信度是难以超过上市公司逻辑严密的公告的。本案中，一旦滥用损害商品声誉罪罪名，很可能会引发寒蝉效应，公民放弃舆论监督的武器，纵容企业的不法行为，最终严重危害公共利益。我们应当适当地允许舆论出错，正如美国大法官哈伦所说：容许空气中充满不和谐的声音，不是软弱的表现，而是力量的象征。

三、管辖与强制措施合法性之争——侦查机关应贯彻比例原则

本案中穿越大半个中国的跨省办案引起了人们的注意。依据《最高人民法院关于办理网络犯罪案件适用刑事诉讼程序若干问题的意见》，本案的犯罪行为地是谭某某上网服务器所在地，结果地是发生退货退款的地点。

根据犯罪地管辖和优先管辖原则，鸿茅药厂首先向凉城警方报案使其获得了管辖权。但是，以上逻辑链条的关键在于证明谭某某的言论真实的引发了凉城县经销商退货的行为，这一环在本案中是缺失的。同时，凉城公检法机关应当秉公办案，严防地方保护主义势力的入侵。

再来看强制措施。《刑事诉讼法》上明确规定了拘留、逮捕的法定情形，本案中没有充分的拘留、逮捕条件。例如，本案并没有出现现行犯或企图自杀、逃跑、在逃、毁灭证据等情形。凉城警方采取的强制措施与犯罪嫌疑人的人身危险性不相适应，不必要地剥夺当事人的人身自由，是对公法帝王条款比例原则的僭越。

四、当事人能否“撤诉”与“和解”之争——公诉案件的性质具有特殊性

刑事诉讼是国家专门机关主持的查明和追究犯罪的活动。公诉案件侵犯的不仅是被害人的利益，更是公共利益和社会秩序，公检法代表国家追究当事人的刑事责任。公诉案件因犯罪行为的社会危害性较大，较自诉案件呈现出不同的特征和规则。本案中集中体现于“撤诉”和“和解”两个环节中。

公诉案件当事人撤回报案并不导致撤回起诉的法律效果，根本原因在于公诉案件的原告是检察机关而不是受害人。在公诉案件中公诉机关居于原告地位，诉权掌握在检察机关手中，侦查权则掌握在公安机关手中，因此鸿茅国药公司撤回报案的行为并不必然导致检察机关撤诉或是公安机关撤案的效果。我国现行《刑事诉讼法》中没有对检察机关是否可以撤回起诉作出规定，司法实践中公诉案件撤回起诉的依据是“两高”的司法解释。司法解释作为撤回起诉的法律依据，效力存在不足，该制度的确立需要通过刑事诉讼法予以明确。依据司法解释可知公诉案件撤回起诉具有以下四个特征：第一，程序严格。撤回起诉必须出现法定情形，经由法院审查后作出是否准许撤诉的裁决。第二，主体法定。撤回起诉的主体是提起诉讼的检察机关。第三，权利受限。公诉案件因涉及广泛的公共利益其撤回起诉相较于民事诉讼活动和自诉案件的撤回起诉更为严格。第四，期间法定。

公诉案件的和解情形在《刑事诉讼法》第288条有明确规定，主要包括因民间纠纷引起，涉嫌刑法分则第四章、第五章规定的犯罪案件，可能判处三年有期徒刑以下刑罚的案件和除渎职犯罪外可能判处七年有期徒刑以下刑罚的过失犯罪案件。本案中涉及的罪名为损害商业信誉、商品声誉

罪，规定在刑法分则的第三章破坏社会主义市场经济秩序罪中，严格来说，本罪并不适用刑事和解制度。同时，刑事公诉案件中纵使出现了和解情形也并不意味着结案，和解仅意味着取得了被害人的谅解，只是一个从轻处罚的情节。

“鸿茅药酒案”涉及公法与私法的界限、权利冲突的处理、司法价值的考量等多重宏观主题，是部门法间开展交流、理论与实务碰撞的窗口，充分分析其中的法律问题甚可将其打造为“法治标本”。

NO. 5 《监察法》正式颁行

事例简介

2018 年 3 月 20 日，全国人大表决通过了《中华人民共和国监察法》。依据该法规定，监察机关主要负责对公职人员依法履职情况、秉公用权情况、廉洁从政情况、职业操守情况进行日常监督检查和廉政教育；同时，对涉嫌贪污贿赂、滥用职权、玩忽职守、利益输送、权力寻租以及浪费国家资财等严重违法犯罪行为进行调查。《监察法》颁行后，获得了较好实施。

专家点评

《监察法》颁行：推进监察体制改革和反腐败法治化

姜明安

（北京大学法学院教授，中国法学会廉政法制研究会副会长）

2018 年 3 月 20 日，第十三届全国人民代表大会第一次会议表决通过了《中华人民共和国监察法》。《监察法》的颁行，对于深化我国国家监察体制改革，推进反腐败工作法治化具有重大而深远的意义。

《监察法》颁行的意义和功能作用主要表现在两个方面：一是构建集中统一、权威高效的反腐败体制、机制，以加大反腐败力度，为提高反腐败效率和质量提供法律支撑；二是确立反腐败机构及其工作人员履行职责和行使权力的行为规范、制度，以防止其滥用职权，为保护被监察人员的人权和其他合法权益提供法律保障。

就“构建集中统一、权威高效的反腐败体制、机制，加大反腐败力度，提高反腐败的效率和质量”的意义和功能作用而言，《监察法》主要规定了下述五个方面的规范和制度。其一，中国共产党对国家监察工作进行全面和直接的领导。① 比较我国此前的反腐体制，追究公职人员职务犯罪的反贪、反渎和预防职务犯罪机构均直接隶属于检察机关。《监察法》确立的反腐体制将这些机构均转隶于监察机关，与党的纪检机关合署办公。这无疑将加强党对反腐败工作的直接领导。其二，各级监察委员会均直接由人民代表大会产生，向人民代表大会及其常务委员会负责，接受人民代表大会及其常务委员会监督；县级以上地方各级监察委员会同时对上一级监察委员会负责和接受其监督。② 比较我国此前的监察体制，监察部直接隶属于国务院，县级以上地方行政监察机关隶属于各级政府。很显然，依《监察法》所组建的监察委员会的法律地位高于原行政监察机关。其三，《监察法》将对监察机关独立行使职权的保障力度提升至三大诉讼法对人民法院和人民检察院独立行使职权同样的保障力度：监察机关依法独立行使监察权，不受行政机关、社会团体和个人的干涉。③ 其四，监察机关实行对公职人员监察全覆盖，监察对象包括党和国家机关、民主党派、国有企事业组织、基层群众性自治组织中从事公共管理的六类公职人员。④ 比较原行政监察制度，《监察法》规定的监察对象范围大为增加，原监察对象范围仅限于国家行政机关及其公务员和行政机关任命的其他人员。其五，监察机关可行使查封、扣押、冻结、搜查、留置等15项权限。⑤ 比较原行政监察制度，监察机关的反腐手段大为加强，原监察手段主要限于查询、复制、冻结、扣留、封存5项。

就“确立反腐败机构及其工作人员履行职责和行使权力的行为规范、制度，防止其滥用职权，保护被监察人员的人权和其他合法权益”的意义和功能作用而言，《监察法》主要规定了六个方面的规范和制度。其一，对

---

① 参见《监察法》第2条。

② 参见《监察法》第8条和第9条。

③ 参见《监察法》第4条。

④ 参见《监察法》第15条。

⑤ 参见《监察法》第18～30条。

监察机关和监察人员行使职权行为实行全方位监督，包括人大监督、上级监察机关监督、民主监督、社会监督、舆论监督以及审判机关、检察机关、执法部门对监察的一定制约。① 其二，《监察法》专设监察程序一章规范监察权的行使，确立程序制约机制。监察机关履行职责、行使职权必须严格遵循程序。② 其三，《监察法》规定在监察机关内部设立专门的监督机构对监察人员执行职务和遵守法律情况进行监督。③ 其四，《监察法》对监察调查行为进行严格规范：监察人员采取讯问、询问、留置、搜查、调取、查封、扣押、勘验检查等调查措施时，均应出示证件，出具书面通知，由二人以上进行，形成笔录或者报告、意见等书面材料，并由相关人员签字盖章等。④ 其五，《监察法》对采取留置措施予以严格控制，规定应由监察机关领导人员集体研究决定，报上一级监察机关批准或备案；除有碍调查的，应24小时内通知被留置人所在单位和家属；留置时间不得超过3个月，特殊情况延长不得超过3个月；被留置人的饮食、休息、安全、医疗服务应予保障；对之讯问应合理安排时间和时长等。⑤ 其六，《监察法》严禁以威胁、引诱、欺骗及其他违法方式收集证据；严禁侮辱、打骂、虐待、体罚或者变相体罚被调查人；进行讯问、查封、扣押等应全过程录音录相等。⑥

为了保障《监察法》的全面有效贯彻实施，规范纪委和监察机关的监察执纪工作，中央办公厅在《监察法》实施10个月后印发了《中国共产党纪律检查机关监督执纪工作规则》（以下简称《监督执纪工作规则》），对《监察法》确立的规范和制度进一步细化和具体化，推进反腐败工作进一步法治化，让执纪执法更精准、让监察监督更有效。

《监督执纪工作规则》最重要的内容之一是详细规定纪检监察机关开展监督执纪工作整个流程和流程中各阶段和步骤，包括监督检查、线索处置、谈话函询、初步核实、审查调查和审理各个环节的程序规则和制度。例如，在监督检查阶段，纪检监察机关应结合被监督对象的职责，开展对其权力行使情况的日常监督，通过多种方式了解被监督对象的思想、工作、作风、生活情况，发现苗头性、倾向性问题或者轻微违纪问题，对其及时约谈提

---

① 参见《监察法》第53~56条。
② 参见《监察法》第36条。
③ 参见《监察法》第55条。
④ 参见《监察法》第41条。
⑤ 参见《监察法》第43~44条。
⑥ 参见《监察法》第40~41条。

醒、批评教育、责令检查、诫勉谈话；对监督中发现的突出问题，则应向有关党组织或者单位提出纪检建议或监察建议，通过督促召开专题民主生活会、组织开展专项检查等方式，督查督办，推动整改。纪检监察机关开展监督执纪工作的任何一个阶段，均必须严格遵守《监督执纪工作规则》规定的相应阶段的程序规则和制度，否则将承担相应的纪律责任或法律责任。

《监督执纪工作规则》的另一重要内容是规范纪检监察机关及其工作人员在监督执纪工作中的行为准则，包括应该怎么做和不得怎么做。例如，对涉案财物进行查封、扣押（暂扣、封存）、冻结、移交，应当严格履行审批手续；监督执纪人员执行查封、扣押（暂扣、封存）措施，应当会同原财物持有人或保管人、见证人，当面逐一拍照、登记、编号，现场填写登记表，由在场人员签名；对查封、扣押（暂扣、封存）的财物，应当指定专门人员保管，严格履行交接、调取手续，定期对账核实；严禁私自占有、处置涉案财物及其孳息。又如，对涉嫌严重违纪或职务违法、职务犯罪人的审查调查谈话、搜查、查封、扣押（暂扣、封存）涉案财物等，均应全程录音录像；监督执纪人员未经批准，不得将被审查调查人或其他重要的谈话、询问对象带离规定的谈话场所，不得在未配置监控设备的场所进行审查调查谈话或其他重要的谈话、询问，不得在谈话期间关闭录音录像设备。再如，对被审查调查人进行审查调查，严禁使用违反党章党规党纪和国家法律的手段，严禁逼供、诱供、侮辱、打骂、虐待、体罚或变相体罚。《监督执纪工作规则》确定的所有这些准则，特别是明确规定纪检监察机关及其工作人员"不得"或"严禁"实施的行为，均是其必须严格遵循的"红线""底线"，任何一级纪检监察机关和任何监督执纪人员均不能以任何理由任何借口突破，谁突破谁就得承担纪律责任和法律责任，甚至刑事责任。

《监督执纪工作规则》还有一项重要内容就是规定对纪检监察机关和纪检监察干部的监督机制。这是保证纪检监察工作坚持实事求是，以事实为依据，以党章党规党纪为准绳的重要防线。监督者必须首先接受监督，信任不能代替监督。"打铁必须自身硬"，执纪者必先守纪，对执纪者必须以更高的标准、更严的要求约束，必须强化对其监督执纪各个环节的监督制约，将其监督执纪的权力关进制度的笼子里，防止"灯下黑"，防止反腐者自腐。对此，《监督执纪工作规则》确立了一系列的制度机制，如回避制度、避免利益冲突制度、"一案双查"制度、通报问责制度等。对于纪检监察干部可能的违规违纪违法行为，《监督执纪工作规则》也设置了各种预防、监督和问责机制。例如，对纪检监察干部打听案情、过问案件、说情干预的，受请托人应当向审查调查组组长和监督检查、审查调查部门主要负责人报告并登记备案。如发现审查调查组成员未经批准接触被审查调查人、涉案人员及其特定关系人，或者存在交往情形的，应当及时向审查调查组组长和监督检查、审查调查部门主要负责人直至纪检监察机关主要负责人报告并登记备案。对纪检监察干部越权接触相关地区、部门、单位党委（党组）负责人，私存线索、跑风漏气、以案谋私，接受宴请或财物等诸种违规、违纪和违法行为，均规定要严肃处理，包括依法追究法律责任。《监督执纪工作规则》确立的这种监督和责任机制是促使纪检监察机关依法正确行使职权，维护纪检监察工作在法治轨道上运行的重要保障。

《监察法》是监察机关行使监察职权的基本法，《监督执纪工作规则》则是对《监察法》的具体化和细化。纪检监察机关在执纪执法工作中严格执行《监察法》确立的各项规则和制度，严格遵守《监督执纪工作规则》规定的各项要求，是保证《监察法》立法目的全面实现，有效提高反腐败力度和法治化水平的切实保障。

NO.6　影视从业人员阴阳合同逃税事件

事例简介

2018年5月，知情人通过微博晒出多份拍戏合同，内涉影视从业人员与制片方逃税签订的“阴阳合同”。6月，国家税务总局责成江苏等地税务机关依法开展调查核实，范某某及其担任法定代表人的企业被追缴税款、加收滞纳金、罚款共计8.84亿元。6月27日，中央宣传部、文化和旅游部、国家税务总局、国家广播电视总局、国家电影局等联合印发《通知》，要求加强对影视行业天价片酬、阴阳合同、偷逃税等问题的治理。10月8日，国家税务总局责成江苏省税务局对范某某偷逃税案件中有关责任单位和责任人予以问责。10月9日，国税总局发布《关于进一步规范影视行业税收秩序有关工作的通知》。

专家点评

法治时代更应重视公众人物的社会影响

刘剑文

（辽宁大学特聘教授、北京大学法学院教授，
中国法学会财税法学研究会会长）

税收作为国民经济平稳运行的命脉，决定着国家发展的质量与进程。依法纳税是公民必须履行的一项宪法义务。公民依法缴纳相应税款，国家将税收收入投入基础设

施建设和公共资源开发，公民享受这些资源与设施带来的福利和收益，并根据收益再次缴纳相应税款。由此构成良性的税收循环。在这一循环当中，依法纳税既是权利义务相统一的必然要求，也是促进社会财富分配更加公平的重要一环。当前，我国在将“蛋糕”做大的同时，正面临着较为严重的收入分配不公，对于影视从业人员这类分配能力很强的群体来说，其涉及的收入分配问题更容易引起社会关注。因此，更高的收入，不仅意味着更高的纳税额，还意味着更严格的守法义务。

范某某逃税问题曝光以后，社会上展开了一场又一场关于监管高收入群体的论战。一个重要原因即在于涉案人员是众人皆知的影视从业人员，而影视从业人员一般是具有很强示范效应的公众人物，他们的一举一动不仅代表自己，更影响着普通观众对事物的看法和行为，特别是对年轻的粉丝来说，甚至可能影响到青少年的价值观与世界观。从这个角度看，无论是法律还是道德，对公众人物的要求只会更高，不会降低。公众人物自身也应该意识到，粉丝、观众的喜爱和信任不仅是其赖以谋生的资本，更承载着事关舆论牵引的社会责任。

影视从业人员逃税对社会造成的影响显然是恶劣的。除了税法层面的影响外，倡言法治的背景中，逃税影视从业人员也辜负了树立法治信仰的社会认知与国家呼吁。公众人物的法律意识往往反映着其对社会主义法律制度的认同程度，换个角度看，公众人物的法律意识如果有所提升，经过媒体的宣传，法治影响也会相应得到扩大。另外，公众关注整个演艺圈的态度倾向和后续行动，也更关注相关部门解决此类问题的决心和具体举措。国家执法和司法工作人员在处理公众人物的违法行为时，往往能够引起社会聚焦，这就为国家法治建设提供了推出法治化处理模范的机会，形成示范效应，进而增强社会对国家法治工作的信心，推进国家法治工程的建设。

公众人物的法律意识与社会大众的法律意识息息相关。改革开放四十年的法治实践证明：没有法律意识就没有社会主义法治建设。公民养成法律意识需要国家多管齐下，特别重视舆论引导与社会监督。“阴阳合同”逃税仅是法律意识淡薄的形式表征，根本上看，国家需要利用好影视从业人员作为公众人物的法治桥梁，以公众人物的“点”形成遵法联动的“线”，从而带动全民守法的“面”，将法治工作真正做到群众中去。与此同时，国家相关部门要重视规范公众人物的各项行为，杜绝影视从业人员的“优厚”待遇，以法律面前人人平等的姿态将国家法治建设推向新的高度。

NO.7 《我不是药神》电影引热议

事例简介

《我不是药神》是一部改编自真实事件的电影，于2018年7月5日在中国上映。该片讲述白血病患者为了生存代购价格低廉的仿制药引发法律制裁的故事。电影上映后，仿制药合法性等问题成为热门话题。李克强总理就此作出批示，要求有关部门加快落实抗癌药降价保供等相关措施。

专家点评

谁是真正的药神？

郭　禾

（中国人民大学法学院教授，中国法学会知识产权法学研究会副会长）

电影《我不是药神》放映之后，引起社会各界的热议。上至国务院总理，下至普通国民无不对这部根据真实事件改编的现实主义影片给予特别关注。影片将专利药、仿制药和假药之间的关系置于法律、情理的矛盾和冲突之中。一方面，影片淋漓尽致地展现了白血病患者延续生命的最基本人性的需求；反映了犯罪分子令人发指地向患者兜售假药的情形。另一方面影片也将专利药与仿制药在价格上的差距，赤裸裸地展现在观众面前。习近平总书记曾在与文学艺术工作者的会议上提及毛泽东主席《在延安文艺座谈会上的讲话》，其中讲到文艺是为人民大众

服务的，要反映人民的心声。《我不是药神》正是贯彻了这一创作思想。影片所揭示的正是我国现实社会中人民关心的现实问题。我们希望这种能够深刻反映现实的好影片能够层出不穷。在这里，我们应当为影片的创作者，包括编剧、导演等主创人员敏锐的社会嗅觉、强烈的责任感和敢于担当的勇气和良心喝彩。

然而，我国正处于社会发展的转型期，正从过去靠消耗自然资源以驱动社会经济发展的模式转向创新驱动发展的模式。在创新驱动发展模式下，鼓励创新是实现我国经济发展模式转变的首要问题，而保护知识产权则是国家鼓励创新的最重要的法律手段。因此，我国不仅不能弱化知识产权法治，而且要加大打击侵犯知识产权行为的力度，以保护和促进我国产业的全面创新。从全球范围内看，专利制度是否直接影响药品可及性存在各种不同观点。但主流观点认为，正是因为有专利制度才激励了厂商研发新药的积极性。如果没有原研药的研发，自然不可能有后来的仿制药。这种源流关系任何人都是非常清楚的。因此，在新药总体上仍处于稀缺状态的今天，实施知识产权制度、保护专利权以鼓励创新行为才是理性的选择。在治病救人的整个链条上，原研药的研发者当属第一功臣。换个角度看，人类文明发展的全部成果都是为了人。延续患者生命当然是为了人，但保护知识产权、鼓励技术进步同样是为了人，而且是为了整个人类的整体利益。故解决影片《我不是药神》中所反映的药品可及性问题，绝不应当采取牺牲知识产权制度这种竭泽而渔、杀鸡取卵的做法。

事实上，提高基本医疗水平和让国民公平获得医疗保障的机会是社会普遍关注的问题。影片《我不是药神》在片尾给了我们一个光明的结局，这种治疗白血病的药品已经被纳入医保范围，人们不再需要考虑专利药和仿制药的药价差。影片无疑是在呼吁，面对发病率如此高的疾病、有那么多的患者因为买药而卖房、甚至轻生，是政府应积极应对防止问题爆发，避免付出高昂的社会成本。我国已经经历了较长时间的高速发展期，国家的整体实力与四十年前相比已不可同日而语。因此理所当然地应当从快速增长的 GDP 中，提取更高比例用于改善和提高全民健康水平。这其中，尤以医保水平的提高更能让国民有切实的“获得感”。所以，影片所反映的药品可及性问题与专利制度并无直接关系，只需通过医保制度的完善便可彻底解决。

从这种意义上讲，影片《我不是药神》所揭示的关于药品可及性的问题根本上还是应当通过医保体系来解决，而不应当让专利制度来承担责任。

须知，即使废止专利制度，不再保护影片中治疗白血病的专利药，这种药品的可及性问题似乎解决了。谁能保证将来不会出现什么“黑血病”“紫血病”？到那时又有谁还能从哪里弄到仿制药进而扮演药神呢？

古代有神农氏遍尝百草的传说，称神农氏为药神可谓当之无愧；隋唐有孙思邈因著有《千金要方》而被尊为药王；明代的李时珍广采宋、元民间秘方著成《本草纲目》堪称药神。所有这些“神”级人物无不因其创新行为而被尊为“大神”。这个道理亘古不变。因此，当今中国只有鼓励创新，才可能造就出中国的药神。

NO. 8　滴滴顺风车乘客遇害案

事例简介

2018 年 5 月 6 日，21 岁的郑州空姐搭乘滴滴顺风车赶往市区时遭司机杀害。6 天后案件告破。8 月 24 日，浙江温州乐清一名 20 岁女子赵某搭乘顺风车时，也惨遭司机杀害。案件发生后引发社会广泛关注和讨论。

专家点评

以良法善治为新业态发展保驾护航

周汉华

（中国社会科学院法学研究所研究员，
中国法学会网络与信息法学研究会副会长）

2018 年先后发生的两起滴滴顺风车乘客遇害案，震动全国，影响深远。这次事件将互联网新业态如何健康发展，共享经济如何定位，平台企业应该承担哪些责任，管理部门应该如何作为，公众应该怎么看待新业态，法治与新业态发展是何种关系等基本问题，都推到了前台，全社会必须共同寻找答案。

安全是新业态发展不可逾越的底线和红线。滴滴本来一直是资本市场的宠儿，互联网创新创业的典范，人们出行的好帮手，媒体密集追逐的对象。曾几何时，普通乘客、网约车司机、出租车司机、相关管理部门等都对网约车新业态积极拥抱，奔走相告，发展前景一片光明。然而，乘客遇害案发生后，一夜之间一切都发生了逆转，公众舆论哗然，滴滴迅速成为各界声讨的对象。由交通运输部等10部门组成的网约车、顺风车平台公司安全专项检查组进驻滴滴进行检查，开创了行政执法的一个记录；滴滴遭遇了前所未有的信任危机，不但因为顺风车业务无限期下线导致巨大经济损失，合规经营的要求也成为悬挂在其基本商业模式之上的一把达摩克利斯之剑。事件逐步演化的结果已经表明，输家并不仅仅只是滴滴。乘客突然发现出行不再那么方便，顺风车车主失去了工作机会，黑车卷土重来，地方管理部门需要重新面对出行难与管理难双重挑战。

网络社会是风险社会，风险无处不在，各界因此都需要有安全感，都需要维护安全，这是人类的最基本共同需要。新业态在带给人们前所未有的体验的同时，其"颠覆性创新"带来的不安全感与实际风险也远远超出传统业态。因此，新业态要发展，首先就必须确保安全。如果不能维护安全，发展也就失去了基础，最终的结果必然是多输。

良法善治是新业态发展的基石。如果我们拓宽视野可以发现，2018年，比网约车行业遭遇更大危机的要算P2P与共享单车两个行业。由于缺乏法治规范，这两个行业无序发展，一路狂奔，鱼龙混杂，最后导致不断爆雷，资金链断裂，公众利益严重受损，行业几乎完全走入死胡同。网约车行业能够避免陷入更大困境，必须承认，2016年发布的《国务院办公厅关于深化改革推进出租汽车行业健康发展的指导意见》和《网络预约出租汽车经营服务管理暂行办法》两个文件可以说起到了基础性的作用，为行业发展明确了基本规范。尽管各方对于两文件的评价还有非常大的分歧，网约车的相关管理规定也确实有进一步完善的空间。深入分析还可以发现，正是因为两文件对顺风车只是写了一句"私人小客车合乘，也称为拼车、顺风车，按城市人民政府有关规定执行"，而城市人民政府对于顺风车的有关规定基本上都是一笔带过，导致顺风车运行一直缺乏任何规范支撑。包括顺风车是否能够进行社交化推广，顺风车司机背景审核，乘客个人信息保护，顺风车派单方式与接单数量，乘客投诉处理与反馈，顺风车应急管理机制等，各地方都没有任何规定，顺风车可以说一直处于"裸奔"状态。如果有基本的管理规范并加以执行，乘客遇害案悲剧本来确实有机会避免。

新中国成立以来的历史发展经验表明，缺乏良法善治，更深层次的问题在于容易陷入"一放就乱，一管就死"的恶性循环。面对严格整顿、下线顺风车业务后重新出现的出行难、管理难现象，简单放开，无法完全避免类似的悲剧会重演，各种不确定性都太大；继续无限下线顺风车业务，本质上是因噎废食，会白白流失共享出行带来的资源配置效率提升机会，全社会都需要为此埋单。走出目前困局，唯一的出路在于回到基本点，从共享经济本质出发，尽快制定顺风车运行的相关规则，完善网约车管理制度，以良法善治为新业态发展保驾护航。

NO.9 最高人民法院颁布夫妻债务纠纷司法解释

事例简介

2018年1月8日，最高人民法院发布《关于审理涉及夫妻债务纠纷案件适用法律有关问题的解释》，就共同意思表示所负的夫妻共同债务、家庭日常生活所负的夫妻共同债务、债权人能够证明的夫妻共同债务以及该解释适用范围作了明确的规定。

专家点评

认定夫妻共同债务规则“解释与完善”的思考

夏吟兰

（中国政法大学教授、中国法学会婚姻家庭法学研究会会长）

2018年1月8日最高人民法院发布的《关于审理涉及夫妻债务纠纷案件适用法律有关问题的解释》（以下简称《夫妻债务纠纷司法解释》）细化了认定夫妻共同债务的规则，合理分配了举证责任，将司法实践中确认夫妻共同债务的司法解释回归至婚姻法“夫妻共同债务用于夫妻共同生活”的规定。

我国婚姻法对于认定夫妻共同债务的规则一直采取宏观抽象的规定：“离婚时，原为夫妻共同生活所负的债务，由夫妻双方共同偿还。”由于规定过简，司法实践面临问题较多，最高人民法院多年来多次作出相关司法解释。2003 年根据当时司法实践存在较多的夫妻双方恶意串通，通过离婚将财产转移给另一方，借以逃避共同债务的现象，在《最高人民法院关于适用〈中华人民共和国婚姻法〉若干问题的解释（二)》（以下简称《婚姻法司法解释（二)》）的第 24 条中作出了有针对性的规定。根据这一规定，在婚姻关系存续期间，以一方名义所欠的债务，原则上都视为夫妻共同债务，除非夫妻一方能够证明债权人与债务人明确约定为个人债务，或者能够证明夫妻双方已约定适用分别财产制。这一规定出台后，夫妻双方恶意串通，侵害债权人利益的情况，得到了有效遏制，达到了保护交易安全和保护债权人利益的目的。但是，现实生活中又出现了当事人为达到离婚后非法占有夫妻共同财产的目的，与第三人串通伪造债务，或者将赌博、吸毒、高利贷、非法集资等欠债伪装成夫妻共同债务的问题。非举债配偶一方的合法权益受到严重侵害，要求修改完善《婚姻法司法解释（二)》第 24 条规定的呼声渐高。为解决这些问题，最高人民法院于 2017 年 2 月 28 日发出了《关于依法妥善审理涉及夫妻债务案件有关问题的通知》，明确要求坚持法治和德治相结合原则、保障未具名举债夫妻一方的诉讼权利、对非法债务不予保护，制裁夫妻一方与第三人串通伪造债务的虚假诉讼。在此基础上，最高人民法院于 2018 年 1 月 8 日发布的《夫妻债务纠纷司法解释》，进一步对夫妻共同债务认定规则作出更为明确具体的规定，无疑是对《婚姻法司法解释（二)》第 24 条及最高人民法院有关通知所作的与时俱进的修正和补充。

《夫妻债务纠纷司法解释》将双方合意作为确认夫妻共同债务的条件，回归夫妻共同财产的本质。《婚姻法》第 17 条规定，夫妻在婚姻关系存续期间所得的财产是夫妻共同财产，夫妻对共同所有的财产有平等的处理权。这个平等的处理权，既包括对夫妻共同财产的对外转让、赠与、出租、出售等处分行为，也包括为了家庭日常生活的购买、消费等管理行为，还包括为了共同生活对外举债，增加共同财产负担的借贷行为。对夫妻享有平等处理权的解释，不应仅局限在对共有财产的处分行为上，还应扩大解释为夫妻对共有财产享有平等的使用权、管理权和知情权，夫妻对共同财产进行处分时，应当平等协商，取得一致意见。《夫妻债务纠纷司法解释》第 1 条明确规定："夫妻双方共同签字或者夫妻一方事后追认等共同意思表示所负的债务，应当认定为夫妻共同债务。"这一规定体现的正是夫妻双方对共同财产享有平等的处理权，夫妻双方基于共同意思表示所负的债务属于夫妻共同债务。双方对共同举债的合意，可以是在合同上以共同签字的方式表示，也可以是在一方签订合同后，另一方以事后通过书面或口头追认的方式表示，也可以以双方均认可的其他方式表示。许多国家对此也有明确规定。如《瑞士民法典》第 233 条第 4 款规定：夫妻双方与第三人约定以共有财产清偿的债务是共同债务。《葡萄牙民法典》第 1691 条规定：夫妻双方或一方经他方同意而设定之债务是夫妻共同债务。《法国民法典》第 85 – 1372 号法令规定，除了家庭日常生活所需的小额借贷外，一切借贷均须经过夫妻双方同意。夫妻一方因合同而形成的债务，原则上需要另一方同意方能成为夫妻共同债务，如未经夫妻双方同意，不引起夫妻之间的连带责任，只能以举债方的个人财产清偿债务。

《夫妻债务纠纷司法解释》将家庭日常生活所负的债务确定为夫妻共同债务，符合夫妻共同财产制及日常家庭生活需要。夫妻日常家事代理权，指夫妻因日常家庭事务与第三人为一定法律行为时互为代理的权利。即夫妻于日常家庭事务范围内互为代理人，互享代理权。被代理方须对代理方从事日常家事行为所产生的债务，承担连带责任。日常家事代理权制度确立了夫妻双方在处理日常家庭事务中互享代理权的规则，夫妻双方在日常家事的范围内，如购买家庭日常生活所需的食物、衣物、家电、医疗及必要的休闲用品等仅凭个人的意愿即可作出决定，所产生的债务是夫妻共同债务。在夫妻共同财产制下，夫妻一方在婚姻关系存续期间所负债务原则上应当推定为个人债务，但是鉴于夫妻之间的身份关系，夫妻债务有其自身特点。为保护债权人利益，夫妻因日常事务与第三人交往所为之法律行为，视为夫妻共同的意思表示，并由配偶方承担连带责任，从而便利夫妻生活，提高夫妻双方处理家庭事务的效率。外国法对此也有明确的规定。如《英国婚姻程序及财产法》规定，夫妻互有家事代理权。《日本民法典》第 761 条规定：夫妻一方就日常家事同第三人实施了法律行为时，他方对由此而产生的债务负连带责任。

《夫妻债务纠纷司法解释》将债权人确定为承担举证责任一方的规定，符合“谁主张，谁举证”的证明责任分配原则。如果债权人主张婚姻关系存续期间夫妻一方以其个人名义对外所举之债务属于夫妻共同债务的，必须承担证明该债务确实用于夫妻共同生活、共同生产经营或者基于夫妻双方合意的举证责任。一旦债权人履行了举证责任，人民法院应当认定该债务属于夫妻共同债务。确定夫妻共同债务在举证责任上的这一规定，符合民事诉讼法“谁主张，谁举证”的一般证明责任分配原则，也与《婚姻法司法解释（二）》第 23 条关于确定夫妻婚前债务举证责任的规定相互呼应，适用规则一致。将举证责任合理分配给债权人实际上为债权人主张权利提供了司法救济途径，以便于对其权益予以相应保护。这一规定既有利于引导夫妻一方对外举债时应当保障对方的知情权，保护非举债配偶一方的利益；也有利于引导债权人在订立合同之债时主动履行审慎注意义务，防范债务风险，保护债权人利益。

《夫妻债务纠纷司法解释》高度重视和积极回应了社会关切，合理公正地明确了夫妻共同债务的具体认定规则，体现了与时俱进、追求公平正义的司法为民精神。但是，司法解释只能是针对司法实践中对现有法律规定不明确的具体问题进行解释，提出法官执法的具体方法与措施。值此编纂民法典婚姻家庭分则之际，应当将修改补充夫妻债务制度作为编纂的重要内容，构建完善的夫妻债务制度，切实回应社会关切，平衡婚姻安全与交易安全。

NO. 10　张文中案

事例简介

2009 年 3 月，物美集团原董事长张文中因诈骗、单位行贿、挪用资金终审被判处有期徒刑十二年，并处罚金。2018 年 5 月 31 日，最高人民法院提审后对该案进行公开宣判，撤销原审判决，改判张文中无罪，原审判决已执行的罚金及追缴的财产，依法予以返还。

专家点评

归来：关于张文中案的法治思考

姚　莉

（中南财经政法大学副校长、教授，中国刑事诉讼法学研究会副会长）

“正义尽管有时候会迟到，但正义不会缺席，迟到的正义依然是无比珍贵的。”这是张文中在 2018 年 5 月最高人民法院对其十二年前诈骗、单位行贿、挪用资金一案再审公开宣判无罪后说出的一句话。12 年的蒙冤，12 年的血泪，似乎在他平淡又克制的话语中顷刻化解。平冤纠错，正义归来，人间正道，何惧沧桑。

2009 年 3 月，河北省高级人民法院作出终审判决，认定物美集团原董事长张文中因犯诈骗罪，与单位行贿罪、挪用资金罪并罚，决定执行有期徒刑 12 年，处罚金人民币 50 万元。服刑期间，张文中获两次减刑。2013 年 2 月，刑满释放后，张文中向河北省高级人民法院提出申诉，结果被驳回。2016 年 10 月，张文中再次向最高人民法院提出申诉，最高人民法院于 2017 年 12 月决定依法提审该案。2018 年 5 月 31 日，最高人民法院公开宣判张文中诈骗、单位行贿、挪用资金再审案，宣告撤销原审判决，改判张文中无罪，同时改判原审同案被告人张伟春、原审同案被告单位物美控股集团有限公司无罪，原判已执行的罚金及追缴的财产，依法予以返还，张文中等被告知有权申请国家赔偿。

案件的改判，使张文中和物美集团沉冤得雪，名誉和财产得以恢复。通过提审该案，最高人民法院严格遵循罪刑法定、证据裁判、疑罪从无等原则，依法纠正了原判在事实认定、证据采信、法律适用方面的错误，坚决维护了司法的公正及权威。但正如张文中所说，“我的这个案子早已不是我个人的事，案件在 12 年后得以纠正，我相信这个案件是纠正民营企业涉产权冤错案件的新起点，必将为中国民营企业的发展注入新动力”，这起法律界、商业届、社会舆论高度关注的申诉再审案件，其法治意义远不止平冤纠错，正本清源那么简单。

2016 年 11 月，中共中央、国务院发布《关于完善产权保护制度依法保护产权的意见》，要求妥善处理历史形成的产权案件。同月，最高人民法院出台《关于充分发挥审判职能作用　切实加强产权司法保护的意见》，明确规定要“客观看待企业经营的不规范问题”“严格区分经济纠纷与刑事犯罪”。2017 年 9 月，中共中央、国务院发布《关于营造企业家健康成长环境弘扬企业家精神更好发挥企业家作用的意见》，提倡营造尊重和激励企业家干事创业的社会氛围。在强化产权和企业家权益保护的背景下，作为“落实党中央产权保护和企业家合法权益保护政策的标杆案件”，张文中案是中国建设法治经济和推动司法公正历史性的一步。

孟子在《滕文公上》中说：“民之为道也，有恒产者有恒心，无恒产者无恒心。”在法治中国的基本框架中，恒产是需要法治保障的。公正是法治的生命线，良好的法治才是长久信心之源。

改革开放的沧海桑田下，尤其在我国于 2001 年年底加入世界贸易组织后，国家进一步明确对各类所有制企业包括民营企业实行同等待遇。同时，为鼓励支持国内流通企业发展，推进流通现代化，国家将物流配送中心建设、连锁企业信息化建设列入国债贴息项目予以重点支持。也就是说，2002 年物美集团申报国债技改项目时，国家对民营企业的政策已经发生变化，国债技改贴息政策也已有所调整，物美集团申报的物流项目和信息化项目符合国债技改贴息资金支持的项目范围，“原判认定物美集团不具有申报国债技改项目的资格，属于事实认定错误”。

最高人民法院通过再审张文中案，传递出一个明确的信号，“我们应当用历史的、发展的眼光客观地、实事求是地看待”，要给僵硬的法条注入正义的灵魂，让错案不再发生，让公正不再迟到。然而，对于社会公众而言，本案的示范意义并不局限于一堂关于“正义归来”的法治公开课，更为重要的是，对于企业家而言，其产生了落实产权保护和企业家合法权益的头雁效应。

附　录

- 2018年中国法治实施纪事

2018 年中国法治实施纪事

2018 年 1 月 1 日	新修《反不正当竞争法》施行。
2018 年 1 月 1 日	《环境保护税法》《水污染防治法》《核安全法》施行。
2018 年 1 月 1 日	《关于审理仲裁司法审查案件若干问题的规定》施行。
2018 年 1 月 1 日	《关于仲裁司法审查案件报核问题的有关规定》施行。
2018 年 1 月 1 日	新修《最高人民检察院、公安部关于公安机关办理经济犯罪案件的若干规定》施行。
2018 年 1 月 2 日	《最高人民法院关于充分发挥审判职能作用为企业家创新创业营造良好法治环境的通知》。
2018 年 1 月 2 日	国家税务总局发布《关于成品油消费税征收管理有关问题的公告》。
2018 年 1 月 4 日	中共中央办公厅、国务院办公厅印发《关于在湖泊实施湖长制的指导意见》。
2018 年 1 月 5 日	人民法院“智慧法院导航系统”和“类案智能推送系统”正式上线运行。
2018 年 1 月 10 日	环境保护部印发《排污许可管理办法（试行）》。

2018年1月14日　国务院办公厅发布《关于改革完善全科医生培养与使用激励机制的意见》。

2018年1月15日　《关于审理海洋自然资源与生态环境损害赔偿纠纷案件若干问题的规定》施行。

2018年1月16日　最高人民法院下发《关于进一步加快推进电子卷宗随案同步生成和深度应用工作的通知》。

2018年1月16日　最高人民法院发布《关于审理涉及夫妻债务纠纷案件适用法律有关问题的解释》。

2018年1月19日　国家发改委下发《关于做好〈关于加强和规范守信联合激励和失信联合惩戒对象名单管理工作的指导意见〉贯彻落实工作的通知》。

2018年1月22日　中央政法工作会议开幕。

2018年1月23日　国务院办公厅发布《关于推进电子商务与快递物流协同发展的意见》。

2018年1月23日　《关于建立"一带一路"争端解决机制和机构的意见》通过。

2018年1月24日　民政部印发《社会组织信用信息管理办法》。

2018年1月30日　最高人民法院发布7起充分发挥审判职能作用保护产权和企业家合法权益的典型案例。

2018年1月31日　司法部发布第2批公证指导性案例。

2018年2月1日　《企业年金办法》施行。

2018年2月2日　十九届中央首轮巡视启动。

2018年2月2日　国家发改委印发《关于充分发挥信用服务机构作用加快推进社会信用体系建设的通知》。

2018年2月6日　最高人民法院发布《最高人民法院关于适用〈中华人民共和国行政诉讼法〉的解释》。

2018 年 2 月 9 日	工商总局下发《关于开展互联网广告专项整治工作的通知》。
2018 年 2 月 22 日	最高人民法院发布《关于执行和解若干问题的规定》《关于执行担保若干问题的规定》。
2018 年 2 月 26 日	11 部委召开联合部署 2018 年整治虚假违法广告工作电视电话会议。
2018 年 2 月 26 日	工商总局等 11 部委联合下发《整治虚假违法广告部际联席会议 2018 年工作要点》。
2018 年 2 月 27 日	中共中央办公厅、国务院办公厅印发《关于加强知识产权审判领域改革创新若干问题的意见》。
2018 年 2 月 28 日	人民法院调解平台正式上线，在全国法院试运行。
2018 年 2 月 28 日	《中共中央关于深化党和国家机构改革的决定》和《深化党和国家机构改革方案》通过。
2018 年 2 月 28 日	中共中央发布《关于深化党和国家机构改革的决定》。
2018 年 3 月 1 日	最高人民法院、最高人民检察院联合发布《关于检察公益诉讼案件适用法律若干问题的解释》。
2018 年 3 月 2 日	最高人民法院、最高人民检察院发布 10 起检察公益诉讼典型案例。
2018 年 3 月 4 日	最高人民法院公布《关于人民法院通过互联网公开审判流程信息的规定》。
2018 年 3 月 4 日	最高人民法院发布《全国法院破产审判工作会议纪要》。
2018 年 3 月 6 日	最高人民法院发布 10 起全国法院破产典型案例。
2018 年 3 月 8 日	最高人民法院、中华全国归国华侨联合会发布《关于在部分地区开展涉侨纠纷多元化解试点工作的意见》。

2018 年 3 月 11 日　《宪法修正案》颁布施行。

2018 年 3 月 11 日　最高人民法院发布《关于人民法院办理仲裁裁决执行案件若干问题的规定》。

2018 年 3 月 12 日　《全国人民代表大会常务委员会关于实行宪法宣誓制度的决定》施行。

2018 年 3 月 13 日　《国务院机构改革方案》公布。

2018 年 3 月 20 日　《监察法》颁布施行。

2018 年 3 月 20 日　国家互联网信息办公室公布《微博客信息服务管理规定》。

2018 年 3 月 22 日　全国首例共享单车消费民事公益诉讼案公开宣判。

2018 年 3 月 22 日　中美贸易战正式开始。

2018 年 3 月 23 日　国家监察委员会揭牌。

2018 年 3 月 27 日　中华全国工商业联合会、司法部发布《全国工商联、司法部关于推进商会人民调解工作的意见》。

2018 年 3 月 29 日　全国法院决胜“用两到三年时间基本解决执行难”动员部署会召开。

2018 年 3 月 30 日　《关于涉以压缩气体为动力的枪支、气枪铅弹刑事案件定罪量刑问题的批复》发布施行。

2018 年 4 月 3 日　国务院办公厅印发《关于改革完善仿制药供应保障及使用政策的意见》。

2018 年 4 月 3 日　最高人民检察院发布《关于指派、聘请有专门知识的人参与办案若干问题的规定（试行）》。

2018 年 4 月 8 日　《地方党政领导干部安全生产责任制规定》施行。

2018 年 4 月 10 日　国家市场监督管理总局正式挂牌成立。

2018 年 4 月 15 日　最高人民法院发布 3 起涉国家安全典型案例。

2018 年 4 月 16 日　生态环境部正式挂牌。

2018 年 4 月 16 日	最高人民法院发布 2017 年度中国法院 10 大知识产权案件和 50 件典型知识产权案例。
2018 年 4 月 19 日	财政部印发《关于加强会计人员诚信建设的指导意见》。
2018 年 4 月 20 日	人力资源和社会保障部、财政部联合印发《关于继续阶段性降低社会保险费率的通知》。
2018 年 4 月 21 日	最高人民法院、司法部印发《关于依法保障律师诉讼权利和规范律师参与庭审活动的通知》。
2018 年 4 月 25 日	最高人民法院发布《关于严格规范民商事案件延长审限和延期开庭问题的规定》。
2018 年 4 月 25 日	国务院办公厅印发《关于促进"互联网 + 医疗健康"发展的意见》。
2018 年 4 月 25 日	最高人民检察院发布 2017 年度检察机关保护知识产权十大典型案例。
2018 年 4 月 27 日	中央政法委、最高人民法院、司法部颁行《关于加强人民调解员队伍建设的意见》。
2018 年 4 月 27 日	《人民陪审员法》《英雄烈士保护法》颁布施行。
2018 年 4 月 27 日	新修《国境卫生检疫法》《进出口商品检验法》《国防教育法》《精神卫生法》《反恐怖主义法》《国家情报法》发布施行。
2018 年 5 月 1 日	《快递暂行条例》施行。
2018 年 5 月 3 日	市场监管总局公布各地食品保健食品欺诈和虚假宣传整治案件信息。
2018 年 5 月 8 日	孙政才因受贿罪被判处无期徒刑，剥夺政治权利终身。
2018 年 5 月 8 日	最高人民法院发布《关于认真学习宣传贯彻〈英雄烈士保护法〉的通知》。

2018 年 5 月 11 日	财政部办公厅、商务部办公厅、国务院扶贫办综合司三部门联合发布《关于开展 2018 年电子商务进农村综合示范工作的通知》。
2018 年 5 月 13 日	国务院发布《关于改革国有企业工资决定机制的意见》。
2018 年 5 月 14 日	贯彻落实《中央巡视工作规划（2018 - 2022 年）》推进会召开。
2018 年 5 月 14 日	国家发展和改革委员会等 8 部委联合发布《关于加强对电子商务领域失信问题专项治理工作的通知》。
2018 年 5 月 15 日	最高人民法院发布 8 起人民法院征收拆迁典型案例（第二批）。
2018 年 5 月 17 日	《市场监管总局关于开展不正当竞争执法重点工作的公告》发布。
2018 年 5 月 18 日	第八次全国生态环境保护大会在北京召开，习近平发表重要讲话。
2018 年 5 月 18 日	工业和信息化部印发《关于纵深推进防范打击通讯信息诈骗工作的通知》。
2018 年 5 月 23 日	中共中央办公厅、国务院办公厅印发《关于深入推进审批服务便民化的指导意见》着力提升“互联网 + 政务服务”水平。
2018 年 5 月 25 日	国家发展改革委印发《关于理顺居民用气门站价格的通知》。
2018 年 5 月 25 日	中央机构编制委员会办公室、最高人民法院联合印发《关于积极推进省以下法院内设机构改革工作的通知》。
2018 年 5 月 28 日	最高人民法院发布《关于进一步规范近期执行工作相关问题的通知》。

2018 年 5 月 28 日　最高人民法院发布《关于人民法院立案、审判与执行工作协调运行的意见》。

2018 年 5 月 30 日　第一批中央环保督察“回头看”全面启动。

2018 年 5 月 30 日　国务院印发《关于建立企业职工基本养老保险基金中央调剂制度的通知》。

2018 年 5 月 30 日　中共中央办公厅、国务院办公厅印发《关于进一步加强科研诚信建设的若干意见》。

2018 年 5 月 30 日　交通运输部办公厅等 7 部门联合印发《关于加强网络预约出租汽车行业事中事后联合监管有关工作的通知》。

2018 年 5 月 31 日　最高人民法院发布《关于进一步规范指定执行等执行案件立案、结案、统计和考核工作的通知》。

2018 年 5 月 31 日　反垄断执法机构正式启动了对三星、SK 海力士、美光三家内存芯片厂商的调查。

2018 年 5 月 31 日　工业互联网专项工作组印发《工业互联网发展行动计划（2018－2020 年）》和《工业互联网专项工作组 2018 年工作计划》。

2018 年 6 月 1 日　最高人民法院发布 10 起利用互联网侵害未成年人权益的典型案例。

2018 年 6 月 1 日　最高人民法院发布《关于加强和规范裁判文书释法说理的指导意见》。

2018 年 6 月 4 日　最高人民法院发布《关于深入学习贯彻习近平生态文明思想为新时代生态环境保护提供司法服务和保障的意见》。

2018 年 6 月 4 日　市场监管总局等 8 部门印发《2018 网络市场监管专项行动（网剑行动）方案的通知》。

2018 年 6 月 4 日　最高人民法院发布 10 起人民法院服务保障新时代生态文明建设典型案例。

2018 年 6 月 5 日	最高人民法院公布《关于仲裁机构“先予仲裁”裁决或者调解书立案、执行等法律适用问题的批复》。
2018 年 6 月 5 日	生态环境部等 5 部门联合发布《公民生态环境行为规范（试行）》。
2018 年 6 月 5 日	最高人民法院发布 10 起人民法院依法打击拒不执行判决、裁定罪典型案例。
2018 年 6 月 20 日	最高人民法院发布第 18 批指导性案例。
2018 年 6 月 20 日	最高人民检察院发布第 10 批指导性案例。
2018 年 6 月 21 日	国家发展改革委发布《关于创新和完善促进绿色发展价格机制的意见》。
2018 年 6 月 22 日	国家发展改革委、财政部印发《关于证券期货业监管费标准等有关问题的通知》。
2018 年 6 月 24 日	中共中央、国务院公布《关于全面加强生态环境保护坚决打好污染防治攻坚战的意见》。
2018 年 6 月 25 日	中共中央办公厅印发《关于加强公立医院党的建设工作的意见》。
2018 年 6 月 26 日	最高人民法院发布 8 起毒品犯罪及涉毒次生犯罪典型案例。
2018 年 6 月 27 日	最高人民法院公布《关于设立国际商事法庭若干问题的规定》。
2018 年 6 月 27 日	中共中央办公厅、国务院办公厅颁布《关于建立“一带一路”国际商事争端解决机制和机构的意见》。
2018 年 6 月 27 日	最高人民法院印发《关于设立国际商事法庭若干问题的规定》。
2018 年 6 月 29 日	国务院公布《人力资源市场暂行条例》。
2018 年 6 月 29 日	新修《行政事业性收费标准管理办法》发布。

2018 年 6 月 29 日	最高人民法院第一国际商事法庭、第二国际商事法庭分别在深圳市和西安市正式揭牌。
2018 年 7 月 2 日	新一届国务院金融稳定发展委员会成立。
2018 年 7 月 3 日	国务院发布《打赢蓝天保卫战三年行动计划》。
2018 年 7 月 3 日	国家市场监管总局办公厅发布《2018 打击商标侵权“溯源”专项行动方案》。
2018 年 7 月 3 日	最高人民检察院发布第 11 批指导性案例。
2018 年 7 月 16 日	生态环境部发布《环境影响评价公众参与办法》。
2018 年 7 月 16 日	国家版权局、国家互联网信息办公室、工业和信息化部、公安部启动“剑网 2018”专项行动。
2018 年 7 月 17 日	最高人民法院印发《关于调整部分高级人民法院和中级人民法院管辖第一审民商事案件标准的通知》。
2018 年 7 月 17 日	最高人民法院发布《关于调整部分高级人民法院和中级人民法院管辖第一审民商事案件标准的通知》。
2018 年 7 月 17 日	国务院食品安全办公布 7 起食品保健食品欺诈和虚假宣传整治典型案件。
2018 年 7 月 18 日	最高人民法院发布《关于进一步深化家事审判方式和工作机制改革的意见（试行）》。
2018 年 7 月 18 日	最高人民法院发布《关于适用〈中华人民共和国民法总则〉诉讼时效制度若干问题的解释》。
2018 年 7 月 19 日	国务院办公厅印发《医疗卫生领域中央与地方财政事权和支出责任划分改革方案》。
2018 年 7 月 20 日	中共中央办公厅、国务院办公厅印发《国税地税征管体制改革方案》。
2018 年 7 月 24 日	国家发展改革委办公厅、人民银行办公厅印发《关于对失信主体加强信用监管的通知》。

2018 年 7 月 27 日	最高人民检察院印发《关于充分发挥检察职能作用助力打好污染防治攻坚战的通知》。
2018 年 7 月 28 日	国务院印发《关于取消一批行政许可事项的决定》，正式取消台港澳人员在内地就业许可。
2018 年 7 月 30 日	国务院发布《关于推进国有资本投资、运营公司改革试点的实施意见》。
2018 年 7 月 31 日	最高人民法院发布《关于适用〈中华人民共和国保险法〉若干问题的解释（四）》。
2018 年 7 月 31 日	人力资源社会保障部办公厅印发《“互联网 + 调解仲裁”2020 行动实施计划》。
2018 年 7 月 31 日	《中国共产党纪律处分条例》通过。
2018 年 8 月 1 日	最高人民法院发布《关于为海南全面深化改革开放提供司法服务和保障的意见》。
2018 年 8 月 1 日	最高人民法院发布《关于依法妥善审理民间借贷案件的通知》。
2018 年 8 月 1 日	最高人民法院印发《关于为海南全面深化改革开放提供司法服务和保障的意见》。
2018 年 8 月 2 日	国家市场监督管理总局网监司约谈拼多多平台经营者，要求其严格履行平台经营者的责任。
2018 年 8 月 3 日	国务院办公厅印发《关于改革完善医疗卫生行业综合监管制度的指导意见》。
2018 年 8 月 3 日	生态环境部制定《生态环境监测质量监督检查三年行动计划（2018—2020 年）》。
2018 年 8 月 6 日	工业和信息化部办公厅发布《关于开展 2018 年电信和互联网行业网络安全检查工作的通知》。
2018 年 8 月 8 日	最高人民法院发布 2017 年度十大海事审判典型案例。

2018 年 8 月 9 日　《中国信托登记有限责任公司信托登记管理细则》正式获批生效。

2018 年 8 月 11 日　互联网金融风险专项整治工作组等部门联合召开网贷机构风险处置及发展工作座谈会。

2018 年 8 月 16 日　最高人民法院发布第一批涉互联网典型案例。

2018 年 8 月 23 日　人力资源社会保障部颁布《关于废止〈台湾香港澳门居民在内地就业管理规定〉的决定》。

2018 年 8 月 23 日　人力资源社会保障部印发《关于香港澳门台湾居民在内地（大陆）就业有关事项的通知》。

2018 年 8 月 23 日　国家监察委员会、最高人民法院、最高人民检察院、公安部、外交部联合发布《关于敦促职务犯罪案件境外在逃人员投案自首的公告》。

2018 年 8 月 24 日　《防范和惩治统计造假、弄虚作假督察工作规定》施行。

2018 年 8 月 24 日　中央全面依法治国委员会第一次会议召开。

2018 年 8 月 24 日　《防范和惩治统计造假、弄虚作假督察工作规定》施行。

2018 年 8 月 26 日　交通部联合公安部等单位约谈滴滴出行，要求其整顿下线顺风车业务。

2018 年 8 月 27 日　《民法典各分编（草案）》提请全国人大常委会审议。

2018 年 8 月 28 日　最高人民法院公布《关于人民法院确定财产处置参考价若干问题的规定》。

2018 年 8 月 31 日　新修《个人所得税法》发布。

2018 年 8 月 31 日　《电子商务法》《土壤污染防治法》发布。

2018 年 9 月 3 日　最高人民法院通过《最高人民法院关于互联网法院审理案件若干问题的规定》。

2018 年 9 月 9 日　北京互联网法院正式挂牌成立。

2018 年 9 月 10 日　多部门联合发布《道路交通事故损害赔偿纠纷“网上数据一体化处理”工作规范（试行）》。

2018 年 9 月 13 日　中办和国办印发《海南省机构改革方案》。

2018 年 9 月 13 日　国务院办公厅印发《关于完善国家基本药物制度的意见》。

2018 年 9 月 14 日　人力资源和社会保障部、财政部印发《企业职工基本养老保险基金中央调剂制度实施办法》。

2018 年 9 月 15 日　公安部发布《公安机关互联网安全监督检查规定》。

2018 年 9 月 15 日　最高人民检察院发布《关于停止执行〈人民检察院民事诉讼监督规则（试行）〉第三十二条的通知》。

2018 年 9 月 15 日　国家发展改革委印发《价格认定复核办法》。

2018 年 9 月 18 日　最高人民法院发布《关于在司法解释中全面贯彻社会主义核心价值观的工作规划（2018－2023)》。

2018 年 9 月 19 日　《信托公司受托责任尽职指引》发布。

2018 年 9 月 21 日　《中国共产党支部工作条例（试行)》通过。

2018 年 9 月 26 日　深圳行政审判中心正式揭牌。

2018 年 9 月 28 日　财政部发布《关于跨境电子商务综合试验区零售出口货物税收政策的通知》。

2018 年 9 月 28 日　广州互联网法院正式挂牌成立。

2018 年 9 月 28 日　最高人民法院、最高人民检察院、公安部发布《关于办理盗窃油气、破坏油气设备等刑事案件适用法律若干问题的意见》。

2018 年 9 月 29 日　中共中央办公厅、国务院办公厅印发《中央企业领导人员管理规定》。

2018 年 9 月 30 日　医保局发布《关于将 17 种抗癌药纳入国家基本医疗保险、工伤保险和生育保险药品目录乙类范围的通知》。

2018 年 9 月 30 日	最高人民法院发布《关于公证债权文书执行若干问题的规定》。
2018 年 9 月 30 日	新修《上市公司治理准则》发布。
2018 年 10 月 1 日	最高人民法院、最高人民检察院《关于办理虚假诉讼刑事案件适用法律若干问题的解释》施行。
2018 年 10 月 1 日	《道路交通事故损害赔偿纠纷“网上数据一体化处理”工作规范（试行）》施行。
2018 年 10 月 9 日	十九届中央第二轮巡视工作启动。
2018 年 10 月 10 日	国务院发布《关于在全国推开“证照分离”改革的通知》。
2018 年 10 月 12 日	人力资源社会保障部、财政部印发《关于全面推行企业新型学徒制的意见》。
2018 年 10 月 16 日	国家药监局和吉林省食药监局分别对长春长生公司作出多项行政处罚。
2018 年 10 月 22 日	《基本医疗卫生与健康促进法（草案）》提请全国人大二次审议。
2018 年 10 月 24 日	最高人民检察院发布《关于人民检察院加强对民事诉讼和执行活动法律监督工作情况的报告》。
2018 年 10 月 26 日	《全国人民代表大会常务委员会关于专利等知识产权案件诉讼程序若干问题的决定》公布。
2018 年 10 月 26 日	《国际刑事司法协助法》颁布施行。
2018 年 10 月 26 日	新修《人民法院组织法》《人民检察院组织法》发布。

2018 年 10 月 26 日　新修《刑事诉讼法》《公司法》《野生动物保护法》《计量法》《大气污染防治法》《残疾人保障法》《妇女权益保障法》《广告法》《节约能源法》《防沙治沙法》《农业机械化促进法》《农产品质量安全法》《循环经济促进法》《旅游法》《环境保护税法》《公共图书馆法》《船舶吨税法》施行。

2018 年 10 月 29 日　人力资源社会保障部办公厅、财政部办公厅发布《关于深入推进 12333 发展促进人力资源社会保障公共服务便民化的意见》。

2018 年 10 月 30 日　最高人民法院发布 9 起行政诉讼附带审查规范性文件典型案例。

2018 年 11 月 2 日　国务院国有资产监督管理委员会发布《中央企业合规管理指引（试行）》。

2018 年 11 月 6 日　新修《专利代理条例》公布。

2018 年 11 月 7 日　最高人民法院发布《关于为实施乡村振兴战略提供司法服务和保障的意见》。

2018 年 11 月 7 日　国家税务总局公布《重大税收违法失信案件信息公布办法》。

2018 年 11 月 7 日　财政部公布《关于境外机构投资境内债券市场企业所得税增值税政策的通知》。

2018 年 11 月 9 日　《2018 年深入实施国家知识产权战略　加快建设知识产权强国推进计划》印发。

2018 年 11 月 9 日　证监会、财政部、国资委联合发布《关于支持上市公司回购股份的意见》。

2018 年 11 月 12 日　生态环境部发布《排污许可证申请与核发技术规范　水处理（试行）》国家环境保护标准。

2018 年 11 月 13 日　最高人民法院、中国证券监督管理委员会发布《关于全面推进证券期货纠纷多元化解机制建设的意见》。

2018 年 11 月 13 日　司法部印发《关于推进个人调解工作室建设的指导意见》。

2018 年 11 月 13 日　最高人民法院发布 10 起人民法院国家赔偿和司法救助典型案例。

2018 年 11 月 15 日　中央网信办联合公安部发布《具有社会舆论属性或社会动员能力的互联网信息服务安全评估规定》。

2018 年 11 月 16 日　国家市场监督管理总局、国家发展改革委、生态环境部联合印发《关于加强锅炉节能环保工作的通知》。

2018 年 11 月 16 日　国务院发布《关于做好当前和今后一个时期促进就业工作的若干意见》。

2018 年 11 月 16 日　最高人民法院发布反垄断民事诉讼十大典型案件。

2018 年 11 月 20 日　最高人民法院发布《关于进一步深化司法公开的意见》。

2018 年 11 月 20 日　水利部办公厅、生态环境部办公厅联合印发了《全面推行河长制湖长制总结评估工作方案的通知》。

2018 年 11 月 20 日　《干部人事档案工作条例》施行。

2018 年 11 月 20 日　最高人民法院发布《关于进一步深化司法公开的意见》。

2018 年 11 月 21 日　国家发展和改革委员会等 38 部委联合印发《关于对知识产权（专利）领域严重失信主体开展联合惩戒的合作备忘录》。

2018 年 11 月 24 日　最高人民检察院发布《关于人民检察院立案侦查司法工作人员相关职务犯罪案件若干问题的规定》。

2018 年 11 月 26 日　《中国共产党纪律检查机关监督执纪工作规则》通过。

2018 年 11 月 28 日　最高人民法院发布《关于健全完善人民法院主审法官会议工作机制的指导意见（试行）》。

2018 年 11 月 28 日　最高人民法院发布 10 起人民法院环境资源审判保障长江经济带高质量发展典型案例。

2018 年 11 月 28 日　国家知识产权局发布《关于知识产权服务民营企业创新发展若干措施的通知》。

2018 年 11 月 28 日　最高人民法院印发《关于健全完善人民法院主审法官会议工作机制的指导意见（试行）》。

2018 年 12 月 1 日　《最高人民法院、最高人民检察院关于办理妨害信用卡管理刑事案件具体应用法律若干问题的解释》施行。

2018 年 12 月 1 日　最高人民法院发布证券期货纠纷多元化解十大典型案例。

2018 年 12 月 3 日　《市场监管总局关于做好电子商务经营者登记工作的意见》发布。

2018 年 12 月 4 日　最高人民法院发布《关于进一步全面落实司法责任制的实施意见》。

2018 年 12 月 4 日　国务院发布《关于全面推行行政规范性文件合法性审查机制的指导意见》。

2018 年 12 月 4 日　最高人民法院发布 6 起充分发挥审判职能作用保护产权和企业家合法权益典型案例（第二批）。

2018 年 12 月 5 日　人力资源社会保障部、国家发展改革委、财政部发布《关于推进全方位公共就业服务的指导意见》。

2018 年 12 月 7 日　财政部、税务总局、证监会联合发布《关于个人转让全国中小企业股份转让系统挂牌公司股票有关个人所得税政策的通知》。

2018 年 12 月 10 日　文化和旅游部发布《国家级文化生态保护区管理办法》。

2018 年 12 月 12 日　最高人民法院发布《关于审查知识产权纠纷行为保全案件适用法律若干问题的规定》。

2018 年 12 月 12 日　最高人民法院公布《关于审查知识产权纠纷行为保全案件适用法律若干问题的规定》。

2018 年 12 月 13 日　最高人民法院发布 5 起知识产权纠纷行为保全典型案例。

2018 年 12 月 13 日　最高人民法院发布《关于审查知识产权纠纷行为保全案件适用法律若干问题的规定》。

2018 年 12 月 18 日　国内首例大数据产品不正当竞争纠纷案终审判决。

2018 年 12 月 18 日　最高人民法院印发《关于宪法宣誓的组织办法》。

2018 年 12 月 19 日　最高人民法院发布第 19 批指导性案例。

2018 年 12 月 21 日　最高人民检察院发布第 13 批指导性案例。

2018 年 12 月 22 日　《社会主义学院工作条例》施行。

2018 年 12 月 23 日　《疫苗管理法（草案）》首次提请全国人大审议。

2018 年 12 月 25 日　最高人民检察院发布检察公益诉讼十大典型案例。

2018 年 12 月 25 日　工业和信息化部发布《关于加快推进虚拟现实产业发展的指导意见》。

2018 年 12 月 25 日　最高人民法院发布第 20 批指导性案例。

2018 年 12 月 26 日　国家互联网信息办公室发布《金融信息服务管理规定》。

2018 年 12 月 19 日　最高人民检察院发布第十二批指导性案例。

2018 年 12 月 27 日　最高人民法院发布《关于知识产权法庭若干问题的规定》。

2018 年 12 月 27 日　国家发展和改革委员会修订发布《政府定价的经营服务性收费目录清单》。

2018 年 12 月 27 日　《中国共产党政法工作条例》审议通过。

2018 年 12 月 28 日　《中国共产党农村基层组织工作条例》施行。

2018 年 12 月 28 日　全国中小企业股份转让系统有限责任公司发布实施《全国中小企业股份转让系统证券指数管理办法（试行）》。

2018 年 12 月 29 日　《车辆购置税法》《耕地占用税法》通过。

2018 年 12 月 29 日　新修《农村土地承包经营法》《社会保险法》《公务员法》《劳动法》《老年人权益保障法》《环境噪声污染防治法》《环境影响评价法》《民办教育促进法》《民用航空法》《职业病防治法》《村民委员会组织法》《城市居民委员会组织法》《产品质量法》《义务教育法》《进出口商品检验法》《预算法》《食品安全法》《电力法》《高等教育法》《港口法》《企业所得税法》发布。

2018 年 12 月 29 日　最高人民法院发布《关于审理建设工程施工合同纠纷案件适用法律问题的解释（二）》。

2018 年 12 月 29 日　国家市场监督管理总局公布 16 起全国各地查处的滥用行政权力排除、限制竞争行为的典型案例。

整理：张　瑜　王　珂